吴式颖　李明德

丛书总主编

外国教育通史

第十五卷

19世纪末至20世纪前期的教育

（下）

陈如平　姜晓燕　吴式颖

本卷主编

GENERAL HISTORY OF
FOREIGN EDUCATION

北京师范大学出版集团
BEIJING NORMAL UNIVERSITY PUBLISHING GROUP
北京师范大学出版社

图书在版编目（CIP）数据

外国教育通史：全二十一卷：套装／吴式颖，李明德总主编. -- 北京：北京师范大学出版社，2025.1.
ISBN 978-7-303-30486-8

Ⅰ. G519

中国国家版本馆 CIP 数据核字第 20251WL437

———————————————————————————————

WAIGUO JIAOYU TONGSHI：QUAN ERSHIYI JUAN：TAOZHUANG

出版发行：北京师范大学出版社 https://www.bnupg.com
　　　　　北京市西城区新街口外大街 12-3 号
　　　　　邮政编码：100088
印　　刷：北京盛通印刷股份有限公司
经　　销：全国新华书店
开　　本：787mm×1092mm　1/16
印　　张：684
字　　数：9000 千字
版　　次：2025 年 1 月第 1 版
印　　次：2025 年 1 月第 1 次印刷
定　　价：4988.00 元（全二十一卷）

———————————————————————————————

策划编辑：陈红艳　鲍红玉　　　　　责任编辑：梁民华
美术编辑：焦　丽　　　　　　　　　装帧设计：焦　丽
责任校对：段立超　王志远　　　　　责任印制：马　洁

编委会

总主编
吴式颖　李明德

副总主编
王保星　郭法奇　朱旭东　单中惠　史静寰　张斌贤

编　委
（按姓氏笔画顺序排列）

王　立　王　晨　王者鹤　王保星　史静寰　乐先莲
朱旭东　刘淑华　许建美　孙　进　孙　益　李子江
李立国　李先军　李明德　李福春　杨　捷　杨孔炽
杨汉麟　吴式颖　吴明海　何振海　张　宛　张　弢
张斌贤　陈如平　陈露茜　易红郡　岳　龙　周　采
郑　崧　单中惠　赵卫平　姜星海　姜晓燕　洪　明
姚运标　贺国庆　徐小洲　高迎爽　郭　芳　郭　健
郭志明　郭法奇　傅　林　褚宏启

目 录 | Contents

第一章

19 世纪末 20 世纪初俄国的教育

19 世纪末 20 世纪初在俄罗斯教育史上又被称为"十月革命前阶段",指俄国末代沙皇尼古拉二世(1894 年 11 月 1 日—1917 年 3 月 15 日在位)统治时期。这一时期是俄国充满尖锐的社会冲突和阶级斗争的时期[①],也是俄罗斯教育史上最复杂、争议最大的发展阶段之一。

第一节　19 世纪末 20 世纪初俄国教育发展的社会背景

19 世纪末 20 世纪初,世界资本主义已进入帝国主义发展阶段。俄国在经历了 1861 年亚历山大二世的农奴制改革后,进入了资本主义发展阶段。到 19 世纪 90 年代,俄国资本主义快速发展,工业化和城市化水平均明显提升,农民内部发生了阶层分化,出现了剥削和雇佣劳动、高利贷现象。但是,同其他资本主义国家相比,此时的俄国仍是一个落后的农业国。1897 年,俄国历史上第一次人口普查(不包括芬兰)显示:俄国人口数量为 125640021 人,其

---

① [俄]М.Р. 泽齐娜、Л.В. 科什曼、В.С. 舒利金:《俄罗斯文化史》,刘文飞、苏玲译,193 页,上海,上海译文出版社,2005。

中城市人口16828395，仅占总人口的13.4%。从人口成分来看，农民占77.5%，城市贫民占10.7%，外国人占6.6%，哥萨克占2.3%，贵族(世袭和个人)占1.5%，神职人员占0.5%，荣誉公民占0.3%，商人占0.2%，其他人口占0.4%。①

虽然资本主义快速发展，但是由于农奴制改革始终是在沙皇政府的绝对控制下进行的，因此改革维护了地主贵族的利益，保存了大量的农奴制残余，俄国的专制制度并没有发生本质性的改变。改革的不彻底性严重妨碍了俄国资本主义的发展。一方面，资产阶级对沙皇专制的依赖使得资产阶级在与沙皇专制制度的斗争中显得软弱无力；另一方面，俄国资本主义的发展使资产阶级和无产阶级两个社会集团不断壮大，无产阶级成为帝国主义时代社会进步的代表，资产阶级和无产阶级的矛盾开始出现。在遭遇了1891年到1892年的大饥荒、1900年至1903年的世界性经济危机后，俄国社会对沙皇专制的不满加剧，日俄战争的失败更加激化了社会矛盾。

1905年1月，俄国爆发了历史上第一次资产阶级革命。这是一场由中小资产阶级、知识分子、工人、农民、士兵和水手广泛参与的革命。迫于压力，沙皇政府不得不在政治上做出一定的让步。1905年10月30日，沙皇尼古拉二世颁布诏书，许诺给人民以人身不可侵犯权及言论、出版、集会和结社自由，同意成立国家杜马，由自由派和知识分子组成的宪政民主党、农民代表的劳动团体等多个参选的组织得以成立或合法化，俄国向资产阶级君主制迈进了一步。1906年4月23日，国家杜马开始工作的前一天，沙俄政府颁布了相当于宪法的《俄罗斯帝国基本法》。② 该法第一次以基本法的形式提出要保证公民个人、住房和财产不受侵犯的权利，集会和结社(以不违反法律为宗

---

① Перепись населения Российской империи 1897 года, https://mikhaelkatz.livejournal.com/161515.html, 2020-11-12.

② 《ОСНОВНЫЕ ГОСУДАРСТВЕННЫЕ ЗАКОНЫ РОССИЙСКОЙ ИМПЕРИИ》, https://www.prlib.ru/history/619222, 2020-12-05.

旨）、在法律允许的范围内表达自己的思想的权利，以及通过出版物宣传自己的思想的权利。但是，基本法同时宣布沙皇为绝对的领袖，完整控制行政、外交、教堂事务以及军事力量，限定国家一半杜马议员由选举产生，另一半由国家委员会指定。法律制定必须经由国家杜马与国家委员会核准，最终必须由沙皇核准才能生效。①《俄罗斯帝国基本法》努力维护沙皇的独裁地位，这也意味着俄国在向资产阶级君主制迈进了一步后，又有所倒退。俄国资产阶级革命持续了两年后，最终以各地方革命的妥协或被镇压而结束，革命未能撼动沙皇专制统治。

俄国资产阶级革命的组织者是民主自由主义团体、地方自治组织、律师和大学教授等群体代表，其主要诉求是取消农奴制，参与国家管理。革命导致了俄国巨大的社会和政治变化。但是，革命不仅没有从根本上解决引发这场革命的矛盾，反而暴露出俄国社会存在的各种问题。长期存在于俄国社会的土地和农民问题更加尖锐，俄国农民对自身遭受的剥削与压迫更加不能忍受，各地农民起义暗潮汹涌。1906年上任的俄国首相斯托雷平（Пётр Аркадьевич Столыпин，1906—1911年在任）认识到了解决土地问题的紧迫性和重要性。1906年11月，斯托雷平颁布法令，规定以土地改革为核心，推翻原有的村社制度，保留地主土地所有制，扶持富农经济。改革在原有体制下进行，即保持既有的政治和社会秩序，维护沙皇独裁统治，同时为俄国资本主义经济发展创造条件。这种相互矛盾的诉求决定了斯托雷平改革结果的矛盾性。斯托雷平铁腕措施的实施在经济领域确实收到了效果：改革七年间，全国的种植面积增加了10%；粮食出口增加，占世界粮食出口总额的25%，在丰收年，这个数字增加到35%～40%；工业增速为每年8.8%，为当时世界

---

① 《ОСНОВНЫЕ ГОСУДАРСТВЕННЫЕ ЗАКОНЫ РОССИЙСКОЙ ИМПЕРИИ》，https://www.prlib.ru/history/619222，2020-12-05．

之最。① 同时，改革以保护权贵利益和地主的土地为本位，无法满足农民的诉求，实质上是有权贵族对无权农民的又一次剥削，导致了更大的贫富差距，更加激化了社会矛盾，致使俄国人民不断进行革命斗争。第一次世界大战的爆发使得本已脆弱的俄国国民经济陷入崩溃的边缘，战场上的失败引发了国内更加严重的政治和经济危机。俄国社会积聚的各种问题到了不推翻沙皇专制就无法解决的地步。1917 年 3 月，彼得格勒的工人和士兵发动了"二月革命"，彻底推翻了沙皇统治，为不久后的社会主义革命的胜利创造了条件。

随着俄国社会经济步入变革时代，社会冲突和阶级斗争日益尖锐，文化领域危机凸显，教育体系内部存在诸多矛盾。俄国教育发展水平落后于其他欧洲国家，高文盲率和人口平均受教育水平低是这一时期俄国社会的主要问题。在很多欧洲国家都已经普及义务教育的情况下，俄国迟迟未能出台普及义务教育的法律，教学内容、方法和手段均不能满足社会需求。1897 年的人口普查显示，俄国全民识字率仅为 21.1%，男性与女性分别为 29.3% 和 13.1%。② 但是，在保守的政治体制下，尽管资本主义的迅速发展对国民教育提出了新的要求，但当时的沙俄教育管理却固守教育的阶级性和阶层性。由于教育已经无法满足俄国社会经济的发展，因此尽管不同社会团体的政治取向不同，利益和诉求不同，对学校和教育在国家生活中的作用和重要性的认识不同，但国民教育中的许多问题，包括普及小学教育、发展女性教育、改革学校教育乃至整个教育体系等问题是这一时期不同社会团体共同关心的问题。

---

① Ф. М. Достоевский. Кратко о реформах петра столыпина: цели, описание, предыстория аграрной реформы и ее итоги. https://rozli.ru, 2021-01-02.

② Перепись населения Российской империи 1897 года, https://mikhaelkatz.livejournal.com/161515.html, 2020-11-12.

第二节　19 世纪末 20 世纪初俄国教育改革的主要特征

19 世纪末 20 世纪初俄国社会经济的变化，包括教育的发展及面临的问题，都受到 19 世纪 60 年代亚历山大二世改革的深刻影响。亚历山大二世时期的教育改革是俄国历史上具有里程碑意义的教育改革，开启了俄国教育发展的新时代。这一改革提出普及教育、建立统一的教育制度、保持所有教育阶段的连续性的改革诉求。尽管这些目标在改革中远未能实现，但是，上述教育发展的基本思路和方向已经深入俄国社会。到 19 世纪末，在公众影响和社会运动的推动下，沙皇尼古拉二世本人也认识到了俄国教育存在不足，认为有必要根据俄国社会的变化和时代的需求改革学校，稳步完善俄国国民教育体系。尼古拉二世教育改革的准备工作开始于 1897 年。这一时期的教育改革不仅是教育内容的改革，而且与国家和社会的变化密切相关。

1898 年 2 月，新任国民教育部部长博戈列波夫（Н. П. Боголепов）开始改革。1899 年，经尼古拉二世批准，博戈列波夫组建了跨部门委员会，史称"博戈列波夫委员会"（комиссия Боголепов）。该委员会首先制定了中学改革原则，以解决教育体系中存在的问题，如形式主义盛行，忽视学生个性特征，学校和家庭脱节。博戈列波夫委员会的工作没有产生明显的效果，但是一些重要的思想渗透在此后的教育改革中。在博戈列波夫委员会的推动下，俄国逐渐摒弃长期存在的关于教育是特定官僚机构的事务的思想，开始认识到教育是国家的事务，要防止国家和社会力量对立，保证沙皇专制统治下国家社会的统一，促进教育领域国家、社会和家庭的合作。博戈列波夫委员会制定的教育变革的原则基本代表了整个尼古拉二世统治时期教育变革的总体思路。这些原则明显表现在博戈列波夫委员会制定的相关文件中。1915 年 1 月至 1916 年 12 月担任国民教育部部长的伊格纳季耶夫（П. Н. Игнатьев）推动的教育改革基本延续了博戈列波夫时期的改革方向，在一定意义上体现了尼古拉二世时期教育改革在政策取向摇摆中具有一定的连续性。

国家、社会和家庭合作的原则也体现在沙皇政府实行普及教育的文件中。1905年12月，俄国部长会议制定的国民教育部立法活动方案等政府文件中提出，国民教育部的主要任务是尽快实现初等教育的普及性和义务性，这一目标只有通过社会和政府的共同努力才能实现。到十月革命前，俄国关于普及教育的法律和计划，都要求在政府、地方和社会组织广泛合作的基础上实施。确定经费分配方式也是自1907年以来实施的普及教育计划的重要部分。普及初等教育的相关法律文件规定，大多数小学具有社会性，表现为学校由地方、城市、教区和其他社会组织建立，经费投入由地方承担，地方学校经费由县、乡投入，教会堂区学校经费由教区投入。1897年后，特别是从1908年起，中央政府的津贴和补贴开始增加，并且明显超过了地方自治局的经费投入。学校管理和财务管理仍然主要属于地方行政机关，财政投入根据地方政府与教育部的有关协定分配。但是，部分地区学校拒绝政府投入，担心会因此受制于政府管理。

19世纪末20世纪初，俄国教育家卡普捷列夫(П. Ф. Каптерев)概括了这一时期俄国教育变革的特点。如他所言，如果说此前俄国教育发展经历了"国家教育"取代"社会宗教教育"的过程，那么19世纪末20世纪初，俄国教育经历了由"社会性教育"替代"国家教育"的过程。卡普捷列夫在1909年指出："之前，(关于教育的)争论围绕课程和教学计划进行，即围绕课程和教学计划应该是古典主义还是现实主义进行，这一阶段则围绕'学校生活鲜活的活动者——学生和教师，关于家长和社会参与学校事务'等内容进行。"[1]这一时期的另一个主要变化是俄国的文法学校和大学开始接收较低阶层的人士，农民

---

① Сапрыкин Д.Л. Образовательный потенциал Российской Империи. - М.: ИИЕТРАН, 2009. -176 с. С. 110.

和哥萨克人、教育机构和学生的数量迅速增长。第一次世界大战前，俄罗斯帝国在中等教育和高等教育规模化发展方面位居世界前列。

教育领域的所有改革都希望以维持沙皇专制统治为前提，保守势力竭力维护已有教育体系。俄国国内社会动荡，加上外部战争，使得国民教育领域的改革困难重重。教育部部长的频繁更换，导致业已制订的教育改革计划或者根本没有实施，或者有始无终。尽管俄国的教育机构数量和学生数量大幅增长，但其教育发展水平仍然大大落后于发达国家。到1914年，从每千人口学生数量来看，俄罗斯为59人，奥地利为143人，英国为152人，德国为175人，美国为213人，法国为148人，日本为146人。尽管如此，在各界的努力下，俄国的识字率有所提高，到1917年，俄国人口识字率为30%～35%，中部地区识字率为50%。①

这一时期，俄国社会的矛盾不仅表现为落后的君主制和民主化进步力量之间的对立，而且表现为由沙皇及其志同道合者组成的保守势力与更大一部分由大地主代表、资产阶级寡头和知识界代表组成的团体之间的对立。保守势力试图保护既得利益，倾向于使用独裁管理方法，限制普通民众接受教育和管理教育机构；自由资产阶级和社会主义者组成的进步力量更重视社会组织的力量。在教育领域，沙皇政府试图找到一条中间路线，一方面，提倡加强家庭的作用，发展国家—社会教育管理形式，逐步消除对非特权阶层的受教育权的限制，取消教育的精英主义取向；另一方面，希望依靠传统宗教和君主专制维持教育系统一定的等级制，迅速、平稳地吸收中下层代表参与教育进程。但是，沙皇政府捍卫专制统治的努力引起了进步力量的强烈反抗，起用新人进入教育管理体系引起了垄断所有主要领域的保守派的强烈抵制，导致社会各界均不满沙皇政府的教育改革政策。教育政策摇摆不定，教育部

① "КОГДА УМЕНИЕ ЧИТАТЬ И ПИСАТЬ СТАЛО ОБЩЕПРИНЯТОЙ НОРМОЙ？"，https：//www.culture.ru/s/vopros/chitat-i-pisat/，2020-02-17.

部长频繁更换。1900—1917年，俄国先后出现了13位教育部部长，每位部长都提出了自己的教育改革构想和方案。改革时断时续，导致教育改革具有很强的不彻底性。

第三节 19世纪末20世纪初俄国的初等教育

一、19世纪末20世纪初俄国初等教育发展的政策和法律基础

亚历山大二世时期的教育改革开始于1863年6月颁布新的《大学章程》（Универеитетский Устав 1863 г.）。《大学章程》恢复了大学部分自主权，给予了大学委员会更多的权利。这一教育民主化改革趋势延续到1864年颁布《初等国民学校条例》（《Положение о начальных народных училищах》）。[①]《初等国民学校条例》提出要为俄国民众提供更多受教育的机会，这加深了教育的社会参与程度，标志着俄国教育发展进入新的历史阶段，对19世纪中后期直到20世纪初期的俄国教育发展具有重要影响。

1864年的《初等国民学校条例》是在俄国推行行政改革、建立地方自治局的背景下颁布并实施的，对初等国民学校的教学目标、类型、教学内容等要素做了规定，成为调整俄国初等国民学校活动的主要法律依据。按照条例规定，初等国民学校的教学目标是培养民众的宗教和道德观念，推广基本的、有用的知识。初等国民学校包括以下几种类型：教育部部属学校；由地方社团承担经费，部分经费由财政和个人承担的城镇和农村的教堂教区学校；由个人创办并提供经费的国民学校；国家财产部、内务部部属学校，即由公共经费支持的矿业、农业学校；神职部门所属学校，即由东正教神职人员在城市、城镇和村庄创办的教堂教区学校，政府建立的所有主日学校，以及城市、

---

① Положение о начальных народных училищах（14 июля 1864 г）. Сборник постановлений по Министерству народного просвещения. - СПб., 1876. - Т. 3. C. 1342-1350.

农村社团和个人建立的、供男女手艺人和工人阶层学习的主日学校。1864年的《初等国民学校条例》规定初等国民学校教学语言为俄语，课程包括圣经、宗教和非宗教书籍阅读、书写、算术，条件允许的情况下教唱赞美歌；学校所有的基本支出完全由"维护者"承担，也就是谁创办，谁承担学校的基本支出；允许个人联合资助学校（国家不承担任何义务），允许政府财政为非公立学校提供补贴；为管理初等国民学校建立省学校委员会和县学校委员会，城乡社团和个人经县学校委员会批准，可创办初等国民学校；在学校出现秩序混乱和不良教学倾向的情况下，省学校委员会可以命令关闭学校；不论宗教信仰，初等国民学校接收各社会阶层的儿童入学。俄国教育体系建立在世俗知识和宗教道德相结合的基础上，宗教道德教育是俄国教育的主要任务。《初等国民学校条例》明确提出圣经是学校教育计划的重要组成部分，学校与教会密切联系。教区神职人员负责监督所有初等国民学校和主日学校学生的宗教道德倾向，必要时向老师和学校负责人员反馈意见，如果意见不被接受，可以向学校委员会报告。

1864年的《初等国民学校条例》明显的进步表现在它改变了以往"教育是国家和教会的事务，教育机构只能由教育部或神职部门创办"的状况，学校事务开始交由省学校委员会或者县学校委员会管理，地方自治局代表参与学校委员会；允许政府部门、社团、私人创办学校，为地方自治局影响学校教学和生活提供了可能，为形成以地方学校为主体的初等国民教育体系奠定了基础，使地方学校在普及初等教育方面发挥了重要作用。但是，该条例没有规定国家对初等教育的经费投入责任，这是制约俄国普及初等教育的关键因素。

教育一直被沙皇政府视为统一思想、加强专制统治的工具。《初等国民学校条例》给予地方管理教育的权利，但实际上，在地方自治改革初期，沙皇政府并不希望地方自治局对国民教育产生太大影响，还是希望将地方学校的活动置于政府管理和监督之下。为此，1869年，沙皇批准了国家委员会的提议，在自治省内建立国民学校督查机制，取消学校委员会的自治权，使其直接受国民教育部领导。1874年，沙皇政府通过的新的《初等国民学校条例》将上述变化法律化。该条例的重要目的是要求国民教育部、神职人员和贵族共同努力，保持并加强对国民教育的宗教和道德影响。这从根本上改变了初等国民学校的管理机制，实际上将其直接置于国民教育部下设的地方管理机构的管控下。学校委员会虽然得以保留，但其职责仅限于经济和行政事务。1864年授予学校委员会的"监督所有国民学校教学活动"的权利，以及"允许开设新学校"的权利在1874年的条例中都被取消。学校委员会的社会影响减弱，政府机构以及官员对学校活动的影响得到强化。

　　1874年的《初等国民学校条例》从法律上否定了初等教育的民主化发展方向，使政府、教会和地方贵族对初等教育的管控得到加强，削弱了地方自治管理机构对教育的管理权，将国民学校置于严格的行政管理下，并明确开办学校、录用教师要经过学校督查允许。基于1874年的《初等国民学校条例》，1897年，俄国通过了"国民教育部部属国民学校教授课程示范性计划"[1]，该计划是国民学校内部组织教学过程的依据，加强了对学校内部事务的管控。实际上，到1917年，1874年的《初等国民学校条例》一直是调整俄国初等教育的重要文件，这也导致了此后的教育改革基本围绕专制与反专制进行。

二、19世纪末20世纪初初等学校的类型及课程

　　俄国的小学属于不同的部门，教学内容和学制均有差别，主要有国民教育部下属农村及城市国民学校，圣教会的单班和双班教堂教区学校，此外还

---

　　[1]　《Примерные программы предметов, преподаваемых в народных училищах ведомства Министерства народного просвещения》，参见 Волкова Татьяна Игоревна Земская народная школа и ее вклад в развитие российского образования // Ярославский педагогический вестник, 2011. №3. С.58—62.

有少量如内务部、铁路等部门创办的学校。1864 年，俄国 34 个省实行地方自治改革后，农村地区大量的初等国民学校开始转变为地方学校。地方学校属于国民教育部，由国民教育部官员——学校校长和督学——管理。到 19 世纪 70 年代末期，地方自治局开始介入学校事务，包括向学校提供物质支持。到 19 世纪 80 年代中期，俄国初等教育形成了一种责任划分标准模式，即乡委会和村委会提供校舍、教师住房等；县一级地方自治局支付教师工资，提供教科书（有时与村共同提供）；省一级地方自治局负责培养教师。地方对于初等教育的投入持续增长。到 1888 年，各级自治机构对于初等教育的投入已经相当于乡和村。在 19 世纪 70 年代末，农民承担初等教育费用的 45%；到 1900 年，农民承担的费用不足 10%。19 世纪 70 年代到 1917 年，地方学校是俄国农村最常见的初等国民学校，开办学校最重要的条件之一是地方自治局、村社或者其他创办者提供土地和教师工资，购置教学用书。农村初等国民学校基本是单班制学校，1895 年此类学校占所有小学的 94.9%，1911 年占 92.2%。①

　　初等国民学校的活动受 1875 年颁布的《国民教育部双班制和单班制农村学校指导手册》②指导。通常单班制学校学制为三年，必学科目为圣经、斯拉夫文字、俄语和写字、算术。双班制学校学制五年，除了教授三年制学校课程外，还教授历史、地理、自然史、赞美诗和绘画；如果经费允许，可在课程中引入体操课，教授男孩手工艺，教授女孩针线活及园艺和养蜂技能。城市学校是城市地区的主要初等教育机构，按照 1872 年的《城市学校条例》，开办城市学校的不仅可以是市政府，而且可以是地方自治局、城市协会、阶层机构（сословные учреждения）和个人。城市学校由学区督学（попечители）管理，

---

① ОДНОКЛАССНЫЕ НАЧАЛЬНЫЕ УЧИЛИЩА，"Энциклопедия Всемирная история"，https://w.histrf.ru/articles/article/show/odnoklassnyie_ nachalnyie_ uchilishcha，2020-02-14.

② 《Инструкцией для двухклассных и одноклассных сельских училищ Министерства народного просвещения》，参见 Гошуляк Любовь Даниловна Управление системой народного образования России в XIX в // Известия ВУЗов. Поволжский регион. Гуманитарные науки，2013. №4（28）. С.215-223.

并在国民学校督查(инспектор)的领导下开展活动。城市学校的任务是为所有社会阶层的儿童提供初等知识教育、宗教和道德教育。

教会在俄国初等教育领域发挥着重要作用。18世纪末至19世纪初，儿童教育由教区神职人员承担，教会设有教会堂区学校。神职人员除了教授宗教课程外，还教授写字等其他课程。19世纪末，俄国已经形成完整的教会堂区学校体系，教会堂区学校在完成小学教学目标的同时，对学生进行宗教教育。教会堂区学校突出的特点是学校教学由东正教神职人员领导，圣经为学校的核心课程，学校活动要遵守东正教教会内部规则和传统。学生和教师参加教堂活动并服务教堂，课程以祈祷开始和结束，超过40%的学校课时与宗教教育相关。1902年4月1日，《东正教告白部教会学校条例》①肯定教会学校是俄国小学教育的重要组成部分，同时指出此类学校的主要任务是传播东正教信仰和教会精神，确立基督教道德并向儿童传达必要的知识。根据这项条例，教会学校分为：开展儿童和成人初等教育的识字学校。教会堂区学校和主日学校，为国民学校培养教师的教会教师学校。初等教育阶段常见的教会学校为教会堂区学校和由圣公会管理的识字学校。教会堂区学校一般是单班制和双班制学校，前者学制3年，后者学制4年。识字学校在教区牧师或神职人员的倡议下创办，由教区主管批准，学生在识字学校学习两年。尽管教会堂区学校有助于提高人口识字率和文化水平，但是学校的物质基础明显逊色于部属学校。随着教区制度及国家教育体系的发展，教会堂区学校逐步让位于国立学校。到十月革命前，教会堂区学校一直是俄国初等学校的重要组成部分。

三、普及初等教育计划

俄国19世纪60年代出台的关于初等教育的文件《普及农村人口教育措施

---

① Объяснительная записка к проекту《Положения о церковных школах》. Государственный совет. Департамент промышленности, наук и торговли. Материалы. Т. 13. – СПб., 1902. С. 2.

条例》①提到要实行免费普及教育，以及由居民自身承担费用的义务初等教育。19 世纪末 20 世纪初，俄国教育的发展水平已经无法满足俄国社会发展的需要及人民群众的文化需求，教育改革问题受到俄国社会的关注。代表不同政治力量的社会团体都参与教育改革是这一时期俄国教育改革的鲜明特点。推动教育改革的主要有三种社会力量——自由派、资产阶级民主党和社会民主党。每个派别都代表俄国社会一部分人口。他们基于自身利益，提出不同国民教育模式。不同政治派别尽管政治取向有差异，但是关注的教育问题却很接近。其提出的改革主张包括实行免费义务初等教育，实现各级教育的连续性及男女教育平等。当时的一些专业性组织，如莫斯科教育工作者协会（Московское педагогическое общество）、全俄教师联合会（Всероссийский учительский союз）等组织更是积极倡导教育改革。1913 年 12 月至 1914 年 1 月在圣彼得堡召开的全俄国国民教育代表大会上，来自俄国各省的教师代表讨论了国民教育问题。普及初等教育是不同党派、不同专业团体共同关注的问题之一。

1904 年，俄国国民教育部开始制订普及教育方案，计划 10 年内在全国推行普及初等教育。1906 年，沙俄政府国民教育部部长卡曼夫（П. М. фон‑Кауфман）提出要普及小学教育。同年，俄国第一届国家杜马通过了一项普及初等教育的方案，但是，该方案未被国家委员会批准。1907 年 11 月 1 日，"关于俄罗斯帝国普及初等教育"②的法律草案呈交第二届国家杜马，无果而终。1911 年，第三届国家杜马再次讨论了普及初等教育的法律草案。该法律

---

① 《Положение о мерах к распространению образования среди сельского населения》，参见 Педагогика начального образования. Учебник для вузов / Коллектив авторов‑‑СПб.：Питер，2017.‑420 с. С. 20.

② 《О введении всеобщего начального обучения в Российской империи》，参见 Джуринский А.Н. История педагогики：Учеб. пособие для студ. педвузов. ‑‑М.：Гуманит. изд. центр ВЛАДОС，2000.‑432 с. С 326.

草案规定了教育民主化和提高初等教育质量的实际步骤，但未能在国家委员会通过。沙俄最后一任教育部部长伊格纳季耶夫也向国家杜马提交了一稿普及初等教育的法律草案，国家杜马讨论了这一草案，但讨论尚未完成，沙皇专制就被推翻了。

俄国杜马设有教育委员会，每一届国家杜马都讨论过实行普及的教育法案，有的法案甚至已经通过，但由于最终未获得国家委员会批准，所有法案不具有法律效力。因此，实际上，十月革命前俄国没有普及教育的法律。在反复提交、讨论普及义务教育法案期间，1908 年 5 月 3 日，尼古拉二世签署了一项关于向初等国民教育进行补充拨款的法律，该项法律包含了"关于俄罗斯帝国普及初等教育"法案的条款，主要内容包括：

8 岁至 12 岁男女儿童接受免费义务初等教育；

初等教育学制 4 年；

师生比不低于 1∶50；

委托地方当局负责教育机构的开办和维护，经费投入由中央提供；

国民教育部在各省分配用于建设学校的财政资金。

按照该法，从 1908 年 1 月 1 日起，每年划拨资金满足初等教育的需求，城市和地区将获得财政经费，用于落实普及教育计划。该法案的规定改变了亚历山大二世改革遗留的初等教育国家投入缺位的状态。1908 年 5 月 3 日法律颁布以后，普及教育的措施在全国实施，包括建设初等教育机构，为俄国新教育体系奠定了基础。

第四节　19 世纪末 20 世纪初俄国的中等教育

19 世纪，俄国的中等教育机构以古典文法学校为主，另外包括实科中学、神学院、开设普通教育课程的军事教育机构、教育部所属的女子文法学校和玛丽亚皇后办公室开设的女子文法学校、贵族少女学院和教会学校。古典文法学校以培养在国家机关中担任职位的人员为目标，提供入读大学和其他高等教育机构所需的普通教育。古典语言（拉丁语和古希腊语）学习所用学时超过65%，圣经和数学学习所用学时略高于10%，其余时间用于学习自然科学、地理、历史和绘画。

为满足俄国工业发展的需求，在进步人士的要求和影响下，从1861年开始，沙皇政府开始为改革文法学校做准备。1864年《文法学校和初级文法学校章程》①将文法学校划分为两种类型，即古典文法学校和应用文法学校。应用文法学校于1871年改名为实科学校。1872年，俄国出台了《实科学校章程》，这一章程的实施意味着实科学校作为中等学校类型之一的地位得到确定。与古典文法学校不同，实科学校学生主要是城市中产阶级的孩子。实科学校的任务是在开展普通教育的同时，根据实际需要开展一定专业方向的职业教育。实科学校学制六年，高年级教授应用课程，包括力学、化学、技术和商业科目；如物质条件允许，可以开设七年级，毕业生可进入高等专业教育机构。1888年后，实科学校毕业生可以进入大学的物理数学系和医学院系。1913年，俄国有276所实科学校，学生1.7万人。②

一、中学教育改革

1899年7月8日，国民教育部部长博戈列波夫发布了一份通知，列举了中学教育存在的不足，指出中学教育片面强调智力发展的问题，建议要重视体育，并宣布成立委员会，改革中学教育。此后，1899年到1900年，博戈列

---

① 《Устав гимназий и прогимназий》，参见 УТВЕРЖДЁН ЛИБЕРАЛЬНЫЙ УСТАВ ГИМНАЗИЙ，https：//www.prlib.ru/history/619772，2021-12-09.

② Реальные училища，https：//biograf.academic.ru/dic.nsf/ruwiki/1118266，2021-12-09.

波夫组建了中等学校改革筹备委员会。中等学校改革筹备委员会成员包括教育部代表、教师、医生等。中等学校改革筹备委员会制定了中等学校改革的原则，提出保留古典文法学校和实科学校，将其作为基本的中等学校类型，同时压缩古典文法学校古典语言课程比重，提高实科学校的地位。古典文法学校和实科学校头两年的教学内容趋同，实科学校学生在一年级学习写字，从二年级开始学习圣经、俄语、德语、法语或其他外语，在三、四年级学习自然科学知识、绘画，从五年级开始学习地理、历史、数学、物理，在七年级学习法律。这样，实科学校的学生可以入读古典文法学校三年级。中等学校改革筹备委员会同时提出改善中等学校教师的物质状况，在中等学校引入体力劳动课程。该委员会为中等学校改革做了很多工作，但是改革并未真正实施，沙皇政府只是对旧的学校系统进行了小的局部调整。

万诺夫斯基(П. С. Ванновский)于1901年3月24日被任命为国民教育部部长。在他的领导下，中等学校改革筹备委员会制定了《普通中等学校结构基本条例》(《основные положения устройства общеобразовательной средней школы》)，继续推动中等学校教育改革。该条例提出了削弱古典教育，加强现代教育的重要建议。该条例实施后，从1902年开始，古典文法学校开始向所有社会阶层开放。大部分古典文法学校压缩了古典语言教学学时，一、二年级取消了拉丁语教学，三、四年级取消了希腊语课，增加了俄语、历史、地理等课程的学时，并且引入了新的现代课程，包括法律。该条例赋予中等学校一定的自主权，1905年后，俄国中等学校可以独立制订教学计划。该条例同时允许实科学校毕业生通过拉丁文考试后进入综合性大学学习。

《普通中等学校结构基本条例》提出要建立七年制的统一类型的普通中等学校。学校从四年级开始分流，一部分学生学习拉丁语，另一部分以补充课程的形式学习自然科学和图形艺术(графическое искусство)课程。手工劳动、体操和军事演习作为必修课被纳入除毕业年级外的所有年级的课程计划，其中前三年级每周 4 小时，其他年级每周 2 小时。万诺夫斯基的尝试触及了学校改革的实质问题，引起了古典教育体系捍卫者的反对。尼古拉二世在审查了这个项目后，认为不合时宜地破坏学校是非常危险的，对改革方案表示不满。万诺夫斯基辞职后，他提出的措施，包括在古典文法学校前两年取消拉丁语，在三、四年级取消希腊语，加强俄语和地理的教学，在一年级引进俄罗斯历史，取消升班考试等，都逐渐被取消。1913 年，赋予中等学校的自主权也被取消，家长委员会的权利受到限制，来自校外的对学生和教师的监督重新恢复。

1915 年 1 月，伊格纳季耶夫临时履行教育部部长职务，5 月被任命为教育部部长。此时，第一次世界大战使俄国社会力量更加强烈地感受到了改变国民教育的迫切性，伊格纳季耶夫有意缓解公众对教育改革的渴望与希望维持旧教育体制的政府领导人及保守政策之间的矛盾。为此，他在担任教育部部长伊始，于 1915 年 4 月在圣彼得堡组织召集了"关于中学改革的特别会议"。会议决定由国民教育部设立不同类别的委员会，如小学改革委员会（有城市和自治地方参加）、中学委员会（与政府和国家杜马的成员一起参加）、职业教育委员会等。1915 年 5 月，上述委员会在伊格纳季耶夫的领导下，基于当时俄国社会发展的需要和经济利益的需求，以及教育发展的特点，确定了教育改革的基本方向。

中学改革是此次改革的重心。在伊格纳季耶夫的领导下，俄国制定了《关于文法学校的规定》草案。该草案涉及学校任务和结构的重大变化，《关于文法学校的规定》主张学校应该提供通识性教育，而不是简单地培养学生为接受高等教育做准备；中学毕业生不仅能够继续在高等教育机构接受教育，也可以直接参与实践活动；在教育活动的各个方面广泛落实劳动原则，建立七年制统一学校（文法学校）。学校分为两个阶段：一至三年级为第一阶段，四至七年级为第二阶段。四年级开始专业化学习，专业方向包括新人文专业方向，即优先学习俄罗斯语言和文学、外语、历史；人文和古典方向，即深入学习拉丁语和希腊语；实科专业方向，即优先学习数学和自然科学。但是，不论哪个专业方向，国家语言、文学、历史和地理学都应占主导地位。

1915 年的教育改革汲取了乌申斯基、托尔斯泰、卡普捷列夫的教育理念，体现了自由资产阶级教育思想，主要内容包括：公众参与教育管理；学校自治，地方自治管理机构拥有更多权利；建立所有教育层次连续的统一学校；学校与教会分离；取消教育阶层、民族限制和其他限制；促进国民教育发展，普及初级义务教育；男女同校；提倡教学自由，取消教科书审查制度；更新教育内容。此次改革遭到来自保守派的反对，1916 年 12 月，伊格纳季耶夫辞去教育部部长职务。这场在沙皇专制统治下进行的最后一次激进的教育改革就此停止，伊格纳季耶夫倡导的教育改革的重要思想延续到十月革命后苏联教育改革中。[1]

二、中等教育的劳动原则

在 19 世纪末 20 世纪初，俄国社会不同的阶层开始积极参与学校改革，中等教育计划、形式和方法的改革探索首先在私立教育机构进行。通过创办新型学校，教育学者和民主知识分子代表试图从理论角度论证，在实践中实施与传统学校不同的教育内容和教育方法。新型学校尽管组织形式存在差异，但仍然体现出一些共性特征。首先是教育内容产生重大变化，课程包括自然科学课程、艺术课程、体操、手工劳动，开始重视选修课程、兴趣小组和俱乐部，同时也在寻找合理的课堂组织形式，开发和使用新的教学方法。所有这些探索有利于激发学生对知识的兴趣，培养他们独立学习的技能。萨马拉

---

① Усманов Мовлди Ибрагимович, Ярычев Насруди Увайсович РЕАЛИЗАЦИЯ ОБЩЕСТВЕННО - ПЕДАГОГИЧЕСКИХ ИДЕЙ П. Н. ИГНАТЬЕВА В СОВЕТСКОЕ ВРЕМЯ, Исторические, философские, политические и юридические науки, культурология и искусствоведение. Вопросы теории и практики Тамбов：Грамота，2016. № 8(70).С. 212-214.

和梁赞、莫斯科郊区等地的农村出现了农村文科中学。这些学校亲近自然，以一种全新的方法来解决劳动、审美和体育的问题，并将教育与农业劳动联系在一起。

职业教育人士积极探索建立将学校与生活相联系的劳动学校，如俄罗斯技术协会成员 И. А. 阿诺波夫（Иван Алексеевич Анопов，1844—1907）在这方面进行了积极探索。按照他的设想，八年制实科学校要保证一部分年轻人进入高等教育机构，给予另外一些青年熟练领导某项事务所必需的知识，如在农村或城市经营自己的产业、企业，参与工厂和铁路事务。学校课程包括外语、地理、历史、数学、自然史、物理、化学，学习圣经的时间被压缩。在他看来，教学计划中应当包括应用数学、力学、建筑艺术基础知识和手工劳动。学生不仅学习知识，而且要在实践中应用所学知识。学校组织学生在教学作坊和实验室上实践课、手工劳动课和艺术课，将普通教育和职业培养结合起来。阿诺波夫非常重视理论课和实践课之间的关系，主张用在教学作坊和实验室上的实践课丰富理论。他倡议将劳动培训纳入教育过程，认为只有这样才能够对学生进行职业培养。

传统教育体系之外的实践探索和讨论逐渐影响国家在教育领域的政策。国民教育部部长博戈列波夫组建的委员会在着手改革中学教育时，审议了希望参与学校改革的部分教育机构、学者和个人的倡议与经验，建议通过扩充国民教育体系中的职业教育机构来解决专业人员培养的问题，提出在普通中学引入劳动教育的建议。尽管建议未获支持，但是在体系外开展劳动教育的实践探索的影响已经产生。

到伊格纳季耶夫任教育部部长时代，在其领导下制定的《关于文法学校的规定》提出中学面临的问题只有通过在其教育活动的各个方面广泛实施"劳动原则"才能解决。方案制定者将课程分为教学类和德育类，将绘画、唱歌、艺术纪念品学习、体操纳入品德养成教育，手工劳动以自然科学、化学和物理的实践课形式开展。方案设计者努力将学生的一般培养和实践活动培养相结合。专门设立的委员会努力满足具有民主主义思想的教师的要求，制定了在中学开展手工劳动的文件。该文件反映了国内外积累的相关理论研究和实践经验，提出设立独立的手工劳动课程。在确定新课程目标时，文件制定者强调手工劳动应该成为教育的一种手段，而不是为从事某一种职业养家糊口做准备。因此，劳动教育并非学习一种特定的手工艺，而是掌握不同的手工艺基础知识，教学生使用各种工具，通过劳动不仅完成个别的操作，而且制作成品。倡导劳动教育的改革者认为，在中学引入劳动课程有助于促进学生深入掌握不同的课程，培养其独立性、创造性，促进学生道德、智力、身体和审美能力的发展。

第五节　19 世纪末 20 世纪初俄国的职业教育改革

俄国工商业的发展对技术人员的需求量增多，工商界人士开始关注职业教育的发展。伊格纳季耶夫担任教育部部长后，与工商界达成共识。他认为，俄国的福祉及未来与俄国经济发展密切相关。他特别关注职业教育的改革，认为如果没有职业教育的发展，俄国经济就不可能迅速复苏。1916 年 2 月，他在向部长会议做报告时，指出俄国自然资源的合理和长期利用需要尽可能多的受过技术教育的人。为推动职业教育发展，国民教育部制定了职业技术教育改革方案，并于 1915—1916 年在各有关部门的专家联席会议上多次进行讨论。改革方案提出要大幅度增加职业学校的数量，使其适应个别职业的特殊要求，建议职业学校与学生实习企业密切联系。

改革方案同时规定了普通教育和职业教育之间的关系，提出在此基础上建立一个封闭的职业培训系统，以解决俄国工业和农业的技术发展问题。其中，职业教育第一层次由以四年制小学为基础的初级职业学校组成，培养师父助手；第二层次是以六年制教育为基础的生产学校，培养师父；第三层次是以八年制教育为基础的技术教育机构，培训各种专业的技术人员。这一体系的顶部是独立于综合性大学的技术类大学和其他专业性高等学校。这类高等教育机构将成为在民众中传播科学技术知识的中心。

20 世纪初影响职业教育发展的另一个重要问题是缺乏能够促进其发展的统一机构。职业学校由不同部门管理，除了国民教育部以外，还有贸易和工业部、农业部等，部分职业学校由私人出资维持。1916 年 2 月，"俄罗斯职业教育委员会"（Совет по делам профессионального образования）在伊格纳季耶夫的主持下成立，以协调职业教育领域的教学和行政活动。1916 年 11 月 16 日至 17 日，该委员会召开第一次会议，伊格纳季耶夫，农业部、铁道部、司法部、财政部以及邮政和电报、东正教忏悔部等部门代表，各省代表，教育和技术协会代表，部门高等和中等学校代表共 40 人参加。

第六节 19 世纪末 20 世纪初俄国的高等教育

一、高等教育机构管理体制

亚历山大二世统治时期，国民教育部于 1862 年 12 月成立了由大学教授和学区督查组成的特别委员会，用以审核旧的大学章程并制定新的章程。1863 年 6 月通过的新的《大学章程》明确强调大学应当认真完成科研和教学任务，不准参与政治斗争。《大学章程》在限制学区督查的权利的同时，恢复了部分高校自治的权利，给予了大学委员会组建教师团队的权利。《大学章程》规定，在征得教育部部长同意的条件下，大学委员会可以改变院系结构，包括合并和划分教研室，建立学术协会。新的《大学章程》引起了俄国政府和保守主义者的担忧，他们认为大学自由会对青年产生不良影响。部分高校校长也竭力反对《大学章程》。亚历山大三世利用各方对《大学章程》的质疑，于 1884 年制定了《俄罗斯帝国大学总章程》。该章程剥夺了高校的自治权，强调高等教育的中央集权管理制度。章程严格限制了大学校长和大学委员会的权利，校长由国民教育部任命。大学由学区督查管理，学区督查有权召集大学委员会。

在经历了 19 世纪 60 年代的高等教育民主化变革，以及 19 世纪 80 年代的集权化管理后，19 世纪末 20 世纪初，高校成为俄国进步力量和保守力量不断斗争的舞台。1884 年制定的《俄罗斯帝国大学总章程》对于大学委员会参与学校教学和管理事务的限制引起了以莫斯科大学教授为首的大学教授们的反对。1905 年，部长委员会通过了《国民教育部高等教育机构管理暂行规则》。按照该规则，教授选举制和大学自主权得到恢复，对学生的监督有所放松，允许创办学生组织，督查实际上已经被排除出学校管理体系，大学委员会的权利明显扩大，并开始着手制定新的大学章程。但是，在第一次资产阶级革命失败后，高等教育管理倒退回 1884 年制定的《俄罗斯帝国大学总章程》规定的管理模式。学生和教师对过时的高等教育管理形式的抗议导致教师被裁员，禁止创办任何学生组织。

二、女子高等教育的发展

直到 19 世纪上半叶，俄国社会一直认为科学研究非女性的事业，女性无权接受高等教育。为接受高等教育，俄国女性不得不选择远去异国的大学求学。瑞士苏黎世是她们的首选。俄国女性为获得接受高等教育的权利，进行了漫长而艰难的斗争。19 世纪中期，多数俄国大学承认女性具有接受高等教育的权利。1859 年，圣彼得堡大学开始允许女性以自由听众的身份参加讲座课。1863 年公布的大学章程在起草阶段就有允许女性接受高等教育的条款，但这一条最终被取消。不允许女性接受高等教育，是俄国社会落后的一种表现。因此，争取女性的受教育权是俄国争取社会民主化，争取男女法律、政治和社会经济地位平等的组成部分，也是与教育领域的保守主义进行斗争的主要内容。经过斗争，1870年，圣彼得堡开设了面向男性和女性的"公开讲习班"。就课程设置而言，讲习班接近于综合性大学，因其坐落于弗拉基米尔县学校的教学楼内，故被称为"弗拉基米尔讲习班"。讲习班的开设在俄国女子高等教育发展史上具有里程碑意义，但是其活动受到监督。1875年，讲习班被暂停。1872年，莫斯科创办了莫斯科高级女子讲习班，设文史专业，主要课程为俄罗斯历史和世界历史、俄罗斯文学和世界文学、文明史和艺术史。从1879年起，讲习班开始教授物理、天文学、简明数学和卫生学。讲习班学制为3年，1881年后增加为4年。

出于对在国外学习的女性可能受进步思想影响，回国后成为反政府者的担心，19世纪70年代，沙皇政府一度采取措施阻止女性出国学习，这更加激发了女性为争取教育权的斗争精神。在社会进步力量的支持下，俄国争取女性受教育权的斗争演变为社会政治斗争。各方的努力促使沙皇政府于1873年组建了一个政府委员会。政府委员会制定了女性高等师范教育项目。1876年4月9日，政府委员会颁布了一项命令，允许开设高级女子讲习班。1878年，圣彼得堡瓦西里岛开设了具有大学教学性质的高级女子讲习班。讲习班由历史学家别斯图热夫领导，因此，也被称为"别斯图热夫讲习班"。讲习班的经费主要来源于学生缴费，国民教育部和圣彼得堡市杜马每年以补助金的形式提供3000卢布，补助金由专门设立的协会提供。讲习班招收了468名正式学生和346名自由听众。沙皇政府拒绝为讲习班毕业生争取在女子文法学校教学的权利，不授予学生任何学位。重重困难下，19世纪80年代，各地的讲习班一度被迫关闭，别斯图热夫讲习班也停止招生。在门捷列夫、别斯图热夫等学者的领导下，在进步思想家的持续努力下，这场为争取女性受教育权的社会运动赢得了胜利。1900年，俄国高级女子讲习班恢复教学。别斯图热夫讲习班恢复正常招生，学制增加到4年，分为两个部，即文史部和数理部，并于1906年开设了医学部。别斯图热夫讲习班在存在40年后，于1918年改造为第三彼得格勒大学。该大学于1919年9月成为彼得格勒大学的一部分。别斯图热夫讲习班培养了很多有影响的女性，О. А. 多比阿什－罗热斯特文斯卡娅（Ольга Антоновна Добиаш-Рождественская）是俄罗斯第一个获得历史硕士和博士学位的女性，之后担任别斯图热夫讲习班教授①，也是彼得格勒大学第一位女性教师。1901年9月，根据国民教育部部长万诺夫斯基的建议，尼古拉二世签署命令，允许高级女子讲习班毕业生在女子文法学校授课；1906年，允许高级女子讲习班毕业生在部分男子学校授课。②

在第一次资产阶级革命期间及革命结束后，创建高级女子讲习班的热潮在俄国兴起，喀山、敖德萨、托木斯克、哈尔科夫等地先后开设了新的高级女子讲习班，其中较受欢迎的是培养中学教师的文史和数理讲习班。医学高级女子讲习班就数量而言，排第二位。这些医学高级女子讲习班设在莫斯科、基辅、顿河畔罗斯托夫、哈尔科夫、敖德萨和萨拉托夫等城市。1906年，圣彼得堡设立了理工类专业高级女子讲习班；1908年，莫斯科设立了由普里亚尼斯尼科夫（Д. Н. Прянишников）教授领导的女子农业讲习班。

高级女子讲习班的课程与大学基本相同。出于对学生的同情，大学教授，包括世界著名的科学家在此免费授课。教学按照传统的课程制度进行，学年结束时组织考试。但是，因为学生不具备参加国家考试的权利，这就意味着讲习班从法律角度来讲不属于高等教育机构。这种情况直到1910年5月30日才改变。当时国家委员会承认高级女子讲习班相当于高等教育机构，讲习班

---

① Большая российская энциклопедия，Добиаш－Рождественская，https://bigenc.ru/world_history/text/2629481，2021-01-06．

② Бестужевские курсы，https://dic.academic.ru/dic.nsf/ruwiki/809648，2020－02－22，2021-02-03．

课程完成证书等同于大学学位。该项规定实质上认可了女性接受高等教育的权利。1911年，俄国共有八个女子高等讲习班获得高等教育机构的地位。1913年，大多数高级女子讲习班获得了高等教育机构的地位。在1915学年至1916学年，莫斯科高级女子讲习班获得了组织期末考试和发放高等教育文凭的权利。莫斯科高级女子讲习班因此成为俄罗斯帝国最大的大学之一。1894年到1914年，俄国高级女子讲习班学生从557人增加到30844人，女生占大学学生总数的比例从2.64%增加到26.14%。[①]

三、私立高等教育的发展

这一时期，俄国社会经济和文化发展对专业人才需求旺盛，国立高等学校无法满足这一需求，社会性和私人高等教育机构快速发展成为高等教育发展的又一个明显特点。其发展首先满足因为性别、社会地位等因素被国立高等学校拒之门外的社会群体接受高等教育的愿望。此类学校产生于19世纪末，到1917年，学校数量已经比肩于国立高等学校，学生人数甚至超过国立高等学校。统计显示，学生人数占大学生总数的比例为52%。[②] 这一时期建立的女子高级讲习班、部分专业性院校，以及男女同校的国民大学都属于社会性的私立高等教育机构。其中，国民大学是20世纪初在莫斯科、圣彼得堡等城市出现的新型高等教育机构，其前身是19世纪80至90年代为工人建立的各种讲习班。其特点是不受教育程度、性别、年龄限制，以提升国民文化水平和专业技能为目的。1917年后，国民大学被称为工农大学。

从19世纪末到十月革命前，尽管高等教育发展阻力重重，但是，在社会经济发展及进步力量的推动下，俄国高等教育获得了规模性发展。1904年至

----

① Иванов А. Е. Высшая школа России в конце XIX —начале XX века. Москва 1991. С. 393. С. 254.

② Иванов А. Е. Высшая школа России в конце XIX —начале XX века. Москва 1991. С. 393. С. 96, 102.

1914 年的十年间，大学数量从 61 所增加到 103 所，学生人数从 40292 人增加到 117998 人。在数量增长的同时，高等教育的结构也有所变化，专业高等教育机构所占比例明显提升，103 所学校中，专业性高等学校数量为 64 所。①

第七节　19 世纪末 20 世纪初俄国的教育体制

在十月革命前夕，俄国形成了由普通教育和职业教育组成的、包括四个层级的连续教育体系，第一层级为 3~4 年制小学；第二层级为 4 年制文法学校和高级初级学校，以及相应层级的职业教育机构；第三层级为 4 年制完全中学；第四层级为高等教育机构，包括综合性大学和专业院校。另外还设有成人教育，成人教育机构在 1914 年后快速发展。

20 世纪初，整个俄国境内分为 15 个学区，学区负责人为督学。国民教育由省或者县的学校委员会统一管理。学校委员会成员包括教育部代表，主教和其他设有教育机构的部、县和市的代表。1897 年，《初等国民学校条例》将初等国民学校分为三类，包括专为农村地区设置的三年制和五年制教育部所属初等国民学校；在国民中确立宗教信仰，传播初级知识的教堂—教区学校；设在每个民族边疆地区的民族小学，民族小学分为一年制学校和示范学校。这一时期俄国小学分属不同部门管理，主要有教育部部属小学、教堂—教区学校、县小学及隶属于其他部门的小学。在这一阶段，教授基本的读、写、算和圣经的一年制和两年制的识字学校几乎完全被取缔，三年制和四年制学校增多。大量的初级职业学校与开展普通教育的小学并存，包括林业学校、铁路学校、工艺学校、农业学校等。到 1914 年，俄国共有 123745 所小学，其

---

① Иванов А.Е. Высшая школа России в концеXIX −начале XX века. Москва 1991.C. 393. C. 96, 102.

中 80801 所属于国民教育部，40530 所属于东正教告白办公室，2414 所属于其他机构。到 1914 年，整个俄罗斯帝国 8~11 岁儿童的小学覆盖率为 30.1%（城市为 46.6%，农村为 28.3%）。

为实现从小学向中学的顺利过渡，1912 年，尼古拉二世下令实行《高级初等学校法》。高级初等学校作为沙俄帝国普通教育机构类型之一，其教育层次介于初等教育和中等教育之间。此后，城市学校转为高级初等学校。高级初等学校由 4 个年级组成，分为男校和女校，也有男女混校，接收一年制或者两年制小学毕业生，学生年龄通常为 10~13 岁。完成一年级和二年级课程的高级初等学校学生可以升入中等普通学校的二年级和三年级。如果升入中等普通学校三年级，需要通过外语和古典语言考试。高级初等学校毕业生通常在教师学院或技术学校就读。1915 年，俄国约有 1500 所高级初等学校。[①]

高级初等学校的课程包括圣经、教堂斯拉夫语的俄语、算术、初级地理、历史、自然史、绘画。与城市学校不同，高级初等学校的课程包括代数、几何、物理学的基础知识，唱歌和体操也从非必修课变为必修课。建立高级初等学校对学生顺利通过小学升中学考试有很大帮助，特别是那些文法学校有而小学课程中没有的科目，首先是古代和现代外语。

1914 年，俄罗斯共有中等教育机构 2349 所，其中男子中等教育机构 880 所，女子中等教育机构 1469 所；学生总数为 634455 人，其中男生 233808 人，女生 400647 人。[②] 1915—1916 年，教育部部长伊格纳季耶夫着手为彻底改革学校做准备，制定了完整的改革方案，希望通过改革建立连续教育体系。伊

① М.Р. Кудаев, Ф.Н. Апиш. История систем образования и воспитания：дооктябрьский（дореволюционный）период. Учебно－методический комплекс. Блок 2. －Майкоп：Изд－во ООО《Аякс》, 2008. С.84.

② М.Р. Кудаев, Ф.Н. Апиш. История систем образования и воспитания：дооктябрьский（дореволюционный）период. Учебно－методический комплекс. Блок 2. －Майкоп：Изд－во ООО《Аякс》, 2008. С.256.

格纳季耶夫的改革方案中提出建立七年制的统一类型的中等普通学校，优先开设自然和数学课程，四年级至七年级分为三个分支，即新人文方向、古典人文方向、实用方向。伊格纳季耶夫被免职后，临时政府国民教育部国民教育委员会继续改革，制定了《统一公共普通学校条例》。

19 世纪末 20 世纪初，俄国形成了包括国立高校及由公共性高校和私立高校构成的非政府性高校的高等教育体系。1917 年前，俄罗斯共有 124 所高校，其中，65 所为国立高校，59 所为非政府性高校。行业管理是高等教育管理的基本原则，高校分属不同部门管理，其中，67 所高校归人民教育部管理，13 所归商业和工业部管理，11 所农业院校归土地部管理。① 1916 年，沙俄政府制订了新的大学建设计划，但是，没有来得及执行，罗曼诺夫王朝就走向灭亡了。

从 19 世纪末开始，不同形式的课外教育在俄国的教育发展中发挥着重要作用。图书馆、阅览室、剧院、演讲厅、夜间课程班、"国民之家"在俄国广泛开设，圣彼得堡、下诺夫哥罗德的"国民之家"受到广泛认可。与主日学校和民间阅读并列，新的教育和文化活动形式出现了，包括教育协会组织的讲座、音乐晚会、为工人举办的工人讲习班。1902 年 8 月 22 日，国民教育部部长批准在教育机构为成人开课的规则，童年时期没有接受过教育的成年人可以由国家出资弥补这一缺失。莫斯科的工人班在工人夜校基础上形成，获得了较广的声誉。当时一些著名的科学家担任教师，班级分初级班、中级班、高级班，三部分学生人数达到 1.5 万人。

第八节 19 世纪末 20 世纪初俄国的教育思想

19 世纪末至 20 世纪初，对于人的科学认识的发展促进了"人是复杂的发

---

① Под редакцией профессора В.Г.Кинелева, Высшее образование в России－Очерк истории до 1917 года, НИИ ВО, Москва 1995г. С.241.

展系统"的观念的形成，人们开始认识到儿童不仅是社会环境和生活条件的影响对象，而且是出于内部动机和个人特征积极感知周围世界的现象并处理所感知现象的个体。这种对儿童和儿童个性特征的理解催生了新的教育理念，人们需要对儿童进行全面研究，形成新的、有效的教育和教学方式。这一时期，俄国教育学在受官方以"专制、东正教和国民性"（самодержавия，православия，народности）为主导原则的教育方针影响的同时，存在着以西方教育学和欧洲学校经验为榜样、忽视俄国自身教育发展的问题。尽管如此，尊重儿童的个性、兴趣和需求，渴望了解儿童的内心世界，为其全面发展创造条件的教育学思想逐渐在俄国形成。追求人道和民主是这一时期俄国教育学发展的显著特点。在 20 世纪初，俄国教育学领域提出了一些以寻找新的儿童教育和抚养方式为目的的教育学思想，其特点和独创性反映了学者的世界观。自由教育思想反对教育中的等级性和性别歧视，反对学校早期职业化，特别是小学阶段的职业化，强调每个儿童都有权接受全面教育，发展所有能力。这一时期，人们对于教师在教育过程中的作用也有了新的认识，认为教师只有深入掌握课程和教学方法，爱儿童并尊重儿童，才能够成功工作。在 20 世纪初，俄国教育界开始提出一些先进的理念，同时在寻找新的教育教学方式，这些理念和探索对以后教育科学的发展持续发挥作用。

　　基于对人的独特性的认识，俄国教育家提出了自由主义的教育思想。这一思想以尊重个人的原则为基础，强调童年时期儿童的独创性，认为童年阶段对人一生的发展具有重要作用，需要以特定方式对待每一个儿童。这一原则的主要理论和方法论价值在于承认每个特定的儿童都是教育过程的起点，教育过程就是保持和发展每个儿童的个性，为儿童自我发展创造必要的条件。俄国自由主义教育思想家认识到个体的独特性，从个人的自我价值原则出发，形成了教育要保护和发展儿童自身与儿童个性，保护儿童免遭成人以自己的感觉、意志和意识破坏或操纵的机制，提出"童年自我价值原则"。"童年自我价值原则"基于童年在人一生中的重要作用和儿童的独特性，提出需要以特定方式对待每一个处于这一年龄阶段的儿童的教育思想。

自由教育思想以尊重个人的原则为基础，其中包括承认人的价值优先于任何其他精神或物质的价值。这一原则的主要理论和方法论意义在于承认儿童是教育的起点，同时也是教育过程的主要目标，教育的目的应该是保护和发展儿童的个性，为其自我发展创造必要条件，发现儿童从出生就具有的珍贵潜质。自由主义教育思想对儿童个性的理解有助于吸引人们对学习的关注，并提出新的、有效的教育方法。自由主义教育思想对教师在教育过程中的作用问题也有了一种新的认识，认为教师只有接受过广泛的教育，对所教授课程和教学方法具有深刻了解，爱和尊重儿童的个性，才能确保工作成效。

一、文策尔(K. H. Вентцель)的自由主义教育思想

俄国自由教育思想突出的代表是文策尔。他认识到了个体的独特性，将个体的概念与个性的概念经常作为同义词使用。这里的个性并非儿童确定特征的总和，而是"真正的事实"。从个性自我价值的原则出发，教育的方向是保护和发展儿童"自身"。

文策尔提出了一些相互关联的教育原则，其中之一是童年的自我价值原则。这一原则基于儿童阶段在人一生中的重要意义，儿童的独创性、发展规律的特殊性。童年的自我价值原则强调教育过程的组织应从儿童对世界的感知出发，从尊重儿童的内心世界出发，为儿童创造充满温暖、爱和安全感的氛围。整个教育过程应该符合儿童发展规律，与环境密切联系。这也符合自然的原则，允许个人根据其内在本质发展。最重要的遵循自然发展规律的教育方式之一是让儿童参与创造性活动，包括认知、艺术、游戏、劳动、交往活动。在这一原则的基础上，自由教育思想的支持者也提出了个性化问题，强调每个受教育的儿童在学习教材时都应该走自己的路，考虑个人的特点，并使

教育过程以让儿童最大限度地自我表现和自我实现为目的。

自由教育最重要的条件之一是自由，即禁止按照既定模式，通过有目的地施加影响培养儿童。因此，教育过程的基础是为儿童的天赋发展创造条件，承认在没有限制的情况下，才能够充分地展示和体现儿童的个性。实施自由原则的前提是整个教育过程的组织与国立学校不同，拒绝对儿童施加来自学校的压力：没有分数、考试，创造轻松的氛围，相信儿童的力量和能力，依赖学习的自然动机，儿童没有对体罚或道德羞辱的恐惧，向儿童提供自由选择活动类型、教师、教学方法的机会。自由教育的支持者要求将学校从国家的控制中解放出来，使学校独立于阶级、政治和教会利益。文策尔在这方面持有激进的观点。

自由教育思想中困难的问题是个人内部和外部自由相适应的问题，划定个人自由的界限、各种表现形式的权威的边界及作为儿童创造力的条件的自由的边界。教育的重要任务是培养个人在具有外部自由的条件中生活，并拥有内在自由，能够确定思想方向、感情方向，培养创造力，与其他人合作。

以文策尔为代表的自由教育思想的支持者认识到社会环境的重要性，包括各种社会机构在个人发展过程中的重要性，强调社会环境对年轻人的影响的模糊性：一方面，社会环境带有较强的人格形成因素，影响年轻人发展；另一方面，它严格限制对个人发展过程的影响。文策尔在组织儿童机构的教育过程中考虑到了这一点，提出了在教育中使用积极和消极的环境影响的方式。考虑社会环境的原则有利于解决儿童社会化的问题，能够更好地帮助儿童适应特定社会环境条件，在特定环境中掌握社会特有的价值观和规范，同时保持自己的自主权和内在自由，保持"自我"。

自由教育的支持者基于对儿童是社会存在的认识，为促进个体更有效地发展，制定了在教育过程中需要秉持的基本规则，即环境要求具有合理性，必须让这些要求在教育过程中得到自由体现；教育过程应促进个体全面发展，而不是使个体适应生活的特定狭窄的社会框架。文策尔提出教育应该以培养个体具有社会创造者的素质为目的，在环境对儿童创造性自由发展具有负面影响的条件下，可以在专门为儿童生活创造的环境中组织教学。文策尔根据自由教育思想原则组织教学实践活动，为教育实践贡献了自己的方法，创造了独特的教育体系。

文策尔认为最重要和最困难的教育领域是道德教育领域，其目的是唤醒一个人的最好愿望。道德教育的基础是意志教育，因为儿童必须不仅要学会有意识地设定目标，而且要善于实现这些目标。

文策尔特别重视生产性、创造性劳动，将其视为发展意志的一种手段，认为在生产性、创造性劳动中，儿童的精神、身体和道德力量能够获得最大程度的发展。文策尔认为，在现代社会中，自由教育思想只能部分地、在有限程度上实施。他组建了名为"自由儿童之家"的教育机构，并制订了详细的组织计划。该机构的活动计划并非一成不变，而是在儿童生活和劳动过程中逐步创建的，并且考虑到了他们的兴趣和需求。"自由儿童之家"生活的核心是多样化的生产性、创造性劳动。

文策尔认为，学习应当是不受约束的劳动，儿童只有在产生对知识的需求或兴趣时才会学习，教学过程应该以探索和研究为基础，教师只创造使儿童能够独立获得知识的条件。教师应该尽量减少环境对儿童的不良影响，为儿童的精神和意识道德活动创造条件、树立榜样。

二、卡普捷列夫(П. Ф. Каптерев)的教育教学理论

19世纪末20世纪初，俄国教育科学发展主要分为两个方向：一是形成独立的教育理论；二是思考已有的理论知识，形成思想、观点、原则相互关联的理论体系。卡普捷列夫在这两方面都做出了很大贡献。卡普捷列夫是第一批系统介绍俄国教育学史的学者之一。他将教育学史与俄国发展史联系起来，

系统地提出了自己对俄国教育发展的历史分期,分析了俄国学校的经验和教学理念。首先,他指出什么有助于解决当时的教育和教学问题,满足国民教育的需要。他将教育学理解为与公共利益密切相关的知识领域。他写道:"无论是国家还是教会,但只有社会本身可以,影响和管理学校事务。"这是从教育学史得出的结论。

卡普捷列夫的教学思想涉及生理学、心理学、哲学、历史和教育学等学科,引入了一个新的、内容深刻的概念——教育过程。他将教育过程理解为儿童发展过程中的生物(自然、遗传)和社会(文化、社会)的统一,这是乌申斯基开创的俄国教育人类学方向的延续。他出版了《家庭教育的基本原则》(1898 年)、《教育心理学》(1914 年)、《教学法概况》(1915 年)等约 40 部专著,发表了 500 多篇论文。其中许多是在 19 世纪的最后四分之一时间完成的,对教育科学进行了全面阐释。①

卡普捷列夫对推动在高中阶段开展劳动教育发挥了重要作用。他断然反对中学的职业化,指出如果抽象和呆板的书本化是有害的,那么粗暴的功利主义和技师化培养更是有害的。在他看来,在学校开展劳动有助于学生思维能力的发展,学生的体力劳动是学校通识教育的要素之一,因为劳动能促进学生身体发展,有利于学生学习正确使用各种材料,培养学生克服困难的精神。他坚持认为,体力劳动的全部教育力量只有在与理论活动内容密切相关的条件下才能获得,才能有助于学生的智力活动。他认为,只有这样的学校才可以让学生不仅掌握劳动技能,而且发展思维,形成自觉的劳动意识。

19 世纪末,卡普捷列夫的家庭教育理论也获得了广泛认可。卡普捷列夫领导的附设于圣彼得堡军事教育机构教育博物馆的家长小组参加了 1898 年芝加哥世界家庭教育展览。自 1898 年以来,卡普捷列夫与俄国其他先进教育工

---

① Каптерев, Пётр Фёдорович, https://dic.academic.ru/dic.nsf/ruwiki/1514864, 2020 - 11-20.

作者一起开始出版《家庭教育教学百科全书》，他是负责人，而且还是 60 多篇家庭教育的重要论文的作者。他还筹备了 1913 年俄国第一次家庭教育大会。

卡普捷列夫是儿童个性全面发展的坚定倡导者，是建立在人道主义原则上家庭、学校和社会教育统一思想的倡导者。他继续发展基于儿童年龄和个人特点的教育心理学理论。他指出，教师中普遍存在着对个人特征本质的"人工"理解。实际上，教育应该远离所有人为因素，教育目标的形成应当源于成长中的机体的可能。

卡普捷列夫在俄国教学法发展方面取得了很大的成就，其教学理论包括家庭教学、直观教学、教学过程、学校和课程多样化等内容。他支持研究性学习，他的研究为新的人道主义教学理论的发展奠定了科学基础。

第二章

列宁的教育思想

弗拉基米尔·伊里奇·列宁（Владимир Ильич Ленин，1870—1924）是俄国无产阶级革命事业的伟大导师。他继承、捍卫了马克思与恩格斯的革命学说，结合俄国革命的特定条件，丰富和发展了马克思主义，缔造了世界上第一个社会主义国家——苏联。

在领导俄国人民推翻沙俄专制统治、维护并巩固革命成果、进行社会主义改造与建设的革命斗争实践中，列宁始终把工农群众和年青一代的教育工作视为无产阶级革命和社会主义建设的有机组成部分。在长期的革命生涯中，列宁结合不同时期革命形势的发展状况及解决不同教育矛盾的需要，对一系列重大的教育理论问题进行了研究与分析，并做出了重要指示。实践证明，列宁的教育思想丰富和发展了马克思主义教育学说，为探讨并切实解决社会主义教育的理论与实践问题提供了启示，指引了前进的方向。

第一节　论文化革命

列宁创造性地运用马克思主义基本原理的表现之一，便是依据马克思主义的有关理论对帝国主义时期各国政治、经济的发展状况进行了研究，认识到了资本主义在各国发展不平衡这一客观规律，进而得出社会主义革命可以首先于在世界帝国主义链条中处于薄弱环节的一国或几个国家中取得胜利的结论。在这一理论认识的指导下，列宁领导俄国无产阶级利用第一次世界大战带给俄国的有利革命时机，通过暴力革命的手段，建立了实施无产阶级专政的新型社会主义国家，为俄国经济发展与文化进步提供了制度及组织上的强有力保障。应该说，苏联的建立及其推行的社会主义建设是国际共产主义运动的一次伟大胜利，是马克思主义原理在俄国革命实践中得以辩证运用的具体体现。但这一胜利却遭到俄国孟什维克及其他反对派的责难。他们认为，俄国工人阶级的整体文化水平偏低，缺乏从事革命及参与政治革新的文化能力，进而断言在一个文化不够发达的国家里培植社会主义实属狂妄的举动。在政治革命与文化革命的关系上，他们主张先开展文化革命，再实施政治革命。他们的这些言论曾导致部分人在认识上出现偏差，亟待肃清。

导致部分群众在文化建设问题上产生模糊认识的还有来自以波格丹诺夫（А. А. Богданов）为代表的无产阶级文化派的影响。十月革命胜利后，无产阶级文化派在文化建设问题上表现出十足的"左"倾倾向，鼓吹全盘抛弃过去的一切文化，主张在"干干净净的地面上"创造特殊的"纯无产阶级文化"。在对待传统文化遗产方面，无产阶级文化派持一种历史虚无主义态度，叫嚷把旧的艺术形式摧毁、粉碎、彻底铲除，甚至还主张把已有的自然科学成果也列入资产阶级的意识形态及上层建筑之列，进而实现彻底的社会主义化。历史发展具有自身的连续性，文化建设亦然。一定历史阶段的文化建设事业无不是在合理吸收此前文化发展成果的基础上进行的。而按照无产阶级文化派的认识，在全盘抛弃资本主义时期所创造的一切文化成果的基础上建设纯粹的社会主义文化事业，无疑将给苏联的社会主义建设事业带来灾难性的后果。因此，无产阶级文化派的"左"倾言论是一种极具危险性的错误思潮，必须予以及时揭露与批判。

当以列宁为首的布尔什维克领导苏联人民取得残酷战争(1918—1920 年)的胜利后,列宁及时提出了工作重心的转移问题。他指出:"从前我们是把重心放在而且也应该放在政治斗争、革命、夺取政权等等方面,而现在重心改变了,转到和平的'文化'组织工作上去了。……如果把国际关系撇开不谈,只就国内经济关系来说,那么我们现在的工作重心的确在于文化主义。"①

列宁强调,摆在苏联人民面前的是这样两大任务:一是改造、接收旧时代对社会主义建设事业简直毫无用处的国家机关;二是在农民中开展文化工作,提高广大农民的文化水平,实现完全的合作化。列宁提出,必须适时地开展一场大规模的文化革命,苏联才有可能完全成为真正的社会主义国家,而欲把这一认识转化为广大人民参与的革命性行动,必须首先让他们了解文化革命的意义、目的、任务及途径,这已成为现实发展的要求。

作为一位具有高度政治敏感及非凡洞察力的伟大导师,列宁及时把握了不同历史时期文化革命的具体形式与现实需要,依据马克思主义的科学理论,与形形色色的关于文化革命与建设的错误思潮进行了坚持不懈的斗争,从而避免了社会主义建设及教育发展蒙受不必要的损失。

针对孟什维克及其他派别提出的先文化、后革命的错误言论,列宁于1923 年初在《论我国革命(评尼·苏汉诺夫的札记)》一文中指出:"既然建立社会主义需要有一定的文化水平(虽然谁也说不出这个一定的'文化水平'究竟是什么样的,因为这在各个西欧国家都是不同的),我们为什么不能首先用革命手段取得达到这个一定水平的前提,然后在工农政权和苏维埃制度的基础上赶上别国人民呢?"②在文化与革命的先后次序问题上,列宁强调必须从沙

① 《列宁全集》第四十三卷,367 页,中共中央马克思恩格斯列宁斯大林著作编译局编译,北京,人民出版社,1987。

② 《列宁全集》第四十三卷,371~372 页,中共中央马克思恩格斯列宁斯大林著作编译局编译,北京,人民出版社,1987。

俄时代的社会现实出发，对于贫穷、落后、有着浓厚的农奴及封建残余的俄国来说，在短时间内提高民众的文化水平是毫无可能的事情。若是等待民众的文化水平普遍提高后再开展政治革命，那么政治革命可以说是遥遥无期。实质上，孟什维克先文化、后革命的言论是一种反革命理论，是一种以隐蔽的方式表达不革命意愿的错误思想。对于捆在帝国主义战车上濒于绝境的俄国而言，不先行政治革命，奢谈提高工农的文化水平及从事文化建设事业只能是痴人说梦、异想天开。

在《论合作制》一文中，列宁粉碎了反对派的进攻，驳斥了"在一个文化不够发达的国家里培植社会主义实属狂妄的举动"的论调。

列宁写道："我们的敌人曾不止一次地对我们说，我们在一个文化不够发达的国家里推行社会主义是冒失行为。但是他们错了，我们没有从理论(一切书呆子的理论)所规定的那一端开始，我们的政治和社会变革成了我们目前正面临的文化变革、文化革命的先导。""现在，只要实现了这个文化革命，我们的国家就能成为完全社会主义的国家了。"①苏联的实践证明，十月革命的胜利的确为迅速并全面提高苏维埃民众的文化水平提供了必要的条件。借助于苏联政府在文化教育领域内实施的一系列行之有效的如扫盲、普及义务教育等措施，苏维埃人民的文化水平及整体国民素质均较前有了显著提高，这种提高反过来又加速了社会主义建设事业的发展进程。

为彻底揭露无产阶级文化派的真面目，肃清其在对待文化遗产问题上所表现出来的历史虚无主义毒素，列宁在一系列的言论中揭露了无产阶级文化派的险恶用心，并向广大人民指出了发展社会主义文化的正确道路。

无产阶级文化派是以波格丹诺夫为首的来自革命阵营内部的修正主义分子团体。他们所倡导的"无产阶级文化"在不同时期有着相异的内涵。初始，

---

① 《列宁选集》第四卷，773~774页，中共中央马克思恩格斯列宁斯大林著作编译局编译，北京，人民出版社，2012。

无产阶级文化派鼓吹一个阶级要取得统治地位，需要靠这个阶级的文化水平，而不是首先占有生产手段，故而主张工人阶级只有发展无产阶级文化才能取得国家政权，而不是主张无产阶级首先通过暴力革命的形式获得政治上的独立与解放，而后再着力提高广大人民的文化水平。孟什维克即持有与此相同的观点。十月革命胜利后，无产阶级文化派鉴于革命形势发生了极大的变化，遂改弦易辙，开始大肆鼓吹纯无产阶级文化，拒绝文化遗产，企图使这个派制组织脱离劳动人民的革命斗争，进而摆脱党的领导。正如无产阶级文化派的主要成员列别杰夫–波良斯基(Лебедев-Полянский)在该派机关刊物《无产阶级文化》1918 年第 1 期发表的文章中谈到的，纯无产阶级文化只有在具备充分的主动性、不受一切法律限制的条件下才可能得到建设与发展。而所谓不受一切法律限制意即摆脱布尔什维克的领导，摆脱苏维埃人民政府的管辖。无产阶级文化派的言论一度在青年中造成了十分恶劣的影响。

为彻底批判无产阶级文化派的错误言行，列宁专门发表了《论无产阶级文化》《青年团的任务》等文章。在《论无产阶级文化》一文中，列宁首先指出，无产阶级文化派声称的创建纯粹的无产阶级文化以及要求在从事文化建设活动时脱离党的领导的企图，都会对社会主义文化建设事业造成危害。列宁要求无产阶级文化派必须明确自己在文化建设事业中所处的位置，指出：“无产阶级文化协会的一切组织必须无条件地把自己完全看作教育人民委员部机关系统中的辅助机构，并且在苏维埃政权(特别是教育人民委员部)和俄国共产党的总的领导下，把自己的任务当作无产阶级专政任务的一部分来完成。”①

列宁认为，并不是像无产阶级文化派所主张的那样，可以抛开一切传统文化遗产来创建社会主义新文化，恰恰相反，“应当明确地认识到，只有确切

---

① 《列宁全集》第三十九卷，332 页，中共中央马克思恩格斯列宁斯大林著作编译局编译，北京，人民出版社，1986。

地了解人类全部发展过程所创造的文化，只有对这种文化加以改造，才能建设无产阶级的文化，没有这样的认识，我们就不能完成这项任务。无产阶级文化并不是从天上掉下来的，也不是那些自命为无产阶级文化专家的人杜撰出来的。如果硬说是这样，那完全是一派胡言。无产阶级文化应当是人类在资本主义社会、地主社会和官僚社会压迫下创造出来的全部知识合乎规律的发展"①。无产阶级文化事业建设的关键就在于对千年来人类文明史中一切有价值的文化成果持海纳百川、广采博取的立场，充分认识到人类文明演进的继承性，吸收传统的文化思想体系中可为社会主义文化建设事业提供有价值的服务的东西，改造那些部分丧失了存在价值的东西以为我所用，丢弃那些不利于社会主义文化进步的东西，戒绝抛弃一切、拒绝一切的历史虚无主义态度。

1920 年 10 月 2 日，列宁在题为《青年团的任务》的演讲中，以马克思主义学说的形成为例具体阐释了对待文化遗产的科学态度。列宁指出："如果你们要问，为什么马克思的学说能够掌握最革命阶级的千百万人的心灵，那你们只能得到一个回答：这是因为马克思依靠了人类在资本主义制度下所获得的全部知识的坚固基础；……凡是人类社会所创造的一切，他都有批判地重新加以探讨，任何一点也没有忽略过去。凡是人类思想所建树的一切，他都放在工人运动中检验过，重新加以探讨，加以批判，从而得出了那些被资产阶级狭隘性所限制或被资产阶级偏见束缚住的人所不能得出的结论。"②

随着苏维埃政府工作重心从战争转向和平建设以及经济建设上来，列宁审时度势地提出了文化建设的任务，并把这一建设视为一场革命。列宁向全党及广大人民指出，在完成了世界上伟大的政治变革任务之后，应把

---

① 《列宁全集》第三十九卷，299 页，中共中央马克思恩格斯列宁斯大林著作编译局编译，北京，人民出版社，1986。

② 苏联教育科学院：《列宁论教育》下卷，166 页，华东师范大学《列宁论教育》辑译小组辑译，北京，人民教育出版社，2001。

文化建设提到工作日程上来。而文化建设任务的完成同样需要一个较长的时期，需要文化建设者们以坚韧不拔、不屈不挠、始终如一的大无畏精神全身心投入。

在文化革命的具体任务上，列宁提出文化革命必须完成的任务包括扫除文盲，普及义务教育，实施广泛的政治思想教育，改革旧的教育制度和建立新的社会主义教育制度，造就新型的知识分子和培养各种社会主义建设人才，发展具有民族形式和社会主义内容的民族文化，等等。在诸项文化革命任务中，列宁对扫除文盲尤为重视，认为这是文化建设与革命的基础工程，必须首先完成。

列宁把扫除文盲视为文化革命最迫切的任务，主要基于五个方面的考虑。

一是文盲的存在成为经济建设的阻力。根据 1920 年的人口统计结果，苏联每千人中识字者仅为 319 人，文盲率高达 68.1%。这对国家经济建设极为不利。列宁就此指出："不识字的人不能实现电气化。"毫无疑问，欲成功地在最新科学技术成就的基础上彻底恢复并改造工农业，就必须扫除文盲，使民众摆脱愚昧落后状态，掌握文化知识与科学技术。否则，国家确定的一系列经济建设目标便难以完成。

二是文盲的存在不利于政治教育。列宁指出，文盲的大量存在是推行政治教育的最大障碍。文盲自立于政治之外，只能导致流言蜚语、传闻偏见，故而进行政治教育之前就一定要提高民众的文化水平，使他们有可能用读和写的本领来改善自己的经济状况和在国家中的处境。

三是扫除文盲是实现合作化的重要条件。关于扫除文盲与实现合作化的关系问题，列宁做过这样的表述："我们面前摆着两个划时代的主要任务。……我们的第二个任务就是在农民中进行文化工作。这种在农民中进行的文化工作，就其经济目的来说，就是合作化。……但完全合作化这一条件本身就包含有农民（正是人数众多的农民）的文化水平的问题，就是说，没有一场文化革命，要完全合作化是不可能的。"①

四是扫除文盲是根治拖拉作风与贪污行为等弊病的一剂良药。列宁结合政府工作中存在的办事拖拉、效率不高及贪污腐化等弊端，有针对性地提出扫除文盲工作不仅局限于识字，还要使人们有文化，培养人们形成与拖拉作风和贪污行为做斗争的意识。克服拖拉作风及贪污行为是一门极为困难的艺术，只有普遍提高工农群众的文化水平，使他们更有文化，才有掌握这门艺术的可能。

五是扫除文盲是革新国家机关的需要。列宁在论述有关革新国家机关问题时指出，革新国家机关所必需的正是知识与文化，而不是蛮干和突击，或单凭机智和毅力以及人的其他任何优良品质。为此，列宁向全党及苏联人民提出"学习、学习、再学习"的号召，并于 1919 年 12 月 26 日签署了《关于在俄罗斯联邦居民中扫除文盲的法令》，开展了广泛的群众性的扫除文盲运动。

第二节 论教育与政治的密切联系

关于教育与政治的密切联系，是马克思主义经典作家在理论上早已阐明的问题。他们认为，教育与政治之间的联系是一种必然的联系，不论这种联系以一种什么样的形式表现出来。马克思和恩格斯在《共产党宣言》中回击资产阶级指斥无产阶级以社会教育代替教育就是要消灭人们最亲密的关系时，一针见血地指出："而你们的教育不也是由社会决定的吗？不也是由你们进行教育时所处的那种社会关系决定的吗？不也是由社会通过学校等等进行的直接的或间接的干涉决定的吗？共产党人并没有发明社会对教育的作用；他们

---

① 《列宁全集》第四十三卷，367~368 页，中共中央马克思恩格斯列宁斯大林著作编译局编译，北京，人民出版社，1987。

仅仅是要改变这种作用的性质，要使教育摆脱统治阶级的影响。"①

在教育与政治的关系问题上，列宁坚持马克思主义关于社会关系决定教育的社会阶级性质的基本原理，并从十月革命后苏联教育发展所面临的社会形势出发，明确提出了社会主义教育必须同无产阶级政治相联系，强调在社会主义社会中教育事业必须成为社会主义革命和社会主义建设宏伟事业的组成部分，服从并服务于社会主义事业的整体目标和根本利益。

列宁反复论述教育与政治的密切联系，既有理论上的考虑，又有实践上的目的。从理论认识来说，列宁是要教导社会主义建设时期的每一位教育工作者全身心地投入教育事业的发展，把这种投入上升到服从并服务于社会主义政治的高度，引导广大教育工作者自觉地在社会主义政治的既定轨道上发展社会主义教育事业。从实践要求而言，十月革命胜利后，苏联文化教育领域出现了一股教育脱离政治的潮流，一些曾在教育理论界有着广泛影响的团体和代表人物鼓吹教育自由、教育中立、教育脱离政治，这些使苏联社会主义教育事业蒙受了损失。新生的苏维埃政权在教育界还缺乏必要的理论应战准备，批驳教育脱离政治的错误思潮的任务便历史性地落到列宁的肩上。

事实上，列宁早在十月革命之前就开始系统地论述教育与政治之间的密切联系，这种论述始于对沙皇政府教育政策反动性的揭露。列宁在《我们的大臣在想些什么?》中指出，沙皇政府的"忠臣孝子"们竭力推行愚民政策，以维护自己的政治地位，俄国的国民教育部实际上行使着警察搜查部、愚弄青年部及人民求知欲压制部的职能。

十月革命后，针对一部分教师受社会革命党、孟什维克操纵下的"全俄教师联合会"的蒙蔽和影响而提出"教育脱离政治"的口号，针对以文策尔为代表的自由教育派鼓吹自由学校、自由教育，针对以波格丹诺夫为首的无产阶级

---

① 《马克思恩格斯选集》第一卷，418 页，中共中央马克思恩格斯列宁斯大林著作编译局编译，北京，人民出版社，2012。

文化派鼓吹纯无产阶级文化只有在摆脱无产阶级政权的管辖、不受一切法律限制的条件下才能得以发展的论调，针对有些人反对根据社会政治任务确定教育目的，列宁从七个方面全面论述了社会主义教育与社会主义政治之间的密切联系。

一是教育事业应服务于无产阶级政治目的的实现。1918 年 8 月 28 日，列宁在全俄教育工作者第一次代表大会的演讲中宣布，无产阶级的学校教育事业要彻底服务于无产阶级推翻资产阶级统治这一政治目的的实现。后来，列宁再次强调，全部教育事业应服务于无产阶级专政这一目的。具体说来，就是苏维埃工农共和国的全部教育事业必须贯彻无产阶级斗争的精神，以便真正地为实现无产阶级专政提供服务。这种教育不论属于一般的政治教育，还是属于文学艺术方面的教育，都应该致力于为推翻资产阶级、消灭一切人剥削人的现象这一无产阶级的政治目的提供必要的服务。

二是学校教育的一切活动必须与无产阶级斗争联系起来开展。列宁在批驳资产阶级宣扬学校可以脱离政治的虚伪性之后明确指出，无产阶级取得政权之后，应该"把学校由资产阶级的阶级统治工具变为摧毁这种统治和完全消灭社会阶级划分的工具"①。与资产阶级主张教育脱离政治的虚伪形成鲜明对照的是，无产阶级公开主张，无产阶级的学校教育工作与无产阶级政治息息相关，联系的主要表现便是学校教育事业始终贯彻无产阶级斗争的精神。也就是说，把学校活动同全体劳动者反对剥削者的斗争密切联系起来。

三是全部教育事业都要贯穿共产主义道德的培养。1919 年，列宁在《俄共（布）党纲草案》中明确规定："在国民教育方面，俄共给自己提出的任务是：把 1917 年十月革命时开始的事业进行到底，即把学校由资产阶级的阶级统治工具变为摧毁这种统治和完全消灭社会阶级划分的工具。""在无产阶级专政时

---

① 《列宁选集》第三卷，725 页，中共中央马克思恩格斯列宁斯大林著作编译局编译，北京，人民出版社，2012。

期，即为使共产主义的完全实现成为可能而准备条件的时期，学校不仅应当传播一般共产主义原则，而且应当对劳动群众中的半无产者和非无产者阶层传播无产阶级在思想、组织、教育等方面的影响，以培养能够最终实现共产主义的一代人。"①

四是教育事业与政治密切联系的方式之一是教育服务于经济建设。列宁认为，教育事业与政治之间的密切联系不是空洞的，而是有着实实在在的内容的，服务于经济建设可被视为教育事业所应承担并完成的任务。列宁在1918年三四月谈到，在任何社会主义革命中，当无产阶级夺取政权的任务完成以后，随着剥夺剥削者及镇压他们反抗的任务基本上完成，必然要把创造高于资本主义的社会结构的根本任务提到首要地位，这个根本任务就是"提高劳动生产率"，而提高劳动生产率的一个重要条件就是"提高居民群众的文化教育水平"。② 不仅如此，列宁还向广大教育工作者提出要求：关心国家电气化计划的制订，打破关门教书的旧习，与无产阶级和劳动农民相结合，与为建立社会主义社会的一切战斗着的劳动群众同呼吸、共命运。

五是把教育工作彻底置于苏联共产党的领导之下。列宁要求把各类教育机构完全置于共产党的领导之下，任何独立于党的领导的企图都会使无产阶级教育事业蒙受损失。在处理无产阶级文化协会问题上，列宁把这一思想认识付诸行动，要求无产阶级文化协会的一切组织必须无条件地把自己置于教育人民委员部机关系统辅助机构的位置，把自己的任务当作无产阶级专政任务的一部分来完成。

六是彻底揭穿"教育不问政治"这一口号的虚伪性。列宁在他的一些著作中指出，一些资产阶级教育理论家或受他们影响的一部分人所提出或信奉的

① 《列宁全集》第三十六卷，87页，中共中央马克思恩格斯列宁斯大林著作编译局编译，北京，人民出版社，1985。

② 《列宁全集》第三十四卷，168~169页，中共中央马克思恩格斯列宁斯大林著作编译局编译，北京，人民出版社，1985。

"教育无党性""教育不问政治"等信条是骗人的。他说："资产阶级国家愈文明，它就愈会骗人，说学校可以脱离政治而为整个社会服务。"①事实上，资产阶级一方面竭力宣扬教育脱离政治，另一方面"把贯彻资产阶级政治作为办学的重点，竭力通过办学替资产阶级训练机灵听话的奴才，甚至在全国上下竭力利用普遍教育替资产阶级训练这样的奴仆"②。在资本主义国家中，学校向学生教授的任何内容无不反映了资产阶级利益，学校完全是作为资产阶级统治工具而存在的，浸透了资产阶级的等级思想。资产阶级学校承担着为资本家培养恭顺的奴才和能干的工人的职责。

七是在社会主义阶段，在无产阶级专政条件下，学校应当成为无产阶级专政的工具。列宁主张在社会主义阶段，在无产阶级专政条件下，学校应彻底服务于无产阶级专政的需要。长期以来，我们在理解列宁所提出的"学校应当成为无产阶级专政的工具"这一问题上存在偏差，并在实践中偏离了列宁的要求，以致把学校教育视为实现"全面专政"，打击、迫害广大教师群众的工具。因而，准确完整地理解列宁关于"学校应当成为无产阶级专政的工具"这一命题的原意便成为必要。对"学校应当成为无产阶级专政的工具"这句话的准确理解为：在无产阶级专政条件下，学校不应停留于传播一般的共产主义原则，而应实现无产阶级在思想上、组织上、教育上对劳动群众中的半无产和非无产的阶层的影响，以最终有利于无产阶级专政目的的实现。

在论述教育和政治的关系问题时，列宁把马克思主义关于教育与政治之间存在着客观必然联系这一基本原理与苏联的教育实践和政治建设结合起来，自觉地运用这一理论指导各级各类教育活动的开展。借助于撰文、讲演及颁行法规的方式，列宁着力使广大教育工作者在教育活动中明确地、自觉地、

---

① 《列宁全集》第三十五卷，77页，中共中央马克思恩格斯列宁斯大林著作编译局编译，北京，人民出版社，1985。

② 《列宁全集》第三十五卷，421～422页，中共中央马克思恩格斯列宁斯大林著作编译局编译，北京，人民出版社，1985。

主动地贯彻无产阶级的政治方针，充分发挥无产阶级教育事业在整个无产阶级事业中的功能，使教育事业始终服从并服务于无产阶级彻底消灭人剥削人、彻底镇压剥削者的反抗以及实现共产主义这一最终政治目标。列宁关于教育与政治的关系问题的指示，不但直接为苏联教育事业的发展指明了方向，而且为世界范围内社会主义国家的教育事业以及被压迫人民争取受教育权的斗争提供了宝贵的理论启迪。更为重要的是，列宁有关教育与政治的关系的论述还为我们提供了这样的启示，即教育与政治相联系的具体内容也须随着社会形势和无产阶级任务的变化而变化。在无产阶级夺取政权时期，"最大"的政治便是为推翻地主资本家而进行的阶级斗争，教育与政治相联系的内容便是服务于阶级斗争。当无产阶级夺取政权并取得决定性的胜利之后，经济建设便成为国家"最大"的政治，服务于经济建设、为经济建设培养一大批合格的人才便成为教育服务于政治的具体表现。

第三节 论年青一代的教育

在长期的革命生涯中，列宁深深体会到了共产主义事业的艰巨性与长期性。共产主义事业既要彻底根除旧有的资本主义制度的影响，又要在改造的基础上建立一个与旧社会完全不同的社会——共产主义社会。由于社会主义与共产主义建设事业需要一代又一代人不断地努力，因此培养合格的建设者和接班人便成为一项迫切的任务。出于对这一问题的高度一贯的重视，列宁对年青一代的教育给予了具体指导。在《青年团的任务》《论无产阶级文化》《论综合技术教育》《伟大的创举》等一系列著作中，他号召青年要通过不断学习成长为继承共产主义建设事业的共产主义者。

列宁首先要求青年人认清社会形势以及自己的职责。十月革命后，苏联面临着严峻的社会形势，迅速恢复与发展备遭战争破坏的国民经济成为事关新生的苏维埃政权生死存亡的大问题，同时也关系到共产主义建设事业的成败，这一问题必须引起广大青年的重视。青年必须自觉地学习文化，掌握现代科学技术知识，接受系统的共产主义教育。"每个青年必须懂得，只有受了现代教育，他才能建立共产主义社会，如果不受这种教育，共产主义仍然不过是一种愿望而已。"①

在教育内容上，列宁主张年青一代首先要学习马克思主义学说。这是因为马克思主义是马克思借助人类文化积累的全部成果，研究人类社会发展规律所得出的科学结论。年青一代只有充分掌握马克思主义学说，才有可能真正掌握并彻底遵循社会发展的客观规律，从而坚定自己为共产主义事业终生奋斗的信心和决心。在具体学习过程中，列宁强调，马克思主义及共产主义知识的学习必须贯彻理论联系实际的原则，而不可流于共产主义若干空洞概念的学习上。在这个问题上，列宁再三强调："如果说，学习共产主义只限于领会共产主义著作、书本和小册子里的东西，那我们就很容易造就出一些共产主义的书呆子或吹牛家，而这往往会使我们受到损害，因为这种人虽然把共产主义书本和小册子上的东西读得烂熟，却不善于把所有这些知识融会贯通，也不会按共产主义的真正要求去行动。"②

继学习马克思主义理论知识之外，列宁还主张加强共产主义道德教育，主张使培养、教育和训练现代青年的全部事业都成为培养青年的共产主义道德的事业。针对资产阶级把自己的道德吹嘘为天赋的、全人类的、超阶级的道德，列宁着重阐述了马克思主义的道德观："我们的道德完全服从无产阶级

① 《列宁选集》第四卷，287 页，中共中央马克思恩格斯列宁斯大林著作编译局编译，北京，人民出版社，2012。

② 《列宁全集》第三十九卷，294 页，中共中央马克思恩格斯列宁斯大林著作编译局编译，北京，人民出版社，1986。

斗争的利益。我们的道德是从无产阶级斗争的利益中引申出来的。"①"为巩固和完成共产主义事业而斗争，这就是共产主义道德的基础。这也就是共产主义培养、教育和训练的基础。"②在共产主义道德教育目标上，列宁主张从共产主义事业的宏伟目标出发，并结合当时的国内情况，着重培养年青一代的集体主义精神、自觉纪律和共产主义劳动态度；培养青年克服利己主义的私有心理，发扬一心为公的精神，消除旧习惯的影响，养成主人翁的劳动态度及团结一致的纪律。在实施原则上，列宁强调共产主义道德教育必须坚持理论与实际相结合的原则，即要求年青一代把自己学习、教育、训练的每一步骤同无产阶级及劳动人民不断进行的反对剥削者的斗争联系起来；同参加生产劳动及社会公益活动联系起来；要求青年人在火热的社会生活中通过学习与磨炼，全面提高自身的共产主义道德水准。

除马克思主义理论学习和共产主义道德教育之外，列宁还号召年青一代系统地学习文化科学知识，用人类所创造的全部知识财富来充实自己的头脑。年青一代为具备现代有学识的人须掌握的一切知识，必须学习、学习、再学习，借助于长期学习，使知识成为生活的必要组成部分。为实现年青一代掌握人类文明演进过程中所积累的一切有益的文化成果这一目标，列宁向广大年青一代提出倡议，把从前用在政治斗争上的全部热情用在掌握科学技术上，必须使那些在学习上表现出懈怠或不用功的学生受到同资产阶级斗争时期的逃兵或工贼所受到的类似待遇。

在学习方式上，年青一代的学习也应表现出自身的特点。列宁在《青年团的任务》中，在论述对旧学校、旧教学内容所持的正确态度的基础上，详细说明了年青一代的学习方式以及相应的教育教学方式。这些论述既结合了当时

---

① 《列宁全集》第三十九卷，303 页，中共中央马克思恩格斯列宁斯大林著作编译局编译，北京，人民出版社，1986。

② 《列宁全集》第三十九卷，307 页，中共中央马克思恩格斯列宁斯大林著作编译局编译，北京，人民出版社，1986。

苏联教育的实际，又充满了辩证色彩，极具说服力和号召力。列宁指出："有人说，旧学校是死读书的学校，实行强迫纪律的学校，死记硬背的学校。这说得对，但是，要善于把旧学校中的坏东西同对我们有益的东西区别开来，要善于从旧学校中挑选出共产主义所必需的东西。"他又说："旧学校是死读书的学校，它迫使人们学一大堆无用的、累赘的、死的知识，这种知识塞满了年青一代的头脑，把他们变成一个模子倒出来的官吏。但是，如果你们试图从这里得出结论说，不掌握人类积累起来的知识就能成为共产主义者，那你们就犯了极大的错误。"①"我们不需要死记硬背，但是我们需要用对基本事实的了解来发展和增进每个学习者的思考力，因为不把学到的全部知识融会贯通，共产主义就会变成空中楼阁，就会成为一块空招牌，共产主义者也只会是一些吹牛家。你们不仅应该掌握知识，而且应该用批判的态度来掌握这些知识，不是用一堆无用的垃圾来充塞自己的头脑，而是用对一切事实的了解来丰富自己的头脑，没有这种了解就不可能成为一个现代有学识的人。"②列宁谆谆教导广大年青一代，要以历史的态度与现实的态度相结合的方式对待学习问题；要善于并有能力把具体的学习任务与共产主义建设事业的远大目标结合起来；从具体的社会实践出发，把学习与实践结合起来，接近生活，接近工农，参加劳动和社会服务，把学到的书本知识应用到实际建设任务中去。

为了使年青一代真正掌握文化知识，特别是现代科学技术，列宁要求坚决贯彻教育与生产劳动相结合的原则，并立即尽可能地实施综合技术教育。

教育与生产劳动相结合是马克思主义的基本原理之一。马克思和恩格斯对这一原理做过全面的科学论述。马克思在《临时中央委员会就若干问题给代

---

① 苏联教育科学院：《列宁论教育》下卷，165页，华东师范大学《列宁论教育》辑译小组辑译，北京，人民教育出版社，2001。

② 苏联教育科学院：《列宁论教育》下卷，167页，华东师范大学《列宁论教育》辑译小组辑译，北京，人民教育出版社，2001。

表的指示》中明确地提出了对男女儿童和少年实施综合技术教育的要求。列宁结合俄国实际和苏联面临的教育问题发展了马克思和恩格斯的这一思想。

早在 1897 年，列宁在对俄国民粹主义分子尤沙可夫的空洞计划提出批评时，就十分完整地表述了马克思主义关于教育与生产劳动相结合的原理。他指出："没有年轻一代的教育和生产劳动的结合，未来社会的理想是不能想象的；无论是脱离生产劳动的教学和教育，或是没有同时进行教学和教育的生产劳动，都不能达到现代技术水平和科学知识现状所要求的高度。"①这里，列宁同时提出"脱离生产劳动的教学和教育"与"没有同时进行教学和教育的生产劳动"，并将其作为教育与生产劳动相结合的同一问题的两个方面进行分析。就学习对象而言，前者是指学龄期的儿童和少年在学习期间的教学、教育与生产劳动之间的结合，后者是指已走向劳动岗位的青年工人的生产性劳动与教学、教育的结合。至于两种形式的结合的区别是很清楚的，前一种结合是以学为主、以学为基础的结合，后一种结合是以劳为主、以劳为基础的结合。应该说，严格区分这两种不同性质的教育与生产劳动的结合，是列宁对马克思主义教育与生产劳动相结合思想的丰富和发展，对苏联年青一代的教育工作的开展产生了深远影响。列宁对年青一代提出的教育要求、对新一代学校教育任务的论述无不体现这一思想。

依据马克思在《临时中央委员会就若干问题给代表的指示》中提出的男女儿童和少年应接受综合技术教育的论述，列宁在 1920 年就综合技术教育在教育与生产劳动相结合的过程中所处的地位及发挥的作用等问题专门撰写了《论综合技术教育》。在《论综合技术教育》中，列宁要求必须根据马克思的思想来理解综合技术教育的原则性意义，不可从抽象的观念出发来认识这一问题，而应结合苏联国内的实际情况来推行综合技术教育。列宁认为，综合技术教

---

① 苏联教育科学院：《列宁论教育》上卷，37 页，华东师范大学《列宁论教育》辑译小组辑译，北京，人民教育出版社，2001。

育是在教育实践中贯彻教育与生产劳动相结合的主要途径和重要形式。他主张把普通教育、综合技术教育与职业技术教育有机地结合起来，告诫人们要避免过早地专业化。列宁主张，在教育与生产劳动相结合这个问题上必须着重发挥综合技术教育的作用。因为这关系到人的全面发展问题，关系到社会主义与共产主义事业的得失成败大事，一切否认或轻视综合技术教育的认识和行动都是愚蠢的；此外，综合技术教育的实施又必须正视社会现实情况，一切从实际出发。

在综合技术教育的内容上，列宁结合20世纪初现代生产进入以电力为基础的时代的新形势，提出综合技术教育的基本知识应包括：关于电力的基本概念，关于机械工业和化学工业中运用电力的基本概念，关于苏俄电气化计划的基本概念，关于农艺学的基本原理。关于综合技术教育的具体实施措施，列宁根据当时的条件提出，组织学生到电站、工厂和国营农场参观考察，邀请工程师、农艺师及大学数理系的毕业生做关于综合技术教育的报告，设立关于综合技术教育的小型博物馆、展览车、展览船，组织学生进行有关综合技术教育的实习作业。当然，囿于当时的客观条件，列宁的许多关于综合技术教育的见解难以较好地实施；不过，列宁关于教育与生产劳动相结合以及综合技术教育的许多见解是宝贵的，是马克思主义教育与生产劳动相结合的基本原理与苏联实践相结合的结果。

第四节　论教师和社会主义教育事业的管理

列宁一贯重视教师的作用，关心教师队伍的状况。早在1909年，他就在给喀普里党校学员的信中写到，学校的真正性质和课程的政治思想方向既不可能决定于任何监督与领导，也不可能决定于任何教学大纲和章程，而是"由教学人员来决定"①的。列宁在揭露沙皇政府的反动教育政策时，非常具体地、愤怒地谈到当时国民教师悲惨的生活状况和他们遭受的政治迫害。列宁还指出，特别是在 1905—1907 年的资产阶级民主革命失败后，许多国民学校的校长、督学和教师被解聘，教师被沙皇政府追赶得不得安宁。

十月革命胜利后，列宁在百忙中多次出席各种教师会议并发表讲话，亲自做教师的工作。他在一些讲话和著作中深刻地分析了苏联当时教师队伍的状况及变化，阐明了教师的地位与作用，指明了建设和改造教师队伍的正确政策。

列宁坚信，"大多数教师是同工人阶级和劳动农民紧紧站在一起的"，"大多数教师是一定会真心实意地拥护被剥削劳动者的政权的"。② 他还说，从旧社会过来的"教师群众接受了资本主义文化遗产，全身沾染了这种文化的缺点"，但他们也是一些受资本主义压迫的、资本主义与我们争夺过的群众，必须对他们进行耐心的工作，把他们"引上正路"。③ 列宁要求党组织、教育行政领导部门和先进教师一起来做好争取与团结旧教师的工作。他要求，不仅要"把教师的一部或大部彻底争取过来，而且要把全体教师彻底争取过来，做到不再混有不可救药的资产阶级反革命分子"④，要把认真地贯彻共产主义的原则(政策)作为当时国民教育方面最迫切的任务之一。1923 年 1 月，他在口授的《日记摘录》中再次强调："应当不断地加强组织国民教师的工作，以便使他们从资产阶级制度的支柱(在无一例外的所有资本主义国家里，他们一直是

---

① 《列宁全集》第四十五卷，249 页，中共中央马克思恩格斯列宁斯大林著作编译局编译，北京，人民出版社，1990。

② 《列宁全集》第三十五卷，421 页，中共中央马克思恩格斯列宁斯大林著作编译局编译，北京，人民出版社，1985。

③ 《列宁全集》第三十九卷，405 页，中共中央马克思恩格斯列宁斯大林著作编译局编译，北京，人民出版社，1986。

④ 《列宁全集》第三十六卷，106 页，中共中央马克思恩格斯列宁斯大林著作编译局编译，北京，人民出版社，1985。

资产阶级制度的支柱）变成苏维埃制度的支柱。"①他强调，新生的国家政权迫切需要知识分子，要"吸收数十万有用的人才来为共产主义教育服务"②。

为了改造旧教育，建设和发展社会主义新教育，列宁在强调争取和改造旧教师的同时，还提出培养具有共产主义思想的新教师的任务。他认为，这支新的教师队伍应该紧密地同党和党的思想结合起来，贯彻党的精神和团结工农群众，并以共产主义精神教育年青一代和工农大众。列宁一再强调，要组成社会主义的教师大军，这支大军正是由新、旧两部分教师组成的。

列宁指出，苏维埃的教师大军"首先应该成为社会主义教育的主力军"③。它肩负着培养建设新生活的年青一代的重任，同时还要向工农大众进行广泛的社会教育。因此，他要求提高教师的地位和待遇，尊重他们的劳动。列宁在《日记摘录》中这样写道："应当把我国国民教师的地位提到在资产阶级社会里从来没有、也不可能有的高度。这是用不着证明的真理。为此，我们必须经常不断地坚持不懈地工作，既要振奋他们的精神，也要使他们具有真正符合他们的崇高称号的全面修养，而最最重要的是提高他们的物质生活水平。"④他认为这是当时苏俄国民教育工作中应当注意做的"主要事情"。他警告：没有"把国民教师的地位提到应有的高度……就谈不上任何文化"⑤。

在教育管理方面，列宁一贯强调共产党对社会主义文化教育事业的领导。

---

① 《列宁全集》第四十三卷，358 页，中共中央马克思恩格斯列宁斯大林著作编译局编译，北京，人民出版社，1987。

② 《列宁全集》第三十九卷，405 页，中共中央马克思恩格斯列宁斯大林著作编译局编译，北京，人民出版社，1986。

③ 《列宁全集》第三十四卷，392 页，中共中央马克思恩格斯列宁斯大林著作编译局编译，北京，人民出版社，1985。

④ 《列宁全集》第四十三卷，358 页，中共中央马克思恩格斯列宁斯大林著作编译局编译，北京，人民出版社，1987。

⑤ 《列宁全集》第四十三卷，357 页，中共中央马克思恩格斯列宁斯大林著作编译局编译，北京，人民出版社，1987。

他在晚年特别关心的是应该如何发挥党的领导作用的问题。针对俄共（布）召开的第一次党的国民教育会议中暴露出来的问题，列宁于 1921 年 2 月初相继发布《中央委员会给教育人民委员部党员工作者的指示》和《论教育人民委员部的工作》等重要文件，专门论述了社会主义教育事业的领导与管理问题。其主要精神为：有关领导要正确理解和贯彻党纲中关于国民教育目的和任务的规定，正确理解和贯彻党中央有关教育工作的方针、政策和决定；避免空谈，多做实际工作；要善于领导教师群众，做好教师的思想工作，帮助他们解决工作中的实际问题，要善于同教师友好合作，充分调动和发挥他们的主动性、创造性与积极性；要有计划地充分估计、检验和总结实际经验，并系统地利用这些经验，以利于改进工作；要吸收具有丰富理论知识和实践知识的教育家以及在职业技术教育（包括农业教育）方面具有丰富知识的人参加中央和地方教育行政部门的领导工作。他要求教育人民委员部和部务会议将主要精力集中在上述这些方面的工作上。他写道："共产党员领导者要能修正具有实际经验的教师的教学大纲，编写适用的教科书，切实地改进（即使改进很少）10 个、100 个和 1000 个教育专家的工作内容和工作条件，只有这样的共产党员领导者才是真正的领导者。如果一个共产党员只会侈谈'领导'，却不善于安排专家做实际工作，不善于使他们在实践中取得成就，不善于利用成千上万的教员的实际经验，那么，这样的共产党员就毫无用处。"①列宁还说："衡量国民教育部门（和机关）党员的工作成绩，首先应当看他吸收专家的这项工作做得如何，是否善于发现他们，善于使用他们，善于实现教育专家和共产党员领导者的合作，善于检验已经做了的工作及其进度，善于前进——哪怕是极其缓慢极其有限地前进，只要是切切实实、依靠实际经验就行。"②

---

① 《列宁全集》第四十卷，330 页，中共中央马克思恩格斯列宁斯大林著作编译局编译，北京，人民出版社，1986。

② 《列宁全集》第四十卷，330 页，中共中央马克思恩格斯列宁斯大林著作编译局编译，北京，人民出版社，1986。

　　此外，在社会主义教育事业的管理方面，列宁还强调必须发挥工农群众的主动性和积极性。他认为，工农群众的参与有利于克服教育工作中的官僚主义和脱离实际、脱离群众的弊病。他期望工农群众能够自觉地投入掌握文化的斗争，成为文化教育的真正主人。

　　列宁的这些教育管理思想充分地体现了社会主义的民主精神，是他关于社会主义革命和社会主义建设理论的有机组成部分。他的教育思想和他的革命理论一样，都是以辩证唯物主义和历史唯物主义为方法论基础的。如前所述，列宁用辩证的观点正确地处理和论证了无产阶级的政治革命与文化革命的关系。他在论述社会主义文化教育建设的道路时虽强调对旧的文化与教育应该进行批判和根本改造，但是并没有割断新文化、新教育与旧的剥削阶级统治的社会中所创建的文化教育的历史联系，而是摒弃并且严厉地批判历史虚无主义，提出批判地继承文化教育遗产的方针，要求在旧社会遗留下来的人力、物力的基础上创建社会主义的新文化和新教育。1918 年，列宁在《苏维埃政权的当前任务》一文的提纲中提出一个公式：苏维埃政权+普鲁士的铁路秩序+美国的技术和托拉斯组织+美国的国民教育＝总和＝社会主义。这一公式极好地说明了他对当时科学技术知识与教育的最新成就所持有的开放态度。20 世纪 20 年代美国进步主义教育思想和杜威的教育思想在苏联被批判地加以利用，这和列宁的态度是有一定关系的。

　　列宁科学地论述了教育与政治经济的关系，深刻地揭露了教育超越政治的观点的虚伪性，明确地指出在无产阶级专政时期教育必须与其历史任务相联系。尤其重要的是，当苏俄社会发展转入和平建设的轨道时，列宁非常及时地指出，教育必须为经济建设、为提高劳动生产率服务。

　　在谈论年青一代的教育问题时，列宁主要从当时世界政治经济的发展与科技革命的要求和苏俄的实际情况出发，侧重论述了共产主义道德教育、智育、综合技术教育的任务与途径。列宁的著作中有时将社会主义和共产主义这两个词作为同义词使用，但是他明确地区分了社会主义和共产主义两个发展阶段，并且指出："我们在俄国（推翻资产阶级后的第三年）还刚处在从资本主义向社会主义即向共产主义低级阶段过渡的最初阶段。"①列宁的著作中时常提到要把年青一代培养成"共产主义者"，但他所强调的主要是使青年具有共产主义的思想觉悟、道德品质、劳动态度、现代人的学识和从事社会主义建设的实际本领。在谈到教育、训练和培养全面发展的、受到全面训练的人，即会做一切工作的人的时候，列宁写道："共产主义正在向这个目标前进，必须向这个目标前进，并且一定能达到这个目标，不过需要经过许多岁月。如果目前就企图提前实现将来共产主义充分发展、完全巩固和形成、完全展开和成熟的时候才能实现的东西，这无异于叫四岁的小孩去学高等数学。"②

总之，在共产主义的低级阶段，即社会主义发展阶段，列宁十分重视发挥无产阶级专政的教育职能。他要求对工农大众进行耐心、细致的思想政治工作，同时要完成从扫盲到培养建设社会主义和共产主义所需要的各级各类专门人才及熟练的劳动者的任务。

在论述共产党对社会主义事业的管理与领导时，列宁强调从实际情况出发，多做实事，并指示要依靠教师与工农群众的主动性和创造性，善于总结实际经验，以推动社会主义教育事业的发展。

列宁的教育思想大多是对在社会主义革命与建设实践中提出的实际问题进行思考的结果，带有非常具体、实际和可操作性强的特色。但是，列宁的教育思想又具有普遍意义。列宁所思考与回答的问题也是一切从事社会主义建设的国家可能遇到的问题。特别是当无产阶级在一个像旧俄国那样经济、

---

① 《列宁全集》第三十九卷，24 页，中共中央马克思恩格斯列宁斯大林著作编译局编译，北京，人民出版社，1986。

② 《列宁全集》第三十九卷，29～30 页，中共中央马克思恩格斯列宁斯大林著作编译局编译，北京，人民出版社，1986。

文化落后的国家里取得政权并着手进行社会主义建设的时候，列宁的教育思想更具有实际的指导意义。

列宁教育思想的另一特征便是其发展性。列宁针对许多教育问题所提出的观点，没有一味地重述马克思和恩格斯的具体结论，而是在新的条件下创造性地运用并发展了马克思主义的相关原理，并得出了一些新的认识和结论，将马克思主义教育理论的研究与实践推向了一个崭新的发展阶段。

第三章

20 世纪前期苏联的教育实践

1917 年是俄罗斯历史上具有重大转折意义的一年。3 月（俄历 2 月）爆发的二月革命推翻了统治俄国 300 年之久的罗曼诺夫王朝，建立了临时政府（俄罗斯共和国）。仅仅时隔数月，11 月 7 日（俄历 10 月 25 日），十月革命推翻了临时政府，建立了世界上第一个社会主义国家——俄罗斯苏维埃联邦社会主义共和国。在政治体制、经济制度及文化制度发生革命性变化的同时，教育领域也发生了根本的转变。

第一节　20 世纪前期教育改革和发展的社会背景

1917 年 11 月 7 日，俄国工人和革命士兵在社会民主工党（布尔什维克）的带领下举行武装起义并取得胜利，于当晚召开了第二次全俄苏维埃代表大会。大会首先通过了列宁起草的《告工人、士兵和农民书》，宣告临时政府已被推翻，成立俄罗斯苏维埃联邦社会主义共和国，一切权力归苏维埃，同时宣布代表大会即苏维埃政权的最高国家权力机关，并选举产生了代表大会的常务机构——全俄中央执行委员会。会上通过了《第二届全俄代表大会关于组建工人和农民政府的决议》，根据该决议成立了俄罗斯苏维埃联邦社会主义共和国政府——第一届俄罗斯苏维埃社会主义共和国人民委员会(Совет народных комиссаров РСФСР)。人民委员会作为政府机构下设13个委员会，分管国家的不同行业，要求所有委员会及其成员必须确保与工人、士兵、农民和职员等群众组织密切团结，执行全俄苏维埃代表大会宣布的计划。废除临时政府各个部门和地方管理机构，创建苏维埃政权管理体系及政法体系是苏维埃政权需要尽快完成的任务。

一、巩固苏维埃政权

新生的苏维埃政权在应对各方面严峻的挑战中，不仅捍卫了政权，而且巩固和壮大了政权。苏维埃政权建立之初，除了有主要代表工人和士兵的苏维埃外，还存在着独立活动的农民苏维埃。1918年1月召开的第三次全俄苏维埃代表大会通过了《被剥削劳动人民权利宣言》，正式宣布俄罗斯苏维埃联邦社会主义共和国为工农兵共和国。苏联工人和士兵代表大会与苏联农民代表大会联盟确立苏维埃政权的统一，加快了地方苏维埃政权的合并，对进一步巩固苏维埃政权具有重要意义。

1918年3月，布尔什维克第七次代表大会通过决议，将俄国社会民主工党改名为俄国共产党(布尔什维克)，简称俄共(布)。从1918年到1921年，苏维埃政权不断遭遇来自国内外武装的干涉和反抗，武装冲突频繁发生，最终导致了苏维埃政权支持者和反对者之间的大规模内战。战争一直持续到1921年。1922年12月30日，全苏苏维埃第一次代表大会召开，俄罗斯苏维埃联邦社会主义共和国、乌克兰苏维埃社会主义共和国、白俄罗斯苏维埃社会主义共和国、南高加索联邦(含格鲁吉亚、阿塞拜疆、亚美尼亚)代表讨论并通过了《苏维埃社会主义共和国联盟成立宣言》和《苏维埃社会主义共和国联盟成立条约》，共同组成苏维埃社会主义共和国联盟，俄罗斯苏维埃社会主义共和国成为苏维埃社会主义共和国联盟成员之一。1924 年 1 月 31 日，为适应苏联的成立，调整苏联与各加盟共和国的关系，明确它们之间的权限，苏联第二次苏维埃代表大会通过《苏维埃社会主义共和国联盟宪法（根本法）》。这是苏联第一部宪法，从法律意义上确定了苏维埃社会主义共和国联盟，苏维埃政权得到巩固。

二、振兴经济

新生的苏维埃政权面临重重困难，百废待兴。为振兴经济，1917 年 12 月，人民委员部组建了最高国民经济委员会，统筹管理国内经济。在粮食、煤炭、石油和钢铁的主要产地由反苏维埃政权的地主资产阶级控制，国内战争爆发的条件下，从 1918 年开始，苏维埃国家实行以余粮征（收）集制、普遍义务劳动制、实物配给、"不劳动者不得食"等原则为特点的临时性的战时共产主义政策。战时共产主义政策的实施帮助新生的苏维埃政权度过了国内战争的危机。但是，第一次世界大战、国内连续七年战争使得国家经济羸弱，1920—1921 年全国严重的干旱造成巨大的灾荒，集中分配、强制征粮政策挫伤了农民的生产积极性，苏联粮食产量下降，大饥荒波及很多地区。农民普遍抗粮不交，工人举行罢工活动，甚至把矛头指向了苏维埃政权，苏维埃政权面临着严重的内部政治危机。列宁认识到战时共产主义无法继续，提出："我们计划……用无产阶级国家直接下命令的办法在一个小农国家里按共产主义原则来调整国家的产品生产和分配。现实生活说明我们错了。"①经过充分考虑后，列宁提出取代战时共产主义。从1921 年 3 月开始，苏联开始向新经济政策过渡。新经济政策以建立社会主义经济基础为根本目的，同时，为解决国家面临的严重的经济困难和政治危机，决定以实物税代替余粮收集制，在关系国家经济命脉的企业为国家所有的条件下，

---

① 《列宁选集》第四卷，中共中央马克思恩格斯列宁斯大林著作编译局编译，570 页，北京，人民出版社，2012。

部分恢复私营经济，包括将部分国有企业以租借制和租让制的形式转变为国家资本主义企业；废除国家配给制和国家贸易垄断制，恢复商品流通和商品交换，允许自由贸易。新经济政策的实施受到广大农民的欢迎，化解了危机，推动了生产力的发展，使生产稳步恢复，使苏维埃政权日益巩固，也为在苏联实现社会主义工业化和农业集体化创造了条件。但是，应当承认，此时的苏联仍然是落后的农业国，其工业，特别是重工业基础薄弱，生产技术落后，开展大规模经济建设、进行大规模设备更新和技术改造、建设强大的社会主义工业体系成为苏联社会发展的主要任务。1924年，列宁逝世，斯大林上台，明确提出了优先发展重工业的工业化方针。1925年，联共(布)第十四次代表大会确定了以优先发展重工业，依靠国内市场发展经济，使苏联避免成为世界资本主义制度的附属物的发展方针，新经济政策被逐渐停止。1928年，斯大林宣布停止实施新经济政策，推行高度集权的经济政策。其主要特点是通过国家权力全面干预和管理国民经济各个行业，通过指令性计划集中配置资源，按照计划开展社会生产活动，加速推进农业集体化和社会主义工业化运动。苏联从1928年开始执行国民经济建设的第一个五年计划，该计划于1929年5月在全苏第五次苏维埃代表大会上审议通过，其目的是使苏联在军事上和工业上自给自足，核心是工业化，通过农业集体化积累资金和资源，支持工业特别是重工业发展。第一个五年计划完成后，苏联已由一个农业国转变为工业-农业国，初步建起了比较完整的国民经济体系，为实现社会主义工业化奠定了物质基础。1928年第一个五年计划启动时，资金困难是要克服的主要困难。到第二个五年计划启动时，人才困境凸显。1934年1月召开的联共(布)第十七次代表大会通过了发展国民经济的第二个五年计划(1933年至1937年)，其主要政治任务是最终消除国民经济中的资本主义要素，主要经济任务是完成整个国民经济的技术重建。1935年，斯大林在对军校毕业生的讲话中提出了"干部决定一切！"的口号。对于科技与人才的投入保证了第二个五年计划的成功实施。与第一个五年计划一样，重工业的增长速度远远超过轻工业。1937 年，苏联的工业总产值占世界的 10.6%，仅次于美国，超过德国、英国、法国，跃居欧洲第一位，世界第二位。① 苏联由落后的农业国转变为工业强国。斯大林在 1936 年 11 月召开的全苏苏维埃第八次代表大会上明确提出，由于经济的发展变化，苏联社会结构已经发生变化，剥削阶级作为一个阶级在苏联已被消灭，苏联已建成社会主义社会。1936 年 12 月，全苏苏维埃第八次非常代表大会通过《苏维埃社会主义共和国联盟宪法》，确定了苏联工农社会主义国家的国家性质，其政治基础是劳动者代表苏维埃，从法律角度确立了斯大林模式。

第三个五年计划由于德国法西斯入侵、苏德战争的爆发被迫中断，为战争做准备成为第三个五年计划期间的特点。苏联企业向东撤退，扩建东部工业基地，军工产品的生产增长迅速，大多数没有从事军事生产的企业在短时间内掌握了军事产品的生产技术，生产了大量的飞机、大炮、坦克、机枪和弹药等武器。卫国战争期间，苏联损失巨大。据统计，第二次世界大战期间，苏联总人口损失 2660 万人，是战争期间德国人口损失的 2.2 倍。② 培养合格的人才仍然是第三个五年计划的主要任务。第二个五年计划中已经形成在生产中通过课程和小组培养生产工人的制度。在第三个五年计划中，这种制度已经不能完全满足各行业对有文化的合格人才日益增长的需求。

三、文化重建

列宁非常重视文化建设对于巩固和发展苏维埃政权的作用。1920 年 12 月，俄共中央委员会通过了《关于无产阶级的决议》。该决议提出要确立党对苏联文化的绝对领导地位。1922 年 2 月，中央委员会通过了《关于在文学和出

---

① Дмитренко, Владимир Петрович. История Отечества. ХХ век：11-й кл － М.：Изд. дом "Дрофа"，1995. － 635 с. С.332.

② И. М. Ильинский，Миф о безмерных потерях СССР в Великой Отечественной войне，Знание. Понимание. Умение 2015.№1.С.5-17.

版活动领域打击小资产阶级意识形态的斗争决议》；1923年，提出了"文化革命"的概念。"文化革命"是广义的概念，意指社会精神生活，以及社会各个领域的根本性转折，包括社会经济结构、政治制度和公共管理的所有领域。这些革命性的变化应当出现并固化在新的道德、个人的日常生活中。

在教育领域，苏联政府制定并推行了一系列措施。苏维埃政权建立后，迅速着手建立起统一的、中央集权的教育管理体系，以及衔接有序的教育体系，扫除了大量文盲，普及了义务教育，为农业集体化、工业化建设培养了大量人才。在卫国战争期间，根据战时情况，苏维埃政府对学校教育进行了一系列调整。学校承受住了卫国战争的严峻考验，为战后重建和苏联科技、经济、社会发展奠定了基础。

第二节　1917—1920年的教育改革

1917年11月7日(俄历10月25日)是俄罗斯历史上的转折点。随着新的国家体制的建立及政治体制和社会经济关系的改变，教育领域经历了革命性变化。十月革命前夕，已有150年历史的全俄教师联合会重新恢复，其他的一些教育团体也开始积极行动，推动教育体系的民主化改革。[①] 1917年5月，当时的临时政府（俄罗斯共和国）组建了国家国民教育委员会（Государственный комитет по народному образованию）。该委员会虽然形式上是国民教育部的附属机构，但实际上却领导着教育改革。国家国民教育委员会成员来自社会各界，包括工人、士兵、农民，以及国家杜马执行委员、

---

① История педагогики : учебник для аспирантов и соискателей системы послевузовского профессионального образования по дисциплине " История и философия науки " - Москва : Гардарики，2007. - 413 c.C.287.

工会、学生组织等组织和机构的代表，其中有 100 多位有声望的社会活动家、教育家和热衷于教育事业的人士。国家国民教育委员会不仅可以针对国民教育部制定的法律草案提出意见，而且可以独立制定法律文本。从成立之日到十月革命前，国家国民教育委员会在其存在的短短 5 个月中制定了 40 多项教育改革议案，并初步着手开展教育民主化改革。①

十月革命之后，俄罗斯苏维埃联邦社会主义共和国需要以最快的速度改变国家经济和文化的落后局面。新成立的苏维埃政府充分认识到教育在迅速克服国家经济和文化落后方面所具有的重要作用，以及学校作为教育机构和共产主义教育工具的特殊作用。列宁在教育工作者大会上的讲话强调："只有学校能够巩固革命的胜利成果……通过革命得来的一切，只有通过教育子孙后代才能得以巩固。"②列宁也非常重视教师队伍建设，希望吸引那些拥护旧制度的教师加入苏维埃教师队伍。他讲道："俄国革命的命运直接取决于广大教师能否迅速站在苏维埃政权一边。"③列宁在教育工作者大会上的讲话，以及此后领导教育人民委员部的卢那察尔斯基（Луначарский）的讲话对这一阶段的教育发展和改革具有重要的指导意义。

1917 年 11 月 11 日，教育人民委员卢那察尔斯基在《关于国民教育》的告公民书中指出："……在一个充斥着文盲和愚昧的国家，任何教育领域真正民主的政权都应该将与黑暗进行斗争作为其首要目标。（当前）教育发展的任务是通过组织符合现代教育学要求的学校网络，实施普及的、义务的、免费教育，争取在最短的期限内普遍扫盲。同时，通过建立教师学院、教师讲习班，尽快培养普及教育所需要的强大的人民教师队伍。"并进一步指出："理想（的

---

① НАРОДНЫЙ КОМИССАРИАТ ПРОСВЕЩЕНИЯ, https, https：//bigenc.ru/domestic_ history/text/2249947, 2020-01-06.

② Н.К.Гуркина. История образования в России（Х-ХХ века）- СПб.：СПбГУАП, 2001. - 64 с. С.43.

③ Н.К.Гуркина. История образования в России（Х-ХХ века）- СПб.：СПбГУАП, 2001. - 64 с. С.43.

状态)是使所有公民都接受平等和可能的高等教育。呼吁'掌权的劳动人民必须明白，知识将成为他们争取更好生活和精神成长的最大武器'。"①这封告公民书在一定程度上说明了苏联教育近期要完成的主要任务，即以建立新的教育管理体系、全面扫除文盲、普及义务教育、组建教师队伍为主要内容，促进教育的民主化、世俗化发展。为此，教育人民委员部领导推行了一系列布尔什维克式的学校改革。1918年颁布的俄联邦政府宪法提出为了确保工人有效获得知识，俄罗斯社会主义联邦苏维埃共和国的目标是为工人和最贫穷的农民提供充分、全面和免费的教育，从根本大法的角度明确了苏维埃共和国教育发展的目标。

一、着手建立集权化的教育管理体系

教育管理的特点由国家管理体制的特点决定。苏联教育管理体系的重建工作在十月革命后马上启动。1917年11月7日，第二届全俄苏维埃代表大会召开，根据《第二届全俄苏维埃代表大会关于组建工人和农民政府的法令》②成立了政府——第一届俄罗斯苏维埃社会主义加盟共和国人民委员会(Совет народных комиссаров РСФСР)。该委员会具有立法、行政和执行职能，由13位成员组成，分别担任负责国家生活各领域的部委的领导职务。卢那察尔斯基是13位成员之一，担任教育人民委员。第二届全俄苏维埃代表大会在确定教育人民委员的同时，开始启动教育人民委员部的组建工作，直到1918年6月正式成立。

1917年11月9日，全俄中央执行委员会和人民委员会联合下令成立国家教育委员会(Государственная комиссия по просвещению)，将其作为过渡性

---

① Воззвание Наркомпроса к гражданам России 《О народном просвещении》. 1917 г. Культурное строительство в Пензенском крае. 1917-1938. - Саратов, 1986. С. 6-8.

② Декрет II Всероссийского съезда Советов об образовании Рабочего и Крестьянского правительства 26 октября (8 ноября) 1917 г.

教育管理部门。卢那察尔斯基担任主席，历史学家波克罗夫斯基（М. Н. Покровский）、列宁夫人、教育家克鲁普斯卡娅（Н. К. Крупская）是委员会内设机构的负责人。到 1918 年 6 月教育人民委员部组建完成前，国家教育委员向苏联工人、农民和士兵代表委员会中央执行委员会负责，领导国家教育和文化系统的工作。国家教育委员发挥纽带作用，在全国范围向市政和私立教育机构，特别是劳动的、阶级的教育机构提供物质、思想、道德支持，同时被授权制定相关法令和法律。按照 1917 年 11 月 9 日的法令，国家教育委员会应当与临时政府组建的国家国民教育委员会展开富有成效的合作，所有事物要经过（十月革命前存在的）国民教育部。该法令的颁布和实施一方面体现了这一时期教育管理体系具有从旧体系向新体系过渡的特点；另一方面明确了国民教育部不再具有政府职能，实际上转变为国家教育委员会的执行机构。卢那察尔斯基在《关于国民教育》的告公民书中也强调了国民教育部在过渡时期的作用。1917 年 11 月，人民委员会颁布了《关于解散国家国民教育委员会的法令》，宣布国家国民教育委员会不再存在，新成立的国家教育委员会的职权进一步扩大。1918 年 1 月，沙俄国民学校的校长和督学职位被取消，学校的管理转移到工人、士兵和农民代表委员会。

　　1918 年 2 月，卢那察尔斯基签署通过《关于将所有教育机构移交教育人民委员部》的决议，提出组建跨部门机构，将分属不同部门的开展普通教育和专业教育的高等、中等和初等学校，以及其使用或支配的所有场所、财产和资本、拨款和贷款全部转交到组建中的教育人民委员部。[1] 1918 年 6 月 5 日，人民委员会颁布《将所有部门所属的教育教学机构转交教育人民委员部管理的

---

① Воззвание Наркомпроса к гражданам России 《 Онародном просвещении 》. 1917 г, Культурное строительство в Пензенском крае. 1917-1938. -Саратов, 1986. С. 6-8.

法令》①，该法令要求将所有的精神文化机构纳入教育人民委员部管理。与管理权限同时移交的还包括资金投入，以及财产管理权。这就强化了教育管理的统一性和集权性特点，不断巩固了教育人民委员部的地位。1918年6月18日，教育人民委员部组建完成。该部同时具有立法权力和管理权力，作为国家政府机关，对包括教育、科学、图书馆、出版、博物馆、剧院和电影院、俱乐部、公园的文化和娱乐、国际文化关系等文化人文领域的活动进行国家管理。卢那察尔斯基任主席，波克罗夫斯基和克鲁普斯卡娅等任副主席。教育人民委员部内设部务委员会，执行管理职能，有权任命教育人民委员部内部机构负责人，并定期召开全俄教育代表大会，讨论关系教育发展的重要问题。

1918年6月26日，列宁签署《俄罗斯苏维埃联邦社会主义共和国人民教育组织法令》②，明确了不同管理部门的职权，包括国家教育委员会和州、省、乡教育委员会的职权，明确了国家教育委员会和教育人民委员部的组成、职责和指导原则，基本确立了国家教育管理体系。其中，全俄教育代表大会实行对国家教育最高层次的管理；国家教育委员会是解决教育领域所有问题的决策机构，负责制定总体规划和管理人民教育事务，制定国家预算，分配经费，制定教育的一般原则，统一地方教育工作，解决其他基本问题；教育人民委员部落实国家教育委员会制定的政策、规划、章程，直接管理教育、科技、文化等领域的活动。国家教育委员会成员包括教育人民委员部领导及其内部机构负责人，全苏中央执行委员会、工会联合会及其他中央机构和组

---

① ДекретII Всероссийского съезда Советов об образовании Рабочего и Крестьянского правительства 26 октября（8 ноября）1917 г. http：//docs. historyrussia. org/ru/nodes/9609, 2020-01-15.

② ПОСТАНОВЛЕНИЕ от 23 февраля 1918 года О ПЕРЕДАЧЕ ВСЕХ УЧЕБНЫХ ЗАВЕДЕНИЙ В ВЕДЕНИЕ НАРОДНОГО КОМИССАРИАТА ПО ПРОСВЕЩЕНИЮ, https：//www.rsvpu.ru/instituty/institut-gseo/kafedra-dpo/sbornik-dokumentov-prof-ped-i-prof-tex-obrazovanie-v-rossii/1/, 2021-11-16.

织的代表，来自其他部门的代表。这项法令实质上改变了国家教育委员会的成员组成，国家教育委员会转变为集中解决教育发展问题、协调教育科学研究工作、包括其他机构和组织的代表的机构。国家教育委员负责定期召开全俄教育代表大会，向代表大会汇报委员会工作情况，并向代表大会汇报其职权范围内的重要问题，以供代表大会讨论。1918 年 7 月至 9 月，国家教育委员会制定了教育民主化和人道化发展的基本文件——《统一劳动学校规程》及《统一劳动学校基本原则》，并领导制订了第一批学校教育计划。1918 年 10 月，国家教育委员会解散，其领导职能全部移交教育人民委员部。① 1919 年 1 月建立的教育人民委员部学术委员会承担了部分其他职能。至此，基于集体管理、民主集中制管理原则的中央集权的教育管理体系基本形成。

国家教育委员会和教育人民委员部从成立之日起，就确定了统一学校和国民教育体系内教育机构活动集权化管理的方针。到 1918 年，苏维埃政权建立起了层级化的教育管理架构，每个州、省、县都有国家教育委员会分支机构和地区人民教育委员会，省会城市被视为省。除高等教育外，国家教育委员会将学前教育机构、中小学学校教育和课外教育交给地方，教育委员会设置的机构同时发挥着监督和咨询作用。随着教育、科学、文化等领域的机构逐步移交教育人民委员部，从 1918 年起，教育人民委员部的领导地位不断得到巩固。1918 年，《俄罗斯苏维埃联邦社会主义共和国宪法》从法律角度确定了教育人民委员部作为国家行政机构的地位。教育人民委员部拥有就教育领域重大问题进行决策的权力，是教育体系的最高领导机构。这也意味着，基于统一和中央集权原则的、层级化的苏联教育管理体系已经建立。教育人民委员部持续工作至 1946 年，后转变为俄罗斯苏维埃社会主义加盟共和国教育部。

---

① ГОСУДАРСТВЕННАЯ КОМИССИЯ ПО ПРОСВЕЩЕНИЮ, " Российская педагогическая энциклопедия", https://pedagogicheskaya.academic.ru/958/ГОСУДАРСТВЕННАЯ_ КОМИССИЯ _ ПО_ ПРОСВЕЩЕНИЮ, 2020-06-10.

二、重视扫盲工作

只有受过教育和有技术文化的群众才能建立社会主义国家。十月革命前，俄国9~49岁人口中72%是文盲，其中，男性占60%，女性占83%。每五个儿童和青少年中就有四个不会读写。[①] 十月革命后，一方面，国家建设、工业化发展需要有文化的劳动者和建设者；另一方面，苏维埃政权是人民政权，大量文盲的存在严重阻碍广大人民有意识地参与国家生活。列宁曾经说："在充满文盲的国家不可能建设社会主义，文盲被排除在政治之外。"[②]就这一问题，他更加明确地谈道："我们不是乌托邦。我们知道，没有技术的工人或厨师都不能马上参与管理国家。……我们要求立即打破只有富人或富人家庭出身的人才能管理国家、开展政府日常工作的偏见。我们要求有觉悟的工人和士兵学习国家管理，并应立即、毫不拖延地吸引所有的劳动人民、所有的穷人，都参与到这项学习中。"[③]扫除文盲成为年轻的苏维埃政权（要完成的）最重要的一项教育任务[④]，也是一项重要的政治任务。

国家教育委员会建立初期，就设有负责扫盲工作的部门，克鲁普斯卡娅曾直接领导这项工作。1919年12月26日，列宁签署了《关于扫除俄罗斯苏维埃联邦社会主义共和国人口中文盲的法令》。[⑤] 该法令提出，为了使共和国的全体人民能够有意识地参与国家的政治生活，"所有年龄在8岁至50岁不会读写的人，必须学习用母语或俄语读写"，并要求地方教育委员会在法令颁布

① Народное образование, наука и культура в СССР, Издательство. Статистика. Москва 1971.404 c.С.2.

② В.И.Ленин ПСС т.44 В. И. ЛЕНИН, В. стр. 174, http：//leninvi.com/t44/p174, 2020-06-12.

③ В.И.Ленин ПСС т.34 УДЕРЖАТ ЛИ БОЛЫТТЕВИКИ ГОСУДАРСТВЕННУЮ ВЛАСТЬ стр. 315, http：//leninvi.com/t34/p315, 2020-06-12.

④ В.Г.Торосян. История образования и педегогической мысли- М. : ВЛАДОС, 2006. - 460 c.С.332.

⑤ Всероссийская чрезвычайная комиссия по ликвидации безграмотности, https：//ria.ru/20150719/1134033666.html, 2020-07-17.

后的两个月内制订扫盲计划。该法令同时倡议动用可利用的资源支持扫盲工作，号召工会、俄共地方组织、共产党青年联盟、妇女工作委员会等劳动组织都要参与国家教育委员会及其地方分支机构组织的扫盲工作，"允许教育人民委员部使用教堂、俱乐部、私人住宅、工厂以及其他机构中的适宜场所（建立扫盲点）扫盲"。该法令还规定每天要为参加扫盲的非军事企业在职人员缩短两小时的工作时间，并保留工资。除入伍人员外，几乎全部有文化的人都参与到了扫盲工作中，劳动报酬按照教育工作者进行支付。

扫盲工作开始时进行得并不理想。1920年7月19日，一项新法令发布，全俄扫盲特别委员会成立，专门领导扫盲工作。全俄扫盲特别委员会在地方设立分委员会，并帮助地方开展扫盲工作，监督其执行情况。该委员会一直工作到1930年，有专门部门负责在少数民族中开展扫盲工作。在开始阶段，扫盲以学会阅读、写作、简单算术为目标，在扫盲点开展扫盲工作。但是，仅仅掌握这些知识实际上属于半文盲，对于充分参与国家生活显然是不够的。认识到这一问题后，该委员会开始调整扫盲工作内容及形式，主要以面向半文盲的学校为主要场所，学习内容有所拓展，如学习社会科学、经济地理和历史基础知识。此外，农村扫盲学校还教授基础的农业和养殖知识，城市扫盲学校教授理工类技术。

三、促进教育世俗化

教育世俗化是苏维埃政权建立初期教育政策的重要取向，也是区别于沙俄教育的重要特征之一。1917年11月，列宁签署了《将教会部门的教育和教养事业移交教育人民委员部管理的决议》①，明确要求教会将各类教育机构，

---

① "Постановление Наркомпроса" О передаче дела воспитания и образования из духовного ведомства в ведение комиссариата по народному просвещению，https://rg.ru/2016/11/17/rodina-dokumenty.html，2020-06-12.

包括建筑物、附属建筑物、藏书等，以及所有上述学校与机构的用地和拨款，即所有动产和不动产全部移交教育人民委员部。1917 年 12 月 4 日通过的《土地委员会法令》也包含教会土地世俗化的条款。按照该法令，所有从神学院到识字学校的宗教教育机构的建筑物、财产和资本被没收，整个宗教教育系统实际上已经失去了继续运行的基础。

　　1918 年 1 月 20 日颁布的《关于信仰自由和教会宗教团体的法令》①宣布，宗教信仰自由；教会必须同国家分离，学校必须同教会分离；禁止实施普通教育的学校讲授宗教教义。1918 年 1 月 23 日，教育人民委员部出台了《关于将教会从国家、将学校从教会分离的法令》。② 该法令提出的原则是苏维埃政权未来 70 年针对教会组织的基本政策，再次明确教会必须同国家分离，学校必须同教育分离；禁止各类教育机构教授宗教教义，以及与宗教信仰相关的内容；禁止在中小学校举行宗教仪式。

四、建立统一劳动学校

　　列宁在 1918 年 8 月的教育大会上公开表示"学校在生活、政治之外，是谎言和虚伪"③。教育必须同无产阶级政治相联系，必须同生产劳动相结合是创建苏维埃教育体系的主导原则；建立统一劳动学校、开展普通教育和综合技术教育是中心环节。列宁提出，现代教育包括普通教育和综合技术教育两

---

　　① 《О свободе совести, церковных и религиозных обществах》от 20 января 1918 г. Козлов Фёдор Николаевич ДЕКРЕТ "О СВОБОДЕ СОВЕСТИ." ИЛИ "ОБ ОТДЕЛЕНИИ ЦЕРКВИ." (1918 Г.) // Гасырлар авазы － Эхо веков, 2015. №3-4.С.174-187.

　　② 《О свободе совести, церковных и религиозных обществах》от 20 января 1918 г. Козлов Фёдор Николаевич ДЕКРЕТ "О СВОБОДЕ СОВЕСТИ." ИЛИ "ОБ ОТДЕЛЕНИИ ЦЕРКВИ." (1918 Г.) // Гасырлар авазы － Эхо веков, 2015. №3-4.С.174-187.

　　③ РЕЧЬ НАI ВСЕРОССИЙСКОМ СЪЕЗДЕ ПО ПРОСВЕЩЕНИЮ 28 АВГУСТА 1918 г., http://lunacharsky.newgod.su/lib/o-vospitanii-i-obrazovanii/rec-na-i-vserossijskom-sezde-po-prosveseniu/, 2020-08-19.

部分。他在 1917 年和 1919 年提出的俄共(布)党纲草案都包含了"对未满 16 岁男女儿童一律实行免费的义务的普通教育和综合技术教育"的要求。1919 年俄共(布)第八次代表大会通过的党纲规定要"对未满 16 岁男女儿童一律实行免费的义务的普通教育和综合技术教育，在理论与实践方面了解所有生产领域"①。统一劳动学校的"统一"首先是学校类型的统一，原有的等级分明、多样化的学校类型被取消，取而代之的是由包含两级的九年制劳动学校开展普通教育和综合技术教育，所有儿童都应该进入同一类型的学校，并以同样的方式接受教育。其次是强调教育的连续性，即从幼儿园到大学，整个教育体系的各个阶段保持相互衔接、互相联系，形成连续的、上升的阶梯；废除教育的阶级、等级、宗教、民族和其他限制，所有公民享有同等的受教育权，沿着教育阶梯从低到高接受教育，并授予俄罗斯所有民族以其母语创建民族学校的权利。最后是统一劳动学校必须遵循教育人民委员部制订的统一的规章和教学计划，不仅要提供系统的教育，而且要培养青少年为现代社会生活做准备，对其进行道德教育和生产教育。② 统一劳动学校的"统一"与学校教学内容和教学组织形式的多样化并不相悖。在遵循国家劳动学校规章以及统一教学计划最低要求的基础上，地方管理部门、学校校务委员会以及教师个人可以发挥主动性和创造性，促进教育的民主化发展。统一劳动学校强调的"个性化原则"是学校的一项重要原则，教师要分析每个学生的爱好和性格特征，使学校教学内容尽可能符合学生个人需要。教学个性化并不等同于个人主义，学校要尽可能培养学生的集体主义生活习惯和团结精神。

　　1918 年，国家教育委员会制定了《统一劳动学校规程》和《统一劳动学校基本原则》的草案，并于当年 8 月在全俄罗斯教育代表大会通过。1918 年 10

---

① 华东师范大学教育系：《列宁论教育》，转引自吴式颖：《外国教育史教程》，293 页，北京，人民教育出版社，1999。

② ОПУБЛИКОВАНА.《ДЕКЛАРАЦИЯ О ЕДИНОЙ ТРУДОВОЙ ШКОЛЕ》，https://www.prlib.ru/history/619635，2020-07-19．

月16日，全俄中央执行委员会予以发布，从法律角度废除了旧的国民教育体系，提出建立统一的、免费的普通教育体系，并确定了国家学校事业发展的基本原则。《统一劳动学校规程》指出，除高等学校外，其他一切学校均为统一劳动学校。统一劳动学校分为两级：第一级(五个年级)招收八岁到十三岁儿童；第二级(四个年级)招收十三岁到十七岁儿童。① 为六岁到八岁的儿童设立的幼儿园也属于统一劳动学校范围。统一劳动学校实行免费教育，教学人员经选择产生。在1918年7月以前，教师需要递交申请，并且要提供适当证明及推荐书，还要表明自己的教育观和社会观。

统一劳动学校秉持教育要与生产劳动相结合的原则，将普通教育与综合技术教育相结合，强调生产劳动应当成为学校生活的基础，提出基于社会劳动组织原则制订新教学计划，重视体力劳动拥有的巨大德育意义，强调劳动是获得知识的基本途径，要通过劳动及其他活动培养儿童的自律性、互助精神、团结协作和热爱劳动的道德品质、坚韧不拔的精神。②生产劳动应当紧密地、有机地同教学相结合，劳动学校第一级教育和第二级教育都兼具普通教育和劳动教育性质，同时，重视体育与美育。《统一劳动学校规程》对学校管理也做了规定，提出：学校全体师生共同组成学校集体，校务委员会是负责学校工作的自治组织。在服务于教育教学目的的前提下，学校全体成员享有组成各种社团和小组的自由。《统一劳动学校基本原则》与《统一劳动学校规程》提出的原则一致，对原则做了进一步说明。苏联教育界将《统一劳动学校基本原则》称为《统一劳动学校宣言》。《统一劳动学校宣言》提出了苏联学校教育活动的新的思想政治原则及教育教学原则，强调教育要培养社会主义国家的公民，指出要改造旧学校，消除教育的阶级垄断性和特权性，使学校成为人人

---

① Под редакцией З.И.Васильевой. История образования и педегогической мысли за рубежом и в России- М.: Издательский центр《Академия》, 2006. - 432 с.С.371.

② ОПУБЛИКОВАНА.《ДЕКЛАРАЦИЯ О ЕДИНОЙ ТРУДОВОЙ ШКОЛЕ》, https://www.prlib.ru/history/619635, 2020-07-19.

可以接受教育的人民的学校。《统一劳动学校宣言》的主导思想包括：集体主义教育思想、国际主义教育思想、培养积极主动的学生等。《统一劳动学校宣言》建议学生在劳动学校第一级要掌握各种类型的手工劳动，在第二级要参加工业和农业生产性工作；重视儿童个性的全面发展，提倡通过体操、游戏、韵律、绘画、造型艺术、唱歌和音乐等开展体育和美育。

1919 年，俄共（布）第八次代表大会提出确保所有 17 岁以下男女儿童接受免费的义务普通教育和综合技术教育，并针对 17 岁以上儿童广泛发展职业教育。到 1920 年，俄罗斯苏维埃联邦社会主义共和国开办了 1.3 万多所劳动学校；学生人数（与 1914—1915 学年相比）增加了 100 多万人，教师人数增加了 4.7 倍。[①] 劳动学校构想在落实中出现了一些问题：过度强调劳动，忽视普通教育，过分强调统一，忽视学生个性发展。加之部分教育人民委员部成员对实行统一教学计划持反对意见，统一劳动学校建设工作一度进展缓慢。1918—1920 年，统一的教学计划尚没有制订。直到 1920 年，新的教学计划和第二级学校示范性教学计划公布，包括关于自然的科学、关于社会的科学和数学科学的教学计划。国内战争爆发后，苏联面临物质方面的困难，在加速实现工业化的条件下，为了确保中等和高等教育的发展，1920 年，俄共（布）会议提出取消九年制统一劳动学校，建立七年制基础学校。七年制学校分为两个阶段：第一阶段为四年，第二阶段为三年。会议同时决定，在七年制学校的基础上，以三到四年制职业学校的形式开展职业教育。[②]

五、开展义务性职业教育

1917 年 11 月 9 日建立的俄罗斯苏维埃联邦社会主义共和国人民教育委员

---

① Г．，Георгиев В．А．，Орлов А．С. Исторический словарь．－ 2-е изд．－ М．：Проспект，2015．－ 592 с.С.175-176.

② Под редакцией З.И.Васильевой. История образования и педагогической мысли за рубежом и в России－ М．：Издательский центр《Академия》，2006．－ 432 с.С. 372.

会下设技术学校及综合技术教育处。1918 年 2 月 23 日和 11 月 15 日，1919 年 6 月 24 日和 7 月 7 日，人民委员会讨论了职业教育的问题，为了在统一思想原则的指导下建立新型职业学校，将分属于不同主管部门领导的所有职业学校移交人民教育委员会管理。1918 年 6 月 5 日，由列宁签署法令，人民委员会以法令的形式确定了人民教育委员会对职业学校的领导权。从 1919 年开始，职业学校管理实现集权化，权力集中于俄罗斯苏维埃联邦社会主义共和国人民教育委员会，对 17 岁以下的所有儿童实行免费的义务性职业教育，并由国家向贫困儿童提供食品、衣物和学习用品。

列宁极为重视职业技术教育和培训熟练工人的问题，他签署的 40 条关于教育的法令中，有 20 条是关于职业教育的法令，这些法令直接涉及苏联职业教育体系的组织和发展。1919 年《关于普及职业技术知识措施的条例》①明确指出："工农革命最后取得胜利的必要条件是提高人民的劳动效率，……而提高劳动效率最快、最可靠的办法是在广大人民群众中推广职业技术知识和技能……"②该条例被视为苏联发展职业教育的开始。

苏维埃政府成立初期，提出摒弃一切"非无产阶级"的要素，巩固社会主义制度。职业教育体系也是这样，要从根本上改造旧的职业学校，探索培训熟练劳动力的新形式。1918 年 10 月 16 日，卢那察尔斯基签署了《关于职业教育任务的专门宣言》③，反对专业面窄的职业技能培训，主张技术教育和综合

---

① Декрет. О мерах к распространению профессионально－технических знаний, 参见 Ларина Елена Владимировна Из истории формирования системы профессионально－технического образования в советской России в начале 1920－х годов（на материалах г. Москвы и Московской губернии）// Вестник КГУ, 2019. №4. С.49-53.

② В. Л. Саюшев. Профессионально－техническое образование. Большая советская энциклопедия: В 30 т. － М.: "Советская энциклопедия", 1969-1978. http: //slovari. yandex. ru/, 2020-08-15.

③ Специальной декларации. О задачах профессионально－технического образования в России, 参见 Силин Андрей Вячеславович Советская парадигма профессионального образования в 1917-1920 годах: этапы эволюции // Вестник Северного（Арктического）федерального университета. Серия: Гуманитарные и социальные науки, 2011. №6. С.41-48.

技术教育相结合，所有初等和中等学校全部转为统一劳动学校。统一劳动学校的建立意味着沙俄时期留下的职业类学校，包括技工学校、职业技术学校、职业技术培训班、教学示范工厂、工厂艺徒学校等各种职业技术类学校以及中等专业学校全部改为统一劳动学校。这一章程的实施基本取消了初等和中等职业学校。其结果如克鲁普斯卡娅所言："暂时取消了职业教育，把学校移交给各个部门了。"①

后来的现实情况说明，削减职业学校的政策是错误的。当时，年轻的苏维埃政权要抵御国内外敌人的进攻，面临重重困难。在经济全面崩溃的状态下，熟练劳动力严重短缺问题凸显。1919 年年末和 1920 年年初，人民教育委员会对职业教育的态度发生了根本转变，对职业教育的管理机构也进行了调整。1919 年 11 月 9 日，人民教育委员会批准了国家职业和技术教育总体规划。其实质是指明职业技术教育可以有两条实现途径：第一条为中学第二阶段毕业后可进入中等和高等职业学校，即技校和专科学院；第二条为中学第一阶段毕业后可进入四年制的初级职业技术学校，前两年学习普通文化课，后两年学习专业课，并开展生产实习。同年，人民教育委员会建立了职业技术教育处，1920 年宣布在职业技术教育处的基础上成立职业教育委员会，其任务是建立与经济活动有着密切联系的职业学校网、训练班，保证向国家经济部门提供必需的熟练劳动力。为加强工人队伍培养机构与工业领域的联系，1922 年，苏联最高国民经济委员会职业技术教育部成立，各加盟共和国也成立相应机构。

在艰难的国内战争期间，苏维埃政府关于职业教育的一些设想无法得以实现。1920 年，国内战争结束，培养熟练工人作为国家重大问题被提出。这一问题受到广泛关注，并在全国得到广泛讨论。俄共代表大会、工会代表大

---

① ［苏］C.я. 巴特舍夫：《苏联职业技术教育简史》，50 页，黄一卿、鲁爱珍译，北京，教育科学出版社，1989。

会、共产主义青年团代表大会等会议多次对职业教育发展问题展开讨论。同年，多项促进职业技术教育发展的重要决议通过。7月29日，列宁签署了《关于职业技术教育义务制的条例》。[①] 该条例强令要求18岁到40岁的工人都要接受义务的职业技术培训。在没有少年工人工厂学校的地方，职业技术教育义务普及年满14岁青年。该条例要求每个工厂组织夜间短期培训班。这些措施的实施大量消除了技术文盲，改变了熟练工人严重不足的局面。

由于国家经济贫弱，文化基础落后，不具备在七年制基础上实施职业技术教育的可能，因此建立在四年制基础上的职业学校网络发展迅速。从1918年年底起，工人俱乐部学校和青年工人学校开始出现。1919年颁布的《少年义务学习法令》要求15岁至17岁的在职青少年在这类学校带薪完成义务学习。1920年10月，俄罗斯共产主义青年联盟第三次代表大会在对工人俱乐部学校和青年工人学校的经验进行研究以后，提出组建一种新的职业学校类型——工厂艺徒学校的设想。次年6月，隶属于职业教育总委员会的青少年工人学校处建立，组织各种类型的青少年工人教育。

六、改革高校招生制度和管理制度

针对沙俄时期长期存在的工人、农民被排除在高等教育之外的情况，在国内战争结束时，促进高等教育民主化发展是高等教育政策的重点内容。苏维埃政府通过改变高等学校招生制度，招收无产阶级和贫苦农民进入大学，改变大学的社会结构，实现高等教育的"无产阶级化"，从工农中培养专业人才和领导干部。1918年8月2日，人民教育委员会通过了《关于高等学校招生

---

① Декрет об учебной профессионально-технической повинности, 参见 Демченко Мария Владимировна Из истории развития российского законодательства о квалификации и подготовке работников // Социально-политические науки, 2017. №6. С.53-57.

法令》①的政府命令。命令规定，凡年满 16 岁的人，不分国籍和性别，都可以进入任何高等教育机构，无须出示任何学校的文凭、证书或结业证书。② 11月 10 日，人民教育委员会颁布了一项关于取消国家考试和改变高等教育机构学生考试程序的决议，明确指出：给予任何权利和优势的文凭及证书被废除。③ 这些规定体现出招生政策向无产阶级和贫穷农民倾斜的倾向，为工人、农民子女进入大学开辟了道路。1918 年，莫斯科大学录取人数是 1913 年的 5倍。④ 但是，多数被录取的学生因为不具备在大学学习所必需的知识，所以难以坚持在大学学习。为了解决这一问题，从 1919 年起，全国范围内出现了一种特殊形式的高等教育预备培养形式——工人系。工人系由大学设立，开展普通教育，为没有接受过中等教育的工人、农民进入大学做准备。在创建工人系，为工人、农民进入大学搭建阶梯的同时，苏维埃政府从经济角度为工农家庭的学生接受高等教育提供了保障。1922 年，大学开始引入国家奖学金制，到 20 世纪 20 年代末，75%的大学生享受奖学金。

　　1920 年 9 月 17 日，俄联邦教育人民委员部颁布的《关于工人系法令》⑤从法律角度正式确定了工人系的法律地位。按照该法令，工人系招收由企业、工会、党和委员会机构派出的 16 岁以上从事体力劳动的工人和农民，学员在

---

①　Декрет о правилах приема в высшие учебные заведения，参见 Донченко А. С.，Самоловова Т. Н. Реформирование высшей школы Советского государства в декретах и постановлениях партии и правительства（1917-1938 гг.）// Вестник КрасГАУ，2014．№10. С. 229-235.

②　Н. К. Гуркина. История образования в России（Х-ХХ века）-СПб.：СПбГУАП，2001．-64 с. С. 44.

③　Постановление Народного комиссариата просвещения об отмене государственных экзаменов и об изменении порядка производства всякого рода испытаний студентов в высших учебных заведениях. 10.11.1918 г. http：//www.libussr.ru/doc_ ussr/ussr_ 390.htm，2020-02-03.

④　Н. К. Гуркина. История образования в России（Х-ХХ века）-СПб.：СПбГУАП，2001．-64 с. С. 47.

⑤　декрет СНК РСФСР "О рабочих факультетах" РСФСР "О рабочих факультетах"，http：//www.libussr.ru/doc_ ussr/ussr_ 1954.htm，2020-02-03.

工人系的学习等同于从事生产工作，向学员提供国家奖学金；在有空缺席位的情况下，也招收有 3 年(后来为 4 年和 6 年)党龄或共青团团龄的非体力劳动者。工人系毕业生免试进入大学。工人系培养了第一代在政治和意识形态上忠于苏联政府和党的知识分子与干部。

使人文学科教学计划与马克思主义思想相一致是教学内容，特别是社会科学教学内容改革的重点。但是，由于缺乏这方面的教师，因此大学人文社会科学教学被暂时取消，直到 1921 年开设马克思社会科学课程时才恢复。1918 年，法律系、历史-语言学系取消。重建大学教师队伍也是这一时期高校工作的一项重要内容，包括派著名学者、党员到莫斯科大学任教。为了重建大学教师队伍，1918 年，社会主义学院开设，学院的任务就是研究马克思主义理论要进一步解决的问题。1919 年，斯维尔德洛夫共产主义大学成立，其目的为宣传共产主义思想并培养意识形态工作者。国内战争结束以后，苏联建立起了广泛的科研和教学机构，这些机构都成立了马克思主义研究中心，包括马克思学院、恩格斯学院等。1921 年 2 月，列宁签署了《关于创办红色教授培养学院的法令》，要求在莫斯科和彼得格勒建立培养红色教授的学院，培养教授理论经济、历史唯物主义、社会形式发展、现代历史和苏联建设的红色教授①，培养马克思主义高等学校教师队伍。

第三节　1921—1930 年的教育改革与发展

国内战争导致财政资源严重短缺。20 世纪 20 年代初，苏联政府减少对学校的预算拨款，地方预算承担教育经费。1920 年，国家预算中的教育支出比

---

① Декрет СНК об учреждении институтов по подготовке красной профессуры. 11.2.1921 r. http：//www.libussr.ru/doc_ ussr/ussr_ 390.htm, 2020-02-03.

例为 10%，1922 年下降到了 2%～3%。① 由于缺乏资金，因此许多学校被关闭，教师不能按时拿到工资，学生人数减少。1921 年，作为临时措施，学费缴纳制度一度实施。在 1921—1922 年，通过定期组织"星期六"义务劳动和"帮助学校周"活动，居民自愿筹集资金，以满足教育需要。实行新经济政策以来，随着经济的复苏，教育领域资金投入情况有所改善。1924 年，国家恢复对学校教育资金投入。此后，对于教育的投入稳定增长，1925—1930 年，投入占预算的比例高达 12%～13%。1929—1930 学年与 1925—1926 学年相比，国家对学校投入增加了 9 倍。②

一、调整普通教育体系

《统一劳动学校规程》制定的实现九年制义务教育的目标很多并没有实现，综合技术教育仅仅在新型的劳动学校（工厂学校）中得以成功实施。普通学校学生所获知识的总量不够，教育水平下降，中等学校教育接近于原来的初等教育水平。考虑到现实情况，1920 年 12 月 31 日至 1921 年 1 月 4 日，就教育问题召开的苏共党的会议颁布《完全临时措施》，提出以七年制学校取代九年制统一劳动学校。教育人民委员部调整了包括小学、中学和高等教育机构在内的学校体系。这次调整使普通教育体系具有一定的灵活性，每一级教育都具有独立性，同时也是下一级教育的基础。中小学校教育包括四年制小学（第一级）和城市中的七年制学校。第二级教育阶段出现了不同的发展方向。农村地区以第一级学校（五个年级）教育为基础，建立起了三年制农村青年学校。这类学校不仅提供普通教育，而且教授农业知识。从 1921 年起，在小学的基

---

① Н.К.Гуркина. История образования в России（Х－ХХ века）－СПб. : СПбГУАП, 2001. －64 с. С. 46.

② Н.К.Гуркина. История образования в России（Х－ХХ века）－СПб. : СПбГУАП, 2001. －64 с. С. 49.

础上开始出现三年制工厂艺徒学校（Школа фабрично-заводского ученичества，ФЗУ），1925年开始建立七年制工厂学校（Фабрично-заводские семилетка，ФЗС）。从20世纪20年代中期开始，教育界围绕综合技术和早期强制性专业化发展前景进行了讨论。第二级普通学校教育开始出现职业化倾向，部分二级学校的八年级至九年级开展专业化教学。

学校体系的调整要求改变教学计划。1923—1925年，国家学术委员会（Государственный ученый совет，ГУС）组织编写了新教学计划。新教学计划不是某门课程的教学计划，而是综合性单元教学计划。针对旧学校中存在的理论与实践、学校教学内容与生活相割裂的问题，教学计划编写者剔除了初等学校中的分科教学形式，提出只有实行综合教学才能够揭示现实生活中各种现象之间的关系。按照上述观点，教育计划由自然与人、劳动、社会三部分组成。从1924年起，学校开始引入综合课程，并制订了综合性单元设计教学计划。1927年新编写的教学计划重申了综合性单元教学体系的正确性，在统一劳动学校第一级教育阶段提供语法、正字法、算术等课程教学计划，综合性单元课程由社会知识、地理、自然科学、儿童生活课程组成。1929—1930学年，《统一劳动学校第一级教学计划》发布，在保留综合性单元课程的同时，增加了综合技术内容，同时提出要将综合性单元计划变成综合性单元设计，综合性单元设计计划定位于取消班级，取而代之的是单元和小组式授课形式，学生通过单元或小组学习来掌握生产劳动技能。

20世纪20年代苏联的普通教育发展取得了一定成绩。1930年，苏联全国范围内普及了初等教育，城市和城镇普及了七年制义务教育。所有城市儿童基本都在学校学习，一半左右的农村儿童也进入了学校，识字率迅速提高，各民族母语教学广泛普及。

从十月革命后到20世纪30年代前，教育管理的民主化给予了教育研究者和实践者开展探索和各种实验的自由，苏联教育体系的建立和发展涌动着创造的热情，沙茨基和维果茨基等教育家、心理学家参与创建了统一劳动学校。在这一阶段，学者对不同学校类型进行了试验性检验，包括九年制普通教育学校、九年制有职业倾向性的学校及九年制工厂学校，在组织教学时尽可能地兼顾地区特点和学生人数。在倡导教育世俗化、统一性原则的条件下，达吉斯坦、中亚等部分地区实施男女分校，宗教学校仍然有所保留。20 世纪 20 年代，苏联的学校教学开始强调从重视教师转向重视学生，转向重视学生的认识兴趣和精神需求；强调在掌握知识的过程中发展学生的积极性和自主性，加强理论与实践、教学与生活的联系。教师在教学过程中应用了许多新方法，个别学校开始将从国外借鉴来的教学法应用于教学实践，使用道尔顿制（Дальтон-план）和设计教学法（Метод проектов）。但是，民主化发展原则和发展形式超前于苏联的现实，新的实验和探索带来学生知识掌握不够系统、教学质量下降等问题。这一阶段，在促进年青一代全面发展的重要目标的指引下，新的道德教育体系正在建立。

尽管这一阶段的苏联教育具有明显的意识形态化，但是在统一的意识形态立场和方法论立场的基础上，卢那察尔斯基、克鲁普斯卡娅、波克罗夫斯基、布隆斯基（П. П. Блонский）、平克维奇（А. П. Пинкевич）、沙茨基、皮斯特拉克（М. М. Пистрак）、卡拉什尼科夫（А. Г. Калашников）等国民教育委员会的第一批领导者和教育家都针对共同的问题发表了自己的观点，为苏联教育体系的建立做出了自己的贡献。1928 年，苏联教育学界展开了关于教育学、方法论和教育过程等主要问题的讨论，对一系列问题分歧很大，如关于教育的界限问题、关于教育学是否是科学的问题、关于教育与教学的矛盾性问题、关于社会环境和学校教育究竟谁处于主导地位的问题。可以说，20 世纪 20 年代相对开放和民主的态势为社会主义教育体系的建立创造了条件。

二、建立职业教育管理体系

教育人民委员部通过《关于传播职业技术知识措施的法令》①后，1920年，职业教育委员会(Главный комитет профессионального образования)成立，其目的是将职业学校、课程等与国家经济活动急需的熟练人才联系在一起。新成立的委员会取代了教育人民委员部职业技术教育处，领导全国职业教育，并统合分属其他部门和组织的职业教育方面的工作，具有独立预算和经费支配权力。该委员会根据最高经济委员会职业分类培养工人，学校毕业生由国家劳动委员会分配。为加强工人队伍培养机构和工业领域的联系，1922年，苏联最高国民经济委员会职业技术教育部成立，各加盟共和国也成立相应机构。专门设立管理机构体现了对职业教育的重视。

1920年《关于职业技术教育义务制的条例》的批准被视为苏联职业教育发展史上的一个重要里程碑，工厂艺徒学校按照该条例开始创办。该类职业学校将普通教育、职业培养和综合技术教育相联系，整合了理论培养和生产劳动。工厂艺徒学校使用过三种生产教学体系：直观教学体系，又称成品教学体系，其要点是在技能培训期间，学生制造成品；操作教学体系，即在操作一些本专业典型重要程序和方法的过程中对学生进行培训；结合上述两种教学体系组合而成的教学体系。20世纪30年代，苏联研制了操作组合教学体系。操作组合教学体系要求循序渐进地掌握生产方法和操作程序，然后掌握全套工作，整个教学组织过程实际上就是产品生产过程。

1921—1925年，工厂艺徒学校成为培养工人的主要形式。这些学校中至少有3/4的学生是工人的子女。中低级技术和行政人员干部(师父、队长、技师)由初等和中等技术学校、职业学校或短期课程班培养。在这一阶段，尽管

---

① Декрет СНК РСФСР "О мерах по распространению профессионально-технических знаний"，参见 Министерство просвещения Российской Федерации，http://www.libussr.ru/doc_ussr/ussr_1954.htm，2020-02-03.

职业教育获得了规模性发展，但职业教育系统仍然不能满足国家的需求。建立以小学教育为基础的职业学校，把普通教育年龄降低到 14 岁，是受当时经济形势所迫。在经济困难的条件下，其他工人培训形式被压缩，工厂艺徒学校数量增长速度很快。

1920—1940 年，工厂艺徒学校是苏联职业技术学校的主要类型。工厂艺徒学校一般附设于大型企业，接收具有小学教育程度的 14～18 岁的年轻人，定位于培养掌握多种技术的工人，学制为 3～4 年。学生同时也是工厂学徒，领取工资。由于当时进入学校的学徒实际只有小学二三年级文化水平，因此工厂艺徒学校同时开展普通学校教育，兼具普通教育职能。工厂艺徒学校是工人系、中等技术学校、大学的生源渠道，是从工人队伍中培养人民知识分子的主要途径，是苏联国民教育体系中第一批综合技术学校。

1925 年，苏联开始了国家工业化进程，改革生产技术、建设新企业、组织流水作业，对工人的职业技能提出了新的要求，促使一些专业化程度较高的职业类别产生。以培养多面手工人为己任的工厂艺徒学校已无法满足工业发展的新要求，职业教育的管理和领导体系明显落后于人才培养需求。1928—1929 年，联共（布）中央两次会议讨论后，决定将职业学校的领导权转交给经济部门。

人民教育委员会于 1931 年 6 月 8 日下达《关于改善最高经济委员会和苏联加盟共和国管理的工厂艺徒学校工作措施的命令（33 号命令措施）》。此后 10 年间，大部分工厂艺徒学校招收七年制学校毕业生。经济管理建筑学校、冶金学校、手工工业学校、农业学校、商业学校、报业学校、烹饪学校、轻工业学校、农庄学校、农场学校、林业学校等工厂艺徒类学校为各个领域培养了所需人才。

1929 年，莫斯科州各工厂进行的调查表明，各工厂突击队成员有 46%～

77%毕业于工厂艺徒学校。[①] 20 世纪 20 年代初，苏共党提出要建立适应社会政治和文化发展水平的统一的国民教育体制，建立统一的职业技术教育体系也是其中的重要任务。1929 年 9 月 11 日，苏联中央执行委员会和人民教育委员会下发《关于建立统一的工业技术教育体系的决议》。该决议对培训技术人员提出了统一要求，规定了职业技术教育的两种学校形式——以七年制普通教育甚至以四年级水平为基础的职业技术学校、工厂艺徒学校，以及工人补习教育机构，包括为非熟练工人开设的训练班、技能提高班，职业夜校。

同工厂艺徒学校一样，职业技术学校也具有明确的职业方向。这类学校主要设在当时的工业合作社体系内部，培养具有理论知识和胜任独立工作所需的全套技能的工人技师。这类学校很多是具有工艺传统的学校，如绘画学校、玩具学校、纸浆板学校、刺绣学校、钟表学校等，主要为手工业和具有小手工业性质的生产部门培训技工。20 世纪 30 年代初，一部分学校停办，另一部分改为中等技术学校。

联共(布)中央会议通过的《关于改进培养新型专家的工作决议》和《关于国民经济干部的决议》把中等技术学校和高等技术学校的问题联系在一起来解决。其中，前者提出大力发展新型高等技术学校和中等专业学校，培养大量专家；后者决定将高等技术学校和中等技术学校移交给国民经济委员会和有关业务部门领导。此后，苏联开始了中等专业教育大发展时期，靠近大型工业和建筑基地的地方都开办了中等技术学校。1927 年年底，苏联共有 672 所中等专业学校。[②]

三、继续扫除文盲

从十月革命结束后就开展的扫盲工作，由于缺少适用的教材，缺少不仅

---

① ［苏］С.Я. 巴特舍夫：《苏联职业技术教育简史》，100 页，黄一卿、鲁爱珍译，北京，教育科学出版社，1989。

② Федеральная служба государственной статистики. http://www.gks.ru, 2020-09-11.

掌握知识，还能够讲解经济和文化建设任务及社会主义行为规范的扫盲教师，扫盲对象为成年人，其中部分成年人特别是偏远地区的农民抵触扫盲活动，青少年加入文盲队伍等，因此短期内文盲数量所占比例并没有快速下降，扫盲速度和效果滞后于预期。1920 年的人口普查显示，尚有 5400 万文盲，因此扫盲任务仍然艰巨。1921 年，受当时缺乏资金的影响，扫盲点的数量减少了近 80%。1922 年，第一次全苏扫盲大会决定首先保证 18~30 岁的红军战士、义务兵、工人、共青团员识字，并将扫盲培训时间增加到 7~8 个月。1923 年，苏共中央执行委员会和教育人民委员部批准了十年扫盲计划。1924 年 1 月 29 日，第十一届全苏代表大会通过了《在俄罗斯联邦成年人口中消除文盲的决议》，做出了在苏维埃政权建立十周年之前消除 18~35 岁的文盲的决定。

　　自 20 世纪 20 年代末开始，苏联的扫盲运动达到了一个新的水平。扫盲工作形式和方式发生了变化，参与范围扩大了。1923 年，全苏群众性志愿组织"扫除文盲"协会依靠社会资金支持扫盲工作。1924 年，该协会筹集资金，维持着 1.1 万个扫盲点，有 50 万人在其中学习；1930 年，维持着 20 万个扫盲点，有 300 万人在其中学习。① "扫除文盲"协会使扫盲工作真正具有了群众性特征，并在扫盲工作中发挥了积极作用。1928 年，全苏列宁共产主义青年联盟发起了全联盟文化运动，为扫盲工作注入了新的力量，共产主义青年联盟宣传和寻找新的扫盲工作方式，通过举办展览、移动宣传车、组织课程班和研讨会、提供教科书等多种方式宣传并支持扫盲工作。1930 年，扫盲学校的学生人数已经达到 1000 万人。尽管存在资金和识字不足的困难，但经过不到 10 年的努力，扫盲成绩明显。统计显示，1897 年，9~49 岁俄国人口识字率为 29.6%，到 1926 年，已经达到 60%，到 1939 年已经达到 89.7%。②

---

① Павлова Лариса Владимировна, ОБЩЕСТВО《ДОЛОЙ НЕГРАМОТНОСТЬ》И ЕГО РОЛЬ В ЛИКВИДАЦИИ НЕГРАМОТНОСТИ В ОРЕНБУРЖЬЕ В 20 - 30 - Е ГГ. XX В. ОБЩЕСТВО：ФИЛОСОФИЯ, ИСТОРИЯ, КУЛЬТУРА 2014. № 1. С.40-44.

② М.Р. Ефимова, Е.А. Долгих Вопросы статистики, 9/2016. С. 77-84.

四、建立高校管理制度

1921 年 9 月,列宁签署了《俄罗斯联邦高等教育机构条例》。[1] 这实际上是苏联第一部大学章程,明确了高等教育机构的任务是通过培养人才为俄罗斯联邦共和国的科学、科技和工业机构服务,特别是为高等教育机构本身服务。该法律文件明确了高等教育机构的地位,即包括大学在内的每一所俄联邦高等教育机构都是对俄罗斯联邦教育人民委员部负责的机构,只有教育人民委员部有权改变高等教育机构的组织和人员;明确了高等教育机构的学术、经济、行政活动处于教育人民委员部的监督下;要求大学的各方面活动都服从苏共和苏维埃国家的领导,为工人和农民接受高等教育提供优先权。该章程取消了大学自治,确定了新的苏维埃高等学校管理体制,要求从 1921 年开始,大学要开设马克思社会科学课程,并且停办法律系。

《俄罗斯联邦高等教育机构条例》确定高校的任务包括:根据社会政治条件的变化,培养国民经济各部门所需要的专业人员,以及大学和研究机构的教育科学工作者;发展科学研究工作;将高等教育机构转变为向广大群众传播科学知识的中心,广大群众的利益在高等教育机构的所有活动中应该成为优先考虑的事项。[2]《俄罗斯联邦高等教育机构条例》彻底改变了大学管理和教育教学活动,确立了苏维埃式的高校管理制度,要求将历史唯物主义、无产阶级革命的历史、无产阶级专政的经济政策、共产党的历史、列宁主义基础等列入学校必修课,以此改变社会科学教学内容,确立马克思主义在大学中的地位。

20 世纪 20 年代,在对高校组织管理、招生制度、教学内容和教学方式,

---

① 《ПОЛОЖЕНИЕ О ВЫСШИХ УЧЕБНЫХ ЗАВЕДЕНИЯХ Р.С.Ф.С.Р》от 2 сентября 1921 г.

② Собрание узаконений и распоряжений рабоче-крестьянского прави-тельства, 1921. № 65.С.486.

以及教师队伍进行全面改革和调整的过程中，苏联高等教育机构的数量明显减少：1917 年，有 150 所高等教育机构；1927 年，减少到 90 所。学生数量从 14.9 万减少到 11.4 万。① 教师在教学中的作用没有得到足够重视，高水平教师缺乏制约着高等和中等专业教育的发展。1928 年，1/4 的教授和副教授职位空缺。受多种因素影响，当时的高等教育只接近于中等教育水平。

这一阶段对于教育的投入持续增长，教职员工的工资报酬有所增加，中小学校获得规模性发展。1932 年，近 98% 的 8~11 岁儿童在接受教育。② 扫盲工作仍然在继续推进，而且取得了一定成果。对儿童和青年的道德教育工作也得到了重视。1918 年 10 月，全苏列宁主义共产主义青年联盟（共青团）成立；1922 年，全苏少先队组织成立，培养积极的、政治上过硬的、社会主义社会的建设者以及爱国者成为道德教育的主要任务。

第四节　1931—1941 年的教育改革与发展

苏联在 20 世纪 30 年代形成的高度集权的国家管理体系对学校教育产生了显著影响。1931—1932 年，联共（布）中央做出关于普通教育的决议，斯大林亲自参与制定。1932 年，《关于中小学教学计划和教学制度的决议》指出教育人民委员部及其地方机构给予学校的教学法支持不够，是导致中小学普通教育不能够提供足够知识的原因之一。③ 1933 年，苏联对教育人民委员部从根本上进行了重组，特别是在小学和中学的管理方面。为了对小学、中学和

---

①　Татьяна КЛЯЧКО, Высшее образование: больше, лучше или дешевле? Демоскоп Weekly № 669－6701－24 января 2016.

②　Н. К. Гуркина. История образования в России（Х－ХХ века）－СПб.：СПбГУАП，2001.－64 с. С. 49.

③　Постановление ЦК ВКП（б）от 25.VIII.1932 г. Об учебных программах и режиме в начальной и средней школе. http://istmat.info/node/57330，2020-09-13.

高校(大学和师范学院)以及成人学校进行区别管理，教育人民委员部内部设立了专门管理部门。1938年，教育人民委员部由22个部门组成，管理除高等教育机构外的其他层次和类别的教育。20世纪30年代，随着斯大林式社会主义模式的确立，苏联教育管理体系乃至整个教育体系经历了彻底重组，20世纪20年代被放弃的传统的教学组织形式得到恢复。

一、逐步普及义务教育

第一个五年计划的执行凸显了对于专业人才，对于有文化的工人、农民的迫切需求。1928年和1929年联共(布)中央会议讨论了无产阶级专家培养问题，提出了要加快普通教育发展，并改进普通教育教学的问题。

十月革命前，沙俄反复提出实施普及教育的问题，但没有得到国家层面的支持。十月革命后，1923年开始了制订普及义务教育计划的工作。1930年7月25日，联共(布)中央委员会出台《关于普及初等义务教育的决议》，开宗明义地讲到：社会主义建设要取得成功，就必须在最短的时间内克服广大职工文化技术落后的问题，没有初等义务教育的普及，这个任务就无法完成。[①] 决议规定从1930—1931学年起对8~10岁儿童实行四年制的普及初等义务教育，要求没有受过初等教育的儿童接受1~2年的速成教育；对工业城市、工厂区、工人居住区接受过初等教育的儿童确立了七年制的义务教育。到1934年，初等义务教育的普及在全国范围已经实现，普及中等义务教育问题受到关注。

二、调整普通教育体系

1931—1936年，苏共中央委员会制定了初等学校和中等学校条例，初等学校和中等学校教科书条例，关于在学校教授历史和地理课的条例，关于四分制(后改为五分制)评价体系的条例，以及关于国民教育体系中的教学问题

---

① Под редакцией З. И. Васильевой. История образования и педагогической мысли за рубежом и в России- М. Издательский центр. Академия, 2006. - 432 с. С. 375.

的条例。① 1932—1933 学年以来，农村青年学校和工厂艺徒学校被取消，七年制学校成为城市和村庄的统一普通学校，劳动教育和综合技术教育的受重视程度有所下降。在 20 世纪 30 年代末，劳动教学计划从大纲中删除，学校工作坊被取缔。

这一阶段，苏联国家领导人倡导对中等学校情况进行调查研究。调查研究结果表明，当时第二级学校学生中工人和农民子弟所占比例较低，中学阶段的培养水平不够，中学毕业生进入大学面临困难，于是国家领导人做出改革中等学校的决定。从 1932 年开始，第二级学校数量显著增加，并创设了工厂学校和农民青年学校等新式学校，工人和农民子弟所占比例增长迅速。1934 年，根据苏共中央委员会和教育人民委员部《关于苏联中小学结构的决议》，苏联确定了以下三类普通教育学校：

——小学（一年级至四年级），

——不完全中学（一年级至七年级），

——中学（一年级至十年级）。

三、统一中小学教学计划和教科书

1932 年，《关于中小学教学计划和教学制度的决议》指出："学校教育不提供足够的普通教育知识，也不能令人满意地解决为技校和高校输送很好地掌握科学（物理、化学、数学、母语、地理等）知识的文化人。"提出要修订教学计划，强调课堂是组织教育过程的主要形式，并提出要编写和使用稳定的教科书的要求；强调成员确定的班级、按照严格制定的课程表组织的课堂是中小学教育工作组织的主要形式，包括在教师指导下组织的全班、小组工作，

---

① Под редакцией З. И. Васильевой. История образования и педогогической мысли за рубежом и в России. Москва, 2005. С. 375.

以及针对每个学生采用多样化的教学方式开展个性化工作。① 1934 年,《关于苏联中小学结构的决议》明确要求建立划一的、各阶段连续的学校教育体系。《关于苏联中小学结构的决议》对 20 世纪 20 年代教育实践中采用的设计教学法提出了批评,要求彻底改变学校教育工作。

上述决定实际上取消了统一劳动学校的构想,将学校教学中心转移到系统的知识教学方向,强调教学的主要任务是以系统的知识和技能武装学生,重视教育体系的连续性和系统性。从 1931—1932 学年开始,普通学校要严格执行新的教学计划和教学大纲,该计划和大纲按照分科教学原则组织;课堂是学校教学的中心,学校按照固定课程表组织教学,有固定学生参加的、时间为 45 分钟的课堂成为教学的基本组织形式;实行标准性教学计划,使用统一的教科书;确立教师在课堂上的领导作用;实行系统的五级考评制,等级分为非常差、差、中等、良好、优秀;作息时间统一,学校制定了严格的课程表,以及内部管理规则。学校行政管理严格,学校生活的方方面面都有着严格的规定,学生自我管理的组织机构被取消。所有学校活动、教学内容都是统一的。1931 年,苏共中央委员会下达命令,要求取消从 20 世纪 20 年代开始的教育试验和创造性探索②,学校采用传统的教学方式,教学内容的意识形态化、教育管理的集权化得到强化。苏联教育体系开始失去创新和探索元素:教师失去进行创造性探索的权利,学生失去选择教学计划的权利。由此开始形成的以教师为中心、以课堂为中心、以教科书为中心的教学范式一直影响着以后苏联教育的发展。道尔顿制只在为数很少的实验学校中保留,大量学校实行班级授课制。特别是从 20 世纪 30 年代下半叶开始,学校教学过程明显表现出单一性和重书本性,教学内容和教学方式高度统一。20 世纪 20 年代

---

① Постановление ЦК ВКП(б) от 25.VIII.1932 г. Об учебных программах и режиме в начальной и средней школе. http://istmat.info/node/57330, 2020-09-13.

② В.Г.Торосян. История образования и педагогической мысли- М.: ВЛАДОС, 2006. - 460 с.С. 250.

在学校生活中占主要地位的学生劳动不再受到重视。1937 年，普通学校的教学计划不再包括劳动教学。

凯洛夫的教育思想形成于 20 世纪 30 年代，基本反映了 20 世纪 30 年代中期到 20 世纪 50 年代苏联教育的实际情况。其教学思想强调学生的任务主要是自觉地、牢固地掌握和利用前人所发现和整理的知识，学生并不负有发现新真理的责任。在教学形式上，凯洛夫认为课堂教学应是教学工作的基本组织形式，主张实施班级授课制，教师和学生在教学过程中都起到重要的作用。教学内容的实施，除了经过教师，别无他法。他重视教科书在教学中的作用，认为教科书是学生知识的主要来源之一。教学内容具体体现在教学计划、教学大纲和教科书之中。教科书中只能收纳确定不移的真理，而不是科学上尚无定论或正在争论的内容。

四、建立统一的职业教育体系

1931—1941 年，大部分工厂艺徒学校招收七年制学校毕业生。工厂艺徒学校培养各经济领域所需的人才。当时的工厂学校、建筑学校、冶金学校、手工工业学校、农业学校、商业学校、报业学校、烹饪学校、轻工业学校、农庄学校、农场学校、林业学校等，都属于工厂艺徒学校。到 20 世纪 40 年代，大部分工厂艺徒学校不再是培养专业人员的主要形式，已转变为技工学校，主要分布在轻工业和食品工业领域。

工厂艺徒学校存在期间，培养了约 250 万技术工人，在苏联国民经济恢复和社会主义改造时期发挥了很大作用。到 1940 年，工厂艺徒学校增加到 2188 所，全苏设有中等专业学校 3773 所。1929 年，莫斯科州各工厂进行的调查表明，各工厂突击队成员有 46%~77% 毕业于工厂艺徒学校。[1]

---

① ［苏］С.Я. 巴特舍夫：《苏联职业技术教育简史》，100 页，黄一卿、鲁爱珍译，北京，教育科学出版社，1989。

五、建立高等教育体系

在第一个五年计划期间，为满足经济建设对于技术人员的旺盛需求，苏联政府加快培养工程技术等应用型人才，工程技术大学移交给教育人民委员部管理。技术大学数量快速增长，并组织了大规模技术人员培训。从 20 世纪 30 年代初开始，在高等教育领域，工程技术、农业和师范学校发展迅速。第二个五年计划期间，人才需求问题更加突出。高等教育不仅重视技术人员培养，而且开始普遍加强高等教育学科建设、高等教育体系建设，为社会主义经济、文化各个部门培养人才被列为党和苏维埃国家重要的任务。高等教育支出比第一个五年计划增加了 2.5 倍。为保证人才培养，苏联向各地派出专业人员，协助地方建立高等和中等专业教育机构。俄联邦共和国高等教育机构每年接收大量来自其他共和国的青年。这些政策扩大了高等教育的覆盖区域，促进了地方高等教育的发展。沙俄时期，只有大约 20 个城市设有高等教育机构。到第二个五年计划结束时，包括乌兹别克斯坦、哈萨克斯坦在内的苏联所有加盟共和国的 100 多个城市都有了大学和学院。

第一个五年计划期间，为加快人才培养速度，大学开始缩短学制，培养专业面窄的专业人员。课程为多学科课程，每年都会有变化，包括重要科目都没有稳定的教科书，传统的讲座式教学被小组教学法取代，并且取消了考试，人才培养质量明显下降。为解决培养质量问题，1932—1933 年，高等教育机构开始恢复传统大学教学方法，开始重视研究生教育，并对研究生录取以及培养过程做了规定，要求研究生候选人必须大学毕业，且具有两年以上工作经历。候选人由高校教研室或者研究机构推荐，在生产部门锻炼过，工作成绩良好，才能被正式录取。1934 年，副博士和博士学位以及讲师、副教授、教授职称恢复。

1936 年 6 月 23 日，苏联人民委员会和苏共(布)中央委员会发布的《关于高等教育机构的工作和高校领导的决议》明确指出，苏联高等教育人才培养状态不尽如人意，大学缺少相应教师、实验室、图书馆，导致部分高等教育机构的教育水平与中学不相上下。大学面临的任务是保证培养"掌握有关人类开发的一切财富的知识的"，"高素质的、受过政治教育和全面培养的有文化的人才"。这些人才不仅能够充分掌握最新科学成果，使用技术，而且能够以布尔什维克方式将理论与实践相联系，将生产经验与科学相结合。自从《关于高等教育机构的工作和高校领导的决议》颁布后，苏联高等教育从专业划分到教学方式发生了系统性改革。首先，改变专业划分过细的问题，调整专业设置，将 900 个专业压缩为 345 个；其次，以推荐为主的招生方式改为择优录取，录取学生的主要学科成绩为"优"，其他学科不低于"良"；最后，改变教学方法，强调教师、教授在教学过程中的主导作用，调整小组教学法为以讲授、实验室作业、学生独立学习、生产实习为主的教学方式。同时，为更加有效地管理全国高等教育系统，1936 年，一个新的机构——全苏高等学校事务委员会建立，领导高等教育领域的工作。

苏联师范教育体系基本建立。1923 年，以克鲁普斯卡娅命名的共产主义教育学院建立，接收具有中等教育程度且具有教育领域工作经验的共产党员和共青团员，为中等教育机构培养社会科学教师、教育学和政治教育工作专业人员、地区和城市教育机构管理人员。该校被认为是苏联第一所师范大学。1930 年，在第二莫斯科国立大学教育系的基础上建立了莫斯科师范学院。20世纪 30 年代，以综合性大学教育系或者其他系为基础建立了师范教育体系，莫斯科开设了劳动教育学院和工业教育学院，在符拉迪沃斯托克、沃罗涅日、伊尔库茨克、下诺夫哥罗德、彼尔姆、顿河畔罗斯托夫、萨拉托夫、喀山等地建立了大学教育系及大量的教育课程班，包括高级课程班。1939 年，列宁格勒国立北方民族师范学院（该院于 1958 年重组为赫尔岑师范学院的一个系）建立。此时的苏联政府特别重视北方、中亚、外高加索民族教育和文化的发展。

20 世纪 30 年代，苏联大学生中工农子弟的数量明显增加。大学设有各种工农青年辅导班、工人系。知识分子总量迅速增长。20 世纪 30 年代末，工农出身的知识分子已经占知识分子总量的 80%～90%。[①] 当时，被提升为领导的先进工人可以进入大学进行专业进修，为此苏联建立了培养领导干部的专门学校。高等教育机构不仅数量明显增长，而且专业类别更为全面。1914—1915 学年，只有 105 所高等教育机构，工业、建筑、交通和通信类专业院校只有 18 所；1940—1941 学年，高等教育机构增加到 817 所，学生 81.17 万名，工业、建筑、交通和通信类专业院校增加到 136 所。[②] 图书馆、俱乐部、电影院、剧院等文化和休闲场所数量也显著增长。

20 世纪 30 年代，大量人口密集地开办工程技术大学。仅在 1938—1941 年，就有 134 所新的高等教育机构开始工作。1940—1941 学年，817 所大学中教学科研人员大约有 5 万名，包括 5300 名教授，其在研究所和大学进行科学和教学工作。其中，300 多所大学开设了研究生课程，积极开展研究活动。1938—1940 年的大学年入学人数约为 21.8 万人，每年毕业生人数为 10.94 万人。到 1941 年 1 月，苏联国民经济领域有 90.9 万名受过高等教育的专业人员。[③]

第五节　卫国战争时期的教育

卫国战争期间(1941—1945 年)，苏联学校陷入极为困难的状态。整个战

---

① Н.К.Гуркина. История образования в России (Х-ХХ века) – СПб. ： СПбГУАП, 2001. – 64 с. С. 50.

② Народное образование, наука и культура в СССР, Издательство. – М. ： Статистика, 1971. – 404 с.С.157, 168.

③ Сперанский Андрей.Владимирович Высшая школа СССР в 1941-1945 гг. ： экзамены войны // Вестник ЮУрГУ. Серия：Социально-гуманитарные науки, 2015. №3.С.33-38.

争期间，苏联有 8.2 万所学校被毁坏，许多学校校舍被用作兵营、医院和工厂。① 在战争最困难的时候，教师、大学生、中学高年级学生加入了苏联军队，成千上万名教师和学龄儿童拿起武器参加了战争。1942 年 3 月 24 日，《真理报》刊登文章，号召尽管（存在）战时的复杂性，但我们必须很好地教导所有的孩子。为了保证尽可能多的儿童和青少年接受教育，教育人民委员部及时调整教学内容和教学组织形式，在艰苦的战争时期，不仅保存了教育体系，而且为战后教育的重建以及国民经济的迅速恢复奠定了基础。

一、战时普通教育政策

在战争条件下，保证所有学龄儿童以不同的形式进行学习、对儿童和青少年进行爱国主义教育是教育管理部门需要完成的紧迫任务。当时的《真理报》刊文提出，"无论我们如何专注于战争"，"照顾儿童和他们的成长仍然是主要任务之一"。普及教育的法律在战争条件下仍然不可动摇。1941 年 8 月，人民教育委员波将金（Владимир Потемкин）下达命令，要求教育工作者为新学年做准备。9 月 1 日，即使是被敌人围困的城市也执行了这个命令，如敖德萨、塞瓦斯托波尔，在硝烟弥漫中，在防空洞、采石场、点燃油灯的地下室开始了新学年的学习。为解决无人照看儿童的问题，当时设立了很多儿童收容所、儿童院，创建了专门收留无人照料儿童的寄宿学校。② 尽管条件艰苦，但很多学校仍坚持上课。在被围困的列宁格勒，战时有数千名学生留在市区。从 1941 年 10 月 15 日开始，学校陆续开始上课。尽管市区没有电，没有水，

---

① CCCP. Народное образование, Большая советская энциклопедия（БСЭ, http://niv.ru/doc/encyclopedia/bse/articles/9090/sssr-narodnoe-obrazovanie.htm? ysclid＝lg1vh8nkf5209597264, 2022-02-03.

② Н.К.Гуркина. История образования в России（Х－ХХ века）－СПб. : СПбГУАП, 2001. － 64 с. C. 51.

但是有39所中小学校继续工作。一年级到四年级学生在防空洞中上课。①

学校教学计划和大纲做了调整，引入了军事防卫项目和军事体育培训项目。教师备有两套教学计划：一套用于正常情况，另一套用于在防空洞中教学。中小学生年龄通常在14岁以下，高年级学生参加生产活动。多数儿童和青少年参加了农业劳动、防御工事的建设。为了培养儿童和青少年的工作技能，农村学校学生学习农业劳动技能，一些学校附设了校外机构，甚至在企业建立了学校生产作坊。战争期间，学校所有的教育教学工作都具有了爱国主义倾向。学校对教学组织形式进行了调整：减少班级容量，实行二部制、三部制甚至四部制，课时调整为30分钟，课间休息5分钟。根据战时瞬息万变的特点，学校采取灵活应对措施，包括根据学生身体情况调整上课和下课时间，组织个人教学，或者小组教学，假期开展补充教学。在各方积极努力下，1941年，有36万名儿童返回课堂。1942—1943学年，教育普及率达到78.8%。1941—1942学年，俄罗斯联邦有25%的学生无法上学。到1944—1945学年，这一比例降低到10%～12%。学校还为前线儿童、体弱儿童专供饮食，为保证儿童身体健康开设了儿童食堂，组织少先队夏令营等活动，并进行经常性医疗检查，及时发现疾病。战争期间，学校没有发生一起流行病事件。②

教育人民委员部在对前线和后方情况进行分析的基础上，为适应战时特点，于1942—1943学年在学校引入"战时事务"课程，课程内容包括灭火、防化学武器、战时医疗等内容。"战时事务"课程的实施成为男女生分班教学的主要原因之一。1943年7月16日，教育人民委员部做出分班上学的决议，1942—1943学年做出《关于1942—1943学年引入临时计划》的决定，提出保证国防教学，给予

① Под редакцией З. И. Васильевой. История образования и педегогической мысли за рубежом и в России- М.：Издательский центр《Академия》，2006. - 432 c.C. 382.

② Спасли и сохранили Школа в годы Великой Отечественной войны. Учительская газета，№18 от 5 мая 2020 года.

五年级以上学生更多军事事务、体育、农业基础课程的课时。

从 1943 年开始，随着苏联军队在前线的胜利，苏联政府制定了一系列关于普通教育的决定，包括关于七岁入学的决定（1943 年），关于开设工人青年普通学校的决定（1943 年），关于在农村地区设立夜校的决定（1944 年），关于实施学生成绩和行为五分制评价体系的决定（1944 年），关于设立初等、七年级和中等学校毕业考试的决定（1944 年）。一系列决定促进了中小学教育迅速恢复到战前水平。

二、建立国家劳动后备军体系

到 20 世纪 40 年代，培养专业人员的主要形式由大部分工厂艺徒学校转变为技工学校。技工学校主要分布在轻工业和食品工业领域。20 世纪 30 年代末 40 年代初，苏联政府集中力量全面巩固社会主义，加强工业实力，提高国防能力，社会和经济发展的新任务要求进一步完善熟练工人培养体系，工厂艺徒学校及其他培养工人的形式已落后于经济发展的要求。苏联国家计划委员会认为，职业技术教育的行业壁垒妨碍了对劳动力专业培训的集中管理，以及统一教学计划和教科书的制订，从而导致学校学制和教学方法都不一致。

1940 年，联共（布）中央召开七月会议，研究了上述问题，并通过了建立国家劳动后备军的决议。1940 年 10 月 2 日，苏联最高苏维埃主席团通过了《关于国家后备军的命令》。① 该命令的发布成为苏联职业技术教育一个新的里程碑。法令要求建立两种类型的教育机构——培养普通职业工人的为期 6 个月的学习工厂学校（школы ФЗО），培养技术工人的两年制的技工学校和铁路学校（Ремесленные и железнодорожные училища），宣布成立直属于部长会议的劳动后备军管理总局，专门负责组织和领导劳动后备军的培训问题。

---

① Указ.О Государственных Трудовых Резервах，http：//www.hist.msu.ru/Labour/Law/1940_ 10.htm，2020-07-15.

根据《关于国家后备军的命令》，1940 年，苏联在工厂艺徒学校的基础上创办了技工学校(Ремесленное училище)、铁路学校和工厂学校，并号召城乡青年到这类学校学习。1940—1950 年，技工学校是苏联为冶金、化工、交通、矿山、石油等领域培养技术工人的职业技术教育机构。学校招收七年制普通教育毕业的 14~17 岁青年，学习时间为 2~3 年，费用由国家承担。毕业生获得标明职业或技能等级的毕业证书，被分配到相应企业工作。铁路学校与技工学校性质相似，招收铁路员工子弟，培养火车司机助手、修路工和铁路系统所需的各种熟练工人。工厂学校主要培养木匠、石匠、矿坑支架工等从事低技术含量工种的工人，学习时间为 6 个月，招收农村 6~17 岁具有小学文化程度的青年。工厂学校主要组织开展教学实践，不开展普通教育。

建立劳动后备军体系是苏联集中统一地组织、培训和分配熟练工人体系的开始。劳动后备军体系框架内，从 1940 年 10 月到 11 月，共开设了 600 所技工学校、120 所铁路学校、800 所工程学校。其中，约 900 所学校是在原先工厂艺徒学校的基础上创办的。劳动后备军学校经费完全由国家预算划拨，学校生产教学时间占 70%以上。教学采用指导制，学生在技师和熟练工人的指导下学习生产技能。统一培训体制的优越性使得苏维埃国家有了保证国民经济发展所需的劳动力。

卫国战争期间，严酷条件导致专业人才培养类别有所调整。劳动后备军体系中的学校布局发生了重大调整。国防工业领域的学校和毕业生增加，煤炭工业学校从 100 所增加到 170 所，建筑业学校从 75 所增加到 105 所，冶金业学校从 90 所增加到 200 所，铁路运输业学校从 220 所增加到 370 所。与此同时，技工学校和工厂艺徒学校的专业设置也发生了变化。从 1943 年开始，专业化的技工学校和工厂艺徒学校开始工作，为宇宙航空业和海军培养技术工人。此外，国家劳动后备军体系内部创办了一些新学校——特别技工学校，学生为 12~13 岁接受过四年初等教育的孤儿，学习期限为四年。四年期间，他们接受七年制普通教育和职业教育，并且获得表明职业和技能等级为四级或五级的毕业证书。1943 年，苏联为烈士子女创办了专门的技工学校。为培养农业专业人员，战时开办了 32 所技工学校，45 所农业机械化工厂艺徒学校。

根据战时条件，职业学校的培养形式也进行了调整，个人和班级带徒弟的教学组织形式培养的工人占工业、建筑、交通运输行业新工人的 85% 以上。1942 年，苏联共青团组织提出了"每个团员生产者带 2 名到 5 名新工人"的口号。

整个战争期间，劳动后备军学校培训了近 250 万熟练青年工人。战争后期，国家劳动后备军体系同国民经济各个部门的机构建立了密切联系，每个企业都有劳动后备军学校毕业的学生。国家劳动后备军很好地经受了时间的考验，在被围困的列宁格勒职业学校的学生忍受着饥饿、寒冷、炮击和轰炸，保持着良好的精神状态。在被围困的城市，所有技工学校和工厂学校的学生都去工厂的车间工作，或者去挖战壕。国家劳动后备军体制成为战时工业主要支柱。

三、战时高等教育求存和发展

经过 20 世纪 30 年代的快速发展，在卫国战争开始前，苏联已经具有相当坚实、组织良好的高等教育，为国民经济各个部门培养了大量高素质的专家。卫国战争期间，在情况急剧恶化的情况下，保证高等教育不至于崩溃是首要任务。德国占领了苏联西部地区的大片领土，使 250 所大学面临被清算的危险。全苏高等学校事务委员会领导了大学东撤行动。为保证国防工业迅速恢复，优先撤离的是技术大学。根据苏维埃政府决定，受强制保存的 53 所高等教育机构中有 43 所是技术大学，研究所和大学共 147 所从德国占领区撤退到东部。[1]

---

① Сперанский Андрей. Владимирович Высшая школа СССР в 1941-1945 гг. : экзамены войны // Вестник ЮУрГУ. Серия : Социально-гуманитарные науки, 2015. №3. С. 33-38.

　　一些大学未能及时撤离，其中部分与相关专业教育机构合并，部分被简单地解散。战争导致高等教育机构的数量显著减少。到1942年年初，196所大学被关闭，87所大学与其他大学合并。1942—1943学年开始时，战前的817所大学中，只有460所继续其教育活动。[①] 1941年，高等教育机构的入学率与和平时期相比减少了41%，大学数量从817所减少到460所，学生人数减少了约78%，教师人数减少了2/3以上。为了保证学生人数，高等教育机构增加女生招生比例，学制由五年减少到三年，许多学生边工作边学习。工程技术人员，特别是在军事工业领域的工程技术人员严重短缺。防止高等教育机构数量过度减少并促使其尽快恢复成为战时高等教育政策的重点。为保证入学人数，高等学校降低了录取标准，举办预科系对中学知识掌握不够扎实，甚至没有接受完全中等教育者进行补充培养，使其能够顺利进行大学学习。伤残军人优先进入预科系。通过采取如上措施，1943—1944学年开始时，大学招生水平恢复到战前水平，1944—1945学年，招生人数甚至超过战前水平。1943—1944学年与1940—1941学年相比，在教育、艺术电影等专业招生人数减少的情况下，工业和建筑、交通和通信专业招生人数明显增加，其中前者增加一倍，后者增加超过50%。[②]

　　为改善学生的生活条件，1943年9月，苏维埃政府在资金极为紧张的条件下，做出了加大大学生奖学金投入力度、向所有学习成绩合格者发放奖学金的决定。高等教育机构的奖学金获得者显著增加。在做出这一决定前，享受奖学金的高校学生占20%，到1944年，这一比例提升到80%。为支持学生选取艰苦的、国家紧缺的专业，国防、采矿等专业的奖学金高于其他专业。

　　卫国战争期间，教学人员根据战时条件积极调整教学进程，对教学计划

　　① Великая Отечественная война. 1941—1945：энцик-лопедия. — М.：Советская энциклопедия，1985.C.832.

　　② Сперанский Андрей.Владимирович Высшая школа СССР в 1941-1945 гг.：экзамены войны // Вестник ЮУрГУ.Серия：Социально-гуманитарные науки，2015.№3.C.33-38.

进行了重大调整，通过缩短假期时间，压缩生产实践和设计课学时，增加讲座课课时，来尽可能保证授课时间。由于战时的客观困难导致人才培养质量有所下降，1942年6月，人民委员会下达决议，于1943—1944学年恢复战前教育计划。与此同时，苏联高等教育系统的恢复已经开始。随着苏联军队在军事上反败为胜，部分大学教师转业复原，工程技术类大学的学生免于服役，高等教育体系开始恢复。到战争结束时，高等教育机构的数量和学生人数接近战前水平。

四、教育研究为战后重建做准备

1943年，苏维埃政府做出了建立俄罗斯教育科学研究院（АПН РСФСР，后称为苏联教育科学院）的决定，计划将其建成全国的教育科学研究中心。其主要任务包括：团结全国教育科研力量，总体领导全国范围的教育科研工作；为高校和研究所培养教育学、心理学专业的研究人员和教师；编写教育学、心理学方面的教学用书，参与编写和出版中小学和师范大学教科书、教学参考用书；研究教育理论和教育实践中迫切需要解决的问题；等等。在大量教师上前线、师资严重短缺的情况下，为培养师资，提升师范教育质量，教育科学研究院帮助教师和师范院系编写教科书、教学参考用书，传播优秀教师和学校的经验。新成立的教育科学研究院就普及教育、完善教学内容，以及青少年伦理道德教育和体育等问题开展研究。

尽管战时条件非常艰苦，但教育科研人员通过举办教育学学术研讨会，在《苏维埃教育学》（Советская педагогика）、《国民教育》（Народное образование）等刊物上刊登教育学、心理学和教学法方面的文章等，积极交流，为明确苏联教育和教学的目的及任务、教学原则及内容进行了探索，为战后的教育重建工作奠定了基础。

第四章

20 世纪前期苏联的教育思想

第一节　克鲁普斯卡娅的教育思想

克鲁普斯卡娅是苏联革命活动家、苏维埃教育的组织者和马克思主义教育家。她对苏维埃的学校建设及苏维埃教育理论的研究均做出了极大的贡献。

一、生平与事业

克鲁普斯卡娅(旧译"克鲁普斯卡雅")于 1869 年出生在圣彼得堡一个具有革 命民主思想氛围的家庭。14 岁时父亲克鲁普斯基告别人世。克鲁普斯卡娅为帮助母亲维持生计，边学习边做工。

1886 年秋，克鲁普斯卡娅毕业于奥波连斯卡亚女子中学，又入师范班学习了一年并取得了家庭教师资格证书，之后便开始从事教育工作。1889 年，克鲁普斯卡娅进入圣彼得堡别斯图日夫高等女子学校历史语言系学习，开始接触马克思主义学说。

1891 年秋，克鲁普斯卡娅开始出任什吕谢尔堡大路(圣彼得堡郊区)斯摩棱斯克镇星期日夜校教师，直至 1896 年被捕入狱。其间，克鲁普斯卡娅积极投入马克思主义宣传及工人的教育活动之中，并在活动中结识了列宁，与其成为志同道合的战友。

1899 年，克鲁普斯卡娅撰写了自己的第一部著作《女工》。她在书中详细揭露了俄国劳动妇女恶劣的生活条件，并尝试以马克思主义的基本观点分析无产阶级儿童的教育问题。

1900 年，克鲁普斯卡娅在乌法单独度过最后一年的流放生活。在从事家庭教育工作及革命活动的同时，克鲁普斯卡娅开始对教育问题产生浓厚兴趣，先后写了《优秀教师的典型》《教育问题的社会作用》《学校与生活》3 篇教育论文。1901 年 4 月至 1905 年 11 月和 1907 年 12 月至 1917 年 4 月，克鲁普斯卡娅两度随列宁侨居国外。侨居国外期间，克鲁普斯卡娅一方面协助列宁从事大量的组织和宣传工作；另一方面在列宁的建议和支持下，开始系统研究马克思和恩格斯的教育思想、俄国以及欧美的教育理论，并对西欧和北美的学校教育情况进行了实际考察。这一时期克鲁普斯卡娅对教育问题研究与思考的成果，集中体现在她于 1915 年完成的《国民教育和民主主义》这一著作之中。该书事实上成为苏联国民教育制度得以确立的理论基础。在对教育问题进行理论思考的同时，克鲁普斯卡娅还撰写了 30 余篇教育论文，对沙皇政府实施的教育政策的反动性以及资产阶级学校教育的阶级性进行了揭露和批判。

十月革命胜利后，克鲁普斯卡娅一直在教育人民委员部担任重要职务，先后出任该部社会教育司司长（1917—1920 年）、政治教育总委员会（又译政治教育总局）主席（1920—1930 年）、国家学术委员会科学教育组组长（1921—1932 年）、副教育人民委员（1918 年 3 月至 5 月，1929—1939 年）等职务，在建立苏联国民教育体系的事业中表现出了卓越的领导才能。克鲁普斯卡娅还领导了 20 世纪二三十年代苏联重要的教育理论刊物《走向新学校之路》及成立于 1930 年的"马克思主义教育家协会"的具体工作。

在繁忙的政务工作之余，克鲁普斯卡娅还十分注重结合具体教育工作进行教育理论方面的探讨，先后发表了大量有关社会主义教育制度、教育目的、教育内容、教育原则和教育方法的论文、报告以及评论，为苏联的教育工作提供了切实的指导。

1939年2月27日，克鲁普斯卡娅因病在莫斯科逝世，享年70岁。

二、《国民教育和民主主义》一书的基本观点

《国民教育和民主主义》是克鲁普斯卡娅完成的重要著作，是她对工人阶级夺取政权后的教育工作进行理论思考的结果。

就其对苏联教育发挥的影响而言，《国民教育和民主主义》事实上为稍后苏联教育体系的建立提供了理论基础。苏联首任教育人民委员卢那察尔斯基在论及苏联初期的教育事业时认为，克鲁普斯卡娅的这部著作"是我们制定整个工作纲领的依据，无论是确立关于教育的新思想，还是这些思想的具体实施，乃至我们共和国成千上万所学校的具体教学工作和实际的教学进程，我们都是以她在本书中所阐明的思想为依据"①。

就具体内容而言，《国民教育和民主主义》这部著作着重探讨了劳动教育和综合技术教育理论与实践两个方面的问题。用克鲁普斯卡娅自己的话说，就是为了探索在民主主义条件下国民教育必须使生产劳动同智力发展相结合的观点是如何产生并发展的。

关于教育必须与生产劳动相结合的问题，克鲁普斯卡娅在初版序言中做了扼要的追溯。她认为，这一观点产生于大工业开始大规模利用和剥削儿童劳动这一时期。英国作家约翰·贝勒斯（John Bayless）首先提出了这一问题。这一主张在此后不同的时期得到欧洲大陆许多人的支持和重视。卢梭（Rousseau）积极赞成劳动教育及教育与生产劳动相结合的观点。瑞士民主主义教育

---

① ［苏］根·奥比契金等：《克鲁普斯卡娅传》，145页，王占标、赵连宏、邱桂英译，北京，人民教育出版社，1983。

家裴斯泰洛齐(Pestalozzi)为在国民教育中进行生产劳动事业献出了毕生的精
力和全部的财产。以马克思和恩格斯为代表的工人民主主义者，在 19 世纪中
期及以后发展并科学论述了劳动教育及教育与生产劳动相结合的问题。克鲁
普斯卡娅还对欧文(Owen)在劳动教育问题上所做出的努力表达了崇高的敬
意。她认为，欧文一生都在设法使工人摆脱极端贫困和愚昧无知的境界。其
对劳动教育及教育与生产劳动相结合问题的历史性考察成为《国民教育和民主
主义》前半部分的主要内容，也为她坚持劳动教育、坚持教育与生产劳动相结
合、坚持综合技术教育的观点提供了认识上的基础。

　　在《国民教育和民主主义》中，克鲁普斯卡娅对卢梭、裴斯泰洛齐、欧文
等人重视劳动教育的立场及实践进行了系统的总结，认为他们都是结合各自
所处的社会条件，从人民群众的利益出发探讨国民教育问题的。

　　克鲁普斯卡娅强调，卢梭在其成名作《爱弥儿》中所推崇的是，劳动是最
能使人接近自然状态的，而在人类所有一切可以谋生的职业中，最能使人接
近自然状态的职业是手工劳动。在卢梭那里，劳动既被理解为每个人的社会
义务，又被视为儿童智力发展的手段。更为重要的是，卢梭主张儿童从事劳
动的目的，不在于这种劳动的结果，而在于这种劳动对儿童的教育意义。克
鲁普斯卡娅对卢梭重视儿童学习手艺进行了具体分析，认为卢梭所强调、倡
导的并不是一种职业教育，而是一种综合技术教育。"卢梭虽然认为他的学生
应该学习某种手艺，但是他最重视的并非职业教育，而是综合技术教育，不
是准备从事某门专业，而是准备进行一般的劳动。"[1]根据克鲁普斯卡娅的分
析，卢梭之所以把综合技术教育置于职业教育之上给予特别重视，主要是出
于这样几个方面的考虑：综合技术教育可以使学生受到不同职业的训练；可
以拓宽学生的智力眼界，使其既能心怀全局，又能正确判断各个部分之间的
关系；综合技术教育还为评价产生于劳动之中的各种社会关系提供了正确的

---

①　《克鲁普斯卡雅教育文选》上卷，157 页，卫道治译，北京，人民教育出版社，2006。

标准，有助于学生真正了解现存的社会制度。一言以蔽之，卢梭认为综合技术教育有助于把学生培养成拥有哲学家的头脑及农夫的身手的人这一目标的实现。

继卢梭之后，克鲁普斯卡娅又全面考察了瑞士民主主义教育家裴斯泰洛齐有关劳动教育的一些主张。使人民彻底摆脱一贫如洗、无依无靠、愚昧无知状态的唯一手段就是发展教育，这是裴斯泰洛齐对教育作用所持的基本的认识。应该说，裴斯泰洛齐主张发展的这类教育是与劳动人民的要求紧密相关的，其目的在于培养个体全面的劳动能力，训练个体的体力和智力。在裴斯泰洛齐看来，"学校是防止儿童被这种单调的劳动弄愚蠢的一种工具。学校应该仔细考虑儿童的劳动，使它成为发展儿童全面劳动能力的手段，教儿童学会从事各种各样的劳动"①。

克鲁普斯卡娅还通过比较的方式，对裴斯泰洛齐与欧文的教育观点进行了对比分析。裴斯泰洛齐与欧文均认为人是环境的产物，现实的社会境况与人的本性是不相符合的。但对于问题的解决途径，两人则做出了不同的选择。裴斯泰洛齐认为，帮助人民的方法或途径在于改变儿童的劳动条件(他所理解的教育)；欧文认为只有变革总的社会关系(包括改革教育)，才能为人民提供真正的帮助。

在论及欧文同意儿童参与生产劳动时，克鲁普斯卡娅还谈及了约翰·贝勒斯有关劳动教育的主张。基于一种人道主义的愿望，约翰·贝勒斯想帮助那些流浪街头的失业贫民。为此，他在《关于建立工业学校以研究目前工农业各部门的建议书》中提出，要创立一种使富人有利可图、使穷人能过一种丰衣足食的生活、使青年能受到良好教育的工业学校。值得注意的是，约翰·贝勒斯特别强调在工业学校里，教学与体力劳动是密切联系在一起的。与家庭教育相比，工业学校应在六个方面表现出自身存在的独特性：年龄不同、能

---

① 《克鲁普斯卡雅教育文选》上卷，169~170页，卫道治译，北京，人民教育出版社，2006。

力不同的人可以从事各种活动，学会使用各种生产工具；学生可以通过与各民族(工人)代表交往掌握各种语言；工人学校教育可为成人及其他儿童提供学习的榜样；儿童的成长不与实际生活相脱离，恰恰相反，儿童的学习是以与人们的密切交往为基础的；儿童的成长经常受到成人的悉心照料；工业学校开设图书馆以及研究植物的实验园地，以供儿童学习之用。从有关约翰·贝勒斯关于劳动教育的论述中，克鲁普斯卡娅提出这样一个观点：受英国工业发展的影响，约翰·贝勒斯在17世纪就理解了教育与生产劳动相结合的重要性，认为劳动可以发挥重大的教育作用。

在《国民教育和民主主义》一书中，克鲁普斯卡娅还介绍了法国资产阶级大革命时期所出现的各种法案(提案)中的劳动教育主张。克鲁普斯卡娅借助大量的考察明确指出："必须通过相当的教育去培养人民群众进行生产劳动的思想，在国民公会所通过的无数有关国民教育的草案中，像一根红线似的贯穿着。"①劳动教育思想体现在雷佩尔提的草案中，体现在弗洛姆草案中，体现在拉卡纳尔草案中，体现在加任费拉特茨草案中，体现在拉瓦锡所拟定的国民教育计划之中。克鲁普斯卡娅强调，对于这些思想，工人阶级都予以充分重视，从中吸取了一切健康的、重要的东西，并在此基础上加以发展、丰富、补充和完善。"但是工人阶级的主要功绩还在于他指出了这些见解与工业发展要求的密切联系，指出了这种发展不可避免地要导致教育与儿童的全面生产劳动的必要结合，以及这种结合将为消除社会上目前还存在的劳动分工做好准备工作。"②

克鲁普斯卡娅指出，对劳动教育进行全面研究并得出深刻结论者，当推马克思以及与马克思持有同样观点的恩格斯。她在书中详细地论述了马克思

---

① ［苏］娜·康·克鲁普斯卡娅：《国民教育思想与教育论著选读》，67页，北京师联教育科学研究所译，北京，中国环境科学出版社、学苑音像出版社，2005。

② ［苏］娜·康·克鲁普斯卡娅：《国民教育思想与教育论著选读》，74页，北京师联教育科学研究所译，北京，中国环境科学出版社、学苑音像出版社，2005。

和恩格斯著作中所包含的教育思想。她强调，通过对英国童工劳动以及《工厂法》关于童工教育有关规定的研究，马克思指出："尽管工厂法的教育条款整个说来是不足道的，但还是把初等教育宣布为劳动的强制性条件。这一条款的成就第一次证明了智育和体育同体力劳动相结合的可能性，从而也证明了体力劳动同智育和体育相结合的可能性。"①针对大工业生产的本质特征以及工人子弟的实际生活状况，马克思提出普遍禁止童工既与大工业的存在及本性不相容，又使劳工教育的实施失去了基础。马克思据此提出：未来教育对所有已满一定年龄的儿童来说，就是生产劳动同智育和体育相结合，这不仅是提高社会生产力的一种方法，而且是造就全面发展的人的唯一方法，更是改造现代社会最强有力的手段之一。所有这些都说明，马克思和恩格斯是以新的角度来谈论教育必须与生产劳动相结合和人的全面发展的问题的。

在《国民教育和民主主义》一书的最后部分，克鲁普斯卡娅系统分析了 19世纪末欧洲存在的大量的读书学校的状况。她以日内瓦一所模范国民学校为例，向人们展示了读书学校如何使学生个性及教师个性受到双重压抑的情形。接受此类读书学校教育的学生不能简明扼要地表达简单的思想，毫无观察能力及独立思考能力，不能根据简单的实验得出结论。导致这一时期读书学校大量存在的原因，是这一时期工艺学使机器代替了手工劳动。这时的工业生产对具有技能要求的劳动的需要减少了，而对无技能要求的劳动的需要增加了。但是这种情况在 19 世纪末 20 世纪初得以初步改变。克鲁普斯卡娅详述了这一时期科学技术进步如何导致社会生产对工人从业知识技能要求提高。克鲁普斯卡娅利用科恩基(Konki)、卡敏尔(Camille)等资产阶级学者的研究成果，并借助法国社会主义者拉法格(Lafarge)的研究成果，认真分析了手工业学校取代学徒制的必然性及职业教育随着科技发展逐步改变性质的必然性，

---

① 苏联教育科学院：《马克思恩格斯论教育》上卷，405 页，华东师范大学《马克思恩格斯论教育》辑译小组译，北京，人民教育出版社，1985。

并以美国和德国为例说明工业发达国家如何为职业教育的普及大力兴办劳动学校。克鲁普斯卡娅对这类劳动学校评价颇高，认为从读书学校到劳动学校的转变是历史发展的必然趋势，适应了生产发展与科技进步对劳动者素质不断提高的要求。

克鲁普斯卡娅在《国民教育和民主主义》一书中，对劳动教育及教育与生产劳动相结合的教育思想的渊源、沿革进行了系统的梳理，明确肯定了劳动教育的积极意义，坚持教育必须与生产劳动相结合，坚持综合技术教育，所有这些都为无产阶级厘定教育方针、继承教育历史遗产提供了理论启明灯式的指导作用。

三、论学前教育

出于为社会主义及共产主义事业培养合格接班人的高度责任感，克鲁普斯卡娅对学前教育问题表现出一贯的重视。她参与大量的学前教育实践活动，并在理论上进行了深刻的思考和总结，撰写了一系列学前教育著作，如《妇女与儿童教育》《学前教育》《论儿童的学前教育》《论学前儿童的玩具》《要更加重视学前教育工作》等。在《论社会主义学校问题》《社会主义教育的理想》中，克鲁普斯卡娅就学前教育的主要问题发表了自己的见解。

十月革命前，克鲁普斯卡娅参与了为工人阶级子女争取受教育权利的斗争。她在《妇女与儿童教育》（《女工》一书摘录）中，对沙俄时代劳动人民子女无法接受学前教育的状况进行了描绘。女工们在大多数情况下根本不可能很好地教育自己的子女。她们没有时间、没有钱来教育自己的子女。即便是吃饱、穿暖、不打赤脚这样最基本的条件，女工们也往往很难保证。克鲁普斯卡娅指出，造成这种不公平现状的根本因素在于社会制度。只有在社会主义制度确立之后，即只有"在未来的学校里，学生将学到更多的知识，他们在校期间将要养成从事生产劳动的习惯，而更主要的是，这种学校不仅教儿童学习，还要发展儿童的各种能力(智力和体力)，把他们培养成有益于人、精力充沛的公民"①。

十月革命后，克鲁普斯卡娅在新形势下全面论述了学前教育的作用。她认为，一个人在童年时期生活和接受教育的情况对其未来一生的发展往往有着重要作用。她主张儿童在相当多的时间内到学前教育机构接受教育，主张"这种学校应尽一切可能搞好青年一代的身体健康。……学校应该从儿童的幼年开始就增强和发展他们的外部感觉：视觉，听觉，触觉等等，因为这些都是人们用以认识外部世界的器官"②。考虑到大多数居民的家庭环境难以较好地促进儿童外部感觉及儿童创造力的发展，克鲁普斯卡娅主张开办数量足够的幼儿园。为更好地开展学前教育工作，克鲁普斯卡娅要求包括幼儿园在内的一系列托幼机构必须明确自己所承担的责任以及各自的具体职责范围。学前教育机构欲实现使儿童充分、全面发展这一目标，必须把自己的工作纳入整个教育体系的范围考虑，即把自己的工作作为实现社会主义教育目的的一部分。这个社会主义教育目的便是"培养全面发展的人，这种人要具有自觉的、组织的社会本能，具有严正的、成熟的世界观，能清楚地了解周围自然界和社会生活中所发生的一切事情；这种人能从理论上认识并在实践中从事各种劳动(既有脑力劳动，又有体力劳动)，能建设合理的、内容丰富多彩而又愉快欢乐的生活"③。只有这样，学前教育工作者才能对本职工作充满自豪感，才能够把全部精力投入学龄前儿童的培育工作，也才能更好地热爱儿童、尊重儿童、了解儿童。也只有这样，才能更好地发挥学前教育工作的重要作用，在较大程度上把工人和农民从照顾抚育儿童的繁重劳动中解放出来。

在幼儿园的职责范围内，克鲁普斯卡娅提出了这样的认识：保持儿童身

① 《克鲁普斯卡雅教育文选》上卷，100 页，卫道治译，北京，人民教育出版社，2006。
② 《克鲁普斯卡雅教育文选》上卷，256 页，卫道治译，北京，人民教育出版社，2006。
③ 《克鲁普斯卡雅教育文选》上卷，256 页，卫道治译，北京，人民教育出版社，2006。

体健康，使其养成必要的卫生习惯；利用儿童能够接受的方式对其进行爱国主义、国际主义和集体主义教育，为儿童未来智力的发展奠定良好的基础。

克鲁普斯卡娅号召学前教育工作者要充分认识到对儿童进行思想品德教育的重要性，而且在进行思想品德教育时必须充分考虑儿童的年龄特征和接受能力；在向儿童实施爱国主义、国际主义和集体主义教育时，尽可能引导儿童从实际生活中获得一些印象，引导儿童从与社会生活的联系中接受必要的思想品德教育。具体措施包括让儿童"参加游行，到工人俱乐部去玩，经常与女工、农妇和少年先锋队员见面——所有这些活动都会对幼儿发生作用"[1]；多组织儿童参与或自己组织一些集体活动，在实际活动中养成关心别人、热爱集体的优良品质，并在儿童之间培养友谊。

在儿童智育上，克鲁普斯卡娅也做过一系列的指示。她主张在把儿童培养成集体主义者的同时，还应把儿童造就成智力发达的人。幼儿智育的主要任务在于扩大儿童的视野，充实他们的生活经验，培养他们的技术兴趣，引导他们在观察自然、了解社会的活动中唤起独立自主的精神。在拓宽儿童视野的方式上，克鲁普斯卡娅要求考虑不同儿童在生活环境方面存在的差异。比如，对于广大农村儿童而言，拓宽其视野的途径可选择让其了解城市生活，带领他们参观城市企业，了解现代大生产的实际状况；对于那些久居城市的儿童，应设法让他们知晓植物的生长情况及动物的生活情况。此外，克鲁普斯卡娅再三强调，尽管因年龄所限，儿童这时对所接触到的一切还不能透彻地理解，但此类知识的传授及相关经验的获得必定令其在未来受益良多。

在进行德育及智育的过程中，克鲁普斯卡娅十分注重发挥游戏及玩具的教育意义。在《无产阶级儿童》一文中，克鲁普斯卡娅指出使儿童从三四岁起在幼儿园做游戏，通过游戏来学习，熟悉自然情况，了解广阔的世界。她对儿童游戏的重视主要建立在这样一种认识基础上：许多游戏往往成为儿童认

---

[1] 《克鲁普斯卡雅教育文选》上卷，20 页，卫道治译，北京，人民教育出版社，2006。

识周围世界的方式和手段；能增强儿童体质，发展儿童的肌肉和感觉器官，培养儿童的注意力和观察力；游戏活动还有助于培养儿童形成热爱集体、热爱国家、团结友爱、互助合作等品质。在各类游戏中，克鲁普斯卡娅对创造性游戏活动极为赞赏。在这类游戏中，儿童通过自己构思游戏内容，自己组织、安排游戏活动，从而使自身主动性得到发展。

与重视儿童游戏活动相联系，克鲁普斯卡娅对儿童的玩具也非常重视。在 1936 年撰写的《论学前儿童的玩具》一文中，克鲁普斯卡娅就儿童玩具问题提出这样的认识：就玩具的制作而言，要从儿童的兴趣和需要出发，认真结合劳动人民的生活水平，制造一些能帮助儿童研究周围生活、发展主动性和积极性的玩具。在玩具制造上竭力避免的是在玩具的装潢上费尽心思，追求高档奢华。在玩具的选择上，克鲁普斯卡娅提出须坚持儿童喜欢什么和儿童需要什么这样一个标准来为儿童选择玩具。按照克鲁普斯卡娅的意见，小班儿童所需要的是那些能够帮助他们学会辨别各种颜色、区别大小、估计距离远近、发展触觉和听觉之类的玩具。[①]

克鲁普斯卡娅就学前教育所发表的一系列见解，体现了她对儿童的关怀与热爱之情。她号召广大学前教育工作者要全身心地去了解儿童，了解他们的喜怒哀乐，体察他们的兴趣需要，而不可把成人的喜好强加于儿童身上。她还反复指明，学前教育工作所遵循的一项最基本同时也是最重要的原则在于：尊重儿童的权利，首先是他们接受教育的权利，接受他们那一年龄段所需要的那种教育的权利。所有这些均为当时及后来苏联学前教育事业的发展确立了方向，因而也使她成为苏联社会主义学前教育制度的重要奠基人。

四、论苏维埃学校的教育

克鲁普斯卡娅关于苏维埃学校教育的思想，集中体现于她对教育与生产劳动

① 杨汉麟、周采：《外国幼儿教育史》，485 页，南宁，广西教育出版社，1998。

相结合、综合技术教育以及青少年一代政治思想教育和道德教育的有关论述中。

教育与生产劳动相结合是克鲁普斯卡娅一贯重视的教育理论问题。按照马克思主义基本原理，她把教育与生产劳动相结合视为培养全面发展的人的唯一途径。为彻底改变沙俄时代教育与生产劳动相脱离、学校成为读书学校的旧面貌，克鲁普斯卡娅与她的同事采取了一系列措施，以把苏维埃学校教育发展成与劳动相结合的新型教育。

在学制上，克鲁普斯卡娅在20世纪20年代倡议并支持创设工厂艺徒学校、农村青年学校及七年制工厂学校，在九年制学校的八年级、九年级实行专业化，在普通教育基础上使学生务必接受一定程度的劳动和职业训练，以便适应社会主义经济及文化事业的发展。

除注重通过改革学制以实现教育与生产劳动相结合外，克鲁普斯卡娅还十分重视通过改革更新教学内容。她明确提出，教学的基本中心应该是在理论和实践两方面对经济生活进行研究，故而判断苏维埃学校教育是否与生产劳动相结合或结合程度高低的标准，是其教学内容安排的情况。从这一认识出发，克鲁普斯卡娅就一级学校(一年级至四年级)、二级学校(五年级至九年级)的教学内容提出了具体意见。一年级至四年级学生须学习从事劳动活动和文化生活所必需的技能和知识，重视观察力、感受力的训练。五年级至七年级的学生应学习研究劳动活动的基本领域，了解各种形式的劳动，学习社会发展史、艺术史、本族语和外国语，能够妥善地安排自己的生活与劳动。在这一阶段，学生还须学习自然科学知识，如了解物种与人类的起源，为正确世界观的形成奠定基础。八年级至九年级实行分科教学，以便使"学生有可能更深入、更全面地熟悉他们所选择的知识领域，更好地掌握该门科学的研究方法。在第二圆周阶段应使学生尽可能独立地研究材料、深刻地思考材料并养成对所选择的知识领域的专门兴趣"①。

---

① 转引自《克鲁普斯卡雅教育文选》上卷，30~31页，卫道治译，北京，人民教育出版社，2006。

为真正使苏维埃学校教育与苏维埃的社会生活和生产劳动紧密结合起来，克鲁普斯卡娅要求广大学校教育工作者树立这样一些新观念：把学校视为与所在地区及全国的经济生活和社会生活保持千丝万缕联系的机构，能够对实际生活发挥积极干预作用的机构，能够帮助年青一代依靠崭新的方式在社会主义原则下改造整个生活的机构。依据这些教育观念，克鲁普斯卡娅曾在《论中学》中把七年制学校的办学方针归结为："1)用知识和技能武装学生，这种知识和技能是今后进行普通教育学习所不可缺少的；2)教学生学会把知识运用于生活；3)授予学生一般的综合技术的劳动技能，使学生养成有计划地、合理地安排工作的能力以及集体工作的能力；4)给儿童打下共产主义世界观的基础；5)养成根据共产主义道德原则调节自己行为的习惯——目前的学校在很大程度上还未贯彻执行这一方针。"[1]

这一时期苏维埃教育领域出现的综合教学大纲也是服务于教育与生产劳动相结合这一目标的。所谓综合教学大纲，即教学内容不是依据学科教学的原则来组织的，而是通过共同的主题联结起来的。每个主题均从这样三个方面来选取材料：自然界、自然资源和自然力，人对自然力和自然资源的综合利用，社会生活。综合教学大纲的最初设想是由克鲁普斯卡娅提出来的。她在发表于1922年的《谈教学大纲问题》中提出，人们的劳动活动应该在苏维埃学校教育体系中占据核心位置，人们的劳动与生产活动应该在一级学校和二级学校的教学大纲中处于基础地位。

克鲁普斯卡娅关于综合教学大纲的思想，借助于她所领导的国家学术委员会科学教育组于1921—1925年颁行的《国家学术委员会教学大纲》(通称"综合教学大纲"或"单元教学大纲")变成了现实，并一直实施到1931年，对苏维埃学校教育事业产生了较大的影响。实践证明，综合教学大纲在促进学校与社会生活相结合、促进教育与生产劳动相结合方面的确产生了积极的作用，

---

① 《克鲁普斯卡雅教育文选》下卷，124页，卫道治译，北京，人民教育出版社，2006。

在一定程度上实现了克鲁普斯卡娅提出的变读书学校为劳动学校的设想。苏联学校教育的实施保证学生具有相当广阔的社会政治视野和较高的发展水平，同时促使苏维埃学校教育在形式上变得更为丰富。不过，应该承认，综合教学大纲也对苏维埃学校教育的发展产生了一些消极的影响，主要表现为不利于学生掌握系统的文化知识。对于这些不足，克鲁普斯卡娅在后来也有了足够的认识，对自己先前的认识做了必要且及时的修正。20 世纪 30 年代以后，她在《党的最重要的决定》《关于中小学的决议》《努力贯彻执行联共(布)中央的决定》等一系列的文章或报告中，针对综合教学大纲实行过程中所出现的问题指出，"不能把劳动置于知识之上……应该用渊博知识的光芒来照耀劳动，理解劳动，把它提到更高的阶段"，并且肯定教学与生产劳动相结合必须在学生的一切社会生产劳动服从学校的教育目的的基础上进行。①

在克鲁普斯卡娅有关苏维埃学校教育的论述中，综合技术教育也受到相当的重视。她说，实施综合技术教育是苏维埃学校教育实现国家工业化、改造国民经济的需要，同时还是共产主义教育不可分割的组成部分，是培养全面发展的一代新人的需要。

克鲁普斯卡娅认为，综合技术教育既是技术进步、经济发展的结果，也是实现工业化的工具。她说："整个国民经济的改造，激起群众，其中包括儿童，对技术感兴趣，这就为综合技术教育创造了有利条件。必须使这种兴趣从儿时起就受到支持。"②新一代苏联社会主义与共产主义事业的建设者只有了解现代生产的基本原理，具有理论联系实际的能力和理解一定现象之间的关系的能力，才能更好地适应工业化程度日渐提高、经济建设任务日益繁重的社会现实。基于对综合技术教育的重大经济意义与教育功能的清晰认识，

---

① 转引自《克鲁普斯卡雅教育文选》上卷，33 页，卫道治译，北京，人民教育出版社，2006。
② [苏]H.A. 康斯坦丁诺夫等：《苏联教育史》，470 页，吴式颖、周蕖、朱宏译，北京，商务印书馆，1996。

克鲁普斯卡娅就综合技术教育的实施基础、内容、组织形式、方法以及与职业教育的关系进行了全面论述。

克鲁普斯卡娅认为,综合技术教育的最终目的不是仅仅让学生获得某种单一的技术和多种手艺,更不是让他们了解与别的生产部门相脱节的某一生产部门。综合技术教育的推行必须把技术形式的研究与科学知识的学习有机地结合起来。因而,综合技术教育实施的基础在于从技术的各种形式、发展和联系中研究技术,并用相应的理论说明生产过程。综合技术教育的实施应与普通教育紧密联系起来。

就内容而言,克鲁普斯卡娅认为:"综合技术教育制,并不是某种特殊的讲授科目,它应该渗透各门学科,反映在物理、化学、自然、社会各科教材的选择上。"①此外,克鲁普斯卡娅还指出,在理解及选择综合技术教育的内容时,应避免这样一种错误倾向,即把学生的理论学习与生产劳动的联系归结为从生产领域当中挑选一些零碎的事例来说明某些理论;正确的态度是从物理学、化学、生物学等各门学科及其相互联系中揭示对一切生产部门都起作用的现代技术的基本原理;要结合普通教育使学生了解科学是巨大的生产力,了解自然科学知识在技术和工艺过程中的实际运用。

对于综合技术教育的组织形式和方法,克鲁普斯卡娅也提出了一些具体意见。比如,在课堂教学中加强艺术和制图的教学,以巩固学生的形象思维和视觉记忆;在校内组织小型工厂和实验园地,并与学校所在地的工厂、国营农场和集体农庄加强联系与合作,使学生在校内外的生产劳动互相促进、相得益彰;适时组织学生到发电站及各类现代化大工厂参观,开阔学生的综合技术视野;等等。

针对实施综合技术教育过程中存在的一些偏差,即实践中存在综合技术

---

① [苏]H.A.康斯坦丁诺夫等:《苏联教育史》,470 页,吴式颖、周蕖、朱宏译,北京,商务印书馆,1996。

教育流于一般性职业技术培训的情况，克鲁普斯卡娅对综合技术教育与职业教育的关系进行了说明。她认为二者是有区别的，综合技术教育的目的在于使学生理解劳动过程和生产原理，发展学生理论联系实际的能力和理解一定现象之间的关系的能力；职业教育在于通过对学生进行职业知识及职业技能的培训，使学生获得具体职业岗位的就业资格和从业技能。但二者又存在着内在联系。职业教育的存在是适应当时生产力发展水平的结果，但其发展欲不断适应现代大生产中生产社会化程度不断提高、技术基础日益科学化的发展趋势，则必须与普通教育和综合技术教育联系起来。如果能在普通教育和综合技术教育的基础上进行职业教育，那么不但能使学生迅速而牢固地掌握某种职业技能，而且能使他们获得适应现代生产特点的能力。为此，克鲁普斯卡娅主张把苏维埃的普通学校都建设成为实施综合技术教育的学校，并且倡议创办以综合技术教育为基础的职业学校。

在重视通过教育与生产劳动相结合及实施综合技术教育等手段造就全面发展的苏维埃国家公民的同时，克鲁普斯卡娅还要求苏维埃学校教育工作者对年青一代的政治思想教育引起足够的重视。

在政治思想教育方面，克鲁普斯卡娅认为欲把年青一代培养成自觉的社会主义建设者，必须对其进行科学的辩证唯物主义世界观和共产主义理想信念的教育，必须对其进行集体主义思想情感的教育。克鲁普斯卡娅在《论中学》一文中提出，七年制学校要把培养儿童养成根据共产主义道德原则调节自己行为的习惯确立为办学方针。此外，她还号召俄罗斯共产主义青年团承担起培养青年团员成为共产主义社会积极建设者的光荣使命。

在集体主义教育方面，克鲁普斯卡娅尤为重视集体主义思想情感的教育。她认为，相对于资产阶级教育要把儿童培养成个人主义者而言，苏维埃学校教育的最终目的在于把年青一代培养成集体主义者，即把年青一代培养成不和集体对立，并能把集体的意义提高到新的高度来认识的一代新人。为此，她要求苏维埃学校发挥集体主义教育基地的优势，在学校教育中营造一种健康向上的集体主义氛围，使儿童在其间耳濡目染，逐步成长为具有集体主义观念、意识和情感的人。在集体主义教育问题上，克鲁普斯卡娅指出，集体主义既是教育所追求的目的，又是培养儿童的社会主义、爱国主义及国际主义情感及情操的基础，是形成一切高尚的道德观念的土壤。

五、论成人教育

在长期的教育生涯中，克鲁普斯卡娅还根据马克思主义经典作家有关教育与生产劳动相结合的论述，从苏维埃革命和建设的实际情况出发，对成人教育事业表现出一贯的重视，并发挥了事实上的领导作用，极大地促进了苏维埃成人教育事业的发展。

在成人教育发展方针上，克鲁普斯卡娅提出应以文化科学知识武装工农大众，并在这一基础上来提高他们的政治觉悟和劳动能力，使他们永远摆脱愚昧无知和在人与自然的关系上所处的不自由的困境。她认为，必须以此作为规范引导成人教育发展的原则性与方向性规定。

就成人教育的内容来说，克鲁普斯卡娅在十月革命以后与她的同事先后开展了成人扫盲教育、工农成人教育、政治宣传及成人专业教育，极大地提高了成年人的文化水平、政治理论知识水平及专业修养。

克鲁普斯卡娅非常关心成人扫盲教育工作，自十月革命后便参与了最初的扫盲教育工作，并从理论上对扫盲教育给予了充分的说明。她认为，苏维埃教育应向人们提供一种广泛的职业教育，在当时尤为重要的是向广大工人授予能使他们成为生产主人的广泛知识，即大规模地开展成人扫盲教育。为了系统指导这一工作，她于1938年将34篇有关文章结集出版，将其命名为《扫除文盲》。

在很多情况下，成人扫盲教育是与工农成人教育及政治宣传结合起来进行的，即把成人扫盲教育与俄罗斯苏维埃社会主义共和国宪法的宣传、苏维埃制度的宣讲、一定政治建设任务的鼓动互相结合起来。这在 1920 年年末克鲁普斯卡娅出任政治教育总委员会领导人后表现得更为明显。克鲁普斯卡娅参与起草的《政治教育总委员会和党的宣传鼓动任务》的文件中，就政治教育总委员会的工作重点做出这样的规定："政治教育总委员会及其各机关的工作重点应当放在对非党群众的宣传鼓动和文化教育工作上，同时，政治教育总委员会的工作人员和力量也应当尽量用于提高党员的觉悟水平（党校、政治常识学校等）。"[①]自此以后，政治教育总委员会通过不同的成人教育方式及报纸、杂志开展了形式多样、丰富多彩的成人教育活动。

根据苏维埃联邦工业化水平不断提高及国民经济技术改造逐步深化的现实要求，克鲁普斯卡娅提出要借助成人教育加强普通教育和综合技术教育，尤其要对那些被提拔到领导岗位的干部开展具有针对性的专业教育工作，切实提高这部分人的科学文化水平、政治觉悟、专业技能素质及组织管理能力。

克鲁普斯卡娅深知成人学习既需要政府及有关教育机构的支持与帮助，又需要个人掌握正确的学习方法，具有坚持不懈的学习精神。因而她从 20 世纪二三十年代起便先后发表了《组织自学》《农民青年自学问题》《自学在政治教育工作系统中的地位》《学校与自学》等一系列专门论述自学的文章，以向广大志在自学、追求进步的成年人提供具体的指导与帮助。

作为一位终生致力于为以人类的全部文化财富和教育智慧提高苏联人民的整体素质、为社会主义及共产主义事业造就全面发展的人才而奋斗的教育家，克鲁普斯卡娅在长期的教育实践及理论探索中，始终以马克思主义经典作家有关教育问题的论述为依据，就国民教育与民主的关系、教育与生产劳动相结合、劳动教育、综合技术教育、年青一代的政治思想教育等问题进行

---

① ［苏］根·奥比契金等：《克鲁普斯卡娅传》，217~218 页，王占标、赵连宏、邱桂荣译，北京，人民教育出版社，1983。

了深入的思考，极大地丰富了马克思主义的教育理论宝库。而且，克鲁普斯卡娅还亲自参与了十月革命后苏联教育的大变革与大发展实践，并担负了领导职责。苏联在很短的时间内就取得了扫除文盲、普及初等教育、快速发展中等及高等教育、建成广泛的成人教育体系等巨大成就，这与她的辛劳和有力指导分不开。所有这一切均说明，克鲁普斯卡娅无论是就教育理论探讨，还是教育实践发展，均为苏联教育事业的发展做出了巨大的贡献。与这些贡献相比，克鲁普斯卡娅在教育领导工作中所出现的一些失误，如在 20 世纪 20 年代推行综合教学影响了学生对系统知识的学习与掌握，便显得微不足道了。况且，她本人后来也注意到了这一问题，并修正了自己的一些观点。

第二节　卢那察尔斯基的教育思想

卢那察尔斯基是苏联革命活动家、文艺评论家和教育家。十月革命后，他被任命为苏俄和苏联第一任教育人民委员，任期长达 12 年(1917—1929 年)，在建立苏联国民教育制度和发展社会主义文学艺术方面做出了卓越的贡献。

一、生平与教育活动

卢那察尔斯基于 1875 年出生在波尔塔瓦城一个开明的高级官吏家庭。家庭的激进思想倾向对他的世界观的形成产生了一定的影响。从 17 岁起，他参加基辅秘密学生团体举办的马克思主义自学小组，并在郊区的铁路工人和手工业者中间进行革命宣传活动，1895 年加入俄国的一个社会主义民主小组。同年，卢那察尔斯基进入瑞士苏黎世大学的自然科学哲学系学习，受到经验批判主义思想的影响。但与此同时，他又与流亡在瑞士的普列汉诺夫及其"劳动解放社"成员阿克雪里罗德建立了密切的联系。在普列汉诺夫的指点下，卢那察尔斯基研究了 18 世纪法国唯物主义和 19 世纪德国古典哲学。在文艺史和艺术理论方面，他也从普列汉诺夫那里受到许多教益。1898 年，卢那察尔斯基返回俄国，次年因从事革命活动被沙皇政府逮捕，在监狱和流放中度过了大约 6 年时间。1904 年 5 月，他流放期满回到基辅。同年 10 月，他根据列宁的建议前往日内瓦，协助列宁创办布尔什维克的秘密报纸《前进报》和《无产者报》，发表了许多政论文章，受到列宁的喜爱。卢那察尔斯基积极参加了俄国 1905—1907 年的资产阶级民主革命。他于 1905 年 4 月受列宁委托在俄国社会民主工党第三次代表大会上就武装起义问题做了报告，半年后回到圣彼得堡从事革命活动。革命失败后，他于 1907 年年初再度流亡国外，长达 10 年之久。

在 1905—1907 年资产阶级民主革命失败以后，卢那察尔斯基一度背离了列宁的政治思想路线，在政治上与亚·亚·波格丹诺夫等人一起组成《前进报》集团，否认革命已转入低潮，否认党有必要改变斗争策略，反对利用国家杜马展开合法斗争，坚决要求把社会民主工党党团从第三届国家杜马中召回来，因而被称为"召回派"；在思想上宣传"造神说"，主张创立一种新的"社会主义"宗教，并利用奥地利物理学家恩·马赫和德国哲学家理·阿芬那留斯创立的经验批判主义向辩证唯物主义展开进攻，还在意大利的喀普里岛办了一所所谓党校，这些做法受到列宁的坚决批判。列宁为批判波格丹诺夫和卢那察尔斯基等人的错误和捍卫马克思主义的思想路线，撰写了《马克思主义和修正主义》(1908 年发表) 一文和《唯物主义和经验批判主义》(写于 1908 年 2 月至 10 月，1909 年 5 月出版) 一书。经过列宁深入细致的教育和帮助，卢那察尔斯基于 1912 年完全脱离了《前进报》集团，成为布尔什维克创办的《真理报》的积极撰稿人。在第一次世界大战期间，他坚定地站在无产阶级国际主义的立场上，批判普列汉诺夫等人的护国主义观点。1917 年二月革命后，他迅速回到俄国，参加推翻临时政府、建立苏维埃政权的宣传鼓动工作。在这段时间里，他担任布尔什维克报纸《无产者》文学部主任，是《教育》杂志编辑部成员，并与克鲁普斯卡娅一起为争取国民教育的民主化而斗争。

列宁对卢那察尔斯基的人品与才华非常赏识。即使在卢那察尔斯基参加《前进报》时期，列宁对他还是保有某种程度的"偏爱"，相信他会回心转意。列宁曾对高尔基说，卢那察尔斯基比波格丹诺夫和巴扎罗夫的个人主义少，是"一个天赋异常丰厚的人，我对他'有偏爱'……我很喜欢他，是个杰出的同志"①。1917年11月9日(俄历10月27日)，以列宁为首的人民委员会成立，列宁当即任命卢那察尔斯基为教育人民委员部人民委员，主管全国的文化教育工作。按列宁后来所写的《论教育人民委员部的工作》一文的说法，卢那察尔斯基是教育人民委员部中全党都"十分了解的"可以算是"专家"的两名工作人员之一。②

卢那察尔斯基深知俄国文化教育的落后状况，也十分了解工农大众对接受教育和获得知识的渴望与向往。在1917年11月11日(俄历10月29日)发表的《教育人民委员部关于国民教育的宣言》中，卢那察尔斯基指出，"在一个充斥着文盲和愚昧无知的国家里，凡是在教育方面真正民主的政府，都应该把反对这种愚昧的斗争作为自己的首要目标"；应当采取各种措施，争取在最短的时间里使居民普遍识字，并大力支持工农群众的文化教育运动；要建立符合现代教育学要求的学校网，普及义务教育；要设立一系列师范专科学校和师范学校，尽快培养出一支庞大的人民教师队伍，并提高教师的社会地位，改善教师(特别是小学教师)的待遇。③ 卢那察尔斯基还明确指出，必须使国民教育民主化和世俗化。他特别强调，对一个十分贫困的国家来说，要完成

---

① 《卢那察尔斯基论文学》，613页，蒋路译，北京，人民文学出版社，2016。

② 苏联教育科学院：《列宁论教育》，283页，华东师范大学《列宁论教育》辑译小组辑译，北京，人民教育出版社，2001。

③ 瞿葆奎：《教育学文集·苏联教育改革》上册，3~7页，北京，人民教育出版社，1993。

真正民主地组织教育的任务是特别困难的，但鉴于掌握知识乃是改善劳动人民的境遇并使他们的精神得到发展的强大的武器，"尽管国家的预算的其它项目也许必须削减，但是用于国民教育的预算仍应是高的"①。卢那察尔斯基最后表示："我们深信，劳动人民和诚实的教育界知识分子同心同德、齐心协力，必将使国家摆脱难以忍受的危机，并且必将通过完善的人民政权，把我国引向社会主义和各民族兄弟般团结的王国。"②同年 11 月 12 日和 15 日，卢那察尔斯基发表了《告学生书》和《告教师书》，号召师生认清形势，坚决支持工农群众建立新生活与新的、民主的学校。可以看出，卢那察尔斯基在这些文告中表述的教育方针和政策，与列宁在教育方面的主张是完全一致的。这些文告在革命初期对争取师生和广大人民群众为支持新政权和创建新的教育体制的斗争发挥了积极的作用。

　　建立新的社会主义新文化和新教育是前人没有做过的事。其间既要反对来自右的反对改革旧教育的一切活动，又要排除来自"左"的干扰。在某种程度上说，排除"左"的干扰是更为困难的。十月革命初期，以波格丹诺夫为首的无产阶级文化派就是以"左"的面貌出现的反对派。他们对抗党对文化教育事业的领导，主张"无产阶级文化教育组织"享有完全的"自主权"；全盘否定文化教育遗产；反对吸收知识分子参加苏维埃的文化教育建设，主张离开广大群众的阶级斗争和生产斗争，由少数所谓无产阶级文化专家来创造"纯粹的无产阶级文化"。卢那察尔斯基虽然在无产阶级文化教育组织享有自治权的问题上犯有错误，受到列宁的批评，但是在其他问题上与无产阶级文化派做了坚决斗争。1918 年 6 月，无产阶级文化派的头面人物列别杰夫·波良斯基（当时还是教育人民委员部部务委员）在第一次全俄国际主义教师代表大会上做了题为《关于未来学校公社》的报告。他主张学校的任务是培养"劳动的组织者和

---

①　瞿葆奎：《教育学文集·苏联教育改革》上册，4 页，北京，人民教育出版社，1993。
②　瞿葆奎：《教育学文集·苏联教育改革》上册，8 页，北京，人民教育出版社，1993。

新社会的组织者"。按照他的观点，所谓劳动的组织者和新社会的组织者根本不需要学习文化。因此，他认为"教育的主要方法应该是劳动、交际、创造和娱乐"。他和他的志同道合者断然否定新旧教育之间的任何联系，甚至主张完全抛弃"课桌、分科教学、根据课本给予作业"，公然主张"去掉一切包含在班级教学概念中的东西"，"废除学校这个概念"。① 在 1918 年制定《统一劳动学校规程》的过程中，以学校改革处处长列别申斯基为代表的一派(所谓"莫斯科派")主张以"生产劳动为学校生活的基础"，取消教学大纲、班级授课制和假期，使学校成为"劳动公社"。卢那察尔斯基不赞成这一派的意见，认为这些意见反映了无产阶级文化派的情绪，对学校作为文化教育机关所特有的任务认识不足，指出不能"因为公社而忘记了学校"，社会主义文化也不能同资产阶级文化一刀两断。他坚持学校应以教育和教学活动为主，反对把学校办成以生产劳动为主的"学校公社"。他在把知识分子团结到共产党周围为社会主义的文化教育事业服务方面，在保卫俄国文学艺术遗产方面做了大量工作，受到列宁的肯定。20 世纪 20 年代后期，卢那察尔斯基对舒里金等人宣传的"学校消亡论"也给予了尖锐的批评，指出否定学校的作用是一种极有害的倾向，是违反党纲和列宁指示的。② 由此可见，卢那察尔斯基在主持教育人民委员部的工作期间虽犯一些错误，但总的说来，他还是力图按照俄共(布)中央的政策和列宁的指示精神办事的。在改造旧学校和创建社会主义教育体制与发展社会主义文学方面，他做出了很大的贡献。卢那察尔斯基在国外也因博学和多才多艺享有很高的声誉。

1930 年，卢那察尔斯基被推举为苏联科学院院士、科学院主席团的成员。从 1927 年起，他开始接受政府委托从事一些外交活动。1933 年年底，他被任

---

① 《真理报》，1918 年 6 月 5 日至 8 日有关会议的报道。

② А.В. Луначарский. О народном образовании: Акад. пед. наук РСФСР. - Москва : Изд-во Акад. пед. наук РСФСР, 1958. - 559 с. С.463.

命为苏联驻西班牙的全权代表，但在赴任途中因病逝世。

1918—1933 年，卢那察尔斯基还担任《国民教育》《人民教师》《文学》等大约 20 种定期刊物的责任编辑或编委会成员。从 1929 年 9 月起，他被任命为苏联苏维埃中央执行委员会所属的学术委员会主席。卢那察尔斯基在教育方面的论文和演说在 20 世纪 50 年代后期被辑成《卢那察尔斯基论国民教育》出版，1976 年又出版了《卢那察尔斯基论教育与教养》一书。

二、论教育与政治、经济的关系

卢那察尔斯基在其论文和演说中反复论述教育与政治、经济的关系问题，十分强调教育在社会主义革命与建设中的作用。1918 年 4 月 26 日，他在全俄第一次教育代表大会上的演说中指出，人民是按三条战线为自己的自由和幸福而斗争的。他所说的三条战线就是政治、经济和文化战线。按照他的意见，人民政权，即真正的大多数人的政权，只有在具备了三个条件的情况下才可能实现。这三个条件为：拥有统治权（在国家消亡之前）、经济权和教育权（把知识传授给每一个人，使广大群众有最低限度的觉悟）。在他看来，人民群众只有在掌握了生产资料和知识之后，才能成为"获得了完整的人民政权的胜利者"，二者缺一不可，无论缺少其中哪个条件，其政权都是不充分的。[①] 他指出，认识到这个问题的不仅仅是革命的社会主义者，就连稍微彻底的民主主义者也是这样认识的。例如，美国独立后的第一任总统就明确地说过，如果人民不掌握足够充分的知识，民主就不可能是自由的；18 世纪法国革命的历史也说明，没有知识就谈不上政权和法律面前的平等。卢那察尔斯基说："政权可能马上夺取；政权通常是通过革命易手的。一个国家的经济和文化水平与它的政权形式之间的矛盾是逐渐成熟的。……新的阶级将通过革命的道路

---

① А.В. Луначарский. О народном образовании：Акад. пед. наук РСФСР. - Москва：Изд-во Акад. пед. наук РСФСР，1958. - 559 с. С.30-31.

去夺取政权。因此在组织政权的过程要研究学校的问题。"①

首先，处于愚昧无知状态的人民大众是不可能真正掌握政权的。卢那察尔斯基清醒地认识到，对全体人民进行普通教育和技术教育是作为执政党的共产党不可推卸的责任。在十月革命胜利后的第二天，列宁就把卢那察尔斯基召去，任命他为教育人民委员部人民委员，要求他去"摧毁俄国的愚昧落后"。卢那察尔斯基作为人民委员，立即在全国范围内组织开展大规模的扫盲运动，把它看作具有"头等重要意义"的工作。他说："当人民中的大多数还是文盲时，就不可能指望他们能真正懂得管理自己的事情，中央也不可能与文盲保持接触。我们似乎要通过翻译才能与他们联系。我们每个人都认识到，愚昧无知就像一堵厚厚的墙，把共产党的工作人员与人民群众隔离开来，只要我们不在这堵墙上打开缺口，在真正人民政权的道路上我们就寸步难行。"②卢那察尔斯基清醒地认识到，国民教育领域中基本的工作，是要进行普遍的扫盲教育，是要搞好初级小学，搞好四年制的小学。他认为，如果文盲源源不断地从学龄初期的儿童中产生，那么这样的国家就不可能是充分文明的国家。因此，学校必须能够吸纳所有的学龄儿童。他认为，关于扫除文盲的法令，是苏维埃政府最伟大的法令之一；党、政、工会和经济等各个部门的工作人员都必须重视扫盲工作；要让工人、农民识字，提高他们的文化和技术知识以及政治觉悟；支援农村就是要进行扫盲工作，否则农村将永远是野蛮的。

其次，卢那察尔斯基认为，经济发展的任何一个阶段都要与教育的发展程度相适应。国民教育是国民经济的一个有机组成部分，国民教育与国民经济是密不可分的。经济发展得越快，国家能拨给学校的经费就越多；教育发

① А.В. Луначарский. О народном образовании：Акад. пед. наук РСФСР. - Москва：Изд-во Акад. пед. наук РСФСР, 1958. - 559 с. С.31.

② А.В. Луначарский. О народном образовании：Акад. пед. наук РСФСР. - Москва：Изд-во Акад. пед. наук РСФСР, 1958. - 559 с. С.233.

展了，就能为生产部门提供更多优秀的熟练劳动力。因此，经济与教育可以相互支援。卢那察尔斯基强调，国家的技术水平不仅取决于机械化程度，也不仅取决于它的能源，还取决于本国人民的大脑、精神和双手。从这个观点出发就会发现，苏联当时的尴尬状况是没有足够数量的合适人选去操作机器，既没有不同熟练程度的工人，也没有各个专业不同水平的工程技术人员去满足全国工业化发展的需要。工业化和机械化需要各行各业的人才，既需要行政管理和经济管理人员，也需要从事商贸和卫生保健等工作的人员。各行各业的人员都必须在一定程度上与工农业领域中蓬勃发展的高水平的大机器生产相适应。

　　1925 年，苏联人民战胜了帝国主义的武装干涉和国内的反革命势力，度过了革命后最困难的时期。苏维埃政府提出了实现社会主义工业化的宏伟目标。卢那察尔斯基认为，在工业化的口号下，应该从另外的角度去认识下面这个论点并赋予它新的意义。这个论点为：广大人民群众通过革命获得了接受国民教育的权利，无论就政治意义还是就经济意义而言，国民教育的发展现在是革命进一步取得成绩的基础。因为工业化不是一个含义狭窄的口号。"工业化不仅仅是发展城市工业，工业化还有计划地包含着农业的发展，工业化还有计划地、不可分割地包含着国民教育的提升。对我国来说，工业化首先意味着把我国的经济提高到更高的技术水平上。谁不明白，这种提高不仅需要大量的机器，而且需要大量的操作机器的人？谁不清楚，如果我们明天拥有了德国所拥有的机器设备，但是我们却达不到它的国民教育水平，这种状况将使我们获得较少的利益？"[①]可见，卢那察尔斯基明确地把教育与经济、与国家的工业化紧密地联系在一起。他认为，脱离现实的唯心主义的文化发展能够自然而然地成为促使国家繁荣昌盛的动力的观点是错误的，脱离实际

---

　　① А.В. Луначарский. О народном образовании：Акад. пед. наук РСФСР. - Москва：Изд-во Акад. пед. наук РСФСР，1958. - 559 с. С.298.

地认为某种程度上纯粹的经济发展最终会使国家获得财富的观点同样也是错误的。既不存在这样的纯粹的文化发展，也不存在这样的纯粹的经济发展。经济发展的前提条件必然是全民族知识、技能水平的提高，是处于不同发展阶段的人民文化水平的提高。反之，文化的发展也是如此。所以，卢那察尔斯基认为，经济与文化是相互影响的，"国民教育的发展计划完全有必要有机地纳入我国的工业化计划中"①。

卢那察尔斯基指出，教育人民委员部同样也是经济人民委员部，也从事着经济事业。他指出，苏联的基本建设战线上存在着大量严重问题，文化发展与经济发展速度严重脱节。当时，苏联某些从事经济工作的同志认为，只要把更多的钱投入经济建设，就能迅速地把国家引上健康发展的道路。卢那察尔斯基认为，这种观点是错误的，因为，"如果一个建筑师打算建造一座十多层高的大楼，他就得考虑，他的大楼将建造在怎样的地基上。我确信，我国的文化基础不能承载这样的建筑物，在这样简陋的地基上，整个建筑物、整个大楼将化为废墟；我们的工人、技术员、工程师的劳动的专业技术水平，我们制订经济计划、进行经济监督的水平，我们的党、政、工会各条战线的工作人员的业务水平，纯经济战线的工作人员的水平，都不具备承载这样的建筑物所需的品质"。卢那察尔斯基这样说，并不是要求"少花点钱到建设上去"，而是希望"从这几十亿卢布中能多拨出一点钱来用于为建造高楼大厦牢固地打好地基"。②

当时的人们通常把军事看成第一条战线，把经济和教育分别看成第二条战线和第三条战线。这是因为在苏维埃政权成立初期，它"与全世界资产阶级的矛盾冲突是十分尖锐的，不得不用武器通过直接的、公开的战争去保卫

---

① А.В. Луначарский. О народном образовании：Акад. пед. наук РСФСР. - Москва：Изд-во Акад. пед. наук РСФСР, 1958. - 559 с. С.299.

② А.В. Луначарский. О народном образовании：Акад. пед. наук РСФСР. - Москва：Изд-во Акад. пед. наук РСФСР, 1958. - 559 с. С.405.

它"；人民也不能继续生活在 1918—1919 年这样的极度贫困之中，"继续这样的贫困无异于扼杀革命"。① 而且只有经济发展了，才有足够的力量去抵御资产阶级的进攻，才能保证军队有饭吃，有衣服和鞋袜穿，有足够的武器使用。但是绝不能由此错误地认为，第一是国防，第二是经济，第三才是教育。卢那察尔斯基明确地指出："没有教育难道能进行战争吗？当然不能。在国内革命战争时期，同样在经济建设中，教育都发挥了巨大的作用。"②教育工作使昨天的逃兵、昨天的不明事理的农民小伙子，变成了在国内战争的各条战线上夺取了胜利的红军战士。军队离开了有高度觉悟和文化水平的军人，离开了先进的技术装备，要取得战争的胜利是不可能的。因此，"每个教师，不论他在政治教育机关工作还是在教小学生，在这个意义上说，他都是在完成巨大的国防工作，他与我们的红军战士和军事机关一起共同为同一个事业服务"③。在经济战线上，教育为国民经济各个部门输送合格的劳动者，培养专家和学者。因此，卢那察尔斯基认为："第三条战线与第一、第二条战线不可分割地交织在一起。……无论是国防还是国家的管理，也无论是经济的发展，如不迅速开展第三条战线上的工作则都是不可思议的。"④第三条战线实际上既是第一条战线也是第二条战线的重要组成部分。而且，随着战争的结束和经济的发展，第一条战线、第二条战线将会加入第三条战线，从而最大限度地发展人们的各种才能。

在苏联共产党和政府的领导下，苏联的国民教育事业发展很快。1925 年

---

① А.В. Луначарский. О народном образовании：Акад. пед. наук РСФСР. - Москва：Изд-во Акад. пед. наук РСФСР，1958. - 559 с. С.261.

② А.В. Луначарский. О народном образовании：Акад. пед. наук РСФСР. - Москва：Изд-во Акад. пед. наук РСФСР，1958. - 559 с. С.262.

③ А.В. Луначарский. О народном образовании：Акад. пед. наук РСФСР. - Москва：Изд-во Акад. пед. наук РСФСР，1958. - 559 с. С.264.

④ А.В. Луначарский. О народном образовании：Акад. пед. наук РСФСР. - Москва：Изд-во Акад. пед. наук РСФСР，1958. - 559 с. С.262.

俄罗斯联邦共和国有学校62300所，1926年有67800所，1927年有70000所。学生人数增加也较快，在这3年中，各年分别为485万、531万、565万人。国家的任务是继续发展和巩固现有的学校网，从而达到在1933—1934年将所有的学龄人口吸纳进学校网的目标。完成这项任务需要花费14亿卢布。但当时的苏联由于连年战争，经济遭到严重破坏，教育经费捉襟见肘。卢那察尔斯基不无忧虑地指出，虽然学校数量和学生人数都有了明显的增长，但生均经费只有54卢布，比沙皇俄国时期还少20卢布。他大声疾呼："如果延缓增长对第三条战线的拨款，哪怕只延缓一分钟，也是一种耻辱。"[1]教育能促进经济的发展，但教育也需要经济的支援，需要国家的投资。他强烈要求改变教育人民委员部在整个国家预算中的份额还不到3%的状况，并深信随着国家经济实力的增强，国民教育的经费会越来越多，反过来，国民教育也将成为经济发展的强大推动力。

卢那察尔斯基从就任人民委员之日起就十分重视苏维埃学校的建设，他下决心从根本上改革旧学校。他尖锐地批判旧学校是一种政治学校，被明显地打上了资产阶级精神的或地主资产阶级精神的文化和政治烙印。他认为，旧学校的教育是与伪教育掺和在一起的，充斥了大量无用的甚至有害的知识，像神学这样的学科根本就是大毒草。而且旧学校也反映了资本主义社会的结构所具有的两面性。在中等学校和高等学校智慧遭到毒害，科学被扭曲；初等学校的任务既是教识字，又使人继续陷于奴隶的蒙昧之中。因此，卢那察尔斯基认为，"无论如何应从根本上改造"旧学校[2]，建设苏维埃的新学校。但卢那察尔斯基并不以历史虚无主义的态度来对待旧学校的改造和向西方学习。他认为，旧学校中也有一些进步教师，积累了一些有益的经验，因此"无

① А.В. Луначарский. О народном образовании：Акад. пед. наук РСФСР. - Москва：Изд-во Акад. пед. наук РСФСР, 1958. - 559 с. С.275.

② А.В. Луначарский. О народном образовании：Акад. пед. наук РСФСР. - Москва：Изд-во Акад. пед. наук РСФСР, 1958. - 559 с. С.121.

论如何不能消灭学校机关。实际上我们也不能简单地把学校关闭一段时期，简单地遣散教师并开设新的学校"①。对外国资产阶级的学校，他认为应认真考察，吸收其有益的东西，因为"如果我们忘记了资产阶级或在资产阶级领导下在科学和技术方面所取得的巨大成就，忘记了这些成就在美国资产阶级手中所造成的巨大威力（在其他国家中威力较小些），那就太愚蠢了。我们当然需要向西方资产阶级国家学习，因为我们在技术方面，以及与这些技术相联系的浩瀚的知识方面，我们的水平要低得多"②。可见，在对待旧社会的遗产这一问题上，卢那察尔斯基比当时在苏联流行的无产阶级文化派的观点要正确得多。然而，在具体执行过程中，由于受当时具体的历史条件和认识水平的限制，卢那察尔斯基也犯过错误。例如，他曾反对采用经过生活检验和有科学根据的、按学科编制的教学大纲及班级授课制度，宣传并实行综合教学大纲和设计教学法，给苏维埃学校工作造成了损失。

苏维埃的新学校应该是怎样的呢？卢那察尔斯基认为，新学校"承担着双重任务：一方面，传授过去所获得的所有知识，不言而喻，重点要放在传授新文化、新科学（首先是无产阶级的）上面，放在传授马克思主义、无产阶级的组织和我们的共产主义思想上面；另一方面，切断旧思想入侵到儿童中去的道路，不让我们在旧社会时与之斗争的一切东西有可能沾染我们的儿童"③。在他看来，新学校既能使学生掌握人类获得的全部知识，又能训练学生去建设和保卫国家，培养忠于社会主义的人。

卢那察尔斯基认为，新学校与旧学校最大的不同就是新学校是"统一的劳动学校"，即新学校应充分体现"统一"和"劳动"两个原则。统一的学校指的

① А.В. Луначарский. О народном образовании：Акад. пед. наук РСФСР. - Москва：Изд-во Акад. пед. наук РСФСР，1958. - 559 с. С.33.

② А.В. Луначарский. О народном образовании：Акад. пед. наук РСФСР. - Москва：Изд-во Акад. пед. наук РСФСР，1958. - 559 с. С.400.

③ А.В. Луначарский. О народном образовании：Акад. пед. наук РСФСР. - Москва：Изд-во Акад. пед. наук РСФСР，1958. - 559 с. С.442.

是全国的学校，从幼儿园到大学构成相互衔接的阶梯；所有的人，不分性别，不分种族，不分阶级出身，都有同等的入学权利和读完学校所有阶段的权利。这就是说，学校对所有的人都是统一的。学生能否升入高一级学校，与其出身和家长的社会地位、经济地位无关，完全取决于他个人的才能。"在每一个儿童享受受教育的权利和所受教育的水平的意义上，学校对所有的居民都应该是同等的。"①劳动学校指的是把劳动列入学校课程，所有学生都要从事各种形式的劳动，教师要引导学生积极地、灵活地、创造性地认识世界。卢那察尔斯基指出，统一劳动学校中的劳动"使学生的思想和身体习惯于工业的思维和行动。此外，在这种学校中劳动还通常被看成获得自然科学和社会科学知识的基础"②。他认为，体现马克思的教育与生产劳动相结合的思想的劳动学校是符合劳动人民利益的。只有体现了"统一"和"劳动"原则的普通教育学校，才能为国家培养出不同层次的社会主义建设者。

在正确认识和建设统一劳动学校的问题上，卢那察尔斯基注意纠正一些错误的观点和做法，积极支持并倡导新形式的学校。

卢那察尔斯基反复强调，"统一"与"划一"不是同义词，千万不可把二者混为一谈，不可把统一学校看成千篇一律的学校。他说："统一丝毫不表明学校不必适应其所处地区的特殊条件。在各种不同的教育实验中，在具有一定天赋的儿童的侧重面方面，学校是各式各样的，这样的学校甚至允许儿童发展的个别化。一所学校内部的、当地学校体系内部的、全国范围内的学校内部的所有这些多样化的形式，不仅是允许的，而且被认为是非常有益的。"③从20世纪20年代初开始，随着国民经济的恢复和发展，苏联出现了各级各

---

① A.B. Луначарский. О народном образовании：Акад. пед. наук РСФСР. - Москва：Изд-во Акад. пед. наук РСФСР, 1958. - 559 с. С.196.

② A.B. Луначарский. О народном образовании：Акад. пед. наук РСФСР. - Москва：Изд-во Акад. пед. наук РСФСР, 1958. - 559 с. С.159.

③ A.B. Луначарский. О народном образовании：Акад. пед. наук РСФСР. - Москва：Изд-во Акад. пед. наук РСФСР, 1958. - 559 с. С.159.

类学校，其中既有各种类型的普通教育学校，也有各种类型的职业教育学校和高等学校。学校的发展呈现出生动活泼的局面。

当时有一种错误的做法是片面强调所有人有同等的入学和升学的权利，在高校招生中借口增加工农出身学生的比例而放弃或降低对其文化知识的要求。卢那察尔斯基对此提出了批评，指出这样做无异于狐狸邀请鹳吃盘子中的食物。他强调高等学校培养人才的质量的高低直接关系到国家的工业化和与资本主义国家的经济斗争的成败，高等学校要为社会主义建设事业输送学有专长和有共产主义思想的专家。为了纠正这种偏向，卢那察尔斯基积极支持开办工人系（或译工农速成中学），加快工农青年提高自己的知识水平以符合高等学校的入学要求的步伐。

卢那察尔斯基对当时出现的一些新型的学校是很支持的。比如，他认为中等技术学校是一种实践性很强的、很重要的学校，其使命是培养具有中等专门技能的社会主义建设者，因为"我们不仅需要高等学校培养的专家，我们国家和社会生活的各个领域还需要一大批中级工作人员"[1]。又如，他认为工厂艺徒学校是培养未来熟练工人的主要学校，是马克思主张办的那种学校，"这种学校是真正进行与普通教育和体育紧密结合的个别的劳动教育学校"[2]；农民青年学校是"我们的国民教育所取得的最有意义的成就之一"[3]，是培养有农艺知识的、有文化的农民的主要学校。

卢那察尔斯基还十分重视共青团和少先队组织在苏维埃学校中的作用，认为正确组织共青团和少先队的活动是对学生进行共产主义教育的途径，是共产主义教育直接的、正确的方法。然而，他又指出，不能用共青团和少先

---

① А.В. Луначарский. О народном образовании：Акад. пед. наук РСФСР. - Москва：Изд-во Акад. пед. наук РСФСР, 1958. - 559 с. С.269.

② А.В. Луначарский. О народном образовании：Акад. пед. наук РСФСР. - Москва：Изд-во Акад. пед. наук РСФСР, 1958. - 559 с. С.391.

③ А.В. Луначарский. О народном образовании：Акад. пед. наук РСФСР. - Москва：Изд-во Акад. пед. наук РСФСР, 1958. - 559 с. С.391.

队组织来取代学校。

三、论人的全面和谐发展的教育

卢那察尔斯基明确提出要对学生进行全面发展的教育，提出苏维埃学校的任务是"培养和谐发展的人，即一方面发展(和满足)他的需求，另一方面发展他的一切才能，并且力求使这些需求和才能不相互干扰，而成为一个完整的整体，如同在制造机器时我们关心的是使机器的各个零件不相互妨碍，使机器发挥最大的效能"[①]。

在人的全面和谐发展的教育中，卢那察尔斯基强调了德育的重要性。他明确指出，我们所要培养的人"是我们时代的集体主义者，他们更多关心的是社会生活而不是个人的利益。新型的公民应满腔热情地对待社会主义建设的政治—经济关系，全神贯注于这种关系，热爱它们，从中看到自己生活的目的和内容"[②]。他认为，苏维埃学校的首要使命就是使年青一代具有共产主义道德、高度的政治觉悟和共产主义世界观，能够用马克思主义的观点去分析周围的事物和现象，理解历史和人自身的发展，理解资本主义的本质和社会的发展趋势。他要求学校培养儿童的集体主义精神，要让儿童学会尊重人，善于使个人利益服从集体利益，尤其要服从整个无产阶级和社会主义建设的利益，为共产主义理想而奋斗。但这绝不是扼杀个性、否认独创精神，而是要使人在集体的基础上获得充分发展。"我们必须使人的才能在集体的基础上获得充分的发展——这是在社会中广泛分配劳动的保证。只有在各个个体身

---

① А.В. Луначарский. О народном образовании：Акад. пед. наук РСФСР. - Москва：Изд-во Акад. пед. наук РСФСР, 1958. - 559 с. С.444.

② А.В. Луначарский. О народном образовании：Акад. пед. наук РСФСР. - Москва：Изд-во Акад. пед. наук РСФСР, 1958. - 559 с. С. 445.

上能明显表现出人的个性多样化的社会，才是一个真正文化富有的社会。"①

卢那察尔斯基主张通过智育使学生成长为有学问的人。"有教养的人一般地、大体地了解所有的一切，他有自己的专业，他精通自己的业务，而至于其他的专业，他可以自豪地声明：人类的一切知识我都不陌生。"卢那察尔斯基认为这样的人是"我们时代的好公民"。② 他辩证地揭示了人的"一专"和"多能"之间的关系，指出人的一生是短暂的，要在短暂的一生中掌握人类世世代代积累的知识财富是不可能的。因此，人类社会是通过劳动分工来获得尽可能多的共同的知识财富的。他说："既知道技术、医学，也知道法律、历史等学科的原理和结论的人，确实是一个有教养的人。他确实是在向着无所不知的理想前进。但他不应该浮光掠影地知道一切，他应该有自己的专业，他应该知道自己的事情，同时又有兴趣并善于进入任何其他的知识领域。这样的人就能听到在他周围演奏的整个一台交响音乐会，他能听懂所有的音符，所有的音符都融进了我们称之为文化的和声。在这同时，他本人在演奏一种乐器，演奏得很好，为共同的财富做出了自己的贡献，这个共同的财富完整地反映在他的意识中，反映在他的心灵中。"③

卢那察尔斯基还指出，学校教育只是把开启知识宝库的钥匙交给了学生，学校教育的时间和范围是有限的，而人的教育过程则伴随着人的终生。他说："人活多久，他就要学习多久。一个人不必再学习的时期是没有的。生活本身就是这样安排的，人必须学习不仅是因为任何艺术、任何科学的完善是永无止境的，还因为我们周围的生活每个月都向我们提出新的任务，迫使我们去

---

① А.В. Луначарский. О народном образовании：Акад. пед. наук РСФСР. - Москва：Изд-во Акад. пед. наук РСФСР，1958. - 559 с. С.62.

② А.В. Луначарский. О народном образовании：Акад. пед. наук РСФСР. - Москва：Изд-во Акад. пед. наук РСФСР，1958. - 559 с. С.62.

③ А.В. Луначарский. О народном образовании：Акад. пед. наук РСФСР. - Москва：Изд-во Акад. пед. наук РСФСР，1958. - 559 с. С.62-63.

适应新情况。"①

卢那察尔斯基认为，全面发展的人必须具有健壮的身体。如果一个人有高度的共产主义觉悟，知识渊博，但健康状况极差，那么他也不可能成为好的社会主义建设者。他反对把体育工作置于学校工作末尾的做法，指出："儿童的体育是所有其他一切的基础。在儿童的发展中不正确地采取卫生措施，不正确地组织体育运动，我们就永远也不能获得健康的一代。"他认为，如果苏维埃学校不重视体育，这就是在犯"极大的罪过"。②

卢那察尔斯基对美育也很重视，把它看成全面发展教育必不可少的组成部分。他认为，美育的基本任务是发展学生的艺术才能和对现实及艺术作品的欣赏能力，培养学生的情感。他说："任何人都应该知道所有的科学和所有的艺术的基本原理。不管你是鞋匠还是化学教授，如果你的心灵对任何一门艺术都是封闭的，这就是说，你是一个畸形的人，就像你瞎了一只眼或你是个聋子似的。"③

卢那察尔斯基还强调了劳动教育和综合技术教育对人的全面和谐发展所具有的重要作用。从苏维埃政权建立之初直至整个 20 世纪 20 年代，苏联教育界对劳动教育和综合技术教育的本质、内容和实施方法存在着一些错误的观点，把劳动教育等同于综合技术教育，过分夸大劳动教育在学校教育中的地位。卢那察尔斯基对此有比较正确的认识。他不同意把劳动看成学校生活的基础，严厉批评使学校劳动公社化的观点，反对脱离普通教育和综合技术教育的过早的、狭隘的职业化。他认为：在苏维埃学校中劳动是一门学科，

① А.В. Луначарский. О народном образовании: Акад. пед. наук РСФСР. - Москва : Изд-во Акад. пед. наук РСФСР, 1958. - 559 с. С.66.

② А.В. Луначарский. О народном образовании: Акад. пед. наук РСФСР. - Москва : Изд-во Акад. пед. наук РСФСР, 1958. - 559 с. С.446.

③ А.В. Луначарский. О народном образовании: Акад. пед. наук РСФСР. - Москва : Изд-во Акад. пед. наук РСФСР, 1958. - 559 с. С.63.

目的是使学生获得各种劳动知识和技能；劳动也是一种教育的手段和方法，通过各种形式的劳动，学生较容易领会和掌握多门学科的内容，在集体劳动中培养良好的性格和劳动习惯；劳动还是学生与人民共同活动的一个过程，可以使学生在共同劳动过程中认识到自己是一个伟大的社会集体中的一员。这样，就把学校中的劳动与教育教学及社会生活联系在一起了。他明确指出，学校中的劳动应该是学生力所能及的、有益的，不得把劳动看成某种自给自足的事业或使学校完全自负盈亏的手段。学校不是生产商品的地方，而是培养有文化的人的场所。如果通过劳动，儿童没有变得更聪明、更灵巧，什么知识技能也没获得，那么这样的劳动是没有意义的。

卢那察尔斯基是综合技术教育的拥护者，在贯彻和宣传马克思主义综合技术教育思想方面做了大量工作。他在一次报告中指出："我们不能在学校中放弃综合技术教育原则。但这绝不意味着我们应该教儿童掌握几种手艺和生产技术。我们对综合技术教育原则的理解是：应该教儿童掌握生产知识，而且是工业生产知识，使他们了解生产的原理、生产中的一般知识以及生产中可能出现的那些主要变化。"[①]他主张分两个阶段实施劳动教育和综合技术教育。第一个阶段主要是通过劳动使学生掌握科学基础知识，让学生从事一些包括自我服务在内的简单的劳动来训练双手，养成使用各种简单工具的技能和习惯。第二个阶段主要实施综合技术教育，在通过劳动传授知识的同时使学生了解生产本身，了解生产的组织及它的主要过程和主要材料，选定自己的职业方向。在这一阶段上，学生应该到工厂或农村参加他们力所能及的、符合卫生学要求的、有教育意义的生产劳动。

为了培养全面和谐发展的一代新人，卢那察尔斯基很重视学前教育和社会教育，要求改变苏联学前教育的落后状况，广泛地建立学前教育机构。他

---

① А.В. Луначарский. О народном образовании：Акад. пед. наук РСФСР. - Москва：Изд-во Акад. пед. наук РСФСР，1958. - 559 с. C.128.

说："必须牢记，只有从学龄前起就用我们的精神教育下一代，我们才能培养出社会主义的一代新人。"①这是因为幼儿期的儿童具有很大的可塑性，幼儿期是决定一个人的性格的重要时期。

第三节　沙茨基的教育思想

19世纪末20世纪初期，教育改革与发展问题再次成为俄国社会舆论关注的问题。参与发展俄国教育思想的不仅有教育学者，而且有生理学家、心理学家和其他专业的学者。19世纪末《俄罗斯学校》和《教育通报》两种教育杂志相继创办。《俄罗斯学校》杂志中还辟有西方最新教育思潮的专栏。《教育通报》在传播实验教育学和自由教育方面起了很大的作用。1907年，《自由教育》杂志出版，成为自由教育理论热心的宣传者。在20世纪初期，梅伊曼和拉伊的实验教育学思想、凯兴斯泰纳的《劳作学校要义》和林威的早期著作都有了俄译本。这些"现代派"的教育思想在俄国得到了广泛传播。沙茨基的教育活动与教育思想就是在这样的历史背景下逐渐形成的。

一、生平与教育活动

沙茨基于1878年6月1日出生于斯摩棱斯克市一个军官家庭。沙茨基在少年时代就对俄国古典文科中学教学中的形式主义、强迫纪律和死记硬背的学习形式深感厌恶。他曾在莫斯科第六中学学习。这所学校的教学不仅不能满足他的学习需求，而且在他幼小的心灵中留下不少痛苦的印象。中学毕业后，他先后在莫斯科大学数理系的自然科和莫斯科农学院学习，还在莫斯科

---

① А.В. Луначарский. О народном образовании：Акад. пед. наук РСФСР. - Москва ：Изд-во Акад. пед. наук РСФСР，1958. - 559 с. С.386.

音乐学院学习了声乐。他始终对于应该如何对待和教育儿童的问题具有极大的兴趣，希望以后从事儿童教育工作。在这方面，俄罗斯作家和教育家列夫·托尔斯泰的教育思想给了他很大的影响。

1905年，沙茨基和A. У. 泽连科(Александр Устинович Зеленко，1871—1953)、Л. К. 施莱格尔(Луиза Карловна Шлегер，1863—1942)等教育家一起在莫斯科附近的谢尔科夫为工人的孩子组建了一个儿童劳动夏令营。组建儿童劳动夏令营的创意是A. У. 泽连科提出的。1903—1904年，他访美时了解了美国进步主义思想家开展的贫民安置运动(settlement house movement)。这一运动旨在通过贫民安置会进行的各种文化教育活动改善城市贫民及其子女的生活。同年，他们开办了俄国第一个儿童俱乐部。在沙茨基看来，"俱乐部和夏令营的工作具有社会性质，任务是实施劳动教育，让儿童自治，满足儿童的兴趣与爱好，为每个学生创造能力的发展提供条件。在夏令营里，儿童自己准备饮食，布置房间，打扫卫生，管理自己，个性不再受到压抑，能够真正地、自由地发展"[1]。他积极热情地投入自己所从事的第一次教育活动。为了安排夏令营和其他儿童校外教育机构的活动，沙茨基和泽连科等人还组织了"贫民安置区"协会。协会存在了三年，被沙俄政府以"试图在儿童中传播社会主义"的罪名关闭了。沙茨基被逮捕。[2] 1909年，沙茨基和其他活动家又以"儿童劳动和休养协会"的名义继续进行他们已经开始的工作。沙茨基团结一些进步的教育家在尊重儿童个性和培养儿童集体主义精神的基础上进行了儿童校外教育的实验。

1911年，沙茨基同他的妻子瓦·尼·沙茨卡娅(Валентина Николаева Шацкая，1882—1978)一起在卡卢日州开办了一所以"朝气蓬勃的生活"为名

---

① 赵祥麟：《外国教育家评传》第3卷，517页，上海，上海教育出版社，1992。

② Гл. ред. В. В. Давыдов. Российская педагогическая энциклопедия：в 2 томах，том 2-Москва：Науч. изд-во "Большая Российская энциклопедия"，1999.С.575.

的儿童夏令营，该夏令营每年接收 60~80 名 8~16 岁的儿童从莫斯科前来度夏。体力劳动是儿童夏令营生活的基础。① 为介绍与总结儿童夏令营工作的内容和方法，沙茨基和他的妻子合写了《朝气蓬勃的生活》，该书于 1914 年在莫斯科出版。②

沙茨基在十月革命前的教育活动受到杜威教育思想的影响。关于这一点，他在《我的教育道路》一文中写道："我要指出的是：在这个时期（1901 年），约翰·杜威以他的实用主义哲学引起了我的注意。这种哲学非常坚决地提出借助于生活事件来检验思想，同样也以细致地分析儿童的思想的方法来检验思想。我甚至根据满足儿童的兴趣来制定一系列儿童工作的计划和大纲。"③

为了进一步研究儿童劳动教育的理论与实践状况，沙茨基在十月革命前两次出国考察：第一次是在 1910 年出访斯堪的纳维亚国家，主要是研究这些国家的儿童保育院采用的劳动教育形式；第二次于 1913—1914 年出访德国、比利时、法国和瑞士，在这次访问中，德克乐利的教育组织工作和日内瓦卢梭学院的某些因素激发了他的兴趣。

在第一次世界大战期间，沙茨基和他的朋友积极参加了为培训校外人员和学前教育工作者的讲习班的工作。他们为讲习班制定了教学大纲和教学方法，将听讲者的实际工作经验纳入教学大纲，主讲者引导学员对其实际工作经验进行分析，从中得出结论。讲习班的工作取得了良好结果。

十月革命的胜利，为沙茨基的教育实验创造了良好的条件。1919 年 5 月，沙茨基征得教育人民委员部同意后组织并主持国民教育第一实验站，直至1932 年。参与这一工作的有沙茨卡娅、A. A. 福尔图纳托夫

① Гл. ред. И. А. Каиров и Ф. Н. Петров. Педагогическая энциклопедия : в 4 т. том 4 - Москва : Сов. энцикл, 1968. C.688.

② Шацкий С. Т. Педагогические сочинения : в 4 т. / под ред. И. А. Каирова［и др.］; Акад. пед. наук РСФСР. — М. : Просвещение, 1962—1965. Т. 1. C.58.

③ Шацкий С. Т. Педагогические сочинения : в 4 т. / под ред. И. А. Каирова［и др.］; Акад. пед. наук РСФСР. — М. : Просвещение, 1962—1965. Т. 1. C.58.

（А. А. Фортунатов）、Е. Я. 福尔图纳托娃（Е. Я. Фортунатова）、Н. О. 马萨里季诺娃（Н. О. Массалитинова）、М. Н. 斯卡特金（М. Н. Скаткин）、Л. Н. 斯卡特金（Л. Н. Скаткин）、Н. П. 库津（Н. П. Кузин）等人。国民教育第一实验站是一个综合性教育教学机构，分农村教育和城市教育两个部分。农村教育分部在卡卢日州，城市教育分部在莫斯科。国民教育第一实验站包括 1 所第二级学校、12 所第一级学校、6 所幼儿园、3 所人民文化馆、2 所寄宿学校和1 个农场，后来又增添了 3 所第二级学校，并开办了教师讲习班和教师讲习会。国民教育第一实验站根据当时教育人民委员部提出的任务和要求，全面探讨、解决国民教育领域中的各种问题，改进教育和教学工作，同时也影响了它周围成年人的生活、劳动和风俗习惯，对苏维埃初期的文化教育事业的发展发挥了积极的作用。"实验站的工作成就吸引了成千上万的教师和外国教育家前来参观访问。仅在 1925—1926 年期间，实验站就接待了 153 个来自中国、日本、美国、法国、德国、比利时、西班牙和波兰等国的参观团。"[1]

　　沙茨基自 1921 年起为克鲁普斯卡娅所领导的教育人民委员部国家学术委员会科学教育部的成员，自 1929 年起为俄罗斯联邦教育人民委员部委员，自1932 年起领导教育人民委员部中央教育实验室，继续开展教育实验研究，同时担任莫斯科音乐学院的院长。沙茨基于 1934 年 10 月 30 日逝世。

二、主要教育思想

（一）把童年还给儿童

　　1918 年 10 月，沙茨基发表了以《在通向劳动学校的道路上》为题的论文，阐述了他对如何将传统的学校教育改造为劳动学校教育的看法。沙茨基在该论文中首先提出传统的学校教育是要培养儿童去追求未来的生活、工作和前程，但"不管培养儿童去达到的目的有多好，毕竟是要靠别人去培养他们。为

---

[1]　赵祥麟：《外国教育家评传》第 3 卷，519 页，上海，上海教育出版社，1992。

了这一目的，人们建立了相应的机构，而儿童很少能成为儿童和过儿童的生活。他们应当以成人为模式，完成成人所理解的(而且也未必都理解的)社会职责，背熟对于未来所需要的那些东西；……这使他们丧失掉大量的精力；儿童自己的生活总是偏居末位(如果有时间的话)"①。他还说："我们的整个普通教育是以做准备的思想为基础的。然而，许多先进的教育思想家所肯定的不是别的，正是立刻实现尽可能充分的儿童生活，而不去考虑将来会怎么样。"②沙茨基在文中谈到，实验教育学推动大家去研究和观察儿童，探寻儿童的发展规律，以便精细地规定儿童各年龄段的界限。他认为，培养儿童面向未来的思想是教育和前程的教育观念以及按照大纲授予儿童、少年和青年严格规定的分门别类的知识，并用考试加以检验、用文凭予以认定的教学观念给儿童和社会都带来了祸害。"两者都是有害于人的进步的，都助长了生活和理性的停滞，两者都是通常所说的以维护现存制度为目的的。"③沙茨基强调，儿童和成人之间是存在重大差别的，"主要的区别在于：童年、少年、青年都在生长，都在发展，而我们的生长已经结束。不稳定性在儿童来说是一种规律，在成人是一种缺点。……应当为自己弄清楚对儿童来说确实是构成其全部生活的那些因素，即肌肉活动或活动的需求、游戏、艺术、智力活动和儿童的社会生活。"④他还认为，渴望活动、游戏和清晰地表述自己的印象是儿童的根本特性，这种渴望的根源就在于他们有探究的精神，在于他们具有初步尝试用自己的外部感官去接触自然的那种能力。因此，他得出结论："我们最主要的工作应当是旨在保持儿童所具有的那些东西"，要"把童年还给儿童"。⑤

① 瞿葆奎：《教育学文集·苏联教育改革》上册，75页，北京，人民教育出版社，1993。
② 瞿葆奎：《教育学文集·苏联教育改革》上册，76页，北京，人民教育出版社，1993。
③ 瞿葆奎：《教育学文集·苏联教育改革》上册，87页，北京，人民教育出版社，1993。
④ 瞿葆奎：《教育学文集·苏联教育改革》上册，87页，北京，人民教育出版社，1993。
⑤ 瞿葆奎：《教育学文集·苏联教育改革》上册，80、76页，北京，人民教育出版社，1993。

(二)学校的任务是根据儿童的特性和生活因素组织儿童的生活

第一，沙茨基指出："好动是儿童的特征。他们的这种好吵闹的本性，对我们来说经常是很伤脑筋的，而我们很少认为它有某种重要的意义。但是，如果较深入地详察一下，我们就会理解促使儿童进行各种各样的活动的极端必要性，懂得活动的合理性。确实，不让儿童活动就象堵住一条河流一样。这种不让活动正是学校的大量犯罪行为的根源，这种行为有时会极其严重地影响一个儿童一生的命运。造成儿童过多地活动的原因是多方面的，这就是：生长中的有机体的内在的刺激，用不管什么样的方式(本能的运动)锻炼肌肉的必要性，适应周围环境的本能，迅速达到某种目的的企图，进攻和自卫的本能，游戏的本能，以及始终存在的研究自己的运动的过程，即认识自己，评价自己的力量或自己的灵巧的某一个水平。模仿的活动也起很大的作用。……儿童的年龄越小，过程本身而不是成果所给予的乐趣也越多。过程的教育价值在于养成达到目的的习惯，在于练习如何努力，练习怎样把这种努力导向或多或少可以达到的、需要的目的。使儿童免除体力劳动，我们就剥夺了儿童的强大的生活适应力。"[①]

第二，沙茨基强调："儿童们渴求游戏，渴求把全部生活印象应用到游戏中去，这也是他们的一个特点。……活跃的智力活动和常常令人感到极为疲倦的体力活动都贯串在游戏之中。……游戏是童年的生活实验室，它为年轻的生命提供了美好的特征和气氛，没有了这种气氛和特征，生命的这一时期对于人类来说就是无益的了。在游戏中，在这种生活材料的专门的加工品中，存在着童年合理的学校教育最健康的内核。"[②]

第三，沙茨基论述了儿童的艺术活动。他认为艺术是"内心存在的那种活动的外在表现"，涉及言语、姿势、语调、面部表情、音乐声响、绘画和塑

---

① 瞿葆奎：《教育学文集·苏联教育改革》上册，80~81 页，北京，人民教育出版社，1993。
② 瞿葆奎：《教育学文集·苏联教育改革》上册，81 页，北京，人民教育出版社，1993。

造。"它既是真正的艺术，也是应用艺术。尤为重要的是，要把内心的过程，感受和印象通过外部形式表现出来，这对儿童来说是一种迫切的需要。顺便说一句，儿童的艺术并不是平平常常的娱乐，而是儿童个人生活中的最迫切的极为经常的需求。显然，艺术的本源对性格直爽的儿童比对我们成人更接近，因此，儿童艺术家，独出心裁、很少做作的、几乎总是带有象征性的真正艺术家，比我们所想的要多得多。"①

第四，沙茨基对儿童的智力活动进行了论述。他认为："在成人应当占统治地位的领域，在理性的领域，儿童占有才华横溢的研究者那样的重要优势。"②他们以惊人的毅力在研究、观察，对一切见到的事物都会进行各种检验和试验。

第五，沙茨基论述了儿童的社会活动。他指出："社会本能大概是儿童生活中较晚发展的方面。不管多么奇怪，儿童虽然是一个身不由己的利己主义者，自我研究的中心，宇宙的中心，但是，正是由于利己主义引起的那一部分意识，他很容易通过氏族的社会本能（家庭）转到群居的（一伙人、同志关系）本能，然后转到极为有益和高度发展的社会生活的形式。"③在这方面，他引述了他对德克乐利教育实验进行考察的体验。他写道："不管怎样，（较）成熟的儿童都会特别迅速地各自组成小组和建立同志关系，如果它们不巩固，那也只是因没有给他们提供可使关系密切起来的那种社会条件罢了。"④

沙茨基还强调，儿童生活各方面的因素是互相融合的。他写道："儿童，特别是幼童的劳动、游戏和艺术等因素相互之间往往溶合得非常紧密，要把它们分解开来几乎是不可能的。这些因素各自所占比例的大小，决定着智力发展以及社会技能的一定高度。儿童的工作，如果它是生气勃勃的，那么它

---

① 瞿葆奎：《教育学文集·苏联教育改革》上册，82页，北京，人民教育出版社，1993。
② 瞿葆奎：《教育学文集·苏联教育改革》上册，80页，北京，人民教育出版社，1993。
③ 瞿葆奎：《教育学文集·苏联教育改革》上册，83页，北京，人民教育出版社，1993。
④ 瞿葆奎：《教育学文集·苏联教育改革》上册，83页，北京，人民教育出版社，1993。

同时也是游戏，因为儿童马上会在工作过程中玩他所做的东西，而且也会马上把一系列的想法、想象同工作结合起来。他的工作成了包含一系列印象的某种象征，因此，在这里就使艺术和智力活动的因素结合起来了。"①

　　沙茨基认为，学校的任务就是根据儿童的这些特征和生活因素组织儿童的生活，让他们在工作的过程中得到锻炼，在活动中得到成长。"学校是把自己亲身经验的成果进行加工、系统化和与别人的成果进行交流的地方。这样就有了开展活跃而重要的智力活动的可能性，天赋的能力也能得到发展和锻炼。学校也就恢复了在古代所赋予它的另一半思想：学校是休息，即自由地组织起来的生活的地方。"②总之，他认为："学校应当最精细地依靠儿童。"③他把这样的学校称为劳动学校、创造性的学校、生活的学校、新学校、游戏学校、公社学校、快乐的学校、童年学校、自由学校、未来学校、自由儿童之家、社会学校、社会主义学校，并强调："学校是为儿童建立的，而不是儿童为了学校而生存。"④

　　(三)劳动是学校生活的基础

　　沙茨基认为，劳动既是儿童生活的重要组成部分，也是学校生活的基础。学生通过参加生产劳动，养成劳动习惯，获得劳动技能，同时培养了组织能力。劳动不仅能增强儿童的体力，而且能发展其智慧。劳动也是联系学校和社会生活最直接的方式之一。他认为，在选择劳动任务时，首先需要考虑儿童能否胜任这些劳动任务，其次必须研究周围生活和社会的需要。

　　沙茨基根据他主持的儿童劳动夏令营的教育实践论述劳动如何成为学校生活的基础。儿童在夏令营的大部分时间进行田间劳动。"菜园劳动是主要的工作，其次是割草、厨房、烤面包、洗衣、土方工程、建筑、管理家畜(母

---

①　瞿葆奎：《教育学文集·苏联教育改革》上册，82 页，北京，人民教育出版社，1993。
②　瞿葆奎：《教育学文集·苏联教育改革》上册，88 页，北京，人民教育出版社，1993。
③　瞿葆奎：《教育学文集·苏联教育改革》上册，86 页，北京，人民教育出版社，1993。
④　瞿葆奎：《教育学文集·苏联教育改革》上册，86 页，北京，人民教育出版社，1993。

牛、马)和小型家禽饲养场。劳动分为全体自由的劳动营成员都参加的集体劳动和个别经济部门(厨房、洗衣和家禽棚)的轮值劳动。"① 在劳动夏令营里生活的8~16岁的男女儿童总共有60人,"一般每天劳动5小时。空闲的时间根据儿童的志愿来安排,即有阅读、音乐和唱歌、谈话、韵律体操和游戏的时间,一切愿意的人都可参加。在生活和活动中按年龄分为三个不同的班:小班、中班、大班"②。"除了劳动以外,音乐和游戏在劳动营的生活中占有很大的地位。经常举行全劳动营的晚会,在晚会上儿童们唱歌、听音乐(钢琴)、跳舞。有时还自演戏剧,演出自己创作的自由即兴的戏剧";"总之,我们安排了儿童生活的四种基本因素:生产劳动、艺术、游戏和社会生活"。③ 但是,他指出,在劳动学校,不能完全像劳动夏令营那样安排学生的生活。"为了变为学校,劳动营应当从作为儿童生活的成果之一的生活经验中吸取材料,增添有组织的智力活动。在这种智力活动的影响下,体力劳动开始减轻和完善起来,各种劳动方式的采用显得自觉了,懂得了劳动过程、材料和工具。为了变为一所完整的学校,劳动营应当有一切主要形式的体力劳动,它们是人们在加工重要原料时始终不可缺少的,例如:金属加工、木材加工、成衣、生产陶器。"④

沙茨基认为:"这种学校不培养专家。它只使儿童认识最重要的生活过程和它们的相互关系。在自然科学领域,学校将着手组织涉及施肥和耕耘的栽培各种各样农作物的试验;不排除建立精选种子的小型育种站的可能性。由于具有亲自直接观察动物和昆虫的可能性,关于动物界的知识显得丰富多彩了,所有在实验中获得和经过检验的知识被记录下来并在学校图书馆得到修

---

① 瞿葆奎:《教育学文集·苏联教育改革》上册,89页,北京,人民教育出版社,1993。
② 瞿葆奎:《教育学文集·苏联教育改革》上册,89页,北京,人民教育出版社,1993。
③ 瞿葆奎:《教育学文集·苏联教育改革》上册,90页,北京,人民教育出版社,1993。
④ 瞿葆奎:《教育学文集·苏联教育改革》上册,90页,北京,人民教育出版社,1993。

正补充。"①

在劳动学校中，语言领域的活动"占有很大的地位，应当把明确、纯正和流畅的语言看作是它的工作的基础，领导人应当以极大的注意力去从事这一工作。起初儿童们学习很好地说话，而后学习写字和研究语言的规则"②。

在劳动学校中，"学生的个人创作也赋予很高的地位，他们的这些创作被汇编成个人的作文集。文学作品（俄罗斯的和世界的）、故事、传说和叙事诗作品是儿童语言活动的主要内容"③。

劳动学校对于文明史和发明创作的学习也很重视。"文明史和发明创造在学校里被列为一个特别的部分。……为此目的，在劳动营里保留了一块未开垦过的地段，学生们可以在小溪边玩水，在山洞里、在窝棚里进行许多儿童心爱的游戏，采用原始的耕作方法，借以更鲜明地再现人类进步的过程。"④

沙茨基还认为，在劳动学校中，数学在学生生活中也是不可缺少的。他写道："同这方面有关的是全过程都使用的要计算数值和比值的数学。也就是说，有很多需要测量、计算、比较和解答的实际重要问题。"⑤

沙茨基认为，为了对学生进行劳动教育，还必须以有关体力劳动的知识和技能武装每一位教师。他要求年轻教师在师资训练班里学习细木工和装配工艺，学习正确地管理植物和牲畜的技术，学习制造各种教具，等等。教师如果自己不懂得体力劳动，没有对体力劳动形成正确认识，就不能以热爱和尊重劳动的精神教育年青一代，不能教会他们正确、自觉和有效地从事劳动。此外，他还认为，教师要善于集体工作。他写道："我并不认为学校事业是可以靠单枪匹马的努力获得成功的。教师们应当被分成相互帮

① 瞿葆奎：《教育学文集·苏联教育改革》上册，91页，北京，人民教育出版社，1993。
② 瞿葆奎：《教育学文集·苏联教育改革》上册，91页，北京，人民教育出版社，1993。
③ 瞿葆奎：《教育学文集·苏联教育改革》上册，91页，北京，人民教育出版社，1993。
④ 瞿葆奎：《教育学文集·苏联教育改革》上册，91页，北京，人民教育出版社，1993。
⑤ 瞿葆奎：《教育学文集·苏联教育改革》上册，91页，北京，人民教育出版社，1993。

助的大大小小的小组。如果在每一所学校里教师们都能集体地进行工作，这将是很好的事。齐心协力地进行共同的工作的志同道合者的集体，是新学校的必要条件。"①

(四)学校教育与家庭和社会的密切联系

沙茨基在十月革命前的教育活动和十月革命后主持的国民教育第一实验站的教育实践中都注意将学校的教育与社会和家庭联系在一起。他认为大自然、社会经济、风俗习惯、社会组织、家庭都是教育的基本因素。学校在组织教育活动时，应对这些教育因素进行分析，使它们对学生的成长发挥积极的作用。在十月革命以后的教育实践中，沙茨基经常和教师们一起研究学生的家庭情况，研究学校所在地区居民的经济状况和日常生活条件，把从周围环境中获得的资料作为安排教育活动的根据，以便为儿童生活带来某些新的有益的东西，使他们的生活更健康、丰富。国民教育第一实验站的各个教育机构经常组织儿童参加改造周围风俗习惯的活动，成立了履行市政建设和农村绿化、推广新的蔬菜和水果职责的儿童生产小组，和当地的党政机关、共青团一起，广泛开展各种社会公益活动，如读报、宣传政治、普及科学、庆祝各种节日等活动，参加选举和农业集体化工作等。这些活动一方面锻炼和教育了儿童，巩固了儿童集体；另一方面提高了居民的文化水平，改善了农村的生活条件，促进了城乡社会主义建设事业的发展。

沙茨基是 20 世纪 20 年代苏联教育理论和教育实践家。他的教育思想与教育实践是紧密联系的。沙茨基在十月革命前的教育活动受杜威教育思想的影响，认为教育就是组织儿童的生活，完全将活动、劳动与系统知识传授对立起来。十月革命后，在克鲁普斯卡娅等人的影响下，沙茨基努力学习马克思、恩格斯和列宁的著作，并于 1928 年加入了苏联共产党。他开始用马克思列宁主义思想和方法论阐释自己的教育实践活动。但在 20 世纪 20 年代，苏

---

① 瞿葆奎：《教育学文集·苏联教育改革》上册，99 页，北京，人民教育出版社，1993。

联的教育也都偏重教育与劳动和社会生活的联系，强调劳动在教育中的作用，一直到 20 世纪 30 年代初期的一系列决议颁布后，才开始重视系统知识的学习和技能、技巧的传授。沙茨基在 1931 年联共（布）中央公布《关于小学和中学的决定》后，才完全认识到劳动不应成为学校生活的中心，学校必须使儿童掌握教学大纲中规定的科学基础知识。但是他仍然强调，学校教学的任务不只是向学生传授各种必要的知识，还要在教学的过程中发展学生的能力。沙茨基的一生既从事教育实践活动，也从事教育理论探索。他的教育理论源于他的教育实践活动。

第四节　布隆斯基的教育思想

一、生平与教育活动

布隆斯基（Павел Петрович Блонский，1884—1941）于 1884 年 5 月 14 日出生于基辅，1893—1901 年在文科中学学习时更多是自学，对社会科学、文学和诗歌更有兴趣，曾尝试着写诗，15 岁时写的一些诗被基辅的报刊发表。他在 1907 年毕业于基辅大学的文史系。大学毕业后，他在基辅一所学校当教师，1908 年开始在莫斯科女子中等学校教教育学和心理学，虽然此时他对教育学还根本没有什么了解。大学时代他对哲学和心理学的研究帮助他走出了这种困境，因为当时俄国的教育学课程一般是由心理学加上从中引出的教育学结论和教育史两部分组成的。[1] 他认为，从教育学的经典作家开始研究狭义的教育学使他获益颇多。夸美纽斯、卢梭、裴斯泰洛齐和福禄培尔等教育家

---

[1] Редкол. Б. П. Есипов，Ф. Ф. Королев，С. А. Фрумов；сост. Н. И. Блонская，А. Д. Сергеева.Блонский П. П. Избранные педагогические произведения / Акад. пед. наук РСФСР. Ин-т теории и истории педагогики. - М. ：Изд-во Акад. пед. наук РСФСР，1961. С.39.

特别使他神往，乌申斯基也给了他不少启发。他还读过托尔斯泰的教育著作，也读过洛克和赫尔巴特的著作。他认为赫尔巴特著作的系统性与科学性倾向是其积极方面，但内容有些空洞、贫乏。在1908—1913年，他对沙霍尔曼、登斯保、杜威、爱伦·凯、拉伊、凯兴斯泰纳、蒙台梭利等教育家的著作也做了学习与研究。他将这一时期称为他在教育学方面的"学徒年代"。①

1913年，布隆斯基通过了硕士学位考试，结束了研究生学习，被聘为莫斯科大学讲授心理学和哲学的编外副教授。他还在沙尼亚夫斯基大学和季霍米罗夫高级女子讲习班、暑期教师讲习班任课。1916年，他出版了一部以《教育学教程》为书名的高等学校参考读物，论述了各种教育学体系在教育基本问题(教育学的对象、教育的本质与任务等)方面的观点，还撰写了一本《学前教育学概论》，阐述了介绍夸美纽斯和法国教育理论的论著。他认为，他的这些著作都只是普及教育学知识的读物。按照他自己的说法，1916年发表在《教育学通报》杂志上的《国民学校的任务与方法》和《关于中学的思考》是他撰写的两篇更有独创性的文章。在《国民学校的任务与方法》一文中，布隆斯基所阐发的思想为：教学与教育应建立在对儿童发展规律的认识的基础上，要尊重儿童的个性、兴趣与需要，要进行智、德、美、劳等方面的教育，要进行劳动教学与综合技术教育；《关于中学的思考》一文是他根据对生活在身边的文科中学学生的观察和与其交谈的结果写成的，其中已将技术纳入教学大纲。②在《国民学校的任务与方法》一文中，布隆斯基认为，学校不仅要组织儿童的

---

① Редкол. Б. П. Есипов, Ф. Ф. Королев, С. А. Фрумов ; сост. Н. И. Блонская, А. Д. Сергеева.Блонский П. П. Избранные педагогические произведения / Акад. пед. наук РСФСР. Ин-т теории и истории педагогики. - М. : Изд-во Акад. пед. наук РСФСР, 1961. С.40.

② Гл. ред. В.В. Давыдов. Российская педагогическая энциклопедия : в 2 томах, том 1 - Москва : Науч. изд-во "Большая Российская энциклопедия", 1993.С.105.

学习，还应组织儿童的全部生活，"我们必须最坚决地否定学校脱离生活"①。

在二月革命至十月革命期间，布隆斯基撰写了《学校与社会制度》《学校与工人阶级》等教育论著。在这些著作中，他试图揭示教育的阶级性和学校对社会的依从关系。他尖锐地批评了沙皇俄国的学校制度及其教育管理体制，揭示了沙俄学制及管理体制与沙俄社会制度的紧密联系。他指出，在资本主义制度条件下，劳动群众在教育方面较之在地主统治时代有某些进步，但是他们在资本主义制度统治下获得的教育只是资产阶级企业的生产劳动所需要的那么一点点。他预示，未来的学校将是使教学与劳动相结合的儿童公社。② 从《学校与工人阶级》这部著作中可以看出，布隆斯基对马克思关于教育必须与生产劳动相结合的理论已有所了解。③

十月革命时期，布隆斯基在莫斯科大学讲授现代哲学和古希腊罗马哲学，1919 年和 1922 年相继出版了他的《现代哲学》的第一、第二部分，这还是他写于 1916—1917 年的著作，其中对马克思和恩格斯的辩证唯物主义做了比较详细和客观的论述。1921 年，布隆斯基出版了《科学心理学概论》这本心理学著作。

在十月革命以前，哲学和心理学问题是布隆斯基研究的主要问题，是他的兴趣所在，他的教育著作都是作为普及读物写成的。在十月革命以后，特别是在 1918—1924 年，教育问题成了他最为关注的问题，哲学成了次要问题。布隆斯基把自己在苏维埃政权头十年的教育研究活动分为撰写《劳动学

---

① Редкол. Б. П. Есипов, Ф. Ф. Королев, С. А. Фрумов ; сост. Н. И. Блонская, А. Д. Сергеева. Блонский П. П. Избранные педагогические произведения / Акад. пед. наук РСФСР. Ин-т теории и истории педагогики. — М. : Изд-во Акад. пед. наук РСФСР, 1961. С.12.

② Гл. ред. В.В. Давыдов. Российская педагогическая энциклопедия : в 2 томах, том 1 - Москва : Науч. изд-во "Большая Российская энциклопедия", 1993. С.105.

③ Редкол. Б. П. Есипов, Ф. Ф. Королев, С. А. Фрумов ; сост. Н. И. Блонская, А. Д. Сергеева. Блонский П. П. Избранные педагогические произведения / Акад. пед. наук РСФСР. Ин-т теории и истории педагогики. — М. : Изд-во Акад. пед. наук РСФСР, 1961. С.19.

校》(1917—1921年)、参与国家学术委员会教学大纲的制订活动(1922—1924年)和儿童学研究(1924—1928年)三个阶段。此后,他主要致力于心理学研究。①

布隆斯基在十月革命初至20世纪20年代和30年代初开展的教育活动是多方面的。他在第一和第二莫斯科大学进行教育学和心理学的教学,同时是社会主义教育学院的创建者和领导人之一,并在学院讲课。1924—1929年,他领导着一所普通学校的教育工作。他认为教育理论工作者必须进行教育实践,总结教育实践的经验。②

作为教育人民委员部国家学术委员会科学教育部的成员之一,布隆斯基在为社会主义国家新学校培养干部方面做了大量的工作。他在各种教师讲习班里、在教师代表大会上发表讲演,宣传建设新学校的思想。

1919年,布隆斯基出版了《劳动学校》一书。这是十月革命后第一本以"劳动学校"为题的著作,引起了列宁的关注。1921年,布隆斯基发表了《作为解决教育问题的方法论的马克思主义》。这是他在十月革命后最初几年努力学习运用马克思主义方法论解决教育理论研究和科学中遇到的问题的成果。

1922年,在克鲁普斯卡娅的协助下,布隆斯基积极地投入学校新教学大纲的制订工作。他担任制订一级劳动学校(一年级至四年级)教学大纲分委员会主席。这年末,分委员会提出了国家学术委员会科教部的一级学校综合教学大纲示意图,即不是按学科,而是按人与自然、劳动和社会三个系列组织

---

① Редкол. Б. П. Есипов, Ф. Ф. Королев, С. А. Фрумов ; сост. Н. И. Блонская, А. Д. Сергеева. Блонский П. П. Избранные педагогические произведения / Акад. пед. наук РСФСР. Ин-т теории и истории педагогики. - М. : Изд-во Акад. пед. наук РСФСР, 1961. С.21.

② Редкол. Б. П. Есипов, Ф. Ф. Королев, С. А. Фрумов ; сост. Н. И. Блонская, А. Д. Сергеева. Блонский П. П. Избранные педагогические произведения / Акад. пед. наук РСФСР. Ин-т теории и истории педагогики. - М. : Изд-во Акад. пед. наук РСФСР, 1961. С.21. 布隆斯基领导的学校是国民教育哈莫夫尼切斯基处第5(35)学校(локоиа No.5(35) Хамовническояго отоелела народного́ ообразования)。

教材的教学大纲的图解（草案）。经过各教育机构的讨论和实验学校工作者会议以及 1923 年 3 月举行的全俄各省社会主义教育局局长代表大会的讨论后，教育人民委员部于 1923 年 3 月 5 日做出决议，赞同充实和完善一级劳动学校教学大纲，并编写相应的教科书。在布隆斯基的领导下，教育实际工作者积极地参与了新大纲的制订工作。1924 年，出版了一级学校四个年级的教学大纲，其中着重指出了社会学科、劳动知识、自然学科、数学和本族语的总的知识量。"预计在三年内（从 1924—1925 学年到 1926—1927 学年）使所有一级学校全部逐渐过渡到按新教学大纲进行教学。"①布隆斯基还为一级学校编写了以《红色的朝霞》为书名的课本。

1922 年，布隆斯基撰写和出版了《教育学》（1924 年第 8 次印刷），随后又撰写和出版了《教育学原理》（1925 年初版，1929 年第三次印刷）。

20 世纪 20 年代中期，布隆斯基对儿童发展的年龄和个性特点进行了研究。这些研究是从儿童学的视角进行的。1934 年，他撰写和出版了《儿童学》一书（1935 年再版）。按照布隆斯基自己的说法："研究人的童年，毫无疑问，能给予教育学者许多新的动力和新内容。说来似乎令人难以置信，我离开教育学，是为了最终不丢失教育学。"②他还说，他的《教育学原理》其实是《教育学的儿童学原理》，儿童学不是简单的儿童研究，而是关于童年时代的科学。③

布隆斯基进行了心理学研究。20 世纪 20 年代，他撰写和出版了《科学心理学概论》《记忆与思维》《学生思维的发展》等著作。1930—1941 年，他在国家心理学研究所工作，主持记忆、思维实验室的研究工作。他的儿童学和心

①　《克鲁普斯卡雅教育文选》上卷，490 页，卫道治译，北京，人民教育出版社，2006。

②　Редкол. Б. П. Есипов, Ф. Ф. Королев, С. А. Фрумов ; сост. Н. И. Блонская, А. Д. Сергеева. Блонский П. П. Избранные педагогические произведения / Акад. пед. наук РСФСР. Ин-т теории и истории педагогики. – М. : Изд-во Акад. пед. наук РСФСР, 1961. С.33.

③　Редкол. Б. П. Есипов, Ф. Ф. Королев, С. А. Фрумов ; сост. Н. И. Блонская, А. Д. Сергеева. Блонский П. П. Избранные педагогические произведения / Акад. пед. наук РСФСР. Ин-т теории и истории педагогики. – М. : Изд-во Акад. пед. наук РСФСР, 1961. С.44.

理学研究是密切联系的。在很长的时间里，他同时在莫斯科大学的心理研究所、科学教育研究所、综合技术教育研究所和其他一些科学研究所进行研究工作。布隆斯基在他生活的时代是一位才能出众和非常博学的学者。他于1941年2月15日在莫斯科去世。

二、布隆斯基的教育思想

(一)对沙皇俄国教育的批判

早在十月革命前，布隆斯基就在他所写的论文中对沙皇统治时期的俄国学校教育进行了批判。他指出，"我们必须最坚决地否定学校脱离生活的可恶现象"，"学校不仅要组织儿童的学习，而且要组织儿童的全部生活"。① 他还对旧学校的形式主义和教条主义、旧学校教导活动中的刻板公式和抱残守缺进行了批评。②

十月革命后，布隆斯基在《教育通报》上发表了《教育原理刍方》一文，指出："任何一个具有新的思想和精神的人不可能不懂得，旧式学校早已一去不复返了，因为它是阶级的学校，其宗旨是对人民群众进行精神奴役。现在，人民推翻了资产阶级的统治，摆脱了奴役的地位，他们需要的学校不是培养老爷和奴仆的学校，而是培养自由的、强壮的而且能干的人的学校。……新酒不能盛于旧瓶中，必须把旧式学校的一套彻底打碎。"③1919年，布隆斯基在《劳动学校》一书中对沙皇俄国的学校进行了更系统的批判。他指出："现在的学校并不仅仅是由于缺乏方法而使我们对它持否定态度。在更大程度上使我们不满意的是它的文化内容，是它的教学大纲。而且最重要的一点是，它

---

① Редкол. Б. П. Есипов, Ф. Ф. Королев, С. А. Фрумов ; сост. Н. И. Блонская, А. Д. Сергеева. Блонский П. П. Избранные педагогические произведения / Акад. пед. наук РСФСР. Ин-т теории и истории педагогики. − М. : Изд-во Акад. пед. наук РСФСР, 1961. С.12.

② Редкол. Б. П. Есипов, Ф. Ф. Королев, С. А. Фрумов ; сост. Н. И. Блонская, А. Д. Сергеева. Блонский П. П. Избранные педагогические произведения / Акад. пед. наук РСФСР. Ин-т теории и истории педагогики. − М. : Изд-во Акад. пед. наук РСФСР, 1961. С.13.

③ 《克鲁普斯卡雅教育文选》上卷，264页，卫道治译，北京，人民教育出版社，2006。

的制度本身使我们感到非常不满，现在的学校制度是修道院学校、兵营学校和官僚制度学校的一切历史沉积物莫明其妙地结合而成的。我们发现现在的整个学校制度完全是既不符合现代文明的精神，又不符合人民的需要，而且也不适合儿童的心理。所以，问题不是在于要改进现在学校的教学方法，而是在于要改造整个学校制度。"①他还说，传统的学校显然都只是适合于非劳动阶级的教育，俄国的教育大臣把学校作为培养"贵族和官吏子女"的地方。②"如果我们把'文牍主义'的教学方法（教科书和练习本）以及形式主义的官僚主义教育的一般精神同上述情况结合起来，我们就能明白，这类学校，无论是中学还是少得可怜的、办得很糟的，与它类似的所谓'初等'学校，同现代的工业文明的要求之间存在着多么深刻的矛盾。这种学校培养出来的人在现代生活中开始走投无路了，就象培养他的教权主义的贵族和官吏的国家那样走投无路。现代生活所需要的不是凭直觉过闲暇无事的生活的人，不是落后于现代文明好几个世纪的所谓有教养的'空谈家'，不是公爵的或别的办公室的'学术文官'。通常对传统学校的主要指责是，在我们所处的工业和科学发明不断涌现的时代，在我们积极紧张行动的、民主的和劳动的时代，传统学校所培养出来的人毫无智慧和能力，这种人所能做的只是妨碍进步，因为他们的知识和实际能力虽然少得可怜，但却总是以贵族的态度来对待人民群众。"③

（二）劳动学校就是进行劳动教育的学校，工业化时代的学校就是进行工业劳动的学校

1918 年 9 月 30 日和 10 月 16 日，苏维埃政权先后发布了《统一劳动学校规程》和《统一劳动学校基本原则》（又称《统一劳动学校宣言》）。《统一劳动学

---

① 瞿葆奎：《教育学文集·苏联教育改革》上册，122 页，北京，人民教育出版社，1993。
② 瞿葆奎：《教育学文集·苏联教育改革》上册，124 页，北京，人民教育出版社，1993。
③ 瞿葆奎：《教育学文集·苏联教育改革》上册，125 页，北京，人民教育出版社，1993。

校规程》是苏俄颁布的第一项普通教育法规,《统一劳动学校基本原则》是对《统一劳动学校规程》基本精神与条款的论证和解说。正是在这样的背景下,布隆斯基在1919年出版的《劳动学校》中阐述了自己关于劳动学校和在劳动学校中如何进行教育工作的教育思想。

布隆斯基写道:"劳动学校是进行劳动教育的学校","劳动教育在于使儿童有计划有组织地练习从事适当的活动,把某些事物变成对人有益的,即具有消费价值的事物。儿童在接受劳动教育时,是作为一个能够迫使自然界为人的需要服务的人而发挥作用的。劳动教育是主宰自然的一种教育"。① 他认为:"劳动教育的目的是要提高儿童驾驭自然的能力,能把自然界的事物变成有益于人类的事物。劳动教育的本质是要让儿童掌握劳动的工具和技术。劳动教育的方法是有计划有组织地训练儿童学会进行劳动活动。劳动教育的意义是在于培养出来的人都能很好地掌握了控制自然的工具并能使其服从于人类的利益和需要。"②"劳动学校的内容不应当是抽象的'劳动过程',而应是具体的完整而连贯的生产。劳动学校也象人的劳动生活一样,要从整个生活任务出发,即从人对住、穿、用等的具体生活需要出发。满足这种需要就得进行集体的工作。这种集体劳动迫使儿童按照共同的计划进行同一种工作,或者往往把这一工作分成好些项目,大家分头进行",因此,他把劳动学校称为"儿童的劳动合作社"。③ 在这里,每个儿童的工作只是集体工作的一部分,儿童本身也只是劳动集体中的一分子。儿童在这个集体中不仅受到劳动技能的训练,而且受到社会教育和纪律教育。

布隆斯基的劳动学校和劳动教育思想的突出之处,是他将工业化的时代要求与劳动学校及其教育联系起来了。他强调:"工业化是人类战胜自然的杰

---

① 瞿葆奎:《教育学文集·苏联教育改革》上册,116页,北京,人民教育出版社,1993。
② 瞿葆奎:《教育学文集·苏联教育改革》上册,117页,北京,人民教育出版社,1993。
③ 瞿葆奎:《教育学文集·苏联教育改革》上册,117页,北京,人民教育出版社,1993。

出成果，是我们现时代的特征。"①"在工业中，技术教育和科学教育是紧密地结合在一起的"，所以，"高级的劳动教育都是工业教育。青少年在技术上力所能及的工业劳动所提供的并不是片面的技术教育，而是综合技术教育。工业的综合技术的学校将造就工人哲学家，并且为他开辟了接受完整统一的科学技术教育的广泛前途。所以，作为人类控制自然的最高成就的工业，也是青少年在接受完整的科学和哲学的综合技术教育方面的老师"。②"劳动教育将能培养出未来的、强大的主宰自然的人。儿童的劳动合作社，即初级劳动学校是儿童期的这种教育的基础，而工业的综合技术学校则是后来在这个基础上对20世纪的少年实施工业的、真正现代的、劳动教育的教学大纲。"③布隆斯基还指出："手工艺学校不可能成为20世纪的人接受完整的综合技术的、科学的职业教育的、高明的教学机构。……我们是要把机械化和科学置于手工作业化之上，要把工业化置于手工业化之上，要把多方面的科学技术的普及化置于职业化之上。我们的目的不是培养手工业工场的帮工，而是要培养蒸汽和电气时代当之无愧的现代人，这个时代是伟大发明和变革的神奇时代。"④布隆斯基进一步指出了综合技术学校与职业学校的区别，他写道："现代学校不是要使少年具有某种固定职业专长的职业学校，而是提供全面的学科和工作知识的综合技术学校。这种学校的最终结果是保证全体学生能平等地参加现代的文明生活。只有工业的综合技术的学校才能是完全符合社会要求的真正统一的学校。""专业学校同早期少年的心理也是矛盾的。少年竭力想要成为全面成熟的人，竭力想要了解人生的一切历程，他的这种向往是合乎人性的，是正当的。从心理学的角度来说，把少年的积极性和视野限制在一种职业的范围内，把年轻人的多方面的热情禁锢在狭窄专业的狭小范围内，

---

① 瞿葆奎：《教育学文集·苏联教育改革》上册，118页，北京，人民教育出版社，1993。
② 瞿葆奎：《教育学文集·苏联教育改革》上册，119页，北京，人民教育出版社，1993。
③ 瞿葆奎：《教育学文集·苏联教育改革》上册，119页，北京，人民教育出版社，1993。
④ 瞿葆奎：《教育学文集·苏联教育改革》上册，121页，北京，人民教育出版社，1993。

这是教育上的残酷行为。专业学校同单纯授课的学校完全一样，是违反少年的全部心理规律的。只有统一的、工业的综合技术学校才是考虑到少年发育特点的学校。"①布隆斯基还说："劳动恰恰是人和自然之间的媒介。所以，劳动学校是把人文教育同自然科学教育有机结合的唯一学校。""工业并不仅仅是技术现象，它显然也是一种社会现象。工业是现代社会的关系和趋势的基础，它提供了了解这些关系和趋势以及对其施加影响的最合适的契机。工业是获得社会教育和社会知识、熟悉社会特征和社会行为的理想的学校。……单纯授课的学校只提供失去教育根基的教养，另一方面，旧的教育机关则助长了愚昧无知。知和行相结合，文化知识和技能相结合的工业劳动学校用同样的教材并在同样的教学过程中也培养了性格和启迪了思维，所以它同时也是意志的学校和智力的学校。"②他还认为，工业劳动学校可以使儿童"从幼年开始就能在同人民及其劳动生活保持最紧密联系的条件下接受教育。……人民的劳动生活充满着文明的光辉，这种生活归根到底是儿童的良师。儿童是作为劳动人民的子女成长和发展的。劳动教育是真正人民的教育"。"在人民的劳动学校中受到的人民的和民主的教育具有民族教育的一切优点，可以排除它的一切缺点。"并且"能够引导少年儿童去了解全人类的文化。工业就其本质来说是国际性的。……传播工业劳动文化的学校必然是传播全人类文化的学校，它所培养的是同全人类保持紧密联系的全面发展的人"。③ 关于工业与劳动学校的关系，布隆斯基说："新学校是在工业中心、首府城市和大城市中产生的。城市、工业中心也是精神文明的中心和教育改革的策源地。工业劳动学校是城市文明的产物，在农村可成为文明的传播者和开路先锋。它对于我们落后闭塞的农村来说是农村工业化的一种推动力，其传播文明的先锋作用就

---

① 瞿葆奎：《教育学文集·苏联教育改革》上册，134~135页，北京，人民教育出版社，1993。

② 瞿葆奎：《教育学文集·苏联教育改革》上册，135页，北京，人民教育出版社，1993。

③ 瞿葆奎：《教育学文集·苏联教育改革》上册，136页，北京，人民教育出版社，1993。

在于此。它可以给农村带来高等的文化。由此可见，工业劳动学校是国家走向工业进步的动力。正是从这种意义上来说，即使在农业地区也是到处都希望能有工业劳动学校。"①

（三）学前教育时期的劳动教育就是通过游戏让儿童熟悉成年人的劳动社会的活动和工作，熟悉机器和机械的运转

布隆斯基对劳动学校各阶段的教育工作提出了自己的设想。他指出，让学生掌握现代工业的知识是在青年期应达到的最终目的，而教育是一个过程，其本身不仅有最终目的，而且还有出发点，"这个出发点就是儿童生而有之的先天特性。劳动学校的教育的中心问题就在于如何从儿童的先天特性出发，使他掌握现代工业的知识"②。布隆斯基强调："儿童天真的生活处处都是游戏，所以游戏是儿童的伟大老师。它不会无谓地耗费儿童的精力，通过它可以发展和表现出所有儿童隐蔽最深的原基。在游戏中，儿童的运动器官和感觉器官、他的注意力和想象力、敏捷性和机灵性、模仿能力和创造性、社会感情以及服从约定的规则等方面都能得到发展。做游戏对儿童来说意味着积累经验，而且是与主动性相结合的经验。"③所以，他认为在学前教育阶段的劳动教育不是别的，"而是教师利用自然的儿童的游戏"④。他还说："我们也要注意，幼年期(3—7 岁)的自然的游戏通常要力求达到一定的客观效果。力求达到一定客观效果的人类活动是叫做从事工作。所以幼儿期游戏就是儿童的不受拘束的工作。由此可见，学前教育的问题就在于从教育上选择并且合乎教育目的地组织幼儿不受拘束的天然工作。"⑤布隆斯基提示，在儿童的游戏中可以广泛利用演戏似的或形态的模仿。他写道："形状模仿的教育意义是

---

① 瞿葆奎：《教育学文集·苏联教育改革》上册，132 页，北京，人民教育出版社，1993。
② 瞿葆奎：《教育学文集·苏联教育改革》上册，128 页，北京，人民教育出版社，1993。
③ 瞿葆奎：《教育学文集·苏联教育改革》上册，128 页，北京，人民教育出版社，1993。
④ 瞿葆奎：《教育学文集·苏联教育改革》上册，128 页，北京，人民教育出版社，1993。
⑤ 瞿葆奎：《教育学文集·苏联教育改革》上册，128 页，北京，人民教育出版社，1993。

显而易见的。在做中学习，做是一条极重要的教育规律，它是学会理解的唯一正确的途径。形状模仿的意义就在于儿童简单地利用这一规则积极了解社会的每一事件、每种工作或职业。同时儿童在进行演戏似的模仿时往往不是利用真实的事物和动作，而是利用符号、形象和事例，注意到这一点对于教育方法来说也是很重要的，因为'儿童借助各种想象的事物和象征性的行动能够再现一切，从火车头的嘈杂声和运行到著名哑剧演员不用语言表示的技巧，或者是能够通过摆弄面包瓤来建造教堂等等'。"①总之，对学龄前儿童的劳动教育就是"在于使儿童(在他这种年龄对动作和活动的好奇心是很强的)熟悉成年人的劳动社会的活动和工作，熟悉机器和机械的活动和运转。……熟悉人们的动作和机器运转给儿童亲自进行的工作提供了极其丰富的材料，他们年复一年地在做轮船、火车头、碾磨机和飞机之类的游戏。所以，儿童的天然工作乃是再现人们的工作和人间的机器和机件"②。

(四)一级劳动学校被设想为儿童劳动合作社

布隆斯基认为，可以把初等劳动学校(一级学校)设想为儿童劳动合作社。他写道："它是在家务劳动的范围内发展起来的，是通过劳动工分加以组织的，劳动分工是为了更有效地达到统一的共同目的，而且这种劳动分工应当尽可能使儿童劳动合作社中的每一名参加者变换工种，使其能进行多种劳动。"③他认为："这种在家务劳动范围内发展起来的儿童劳动合作社很适合少年期儿童对家庭事务的浓厚兴趣，也适合他们的一般发展水平。同时，我们所说的家务劳动不仅仅是指家务事情，而是指儿童力所能及和发生兴趣的一切劳动，既然是在家里进行劳动，所以也包括家庭工业的劳动和使用家用机器的劳动在内。我们的出发点是把儿童对家庭事务的兴趣引向向往生产劳动。

---

① 瞿葆奎:《教育学文集·苏联教育改革》上册，129页，北京，人民教育出版社，1993。
② 瞿葆奎:《教育学文集·苏联教育改革》上册，129页，北京，人民教育出版社，1993。
③ 瞿葆奎:《教育学文集·苏联教育改革》上册，130页，北京，人民教育出版社，1993。

但是要产生这种向往还取决于劳动的工具和方法。我们还发现，少年儿童对工具有很大的兴趣，所以儿童的典型判断总是借助工具(通过对物品的使用和摆弄来判断事物)，而且总是同儿童的积极性有关('让我试着把它做成什么吧！')。这也就可以确定，初等教养的内容是逐步完善真正从事生产劳动的工具和方法。……劳动的工具、对象和方法既可以把劳动引向自然科学知识(自然界的对象)，也可以把它引向生产手段进步基础上的社会文明。"[①]他还说："我们把第一级学校设想成儿童的劳动合作社。儿童在这里的生活是按照有文化的劳动家庭那样安排的，更确切地说，由于儿童数量众多，是按照有文化的劳动公社那样安排的。在这种儿童的劳动公社中，儿童在成年教师的参与下，自己管理学校的事务，做饭，收拾房舍，做一般的杂务；自己从事文化活动，读书，写字；自己进行美学活动，唱歌，参观和做游戏。当然，这里的大龄儿童已到车间去工作，但是这种车间大都是附属于学校的，而最主要的一点是，儿童在这里主要是为学校服务的。当然，儿童在夏季的工作也可超出本校范围，到粗放的农场工作或加入合作社，但这种合作社和农场主要是各校合办的。"[②]布隆斯基还强调了一级学校教育与学校周围生活密切联系的重要性。他写道："教育没有绝对的规则，每一条教育规则都应当指出它所适用的年龄期。关于学校同周围的生活相融合的规则，从总体上说，它是对年幼的少年有着特殊意义的一条基本的教育准则。它的意义在于可使少年逐渐摆脱学校和家庭或学校和公社的束缚。少年急切地想要奔向人类社会生活的广阔世界，我们的任务不是阻止他这样做，而恰恰相反，要通过教育来帮助他进入这个世界。少年渴望独立生活，渴望独立涉足普通人的范围广泛的生活，我们应当把这种渴望的激情作为我们进行教育的基础。"[③]他的这段话

————————

① 瞿葆奎：《教育学文集·苏联教育改革》上册，130 页，北京，人民教育出版社，1993。

② 瞿葆奎：《教育学文集·苏联教育改革》上册，137 页，北京，人民教育出版社，1993。

③ 瞿葆奎：《教育学文集·苏联教育改革》上册，137～138 页，北京，人民教育出版社，1993。

虽是针对一级学校的教育工作说的，但学校教育与其周围生活相融合的规则也是与二级劳动学校教育工作的要求相一致的。

（五）少年的社会劳动是工业劳动学校的中心

布隆斯基在论述二级劳动学校的教育工作时指出：“工业劳动学校的中心是少年的社会劳动。我们应当按照卫生学和少年心理学的要求选择最合理和最有利于少年身心发展的劳动条件。同时，我们应当找出符合这种条件而最适合少年劳动的工种，它们从地方工业的统计资料来看应是切实可行的，而从技术和社会经济的角度来说应是最先进和最符合现代要求的。做到了这一切以后，我们就可按这些工种来组织少年的工作。”“这种组织工作不仅在于要按卫生学和教育学的要求使车间、企业和各种机构适合我们的目的，而且还要善于把我们少年的劳动纳入全体工人劳动的总计划。此外，由于我们知道工业劳动学校是综合技术性的，所以还有一些组织工作要做好，这就是安排少年合理地定期变换工种并同样合理地在同一时间内分派少年从事各种劳动。这就是我们的组织任务，也许可以说是头等重要的任务。”①

布隆斯基指出，二级劳动学校的教育工作不仅要按照卫生学、心理学和教育学的要求组织少年在社会企业中的生产劳动，还要安排好少年闲暇时间的各种学习活动。他写道：“由于我们应当把少年的身体发育和智力发展同这种劳动联系在一起，所以还要安排好少年的闲暇时间。根据少年期的特点，闲暇时间主要应当用于体育运动和文学艺术活动。换句话说，除了车间以外，我们还应当有另一个同车间有机地联系在一起的机构，在这里度过的时间主要是进行体育运动、读书、写字、美学创造和审美欣赏等，我们可以把这种机构叫作少年俱乐部，只是不要把这里的‘俱乐部活动’误认为是偶尔不定期的活动。我们也可以把这种机构叫作‘少年之家’，只是不要把这个‘家’字误

---

① 瞿葆奎:《教育学文集·苏联教育改革》上册，138页，北京，人民教育出版社，1993。

认为是有某种闭塞的和自给自足的意思。"①他认为："最理想的第二级劳动学校是要把车间的劳动同少年之家的学习活动及游乐有机地结合起来。"②布隆斯基认为，最难做到的是把车间里的劳动与少年之家的科学知识学习活动有机地联系起来。他设想协作制可能是解决这一问题的一种办法，即"先在学校里进行学习（例如学习入门课程一个月），让少年做好理解车间劳动的准备；然后让他们到车间劳动（例如三个月），这时在少年之家只是学习一些条例、资料并进行体育和美育活动；最后进行学习的总结，得出有一定体系的科学结论"③。如果不能实行协作制，也可以采取半日制。"这时，少年有一半时间在车间劳动（例如上午），另一半时间在少年之家度过"，学习科学知识和进行美育、体育活动。④ 至于科学知识学习的组织工作，他认为应该组成若干学科小组，"这种小组可分为 5 类：物理数学小组，生物小组，社会历史小组，文学哲学小组和哲学地理小组。当然，生物小组的活动时间是在夏季。至于其余小组则实行既定原则：少年在校用于知识学习的一半时间参加各个学科小组，在某个小组学习一段时间后就转到另一个小组，另一半时间则在各自选定的科学领域内进行专业学习"⑤。布隆斯基还建议在第二级学校部分地实行"分科制"。他写道："这是因为，只要外部条件允许，我们的少年中有一部分是有能力专门学他自愿选定的学科的。我们认为中等学校这样部分地实行分科制是很有必要的。问题在于少年已经明显地表现出个人对某门学科的爱好，阻挠他的这种爱好，从教育心理学的角度来说是没有任何好处的，从教育学的角度来说，正是这样安排学习才是优秀的智力教育学校所做的。"⑥

---

① 瞿葆奎：《教育学文集·苏联教育改革》上册，138～139 页，北京，人民教育出版社，1993。

② 瞿葆奎：《教育学文集·苏联教育改革》上册，139 页，北京，人民教育出版社，1993。

③ 瞿葆奎：《教育学文集·苏联教育改革》上册，140 页，北京，人民教育出版社，1993。

④ 瞿葆奎：《教育学文集·苏联教育改革》上册，140 页，北京，人民教育出版社，1993。

⑤ 瞿葆奎：《教育学文集·苏联教育改革》上册，141 页，北京，人民教育出版社，1993。

⑥ 瞿葆奎：《教育学文集·苏联教育改革》上册，142 页，北京，人民教育出版社，1993。

布隆斯基是苏联在20世纪二三十年代重要的教育理论家和心理学家。他的劳动学校教育思想是作为与脱离生活、脱离劳动的沙皇俄国学校教育相对立的思想提出的，强调劳动学校就是进行劳动教育的学校，学校教育与社会生产劳动和劳动人民生活的联系促进了20世纪20年代苏联的教育改革。布隆斯基的劳动教育思想的可贵之处是，看到了在工业化时代对学生进行工业劳动教育的必要性和重要性，提到了对学生进行综合技术教育的必要性，提出了对学生进行劳动教育时必须遵循卫生学、心理学和教育学的要求，并考虑和照顾到了学生的年龄和个性特点。这些方面是他对20世纪20年代苏联教育思想和教育改革的积极贡献。但是布隆斯基的劳动学校教育思想抛弃了班级授课制和分科教学等从旧学校中可以吸取的宝贵遗产，忽视了对学生进行系统的文化科学知识讲授的必要性和让学生巩固读、写、算技能的必要性，也没有论及教师的作用。

第五节　苏联教育学科的初步形成

一、苏联教育学科初步形成的历史背景

十月革命前，俄国文化教育十分落后。根据沙皇俄国内务部出版的《俄罗斯年鉴》(1911年)，俄国识字人口只占人口总数的21%；除去学前儿童，识字人口也只占27%，入学儿童只占学龄儿童的五分之一。① 在1914—1915学年度，俄国只有10万余所普通学校，其中约三分之一为三年制的堂区学校。同一年度，只有高等学校91所，学生约11.2万人；中等技术学校和其他中

---

① 华东师范大学教育系：《列宁论教育》，91~92页，北京，人民教育出版社，1991。

等专业学校 295 所，学生约 3.6 万人。① 沙皇俄国的学校制度仍保留着等级性，在中等学校和高等学校学习的贵族与官吏的子弟在国民教育部的男子中学和初级中学中仍占 56.2%，而农民（包括少数民族官吏，如下级官吏）的子弟只占 5.9%。② 除此以外，还存在一些特殊的等级学校，如贵族士官学校、贵族女子学校等。男女教育也不平等。中等学校实施男女分校，高等学校多为男子学校，个别女子高等教育机构主要是大学的女子高级班等，靠私人捐赠和社会倡导存在。到 1916 年，俄国政府才决定在大学招收女生。③ 沙皇俄国学校的教育内容严重脱离实际生活的需要，脱离生产劳动，实行强迫纪律。让学生死记硬背是沙俄时期普通教育学校的特点。

　　列宁和克鲁普斯卡娅等无产阶级革命家在十月革命前就对沙皇俄国的教育进行了批判。沙茨基、布隆斯基等教育家在十月革命前也对沙皇俄国的教育进行了批判。西欧新教育思潮和美国进步主义教育思想于 20 世纪初在俄国得到传播。克鲁普斯卡娅在其所著的《国民学校和民主主义》一书中，对西欧"新学校"运动和美国的进步主义教育运动与思想都做了比较详细的评价，认为读书学校必然为劳动学校所取代。她还对美国的教育给予了较高的评价。她指出："建立在广泛的民主基础上的美国教育工作的组织机构，排斥任何官僚主义的习气和因循守旧的作风。它给儿童提供了广阔的场所来显露他们每个人的首倡精神。它受居民的监督，因而就使美国的学校变得非常灵活，容易适应生活的各种要求。美国的学校同国家的社会生产有着千丝万缕的联系，因此，劳动在美国学校中占有广泛的地位，也是很自然的。"④按照她的认识，

---

① 苏联部长会议直属中央统计局：《苏联文化建设》，203 页，熊家文、王诵芬译，北京，统计出版社，1957。

② 华东师范大学教育系：《列宁论教育》，21 页，北京，人民教育出版社，1991。

③ 滕大春：《俄国近代教育史》，566 页，北京，人民教育出版社，1989。

④ ［苏］娜·康·克鲁普斯卡娅：《国民教育思想与教育论著选读》，98 页，北京师联教育科学研究所译，北京，中国环境科学出版社、学苑音像出版社，2005。

美国在使读书学校转变为劳动学校的改革中走在世界各国的前面，杜威在这次改革中发挥了重要的作用，美国的劳动学校就是按照杜威提出的一些原则建立起来的。她在指出美国学校的阶级属性，其教学内容"无疑打上了资产阶级意识形态的烙印"之后，仍然肯定美国国民学校的形式是现有各种形式中最好的一种，"它以最恰当的方式发展儿童的自然力量，以最恰当的方式培养他们参加劳动、走向生活。它最灵活、最准确地反映了社会生活的要求"①。沙茨基和布隆斯基在十月革命前都受到西欧新教育思想和美国进步主义教育思想的影响。

1917年十月革命后，苏维埃政权提出了对沙皇俄国的教育进行根本性改造的任务。马克思、恩格斯和列宁的教育思想对苏联教育的改革与发展起着指导作用。但是，在苏维埃政权建立初期乃至20世纪20年代，西欧新教育思想，特别是美国进步主义教育思想在教育政策制定和教育改革实践方面都对苏维埃政权有明显的影响。在苏维埃政府成立后的最初十年里，杜威教育著作在苏联翻译出版的数量是很大的。十月革命胜利后第一年，即1918年，杜威的《明日之学校》一书就由季伊(Д. Дий)等人在莫斯科翻译出版。《我们怎样思维》俄文本第二版和《学校与社会》俄文本第二版分别于1919年和1920年出版。1921年，沙茨基节译了杜威的《民主主义与教育》，改名为《教育哲学导论》。1922年，又出版了《我们怎样思维》俄文本第三版和《明日之学校》俄文本第二版。1922年，阿扎列维奇(Л. Азаревич)翻译出版了由英国教育学者芬德利1907年编的《学校与儿童》，其中包括杜威的《儿童与课程》以及发表在《初等学校纪事》(*Elementary School Reccord*)上的八篇文章。1924年，卢钦斯基(Д. А. лучинский)重新翻译出版了《学校与社会》俄文本；第二年又被重

---

① 《克鲁普斯卡雅教育文选》上卷，239页，卫道治译，北京，人民教育出版社，2006。

印。"①美国进步作家斯特朗（A. L. Strong）于1921年到苏联，曾做新闻工作。她在一篇题为《现代俄国斯教育》的文章中指出："现在的苏联教育改革，比我们美国的任何地方更按照杜威的教育思想来进行。杜威的每一本新书出版后，苏联人都争先恐后地把它翻译出来作为参考并加以补充。"②

　　1917年11月11日，卢那察尔斯基发表的《教育人民委员会关于国民教育的宣言》是苏维埃政权在教育方面提出的第一个施政纲领。其中提出了要建立符合现代教育学要求的学校网，实施普及义务和免费的教育的任务。③ 苏维埃政权从1918年春天开始制定《统一劳动学校规程》。制定《统一劳动学校规程》的工作是在激烈的争论和广泛、反复的讨论中进行的。争论主要是在以潘捷列伊蒙·尼古拉那维奇·勒柏辛斯基（Пантелеймон Николаевин Лепешинский）等人为代表的莫斯科派和以薇拉·鲁道尔福芙娜·缅仁斯卡娅（Вера Рудольфовна Менжинская）等人为代表的列宁格勒派之间进行的。前者提出的学校改革方案认为儿童的劳动应该是学校生活的基础，应该把学校办成"生产劳动的公社"；应废除班级授课制，代之以小组学习；整学年的学习应该是不间断的，没有假期和假日。后者提出的学校改革方案认为劳动只是儿童学习普通教育知识的方法，不能把学校办成"劳动公社"，对传统学校中切实可行的教学制度应该批判地继承，如班级授课制、分科教学、家庭作业和假期等应该保留。④ 这是苏联教育改革与发展中的第一次争论，涉及苏联文化教育改革与建设中如何对待人类文化历史遗产的继承问题，在教育改革中

---

①　单中惠：《现代教育的探索——杜威与实用主义教育思想》，420～421页，北京，人民教育出版社，2007。

②　单中惠：《现代教育的探索——杜威与实用主义教育思想》，429页，北京，人民教育出版社，2007。

③　瞿葆奎：《教育学文集·苏联教育改革》上册，4页，北京，人民教育出版社，1993。

④　Королев, Федор Филиппович. Очерки по истории советской школы и педагогики. 1917-1920. Акад. пед. наук РСФСР. - Москва : Изд-во Акад. пед. наук РСФСР, 1958. С.154-159, 166-168.

特别表现为如何对待以赫尔巴特为代表的传统派的教育理论和俄国教育家乌申斯基的教育理论的批判继承问题。

1918 年 8 月 26 日至 9 月 4 日举行的全俄教育工作第一次代表会议讨论通过了《统一劳动学校规程》和《统一劳动学校基本原则》。

1918 年 9 月 30 日,《统一劳动学校规程》由全俄中央执行委员会批准。这是苏维埃政权颁布的第一个普通教育法规。《统一劳动学校基本原则》是对《统一劳动学校规程》所做的说明,是在 1918 年 10 月 16 日由卢那察尔斯基签名出台的。

《统一劳动学校规程》由五个部分组成。第一部分为"统一劳动学校总则",指出除高等学校外,苏俄的一切学校均为统一劳动学校,废除旧时等级分明的复杂学校类型。统一劳动学校分为两个阶段,即招收 8~13 岁学生的第一级学校(五年学程)和招收 13~17 岁学生的第二级学校(四年学程),并将招收 6~8 岁儿童的幼儿园并入统一劳动学校。《统一劳动学校规程》宣布招收所有儿童入学,实行免费义务教育,实行男女合校制,校内不得讲授任何宗教教义,不得举行宗教仪式;取消教师等级制,实行选举制;设置隶属于教育人民委员部和各国民教育局的视导员,以保持学校同教育行政部门的实际联系,帮助教师解决教育工作中的问题;宣布保留并扶持有价值和遵守本规程的私立学校。[①] 第二部分提出了"学校工作的基本原则"。其中强调,"生产劳动应当成为学校生活的基础,……教学是要用知识来阐明周围的全部生活,生产劳动应当紧密地、有机地同这种教学结合起来。……通过生产劳动应使儿童熟悉各种各样的生产方式,直至最高级的生产方式"。学校应通过生产劳动和学校生活培养儿童的内在纪律,"为社会主义共和国培养未来的公民","劳动学校在两个阶段上的教学都具有普通教育和综合技术教育的性质,而且

---

① 瞿葆奎:《教育学文集·苏联教育改革》上册,29~30 页,北京,人民教育出版社,1993。

都把体育和美育放在重要位置"。① 第三部分为"学校工作的制度和条件"。这一部分将学校全部活动分为"通常的学校课程""在户外进行的学校活动"和"假期"，并大致规定了各类活动的起止时间。学校每周七天均对学生开放，其中每周有一天不安排通常的课程，由学生自己阅读、参观、演出及进行其他独立活动；另一天安排有教师出席的半工作日，用来进行俱乐部和实验室作业，举行学术报告、参观、学生会议。该部分还规定了各级学校每天的课时数，取消了家庭作业和一切考试，禁止实施任何惩罚措施；"年级制应当尽可能改为分班制，按学生对相应课程的掌握程度分班"，免费供应热早餐，等等。② 第四部分为"统一劳动学校自治的基本原则"，其中重要的内容，一是规定由各学校的全体学生和全体工作人员组成学校集体，校务委员会是学校自治的负责机关，并确定了校务委员会的人员组成及职权范围；二是赋予学校集体的全体成员组成各种团体和小组的充分自由，但要求这些团体和小组致力于教育和教学的目的。第五部分为"贯彻学校改革计划的措施"，提出了将原有的各类型的中小学改组为统一劳动学校的计划与措施。③

由上所述可见，在《统一劳动学校规程》中，莫斯科派方案的观点基本上被吸纳了。

《统一劳动学校基本原则》首先强调，十月革命后的学校改革"具有群众为获得知识，为受到教育而斗争的性质"，要消灭剥削阶级对教育的垄断和特权，不仅使学校教育真正成为人人可以享受的，而且"要按照真正人民的学校的精神从根本上对学校加以改造"。④《统一劳动学校基本原则》对学校的统一性做出了明确的解说，指出学校的统一性，一是指保证各学段间的衔接性，即从幼儿园到大学整个正规学校体系都是一个不间断的阶梯，所有儿童都可

---

① 瞿葆奎：《教育学文集·苏联教育改革》上册，30~31 页，北京，人民教育出版社，1993。
② 瞿葆奎：《教育学文集·苏联教育改革》上册，32~33 页，北京，人民教育出版社，1993。
③ 瞿葆奎：《教育学文集·苏联教育改革》上册，33~35 页，北京，人民教育出版社，1993。
④ 瞿葆奎：《教育学文集·苏联教育改革》上册，37 页，北京，人民教育出版社，1993。

以进入学校接受教育，都有权沿着这个阶梯达到最高梯级；二是指所有学校都必须绝对遵循教育人民委员部制定的规章和规定的各类教学大纲的最低要求。《统一劳动学校基本原则》也指出："统一的学校这个概念并不要求学校必须是同一类型的。"①学校的统一性原则及学校组织和形式的多样化，与教学内容和方法的因时因地制宜原则并不是矛盾的，在遵循教育人民委员部制定的规章和规定的各类教学大纲的最低要求的条件下，允许地方教育管理部门、各学校的校务委员会和个人发挥主动性与创造精神，以实现教育的民主化。"新学校可以根据当地条件明显地改变自己的面貌，但是决不能因此而丧失自己总的原则。"②《统一劳动学校基本原则》在说明新学校为什么必须是劳动学校时指出，"新学校应当是劳动的"，这既是社会转轨（从资本主义制度向社会主义制度转变）的需要，也是符合时代潮流的。先进的资本主义国家"已认识到这种必要性了，并在某种程度上已经付诸实施"。③《统一劳动学校基本原则》强调，在统一劳动学校，"要求把劳动作为教学的基础"。其理由有两个：一个理由是心理学方面的，即儿童渴望活动，通过愉快和活跃的游戏或劳动向他们传授知识，他们很容易掌握；另一个理由是从社会经济发展和儿童未来生活的实际需要考虑，也必须让儿童知道"什么将是他们在生活中最需要的，什么是在当前生活中起主要作用的，还想让学生了解各种各样的工农业劳动"。④《统一劳动学校基本原则》还指出："在第一阶段，为了适应儿童幼弱的能力及其在这一年龄期的天生爱好，教学是建立在某种手工业性质的劳动的基础上的。在第二阶段，使用现代机器的工农业劳动被提到了首位。但是，一般地说，劳动学校的目的绝不是为了传授某一种手艺，而是为了实施综合技术教育，以便使儿童通过实践来认识各种最重要的劳动形式所要求的

---

① 瞿葆奎：《教育学文集·苏联教育改革》上册，38页，北京，人民教育出版社，1993。
② 瞿葆奎：《教育学文集·苏联教育改革》上册，39页，北京，人民教育出版社，1993。
③ 瞿葆奎：《教育学文集·苏联教育改革》上册，39页，北京，人民教育出版社，1993。
④ 瞿葆奎：《教育学文集·苏联教育改革》上册，39页，北京，人民教育出版社，1993。

方法，其中一部分是在学校工场或学校农场中认识的，一部分是在各种工厂中认识的，等等。"①《统一劳动学校基本原则》强调："可以不必惋惜较多地化在劳动上的时间；美国人每周花在劳动上的时间有 10 课时，他们证实，这样做，儿童们在其他学科的知识上并不落后，而且获益匪浅。所以，在其他学科之外设置劳动课，据美国教育家证实，反而节约了时间。""此外，设置劳动课对学生的心理发展也很有好处，十分有助于发展他们的注意力、认真劲和机智等。手的技巧很好地发展，自然而然地会促使大脑某些最重要的中枢的发展。"②《统一劳动学校基本原则》中还说："劳动的原则在培养意志、性格和团结精神方面不管有多么重要，也只有正确安排学校的日常生活的条件下才能取得良好的效果。在这些条件中，首先是教师要以兄弟般的、倍加爱护的和平等的态度对待学生。由此得出的结论是，在革新了的学校里，不能有任何严厉的态度，不能有任何处罚。在美国，在向报考教师职位的人所提的问题中有这样一个问题：'你以为自己有能力不用处罚来维持好课堂纪律吗？'在革新了的学校里，每一个教师都应该给自己提出这个问题。正如美国和挪威学校的经验所证明的，在教室里，充分愉快而紧张的活动，就能真正杜绝促使教师采取纪律处分的一切事故。'要善于使孩子们全神贯注'，这就是学校纪律的唯一准则。"③

《统一劳动学校基本原则》强调，"教师应该了解儿童的兴趣，不要对学生摆官架子，也不要使学生感到你是一个枯燥无味的、谨小慎微的、对青少年毫无亲近感的特殊人物。要善于成为学校这个有着各种年龄人的大家庭中的大孩子、大哥哥"；"儿童应该参加学校的全部生活。为此，他们应该享受自治的权利，应该表现出经常的、积极的相互帮助的精神。他们要想成为国家

---

① 瞿葆奎：《教育学文集·苏联教育改革》上册，40 页，北京，人民教育出版社，1993。
② 瞿葆奎：《教育学文集·苏联教育改革》上册，40 页，北京，人民教育出版社，1993。
③ 瞿葆奎：《教育学文集·苏联教育改革》上册，49 页，北京，人民教育出版社，1993。

的公民，应当尽早地意识到自己是本校的公民"。① 可见《统一劳动学校基本原则》在解说和论证新学校为什么必须是劳动学校时，除了引证马克思的有关教导和强调实施综合技术教育的必要性以外，更多借助于以杜威的思想为代表的进步主义教育理论和美国的教育经验。

在十月革命后的最初几年，以波格丹诺夫为代表的无产阶级文化派在文化教育界大搞宗派活动，对抗党对文化教育事业的领导，主张"无产阶级文化教育组织享有完全的自治权。他们大肆鼓吹历史虚无主义，夸大无产阶级文化的特殊性，主张全盘否定文化教育遗产，并以无产阶级文化的创造者自居，反对吸收知识分子参加苏维埃文化教育建设，主张离开广大群众的阶级斗争和生产斗争实践，由少数所谓的无产阶级文化专家独自创造'纯粹的无产阶级文化'"。列宁在《关于无产阶级文化》等论文中揭露与批判了无产阶级文化派的谬误。他指出，无产阶级文化派捏造自己的特殊文化，把自己关在与世隔绝的组织中的做法或要求自治的企图在理论上是错误的，在实践中是有害的。他要求无产阶级文化协会的一切组织无条件地接受苏维埃政权(特别是教育人民委员部)和俄国共产党的领导。② 列宁在《青年团的任务》中明确地指出："只有确切地了解人类全部发展过程所创造的文化，只有对这种文化加以改造，才能建设无产阶级的文化，没有这样的认识，我们就不能完成这项任务。无产阶级文化并不是从天上掉下来的，也不是那些自命为无产阶级文化专家的人杜撰出来的。如果硬说是这样，那完全是一派胡言。无产阶级文化应当是人类在资本主义社会、地主社会和官僚社会压迫下创造出来的全部知识合乎规律的发展。"③对于旧教育，列宁既强调必须加以根本改造，又要求把旧教育和旧学校中的坏东西"同对我们有益的东西区别开来，要善于从旧学校中

---

① 瞿葆奎：《教育学文集·苏联教育改革》上册，49 页，北京，人民教育出版社，1993。
② 华东师范大学教育系：《列宁论教育》，256~257 页，北京，人民教育出版社，1990。
③ 华东师范大学教育系：《列宁论教育》，243~244 页，北京，人民教育出版社，1990。

挑选出共产主义所必需的东西"①。列宁批判无产阶级文化派的这些论述为新的文化教育建设提供了理论基础。

但是在整个 20 世纪 20 年代，苏联的普通教育建设仍然沿着以劳动是学校生活的基础的方向前行；在继承人类文化教育的遗产方面，也只是借鉴进步主义的教育理论与美国教育的实践经验。在进行学校教育内容和方法的改革方面，自上而下地推行"综合教学大纲""单元设计教学大纲"、设计教学法和分组实验法（道尔顿制的变通形式），取消了班级授课制和稳定的教科书，代之以各种工作队和小组，使用"活页课本""杂志课本"和"工作手册"，儿童学和智力测验也很流行。学校与社会生活和生产劳动在形式上是密切联系了，但教师的作用降低了，系统的知识传授没有了。1927 年，学校工作方法研究所的领导人舒里金（В. Н. Шулькин）在《走向新学校之路》杂志上发表了以《过渡时期的教育学》为题的论文。他在该文中指出，随着混乱的缓和和社会的进步，"学校正在消亡"，"教师也在消亡"，"学校已不再是学校，孩子们越来越多地是在校外学习：在田野上、在作坊里、在工厂中劳动。学校愈来愈由学习的场所变成组织孩子们劳动的场所。但这已经不是学校，它的主要作用——教学正在消失。孩子们开始学习并到处学习"。② 他认为，过渡时期的教育学不是指学校教育学，而应当是创建的研究党、苏维埃和工会、国家机关的每一部门"教导人们理解实践、经验和生活。而且，不只是理解，还要用新方法改造和重建生活"的教育学。③ 学校工作方法研究所的另一任领导人克鲁佩尼娜（М. В. Крупенина）和舒里金一起宣传否定掌握系统科学知识的必要性的学校消亡论。④ 舒里金和克鲁佩尼娜的文章的发表引发了学者围绕教育学

---

① 　华东师范大学教育系：《列宁论教育》，242 页，北京，人民教育出版社，1990。
② 　瞿葆奎：《教育学文集·苏联教育改革》上册，198 页，北京，人民教育出版社，1993。
③ 　瞿葆奎：《教育学文集·苏联教育改革》上册，192 页，北京，人民教育出版社，1993。
④ 　Гл. ред. И. А. Каиров и Ф. Н. Петров. Педагогическая энциклопедия : в 4 т. том 3 - Москва : Сов. энцикл, 1965. С. 531.

的研究对象和任务、教育与社会生活其他方面的关系、学校应如何参与国家和社会建设进程等问题长达 4 年(1927—1931 年)之久的讨论。卢那察尔斯基和克鲁普斯卡娅都不赞成学校消亡的观点。第二莫斯科附属教育科学研究所的教育工作者，如平克维奇（А. П. Пинкевич）、卡拉什尼科夫（А. Г. Калашников）等都捍卫传统的教育观点，认为教育学主要是研究儿童在学校和家庭的教育问题。[①]

苏联从 1928 年开始进行有计划的国民经济建设。国家经济发展需要提高工人和农民的文化水平，培养大批德才兼备的专业人才成了刻不容缓的重要任务。联共(布)中央在 1928 年和 1929 年举行的中央全会上讨论了无产阶级专家的培养问题。会议的决议中也提出了要加速普通教育的发展并改进普通学校的教学工作。从 1931 年开始，联共(布)中央和苏联政府颁布了一系列决定，对苏联的普通教育工作进行了调整。

1931 年 9 月 5 日，苏联颁布了联共(布)中央 8 月 25 日通过的《关于小学和中学的决定》。其主要意义在于，它从根本上摆脱了劳动学校与读书学校对立的公式和学校工作应以生产劳动为基础的思想羁绊，将学校工作的重点转移到向学生传授系统知识的教学工作上来。《关于小学和中学的决定》的颁布标志着从 1927 年开始的围绕教育学的研究对象和任务等教育理论的争论的结束。同一时期联共(布)中央和苏联政府颁布的其他决定也是为了实现这一转变。20 世纪 30 年代前期，联共(布)中央和苏联政府颁布的系列普通教育决定的贯彻实施，促进了苏联普通教育的发展，并使苏联教育学领域的科学研究发生了实质上的改变，普通教育发展的实践经验也需要总结，这便促进了苏联教育科学研究的进一步发展，为苏联形成教育学科创造了客观条件。

---

① Гл. ред. И.А. Каиров и Ф.Н. Петров. Педагогическая энциклопедия : в 4 т. том 3 - Москва : Сов. энцикл, 1965.С.310.

二、苏联教育学科的初步形成

(一)20 世纪 20 年代至 40 年代的教育学科教学和研究中心

第二莫斯科大学教育系是十月革命后最早的教育学科教学和研究的中心。它是在 1872 年创办的高级女子讲习所的基础上创办的(1918 年)。1931 年,在第二莫斯科大学教育系的基础上成立了莫斯科国立师范学院,1941 年 5 月 4 日改名为莫斯科国立列宁师范学院。苏联教育家卡拉什尼科夫、心理学家科尔尼洛夫(А. Г. Корнилов)、教育学家沙茨基、凯洛夫都曾在此校任教。

十月革命后,根据卢那察尔斯基和高尔基的倡议,列宁格勒设立了一所新的师范学院。由于该市已有第一师范学院和第二师范学院,故该学院被命名为彼得格勒第三师范学院。1920 年,这所师范学院改名为赫尔岑师范学院。在 1921—1923 年,该学院合并了彼得格勒第一师范学院和第二师范学院、彼得格勒教育学院和高级教育讲习班,成为苏联重要的培养教师和进行教育科学研究的中心之一,即国立列宁格勒赫尔岑师范学院。苏联教育家平克维奇(А. П. Пинкевич)、格鲁兹节夫(П. Н. Груздев)、戈兰特(Е. Я. Голант)、加涅林(Ш. И. Ганелин)等都曾在这所师范学院任教。

创办于 1919 年的共产主义教育学院,于 1924 年以克鲁普斯卡娅命名,被称为克鲁普斯卡娅共产主义教育学院。该学院是由克鲁普斯卡娅和布隆斯基设想并组织起来的,布隆斯基为第一任院长(1919—1923 年)。维果茨基曾在该学院领导心理学实验室,学院儿童学教研室由布隆斯基领导。1934 年,该学院由莫斯科迁移至列宁格勒,1935 年改名克鲁普斯卡娅共产主义师范学院,1942 年并入国立列宁格勒赫尔岑师范学院。

根据俄联邦人民委员会 1931 年 10 月的决议,为培养教育科研工作者和师范院校教育学科教师,苏联建立了高级共产主义教育学院。该学院设有教育学部、儿童学院、组织计划部和综合技术教育部,以教育学、教学法和教育史研究为主进行教学和科研工作。1933 年附设了中央教育科学研究所,该研究所在 1934 年成了一个独立机构，1937 年停办，其功能转移到教育人民委员部教育研究科学院。在该学院进行教学和科研工作的有斯瓦德科夫斯基(И. Ф. Свадковский)、奥戈罗德尼科夫(И. Т. Огородников)、Г. А. 福尔图纳托夫(Г. А. Фортунатов)、К. И. 利沃夫(К. И. Львов)、А. Б. 扎尔金德(А. Б. Залкинд)、К. Н. 科尔尼洛夫(К. Н. Корнилов)等学者。其中的一些学者后来转到苏俄教育科学院从事教育科学研究。

俄联邦教育科学院成立于 1943 年 12 月 15 日，当时还处在卫国战争时期，是由俄联邦人民委员会提出的。1943 年 10 月 6 日，苏联人民委员会颁布了《关于建立俄罗斯联邦教育科学院的决定》。其中指出，教育科学院的责任一是"对普通教育学、专业教育学、教育史、心理学、学校卫生学和中小学主要学科的教学法等方面的问题进行科学研究"；二是"通过副博士研究生制和博士研究生制为高等学校和科学研究所培养教育学和心理学专业的教育科学干部"。① В. П. 波焦姆金(В. П. Потёмкин)被任命为院长。教育科学院设教育理论与教育史、教学论与分科教学法、心理学与年龄生理学、职业技术教育四个学部，对教育理论与教育实践中的问题开展深入研究。

（二）20 世纪 40 年代至 50 年代苏联教育学科的著名学者及其著作

在 20 世纪 40 年代至 50 年代，苏联出现了一些教育学科的著名学者，包括教育学方面的伊·安·凯洛夫(И. А. Кайров，1893—1978)，帕·尼·格鲁兹杰夫(П. Н. Груздев，1889—1953)，尼·基·冈察洛夫(Н. К. Гончаров，1902—1978)；教学论与教育学潮方面的康·伊·利沃夫(К. И. Львов，1985—1950)，鲍·彼·叶西波夫(Б. П. Есипов，1894—1967)，米·亚·达尼洛夫(М. А. Данилов，1889—1973)，阿·格·卡拉什尼科夫

---

① 瞿葆奎:《教育学文集·苏联教育改革》上册，341～342 页，北京，人民教育出版社，1993。

（А. Г. Калашников，1893—1962），鲍·瓦·弗谢斯维亚茨基（Б. В. Всесвятский，1887—1987），米·尼·斯卡特金（М. Н. Скаткин，1900—1991）；教育史方面的叶·尼·米定斯基（Е. Н. Медыдиский），伊·福·斯瓦德科夫斯基（Н. Ф. Свадковский，1895—1977），叶·雅·戈兰特（Е. Я. Голант，1888—1971，又译罗兰塔），绍·伊·加涅林（Ш. И. Ганелин，1894—1974，又译加业林），索·马·里维斯（С. М. Ривес，1892—1953）等；心理学方面的列夫·谢·维果茨基（Л. С. Выготский，1896—1934），康·尼·柯尔尼洛夫（К. Н. Корнилов，1879—1957），阿·尼·列昂节夫（А. Н. Леонтьев，1903—1979），谢·列·鲁宾斯坦（С. Л. Рубинштейн，1889—1960），鲍·米·捷普洛夫（Б. М. Теплов，1896—1965），丹·鲍·埃利康宁（Д. Б. Эльконин，1949—1985），纳·亚·缅钦斯卡娅（Н. А. Менчинская，1905—1984，又译梅钦斯卡娅）。他们为苏联教育学科的初步形成做出了贡献。

伊·安·凯洛夫于 1917 年毕业于莫斯科大学数理系自然专业。他在 1925年前是在居民中传播农业知识的组织者之一，并领导莫斯科州教育局农业教育处；1925—1929 年任俄联邦教育人民委员部职业教育总局农业教育处处长；1929—1937 年任莫斯科农业教育学院教育学研究室主任、教授；1923—1938年在苏共中央机关工作；1937—1942 年任莫斯科大学教育学教研室主任；1938—1948 年任莫斯科列宁师范学院教育学教研室主任，其间在莫斯科一系列学校任教师、校长等职。1942—1950 年，凯洛夫担任《苏维埃教育学》杂志的主编，1949—1956 年担任俄联邦教育部部长，1946 年开始任苏俄教育科学院院长。他的初期教育著作围绕农业和农业教育，1929 年出版了《德国与丹麦的群众性农业教育》一书。凯洛夫主编的《教育学》出版于 1939 年，1948 年再版。他在 1947 年出版了《学生的政治思想教育》一书。1950 年，俄联邦教育科学院出版社出版了他的《论提高学校中教学教育工作的思想政治水平》。①

帕·尼·格鲁兹杰夫在 1916 年毕业于莫斯科大学文史系。他毕业后在柯斯特罗马一所男子文科中学教俄语和文学，1918—1922 年为柯斯特罗马国民教育的领导人之一；从 1922 年起，先后在雅罗斯拉夫师范学院、共产主义教育学院和国立列宁格勒赫尔岑师范学院从事教育科学研究与教学工作；1928—1930 年为职业教育总局师范教育处处长。他在 1945—1948 年担任苏俄教育科学院列宁格勒分院院长，1949—1953 年任列宁格勒教育科学研究所所长、资深研究员，1942—1950 年、1951—1953 年为苏俄教育科学院主席团成员。格鲁兹杰夫重视教育学方法论的研究，研究了教育学的规律、原则等问题，著有《教育学》(1940 年)、《教学过程中思维的培养问题》(1949 年)，编有《列宁论国民教育与学校问题》(1938 年)、《马克思和恩格斯论教育与教养》(逝世后于 1957 年出版)。②

尼·基·冈察洛夫在 1930 年毕业于克鲁普斯卡娅共产主义教育学院。他从 1920 年起就在莫斯科州波多里斯基的一所小学教书，1930—1934 年在卡卢日师范学院教书，1936—1938 年在高级共产主义学院教书，1942—1959 年、1963—1978 年在莫斯科国立多列士林语学院教育学教研室从事教育科学研究工作，1944—1950 年在苏共中央机关工作，1953—1963 年任苏俄教育科学院副院长。冈察洛夫对教育学方法论、教育与教学理论、苏联教育史和外国教育史方面都进行了研究。他留下了许多教育著作。20 世纪 40 年代，他撰写和

① Гл. ред. И. А. Каиров и Ф. Н. Петров. Педагогическая энциклопедия : в 4 т. том 2 - Москва : Сов. энцикл., 1965. С 335－336. Гл. ред. В. В. Давыдов. Российская педагогическая энциклопедия : в 2 томах, том 1 - Москва : Науч. изд-во "Большая Российская энциклопедия", 1993. С. 409.

② Гл. ред. И. А. Каиров и Ф. Н. Петров. Педагогическая энциклопедия : в 4 т. том 2- Москва : Сов. энцикл., 1964. С 624. Гл. ред. В. В. Давыдов. Российская педагогическая энциклопедия : в 2 томах, том 1- Москва : Науч. изд-во "Большая Российская энциклопедия", 1993. С. 233－234.

出版了《教育学原理》(1947年)。①

康·伊·利沃夫于1918年毕业于彼得格勒大学文史系后即以学校和校外教育督学的身份参与教育活动，并在莫斯科的一些学校中教俄语和文学。从1923年起，他开始在高等学校和教育科研机构工作；自1946年起，任苏俄教育科学院师范教育研究所副所长。利沃夫主要致力于苏联国民教育体系的发展问题研究、少数民族教育研究、女童教育研究、儿童的校外教育研究和成人的政治教育研究，著有《让我们学会读和写字》(1930年)、《儿童俱乐部工作的组织》(1930年)、《教学论原理》(1939年)、《教育学原理》(1943年)等。②

鲍·彼·叶西波夫早年在彼得格勒大学文史系学习，1918年开始在一所中学教历史。1923年起，他在俄联邦教育人民委员部工作，1928年开始进行教育科学研究工作，1928—1931年在学校工作研究所工作，1931—1933年在教学大纲和方法研究所工作，1944—1967年在教育科学院教育理论和教育史研究所继续进行教育科学研究工作。他主要研究教学论，也研究教育理论和教育史。他的主要著作有《小学的课》(1944年)、《师范学校的教学参考读物》(1950年与冈察洛夫合著)、《马卡连柯学术中的学生集体的组织与教育》(1956年)、《教学论》(1951年与达尼洛夫合著)等。③

米·亚·达尼洛夫在1924年毕业于列宁格勒涅克拉索夫师范学院数理系，1928年毕业于克鲁普斯卡娅共产主义教育学院。他自1918年起在一所学校教数学，1931年起从事教育科学研究：1931—1934年在共产主义教育学

①　Гл. ред. И.А. Каиров и Ф.Н. Петров. Педагогическая энциклопедия：в 4 т. том 2- Москва：Сов. энцикл.，1964.С 590-591.Гл. ред. В. В. Давыдов. Российская педагогическая энциклопедия：в 2 томах，том 1- Москва：Науч. изд-во "Большая Российская энциклопедия"，1993.С.218.

②　Гл. ред. И.А. Каиров и Ф.Н. Петров. Педагогическая энциклопедия：в 4 т. том 2- Москва：Сов. энцикл.，1965.С 695.Гл. ред. В. В. Давыдов. Российская педагогическая энциклопедия：в 2 томах，том 1- Москва：Науч. изд-во "Большая Российская энциклопедия"，1993.С.532-533.

③　Гл. ред. В.В. Давыдов. Российская педагогическая энциклопедия：в 2 томах，том 1- Москва：Науч. изд-во "Большая Российская энциклопедия"，1993.С.305.

院，1934—1939 年在斯莫棱斯克师范学院，1939—1944 年在俄联邦教育人民委员部学校研究所。1944 年以后，他在苏俄教育科学院主持教育理论与教育史研究，教学论研究室普通教育研究所成立时为该所高级研究员和顾问。达尼洛夫的研究中心为教学论，他还研究教育学的方法论、师范教育和教育研究的方法，著有《乌申斯基的教学论》(1948 年)、《教学论》(1957 年与叶西波夫合著)、《苏联的教学论与教师的创造性经验》(1948 年)等。①

阿·格·卡拉什尼科夫在 1917 年毕业于莫斯科大学数理系，曾在莫斯科的一所文科中学和教师讲习所任教，1919 年任莫斯科职业教育局职业教育处处长、职业教育总局师范教育司司长。他在 1921—1929 年为国家学术委员会科学教育部成员，参与制定综合教学大纲，1926—1930 年为教育科学研究所副所长。卡拉什尼科夫自 1923 年起在第二莫斯科大学附属高级科学教育学讲习班和莫斯科李卜克内西工程师范学院及莫斯科的一些中等学校教书，1931—1938 年在综合技术劳动科学研究所(后改称综合技术教育科学研究所，1937 年改为中学教育科学研究所)工作，1938—1945 年和 1947—1953 年在苏联科学院地球物理研究所工作，1945—1946 年为苏俄教育部副部长，1946—1948 年为苏俄教育部部长。卡拉什尼科夫于 1953—1961 年在教育科学院教学方法研究所任职。他曾任《综合技术教学》杂志主编(1957—1959 年)，该杂志在 1960 年改为《学校与生产劳动》。卡拉什尼科夫是 1927—1930 年出版的第一部《苏联教育百科全书》(三卷本)的发起者、主编和作者。他的著作还有《工业劳动学校》(1927 年)、《马克思主义教育学简论》(第一卷)(1929 年)、《学校里的综合技术教学问题》(1953 年)等。②

鲍·瓦·弗谢斯维亚茨基在 1911 年毕业于莫斯科大学数理系自然专业，

---

① Гл. ред. В.В. Давыдов. Российская педагогическая энциклопедия: в 2 томах, том 1-Москва: Науч. изд-во "Большая Российская энциклопедия", 1993.С.244.

② Гл. ред. В.В. Давыдов. Российская педагогическая энциклопедия: в 2 томах, том 1-Москва: Науч. изд-во "Большая Российская энциклопедия", 1993.С.410-411.

初任中学博物学教师。1918 年起，他组织并从 1932 年开始领导少年大自然爱好者学生站（后改组为季米里亚泽夫少年大自然研究者生物中心站），为莫斯科少年大自然研究运动打下了基础。自 1932 年，弗谢斯维亚茨基开始在教学大纲和方法研究所进行教育科学研究工作，1938 年转至教育人民委员部学校研究所，1939 年任该研究所所长，1944 年起先后任莫斯科波将金师范学院和列宁师范学院自然教学法教研室主任，并赞助群众性试验运动，担任《学校的生物与化学教学》《学校生物教学》等杂志的主编。他是苏联学校首批生物教学大纲和五、六级稳定植物教科书的作者之一（1933 年），并与 B. H. 武切季奇（В. Н. Вучетин）合著了《植物教学法》（1936 年初版，1941 年第三次印刷）。他还著有《对大自然与生活的探究》（1926 年）。[①]

米·尼·斯卡特金于 1919 年以做小学教师开始自己的教育生活，1920—1930 年在沙茨基领导的俄联邦教育人民委员部第一国民教育实验站工作，1925 年毕业于该站的教育讲习班；从 1930 年起，先后在第二莫斯科大学所属的教育科学研究所、教学大纲与方法研究所和综合技术教育研究所从事教育科研工作，同时在一些高等学校任教；从 1945 年起，在教育科学院系统工作，1957 年开始主持教育科学研究所中学教学论问题的研究。斯卡特金重视教育学方法论的研究，特别是与完善教学过程、教育内容相关的问题，他都有比较深入的研究。他的主要著作有《小学自然课教学的方法论的科学理论》（1946 年）、《苏联学校教学大纲编制的理论问题》（1949 年）、《学生知识中的形式主义和与其斗争的方法》（1956 年）等。[②]

叶·尼·米定斯基在 1914 年毕业于圣彼得堡大学法律系，1911—1918 年在地方自治机构从事国民教育方面的工作，1912—1915 年在圣彼得堡教育学

---

① Гл. ред. В.В. Давыдов. Российская педагогическая энциклопедия：в 2 томах, том 1- Москва：Науч. изд-во "Большая Российская энциклопедия", 1993.С.176-177.

② Гл. ред. В.В. Давыдов. Российская педагогическая энциклопедия：в 2 томах, том 2- Москва：Науч. изд-во "Большая Российская энциклопедия", 1999.С.176-177.

院讲授校外教育课程，1915—1917年分别在圣彼得堡福神妙培尔高级讲习班、莫斯科沙尼亚夫斯基大学、乌法暑期老师学习班及射尔普翟夫等地讲授学校管理。他于1918—1920年在下诺夫哥罗德的国民教育学院任教，1920—1922年在其维尔德洛夫斯克的乌拉尔大学任教。米定斯基于1922年到莫斯科生活和工作，开始在俄联邦教育人民委员部政治教育局任统计处处长，然后到莫斯科第二大学（1922—1930年、1930—1937年）、国立莫斯科教育学院（1930—1937年）、莫斯科高级共产主义学院（1930—1937年）、莫斯科列宁师范学院（1938—1948年）等高等学校任教授。他从1944年开始到苏俄教育科学院从事教育科学研究，1944—1948年任教育科学院教育理论与教育史研究部主任，1947—1952年为教育科学院主席团成员，1944—1946年兼任国立国民教育图书馆馆长，1949—1952年担任《苏联大百科全书》出版社教育学部主编。米定斯基早年注意研究校外社会教育的各种形式，从1918年就开始发表校外教育著作，其中包括《校外教育，其意义组织与办法》（1918年），《校外文化教育的方法》（1918年），《苏俄的校外教育》（1923年），《校外教育百科全书》（3卷，1923—1925年），《校外传播农业知识的方法》（1924年），《阶级斗争与教育》（1931年）等。以后，米定斯基主要从事教育史研究。从20世纪20年代开始，他从马克思主义的立场构建教育史课程基础的科学理论与方法，编写出苏联的第一部教育史教科书：《与社会经济相联系的教育学史》（1—3卷，1925—1929年）。书中体现了教育史过程与社会经济发展、人民群众的革命斗争相联系的思想，但是这本书有使阶级观点绝对化的倾向，过多地叙述社会史和哲学史，使教育史自身的论述被弱化了；另外，还有机械搬用社会政治、经济的概念评价历史的缺点。经过实质上的加工改写，1938年，《世界教育史》和《十月革命以前的俄国教育史》两卷本出版，在这套书的基础上《世界教育史》教科书于1947年出版了。1948年，米定斯基与康斯坦丁斯拉夫合写了《苏俄30年学校简史》。米定斯基对俄国教育家乌申斯基、波戈夫、赫尔岑、列斯戈弗特（П. Ф. Лесгафт）、列夫·托尔斯泰的教育思想都有研究，为出版乌申斯基和马卡连柯的教育文集做了大量工作。他的著作还有《裴斯泰洛齐的生平、学说及其对俄罗斯教育学的影响》（1927 年，合著），《伟大的俄罗斯教育家康·德·乌申斯基》（1945 年），《马卡连柯的生平及其教育创作》（1949 年），《苏联的国民教育》（1952 年），《教育学简史》（1952，合著）。他还与其他学者一起合写了一本《教育学》（1949 年）。①

伊·福·斯瓦德科夫斯基在 1914 年毕业于罗加硝夫斯基教师讲习所，1924 年毕业于克鲁普斯卡娅共产主义教育学院。1914 年，他以堂区学校老师的工作开始自己的教育活动。1927 年起，他先后在共产主义教育学院、苏俄教育人民委员部国民教育计划与组织科学研究所（1931—1932 年任所长）、列宁格勒教育科学研究所（1936—1938 年任所长）、苏俄教育科学院教育理论与教育史研究所（1944—1946 年任所长）、莫斯科国立列宁师范学院从事教学与研究，1946—1950 年为教育科学院主席团成员。他主要致力于教育学方法论的研究，也研究教学论、教育问题、教育史和小学教师的培养。他的主要著作有《教育学的马克思列宁主义的方法论原理》（1931 年）、《教育史读本》第 1卷（1933 年）、《儿童诚实和正直品格的培养》（1956 年）、《培养儿童热爱劳动》（1959 年）等。②

叶·雅·戈兰特在 1911 年毕业于圣彼得堡大学文史系和法律系。1912年，他在一所私立文科中学教书；1918—1928 年，他做了 10 年扫除文盲的工作，编写的扫盲读本《让我们学习吧》至 1930 年印刷了 12 次。戈兰特从 1921年开始进行教育科学研究工作，1921—1930 年在列宁格勒校外教育研究所，

---

① Гл. ред. В.В. Давыдов. Российская педагогическая энциклопедия：в 2 томах，том 1- Москва：Науч. изд-во "Большая Российская энциклопедия"，1993.с557-558.Гл. ред. И.А. Каиров и Ф.Н. Петров. Педагогическая энциклопедия：в 4 т. том 2- Москва：Сов. энцикл，1965.С.782.

② Гл. ред. В.В. Давыдов. Российская педагогическая энциклопедия：в 2 томах，том 2- Москва：Науч. изд-во "Большая Российская энциклопедия"，1999.С.313.

1925—1938 年在教育科学研究所任职。他于 1928—1971 年在国立列宁格勒赫尔岑师范学院进行教学和教育科学研究。他在师范学院所写的《教育学》的特点是与哲学和文化史紧密联系,并提出了教学与学生个人生产、生活和政治经验相联系的原则。他的教育史著作特别注重论述欧美国家学校教育的发展。他的教育著作有《农民读本》(1922 年),《对成人的学校工作》(1931 年),《教育史》(1940 年,与绍·伊·加涅林合著),《苏联学校教学工作的组织》(1957 年),《学校指南》(1957 年)等。①

绍·伊·加涅林于 1915—1917 年在圣彼得堡大学法律系学习,1922 年毕业于彼得格勒教育学院文学系和校外教育系。1916—1917 年,他在彼得格勒工人夜校从事教学工作,后来到波洛茨克的一所中学任教。1919 年,他回到彼得格勒(后改名列宁格勒),在军事-指导员政治学院(1919—1920 年),中等师范学校(1923—1930 年),国立列宁格勒赫尔岑师范学院(1924—1972 年),列宁格勒大学(1931—1947 年),科学教育学学院(1925—1939 年),苏俄教育科学院列宁格勒分院(列宁格勒教育科学研究所,1945—1960 年)从事教育教学和教育科学研究。加涅林在 20 世纪 20 年代研究苏联的劳动学校理论,认为劳动学校建立在普通教育与综合技术教育相结合的基础之上,教育过程应广泛利用心理学。在 20 世纪 30 年代,他认为教育学与生理学、心理学相联系,将教育作为社会现象进行研究,认为研究教育史有助于解决当代的教育理论与实践问题。他主要致力于俄国教育史研究。他的主要著作有:《苏联教学论的基本问题》(1929 年,合著),《教育史》教科书(1940 年,合著),《19 世纪后期俄国中等学校简史》(1950 年、1954 年两次印刷),《教育学的对象与方法》(1956 年),《教学过程与教学原则》(1957 年)等。②

---

① Гл. ред. В.В. Давыдов. Российская педагогическая энциклопедия: в 2 томах, том 1- Москва : Науч. изд-во "Большая Российская энциклопедия", 1993. С. 216.

② Гл. ред. В.В. Давыдов. Российская педагогическая энциклопедия: в 2 томах, том 1- Москва : Науч. изд-во "Большая Российская энциклопедия", 1993. С. 191.

　　索·马·里维斯在 1924 年毕业于高级教育科学讲习班，十月革命后的最初几年曾是敖得萨学校公社和儿童城（为孤儿举办）的领导人之一。自 1924 年起，他在克鲁普斯卡娅共产主义教育学院和其他高等师范院校任教员，自 1938 年起在莫斯科国立列宁师范学院任教，同时在俄联邦教育人民委员部的教育科学研究所和苏俄教育科学院进行教育科学研究工作。最后几年，里维斯在教育科学院教育理论与教育史研究部领导安·谢·马卡连柯教育遗产研究室的工作。在敖得萨时期，里维斯研究孤儿的教育问题，创建了教育孤儿的人道教育学基本原则，主要是在学生劳动教育、自我服务、创造性的文化生活的基础上建立儿童集体。他是将发展水平和兴趣相同的儿童组成联队的创始人之一，其经验体现在他与 Н. М. 舒尔曼（Н. М. Шльвман）合写的《共产主义教育的经验，从学校公社到十月革命儿童城》（1924 年）一书中。他在宣传马卡连柯的教育思想方面做了大量工作。他还研究了教学论问题、学校管理和教育史。他的著作还有《目标任务法和一级学校的道尔顿制》（1927 年），《论教育影响的方法》（1929 年），《儿童环境中的宗教信仰和反宗教信仰》（1930 年），《自觉纪律的培养》（1939 年），《苏联教学论的原则》（1940 年），《学校中成绩落后现象的预防》（1940 年，与 А. М. 格尔蒙特合著），《在教学过程中学生意志的培养》（去世后于 1958 年出版）。[①]

　　列夫·谢·维果茨基在 1917 年毕业于莫斯科大学法律系及沙尼亚夫斯基大学文史系，1918—1924 年在戈梅利城工作；1924 年到莫斯科，先后在莫斯科大学心理研究所、克鲁普斯卡娅高级共产主义学院、第二莫斯科大学教育系、莫斯科实验心理研究所、缺陷学研究所等院校和研究机构工作，也曾在列宁格勒国立师范学院和哈尔科夫的乌克兰精神心理学研究所工作。他对心理学的研究是从艺术心理学开始的，研究人们对文学作品感受的规律性，著

　　①　Гл. ред. В.В. Давыдов. Российская педагогическая энциклопедия：в 2 томах, том 1-Москва：Науч. изд-во "Большая Российская энциклопедия", 1993.С.262.

有《艺术的心理学》(写于 1925 年，1965 年出版)。20 世纪 20 年代，他研究反射学理论并做心理研究，也研究教育心理问题，1926 年出版了《教育心理学简明课程》。他还对 20 世纪 20 年代至 30 年代的世界心理学进行了研究，1925 年发表《意识是行为心理学的问题》，1927 年写成《心理学危机的含义》(1982 年出版)。在这两部著作中，他明确提出研究意识问题对心理科学的重大意义，着重指出传统心理学对待人的高级心理机能的错误观点。他创建了人的行为与心理发展的文化历史发展理论。维果茨基还着重论述了教学与儿童心理发展的关系，提出了"最近发展区"，即儿童在有指导、有成人帮助的情况下所能达到的解决问题的水平和有独立活动时所能达到的解决问题的水平之间的差异。他倡导教学应当走在发展的前面，教学与其领先已经成熟的心理机能，不如领先那些正在成熟中的机能，要创造最近发展区，然后使最近发展区转化到现有发展水平的范围之中。维果茨基的成果有《在教学过程中儿童的智力发展》(1935 年)，《游戏在儿童的心理发展中的作用》(写作年代不详，发表于 1966 年《心理学问题》第 6 期)，《关于情绪的学说》(1935 年)等。①

康·尼·柯尔尼洛夫在 1898 年毕业于鄂木斯克老师讲习所，1910 年毕业于莫斯科大学。他在 1898—1905 年是西伯利亚的人民教师；1910 年在莫斯科大学毕业后留校工作，在该校心理研究所从事研究工作；1916 年任编外副教授。1921 年，柯尔尼洛夫受教育人民委员部的委托，组织第二莫斯科大学的教育系并担任系主任与心理教研室主任和教授，1923—1930 年和 1938—1941 年任心理研究所所长。1944—1950 年，他被选为苏俄教育科学院院士和副院长，并兼任一系列的教育学和心理学杂志的主编。他在 1923 年第一届和 1924 年第二届全俄精神神经病学会议上"先后发表题为'心理学和马克思主义'和'心理学中的辩证法'的报告。倡导以马克思主义观点和唯物辩证法改造心理

---

① Гл. ред. В.В. Давыдов. Российская педагогическая энциклопедия：в 2 томах，том 1- Москва：Науч. изд-во "Большая Российская энциклопедия"，1993.C.178-179.

学，反对切尔帕诺夫的唯心主义心理学、别赫捷列夫的反射学和美国的行为主义心理学，得到当时许多心理学家的响应。但他所倡导的'反应学'也受到非议，其中机械主义性质、主观主义和客观主义折中的倾向，在 30 年代初开展理论辩论时遭到否定"①。柯尔尼洛夫在晚年从事个性心理学工作，研究意志、性格等心理学问题。他是心理知识普及工作者，为高等学校、中级师范学校和中学编写了一系列教科书。他的主要著作有《现代心理学和马克思主义》（1925 年）、《学前儿童心理学概论》（1927 年）、《从心理学观点（反射学）论人的反应学说》（1927 年）、《从辩证唯物主义观点论述的心理学教程》（1931 年）、《心理学》（1946 年）等。②

阿·尼·列昂节夫在 1924 年毕业于莫斯科大学社会科学系，是维果茨基的学生和追随者。他在 1924—1931 年留在莫斯科，先后在莫斯科大学心理研究所和克鲁普斯卡娅高级共产主义学院从事科学研究与教学。1931—1935 年，他在哈尔科夫主持乌克兰神经心理研究所发生心理研究室的研究工作，并在哈尔科夫师范学院任教。他在 1936 年回莫斯科大学心理研究所从事科研工作，1941 年任莫斯科大学教授。卫国战争时期，他领导康复运动的实验性医院，研究动作效能的恢复问题。列昂节夫于 1945 年任莫斯科大学心理学教研室主任，1950—1957 年任苏俄教育科学院心理学部学术秘书，1959—1961 年任苏俄教育科学院副院长，1966 年任莫斯科大学心理学系主任。列昂节夫的实验和理论工作主要致力于心理发展问题（心理的起源、生理进化与社会历史发展、儿童心理发展）、工程心理学问题的研究，也研究感知心理学、思维心理学等。列昂节夫在心理学理论的贡献，一是在 20 世纪 20 年代末追随维果茨基，同维果茨基、A. P. 鲁利亚（А. Р. Лурия）一起研究人所特有的心理过程

---

① 顾明远：《教育大辞典》增订合编本（上），875 页，上海，上海教育出版社，1998。

② Гл. ред. В.В. Давыдов. Российская педагогическая энциклопедия：в 2 томах，том 1-Москва：Науч. изд-во "Большая Российская энциклопедия"，1993.С.470-471.

的历史发生和结构问题，从而形成了社会文化历史学派；二是在 20 世纪 60 年代创立了活动心理学理论。这一理论的基本观点如下。第一，活动总是指向一定的对象。对象有两种：一为制约着活动而独立存在的客观事物，二为调节活动的客观事物的心理映象。第二，需要乃具体活动的内部条件，也是活动的调节者。活动总是由需要推动，人通过活动可改变客体，以满足自身需要。人的活动中包含主体与客体的对立统一。第三，心理映象之产生，系主客体相互作用的结果。离开完整的活动系统，便无法了解人的心理反应。第四，活动可分为外部与内部两种。从发生来说，外部活动是原动的，内部活动来源于外部活动，且是外部活动内化的结果，并通过外部活动而外化。两种活动具有共同结构，通过内化与外化，彼此可以相互过渡。其学术成就享誉国际，1957—1976 年任国际心理科学联合会副主席，1968 年获巴黎大学荣誉博士学位和布达佩斯大学荣誉博士学位，1973 年获匈牙利科学院荣誉院士称号。[1] 属于苏联教育科学形成时期的主要著作有：《记忆的发展》(1931年)，《康复运动》(1945 年，合著)，《心理发展概论》(1947 年)，《学前儿童的心理发展》(收入《学前儿童的心理学问题》一书，1948 年)，《低年级儿童的感觉、感知与注意》(收入《儿童心理学概论(低年级)》一书，1950 年)，《儿童的智力发展》(1950 年)等。[2]

谢·列·鲁宾斯坦在 1909 年入德国弗赖堡大学学习哲学，后转入柏林马尔堡大学学习。1913 年，他在马尔堡大学获得博士学位，这奠定了他以后研究的基本方向，即利用哲学方法从事具体的社会科学研究，更确切地说，是用哲学方法从事心理学和教育学研究。从 1915 年起，他在敖德萨的一些私立文科中学任教；从 1919 年起，在敖德萨的新俄罗斯大学任教，为副教授；

---

① 顾明远：《教育大辞典》增订合编本(上)，983 页，上海，上海教育出版社，1998。

② Гл. ред. В.В. Давыдов. Российская педагогическая энциклопедия：в 2 томах，том 1-Москва：Науч. изд-во "Большая Российская энциклопедия"，1993.C.501.

1921—1930 年，在敖德萨国民教育学院担任心理学教研室主任，自 1930 年转任国立列宁格勒赫尔岑师范学院心理教研室主任（1930—1942 年）；1942 年，创建了莫斯科大学的心理教研室并任室主任；1942—1945 年，任莫斯科心理研究所所长；1943 年，被选为苏联科学院的通讯院士；1945 年，被选为苏俄教育科学院的院士；1945—1960 年，任苏联科学院哲学研究所心理学部主任。鲁宾斯坦"是苏联心理学理论体系的奠基者。试图在马克思主义哲学基础上建立自己的心理学体系。主要观点和成就：（1）提出活动和意识的统一原则。即人的活动和他的意识是对立统一的、相互制约的。意识是在活动中形成和发展的，反过来又对活动起调节作用。他批判当时在心理学中有重大影响的内省主义和行为主义的基本观点，认为内省主义是研究与活动割裂开来的意识，而行为主义则是将活动与意识割裂开来研究行为反应。据此，写成在苏联心理学中具代表性的《普通心理学原理》一书，该书获斯大林奖。（2）提出辩证唯物主义的决定论原则，即外部原因通过内部条件起作用，并据以揭示心理过程、心理活动中外因与内因的辩证关系，指明心理在物质世界现象的普遍联系中的地位。（3）开展一系列关于知觉、记忆、思维、言语、语言、个性等实验研究，论证和丰富了他的心理学思想，并进一步推动了一些重大理论问题的研究，如人在世界中、在生活中的地位问题的研究"①。他的科学研究遗产是当代教育人道化过程和教学过程个性化以及教师与学生创造性合作的重要理论基础之一。他的主要著作有：《心理学原理》（1935 年）、《普通心理学原理》（1940 年）、《论心理研究的途径》（1941 年）、《心理科学与教育事业》（1945 年）、《存在与意识》（1957 年）、《关于思维和它的研究途径》（1958 年）、《心理学的原则和发展道路》（1959 年）、《普通心理学问题》（1973

---

① 　顾明远：《教育大辞典》增订合编本（上），1011~1012 页，上海，上海教育出版社，1998。

年)等。①

鲍·米·捷普洛夫在1921年毕业于莫斯科大学文史系。1921—1933年，他在红军机关中工作；从1929年起，开始在莫斯科心理研究所从事心理学研究；1933—1935年和1945—1952年，任心理研究所副所长；1949—1951年担任莫斯科大学心理研究室主任；1958—1965年，担任《心理学问题》杂志的主编；1964—1965年，为苏俄教育科学院主席团成员。他从1945年就是苏俄教育科学院的院士。捷普洛夫在20世纪20年代末至30年代初主要研究视觉和视感知的问题，特别是从应用方面研究这些问题。随后，他研究了听觉感知问题。在这一研究的基础上，他进行了音乐创作和音乐感受的研究，在1947年出版了《音乐才能心理学》。卫国战争时期，捷普洛夫完成了《战略家的智慧》一书的写作(1943年)。在20世纪50年代至60年代，他的科研活动与从哲学心理学角度详细研究个性区别相联系。他创造性地分析了И.П.巴甫洛夫(И.П.Павлов)关于神经系统中不同类型的性质特点的思想。在这一方面，他领导了系统的实验研究。他的著作对普通心理学、教育心理学、军事工程学和工程心理学的发展都有贡献。捷普洛夫在心理学研究方面是一位组织者，是教育心理学方面的活动家。他的《心理学》教科书(1946年初版，1954年第8次印刷)对普及心理学知识发挥了重要作用。他的著作还有：《心理学》(1938年初版，1942年再版)，《艺术感受心理学问题》(1946年)，《个性心理区别研究》(1957年)等。②

丹·鲍·埃利康宁于1922年在波尔塔瓦州杰尔乔夫斯基少年违法者工学团任教，由此开始了他的教育活动。1927年，他从国立列宁格勒赫尔岑师范学院毕业后留校任教，自1938年开始在列宁格勒共产主义教育学院进行教育

① Гл. ред. В.В. Давыдов. Российская педагогическая энциклопедия：в 2 томах, том 2-Москва：Науч. изд-во "Большая Российская энциклопедия", 1999.С.285-286.

② Гл. ред. В.В. Давыдов. Российская педагогическая энциклопедия：в 2 томах, том 2-Москва：Науч. изд-во "Большая Российская энциклопедия", 1999.С.429.

科学研究工作；1941—1945年，在作战部队工作；卫国战争后（1945年），在苏军军事师范学院担任心理学高级教员；1946年，兼苏俄教育科学院心理研究所的研究工作。自1953年起，埃利康宁担任苏俄教育科学院心理研究所实验室主任。该实验室的主要任务是研究幼年学生和少年的心理与学生心理发展的诊断。他"在基础理论方面，主要研究婴幼儿心理和少年心理问题。特别重视研究各年龄期各种形式的主导活动之形成，即婴幼儿期的对象动作，学龄前期的游戏活动，学龄初期的学习活动和少年期的交往活动。提出的儿童心理发展的年龄分期理论，成为心理学研究的依据"。"在应用方面，研究阅读与书写掌握等问题。提出的以词的声音分析为基础的儿童阅读教学法，获得教育界广泛认可。对6岁儿童心理特点的研究，为试行6岁儿童入学的学制改革提供了依据。"①他的心理学著作多发表和出版在20世纪60年代至70年代。属于苏联教育学科初步形成时期的只有《学龄前儿童语言的发展》（1958年）。②

　　纳·亚·缅钦斯卡娅在1927年毕业于克里米亚师范学院。1930年，她在斯维尔德洛夫斯克的乌拉尔工程师范学院任教；1932年到莫斯科，开始在心理研究所从事研究工作；1937—1955年，任学习心理学与学生智力发展实验室主任；1955—1965年，任苏俄教育科学院心理所副所长；1965年，任普通和综合技术教学心理学实验室主任；1968年，被选为苏联教育科学院通讯院士。她是苏联教育心理学的奠基人之一，主要从事儿童心理发展和教育心理的研究。"在维果茨基关于教学与发展关系的思想指导下，对学习理论有独到的见解：（1）重视人的发展的阶段性以及在知识掌握的不同时期学习过程的多样性，特别重视个体在发展过程中个性变化对智力活动的重要影响；（2）强调学习理论应建立在完整研究个性的基础上，调节学习活动的高级形式只有在

---

① 顾明远：《教育大辞典》增订合编本（上），11页，上海，上海教育出版社，1998。

② Гл. ред. В.В. Давыдов. Российская педагогическая энциклопедия：в 2 томах, том 2-Москва：Науч. изд-во "Большая Российская энциклопедия", 1999.С.612-613.

影响整个学生的个性条件下才能达到；(3)特别强调占稳定优势的动机的重要性以及世界观对人的行为、活动的调节作用。"①她本时期的著作主要有：《学龄儿童算术操作的发展》(1934年)、《算术教学心理学概论》(1950年)、《算术教学心理学》(1955年)、《儿童心理的发展·母亲日记》(1957年)等。②

(三)标志苏联教育学科初步形成的几部著作

1. 凯洛夫主编的《教育学》

凯洛夫主编的《教育学》作为师范院校教育学课程的教学参考书于1939年出版，1947年修订后，经俄罗斯联邦教育部批准作为师范院校教育学课程的教科书于1948年再版。凯洛夫主编的《教育学》(1948年再版书)在我国由沈颖、南致善等人译成中文，由人民教育出版社于1951年12月和1952年12月分上、下册出版，1953年合为一册出版。

凯洛夫主编的《教育学》共21章，分为"总论""教学理论""教育理论"三编。"总论"包括2章，其中一章论述教育学的对象与方法，另一章论述共产主义教育的目的与任务；"教学理论"包括5章，分别论述教学过程、教养与教学内容、上课是苏联学校教学工作的基本组织形式、教学法和学生知识的检查方法与评定方法；"教育理论"包括14章，分别论述共产主义道德教育原理、共产主义道德教育的方法、辩证唯物主义世界观基础的形成、苏联爱国主义教育与民族自豪感的培养、劳动教育、自觉纪律教育、意志与性格教育、美育、体育、学生集体的组织与教育、课外活动和校外活动、苏维埃学校的教师、学校与家庭和国民教育制度。

凯洛夫主编的《教育学》在论述教育学的对象时指出，苏联的教育学"是研究社会主义社会发展条件下对青年一代人实行共产主义教育的科学"③。他认

---

① 顾明远：《教育大辞典》增订合编本(上)，1064页，上海，上海教育出版社，1998。

② Гл. ред. В.В. Давыдов. Российская педагогическая энциклопедия：в 2 томах, том 1-Москва：Науч. изд-во "Большая Российская энциклопедия"，1993.C.565.

③ [苏]凯洛夫：《教育学》，1页，沈颖、南致善等译，北京，人民教育出版社，1953。

为教育产生于劳动，强调了教育的历史性和阶级社会教育的阶级性以及教育与政治的联系。书中简述了原始社会、奴隶社会、封建社会和资本主义社会的教育，详细地论述了苏联教育的性质，包括国家性、世俗性、统一性、用本族语言进行教学、男女教育平等和普及性等。在论述苏联教育的目的与任务时，凯洛夫强调了共产主义教育的思想和政治方向及构成共产主义教育的各个部分，即智育、综合技术教育、德育、体育、美育的"结合与统一"。不过，该书的主要指导思想还是 20 世纪 30 年代联共（布）中央为整顿苏联普通教育工作而颁布的那些决定中的基本观点。其中包括普通学校的重要任务是使学生掌握系统的科学基础知识与读、写、算的技能和技巧，以便为中等专业学校和高等学校培养合格新生；实行分科教学，要求编制比较稳定的分科教学大纲和各门学科的教科书；肯定班级授课制，强调教师在教学中的主导作用；等等。

凯洛夫主编的《教育学》的教学理论编（第二编）论述了教学过程、教学原则、教学内容与方法。他认为，"教学，这首先是指教师在学生们自觉与自动的参与之下，以知识、技能和熟练技巧的体系去武装学生的过程"①，但教师还负担着以科学原理和共产主义世界观武装学生与有计划地发展学生智力、培养学生道德品质的任务，因此，"教学在整个复杂的教育过程中是主要的一面。教学是教育底基本途径"②。该书强调列宁关于认识真理、认识客观现实的辩证的途径，即"由生动的直觉到抽象的思维，再由思维到实践"的原理"应当作为组织教学过程的指导"。③ 但是它指出："教学不是、也不可能是与科学的认识过程完全一致的过程。"④教学过程所具有的特点为：第一，通过教学过程应使学生接受的是前人已经获得的真理（知识）；第二，在教学过程中

---

① ［苏］凯洛夫：《教育学》，53 页，沈颖、南致善等译，北京，人民教育出版社，1953。
② ［苏］凯洛夫：《教育学》，56 页，沈颖、南致善等译，北京，人民教育出版社，1953。
③ ［苏］凯洛夫：《教育学》，60 页，沈颖、南致善等译，北京，人民教育出版社，1953。
④ ［苏］凯洛夫：《教育学》，60 页，沈颖、南致善等译，北京，人民教育出版社，1953。

学生是在有经验的教师的领导下获得对事实事物的认识;第三,教学过程中一定要有巩固知识的工作;第四,教学过程中还包括有计划地实现发展儿童智力、道德和体力的工作。① 根据以上论述,书中还提出了6个教学基本环节:①使学生感知具体的事物并在此基础上形成学生的表象;②分清事物的异同、本质、主次,认清它们之间的各种关系;③形成概念,认识定律、定理、规则、主导思想、规范及其他概念;④使学生牢固地掌握事实和概括的工作(记忆、背诵和一般的巩固知识的工作);⑤技能和熟练的养成和加强;⑥在实践中检验知识,把知识应用于包括创造性作业在内的各种课业中。② 书中提出的教学原则包括直观性原则、自觉性与积极性原则、巩固性原则、系统性与连贯性原则、通俗性与可接受性原则,并对它们进行了论证。③ 该书在论述教养和教学内容时详细地论述了20世纪40年代普通教育学校的教学计划、教学大纲和教学书。在谈到教学计划时,该书列举了属于自然科学、社会科学与各种艺术以及思维科学的21门学科,即数学、物理学、天文学、化学、地质学及矿物学概要、自然地理、自然、历史、苏联宪法及法学概论、经济地理、教育学、俄语(在非俄罗斯民族学校内教授本族语和俄语)、文学、外国语、体育、习字、制图、图画和塑工、唱歌、心理学、逻辑学。该书还对各门学科的教育和教养意义进行了较为详细的论述,对教学工作的组织形式与方法、对学生知识进行考查和评定的方法也都设有专章详细论述。

凯洛夫主编的《教育学》在其教育理论编(第三编)论述了德育的任务、内容、原则与方法。该书指出,苏联学校"不能仅以教育单纯有学问的人的任务为限;……我们的学校应该教育出一种全心全意忠实于社会主义事业、善于了解苏维埃国家政策的有学识的人们。……应该培养用共产主义道德精神来

---

① [苏]凯洛夫:《教育学》,60~61页,沈颖、南致善等译,北京,人民教育出版社,1953。
② [苏]凯洛夫:《教育学》,61页,沈颖、南致善等译,北京,人民教育出版社,1953。
③ [苏]凯洛夫:《教育学》,76~89页,沈颖、南致善等译,北京,人民教育出版社,1953。

思想和活动的人们"①。德育的任务主要包括培养苏维埃爱国主义精神、社会主义人道主义精神、集体主义精神、对劳动和社会公共财产的社会主义态度、自觉纪律以及布尔什维克的意志与性格特征六个方面。

从具体内容来说，培养苏维埃爱国主义精神就是要"培养对社会主义祖国的热爱，把自己全部知识和才能贡献于祖国的决心，在祖国遇有危险的时候，要有决心并善于保卫祖国，抵抗一切敌人"②。以爱国主义精神教育青年学生，还包括培养国内各族人民之间互助的思想、民族和种族平等的思想。苏维埃爱国主义教育与国际主义教育是一致的。该书指出："社会主义的人道主义就是对于每个劳动者底人格的最高崇敬、对于群众的尊敬、对于他们的巨大作用和意义以及他们的创作力的无限信任。"③因此，培养青年真正的人道主义同时也就是"培养他们对压迫者及压迫要有憎恨的情感，对可能侵害他祖国底自由、荣誉与独立的奴役者要怀有愤怒与憎恶"④。"集体主义精神，即友爱、团结与互助底精神。"⑤培养青年的集体主义精神，就是要教育青年懂得"个人底幸福是依赖于社会幸福，个人只有在集体中、在社会中，才能充分发挥多方面的才能"⑥，要教会他们善于为共产主义思想去奋斗，积极参加公共生活。该书还指出，培养青年人对劳动和公共财产的社会主义态度与培养他们的自觉纪律是一致的，没有自觉纪律，就不能有对劳动的自觉态度。因此，"从很早的童年时代起，就必须养成我们儿童习惯于服从纪律，纪律应当成为他们的'第二天性'"⑦。总之，凯洛夫认为，"培养共产主义道德，也就是培养青年坚强的意志和坚定的性格"，具有"用自己的全部力量为人民服务

① ［苏］凯洛夫：《教育学》，49 页，沈颖、南致善等译，北京，人民教育出版社，1953。
② ［苏］凯洛夫：《教育学》，49 页，沈颖、南致善等译，北京，人民教育出版社，1953。
③ ［苏］凯洛夫：《教育学》，49 页，沈颖、南致善等译，北京，人民教育出版社，1953。
④ ［苏］凯洛夫：《教育学》，227 页，沈颖、南致善等译，北京，人民教育出版社，1953。
⑤ ［苏］凯洛夫：《教育学》，49 页，沈颖、南致善等译，北京，人民教育出版社，1953。
⑥ ［苏］凯洛夫：《教育学》，227 页，沈颖、南致善等译，北京，人民教育出版社，1953。
⑦ ［苏］凯洛夫：《教育学》，50 页，沈颖、南致善等译，北京，人民教育出版社，1953。

的决心",具有不屈不挠的顽强性和坚忍性,以及勇敢、刚毅、不怕任何困难和任劳任怨的品质等。① 凯洛夫在谈到德育的原则时强调,要使德育过程渗透共产主义的目的性和思想性。这是他提出的第一条德育原则。其他的德育原则还有德育的实践性、系统性、照顾儿童的年龄特征、对学生严格要求和尊重学生的人格相结合、长善救失、在集体中和通过集体进行教育、了解学生特性和进行个别教育、教师的威信和发挥学生的独立精神相结合、教育影响的统一等。②

关于德育的途径与方法,凯洛夫首先强调的是教学。他认为,通过教学可以培养学生的辩证唯物主义世界观,教学的道德力量在于"它能鼓舞学生的崇高体验和情感——爱人民、爱自己的祖国、仇恨祖国的敌人,憎恨剥削和压迫。教学也可以养成学生性格的一定特征"③。他还认为,德育的方法包括说服法、练习法、儿童集体组织法、奖惩法等,"其中每一项方法,都是各种教育手段的总和,这些方法都是互相适当地配合着的,旨在实现整个共产主义道德教育的目的,以及从这个总目的所产生的个别的具体任务。所有上述这些方法,并不是孤立地来应用的,而是在紧密联系中来应用。为了巧妙地应用这些方法,最重要的是必须知道每种方法的主要特征和方面,以及该项方法能够发生效果的那些条件"④。

2. 冈察洛夫著的《教育学原理》

冈察洛夫著的《教育学原理》出版于1947年。该书除序言以外,共八章。第一章论述教育学与政治学的关系,强调教育与政治的联系;第二章以"哲学和教育学"为标题,论述教育与哲学的关联;第三章以"政治学、哲学和教育学的相互关系"为标题,以古代、中世纪的教育和夸美纽斯、洛克、卢梭、爱

---

① [苏]凯洛夫:《教育学》,228页,沈颖、南致善等译,北京,人民教育出版社,1953。
② [苏]凯洛夫:《教育学》,232~241页,沈颖、南致善等译,北京,人民教育出版社,1953。
③ [苏]凯洛夫:《教育学》,242页,沈颖、南致善等译,北京,人民教育出版社,1953。
④ [苏]凯洛夫:《教育学》,243~244页,沈颖、南致善等译,北京,人民教育出版社,1953。

尔维修、康德、赫尔巴特和俄国教育家的教育思想为事实依据，论述教育学与政治学和哲学的相互关系；第四章论述苏联教育学的对象；第五章论述共产主义教育的目的；第六章论述教育的内容；第七章论述苏联教育学的教学论；第八章论述苏联教育学的道德教育原理。冈察洛夫在书中强调教育与政治的联系，认为苏联的教育从属于建设共产主义社会的任务，"教师应当把青年国民造成未来共产主义社会积极的建设者。所有教养和教育事业，都应当从属于这种建设新社会的任务。学校不应也不能脱离迫切的生命攸关的任务"①。他认为，苏联的教育学是根据马列主义的方法论建立起来的，是真正科学的教育理论，它的任务不仅是研究和总结苏联学校教育的丰富经验，而且"还开拓教养和教育向前发展的途径"②。他根据自己的立场和他所认为的马列主义观点，对历史进程中的学校教育和教育思想家的教育思想进行了评述，总结了苏联学校教育工作经验。

3. 米定斯基著的《世界教育史》

米定斯基著的《世界教育史》出版于 1947 年，共六编二十七章。第一编：古代教育，其中第一章为原始社会及古代东方各国的教育，第二章为古代希腊的教育，第三章为古代罗马的教育。第二编：中世纪教育，其中第四章为文艺复兴时代以前的教育，第五章为文艺复兴时代的教育，第六章为夸美纽斯的教育体系。第三编：近代教育——从十七世纪英国革命到十八世纪法国资产阶级革命，其中第七章为洛克的教育体系，第八章为十七—十八世纪学校教育的发展，第九章为卢梭的教育体系，第十章为十九世纪法国唯物论者的教育思想。第四编：近代教育——从十八世纪法国资产阶级到一八七一年巴黎公社，其中第十一章为十八世纪法国资产阶级革命时期的教育问题，第

---

① ［苏］H.K. 冈察洛夫：《教育学原理》，18 页，石宝瑞、南致善等译，北京，人民教育出版社，1951。

② ［苏］H.K. 冈察洛夫：《教育学原理》，22 页，石宝瑞、南致善等译，北京，人民教育出版社，1951。

十二章为裴斯泰洛齐的教育体系，第十三章为十八世纪末叶和十九世纪初叶的德国教育(泛爱派，康德)，第十四章为福禄培尔的教育学说，第十五章为第斯多惠的教育学说，第十六章为十九世纪上半期西欧和美国的学校教育(从十八世纪法国资产阶级革命到一八四八年革命)，第十七章为赫尔巴特的教育体系，第十八章为斯宾塞的教育观，第十九章为十九世纪五十—六十年代西欧和美国的学校教育，第二十章为十九世纪初期空想社会主义者的教育思想，第二十一章为马克思和恩格斯的教育学说。第五编：近代教育——从巴黎公社到一九一八年底，其中第二十二章为十九世纪末期和二十世纪初期的教育理论和实践的一般特征，第二十三章为巴黎公社的教育政策，第二十四章为从十九世纪七十年代到一九一八年的主要资本主义各国的学校教育，第二十五章为战前帝国主义时代的资产阶级教育学。第六编：晚近教育学，其中第二十六章为晚近(第二次帝国主义战争以前)教育学的一般特征，第二十七章为从一九一八年到第二次帝国主义战争前夜的主要资本主义国家的学校教育。

米定斯基的《世界教育史》为后来苏联教育史学科的发展奠定了基础。他还研究了俄国政论家和文艺评论家 Д. И. 皮萨列夫(Д. И. Писарев，1840—1868)和俄国解剖学家、医生、体育教育科学体系奠基人彼·弗·列斯加夫特(1837—1909)的教育思想，这在后来苏联的教育史著作中是很少见的。

4. 鲁宾斯坦著的《普通心理学原理》

鲁宾斯坦著的《普通心理学原理》一书出版于1940年。全书分为五编，共20章。书中论述了如下五大类心理学问题。第一类问题：心理学的对象和研究方法，心理学史。第二类问题：心理学的发展问题，动物行为和心理的发展，人的意识。第三类问题：感觉和知觉、记忆、想象、思维、语言、注意、情绪、意志。第四类问题：动作、活动。第五类问题：个性方向性、能力、气质和性格，个性方向性及其生活道路。该书的出版对苏联心理学理论体系的形成和发展发挥了比较大的作用。

除以上四部著作外，本时期教育学方面的著作还有伊·特·奥戈罗德尼科夫（И. Т. Огородников，1900—1978）和帕·尼·申比廖夫（П. Н. Шимбирев，1853—1960）教授合著、出版于 1950 年的《教育学》，教育史方面的著作还有叶·雅·戈兰特与绍·伊·加涅林合著的《教育史》（1940 年），心理学方面的著作还有捷普洛夫所著的《心理学》（1938 年初版，1942 年再版）等。这些著作的作者的共同特点是，都有比较丰富的教育实践经验，而且努力学习运用马克思列宁主义的方法论来探讨教育的客观规律，研究教育实践中的问题，总结教育工作中的经验和教训。正是这样一批教育学和心理学学者的努力，促使苏联教育学科的初步形成。

第五章

马卡连柯的教育活动与思想

第一节　生平、教育活动与著作

安东·谢妙诺维奇·马卡连柯(Антои Семёнович Макаренко，1888 ——1939)是苏联教育革新家、教育理论家、教育实践家和作家，是一个崭新的教育思想体系的创建者。他的教育理论著作是他开创的社会主义教育实践的概括和升华，他的文学创作以生动的艺术形象和丰富的事实反映了他为之付出毕生精力的教育实践活动和教育理论探索，生动地体现了他的教育理想。

一、生平①

马卡连柯 1888 年 3 月 13 日出生于乌克兰哈尔科夫省别洛波里城一个铁路工人家庭。马卡连柯的家庭在经济上是贫穷的，但在精神上是富有的。他的父母爱自己的孩子，但从不溺爱。他们善于把爱和严格适度地结合起来，使全家生活在和睦的气氛中。在这样的家庭环境中，马卡连柯从儿童时代起就

---

① 参见 A.C.Макаренко, Педагогические сочинения, Том 8, Акад. пед. наук СССР. —М.: Педагогика, 1986, C.116-128。

养成了诚实、有责任感和自尊心的品质。

马卡连柯 5 岁开始上学。他 12 岁时，全家随父亲所在的工厂迁到克列勉秋格城，马卡连柯进了当地的一所四年制学校。这是一所为小职员和商人子女办的学校。马卡连柯的父亲教导自己的儿子要有志气。马卡连柯牢记父亲的教诲，以门门功课 5 分的优异成绩从学校毕业并进了该校附设的一年制师资训练班。1905 年，17 岁的马卡连柯在克留科夫城的一所铁路小学担任高年级教师，开始了自己的教师生涯。

马卡连柯说："我自己本是个工人的儿子，我的学生也都是这样的人。……他们的父母都是有专门技能的人：机车库和车厢库的有功劳的工作者、司机、司机助手、旋工；其中，间或也有站长。"①因此他与工人群众有着血肉联系。当时正值俄国第一次革命进入高潮，马卡连柯深受工人阶级革命情绪的影响，投身到进步工人运动中。他开始接触马克思主义的著作，尤其喜爱并大量阅读了高尔基的作品。高尔基成为他人生中的"第一位导师"和"行为的典范"。他说，高尔基的作品"就像突然间一只火箭划破了我们黑暗的天空，在这以后，就越发变得黑暗了。……尤其是在 1905 年以后，他的活动、他的著作以及他的动人的生活，成了我们的思想和修养的源泉"②。他把高尔基的人道主义思想作为自己处理教育问题的出发点之一和重要的思想基础。这一切对马卡连柯世界观的形成起了重要作用。马卡连柯组织了家长委员会。家长委员会实际上是进行革命活动的组织，马卡连柯所在的铁路小学成了工人集会的场所和当地革命活动的大本营，他也因此遭到沙皇政府的迫害，被迫离开了这所学校，于 1911 年去偏僻的多林斯卡亚村的铁路小学任教。1914 年，马卡连柯进入波尔塔瓦师范专科学校深造，1917 年毕业，因其毕业论文《现代教育

① А.С.Макаренко, Педагогические сочинения, Том 4, Акад. пед. наук СССР. — М. : Педагогика, 1984.С.38.

② А.С.Макаренко, Педагогические сочинения, Том 4, Акад. пед. наук СССР. — М. : Педагогика, 1984.С.10.

学的危机》而荣获金质奖章。波尔塔瓦师范专科学校给他的评语是这样写的："马卡连柯无论在能力、知识还是在发展勤劳方面，都是杰出的学生，尤其对教育学科和人文学科表现出浓厚的兴趣，阅读了有关这方面的大量书籍并提交了许多优秀论文。他将成为所有各门学科，尤其是历史和俄语学科的十分优秀的教师。"①这段经历使马卡连柯积累了教育、教学经验，比较扎实地掌握了自然科学、哲学、心理学与教育学方面的知识，这对他的教育观点的形成起了重要作用。他曾说，波尔塔瓦师范专科学校的校长"培养出了许多布尔什维克，……他永远是一个真正的人，并且在我们身上培养着人的最好的志向。……我从他那里吸取了我的教育信念的主要原则：尽量多地要求一个人，也尽可能地尊重一个人"②。这一切决定了他必然以积极的态度迎接十月革命。十月革命的胜利又为他施展抱负、建立新的教育思想体系提供了思想基础，创造了条件，为他"展开了空前未有的远景"③。在波尔塔瓦师范专科学校毕业后，马卡连柯被任命为克留科夫高级小学校长。他到任后不久便爆发了十月革命，马卡连柯怀着高尔基的那种"让暴风雨来得更猛烈些吧"的喜悦迎接人类历史新纪元的来临。1919年，他任波尔塔瓦第二市立小学校长，开始寻找新的教育方法。

十月革命胜利初期，国内外动乱造成战火连绵不断，使许多青少年成了孤儿，流落街头。他们的年龄在8～18岁，大多数缺乏道德观念，目不识丁，无责任感，以乞讨、偷窃、暴力甚至卖淫为生，这成为年轻的苏维埃共和国面临的严重问题。收容、教育这些青少年成了国家一项特殊的紧迫任务。1920年秋，波尔塔瓦省教育厅委托马卡连柯在离波尔塔瓦6千米处开办少年

---

① А.С.Макаренко, *Педагогические сочинения*, Том8, Акад. пед. наук СССР. — М. : Педагогика, 1986.С.118.

② А.С.Макаренко, *Педагогические сочинения*, Том4, Акад. пед. наук СССР. — М. : Педагогика, 1984.С.315.

③ А.С.Макаренко, *Педагогические сочинения*, Том4, Акад. пед. наук СССР. — М. : Педагогика, 1984.С.12.

违法者工学团。十月革命前，这里是改造少年违法者的场所，现在成了工学团的团址。马卡连柯来到这里时这里所有的一切全是破烂不堪的，全部设备都被破坏了，甚至连果树都被挖走了，生活和教学用品一无所有。第一批学员都是犯过刑事罪的少年。出于对高尔基的崇敬，马卡连柯把它改名为高尔基工学团，并与高尔基建立了密切的联系。他在该工学团工作了 8 年。1927年，乌克兰国家政治保安部决定在哈尔科夫郊区组建新的儿童劳动公社——捷尔任斯基公社。马卡连柯应邀筹办并兼管该机构。从 1928 年 9 月起，他完全转到捷尔任斯基公社，直至 1935 年。捷尔任斯基公社成立之初，高尔基工学团的 50 名学员转到了这里。马卡连柯来该公社后，高尔基工学团又有 100 名学员转到这里。

　　由于身体因素，1935 年 7 月，马卡连柯离开教育第一线，任乌克兰内务人民委员部劳动公社管理局副局长。1937 年，他迁到莫斯科，专门从事教育理论研究和文学创作，并经常去教师和广大群众中讲演。1939 年 1 月，由于在"发展苏维埃文学方面取得的杰出成就"①，他荣获劳动红旗勋章。1939 年 2 月，马卡连柯向苏联作家协会提交了入党申请书，是年 3 月被批准加入联共（布）。长期的过度劳累严重损害了他的健康。1939 年 4 月 1 日，因心脏病突发，马卡连柯在出差旅途中与世长辞。

二、教育活动

　　马卡连柯的教育生涯大致上可以分为三个阶段。1905—1920 年，他担任小学教师和小学校长。1920—1935 年，他组建了高尔基工学团和捷尔任斯基公社，从事少年违法者和流浪儿的教育工作。他在自己的教育实践中创造性地运用马克思列宁主义思想，对旧的教育思想进行改革，探索共产主义的教

---

① А.С.Макаренко, Педагогические сочинения, Том8, Акад. пед. наук СССР. — М. : Педагогика, 1986.С.127.

育理论，建立了一个崭新的教育思想体系。这一阶段他在事业上达到了顶峰。1935—1939年，他主要从事教育理论的研究和宣传工作。

（一）1905—1920年的教育活动

1905年，马卡连柯从师资训练班毕业后就被安排到一所铁路小学担任高年级教师。马卡连柯当时受到的教育是"最低的师范教育。这种最低的教育就是只能委托我做最低的小学教师，月薪是25卢布"。根据当时的情况，即使从师范学校毕业的青年教师，也只能教初小，而马卡连柯一开始就被任命为高级小学教师，足见他的才能早已被人们刮目相看。这是一所工厂办的学校，学校里有统一的工人协会。马卡连柯说："我以这个工厂的工人的儿子的身份，成了这个协会的会员。我在这所学校里工作了9年，在这所学校里所取得的经验，对我是有很大意义的。"①9年中他"为生活输送了约五百个学生"②。

1917年，马卡连柯从波尔塔瓦师范专科学校毕业后担任了克留科夫高级小学校长，开始专心致志地探索新的教育方法和教育道路，实验以后在高尔基工学团和捷尔任斯基公社中采用的教育方法。他当时就认识到没有固定的儿童集体，就不可能有正确的苏维埃教育。他着手组织儿童，进行军事化训练。他在学校里组织了一支管弦乐队，带领学生开展校外和课外活动。他还组织学生从事农业劳动，把全校学生分成若干小组，在花园里或菜地里工作。学生在规定时间内集合在一起，马卡连柯亲自指挥，学生举着旗，打着鼓，列队走向工作地点。开始工作前，马卡连柯做简短的讲话，然后各个小组进入指定地区工作。不难看出，高尔基工学团的某些组织形式的胚胎正是在这一时期形成的。

---

① А.С.Макаренко, Педагогические сочинения, Том4, Акад. пед. наук СССР. — М. : Педагогика, 1984.С.343.

② 吴式颖等：《职业的选择》，见《马卡连柯教育文集》上卷，85页，北京，人民教育出版社，2005。

（二）1920—1935 年的教育活动

马卡连柯说："在 1920 年到 1935 年的 16 年中我领导着一个集体：高尔基工学团和捷尔任斯基公社。它们是一个集体。"在这 16 年中，"我一直与一个集体一起工作。在这个集体里，人员确实有变动，但是在一代一代之间保持了传统和继承性的条件下逐渐变动的"。① 16 年的呕心沥血，马卡连柯在苏联教育史上写下了光辉的一笔。

马卡连柯是在非常困难的条件下开始工作的。当时正值苏联国民经济处于极端困难时期，许多人食不果腹、衣不蔽体。马卡连柯一方面既要解决学员的吃、住、穿问题，又要同他们身上存在的懒惰、偷盗、破坏纪律等恶习做斗争；另一方面还要抵制来自某些上级和其他方面的种种压力与非难。这一时期既是创业探索时期，又是同资产阶级教育思想进行尖锐斗争时期。马卡连柯以自己辉煌的教育实践表现出了一位进步教育家的胆略和大无畏精神。正是马卡连柯的这种始终如一的乐观主义，坚定了他的献身精神。他与学员们一起忍饥挨冻，喝一样的稀粥，穿同样的破衣烂鞋，有一段时间甚至"没有领到分文薪资，还要靠养活社员的面包来养活"他自己，② 表现出了非凡的吃苦耐劳精神。马卡连柯身体力行地实践自己关于"要按新方法造就新人"的诺言，全身心地投入集体的建设。他每天工作十五六小时，"没有间断，没有假期，没有病假，没有休息日地工作着"。马卡连柯通过组织学员参加维护国家和社会利益的斗争，带领他们建铁工场、木工场，经营大规模农田建设，办牧场和养猪场等，自己动手改善生活和学习条件，从而去"矫正这些违法者的行为，使他们适应生活，也就是给他们治病，在他们的性格上打补丁"。马卡连柯说："随着集体的成长和富足，随着它成长为共产主义青年团的集体，我

---

① A.C.Макаренко, Педагогические сочинения, Том4, Акад. пед. наук СССР. — М. : Педагогика，1984.C.344，365.

② 吴式颖等：《普通学校的苏维埃教育问题》，见《马卡连柯教育文集》下卷，450 页，北京，人民教育出版社，2005。

便逐渐对自己的事业、对自己提高了要求，同时事业对我和对集体也提高了要求……我得出了这样的结论，就是没有违法的儿童，而有的只是那些和我一样充分享有幸福生活权利的人，有的只是那些和我一样有才干、有能力生活和工作、有能力成为幸福的和有能力成为创造者的人。"①后来，捷尔任斯基公社甚至办起了照相机厂，进行达到现代高技术水平的工业生产。公社中还有了完全中学。

马卡连柯"经历了约近7万个小时紧张的教育工作"②，把三千多名流浪儿和少年违法者改造、教育成了社会主义的建设者和保卫者，其中不乏出色的工程师、教师、医生、科学家，有的成了英雄和模范，有的在伟大的卫国战争中为国捐躯。马卡连柯为教育事业的无私奉献也赢得了学员们对他的无限爱戴和崇敬。学员们把马卡连柯看成自己最敬重的师长，最亲爱的兄长、父亲，最亲密的朋友，集体中不可缺少的一员。他们在感情上甚至不能接受马卡连柯结婚成家这样一个极普通、极正常的事实。马卡连柯本人也谈到了这一情况。"在高尔基工学团孩子们是不允许我结婚的。他们只要一看到我跟一个什么样的女人在一起，就会很不高兴……因此在40岁以前，我简直是没有时间去结婚。"③

马卡连柯在高尔基工学团的8年，是他探索和实践集体主义教育思想的时期。他建立和发展了作为主要的教育组织形式的集体，创造了新的有效的教育方法，在培养新人的过程中克服了人们意识和行为中的一切旧的残余，他本人也在探索和实践的过程中得到了锻炼和提高。捷尔任斯基公社是一个已经有了传统、原则和方法的集体，马卡连柯在这里继续满怀信心地实践自

---

① А.С.Макаренко, Педагогические сочинения, Том4, Акад. пед. наук СССР. — М. : Педагогика, 1984.С.323.

② 吴式颖：《儿童工学团工作方法的经验》，见《马卡连柯教育文集》上卷，6页，北京，人民教育出版社，2005。

③ А.С.Макаренко, Педагогические сочинения, Том7, Акад. пед. наук СССР. — М. : Педагогика, 1986.С.48.

己的教育理想，建立起了自己的教育思想体系，把自己的全部才能、精力乃至生命都献给了这个集体。

（三）1935—1939 年的教育活动

在这一时期，马卡连柯主要从事教育理论研究，并经常出席各种报告会、座谈会，直接向人民群众宣传他的教育思想体系。这时的马卡连柯已是一位完全成熟的教育家了，为教育科学中的一些重大问题的解决做出了杰出贡献。这一时期马卡连柯研究的重心转向共产主义教育的一般理论和实践问题、苏联普通学校的教育问题和家庭教育问题。他始终关心教育方面的一些重要问题，如教育与政治、学校与社会、教育与教学、教师与学生、教育目的与方法的关系；研究如何把学生培养成有积极的爱国主义情感的公民，如何进行劳动教育和经济教育，如何在与资产阶级的和宗教的伦理道德的斗争中教育学生遵循共产主义道德原则和规范，如何培养学生自觉遵守纪律等重要问题。他研究的中心依然是集体的教育问题。这一时期他写下了大量不朽的论文和著作。

三、著作

马卡连柯教育遗产的一个显著特点是他把教育学上的问题与工人阶级及全体劳动人民的思想意识和道德观念、共产党的政治、苏联社会主义建设的实践紧密地联系在一起。他的遗产是十分丰富的。虽然已经出版的著作达一百多种，但马卡连柯实际创作的作品远远不止这些。

长篇小说《教育诗》是马卡连柯著名的一部作品。1925—1935 年，马卡连柯耗费了 10 年的心血，写下了这部反映新的教育理论和实践的伟大著作。这部教育小说以高尔基工学团为原型，描写了一个教育集体的形成和新的教育理论的产生及其巩固和发展的历史，以生动的艺术形象阐明了一个统一的集体和新的教育理论具有的力量和所取得的胜利。马卡连柯说："这是一部描写我的生活，我的错误和我的小小的奋斗的作品。"①整部《教育诗》就是高尔基工学团的成长史。《教育诗》满含深情地赞美伟大的十月革命及其所开创的事业，渗透了作者对人类的无限热爱，诠释了生活的意义，揭示了人类的创造性劳动的潜在力量，激发了人们对美好生活的向往和追求美的力量。

在完成《教育诗》之前，马卡连柯创作了《1930 年进行曲》。这是一部描写捷尔任斯基公社的中篇小说。《塔上旗》是马卡连柯文学活动的绝唱，是以他创办的捷尔任斯基公社为原型而创作的另一部小说。无论是人物还是事件，都有生活原型。该书不仅在历史方面真实地描述了捷尔任斯基公社的活动，还对公社的生活和教育经验进行了艺术概括，肯定了苏维埃教育学的主导思想和共产主义教育的理想，旗帜鲜明地宣传社会政治坚定的目的性和人道主义。如果说《教育诗》是描写集体的产生和发展，描写对教育方法的研究和探索的话，那么《塔上旗》则是《教育诗》的继续，描写一个已经巩固了的并已取得成功的集体的生活和成就。这部著作解决了许多复杂的教育理论问题。马卡连柯认为，《塔上旗》"对于我、对于我所持的观点的演变，具有很重要的意义"②。他还说："在《教育诗》中我关心的问题是如何表现集体中的人，如何反映人与自己的斗争以及集体为了自己的价值、自己的面貌而进行的斗争，这是一种更紧张的斗争。而在《塔上旗》中，我追求的是完全不同的目的。我想表现我有幸在其中工作的那个出色的集体，反映这个集体的内部运动、它的命运和周围环境。"③马卡连柯在《塔上旗》中艺术地再现了在丰富多彩的、愉快的劳动生活中所开展的复杂的教育工作，描画了社会主义社会的人的个性形成的一幅幅生动画面。马卡连柯在《我的教育观点》一文中还说："捷尔任

---

① 吴式颖：《高尔基对我一生的影响》，见《马卡连柯教育文集》下卷，678 页，北京，人民教育出版社，2005。

② 吴式颖：《我的教育观点》，见《马卡连柯教育文集》上卷，201 页，北京，人民教育出版社，2005。

③ А.С.Макаренко，Педагогические сочинения，Том6，Акад. пед. наук СССР. — М. : Педагогика，1985.С.5.

斯基公社不仅继续了高尔基工学团的经验，而且也继续了一个人的集体的历史。这对于我和对于我的事业来说，是有很大的意义的。因为，这样一来，就继续了并累积了高尔基工学团里所建立起来的那种传统。"①

《父母必读》是马卡连柯的又一部教育小说，以家庭教育为主题。马卡连柯写这部书是因为他在生命的后期较少忙于流浪儿童的工作，而较多忙于"有家"儿童的工作。他认为自己应当多注意家庭，关心家庭，有必要为做父母的写本书。《父母必读》原计划出四卷。第一卷写的是关于作为一个集体的家庭的问题。马卡连柯计划在第二卷中谈家庭里的道德和政治教育，并适当涉及学校；第三卷谈有关劳动教育和职业选择问题；第四卷谈如何教育一个人，才能使他成为一个幸福的人。遗憾的是马卡连柯逝世前只写完并出版了第一卷。

1934 年，马卡连柯被接纳为苏联作家协会会员。他认为自己的职责就是要为加强文学在新社会建设和共产主义教育中的作用而奋斗，认为苏维埃儿童文学的主要目的是培养"完整的共产主义的个性"。他在这一时期写下了许多不朽的著作。马卡连柯把教育集体看成培养全面发展的人的基本手段。论述这一问题的著作有《苏维埃学校里的教育问题》《学校里学生的性格教育》《我的教育经验中的若干结论》《共产主义的教育和行为》《我的教育观点》等。马卡连柯关于共产主义教育的理论和方法问题的观点在他的系列讲座《普通学校的苏维埃教育问题》中得到了比较全面的阐述。马卡连柯揭示了苏维埃学校的教育目的，把教育目的与年青一代的发展前景联系在一起。论述这一问题的专著有《教育的目的》《普通学校的苏维埃教育问题》。

马卡连柯讲话的速记记录，极大地丰富了我们关于这位杰出教育家的理论观点和实践活动的知识。马卡连柯的发言的特点是尖锐的批判性、辩论性和战斗性。

---

① 吴式颖等：《我的教育观点》，见《马卡连柯教育文集》上卷，201 页，北京，人民教育出版社，2005。

剧本《真正的性格》和《出差》揭示了苏联青年的道德面貌，以及在社会主义社会中新老两代之间的相互关系。

第二节 辩证的教育观和教育目的论

马卡连柯的教育思想体系是以马克思主义的方法论为指导的，始终贯穿着辩证唯物主义这根线。马卡连柯说："再没有比教育学更辩证的科学了。"①"教育学是最辩证、最灵活的一门科学，也是最复杂、最多样化的一门科学。"②马卡连柯的教育理论和教育实践正是建立在这一认识基础之上的。教育过程充满着错综复杂的矛盾，每一对矛盾都构成了辩证统一的关系。马卡连柯从辩证唯物主义出发，形成了自己辩证的教育观。

一、辩证的教育观

(一)学校与社会的辩证关系

马卡连柯认为，从教育学的目的出发，一切人都是可以教育好的。他相信"学校是最有力的教育手段"③。"我深信教育影响有无穷的力量。我深信，如果一个人没有被教育好，过错全在教育者身上。如果一个儿童很好，这应该归功于儿童时代的教育。"然而教育不是万能的，学校也不是孤立于社会之外的世外桃源。马卡连柯指出："人之所以不好，只是因为他曾生活在不好的

---

① 吴式颖等：《儿童工学团工作方法的经验》，见《马卡连柯教育文集》上卷，23 页，北京，人民教育出版社，2005。

② А.С.Макаренко, Педагогические сочинения, Том4, Акад. пед. наук СССР. — М. : Педагогика, 1984.С.5.

③ А.С.Макаренко, Педагогические сочинения, Том4, Акад. пед. наук СССР. — М. : Педагогика, 1984.С.125.

社会制度里，生活在不好的环境里。"①在谈到高尔基工学团的少年违法者时，他说："他们只是一些陷入困境的人。我很清楚地懂得，如果我在童年时代陷入这样的境况，我也会成为像他们一样的人。任何一个正常的儿童，孤苦无助地流落街头，没有社会，没有集体，没有朋友，没有经验，神经备受折磨，没有前途——任何一个正常的儿童的举止都会像他们那样。"②"即使是最好的孩子，如果生活在组织得不好的集体里，也会很快变成一群小野兽。事实正是如此。"③他还指出："人受到整个社会的教育。社会中的一切事件、它的工作、前进运动、它的生活方式、成功与失败——所有这一切都是强大而复杂的教育因素……"④在这里，马卡连柯正确地揭示了教育与社会对儿童成长的影响之间的辩证关系。

(二)个人与社会的辩证关系

马卡连柯认为，个人与社会是辩证统一的关系，这是他的集体主义教育观的基本出发点。他主张教育不应只为了个人的幸福，而应为了共同的幸福。他指出："社会主义社会是建筑在集体的原则上面的。在这个社会里不应有孤独的个人，时而像脓泡一样的突出，时而像路边灰尘那样渺小，而应当是社会主义集体中的一个成员。""在苏联不可能有置身于集体以外的个人，因此就不会有与集体的命运和幸福相对立的孤立的个人命运、个人道路和个人幸福。"⑤但这并不是说要抹杀人的个性，把所有的人都塞进同样的模子里，从

---

① А.С.Макаренко，Педагогические сочинения，Том7，Акад. пед. наук СССР. — М. : Педагогика，1986.C.125.

② А.С.Макаренко，Педагогические сочинения，Том4，Акад. пед. наук СССР. — М. : Педагогика，1984.C.323.

③ А.С.Макаренко，Педагогические сочинения，Том7，Акад. пед. наук СССР. — М. : Педагогика，1986.C.31.

④ А.С.Макаренко，Педагогические сочинения，Том1，Акад. пед. наук СССР. — М. : Педагогика，1983.C.166.

⑤ 吴式颖等:《教育的目的》，见《马卡连柯教育文集》上卷，81 页，北京，人民教育出版社，2005。

而培养出同一类型的人。马卡连柯说:"最抽象的人在我们的想象中无论多么完整,然而具体的人毕竟是形形色色的教育材料,而被我们制成的'产品'也将是形形色色的。个人的一般品质和个别品质,在我们的设计中能够构成错综复杂的结合。"因此马卡连柯提出,要"创造一种方法,它既是普遍的和统一的,又能使每一个人都有可能发展自己的特点,保持自己的个别性,这样的组织任务才无愧于我们的时代,无愧于我们的革命"。① 马卡连柯关于在集体中通过集体和为了集体进行教育的思想和平行教育思想(关于集体主义教育观将在下节论述),正是基于他对个人与社会关系的辩证认识。

(三)教育与教学的辩证关系

马卡连柯既重视对学生进行共产主义道德品质的教育,也重视用科学文化知识武装学生的头脑;认为教育与教学之间存在着有机联系,二者是相辅相成的;主张学校中的一切工作都应具有教育性。他反对狭隘地把教育等同于教学,认为教育和教学是"教育科学的两个或多或少地独立的部分"②。他认为学校是最有力的教育手段,但是又指出了教育过程不仅仅在课堂中进行,受教育的不仅是学生,所有人都在随时随地地以"广泛的社会影响的方式去接受教育"。③ 马卡连柯对苏联 20 世纪 30 年代某些教育家将教育过程等同于教学过程的观点进行了批评,对苏联以后的教育理论的发展起了积极的作用。

(四)教师与学生的辩证关系

"我竭力让他相信,与其说我是个教师,不如说我是在教他,使他有文化,使他能在工厂工作;我要让他相信,他是生产过程的参加者,他是公民,而我是在他的帮助之下,在他的参与之下指导他的生活的一个长者。我决不

---

① A.C.Макаренко, Педагогические сочинения, Том4, Акад. пед. наук СССР. — М. : Педагогика, 1984.C.46, 47.

② 吴式颖等:《普通学校的苏维埃教育问题》,见《马卡连柯教育文集》下卷,366 页,北京,人民教育出版社,2005。

③ 吴式颖等:《普通学校的苏维埃教育问题》,见《马卡连柯教育文集》下卷,365 页,北京,人民教育出版社,2005。

愿意让他相信他自己仅仅是个学生，也就是说，仅仅是教育的现象，而不是社会的和个人的现象。然而，事实上，对于我来说，他确实是教育的现象。"①马卡连柯的这段话，体现了他对师生关系的辩证认识。马卡连柯认为，儿童集体中应当有有威信的、有文化的、有工作能力的成年人。这样的成年人就是教师。"教育就是年岁较长的一代把自己的经验、热情、信念传授给年轻的一代。"②马卡连柯又认为，教育者本人也必须受教育，任何教师都无权单独行动。"应该有一个教师集体。哪里的教师没有结合成一个集体，集体没有统一的工作计划，没有一致的步调，没有一致的、准确的对待儿童的态度，那里就不会有任何的教育过程。"教师集体应该"有共同的见解、共同的信念，相互帮助，互不嫉妒，不追求学生对个人的爱戴。只有这样的集体，才能够教育儿童。"马卡连柯还说："如果有五个能力较弱的教师团结成一个集体，他们受到同一种思想、同一种原则、同一种作风的鼓舞，齐心协力地工作，比起十个随心所欲地单干的能力强的教师来要好得多。"③此外，马卡连柯认为，教育虽然是为学生未来的生活做准备的，"但我们的儿童集体决不愿意过为了某种未来的生活做准备的生活，儿童集体不愿只成为教育的现象，它愿意像其他每个集体一样，成为有充分权利的社会生活的现象"。集体的每个成员不把自己看成"未来个人的萌芽"。④ 因此教师就应该把自己的学生既看成"教育现象"，又看成"有充分权利的公民"，对社会承担着职责和义务的人。教师既要严格要求学生，又要发挥学生的主动性和积极性，使学生集体本身也起着

---

　　① A.C.Макаренко, Педагогические сочинения, Том4, Акад. пед. наук СССР. — М. : Педагогика, 1984.C.165, 172-173.

　　② A.C.Макаренко, Педагогические сочинения, Том7, Акад. пед. наук СССР. — М. : Педагогика, 1986.C.38.

　　③ A.C.Макаренко, Педагогические сочинения, Том4, Акад. пед. наук СССР. — М. : Педагогика, 1984.C.172-173.

　　④ A.C.Макаренко, Педагогические сочинения, Том1, Акад. пед. наук СССР. — М. : Педагогика, 1983.C.140.

教育作用，成为教育的主体。由此马卡连柯又提出了一个观点："教师集体和儿童集体并不是两个集体，而是一个集体，而且是一个教育集体。"①

此外，关于高度尊重与严格要求、纪律与自治、惩罚与奖励之间的关系问题，马卡连柯都运用了辩证唯物主义的观点予以解决。

二、辩证的教育目的论

马卡连柯认为，教育学科一个相当重要的课题就是研究教育目的和达到这个目的的方法。他本人对此问题非常重视，认为工作中一个极其重要的因素就是工作应当彻底适合目的，目的性应成为教育工作的主要基础。他根据马克思主义的辩证唯物主义观点，对此问题提出了自己精辟的理论见解。

（一）适应社会政治经济的需要和时代的要求

马卡连柯认为教育目的应该适应社会政治经济的需要和时代的要求，随着社会政治经济的变化而变化，教育必须培养"社会所需要的人才"②。教育目的产生的根据是什么呢？马卡连柯是这样回答的：教育目的"来自我们社会的需要，来自苏维埃人民的追求，来自我们革命的目的和任务以及我们的斗争的目的和任务"③。教育目的"应当辩证地、批判地从我们的政治需要出发。它不仅应当从当前的需要出发，而且应当从我们社会主义建设的需要、从共产主义社会的需要出发"④。因此，"作为教育产品的人的培养计划，应当根

---

① А.С.Макаренко，Педагогические сочинения，Том4，Акад. пед. наук СССР. — М. : Педагогика，1984.С.234.

② А.С.Макаренко，Педагогические сочинения，Том1，Акад. пед. наук СССР. — М. : Педагогика，1983.С.167.

③ А.С.Макаренко，Педагогические сочинения，Том4，Акад. пед. наук СССР. — М. : Педагогика，1984.С.126.

④ А.С.Макаренко，Педагогические сочинения，Том7，Акад. пед. наук СССР. — М. : Педагогика，1986.С.29.

据社会定货来制定"①。而所谓"培养和谐的个性"这样的目的，是一种脱离了时间和空间范畴的目的，只能是一种抽象的目的。

（二）个性与共性的统一

马卡连柯指出："我们工作的目的应当表现在经我们教育者手造就出来的人的实际品质上。""社会主义建设需要培养医生、工程师、工人……资本主义社会同样需要从事这种职业的人。两种不同社会制度下培养出来的人除了职业的共同性之外，应有以一些直接对立的个性特点相区别。"②马卡连柯所追求的培养目标是怎样的呢？他说："我们希望培养出有文化的苏维埃工人。……我们应当培养他守纪律，他在政治上应是开展的……应当培养他有义务感和荣誉感。……他应当善于服从同志，也应当善于命令同志。他应当善于做一个有礼貌的、严肃的、善良的人，必要时……善于做一个无情的人。他应当是积极的组织者。也应当是坚忍不拔的和经受过锻炼的，他应当能够约束自己并且影响别人；如果他受了集体的惩罚，他应当尊重集体和尊重惩罚。他应当是快乐的、充满朝气的、神态端庄的，能够进行斗争和建设、善于生活和热爱生活的。他应当是幸福的。……还培养他们具有经营者和组织者所需要的多种多样的品质。"③这就是马卡连柯教育理想中的培养目标。

马卡连柯充分认识到，虽然我们培养出来的人"都应当是对工人阶级的事业有益的"，但每个人都具有自己独特的个性特点，是"品种非常不同的教育材料"，"由于(人)材料的不同以及这些材料在社会上的用途的多样性"，共

---

① 吴式颖等：《儿童工学团工作方法的经验》，见《马卡连柯教育文集》上卷，9页，北京，人民教育出版社，2005。

② А.С.Макаренко，Педагогические сочинения，Том1，Акад. пед. наук СССР. — М. : Педагогика，1983.С.169，167.

③ А.С.Макаренко，Педагогические сочинения，Том1，Акад. пед. наук СССР. — М. : Педагогика，1983.С.138-139.

性的实现必须以"各种形式为前提",否则就是"抹杀个性的"。"忽视人的多样性和硬把教育的任何问题塞进对所有的人都适用的一句话里面,那会是不可思议的粗枝大叶。"马卡连柯认为,这是教育目的论中一个很重要的方面。他提出警告,这种抹杀个性的论点在"教育学中为自己筑成的巢,比在其他任何学科中所筑的巢都要坚固"。① 马卡连柯指出,个性和共性的结合呈现出复杂性和多样性,在教育实践中"最危险的事情就是畏惧这种复杂性和多样性"。这种畏惧有两种表现形式:一种是千方百计地对所有人一视同仁,把具有丰富个性特点的人"硬套进一个标准模型里",培养出的人千人一面;另一种形式就是所谓个别处理,消极地用单独对付每一个人的办法来对付千千万万的学生。马卡连柯指出:"第一种畏惧使教育学接近于旧时代的官定规范,第二种畏惧使教育学接近于儿童学。"②教师的任务就是要引导学生,使学生的个性朝着社会需要的方向发展。

(三)教育方法的目的性与辩证性

马卡连柯认为,一方面,教育方法是由教育目的决定的,整个教育过程就是为达到目的而努力的过程,教育目的应该成为教育工作的主要基础,教育目的不明就不可能进行教育活动。他说,要"根据我们的目的来提出教育方法"。我们要"培养出无愧于这个时代的真正的公民",因此就应该"根据这个最神圣的目的,而且是最普通、最实际的目的来引出教育方法"。③ 另一方面,教育方法具有辩证性,他把教育方法的目的性和辩证性看成"苏维埃教育体系基础的基本原则"。马卡连柯精辟地指出:第一,不允许有不去实现既定目的的任何方法;第二,任何方法都不是"永恒不变、永远有效和永远分毫不

---

① А.С.Макаренко, Педагогические сочинения, Том1, Акад. пед. наук СССР. — М. : Педагогика, 1983.С.169-170.

② А.С.Макаренко, Педагогические сочинения, Том4, Акад. пед. наук СССР. — М. : Педагогика, 1984.С.46.

③ А.С.Макаренко, Педагогические сочинения, Том7, Акад. пед. наук СССР. — М. : Педагогика, 1986.С.29.

差地生效的"。① 他说："没有任何绝对正确的方法，也没有必定有错的方法。使用这种或那种方法的范围，可以扩大到十分普遍的程度，也可以缩小到完全否定的状态。"②而这一切都取决于环境、时间、个人和集体的特点，以及教育者的才能和修养、他所要达到的近期目的，等等。马卡连柯一针见血地指出，不管建造什么样的房子，都需要使用砖头、木材、混凝土、钢材，同样的道理，培养社会主义的建设者和资产阶级活动家也完全可以采用同样的方法。问题的关键不在于方法的选择，而在于方法的配合和它们的互相关系的安排。马卡连柯指出，不能脱离整个体系去单独分析某一种方法。任何一种方法，只要脱离了其他方法和整个体系，脱离了各种方法的综合影响，我们就既不能认为它是好的，也不能认为它是坏的。

（四）教育目的研究的严肃性

马卡连柯以十分负责的、严肃的、实事求是的态度来研究教育目的。他认为教育目的表现在教育者所培养出来的人的实际品质上。受教育者就是教育的产品。产品有优秀的、合格的、勉强合格的和不合格的。教育工作中是否允许出现不合格产品呢？有人提出可以有10%的不合格率。马卡连柯算了笔账：苏联当时有3000万儿童，按照那些人的想法，就允许有300万儿童"背离了我们苏维埃的道德规范"，这将使国家和人民遭受严重的损失和危害。马卡连柯称持这种观点的人是"人民的敌人"。他断然相信，并且一生都坚定地认为，教育工作中"不许有1%的不合格品，不许有一个被断送了的生命"。③ 他认为对教育目的的研究是一件十分严肃的、责任重大的事情，必须

---

① А.С.Макаренко, Педагогические сочинения, Том4, Акад. пед. наук СССР. — М. : Педагогика, 1984.С.118.

② А.С.Макаренко, Педагогические сочинения, Том1, Акад. пед. наук СССР. — М. : Педагогика, 1983.С.179-180.

③ ［苏］马卡连柯：《家庭和学校中的儿童教育》，见《儿童教育讲座》，150～151 页，诸惠芳译，石家庄，河北人民出版社，1997。

有高度负责的精神。他坚决反对不负责任的空谈。

（五）对错误观点的批判

马卡连柯认为，人们对教育目的的认识有许多曲解和错误，大致上可以分为三类：演绎臆断类、强调伦理概念类、孤立方法类。

演绎臆断类的特点是由假定的前提得出结论，不是通过经验的检查，而是通过逻辑推理去得出某种方法有效与否的结论。苏联20世纪20年代采用的综合教学方法就是这类错误的例证。强调伦理概念类把手段和方法与在伦理内容上没有疑义的概念混淆在一起了。孤立方法类将某种方法与整个方法体系割裂开来了。

第三节　论集体主义教育

集体主义教育思想是马卡连柯教育思想体系的基础和核心，如何组织和培养集体是马卡连柯全部教育实践与理论研究的中心问题。马卡连柯说："我们的教育任务就是要培养集体主义者。"①他要求创造一种方法，"它既是一般的和统一的，同时又能使每一个个人有发展自己的才能、保持自己的个性、按照自己的志向前进的可能，这种方法的创造才无愧于我们时代的组织任务"②。这种方法就是集体主义教育方法。在马卡连柯创办的高尔基工学团中，高尔基人的养成过程也是高尔基工学团集体形成的过程。高尔基人的集体在一片怀疑、指责声中，在极端恶劣的经济和环境条件下，从娇嫩的幼芽顽强地长成参天大树，不能不说是教育史上的奇迹。高尔基人的养成靠的就

---

① 吴式颖等：《我的教育经验中的若干结论》，见《马卡连柯教育文集》上卷，106页，北京，人民教育出版社，2005。

② А.С.Макаренко, Педагогические сочинения, Том1, Акад. пед. наук СССР. — М. : Педагогика, 1983.C.170.

是马卡连柯的集体主义教育思想。

一、集体的概念

马卡连柯的集体主义教育思想是以马克思主义关于个人与集体的关系的原理为依据的，是从共产主义教育的总目的出发的。马卡连柯强调必须正确理解集体这个概念的实质。他认为："只有按照社会主义原则构成的社会统一体，才可以称为集体。"①集体是一个社会有机体。马卡连柯在从事苏维埃教育工作的 16 年中，把自己的主要精力放在解决集体和集体机构的建立、权能的制度和责任的制度等问题上。根据他的观点，集体应该具有以下四个特点。第一，集体不是乌合之众，而是有共同的目的、通过共同的劳动并在劳动的共同组织中把人们团结在一起的。第二，每个集体都是整个社会的一部分，与其他集体有着有机的联系。集体首先对社会负责，对整个国家承担义务。集体的每个成员只有通过集体才能参加社会。组织性和纪律性是形成、巩固和发展集体的基本条件之一，在集体中个人的目的和利益必须服从集体的目的和利益。第三，集体拥有管理机构和协调机构，这些机构有权代表集体并行使各种职责。第四，有正确的集体舆论。在集体中，同学之间的关系问题不是友谊问题，不是爱的问题，也不是一团和气的问题，而是"责任重大的相互依存关系的问题"。马卡连柯认为，社会主义社会是建立在集体主义原则上的，个人不能脱离集体而存在，个人的创造能力和力量也只有在集体中才能得到充分发挥。社会主义教育的目的就是要培养集体主义者，这样的人只有在集体中才能培养出来。他在自己的教育实践中创造了一整套集体主义教育的原则和方法。

①　吴式颖等：《儿童工学团工作方法的经验》，见《马卡连柯教育文集》上卷，18 页，北京，人民教育出版社，2005。

二、集体主义教育的原则和方法

(一)依存和服从的原则

《塔上旗》所描述的值日队长制度,形象地体现了马卡连柯创造的集体主义教育的原则之一,那就是依存和服从的原则。马卡连柯认为,在集体中最困难的一个问题是建立服从关系,而不是建立平等关系。他在集体中采用了"复杂的依存和服从的原则"。马卡连柯认为,必须教会学生善于命令,善于服从,勇于负责,乐于接受集体的委托,习惯于过有组织、有纪律的生活。一个孩子,今天是值日队长,领导着整个集体,而明天就是集体中的普通一员,要服从新的领导人。他"努力使集体的各个全权代表之间的依存关系,尽可能地交织在一起,使得服从和命令尽可能多地相遇"。为什么要建立这种依存关系呢?因为儿童生活在一个有共同目标的集体中,这个集体中存在着复杂的依存关系。每个人要使自己个人的志趣与集体的志趣相一致,使个人目的与共同目的不发生对立。"哪里个人目的和共同目的相一致,哪里没有任何不协调,那里的集体才是苏维埃式的。"[1]

(二)对儿童高度尊重与严格要求相结合的原则

为了培养全面发展的一代新人,马卡连柯从自己的教育实践中总结出一条最基本、最重要的原则,即对儿童高度尊重与严格要求相结合的原则。他提出"要尽量多地要求一个人,也要尽可能地尊重一个人"。他说:"我们向每个人提出有深远意义的、有充分根据的和一般的要求……我们对个人也表现出极大的、有原则的尊重。这就是把对个人的要求与对个人的尊重结合起来……"[2]马卡连柯认为,对一个人提出要求,就是对他的力量和可能性的尊重。如果对人没有要求,就不可能形成集体。从这一基本思想出发,他主张

---

[1] А.С.Макаренко, Педагогические сочинения, Том4, Акад. пед. наук СССР. — М. : Педагогика, 1984.С.194, 195, 193.

[2] А.С.Макаренко, Педагогические сочинения, Том4, Акад. пед. наук СССР. — М. : Педагогика, 1984.С.150.

在教育工作中首先必须尊重儿童，即尊重儿童的人格，相信儿童的力量，善于发现儿童的优点，满腔热情地对待他们，把每个儿童都看成发展中的人。因此他在改造少年违法者时从不提他们的历史，不揭他们的"疮疤"，不伤害他们的自尊心，坚决反对当时苏联教育界流行的"再教育"。马卡连柯在这个问题上的立场，从高尔基工学团成立的第一天起就从来没有改变过。马卡连柯认为，对犯罪者进行再教育的基本方法，应该立足于完全忽略他的过去，更要忽略他过去的罪行。《教育诗》中卡拉巴诺夫的案例，很好地体现了马卡连柯的这一思想。马卡连柯指出，要彻底采用这种方法，对他自己来说也是很不容易的，因为除了其他的障碍之外还要与自己的天性做斗争，自己的心里老是想知道因为什么把这个人遭送到工学团来，他干了什么坏事；当时通常的教育逻辑是竭力仿照医学上的做法，装出一副聪明的表情说：为了治病就需要知道。他有时候也受到这个逻辑的诱惑，而尤其受到诱惑的是他的同事们和教育人民委员部。马卡连柯成功地把工学团里所有的教师都争取到了他这一边来。1922 年，马卡连柯请求未成年犯法者委员会不要再给他送任何材料来，不要再对自己的学员过去所犯的罪行感兴趣。这样做的效果很好，学员很快就忘记了耻辱的过去，努力使自己成为一个真正的高尔基人。

（三）平行教育影响原则

马卡连柯认为："个人对个人的影响是一种狭隘的和有限的因素。整个集体是我们的教育对象，我们应当把有组织的教育影响针对着集体。……集体是个人的教育者。"①于是马卡连柯提出了平行教育影响原则。这就是说，教育者和学生集体的自治机构只与分队（集体的基层组织）发生关系，"尽量不和个别人打交道"②，在教育集体的同时通过集体去教育个人；在教育单独的个

---

① А.С.Макаренко，Педагогические сочинения，Том1，Акад．пед．наук СССР．— М．：Педагогика，1983.С.139.

② А.С.Макаренко，Педагогические сочинения，Том4，Акад．пед．наук СССР．— М．：Педагогика，1984.С.165.

人时也应想到对整个集体的教育，通过对个人的教育去影响集体。捷尔任斯基公社开除过一名社员。马卡连柯在谈到这件事时说："在这件事中受到教育的不只是被开除的那一个人，而是整个集体。整个集体在为提高自己的品质的斗争中受到了锻炼。"[1]因此，马卡连柯的平行教育影响原则实际上也是一种个别影响的方法，但它不是由集体直接转向个人，而是以集体为媒介转向个人。马卡连柯认为，教育只有针对集体中的每一个人，而不是针对个别的个人时，才能培养出真正的集体主义者。

(四)前景教育原则

前景教育是马卡连柯的重要教育思想。组织前景教育一般有两种办法。一种办法是构建个人的前途，但是这必须借力于对个人的物质刺激。然而物质刺激是被当时的教育思想界绝对禁止的。马卡连柯采用的办法就是提高集体的基调和组织极其复杂的集体前景的体系。马卡连柯在《教育诗》中写道："一个人如果他的前面没有任何快乐的东西，他就不可能在这个世界上活下去。人的生活中的真正的激励因子是明天的快乐。这种明天的快乐在教育技术中是最重要的工作目标之一。首先必须组织这种快乐，把它引向生活并使它成为现实。然后必须坚持不懈地把比较简单的快乐变成比较复杂的、对人有意义的快乐。这里贯穿着一条有趣的路径：从希望吃到一块蜜糖饼干这种原始的满足到来自深刻的义务感的满足。"他还认为，通常我们最看重的是人的力量和美。而要确定一个人是否具有这两样东西，就要依据这个人对待前景的态度。如果一个人的行为是由最近的前景决定的，那么这个人就是最软弱的人。如果他只满足于个人的前景，纵然这个前景是远大的，他可能显得很有力量，但是他不能让我们对他的个性产生美感，感觉到他个人的真正价值。如果一个人把集体的前景看成个人的前景，那么，集体越大，那个人就

---

① А.С.Макаренко, Педагогические сочинения, Том4, Акад. пед. наук СССР. — М. : Педагогика, 1984.С.363.

越美、越高尚。对人的培养，就是要培养他形成自己的前景路线，让他沿着这条路线去获得明天的快乐。这种方法就是利用已有的前景组织新的前景，就是不断地提出更有价值的前景。可以从一顿丰盛的午餐、看一场马戏、清理池塘开始，但是必须始终去推动生活，逐渐扩大整个集体的前景，并把集体的前景引导到全苏联的前景。①

　　马卡连柯认为健康的集体必须不断发展。根据集体运动的规律，他提出了沿近景—中景—远景路线发展的前景教育原则。他指出：“培养人，就是培养他对前途的希望。这个工作方法就是建立新的前景，运用已有的前景，逐渐代之以更有价值的前景。”按照这一原则，首先应该激发生活的乐趣，把欢乐变成现实的东西，然后把较简单的欢乐变为更复杂的、更重要的欢乐，即从简单原始的满足过渡到高尚的责任感。这就要不断地向集体提出新的任务，向集体展示一个又一个前景，引导集体为实现新任务的目标而奋斗，鼓舞集体在追求美好的前景中不断前进。这是使集体不断发展、巩固、永葆青春活力的生命线，个人在集体的这种前进中也逐渐地成长起来。马卡连柯指出了在建立前景路线时必须注意的几个问题。第一，在展示前景方面，“永远应当培养集体的意向，而不只是个人的意向”。要让学生“关心集体的前景胜过关心个人的前景”。第二，要使个人的前景与集体的前景协调，“使我们的学生感觉不到这两者之间有什么矛盾”。第三，要给学生机会，使他们努力追求的是“要求投入一定劳动的满足”。总之，马卡连柯主张建立的前景是学生“共同追求的明天，它饱含着集体的努力、集体的成就”。马卡连柯说：“如果您真正关心集体，如果您确实努力使集体的生活更快乐，如果您不欺骗集体，从不向它指出过后不能实现的迷人前景，只有在这样的情况下，前景路线的教育才会是有效的。向集体指出它前面的任何快乐，即使是很小的快乐，都能

---

① 　吴式颖等：《教育过程的组织方法》，见《马卡连柯教育文集》上卷，305～306 页，北京，人民教育出版社，2005。

使集体变得更巩固、更和睦、更朝气蓬勃。"①

　　(五)集体的作风和传统

　　马卡连柯狠抓纪律和制度建设，高度重视正确的教育方法，主张养成自己的风格和基调，使之成为一种传统。高尔基工学团建立了一整套制度，如分队和混合分队制度、队长会议制度、全体大会制度、值日队长制度、报告制度、选举制度、旗队制度、信号制度、惩罚制度等。这些制度的执行和完善，大大推动了高尔基人的养成教育。马卡连柯指出，根据集体继承的原则，优良的作风和传统对于美化集体、巩固集体具有重要意义，培养集体的作风和传统是集体主义教育的重要方法。他认为，优良的作风应有三个标志：第一，集体成员朝气蓬勃、积极乐观、充满信心、团结向上；第二，每个成员都知道自己在集体中的地位、责任，自觉维护集体荣誉；第三，每个成员都能自我克制，对他人谦虚、礼貌。传统是与作风相联系的。传统的建立必须经过紧张的工作和长期经验的积累。传统一旦建立，就不能用命令方式取消，而要用更有力、更有益的新传统代替。马卡连柯对他领导的集体所形成的各种传统深感自豪，这些传统大大提高了教育工作的效率。马卡连柯说，集体的美德"要靠传统来维持"，传统能"美化儿童的生活"，没有传统，就不可能有"正确的苏维埃教育"，"任何东西都不能像传统那样去巩固集体"。②

　　在高尔基工学团，纪律和日常生活制度已经演化成了集体的传统，而且集体对这一传统处理得很好。集体不是因为出了事、发生了打闹才去遵守传统，集体对传统的遵守是每时每刻从不懈怠的，这已经成了集体本能的要求。关于风格和基调，马卡连柯在《教育诗》中提出：风格和基调领域总是遭到教育学"理论"的忽视，然而这是集体主义教育最本质、最重要的部分。风格是

---

　　①　А.С.Макаренко, Педагогические сочинения, Том1, Акад. пед. наук СССР. — М. : Педагогика, 1983.C.311-314.

　　②　А.С.Макаренко, Педагогические сочинения, Том4, Акад. пед. наук СССР. — М. : Педагогика, 1984.C.135, 134.

一种最细腻的、最易被损坏的东西。对它必须精心照料，每天都要留意它，要像对待花圃那样对它关怀备至。风格的形成是极其缓慢的，因为如若缺乏传统的积淀，风格的形成则是不可思议的。也就是说，如若没有积累起一些没有被作为纯意识而接受的规则和习惯，如若没有积累起一些出于对老一代经验的自觉尊重以及当时存在的整个集体的崇高的威望而被接受的规则和习惯，风格的形成则是不可思议的。许多儿童教育机构的失败就是因为它们没有形成风格，没有养成习惯，没有培育传统；即使它们已经开始形成传统和习惯，教育人民委员部变化无常的督导员也会通过正规渠道摧毁它们。因此，接受社会教育的"孩子们"的生活中没有任何继承性，连一年的继承都没有，更别提"世纪"的继承性。

后来高尔基工学团启用了工学团团员的称号。工学团团员的称号只能授予那些真正珍爱工学团并且为它的完善而奋斗的人。那些慢吞吞地跟在后面的、叫苦的、抱怨的或者敷衍塞责的人，只能被称为学员。实际上只能被称为学员的人并不多。老的教职员也获得了工学团团员的称号。对此有一个决议：在这里工作的教职员如果一年内不能获得这个称号，就应该离开工学团。每个工学团团员都被授予一枚涂镍的证章，这枚证章是在哈尔科夫专门定制的。证章上有一个救生圈，上面有两个字母 МГ（马克西姆·高尔基的俄文名字的首字母），最上面是一颗红星。马卡连柯是这样描述他的高尔基人的："这就是他们：高尔基人。他们体格匀称、注意力集中，他们的腰部强壮、灵活，他们的肌肉强健、身体健康，从不吃药，他们的脸色很好，嘴唇红润。这样的脸是在工学团里变成的，刚从大街上来到工学团时根本就不是这样的脸。"

（六）纪律教育

在马卡连柯的教育思想体系中，纪律教育是与集体主义教育紧密联系的。严格的纪律促使集体变得更完善，使集体的每个成员变得更美好。在纪律教育方面，马卡连柯提出了以下几个重要的理论观点。

第一，在社会主义社会，"纪律是一种道德的和政治的现象"①，"我们的纪律永远应该是自觉的纪律"②。纪律的一条重要原则就是"所谓有纪律，正是一个人能够愉快地去做自己不喜欢的事情"③。在马卡连柯的教育实践中，他从不依靠强制性的纪律。"强制性的纪律，对于我们的集体来说是格格不入的。"④

第二，根据上面这一思想，马卡连柯强调"纪律首先并不是教育的手段，而是教育的结果，以后才能成为一种手段"⑤。他认为，良好的教师集体和组织完善的、统一的学生集体才是主要的教育手段，纪律是在整个教育过程中培养起来的。纪律与生活制度的区别就在于后者是协助教育的一种固定的手段和方法，而纪律是整个教育过程的结果。

第三，"纪律的基础就是不需要理论的一种要求"。马卡连柯认为，行为理论应"伴随着纪律"⑥，"与纪律平行，而不是纪律的基础"⑦。他指出，必须让学生明白什么是纪律，为什么需要纪律，这就有必要向学生讲解行为理论。

第四，"如果对个人没有要求，那么，无论是建立集体还是建立集体的纪律，都是不可能的事情"。他认为，纪律的基础是要求，要尽量多地要求一个

---

① 吴式颖等：《普通学校的苏维埃教育问题》，见《马卡连柯教育文集》下卷，387页，北京，人民教育出版社，2005。

② 吴式颖等：《普通学校的苏维埃教育问题》，见《马卡连柯教育文集》下卷，388页，北京，人民教育出版社，2005。

③ 吴式颖等：《普通学校的苏维埃教育问题》，见《马卡连柯教育文集》下卷，401页，北京，人民教育出版社，2005。

④ А.С.Макаренко, Педагогические сочинения, Том4, Акад. пед. наук СССР. — М. : Педагогика, 1984. С.48.

⑤ 吴式颖等：《我的教育观点》，见《马卡连柯教育文集》上卷，216页，北京，人民教育出版社，2005。

⑥ 吴式颖等：《普通学校的苏维埃教育问题》，见《马卡连柯教育文集》下卷，401~402页，北京，人民教育出版社，2005。

⑦ 吴式颖等：《普通学校的苏维埃教育问题》，见《马卡连柯教育文集》下卷，401页，北京，人民教育出版社，2005。

人，也要尽可能地尊重一个人。他主张对个人提出"一贯的、坚定的、明确的、不予修正和不予通融的那种要求"。马卡连柯指出，组织要求是一件困难的事情，"要求应当是发展的"。他把要求的发展与集体的发展联系起来，相应地把要求的发展分为三个阶段：第一阶段是在集体处于初创阶段时，由集体的组织者和领导者以不许反对的专断方式提出要求；第二阶段是在集体中已出现了一些积极分子时，积极分子以自己的意见来支持领导者的要求；第三阶段是在集体已形成和巩固时，由集体提出要求。马卡连柯说："这是由组织者的专断要求到个人基于集体要求向自己提出任意的要求所应经历的途径。我认为这一条途径就是苏维埃儿童集体发展的基本道路。"①马卡连柯坚持的路线就是建立一个严格的、热情奋发的集体，所有的希望只能寄予集体，而当时教育人民委员部的一些当权者扬言"要封杀"马卡连柯的"那种宪兵式的经验"。

第五，当时苏联教育界盛行的一种观点是惩罚只能培养出奴才，必须给予儿童充分的创造空间，尤其必须依靠儿童的组织和自律。而马卡连柯坚定不移地认为，惩罚是使集体纪律化的因素之一，它实际上也是一种要求。"确定整个惩罚制度的基本原则，就是要尽可能多地尊重一个人，也要尽可能多地要求他。""在惩罚中要能体现出对学生的要求。"②合理的惩罚制度不仅是合法的，也是必要的。它有助于学生形成坚强的品质，能培养学生的责任感，锻炼学生的意志，增强学生抵御诱惑的能力。在必须惩罚的情况下，惩罚不仅是一种权利，而且是一种义务。惩罚是集体影响的一种形式，其出发点是集体。"惩罚的本质在于一个人体验到自己正受到集体的责备。"③惩罚是一种

---

① А.С.Макаренко, Педагогические сочинения, Том4, Акад. пед. наук СССР. — М. : Педагогика, 1984.С.150，151，153.

② 吴式颖等：《学校里的学生性格教育》，见《马卡连柯教育文集》上卷，101页，北京，人民教育出版社，2005。

③ А.С.Макаренко, Педагогические сочинения, Том4, Акад. пед. наук СССР. — М. : Педагогика, 1984.С.158.

教育，不应造成精神和肉体的痛苦。有权实施惩罚的，首先是整个集体或者是集体委托的一个人。惩罚不应妨碍集体的发展，而且要很少使用，"少到所给的惩罚能引起整个集体的注意"。①

三、集体的组织结构

(一)统一的学校集体

马卡连柯一生致力于建立统一的学校集体。他指出，许多教师、儿童、家长和社会团体，不知道学校应该是一个统一的集体；许多学校中只有班级集体，而没有学校集体。这就是酿成许多不幸的根源之所在。统一的学校集体是班级集体和社会之间的联系环节，是一个统一的社会有机体。马卡连柯认为："只有建立了统一的学校集体，才能在儿童的意识中激发舆论的威力，舆论是起调节和约束作用的教育因素。"②有了学校集体的舆论，才能使学生养成使个人的行为有利于社会的习惯，养成公民荣誉感和责任感，并认识到自己对别人的义务。马卡连柯说："如果我没有统一的学校集体，我就不会工作。"③统一的学校集体的形成有两个条件：一是统一的教师集体，二是统一的学生集体。

马卡连柯认为，没有教师集体就培养不出儿童集体，统一的教师集体是最有决定意义的。在这样的集体中，每个教师都把全校的成功放在第一位，把自己班级的成功放在第二位，把自己个人的成功放在等三位。在这样的集体中，教师不追求、不炫耀个人的成绩，而是竭力使整个集体的成就发扬光大。这样的集体中，有统一的工作方法。教师不但能为自己的班级负责，而

---

① А.С.Макаренко，Педагогические сочинения，Том4，Акад. пед. наук СССР. — М. : Педагогика，1984.С.240.

② А.С.Макаренко，Педагогические сочинения，Том4，Акад. пед. наук СССР. — М. : Педагогика，1984.С.205.

③ [苏]马卡连柯：《家庭和学校中的儿童教育》，见《儿童教育讲座》，诸惠芳译，155 页，石家庄，河北人民出版社，1997。

且能为整个学校负责。只有这样的集体中才会有真正的教育工作。在这样的一个统一的、精诚团结的集体中，即使最年轻、最没有经验的教师，也会成绩卓著。

马卡连柯指出，班级集体与统一的学校集体是两回事。各个班集体各自为政，只了解自己班级的事情，而不认识其他班级和年级的人，也不知道他们的事情。而在统一的学校集体中，每个学生关心的不再仅仅是自己的班级这个小圈子的利益，他们受到学校共同目的的鼓舞，亲身体验到学校全体的快乐。

要建立统一的学校集体，就必须有统一的学校利益、统一的学校工作方式、统一的学校自治，此外，还要有集体成员之间的交往和了解，因此马卡连柯建议学校中的学生集体不应超过 1000 人。

(二)基层集体和集体中的自治

马卡连柯认为，理想的基层集体的特点是，它既感觉到自己的统一、团结和坚强，又感觉到自己是一种社会制度，是一个承担某种义务、职权和责任的集体和组织。在马卡连柯的教育实践中，这样的基层集体就是分队，人数在 7~15 人，是由队长负责的一长制的权力机构。《教育诗》时期的分队，与后来的捷尔任斯基公社的分队，自然不可同日而语。但是，在 1923 年冬季，某些基本的东西已经形成了。1923 年年初，高尔基工学团的分队制度已经相当严密，而且显得很复杂。马卡连柯说，这样的复杂化是这个集体在它 13 年的历史中一个重要的发明。它使各个分队融合成一个真正的、强大的、统一的集体，这个集体中有着工作上和组织上的分工，有全体大会的民主制度，有同志对同志的命令与服从，但是这个集体中并没有形成贵族阶层——队长阶层。高尔基工学团始终保留着一条非常重要的规则，队长不得享有任何特权：队长从来不能得到任何额外的东西，从来不减免日常的工作。这条非常重要的规则从高尔基工学团一直延续到捷尔任斯基公社。

混合分队是高尔基工学团的重要发明。每个团员都知道自己固定的分队和自己的常任队长，自己在工场中的固定岗位、寝室中的铺位和餐厅中的位子。固定的分队是工学团团员的基层集体，它的队长一定是队长会议成员。混合分队是根据工作任务临时组建的分队，工作日一结束，混合分队就解散了。每个混合分队至多存在一星期。混合分队的队长也是由队长会议指定的，任期一周，此后转入新的混合分队，一般不再是队长，而是普通队员。队长会议总是努力设法让所有的团员(个别极差的人除外)都能轮流承担混合分队队长的重担。因此绝大部分工学团团员不仅要参与工作机制，还要参与组织机制。每个分队里既有年幼的孩子，也有十七八岁的青年。这在教育上是很有效的，不同年龄的人之间能产生更大的相互作用，很自然地进行不断积累经验和传递经验的过程。幼小的孩子从青年那里获得各种各样的知识，掌握行为习惯、工作方法，学会尊重青年和他们的经验。青年学会关心小孩子，为他们承担责任，与他们形成良好的关系。这样的集体与家庭很相像。混合分队制使工学团的生活变得紧张而有趣。大家轮流履行工作职能和组织职能，练习领导和服从，生活中充满了集体的和个人的活动。马卡连柯认为，集体中的这种专门练习，能培养共产主义的意志，是共产主义教育所需要的。正是得益于这项制度，到 1926 年，工学团拥有了令人瞩目的调度能力，能够去完成任何任务，哪怕是去做最琐碎、最微小的事情，工学团都能找到大量可以依靠的有能力、有主动性、有组织能力的骨干和领导者。

固定分队的队长们几乎从来不任命自己为混合分队队长，因为他们认为自己已身负重任。固定分队队长总是以混合分队的普通一员的身份去做工作的。在工作时他们服从临时队长的领导，这个临时队长往往是自己这个固定分队的队员。这就在工学团里创造了一条非常复杂的依从关系链，在这条关系链中，个别的团员不能够突出自己并凌驾于集体之上。

集体中的自治机构是全体大会、队长会议等。全体大会要解决一切日常生活问题和工作问题，所有学生都参加全体大会，是主要的自治机构。队长会议是处理一切日常工作的管理机构。马卡连柯指出，对学生自治机构的指导是领导人首先要注意的工作，他的责任是要注意引导学生在解决眼前问题时永远不忘记明天的任务和整个集体的前景，全体大会的"一切工作的主旨应当是向前进，使教育机关日趋繁荣，改进教育工作，提高学习和生产成绩"[1]。领导者要注意经常培养积极分子，与积极分子的关系应该是友好的和真实的，要坚定不移地利用自治机构的威信。在高尔基工学团和捷尔任斯基公社，学员在实施自治的过程中形成了许多良好的传统。例如，绝对服从全体大会的决定，任何人，包括马卡连柯在内都不得违反大会的决定；在全体大会上犯错误的人要站出来，站在会场中间，交代自己的错误，听同学们评论他的行为；严格地遵守时间，发言简短，只讲一分钟；值日队长是集体的全权代表人，所有人都必须服从他，值日队长在全体大会上对着大家敬礼之后所做的报告，领导人无权检查其真实性、可靠性；等等。这些传统对巩固集体、教育自己起了很好的作用。

第四节　论劳动教育

一、劳动教育与集体主义教育的结合

马卡连柯的劳动教育理论在他的教育思想体系中占有重要地位，与他的集体主义教育理论是紧密联系在一起的。高尔基工学团和捷尔任斯基公社的集体正是在共同的劳动过程中形成，并在共同的劳动过程中得到巩固和发展的。在高尔基工学团中，学员主要从事农业、畜牧业和一些手工劳动，经费主要靠国家预算，学员的劳动收入可用来改善学习和生活条件。捷尔任斯基

---

① 吴式颖等：《教育过程的组织方法》，见《马卡连柯教育文集》上卷，260页，北京，人民教育出版社，2005。

公社建成了苏联第一座生产电钻的工厂和第一座生产费捷牌照相机的工厂。学员的劳动收入不仅保证了自己学习和生活的费用及集体所需的开支，还能向国家上缴利润。从《塔上旗》中我们可以看到，马卡连柯从关于儿童集体的基本观点出发，在公社中办起了学校、工厂。工厂中有工程师，有生产财务计划，有细致的劳动分工，有严格的质量标准和定额要求，有工资，也有义务和责任。公社社员可以变换几次工种。他们了解工厂的生产计划、生产过程的组织。他们从事的是真正的工业生产劳动，履行生产工人的一切义务，享受生产工人的一切权利。他们在公社中一边劳动，一边接受十年制普通中等教育。马卡连柯认为，"拥有工厂并为工厂负责的集体，可以获得极多的组织者的技巧"，并且社员参加生产过程中各道工序的工作，对于培养他们的性格起了很好的作用。在他们离开公社以后，我们也可以从他们身上看到从他们所经历的一切组织工作和生产工作中"获得的那种熟练技巧的反映"。①

二、劳动的教育意义

马卡连柯的劳动教育理论是以马克思的教育与生产劳动相结合的基本原理为依据的，也是从社会主义社会对人的基本要求出发的。

首先，马卡连柯肯定了"在教育工作中劳动应该是最基本的因素之一"②。其次，马卡连柯阐明了在什么情况下劳动才能成为教育的手段。他指出，第一，"一般的"劳动并不是教育的手段。"只有用一定方式组织起来的、并且有一定目的的劳动，也就是作为全部教育过程的一个组成部分的劳动，才能成

---

① 吴式颖等：《普通学校的苏维埃教育问题》，见《马卡连柯教育文集》下卷，457页，北京，人民教育出版社，2005。
② [苏]马卡连柯：《劳动教育》，见《儿童教育讲座》，60页，诸惠芳译，石家庄，河北人民出版社，1997。

为教育的手段。"①第二，"劳动如果没有与其并行的知识教育，没有与其并行的政治的和社会的教育，就不会带来教育上的好处，成为不起作用的一种过程。……只有把劳动作为总的体系的一部分时，劳动才可能成为教育的手段"②。随着高尔基工学团和捷尔任斯基公社的劳动教育实践的发展，马卡连柯对劳动教育的意义的认识越来越深刻了。他坦率地承认："我不仅是劳动教育的拥护者，而且是生产教育的拥护者。"③他主张学校里应该有生产过程，因为只有在生产过程中才能培养出成员的真正的性格；在生产过程中，在执行生产计划时，人们才会感觉到自己对每一部分工作应负的责任。因此马卡连柯反对脱离生产条件的劳动教育。他认为，不注意创造价值的劳动，是不可能成为教育的积极因素的。即使学习劳动也是这样，应该从劳动所能创造的那种价值观念出发。

三、劳动教育与普通中等教育的结合

捷尔任斯基公社中，既有现代化工厂，也有十年制中学。在那里，生产劳动教育与十年制普通中等教育相结合，获得了"最健全、最自然的配合"。社员们在那里受到了当时苏联青年所能受到的最好的中等教育。公社"教育出来的人，懂得生产，懂得生产组织，也懂得生产过程，此外，还是一个具有中等教育水平的有教养的人"。④ 马卡连柯自豪地说："捷尔任斯基公社不晓得脑力劳动与体力劳动之间的鸿沟。机器制造学院的工农速成中学把我们的

---

① А.С.Макаренко，Педагогические сочинения，Том7，Акад. пед. наук СССР．— М．：Педагогика，1986.C.32.

② А.С.Макаренко，Педагогические сочинения，Том4，Акад. пед. наук СССР．— М．：Педагогика，1984.C.127.

③ 吴式颖等：《我的教育观点》，见《马卡连柯教育文集》上卷，227页，北京，人民教育出版社，2005。

④ 吴式颖等：《普通学校的苏维埃教育问题》，见《马卡连柯教育文集》下卷，462页，北京，人民教育出版社，2005。

社员直接引导到高等工业学校，并且他不仅作为一个有准备的大学生，而且已经作为一个具有熟练技术的优秀能手进了高等工业学校。"①公社的毕业生，无论是升入高等学校还是直接就业，都没有任何困难。

马卡连柯关于劳动教育与文化教育的结合问题的认识是逐步发展的。马卡连柯承认，他起初是"劳动过程"的拥护者，认为应该让学生从事某种生产劳动，获得某种熟练技术。学生如果制作凳子，就应使这种劳动与地理、数学、俄语等学科的教学联系起来，但结果发现在它们之间很难建立起这样的联系。在实践中他认识到了追求这种机械的联系是很荒谬的。在生产劳动过程中，学生自然会运用他们在课堂上获得的知识，复杂的生产过程还能满足学生广泛的兴趣爱好。由于公社正确处理了劳动教育与文化教育的结合问题，在给予其社员中等教育和高级技能教育的同时，还培养了他们经营者和组织者所必须具备的多种多样的品质，因此，马卡连柯认为，学校里的学习过程和生产产品的生产活动结合起来，能有力地影响人的发展，因为学习过程和生产活动消灭了体力劳动和脑力劳动之间的界限，能培养出有高度熟练的技术的人。他认为在苏维埃教育中，体力劳动和脑力劳动之间没有本质的差别。无论是在体力劳动中还是在脑力劳动中，"最重要的方面首先是对劳动力的组织，即从事劳动的人"②。

第五节　论家庭教育

一、关于家庭中的集体主义教育

在儿童的家庭教育问题上，马卡连柯强调了集体主义教育的重要性。他

① 吴式颖等：《教育家莫名其妙了》，见《马卡连柯教育文集》上卷，30页，北京，人民教育出版社，2005。

② ［苏］马卡连柯：《劳动教育》，见《儿童教育讲座》，63页，诸惠芳译，石家庄，河北人民出版社，1997。

认为，家庭应该是社会的有机组成部分，人不是在某个优秀个人的直接影响下成长的。所有的一切——人、事物、现象都在进行着教育，其中最重要的是人。在人中间，家长和教师占据第一位。儿童生活在日益复杂的周围现实世界中，逐渐被卷入各种各样的关系，其中的每一种关系都处于不断发展之中，并与其他关系交织在一起，而且随着儿童本人身体和精神的发展日益复杂起来。

马卡连柯指出，家庭是一个自然的集体，是社会的一个天然的基础细胞，也是体现人的生活魅力的地方。孩子在家庭中成长和生活，是家长生活中最大的乐趣。不爱孩子的父母是世界上最卑鄙的人。在没有父母的爱的环境中成长起来的人，往往是有缺陷的。父母的权利不仅建立在其承担的社会义务的基础上，而且建立在社会道德的全部力量的基础之上，这种道德力量要求父母至少不成为道德上的丑八怪。父母正是伴随着这样的权利和爱进入家庭集体，并且是作为不同于这个集体中的其他要素（孩子）的特殊组成要素的。在马卡连柯眼中，旧式的家庭是一种父权的家庭。孩子的生活完全服从父亲的意志，"没有办法摆脱父亲的权威"。父亲滥用自己的权利，"像刚愎自用的人那样残酷地对待孩子"。在社会主义制度下，家庭首先是苏维埃的一个集体，它与旧家庭的根本区别就在于此。每个苏维埃家庭都是由享有平等权利的社会成员构成的集体，家长与儿童的区别在于家长领导家庭，儿童在家庭中接受教育。儿童将成长为怎样一个人，取决于儿童本人的能力和所受的教育。为了使家庭教育得以顺利进行，马卡连柯要求家长懂得以下几点。

第一，在家庭中，家长"不是绝对的、不受任何约束的主人，而只不过是集体中一位年长的、负有责任的成员"。家长必须从孩子幼年起，在孩子的一举一动中培养他集体生活的习惯，不可以让孩子成为家中的"暴君"，不可以让孩子成为"利己主义者"。家庭教育工作最深刻的意义在于对人的需求的选择和培养。家长没有权利把孩子的各种恣意妄想的愿望都当作需求，否则就是放纵个人的任何欲望，这样只可能导致个性的扭曲和个人希望的破灭。家长要让孩子的需求合乎道德，有道德价值的需求只能在集体中培植，这样的需求就是集体主义者的需求。集体主义者具有共同的行动目标，进行共同的斗争。他们清晰地认识到自己的社会义务，与自己的集体紧密地联系在一起。只有把个人的需求和愿望当作集体主义者的需求和愿望的人，才是一个真正有价值的人。家庭正是能有效地培养这种集体主义的学校。马卡连柯认为，需求是义务、职责、能力的亲姐妹，反映的不是社会福利消费者的兴趣，而是社会的积极活动者和这些福利的创造者的兴趣。儿童如果从小就在生活和追求方面不一致的家庭中成长，也没有经受过集体中相互影响的训练，就会产生精神上的空虚，其欲求就会在孤独的想象游戏中膨胀，与其他人的欲求不发生关系。马卡连柯认为，年幼儿童的欲求不可能表现为鲜明的愿望，因为有道德价值的欲求不是根植于纯想象的空泛的游戏中的，而是根植于尚不太清晰的、集体经验的、更为复杂的土壤之中的，根植于许多与儿童亲疏程度不同的人的错综复杂的关系之中的，根植于对人类的互助和困苦生活的感受之中的，根植于依赖感、制约感、责任感和其他各种情感之中的。这就是正确组织起来的家庭集体对于年幼儿童如此重要的原因。许多家庭并没有成为一个集体，父母只不过是与孩子生活在一起的"邻居"而已。不管父母人品有多好，作为"邻居"是不可能产生积极的结果的，而恰恰相反，没有比与一个好人消极地在一起生活更危险的了，因为这是发展利己主义的最好环境。家庭集体经验的道德深度和一致性是教育的十分必要的条件。这种条件适用于所有家庭。

第二，家庭中存在着某种组织结构。家庭集体的完整和团结，是进行良好教育的必要条件。家长要为自己的家庭，为自己的孩子对"苏维埃的法律承担责任"。每个做父母的都应严肃地对待自己的生活，任何移情别恋造成的家庭破裂都会病态地反映到儿童的教育上。马卡连柯规劝那些经常吵吵闹闹的家长们："如果家长真正爱自己的孩子并想尽可能好地教育他们，……就应该尽量不使彼此之间的不和睦发展到分裂，从而不把孩子置于最困难的境地。"马卡连柯认为，家庭集体的完整和团结一致，是正确地、有效地开展家庭教育的基本条件。马卡连柯在《父母必读》中给我们讲了韦特金一家的故事。这是一个有着 13 个孩子的大家庭，这个家庭秩序井然，组织有方。孩子们的父亲活得像个人，而不是像一匹疲惫不堪的老马，为了面包而累死累活。这个家庭中虽然没有丰盛的饭菜，但家中有团队，父亲是健康的，母亲是快乐的，每个人都是有精神的。这个家庭中虽然也会有痛苦，但更多的是欢乐。

第三，家长不应把家务事与自己的社会工作截然分开。家长应通过自己的心灵、自己的思想，把国家发生的事情，把自己所在单位发生的事情，把自己在工作中取得的成就、为国家做出的贡献，把自己的喜怒哀乐传达给孩子，让孩子产生兴趣，让孩子为家长对社会做出的成就感到自豪，从而使孩子从小就融入社会的大集体。

第四，家长是家庭集体的领导成员，必须以身作则。父母"自己的行为，是最具有决定意义的东西。……父母对自己的要求，父母对自己家庭的尊重，父母对自己的一举一动的检点——这就是首要的和最主要的教育方法"。家庭教育是没有任何灵丹妙药的，需要的是严肃、朴实、真诚的态度。马卡连柯尖锐地批评了某些家长所谓"我把一切都奉献给了孩子们"的说辞，批评了那些上演牺牲父亲情感和母亲幸福的家庭"悲剧"的家长。马卡连柯说，我们不需要在母亲的默默奉献中培养出来的人，不需要被母亲的无尽牺牲喂撑了的人；用母亲的牺牲和自我凌辱培养出来的孩子，只能生活在剥削社会中。韦特金夫妇耐心细致地用自己的方法把家庭打造成一个集体。他们的家庭教育学中饱含集体主义色彩，充满乐观主义精神，也有对琐事、细节的敏锐关注。

第五，"教育工作首先是组织者的工作"。家庭教育工作的实质不在于家长对孩子的直接影响，而在于家长是如何组织自己的家庭、自己的个人生活和社会生活及孩子的生活的。家长必须十分关注家庭中的小事情。正是这些小事情，每天、每时、每刻都在起着作用，组成了日常的生活。家长最重要的任务之一就是指导这种生活，组织这种生活，没有对琐事的关注就根本不可能有真正的教育工作。①

二、关于家长的威信

马卡连柯认为，威信应该存在于父母自身，与他们和孩子的关系无关，但威信也绝对不是专门的天赋。它只根植于父母的行为中，这里指的是所有的行为，根植于父母的全部生活——他们的工作、思想、习惯、情感、追求中。没有威信就不可能进行教育。在孩子的心目中，父母的威信就是父母的价值与力量所在。有些家长错误地认为，孩子听话就说明家长有威信，于是为了树立自己的威信而去追求让孩子听话的结果，从而培养出了懦弱的孩子，培养出了虚伪的、不诚实的、自私自利的人。马卡连柯在《儿童教育讲座》中分析了几种建立在这种错误基础上的威信。这些虚假的威信如下：第一，以高压获得的威信；第二，以妄自尊大获得的威信；第三，以迂腐获得的威信；第四，以说教获得的威信；第五，以爱获得的威信；第六，以善良获得的威信；第七，以友谊获得的威信；第八，以收买获得的威信；等等。虚假的威信尽管有着形形色色的表现，但都是"以故意做作为原则，力图用任何手段制造'听话'的假象"②。马卡连柯指出，家长建立真正的威信的基础在于家长的生活和工作、家长的公民责任感，在于家长对孩子生活的了解和帮助以及对孩子教育的责任心。马卡连柯认为真正的威信应该是以了解、帮助、责任心获得的威信。这八种虚假的威信在《父母必读》中也能见到。例如，在戈洛温

---

① [苏]马卡连柯：《家庭教育的一般条件》，见《儿童教育讲座》，11~17 页，诸惠芳译，石家庄，河北人民出版社，1997。

② [苏]马卡连柯：《家庭教育的一般条件》，见《儿童教育讲座》，28 页，诸惠芳译，石家庄，河北人民出版社，1997。

家中，威信问题被围绕着一种挥之不去的思想组织起来的游戏代替。这种思想就是父母与孩子应该是朋友。马卡连柯指出，父亲和儿子可以成为朋友，应该成为朋友。但父亲总归是父亲，儿子总归是儿子，即儿子需要受到教育，而父亲正是教育他的人。正因为如此，除朋友身份之外，他还应具有其他一些特点。如果女儿与母亲不仅是朋友，而且是闺密，如果父亲与儿子不仅是朋友，而且是挚友，甚至几乎像酒友那样，那么，其他的教育方面的特点就在无形中消失了。戈洛温家就失去了这种教育方面的特点。他们家中很难分清是谁在教育谁，在家中子女常常随时随地发表具有教育性质的箴言，这是因为家长在游戏中更诚实一些。牢记一条黄金法则：游戏就是游戏。

马卡连柯指出，儿童是活生生的人，绝不是生活的装饰品。从情绪的力度而言，从印象的惊慌度和深度而言，从意志紧张的纯洁和美而言，儿童的生活远比成人的生活丰富得多。但是儿童的生活也是摇摆不定的，不仅是辉煌的，而且也是危险的。儿童生活中的悲欢对个性的震撼力更强，利于培养集体活动者的乐观性格，也有利于培养凶恶的、多疑和孤僻的人。因此，父母应该观察、了解这种充实的、阳光的生活，思索这种生活，参与这种生活。只有这样，父母的威信、以前在个人生活和社会生活中所积蓄下来的力量，才会是真实的、有益的。但是，如果父母的威信像稻草人那样华而不实、呆板木然，只是与儿童的生活并存，如果父母对儿童的面容、表情、笑容、思索和眼泪视而不见，如果在父母的面貌中看不到公民的面貌，那么，父母的威信就一文不值，不管他们如何怒火冲天，如何挥动皮鞭。如果父母打了自己的孩子，那么这对于双方都是个悲剧。让孩子遭到皮肉之痛并心中感到憋屈，或者让孩子渐渐地养成习惯性的无所谓，这都是儿童的悲剧。而对儿童施暴的父母，充其量不过是像猿猴那样教育自己的孩子。他们的子女只不过是害怕父母，并努力在远离他们的威信和权利的地方生活。

与家长的专制巧妙地并存的是儿童的专横，是他们的打打闹闹，其破坏性不亚于家长的专制。儿童的任性就是由此发展的，这是家庭集体的灾难。儿童的任性绝大部分是抵制家长的专制的自然产物，家长的专制表现为滥用权利，过分要求、溺爱孩子，过度严厉，容易动怒，盲目和自作聪明。于是，任性已不再是孩子的抗议，而成为家长与孩子之间惯常的交往形式。彼此都要横的条件下残存的一点点纪律和健康的教育过程都丧失了。儿童个性成长中的真正重要的现象、动人心魄的有意义的运动，就像陷入泥淖一样被埋没在任性之中，埋没在恣意妄为的培育趋炎附势者和利己主义者的过程中。

在正确的家庭教育中，父母的威信没有被任何替代品代替，父母没有必要采用不道德的、丑陋的惩戒手段。这样的家庭中总是有真正的秩序和必要的服从。没有恣意妄为，没有发怒，没有叫嚷，没有哀求，没有劝诫，有的只是心平气和的、严肃的、务实的安排，这就是养成家庭纪律的技术的外部表现形式。马卡连柯要求家长学会发布命令，既不要藏在家长阴影的背后，也不要逃避发布命令，要赋予命令最不可捉摸的语调色彩，从扼要的指示过渡到商量、指点、幽默、冷嘲热讽、请求和暗示等语调。家长如果还学会区分孩子现实的和实际的需求，那么就会发现，自己的命令已成为自己与孩子之间最亲密的沟通形式。此时命令成为平常的、愉快的和传统的形式。

三、关于百分之百成功的教育

马卡连柯的以下两个观点是每一位家长、每一位教育工作者都应该予以充分重视的。

第一，马卡连柯强调了早期教育的重要性。他认为，必须从孩子诞生后就开始对他进行正确的教育，"对一个人的教育的成功与否取决于 5 岁以下的幼儿期"①，"教育的主要基础是在 5 岁前打下的"②。孩子将成为怎样的人，主要取决于家长在他 5 岁前把他造就成什么样子。如果孩子在 5 岁前没有得到应有的教育，"那么以后就不得不进行再教育"③。马卡连柯认为："这种矫正工作，再教育工作，就不是那么容易的事情了。再教育工作需要花费更多的时间，需要更多的知识，更大的耐心，并非每个家长都能做到这一切。……再教育和改造——这项工作非但更困难，而且是痛苦的。这样的工作即使取得了圆满的成功，也经常使家长忧伤，损伤他们的神经，往往会扭曲家长的性格。"因此，马卡连柯忠告每位家长"要始终做好教育工作，力争将来不必再做任何改造工作，力争从一开始就把一切都做对"。④

第二，马卡连柯坚定地认为，在儿童的教育中不允许有任何一个不合格品，不允许有 1%的不合格品，不许有一个被断送了的生命。因此家长和每个教育工作者都必须有高度负责的精神，不使任何一个儿童由于不良的教育而成为废品。

四、关于教育中的尺度与分寸

马卡连柯强调进行教育工作并不需要什么特殊的天赋，教育工作也不是什么很困难的事情，只要具有充分的理智就可以了。充分的理智表现为善于掌握尺度与分寸。家长一方面要善于掌握尺度与分寸，另一方面要从小培养孩子学会掌握尺度与分寸。

---

① ［苏］马卡连柯：《关于〈父母必读〉》，见《儿童教育讲座》，99 页，诸惠芳译，石家庄，河北人民出版社，1997。

② ［苏］马卡连柯：《家庭和儿童教育》，见《儿童教育讲座》，118 页，诸惠芳译，石家庄，河北人民出版社，1997。

③ ［苏］马卡连柯：《关于〈父母必读〉》，见《儿童教育讲座》，99 页，诸惠芳译，石家庄，河北人民出版社，1997。

④ ［苏］马卡连柯：《家庭教育的一般条件》，见《儿童教育讲座》，10 页，诸惠芳译，石家庄，河北人民出版社，1997。

马卡连柯直截了当地说，对孩子的爱需要有一定的限度，就像奎宁和食物一样，谁也不可能吃下10千克的面包并为自己的好胃口感到自豪。爱也需要有尺度，有分寸。爱，是人类最伟大的情感，能创造奇迹，创造新人。但是，爱超过了限度就成了溺爱，成为"制造废品"，也就是"造就拙劣的人"①的原因。很难找到不考虑和不希望孩子幸福的家长，甚至有的家长为了孩子的幸福准备放弃自己的幸福，准备牺牲自己的幸福。然而马卡连柯尖锐地指出："这是家长所能给予自己的孩子的最可怕的礼物。关于这种可怕的礼物可以这样说：如果您想毒死您的孩子，给他大剂量地喝您自己的幸福吧，他就会被毒死。"②马卡连柯用生动的事实说明盲目的母爱把母亲变成了孩子的女仆，以孩子为中心的家庭正在把孩子变成家庭的暴君。家长应该培养孩子去追求为父母带来幸福，在孩子的眼中父母应首先有权享受幸福。马卡连柯说："必须教育孩子关心父母，培养孩子产生一种纯朴的自然的愿望，让他们在父亲或母亲的愿望没得到满足之前自愿放弃自己的欲望。"③

具有分寸感，善于掌握尺度，是一个十分重要的问题。家长要善于掌握对孩子慈爱与严厉的尺度；在干预孩子的生活的程度上要放手，给予孩子必要的自由，但这种自由又必须有一定的限度。家长既要发展孩子的主动性，让他有可能随机应变，进行一定的"冒险"，又不可以放任不管，不可以让孩子习惯于过一种随心所欲的"不受监督的生活，习惯于不受监督地思考和作决定"，必须培养孩子坚强的意志。坚强的意志不仅是想要什么就得到什么的本事，还是一种迫使自己拒绝不需要的东西的能力。马卡连柯指出："意志——这不单纯是欲望和欲望的满足，这还是欲望和制止、欲望和拒绝的同时并存。

---

① ［苏］马卡连柯：《家庭和儿童教育》，见《儿童教育讲座》，115页，诸惠芳译，石家庄，河北人民出版社，1997。

② ［苏］马卡连柯：《家庭和学校中的儿童教育》，见《儿童教育讲座》，174~175页，诸惠芳译，石家庄，河北人民出版社，1997。

③ ［苏］马卡连柯：《家庭和学校中的儿童教育》，见《儿童教育讲座》，175页，诸惠芳译，石家庄，河北人民出版社，1997。

如果您的孩子只练习实现自己的欲望，而不练习遏制自己的欲望，他就不会有坚强的意志。没有制动器就没有机器，没有遏制也就不可能有任何意志。""必须培养孩子具有遏制、制止自己的能力。"①

五、关于纪律与制度

马卡连柯认为，纪律是教育的结果，制度是教育的手段。"纪律不是靠某些个别的'惩戒'措施形成的，而是由整个教育体系、全部生活环境、儿童受到的所有影响造就的。……纪律就不是正确的教育的原因、方法和方式，而是正确的教育的结果。"一个守纪律的人，"在任何条件下都始终善于选择正确的行为，选择对社会最有益的行为，也能坚定地持之以恒，不管会遇到什么样的困难和不愉快"②。凡是能愉快地去做自己不愿做的事的人，都是一个守纪律的人。为了培养出守纪律的人，必须做许多工作，其中包括建立合理的制度。家庭的生活制度是因时、因地、因人而异的，不可能是千家一律、一成不变的。家长在制定家庭的生活制度时首先要考虑制度的合理性和目的性，必须尽可能地让孩子自己去理解为什么需要制定这样的制度，并且重要的是让孩子经常去练习正确的行为，牢固地形成好的习惯。制度还必须具有确定性，不可朝令夕改。家长必须监督孩子认真执行，而且要求孩子做到的家长自己首先应该做到。制度的主要目的是积累正确的纪律方面的经验，有了正确的制度就不再需要惩罚。马卡连柯提请家长们注意："没有正确的制度，惩罚本身不能带来任何好处。而如果有了好的制度，即使没有惩罚也能如鱼得水，只是需要更多的耐心。"③

①　［苏］马卡连柯：《家庭和儿童教育》，见《儿童教育讲座》，120~121 页，诸惠芳译，石家庄，河北人民出版社，1997。

②　［苏］马卡连柯：《纪律》，见《儿童教育讲座》，40 页，诸惠芳译，石家庄，河北人民出版社，1997。

③　［苏］马卡连柯：《纪律》，见《儿童教育讲座》，49 页，诸惠芳译，石家庄，河北人民出版社，1997。

六、关于独生子女

马卡连柯认为，家庭是一个集体，丧失了集体特性的家庭也就失去了自己在组织教育和幸福方面的大部分意义。失去集体特性的方式是多种多样的，其中较流行的一种方式就是"独生子制度"。马卡连柯指出，即使在最好的和最幸运的情况下，在最有才能和最谨慎的父母手里，教育独生子女也是一项极端困难的任务。把父母的爱集中在一个孩子身上，是一个可怕的错误。独生子女成为人类的基层组织——家庭的中心。父母如果甘心如此，那么就不可能躲避以孩子为中心的有害的奉承巴结。在这种情况下，父母只要稍微削弱一些对孩子的"爱"，就可能在某种程度上减少对孩子奉承巴结的危险。但即使这种爱是在正常的范围之内，也是存在危险的，因为父母把自己未来的幸福全部系于这个唯一的孩子身上，失去这个孩子，就意味着失去一切。在一个多子女的家庭中，一个孩子的死亡会引起父母深深的悲痛，但绝不至于成为灾难，因为剩下的孩子仍然需要父母的关心和疼爱，他们似乎是为使家庭集体免于消亡而投的保险。没有任何情况比父母孤零零地留在空荡荡的房间里，随时都会想起死去的孩子更为悲惨。因此，孩子的唯一性不可避免地导致父母把不安、盲目的爱、恐惧和惊慌都集中在这个孩子身上。

独生子女家庭中没有任何可以进行对比的人。没有兄弟姐妹，因此也就没有体贴和照顾的经验，没有一起游戏和相互帮助的经验，没有模仿和尊重的经验，也没有分享、共同欢乐和共同努力的经验，简直什么都没有，甚至连一般的友邻都没有。学校的同学很少能对个人主义的发展起天然的抑制作用。

培养独生子女的危险，归根结底在于家庭失去了集体的特性。这样的家庭中缺乏组成集体的物质因素，在数量和类型的多样化上，父亲、母亲和儿子(女儿)只能形成一个非常薄弱的构造，一旦出现不协调的现象就会垮台，而把孩子置于中心地位常常会导致这种不协调。

七、关于性教育

马卡连柯指出，性教育首先是社会个性的文明教育，而不是生理教育。性行为不可能与人类的一切文化成就无关，不可能与社会人的生活条件、与历史的人道主义方向、与美学的胜利无关。与儿童进行的任何关于性问题的谈话，都不可能增加儿童到了一定时候自然会有的那种知识。任何关于性问题的谈话都会使爱情问题庸俗化，会剥夺爱情的矜持，而没有了矜持，爱情就成了淫荡。对秘密的揭露，即使用最聪明的方式，也只能增强爱情的生理方面，不是培养性情感，而是培养性好奇。马卡连柯认为，性教育还应该包括培养从内心深处对性问题的尊重，这可以被称为纯洁。控制自己的情感、想象和欲望的能力，是一种极其重要的能力。

许多人一说到性教育，就把性的范围看成某种完全孤立的、独立的东西，看成某种只能两个人单独进行的事情。然而有一些人则相反，他们把两性的情感当成个人和社会发展的普遍基础。他们认为，人永远是，而且首先是雄性的和雌性的。他们自然也就会认为，人的教育首先是性教育。这两种人的观点尽管是对立的，但都认为直截了当的、目的明确的性教育是有益的和必要的。马卡连柯的经验告诉我们，专门的、目的明确的所谓性教育，"培养"的只是性欲，只能带来悲剧性的结果。他指出，如果认为性欲可以脱离个性的全部发展而独立存在，那么，就不可能从社会方面正确地培养性欲。然而，也不可以把性的范畴看成整个人类心理的基础并成为教育者主要关心的对象。孤立地培养性的情感，培养不出公民，而在培养公民的同时我们也在培养性的情感，这种性的情感由于我们的教育所关注的基本方向而变得高尚起来。所以，从单纯的动物性的性欲的内核中根本就不可能培植出爱情。爱情的力量只能在非性爱的人的相互好感的经验中找到。一个青年人如果不爱自己的父母、同志和朋友，就永远不会去爱自己的未婚妻和妻子。非性爱的范围越宽阔，性爱也就越高尚。性本能是一种具有巨大的行动力的本能，如让它保持在原始的、"野蛮的"状态中，或者用"野蛮的"教育予以强化，它就会变成一种反社会的现象。但是，与社会经验、与人们和睦相处的经验以及与纪律和约束的经验相联系并因这些经验而变得高尚的性本能，就能成为最高尚的美学和最美的人类幸福的基础之一。

人是在家庭中跨出自己的社会性的第一步的。如果这个第一步组织得正确，性教育也就能正确进行。在家庭中，如果父母是积极的行动者，如果他们的威信自然地来自他们的生活和工作，如果孩子的生活、最初的社会活动和孩子的学习、游戏、情绪、欢乐、忧伤能经常得到父母的关注，如果家庭中有纪律、命令和监督，那么，在这样的家庭中孩子的性本能的发展就能得到正确的引导。所以，父母与孩子的关系有如下特点。第一，存在着完全有必要的和默契的信任。基于这种特点，他们之间不必采用自然主义的分析和赤裸的语言就能相互理解。第二，基于这种特点，适时地说出的每句话，所说的关于勇敢、贞洁、生活的美和尊严的简洁而严肃的话，都是有意义的、明智的。每个健全的家庭都是在矜持的氛围中进行性教育的。我们与自己的子女越明智地、越言简意赅地谈论他们将来的爱情，他们将来的爱情就越完美，但是这种矜持应该与经常地、系统地关注孩子的行为相结合。

如果家庭中没有正确的制度和合法的行动范围，那么，任何哲学、任何高谈阔论都是没用的。孩子从幼年起就应学会守时，学会使自己的行为不越轨。孩子有规律的作息是进行教育十分必要的条件。守时的习惯是对自己严格要求的习惯。精确地规定睡觉时间是对意志重要的训练，能防止娇生惯养和在被窝里做白日梦。按时吃饭是对母亲、对家人、对其他人的尊重，也是对自己的尊重。在任何事情上守时就是守纪律和维护父母的威信。

马卡连柯要求每个家庭十分重视医生、医生的建议以及在卫生和防治方面的指导。女孩子在某个时期特别需要医生的关注，母亲的关心对医生也应该总是有帮助的。医护方面的工作应该主要由学校负责。学校是进行有关性教育的合适组织，要让男孩子了解卫生、节欲问题，到了高年级，要让他们了解性病的危险性。马卡连柯还指出，如果整个社会十分重视性教育，那么，在家庭内正确地进行性教育就会容易得多。社会上对于遵守道德规范的道德监督和对于社会舆论的道德判断，是更有力、更严格的要求。

此外，马卡连柯在《父母必读》以及他的一些讲座中，对家庭教育中的一些错误现象提出了批评。例如，他指出家庭中的冲突更多的是隐秘的，只是偶尔表现为公开的冲突，可悲的是父母往往既没看出冲突的存在，也没发现任何冲突的征兆，进而酿成家庭悲剧。有的家长被浅薄的、愚蠢的虚荣心蒙蔽，看不清孩子的真实面目，也就不能从中发现预示自己家庭未来不幸的最初征兆。有的家长发现孩子出了问题，但他们不反省自己，不检查自己的所作所为，反而以没时间为借口，责骂学校没尽责。有的家长责怪院子里的小伙伴带坏了自己的孩子。马卡连柯说，孩子不是让别人带坏的，而是父母的不可原谅的不负责任和无义务感把孩子搞坏了。马卡连柯告诫家长不要夸大教育谈话的作用，要想使教育谈话产生有益的作用，需要许多条件的和谐结合。一是要选择有趣的话题，二是家长的言语必须富有表现力并配合适当的表情，此外，还得让孩子有耐心。马卡连柯对那些牺牲自己的正当需求来满足孩子的贪欲的家长提出了严厉的批评。他认为用盲目的爱去娇惯孩子实际上是在"养育敌人"，让他们心怀怨恨，变得贪婪、自私、灵魂空虚。家长应该让孩子学会说"谢谢"，让孩子有一颗感恩的心。马卡连柯指出，所有教育上的失败都可以归结为一个公式：贪欲的培养。持续的、无休止的、忐忑不安的、疑虑重重的消费欲望，可以以各种各样的形式表现出来。从外表看来，其表现形式常常并不令人讨厌。这种欲望从人出生最初几个月就已开始发展。如果除了这种欲望外就没有其他任何欲望，那么就不可能有社会生活和人类文明。贪欲始于一个人的需求与另一个人的需求发生冲突时，始于欢乐或满足必须通过暴力、欺诈或偷盗从邻居那里抢夺来时。

马卡连柯认为，从共同的、一致的利益中能导出关于义务的思想，但不能导出对义务的履行。所以利益的一致性还不能构成道德现象，只有有了行为的一致性，才能出现道德现象。行为不仅是一种意识的成果，还是知识、力量、习惯、作风、适应性、胆量、健康的成果，最主要的是社会经验的成果。我们的家庭应该在各种各样的团结一致的行动中，在排除障碍的过程中，在极其困难的集体成长的过程中对孩子进行训练；尤其重要的是，要使孩子对团结一致的感觉，不是建立在狭隘的家庭影响上，而是越出家庭的范围，进入广阔的社会的和全人类的生活。

第六节　影响与评价

一、马卡连柯教育思想和教育实践的影响

马卡连柯是苏维埃教育学的杰出理论家和实践家，把自己的一生奉献给了人民的教育事业，创造出了光辉的业绩。他建立了一个崭新的教育体系，这一体系中充满着深刻的、革命的内容。他的教育理论中包含着深刻的教育思想和教育智慧，极大地丰富了马列主义的教育理论。他的教育理论经受了半个多世纪的考验，仍然对我们现在的教育具有指导意义。他的教育遗产的强大生命力就在于理论与实践紧密联系。他的教育遗产是对他个人和他的集体 32 年的经验的深度概括，创造性地把马列主义的理论运用到了教育中。他的教育实践为人们树立了光辉的榜样，他在极端困难的条件下组织、建立起来的集体——高尔基工学团和捷尔任斯基公社为我们提供了社会主义制度下教育的样板。三千多名流浪儿和少年违法者在他的教育下成为苏维埃的英勇保卫者和社会主义建设的生力军。

马卡连柯逝世后不久，俄联邦教育科学院就成立了由他的夫人领导的马

卡连柯教育遗产研究室。1940 年，联共（布）中央机关报《真理报》和《教师报》发起了深入研究马卡连柯教育体系的活动。从那时起，马卡连柯的一些教育论文、演讲稿和研究马卡连柯教育思想的文章陆续发表。许多研究者把马卡连柯的教育思想作为自己的学位论文的研究课题。教育科学院在 1946 年出版了马卡连柯的《教育论文选》；1948 年出版了他的《教育文集》，这本文集收集了马卡连柯没有发表的一些演讲稿和报告；1950—1952 年出版了《马卡连柯全集》（七卷本），1951—1958 年出版了它的增补版；此外，还出版了一些关于马卡连柯研究的专著，如麦丁斯基的《马卡连柯的生平和教育学说》、巴甫洛娃的《马卡连柯教育体系和现代生活》。苏联教育科学院出版的《苏维埃教育学》和《国民教育》月刊，也经常刊登有关马卡连柯教育思想研究的论文。苏联的教育史教科书和教育学教科书，一直有评价他的教育思想和实践的专章，经常引用他的教育名言。1951 年，列缅秋克市建立了马卡连柯纪念馆。1975年，苏联教育科学院主席团做出决定，要求深入研究马卡连柯的教育遗产。1978 年，为纪念他 90 周年诞辰，苏联以"马卡连柯与现代化"为主题召开了全苏研讨会，充分肯定了马卡连柯教育遗产的现实意义。1977 年，《马卡连柯文选》（两卷本）出版。为纪念马卡连柯 100 周年诞辰，苏联教育科学院编辑出版了《马卡连柯教育文集》（八卷本）。

马卡连柯的教育思想对苏联教育科学的发展的影响是很大的。苏联当代教育家苏霍姆林斯基的教育思想，可以说是与马卡连柯一脉相承的。苏霍姆林斯基继承了马卡连柯教育思想的精华，研究了现代条件下的各种教育现象和教育问题，创造了自己的理论体系。

马卡连柯的教育遗产不仅属于苏联人民，也属于全世界人民。高尔基曾肯定过马卡连柯的教育试验是具有世界意义的。世界各国有 214 个代表团参观过捷尔任斯基公社，该公社的教育实践让他们赞叹不已。他的著作被翻译成许多国家的文字出版。中国的教育工作者对马卡连柯是很熟悉的。人民教育出版社早在 20 世纪 50 年代就出版了《马卡连柯全集》（7 卷本）的中译本，20 世纪 80 年代出版了分为上下两卷的《马卡连柯教育文集》，21 世纪初又将《马卡连柯教育文集》再版。这套文集集中了马卡连柯的主要论文和报告，便于我国教育工作者学习、研究马卡连柯的教育思想和实践。根据马卡连柯的《教育诗》改编拍摄的同名电影，在 20 世纪 50 年代被译成中文在我国放映，引起了轰动。报刊上发表了大量研究马卡连柯的文章，各级师范院校的教育学教材都专门介绍了他的教育思想和教育实践。在我国教育工作者中，他的教育思想已深入人心，他对教育事业的忠诚、热忱和献身精神起了很大的鼓舞和表率作用。马卡连柯的影响早已越出他的国界。有人说，他是与卢梭、裴斯泰洛齐、托尔斯泰、福禄培尔等杰出教育家齐名的经典教育家，这并不为过。

二、评价

马卡连柯是教育革命家。他以辩证唯物主义为武器，打破阻碍教育发展的旧传统，与曾被苏联教育界广泛运用的、在西方流行一时的"儿童学"和"自由教育论"进行了针锋相对的斗争。儿童学学者认为，儿童的命运是由遗传或某种不变的环境影响决定的，他们利用不科学的测量和问卷，随意宣判一些孩子是"难教的""落后的""有缺陷的"，然后把他们赶出校门，送进特殊学校，葬送了许多孩子的前途。马卡连柯在当时还没有一个科学工作者对这一伪科学进行批评的时候，率先向它发出挑战。他深信正确的教育能够开发人类巨大的创造力。他不纠缠于儿童的过去，而是把着眼点放在儿童的前途上。他出于对人的信任和对人的爱，相信每个人都是可以被教育好的。他在高尔基工团和捷尔任斯基公社的实践，是对儿童学的有力批判。自由教育论宣扬"儿童是生命的花朵"，把儿童理想化，对儿童一味地溺爱，以尊重儿童为幌子，放弃教育者的责任和义务。马卡连柯热爱儿童，但他严格地把握住了爱的尺度，他的对儿童高度尊重与严格要求相结合的原则，他的前景教育原则，就是对这种错误教育思想的批判。

马卡连柯是教育的革新家。他把自己的全部才智、全部力量投入了教育创新。他研究了当时不被人注意的教育科学的一些问题，提出了许多大胆的、有独创性的理论见解。他的辩证的教育观和教育目的论，他建立的集体，他的集体主义教育思想及一系列教育原则和方法，他的劳动教育思想和家庭教育思想等，都是具有独创性的。

马卡连柯是卓越的教育理论家。他建立了一个崭新的、完整的教育思想体系。

马卡连柯是伟大的教育实践家。他在高尔基工学团和捷尔任斯基公社的实践，在古今中外的教育史上都独树一帜。

马卡连柯是出色的教育艺术家。他主动了解每个学生的心理；他不墨守成规，不因循守旧；他掌握了高超的教育机智，他是语言大师；他能根据情境的变化随心所欲地控制语调和运用语言；他能发现并激发每个学生身上的美德，采用具有创造性的教育方法。他写出了影响深远的教育小说《教育诗》《塔上旗》和《父母必读》。

应该指出的是，马卡连柯的教育思想中也存在着一定的局限性和一些偏颇的意见。第一，马卡连柯的教育活动主要在 20 世纪二三十年代，认为教育学虽有悠久的历史，该领域有不少著名人物，但同时又"简直是一无所有。有的只是一套骗人的幌子"。这种否定教育理论的继承性的观点是有失偏颇的。第二，他对儿童学的批评意见中包含着某些过于偏激的成分，导致某些教师和教育理论工作者忽视了对儿童年龄特点和个性特点的研究，不利于儿童心理学的发展。第三，他过分强调独生子女教育中的困难，片面地在独生子女与父母的溺爱之间画上了等号。

马卡连柯教育遗产的忠诚继承者、捍卫者苏霍姆林斯基在创造性地丰富和发展马卡连柯教育思想的过程中，对其理论和实践中存在的一些缺陷提出了中肯的批评，纠正和补充了马卡连柯对个人与集体关系在认识上的偏颇。苏霍姆林斯基质疑了马卡连柯的"集体是教育的第一目的"的观点，指出了集体不是教育的目的，教育的目的是培养全面发展的个人。在教育形式上，苏霍姆林斯基认为马卡连柯在理论上过分强调集体教育，强调集体对个人的单向影响，从而把集体与个人对立起来。然而马卡连柯在实践中经常采用一对一的个别教育方式，这样的事例在《教育诗》和《塔上旗》中比比皆是。因此苏霍姆林斯基批评的是马卡连柯在理论上的某些矛盾，而不是他的教育实践，认为马卡连柯教育思想的某些缺陷是时代的局限性造成的。

第六章

20 世纪前期德国的教育与思想

20 世纪前期是德国历史上一个非常特殊的时期。1914 年 7 月，第一次世界大战爆发，由英、法、俄等组成的协约国和由德、奥等组成的同盟国展开生死搏斗。1918 年 11 月，德国宣布投降，第一次世界大战以同盟国的失败而告终。在此后的 20 多年时间里，德国经历了从专制帝制到资产阶级共和国、从共和体制到纳粹专政的变化。在纳粹法西斯专政时期，德国成为第二次世界大战的重要策源地之一。战争不仅给许多国家带来空前灾难，也给德国自身造成巨大的损失。所有这一切，对这一时期德国教育的变迁，乃至第二次世界大战以后德国教育的改革与发展都产生了深刻影响。

第一节　魏玛共和国时期的教育

1918 年 11 月，以基尔水兵起义为开端，德国各地先后爆发了旨在推翻霍亨索伦王朝统治的十月革命。同年 11 月 9 日，德国皇帝威廉二世被迫退位，出逃荷兰，专制君主制度被推翻。

1919 年 2 月 6 日，在镇压了德国共产党领导的柏林一月工人运动之后，由资产阶级各政党组成的国民议会在位于德国东部图林根的小城魏玛召开。国民议会选举社会民主党领袖艾伯特(Friedrich Ebert, 1871—1925)为德国总统,并于同年 7 月制定了第一部实行民主制的《德意志国宪法》(魏玛宪法,*Weimarer Verfassung*),建立了资产阶级共和国(魏玛共和国)。从 1919 年 2 月到 1933 年,为魏玛共和国时期。

一、魏玛共和国时期的政治、社会和文化

根据魏玛宪法,"德国为共和国,一切权力来自人民"。魏玛宪法还规定,建立议会民主制,实行三权分立。但在事实上,这个新生的资产阶级共和国与旧德国有着千丝万缕的联系。

国民议会的 432 名议员中,有 100 多人是前帝国国会议员,有 94 人是大地主、工厂主、部长或高级官员。更值得注意的是,国民议会中有很大一部分议员反对共和政体。仅德意志民族党和德国人民党(纳粹党的前身)就占有 63 个议席。为数可观的旧政府官员和敌视共和制的政客在魏玛政府中占据要职,这对于政权的性质和运行方向很难不产生影响。当时流行的说法是,魏玛共和国是"没有共和主义者的共和政权"。此外,魏玛宪法虽然规定德国为共和国,但并不使用"德意志共和国"的名称,而仍沿用"德意志国家"(Deutshe Reich)一词。这表明,魏玛共和国的立法者们把新政权看成旧德国传统的继续。魏玛宪法的起草人、犹太裔法学家、首任内政部长普鲁斯(Preuss, 1860—1925)在解释使用"德意志国家"这个名称的原因时说:"对我们德国人来说,'国家'这个词,其代表的思想,体现的原则,都具有根深蒂固的感情价值。因此,我认为我们承担不起抛弃这个名称的责任。许多世纪的传统,⋯⋯都是与'国家'这个名称紧密联系在一起的。"[①]

---

① [美]科佩尔·S.平森:《德国近现代史》下册,537 页,范德一、林瑞斌、何田译,北京,商务印书馆,1987。

　　另一个值得注意的现象是，魏玛宪法赋予了总统巨大的权力。宪法第 48
条规定："当德国境内的公共安全及社会秩序受到严重破坏与扰乱时，总统有
权力为恢复安宁与秩序采取必要的措施，需要时可以使用武力。"在紧急状态
下，总统有权颁布"紧急条例"，以确保国内和平与公共秩序。尽管"紧急条
例"受国会的监督、限制，国会可以要求取消，但总统有权因此而解散国会。
在这种情况下，公民的基本权利将"部分或全部失效"。总统由于拥有"紧急条
例"的颁布权，因此具有凌驾于国会之上的绝对权力，成为"替代皇帝"。这为
以后魏玛共和国的崩溃和希特勒上台并实行纳粹专制，提供了必要条件。

　　但魏玛宪法又赋予德国人民以空前广泛的公民权利。这在帝制时期是难
以想象的。宪法规定，"所有德国人在法律面前平等"，"男女原则上享有同等
的公民权利及义务"，"实行 8 小时工作制"；公民有言论自由、集会自由、出
版自由、信仰自由、学术自由和迁徙自由，有不携带武器举行和平集会的权
利；人民在"经济上的自由权应予保障"，人民有工作自由、自愿结成劳工团
体的自由、契约自由、经营工商业自由、财产自由；等等。从这些规定中可
以看到，魏玛宪法把欧美各国宪法的精华融为一体，成为在当时最有民主特
色的宪法之一。

　　魏玛宪法中存在的这种资产阶级民主思想和专制君主制残余的交织，不
仅反映在思想观念和法律条文中，而且表现在魏玛共和国时期的政治现实中。

　　魏玛共和国建立后，不断面临着来自右翼反动势力的冲击。以旧军官、
军国主义分子、容克贵族为代表的右翼势力，从共和国建立之初就不断策划
暴动、暗杀，企图推翻共和政体。与此同时，旨在惩罚和削弱德国的《凡尔赛
和约》的出台，使极端民族主义和反对势力迅速膨胀，加剧了德国政局的动
荡。从 1919 年 2 月到 1933 年 1 月，德国先后更换了 21 任内阁。

　　魏玛共和国时期也是德国经济史上的一个动荡时期。由于第一次世界大
战造成了巨大破坏，1919—1923 年，德国经济严重滑坡，通货膨胀日益加剧。

1919年，一美元可兑换8.9马克，1921年可兑换56马克，1923年11月可兑换42亿马克。1928年，德国经济出现复苏的迹象，但很快受到1929年世界性经济危机的打击。经济的不景气，进一步加剧了德国社会和政局的动荡。

魏玛共和国时期的文化、学术事业也表现出种种矛盾的倾向。一方面，文化、学术事业得到了重大的发展。在自然科学领域，爱因斯坦(Einstein，1879—1955)，普朗克(Planck，1858—1947)和海森伯格(Heisenberg，1901—1976)等人极大地推动了现代物理学的革命；在电子学、化学、生物学、天文学、地理学等学科的研究中，德国科学家也做出了重大的贡献；在哲学、社会科学领域，沃尔夫冈·克勒(Wolfgang Köhler，1887—1967)，马克斯·韦特海默(Max Wertheimer，1880—1943)，库特·科夫卡(Kurt Koffka，1886—1941)进一步发展了格式塔心理学；在哲学领域，产生了以赫尔曼·科恩(Hermann Cohen，1842—1918)和保罗·纳托普(Paul Natorp，1854—1924)等人为代表的马尔堡学派，存在主义哲学开始形成；在社会学方面，出现了狄尔泰(Dilthey，1833—1911)，西梅尔(Simmel，1858—1918)，马克斯·韦伯(Max Weber，1864—1920)和卡尔·曼海姆(Karl Mannheim，1893—1947)等学者；在文学艺术领域，兴起了以斯蒂芬·乔治(Stefan George，1868—1933)为代表的象征主义诗歌，以汉森克莱弗(Hasenclever，1890—1940)为代表的表现主义文学，以珂勒惠支(Kollwitz，1867—1945)为代表的现实主义绘画；等等。

学术、文化繁荣的同时，也出现了一些与民主、共和精神相违背的思想倾向。斯宾格勒(Spengler，1880—1936)的《西方的没落》(*The Decline of the West*)一书中所宣传的以军国主义、极端民族主义为中心内容的"普鲁士主义"在魏玛共和国时期产生了广泛影响。与此同时，德国出现了自称为"革命的保守主义"的思想派别。这个派别通过格奥尔格·米勒出版社、汉撒出版社、勒曼的《德国革新》杂志、威廉·施塔佩尔的《德意志的民族性》杂志，成为传播保守主义和军国主义思想的中心。

　　从魏玛共和国时期德国在政治、社会和文化等领域的变化趋势看，新与旧、进步与反动、民主主义与军国主义、自由主义与保守主义始终进行着激烈的斗争。这个时期既孕育了纳粹党这个"怪胎"，也提供了第二次世界大战后联邦德国所需要的政治和文化遗产。魏玛共和国时期德国社会的这一特征，也为这个时期的德国教育打下了深深的烙印。

二、魏玛共和国时期的教育政策

　　魏玛共和国建立之初，根据社会政治和经济变化的需要，政府制定了一系列与政体变化相适应的教育法律和教育政策。

　　魏玛宪法第二编第四章"教育及学校"（第 142 条至 150 条）首先对魏玛共和国教育制度的基本原则做出了较为详尽和明确的规定。其中，第 142 条规定，"艺术、科学及这方面的教育享有自由，国家予以保护并关心其培育"[1]，从而保证了教育与学术的自由。第 144 条规定，"全部教育事业处于国家监督之下，国家可让乡镇参与监督"[2]，从而在法律上结束了德国沿袭已久的教育由国家管理、由教会监督的传统，使教育管理体制更趋于现代化。第 145 条规定："各邦应提供 8 年强迫的初等教育，并对 18 岁以下未进中等学校和职业学校的青少年实施强迫的业余继续教育。"第 146 条规定："公立学校事业为有机地组成的整体。……儿童被接纳进何种学校取决于儿童本人的素质和倾向，而不是取决于儿童父母的经济和社会地位或宗教信仰。"[3]第 147 条规定："撤销私立预备学校。"[4]这样，就从国家根本大法上废止了德国长期以来实行的双轨制，为建立统一的学校制度、增加受教育的机会提供了强有力的法律

---

① 瞿葆奎：《教育学文集·联邦德国教育改革》，26 页，北京，人民教育出版社，1991。
② 瞿葆奎：《教育学文集·联邦德国教育改革》，26 页，北京，人民教育出版社，1991。
③ 瞿葆奎：《教育学文集·联邦德国教育改革》，26 页，北京，人民教育出版社，1991。
④ 瞿葆奎：《教育学文集·联邦德国教育改革》，27 页，北京，人民教育出版社，1991。

保障。

魏玛宪法第145条、第146条确定了德国教育制度的基本结构，规定实施8年制免费义务教育，国民学校（Volksschule）和与此相衔接的进修学校（Fortbildungsschule）为实施义务教育的主要机构。在完成义务教育之后，学生经过考试，按学业成绩分别进入中间学校和高级中学（das mittlere und höhere schulwesen）。魏玛宪法还规定："所有学校均须按照德意志民族性的精神及各民族和解的精神努力进行道德、公民意识、个人技能和职业技能方面的教育。""公立学校在教学过程中，应注意避免伤害持不同见解者的感情。"①

从总体上看，魏玛宪法中有关教育的条款主要反映了德国资产阶级的利益和要求。与帝制时期的有关法律相比，它具有显著的资产阶级自由主义的倾向。这种倾向对魏玛共和国时期的德国教育产生的影响是非常广泛的，也是极为重要的。事实上，资产阶级自由主义的价值取向，是这个时期德国教育中发生的最为重要的变革之一。这也是联邦德国与魏玛共和国时期在教育上具有直接的继承关系的基本原因。

根据魏玛宪法规定的基本原则，魏玛共和国政府着手进行教育的全面革新。由于那时还没有设立教育部，德国教育工作由内务部负责安排。1920年6月11日至6月19日，内务部主持召开了全德学校工作会议，教育工作者和教育家共700多名参加。其中包括各邦的教育行政官员、各级公立学校和私立学校的校长和教师、大学教授、职业技术教育机构的代表，以及青年团体和教育、文化、宗教及经济协会的代表等。赖因（Rein）、纳托普（Natorp）、斯普朗格（Spranger）、凯兴斯泰纳（Kerschensteiner）等教育家也参加了会议。与会者分别代表了进步主义、激进主义以及保守主义等各种不同的教育观点。与会者弗赖（Frey）曾在《新道路》杂志上撰文，把这次会议称为"第一次德国教育工作者议会"。会议的基本议题主要有：德国学校制度的改革、师资训练和

① 瞿葆奎：《教育学文集·联邦德国教育改革》，27页，北京，人民教育出版社，1991。

学校教育教学方法的改革。

从魏玛共和国时期德国教育总的发展趋势看，这次全德学校工作会议无疑是极为重要的。这次会议制定了这个时期德国教育特别是普通中小学教育改革的蓝图。关于这次会议的重要意义，从内务部部长科赫（Koch）在会上所做的开幕词中可窥见一斑。

科赫在开幕词中，首先回顾了会议的筹备过程，并明确提出了共和政体下德国教育改革和发展的基本任务。他强调指出，德国教育今后的基本任务有四项。① 一是培养德意志民族意识。科赫指出，在德国战败、国家面临崩溃的"这个民族不幸的时代"，"我们要在我们的孩子们身上唤起和培育一种关于德意志民族之伟大的意识和敬畏心情。我们要在孩子们身上培养这样一种感情：德国尽管遭受了莫大的屈辱，但是由于它为人类建立了丰功伟绩，它还是有权利自豪地昂首屹立在民族之林"。二是培养集体精神。科赫说："培育集体精神是德国学校最重要和最有价值的任务之一。"三是增强劳动观念。四是培养容忍精神，尤其是世界观领域的容忍精神。在这方面，"学校的任务将是：在学校中培植和深化学生各自家庭的世界观，让成长中的年青人以后再去独立选择自己的世界观"。

科赫进一步指出，要顺利完成上述学校的"内在任务"，首先必须对学校的外部组织进行改革。他指出，学校外部组织的改革主要包括：第一，建立和扩建统一学校（Einheitsschule），以便为有才能的人提供升迁的机会，并保证德国教育事业的统一性；第二，改革学校管理，使与学校关系密切的团体和教育工作者更多地参与学校的教育、教学管理；第三，统一教师的培训工作。

在开幕词最后，科赫提出了一个非常重要的观点：在德国处于崩溃的关头，教育乃至国家的首要任务是"……重新并且更加努力地考虑其文化任务。

---

① 瞿葆奎：《教育学文集·联邦德国教育改革》，37~39 页，北京，人民教育出版社，1991。

这样，才能提高民族的自尊心，并比那些全副武装虎视眈眈的战胜国更能赢得其他民族的同情。……如果我们不事先使我们的人民在道德上和精神上重新强大起来，任何重新振兴德国的尝试便难免失败。这是所有其它工作的基础。这是我们德国人民建设的基础"①。应当说，这并不是科赫独有的思想。事实上，在当时，这是德国国内(至少在上层)的一种共识。魏玛共和国政府第一任外交部部长拉特瑙(Ratheuau)于1920年在其所著的《新社会》一书中指出："尽管我们已经穷得一贫如洗，但我们必须把最后一分钱花上去，调整我们的教育和教学、模式和观点、动机和要求、成就和气氛，使其达到的高度足以使来到德国的每一个人都将会感到自己正在进入新时代。"②这也就是说，一个新的德国必须以德国教育的革新为基础。这些言论使人很自然地联想到一百多年前费希特在《致德意志国民的讲演》中提出的主张。

从科赫、拉特瑙的言论中，我们可以清楚地看到支配整个魏玛共和国时期德国教育改革的指导思想，由此也可以进一步把握这个时期教育改革的基本内容和目的。在经过四年战争破坏和向协约国支付巨额战争赔款、物质资源极为匮乏的现实条件下，复兴民族、振兴国家的唯一基础便是国民的精神力量。而要唤起、激发国民的精神力量，首先要发挥教育的效能。如此，教育、学校便成为民族复兴的法宝。为真正发挥教育在民族复兴中无可替代的作用，教育本身必须进行根本的变革。这就是魏玛共和国时期德国教育改革的基本指导思想和最终所要达到的目的，由此形成了这个时期教育改革的种种特点和局限。

与耶拿会战和提尔西特条约后普鲁士进行的教育改革(史称"洪堡教育改革")不同，魏玛共和国时期进行的教育改革具有明显的资产阶级自由主义色

---

① 瞿葆奎：《教育学文集·联邦德国教育改革》，40~41页，北京，人民教育出版社，1991。

② ［澳］W.F. 康内尔：《二十世纪世界教育史》，363页，张法琨等译，北京，人民教育出版社，1990。

彩：把培养劳动观念、宽容精神作为新教育的基本任务，把建立统一学校、
实现教育制度的统一性、增加教师在学校工作中的参与当作教育改革的重要
内容。所有这些都反映了政体变化对德国教育的深刻影响，带有明显的资产
阶级价值观的痕迹，也表明了德国教育所取得的历史性进步。但在另一方面，
由于把民族复兴作为教育改革的基本目的，因此德国不可避免地把民族意识
的培养当作教育工作的头等大事。德国教育因此继续保持着浓厚的民族主义
色彩。正是在这一点上，魏玛共和国时期的教育与旧德国教育之间存在着千
丝万缕的联系。由此形成了魏玛共和国时期德国教育不断面临但始终没有真
正解决的尖锐矛盾：新教育与旧教育的矛盾、自由主义与民族主义的矛盾。
魏玛共和国时期的德国教育正是在种种矛盾中改革、演进的。

三、魏玛共和国时期德国教育的改革与发展

无论从何种角度看，魏玛共和国时期德国教育的改革和发展都是较为全
面的。当然，在教育体制内部，改革的进展和力度以及所取得的成效是不平
衡的。相对而言，在初等教育上，改革的进展较为明显，所取得的成效也较
为显著；在教育体制的其他方面，改革的进程相对缓慢。

（一）教育管理体制的改革

魏玛共和国时期德国教育管理体制改革主要在三个方面进行。

第一，确立由国家监督全部教育事业的原则，并建立了相应的体制。在
魏玛宪法颁布之前，普鲁士科学、艺术和国民教育部于 1918 年发布公告，命
令撤销普鲁士教会对地方学校的监督，原由教会掌握的监督权由地方督学接
管。魏玛宪法颁布后，各邦前后采取相应的措施，收回对教育事业的监督权。

第二，进一步明确中央政府和各邦政府对教育的管理权限。根据魏玛宪
法第 144 条"全部教育事业处于国家监督之下"的规定，中央政府享有管理全
国教育事业的主权。但在具体实施对全国教育的管理时，中央政府并不直接

参与，而是通过制定关于全国教育的指导原则和法律来行使其权力。各邦政府和教育行政部门根据这些原则、法律以及本邦的有关法规，具体负责管理本邦的教育事务。其主要职责包括：制定本邦的教育法规，建立本邦的教育管理体制，负责教师的考核，对本邦所属的学校进行督导，等等。这种由中央政府制定原则性立法、由各邦负责具体实施的教育管理体制，在魏玛共和国时期并未完全实行，但对第二次世界大战后联邦德国的教育管理体制产生了直接影响。可以说，德国现代教育管理体制的基本框架是在这个时期形成的。

第三，改革学校内部管理。为了加强学校与家庭的联系，在魏玛共和国时期，德国各地的中小学相继建立了家长委员会。其职责是维护受教育者的权益，参与对学校教育、教学工作的监督。家长委员会的成员由学生家长选举产生，定期举行会议，必要时，经学校同意可进入教室听课，并与教师共同讨论教学方案或参加学校的教学会议。与此同时，普鲁士等邦开始加强教师在教学工作中的权利。1924 年和 1925 年，普鲁士教育部先后两次发布行政命令，授予教师以广泛的权利，其中包括：教师有权决定所采用的教学方法，有权选择所讲授的教学内容等。

（二）初等教育的改革

初等教育的改革，是魏玛共和国时期德国教育发展进程中具有重要意义的事件。如果说德国近代初等教育发轫于宗教改革时期，成型于 19 世纪，那么，真正现代意义上的初等教育是在魏玛共和国时期发展起来的。

1920 年 4 月 28 日，魏玛共和国总统艾伯特和内务部部长科赫发布《关于基础教育学校和撤销预备学校的法令》。这项法令规定正式废除帝制时期只为特权阶级子弟升入中学开设的贵族化预备学校，设立统一的初等国民学校——基础学校(Grundschule)。这类学校由各邦管理，招收 6~10 岁的儿童，学制 4 年，实施第一阶段的强迫义务教育。学生完成学业后，经过考试，少数成绩优秀者可升入中学，大多数进入四年制高等国民学校（国民学校的高级阶段）继续学习 4 年，完成第二阶段的强迫义务教育。根据规定，14～18 岁的青少年在完成 8 年义务教育之后，还须在补习学校接受业余的继续教育。

　　统一的、以公立为主的基础学校的建立，是德国初等教育发展历史上的一件大事。其意义在于，它体现了自由主义的思想原则，在一定程度上保证了社会各阶级平等接受初等教育的权利，从而为在根本上废除教育的双轨制奠定了基础。这也是魏玛共和国时期德国教育界为建立与共和政体相适应的教育体制所做出的贡献。

　　魏玛共和国时期德国初等教育改革另一项重要措施是加强劳动教育。魏玛宪法第 148 条明确规定："公民课和劳动课应被纳入学校教学科目范围。"1920 年 6 月召开的全德学校工作会议专门设立了第五委员会，对劳动教育问题进行了专题研究。该委员会发布的《关于劳动课的指导原则》作为会议的最后决议正式发表。《关于劳动课的指导原则》指出："教育的基础必须是劳动，是在感性材料上进行的劳动。教育必须在其一切阶段上保持与劳动的有机联系。劳动无疑是滋养服务于国民学校和致力于统一的统一学校肥沃土壤。""为此，应当努力使学校不仅是单纯进行教学的场所，而且还是一个担负教育职能的劳动集体。在这个意义上，新型学校应当是劳动学校。"①该决议还具体规定了学校中实施劳动教育的方法、措施、内容。此后，旨在推行劳动教育的劳动学校在德国初等教育领域广泛开办，成为魏玛共和国时期德国初等教育发展中的一个重要现象。应当指出的是，劳动学校运动的开展的意义绝不仅仅是奥拓（Otto）、凯兴斯泰纳和高迪希（Gaudig）等教育家思想的实践，更主要的是它促进了初等学校教育、教学和管理的全面变革，进而推动了德国初等教育从近代向现代的转变。

---

　　①　瞿葆奎：《教育学文集·联邦德国教育改革》，120 页，北京，人民教育出版社，1991。

（三）中等教育的改革

魏玛共和国时期，德国原帝国时期设立的文科中学（Gymnasium）、实科中学（Oberrealschule）、文实中学（Realgymnasium）及中间学校（Mittelschule）依然存在，学校名称、学习内容和年限都没有改变，在中等教育中的地位也没有改变。但是，为了适应国内民主化的趋势和民众对享受中等教育的广泛要求，根据 1924 年通过的教育改革方案，德国政府在上述四种类型的中学之外，新设立了德意志中学（Deutsche Oberschule）和上层建筑学校（Aufbauschule）两种中学。这些学校构成这一时期德国中等教育的主体。总体上看，中等教育在这一时期得到了发展。

文科中学、实科中学、文实中学学制均为 9 年。文科中学以学习拉丁文和希腊文为主；实科中学以学习数学、自然科学和现代语为主；文实中学以学习现代语、数学和自然科学为主，在古典语言方面仅教拉丁文。这三类中学都与基础学校相衔接，并以使学生升入大学和其他高等学校为目的。

中间学校学制为 6 年，主要是为中产阶级子女提供中等水平的教育。它既不是初等学校的继续，也不是初等教育和中等教育之间的中间阶段。它招收读完基础学校后无法升入中学但又不愿意进入高等国民学校的学生。与高等国民学校不同的是学生须缴纳学费。中间学校既进行一般的教育，也进行一些职业教育。但与帝国时期明显不同的是，中间学校建立了一些为升入中学的补习班和辅导班，使学生能转入各类中学的相应学级，为学生升入中学架设了桥梁。

由于被称为"普鲁士学校改革之父"的里希特（Richert）极力倡导"德意志化"，从 1924 年起，普鲁士邦并行创设了一种新的中等教育模式：德意志中学。这种学校与基础学校相衔接，学制为 9 年，与文科中学、实科中学、文实中学合称完全中学。这种学校的课程以所谓"德意志学科"为主，包括德语、德国文学、德国历史、德国地理等，具有鲜明的民族沙文主义色彩。普鲁士的 12 个邦都建立了这种中学。这种中学采用寄宿学校的形式，有些是男女分校，有些是男女同校。柏林、汉堡、不来梅等大城市建立的这种中学采用日校的形式。

新增设的另一种中学是上层建筑学校，与高等国民学校相衔接，学制为 6 年，其目的是使高等国民学校的优秀毕业生完成中等教育，以升入大学。这种独立的新型中学被称为非完全中学。从 1922 年起，它的数量日益增多，但大半设在小城市。课程内容与德意志中学或实科中学相似。

德意志中学和上层建筑学校的设立在魏玛共和国时期是一次重要的教育实验，也是德国中等教育历史上的一次革新。它们为有才能的儿童接受完全的中等教育提供了机会，这正是长期以来为帝国时期的等级教育制度所忽视的。但是，德意志中学由于具有浓厚的民族沙文主义色彩，在办学方针和课程内容上凸显出日耳曼主义和德意志化，因此在纳粹时期备受重视，成为中等学校的主要类型。

（四）师范教育的改革

魏玛共和国十分重视对中小学教师的培养。魏玛宪法第 143 条规定，师资应根据高等教育的原则进行改造。为此，从 1924 年起，在关闭原有为培养小学教师设立的教师讲习班和预备班等机构的同时，由大学的师范学院负责小学教师的培养。师范学院只招收中等学校毕业生，中等学校毕业生经过严格的选拔考试方可被录取。学习年限为 4 年，其中第一、第二年为学习年，主要学习各科知识、教学法和教育学等课程；第三、第四年为实习年，主要进行教学实习。中学教师由 4 年制大学来培养。学生在大学学习 4 年后，经过第一次考试（"学业考试"），合格者获得见习教师资格；经过为期两年的见习和施教之后，再参加第二次考试（"专业考试"），合格者被称为助理教师。此后经正式任命，方为终身任职的教师。应该说，魏玛共和国时期的师资培养制度对提高中小学教师的素质、推动普通教育的发展起了一定的作用。

（五）高等教育的改革

魏玛共和国时期德国高等教育的改革和发展主要体现在两个方面。第一，恢复并进一步落实洪堡为柏林大学确立的办学原则。19世纪中叶后，由于德国国内保守、反动的趋势不断加剧，因此洪堡为柏林大学制定的办学原则基本上失去了生命力。魏玛共和国时期高等教育的一个重要变化就是重申大学自治、教学与科学研究相结合的原则，并采取一系列的措施加以落实。曾担任魏玛共和国教育部部长11年(1919—1930年)的贝克尔(Becker)强调，德国大学要成为讲授科学和研究学术的场所，并施行大学自治。这一改革使这一时期德国高等教育取得了重大发展，从而促进了德国科学技术和学术文化的进步。第二，开放高等教育，满足公众对接受高等教育的要求。1920年召开的全德学校工作会议专门设立第四委员会，专题研究公众参与高等教育的问题。该委员会正式发布《关于民众高等学校和自由民众教育的指导原则》，明确要求建立民众高等学校(Volkshochschule)，为更多的人接受高等教育创造条件，并采取各种措施，为民众提供享受高等教育资源的机会。除了大学外，不同类型的高等技术学校在魏玛共和国时期建立了起来。

（六）继续教育的改革

在继续教育方面，魏玛共和国保留了帝国时期的继续学校形式。但与帝国时期不同的是，它规定接收所有14~18岁没有进入中学和职业学校的青少年，并取消了学费，又在课程中增设了现代史、公民学、家庭卫生学、烹饪、缝纫等。从理论上来说，继续学校教育是学徒式职业训练的一部分，但同时也要使青少年认识到进入继续学校是一种权利而不是一种负担。值得注意的是，魏玛共和国劳工部还打算与市和州的职业指导机构进行合作，对初等学校和中等学校的学生进行职业指导，通过职业指导讲座和心理测验，使他们尽可能选择适合自己的职业。然而，职业教育指导计划似乎并不是很成功。到1929年，在全国6400万人口中，失业人数已达600万，还有300万人没有提出失业申请。①

总体上看，魏玛共和国时期德国教育改革虽然取得了一定的成就，但是，由于这个时期德国国内政局急剧动荡和各种势力对教育改革意见不一，从 20 世纪 20 年代后期开始，教育改革的热情便逐渐减弱，改革并没有继续下去。尽管如此，在德国教育发展史上，魏玛共和国时期的教育改革仍具有不可低估的意义。

第二节　社会教育学思潮

德国社会教育学最早可以追溯到 19 世纪上半期。1835 年，德国教育家第斯多惠(Diesterweg，1790—1866)在其著作《德国教师陶冶的引路者》(*Wegweiser zur Bildung deutscher Lehrer*)中提出"社会教育学"一词，这标志着社会教育学的正式诞生，他也因此成为社会教育学的先驱。其后有威尔曼(Willmann，1839—1920)、纳托普(Natorp，1854—1924)等人继承其衣钵，推进了社会教育学的继续发展。

一、威尔曼的社会教育学理论

威尔曼是德国早期社会教育学家。1839 年 4 月，他出生于波兰的黎撒城(Lissa)，1857—1863 年在布列斯劳大学与莱比锡大学等大学接受高等教育。大学期间，他做过德国哲学家、教育家戚勒(Ziller，1817—1882)的助教，研究过赫尔巴特教育学中有关于社会的概念，深受赫尔巴特教育思想的影响。此外，他还学习了德国思想家施莱玛赫(Schleiermacher，1759—1805)有关宗

---

① S. C. Engelmann, *German Education and Re-education*, New York, International Universities Press, 1945, p. 66.

教与道德的思想。1863 年，威尔曼大学毕业后任教于莱比锡的巴特(Barth-sche)师范学校，五年后转到维也纳的"教育中学"(Pädagogium，相当于师范学校)担任高级教师，其间参加过短期的教师养成训练。这些经历为他后来从事教育学术研究奠定了基础。1872 年，威尔曼受聘担任布拉格大学哲学与教育学教授，主要从事国民教育现状和教师养成研究。1903 年，他转任沙尔斯堡天主教大学。威尔曼一生热衷于写作，1910 年退休后还专心于写作，1920年因心脏病死于书桌旁。

威尔曼著作颇丰，主要有：《教育即文化财富的繁殖》(*Erziehung als Fortplanzung der Kulturgüter*，1872 年)，《教育即后代的同化》(*Erziehung als Assimilation des Gesellschaft*，1873 年)，《教育即社会的繁殖》(*Erziehung als Fortplanzung der Gesellschaft*，1875 年)，《教育学百科全书》(*Enzyklopädie der Pädagogik*，1876 年)，《教授学即根据社会研究与陶冶历史之关系的陶冶理论》(*Didaktik als Bildungslehre nach ihren Beziehungen zur Sozialforschung und zur Geschichte der Bildung*，1882—1889 年)共 2 册，《理想主义史》(*Geschichte des Idealismus*，1894—1897 年)共 3 册，《哲学概论》(*Philosophische Propädeutik*，1901—1914 年，后易名为《哲学大纲》)共 3 部分，《课堂与教室选集——教育理论与教学理论短文集》(*Aus Hörsaal und Schulatube. Gesammelte kleinere Schriften zur Erziehung und Unterrichtslehre*，1904 年)，《哲学论文集》(*Gesammelte Philosophische Schriften*，1912 年)，《教育学辞典》(*Lexikon der Pädagogik*，1913—1917 年)共 5 册。此外，后人还为他整理出版了《教育论文集》(*Kleine pädagogische Schriften*，1959 年)和《威尔曼全集》(*Sämtliche Werke*，1968 年)。

(一)关于社会教育学的意义

威尔曼首先从语源学的角度剖析了"社会"这一概念。他认为，"社会的"(sozial)一词是从拉丁文 socialis 演变而来的，socialis 又是从 soicus 一词演变而来的。socius 的意义为"同时代之人"(genosse)或"同伴"(geselle)，动词为 sociare，有"结伴"（gesellen）的意思，最后演变成 societas，那就是社会，即英文的 society 和德文的 gesellchaft。按照拉丁文字义的解释，社会含有"婚姻之结合"（ehebund）的意义，再扩展至"大众的集合"。① 从这个意义上说，人具有社会的本质，具有社会生活的本质和共同生活的天性。

威尔曼进一步指出，与"社会"相对的概念是"个人"。个人是可分离的，是属于个别的。但个人存在于社会之中，因此个人必须与其他人或团体发生关系。彼此发生从属的关系，这样个人对社会才有"关联感"，否则社会将是一盘散沙。

威尔曼认为，个人与团体之间重要的事情是教育，教育必须有教育理论，那就是教育学。然而，教育学是个体的教育学还是社会的教育学呢？要回答这一问题，首先必须肯定的是，人生存在社会里，教育具有引导的作用。因此，教育有两条路线可走。第一条：教育是施之于个人的，教师的任务就是指导学生，使之改变其生活；学校的任务通过教学工作，引导青年人合群，以及训练他以后能遵守法律与秩序。第二条：教育是一种"养护"，帮助人们打破以个人为主的藩篱，进入协同体。由于社会提供了辅助的工具，因此，教育必须以社会为条件，尤其是道德教育必须在具有社会道德的地方来实施，这样学校与传统的陶冶场所之间就建立了联系。②

但是，威尔曼认为以上两条路线都各有所偏。如果在教育中只重视个人的因素或社会的因素，就容易失去平衡，因此，教师必须兼顾二者均衡发展，教育理论必须赋予二者相同的价值。在这种情形下，社会教育学不但是教育学的特殊形式，而且是教育学的一部分，并且与个体教育学的关系越来越密切。如果将社会教育学与个体教育学做比较，那么个人的教育是在社会中进

---

① Otto Willmann, *Aus Hörsaal und Schulstube*, 2. Aulf. Herdersche Verlagshandlung, Freisgau, 1912, S.314.

② Otto Willmann, *Aus Hörsaal und Schulstube*, 2. Aulf. Herdersche Verlagshandlung, Freisgau, 1912, SS.315-316.

行的，个人与社会是不可分离的。①

在威尔曼看来，社会教育学的主要意义在于研究教育的社会因素和教育理论。也就是说，社会教育学一方面要提高人们对社会环境的兴趣；另一方面使教育理论具有各种"社会的因素"，以避免教育理论滑入个人化的境地。其实，远在柏拉图时代，就已经从个人与社会两方面来把握教育理论了。但首先把握的总是社会因素，如道德、法律等；即使把握教育的个人因素，也要以社会的观点来做正确的引导。所以，威尔曼认为，社会教育学在教育理论的研究方面，就如柴火与光一样，引导着个体教育学的发展。②

社会因素具有不同的形式，威尔曼在此引入了"社会连带"的概念。他解释说，所谓"社会连带"就是家庭与社会的关系。因为家庭是社会的起点，与社会的关系可分为三个序列：家庭—宗族—民族，家庭—故乡—祖国，家庭—社区—教会。每个家庭成员都以家庭为基础，家庭引导他与社会发生"社会连带"关系。家庭的传统提供给每个家庭成员"一般的生活"方式和"特殊的生活"方式。其中，"一般的生活"是"国民生活"的一部分。"国民生活"以"民族财"与"国民性"为基础，后两者包括语言、风俗、民族传统与历史等。"一般的生活"其"连带"是以职业的性质与职业的场所为基础，它具有"实用的共同性质"和"法律的共同意识"两个特性。在社会环境中，国家成为"社会连带"的负荷者，因为国家具有行政的力量，并以行政力量促进社会结构的关联；此外，宗教信仰和宗教教育也有助于内在的联结，促使人性完满。③ 综上所述，社会教育学可被理解为教育的"社会连带"的研究，其目的在于唤醒受教育者的心灵，使其产生"社会的与宗教的同感"。

---

① Otto Willmann, *Aus Hörsaal und Schulstube*, 2. Aulf. Herdersche Verlagshandlung, Freisgau, 1912, S.316.

② Otto Willmann, *Jahrbuch des Vereins für wissenschaftliche Pädagogik*, Dresden 1899, Nr. 4.

③ Otto Willmann, *Didaktik als Bildungslehre nach ihren Beziehungen zur Sozialforschung und zur Geschichte der Bildung*, Bd. II, 1894/95, S.128.

此外，社会教育学的意义还在于：陶冶爱国主义情操，唤醒国民热爱祖国、遵守法律、为国服务，成为对国家有用的公民；培养社会的、民主的观念，以避免因过分个人化而造成个人主义；实现社会自由与平等，建立有秩序的"社会连带"；配合国家的政策来推行社会政策，实现国家目标。①

（二）关于教育的社会因素

威尔曼非常强调"个人与社会的从属性"。他指出，个人在古希腊文字中的意义是"原子"，因此，原子的本义是不能分割及不能再继续分割。希腊自然哲学中有关原子的概念认为原子是物质的最后部分。其实，一个人的身体是由许多原子组成的，并且这些原子相互发生作用。如果一个社会将它与一个人来做比较，那么人就是社会中的一个原子。在"社会连带"中的部分，个人好像被局限在范围之中，其实个人在其范围中仍有自由。

由于个人与社会有从属性或依存性，很自然地参与社会活动，享受社会文化财富，于是语言、传统、道德、设施等这些历史的产物成为人接受社会教育的基础。个人的社会生活免不了使用精神——道德财富，就如同人免不了使用语言一样。个人免不了与人接触，所以科学与艺术的修养也是不可或缺的。这些社会力量足以解决个人与社会之间存在的问题。所以，威尔曼认为，个人在社会范围内追求善、幸福、神圣，社会要求个体为社会服务。② 因此，个人服务社会，社会养护个人。

基于以上个人与社会的关系，个人必须自律，能自我约束；社会和国家对个人有强制性，并提供个人的幸福。二者如果没有教育贯穿其间，就会妨碍个人的自我肯定，社会也无法对个人实施训练。所以，教育理论必须赋予个人与社会正确的均衡概念。而且教育的立足点是对受教育者有完善的照料，

---

① Otto Willmann, *Aus Hörsaal und Schulstube*, 2. Aulf. Herdersche Verlagshandlung, Freis-gau, 1912, SS. 319-321.

② Otto Willmann, *Aus Hörsaal und Schulstube*, 2. Aulf. Herdersche Verlagshandlung, Freis-gau, 1912, S.313.

这种照料以生活的条件为主，并且是一种个人的照料，指导儿童能过幸福的生活；同时也要培养儿童具有社会的性格，因为儿童将来长大成人，要与社会、法律发生关系。这种对儿童的陶冶，目的在于使儿童将来能成为真正的人，具有精神与道德的人格。①

(三)关于社会教育学的特色

威尔曼认为，许多相关的学问有助于对社会教育学的研究。教育学是教育理论与教学理论的科学关联，教学的内容与陶冶的工作有助于教育学理论的形成。由于宗教的智慧可以成为教育学的基础，因此神学的价值也可以被当作"世俗科学"来看待。历史也可以被应用于教育学中，不同的民族、不同的时代，其教育活动可以彼此作为互相比较的项目，所以历史材料可以被视为价值丰富的陶冶工具。自然科学有助于教育学建立研究方法。② 教育学理论建立以后，有助于社会教育学建立理论，因为教育学与社会教育学有着密切关联。

威尔曼同时指出，社会教育学与教育社会学并不相同。前者偏重社会的教育功能，后者偏重教育的社会功能。关于后者，他进一步指出，社会学是法国实证主义学家孔德(Comte, 1789—1857)建立的，它属于科学的层次，并采用了自然的研究方法，但只注意到了政治面与社会面，所以其理论并不完备，只能被称为"社会物理学"，因为它缺少了"社会伦理学"的内容。因此，教育社会学的目标在于：更新学校教育中社会课程的教学，引导社会的民主化，促进社会立法，制订教学计划，指导社会经济的发展。③

威尔曼为建立社会教育学的科学基础，将其视为教育理论系统的一部分，

---

① Otto Willmann, *Aus Hörsaal und Schulstube*, 2. Aulf. Herdersche Verlagshandlung, Freisgau, 1912, S. 313.

② Otto Willmann, *Aus Hörsaal und Schulstube*, 2. Aulf. Herdersche Verlagshandlung, Freisgau, 1912, S.327.

③ Otto Willmann, *Aus Hörsaal und Schulstube*, 2. Aulf. Herdersche Verlagshandlung, Freisgau, 1912, S.328.

将教育科学分为个体教育学与社会教育学，其中社会教育学的特色是"所有与青年陶冶有关的都是社会的主体，可以视为社会连带的全体"，而且社会教育是"建立在集体教育关系上的"。① 他认为，社会教育学也可以被理解为从社会的观点去做教育的观察，因此，在他的眼里，不仅可以把握社会教育学的特性，而且可以通过社会的观点来教育个人。

威尔曼认为，不但要更新社会教育的工作，而且要经常寻找教育的基本概念。人应该成为独立的人，就如在戏剧中扮演一种角色一样，而且所扮演的角色必须与他人合作，即人与他人发生关联。他又认为，在教育的尺度中，教学是与训练有关的，学生被引导进入道德的生活协同体。人在道德的生活协同体中，即作为生活内容的负荷者。②

在威尔曼看来，许多事物、知识都是互为关联的。例如，年长一代对年青一代的照顾就是一种世代的关联。这种世代的接触，可以培养年青一代的能力，形成"社会主体的更新过程"，还可以形成"社会的道德更新"。从这个意义上说，教育其实就是"社会的更新"。③ 威尔曼认为有了"更新"，确立了新的生活秩序，社会才会进步，否则就会停滞不前。

（四）关于社会教育的作用

威尔曼认为，社会教育是教育者向受教育者施与照顾与陶冶，用责任的意识与道德目的来引导受教育者。教育过程特别要重视道德，因为教育既是一种道德行动，也是一种道德义务。④ 教育的功能就是培养青年人的道德责任。他给教育下了一个定义："教育具有照顾的、规则的与陶冶的作用，在于

---

① Otto Willmann, *Enzyklopädisches Handbuch der Erziehungskunde*, hrsg. Von Loos, 1906, Bd.II, S. 211.

② Otto Willmann, *Enzyklopädisches Handbuch der Erziehungskunde*, hrsg. Von Loos, 1906, Bd.II, S. 211.

③ Otto Willmann, *Die Fundamentalbegriffe der Erziehungswissenschaft*, 1908, SS.15-16.

④ Otto Willmann, *Die Fundamentalbegriffe der Erziehungswissenschaft*, 1908, SS.18-19.

使人发展成为成熟的人，为了使他在生活协同体中，建立善的部分。"①所谓"成熟的人"，也就是阐明了个人的更新与社会相结合的观点。其中的社会因素是，教师与学生建立了关系，个人的发展是为了他能成为协同体中的一分子。

威尔曼特别看重生活的价值，尤其是社会生活、家庭生活、团体生活、民族生活。社会教育就是要在各种生活中产生作用。他认为生活协同体具有完整性，是不容分割的。因此，要把握生活协同体，就必须把握社会的意义；要把握"社会连带"，就必须把握社会主体。家庭在"社会连带"中占有显著的地位，而且家庭是"社会的原形质"(das Protoplasma der Gesellschaft)。在家庭中，教育时间长且有力量，儿童游戏的空间是通过家庭来安排的。家庭的训练最重要的是道德训练，因此，家庭的传统对儿童的个性发展有很大的影响。团体生活在于培养观念与道德。民族是靠自然的与上帝的意愿来统一，经由种族、语言、风俗、信仰、权威与虔诚等结合而成的。民族性具有精神道德的价值。因此，道德陶冶的作用成为所有教育的根本以及生活的根本。

(五)关于社会教育机构

到了晚年，除了民族与社会两项因素外，威尔曼在"社会连带"中还加入了国家的因素。他认为国家的发展或多或少是与民族和社会有关的，而且国家是以权力为主的，在本质上，这种权力是由社会关系来保证的。所以，国家具有维护法律秩序、行政的义务，其最重要的功能之一是使人们过上不受干扰的生活。国家是重要的社会教育机构，因为许多社会教育的事业都要靠它来举办。在威尔曼看来，国家是各种连带的负荷者，教育是各种连带重要的媒介。

威尔曼很重视学校的功能。在他看来，学校是很重要的社会教育机构，是"社会连带"的重要一环，具有"超越国家的性质"(überstaatliche Art)。威尔

---

① Otto Willmann, *Die Fundamentalbegriffe der Erziehungswissenschaft*, 1908, S.16.

曼认为，陶冶的本质在于培养人的能力，因此，学校的功能不仅是鼓励学生创造，而且是与社会发生关联。在他心目中，社会是陶冶本质的最原始负荷者，学校是一种组织，引导儿童过正确的、适宜的生活。学校中所使用的语言、传统，成为"精神运动的运河"①。总之，学校应与教会、家庭互相配合。此外，学校在教学方面应享有自由，这样教学才有成果。在"教学自由"的情况下，个人、社会、机构的权利才能确立并获得保障。

威尔曼晚年笃信宗教。他认为"社会连带"必须加入宗教，并把宗教作为教学的工具。他尽量谋求教会的完美，并要求教会具有教育的意义。威尔曼觉得教会的作用在于发现人的本质，通过拯救，使人的精神获得肯定。因此，他称教会为"完满的社会连带"②。威尔曼又认为，教会具有"自然的与超自然的特性"。在自然的特性方面，教会具有"社会力量"，能促使不同职业、不同立场的人尽可能地互相接触；在超自然的特性方面，宗教是一种精神，在精神世界的最尖端，具有"完满性"。③ 依照威尔曼的观点，教会对个人与社会具有巨大的教育意义。社会文化的范围里，需要有陶冶的统一形式，通过教会而发生作用，并得到肯定。所以他说"教会是学校之母"。

综上所述，威尔曼给社会教育学下了一个定义。"社会教育，就其名称而言，国家必须视其为'社会连带'的一部分来认识；其次，家庭、社会、教会也有其地位，它们必须成为社会情况的负荷者。很显然，青年陶冶要反对陶冶的一致式样，要求教学的自由，将社会与教会容纳进去，不但要根据国家的命令制订陶冶的类型与标准，还要从本质方面去共同努力。"④在威尔曼的

---

① Otto Willmann, *Einheitsschulen und Schuleinheiten*, 1917, S.94.

② Otto Willmann, *Didaktik als Bildungslehre nach ihren Beziehungen zur Sozialforschung und zur Geschichte der Bildung*, Bd. II, 1894/95, S.613.

③ Otto Willmann, *Hörsaal und Schulstube*, 2. Aufl. Herdersche Verlagshandlung, Freisgau, 1912, S.29.

④ Otto Willmann, *Über Sozialpädagogik und pädagogischegogische Soziologie*, 1903, S.327.

教育思想中，教育有两大功能：在个人方面是培养人格，使其具有精神的、道德的价值形式；在社会方面是更新社会，使其成为道德的、文化的协同体。① 因此，他的教育学理论既是社会的教育学，也是个人的教育学。

二、纳托普的社会教育学理论

纳托普于 1854 年 1 月 24 日出生在德国的杜塞多夫。1885 年起，他担任马堡大学教授，成为马堡学派(Marburger Schule)新康德主义(Neukantinisums)的重要代表人物之一。他在哲学上致力于认识论的研究，建立了精确科学的基础，并将科学理论转于实用方面；在心理学上，主张体验；在教育学上，主张建立教育哲学体系，特别是"马堡的教育学"。他的主要著作有：《社会教育学》(*Sozialpädagogik*，1895 年)，《柏拉图的观念理论》(*Platos Ideenlehre*，1903 年)，《普通教育学》(*Allgemeine Pädagogik*，1905 年)，《社会教育学论文全集》(*Gesamelte Abhandlungen zur Sozialpädagogik*，1907 年，共 3 册)，《哲学与教育学》(*Philosophie und Pädagogik*，1909 年)，《裴斯泰洛齐》(*Pestalozzi*，1909 年)，《精确科学之逻辑的基础》(*Die logichen Grundlagen der exakten Wissenschaften*，1910 年)，《哲学、它的问题与它们的问题》(*Die Philosophie*，*ihr Problem und Ihre Probleme*，1911 年)，《普通心理学》(*Allgemeine Psychologie*，1912 年)，《社会理想主义》(*Sozialidealismus*，1920 年)，《现代哲学的本质的阐释》(*Die Philosophie der Gegenwart in Selbstdarstellungen*，1923 年)，《实践哲学演讲集》(*Vorlesungen über Praktische Philosophie*，1925 年)，《哲学的系统学》(*Philosophische Systematik*，1958 年)，《教育学与哲学》(*Pädagogik und Philosophie*，1966 年)等。

(一)关于社会教育学的意义

纳托普认为的"社会教育"是指包括学校教育在内的一般的教育，这种教

---

① Bruno Hamann, *Otto Willmann*, in Josef Speck(hrsg.), *Geschichte der Pädagogik des* 20 *Jh. Bd. I. Kohlhammer Urban-Taschenbuücher*, 1978, S.31.

育通常含有社会的意义，并不是把教育分割为两个部分：一是学校教育，二是社会教育。他又指出，社会教育不只是实际的"社会帮助"，还是通过社会的一种教育。因此，他的理论与威尔曼的理论截然相反。

纳托普强调，社会教育学理论的建立，需要以教育实际为基础。这是最普遍的方法，也是最能发挥作用的方法。教育最重要的任务就是要将人教育成人。就个人来说，自我教育是必要的。这是因为人只有通过自己的意志、自己的力量，才能形成他自己，其他人所能给予他的帮助只能算是由帮助达到自我帮助。个体教育学事实上只是教育工作的一般性工作而已。道德力量是人的中心力量，可以使人直接地与团体发生关系，并具有强迫性。因此，个人的所有教育事务必须反映到团体的教育事务中。所谓团体，即使一个教师与一个学生也能构成，没有一种教育学不具有这些因素，所以，所有教育学都含有社会教育学的因素。①

在纳托普看来，社会教育学的意义非常广泛，只不过在程度上不同而已，即各种团体教育因素在教育学中所占的分量不同。

纳托普认为，团体一部分与教育有关，教育全与团体有关，因为师生关系的存在构成了团体。他指出，在社会哲学的观点里，团体有"共同的意志"，个人有"特殊的意志"，这些"特殊的意志"被"共同的意志"吸收，从而成为"共同的我"；但是对于"共同的我"，必须赋予社会秩序，并提高团体的要求。因此，教育学除了本身的性质外，还具有社会教育的性质，要求社会教育赋予"社会秩序"，为个人教育打下良好的基础。就以上情形而言，教育可以被证实有社会的意义。社会生活的意义可作为教育本质的决定因素和教育的一种本质的目的。教育与国民的工作生活以及家庭生活相关，主要是在强调社会与父母的教育责任。所以，社会教育学家不但要有理想的要求，即用

---

① Paul Natorp, *Pestalozzi, Sein Leben und Ideen*, 6. Aufl. Verlag B. G. Teubner, Leipzig und Berlin, 1931, S. 69.

国民理想主义的力量去实施教育；而且要有现实的要求，即用健康的唯实主义去正视教育的社会因素。①

纳托普认为，社会教育学的特性是要用裴斯泰洛齐与康德的教育理想来陶冶人。他主张，社会教育一方面要建立人的基本力量的不可分割的统一性与本质的同一性，另一方面要促使人根据指引和谐地发展。以上两者都要经过社会教育。②

(二)关于社会秩序与道德教育

纳托普认为，社会秩序对道德有影响。他指出，道德概念的推广，是从家庭的团结到全民的团结所产生的结果。对于教育问题应该经常加以了解，这对于教育理论的了解是极为重要的。从家庭到民族文化的发扬，要建立在民族的完整生活上，也需要扩大"社会连带"。因此，家庭教育与学校教育必须紧密地联系，以形成社会生活，并创造社会秩序。家庭中的青年教育与学校中的青年教育，负有建立社会秩序的共同使命。青年教育必须对青年人予以正确的指导，实施健康的道德教育，使青年人具有良好的品格。③

社会秩序对青年教育有很大的影响。对于青年人而言，虽然社会定有处罚的规则，但这并不能解决问题，重要的是要采用训练与道德来规范他们。有了训练与道德，才能使青年人"自我照顾"与"自立"。

大部分西方教育思想家很重视宗教在精神陶冶方面对人的影响。纳托普也不例外。他认为，在青年教育中，除家庭与学校要共同负有责任外，宗教本身也负有责任。宗教因为处在较高的地位，所以等于是"高级警察"，负有监督的意义，也具有高级的教育意义。特别是宗教对于人的德行的建立，有

---

① Paul Natorp, *Pestalozzi, Sein Leben und Ideen*, 6. Aufl. Verlag B. G. Teubner, Leipzig und Berlin, 1931, SS. 70-71.

② Paul Natorp, *Sozialpädagogik, Theorie der Willenserziehung auf der grundlage der Gemeinschaft*, Verlag Froemann, Stuttgart, 1899, S.475.

③ Paul Natorp, *Pestalozzi, Sein Leben und Ideen*, 6. Aufl. Verlag B. G. Teubner, Leipzig und Berlin, 1931, S. 88.

很重要的意义。

纳托普指出，社会教育就是要使青年人认识生活条件与教育之间的关系，养成高贵的气质，并且要使青年人逐渐成熟，在成熟的基础上配合社会的发展，体验社会进步的意义。① 他强调，社会教育最终是要建立人类的希望，包括和平的期望、自由的希望、绝对的民主等，希望青年人踩着前人的步伐前进。因此，发展的意义就是要有利于社会生活。

在教育方面，纳托普与裴斯泰洛齐一样重视国民教育，因为国民教育属于基本的教育，既有助于儿童的身体发展，又有助于养成儿童的独立性，扩大儿童基本知识和经验的范围，养成"儿童的受教能力"。此外，学校教育也要包括"社会连带"，以培养未来的公民。纳托普认为，学校是社会组织的一部分，学校教育必然含有社会教育的性质，不必另外实施社会教育。因此，学校教育负有社会教育的重要任务，其关键在于把教学建立在统一性、平等性、民主性的基础上。②

（三）关于社会教育学的概念

纳托普的社会教育学理论并没有忽略人的个性，还强调发挥教育的正常功能，促进个人与社会的联结，在任何情况下都要事先考虑到社会生活中的事实，使教育学实际化，也就是教育思想必须考虑到社会原则，注意到事实。

纳托普认为，社会教育学至少有两种基本的意义。第一，教育工作有教与学的作用。每一个人都是"从家庭出发"，以教育关系为条件，与社会发生联系的。③ 就教育家而言，他的课题不只是把握每个人的个性，还要做教育的引导，赋予每个人理性。第二，陶冶要根据社会的事实，在社会陶冶的范围

---

① Paul Natorp, *Pestalozzi*, *Sein Leben und Ideen*, 6．Aufl. Verlag B．G．Teubner, Leipzig und Berlin, 1931, SS．90−91．

② Paul Natorp, *Pestalozzi*, *Sein Leben und Ideen*, 6．Aufl. Verlag B．G．Teubner, Leipzig und Berlin, 1931, S．94．

③ Paul Natorp, *Sozialpädagogik*, *Theorie der Willenserziehung auf der grundlage der Gemein-schaft*, Verlag Froemann, Stuttgart, 1899, S.55．

内，决定社会的组织形式，将其作为教育学的关系形式，如将家庭、大学和国民高等学校等作为"自由的陶冶协同体"。协同体具有文化的固定价值，与陶冶的"事件"发生关联，将每一个人的意识投入协同体去关心陶冶问题，在教与学的过程中建立协同体之间的关联性。以上两种意义说明了人与社会的关系，二者又参与了教育关系。

纳托普把教育作为一种社会活动来看待，并重视事实的教育关系。他认为，教育课题的意义为："必须发现教与学所表现出来的实际活动。"他又认为，师生关系的建立是以陶冶的协同性为基础的，如果这种师生关系已建立，那么社会的原则就可以作为教育辅导的引导观念。此外，他还重视教育过程的分析，建立了"描述的方法"。① 他说："教育过程可以自由地用心理学来描述，但是这种描述的有关基础是逻辑的及相关的伦理学与艺术的方法。"②

纳托普的教育基本概念强调三个原则：集中原则、独立原则和社会原则。这三个原则对于教育行为的了解是有帮助的，而且有很高的价值。集中原则是教育引导的课题：引导学习者的知识、意愿、艺术创造等具有和谐性，尤其是在发展阶段为然。独立原则是帮助或用教育引导学习者能"自我工作"，先由教育活动引导，然后处在个别的情境里也能自己判断与创造。社会原则是教师与学生在教育工作中的普通条件下，在心理上能尽可能地互相了解。从这个意义上说，纳托普的社会教育学理论可以被认为是一种广义的"社会的教育学"。

纳托普的教育思想中加入了道德的内容。他认为人的道德发展有三个阶段：一是"驱力"，二是"意志"，三是"理性的意志"。这三个阶段可以显示出人的成熟的情形。③ 个人必须具备"基本道德"，有了以上的道德发展三阶段，

---

① Paul Natorp, *Sozialpädagogik*, *Theorie der Willenserziehung auf der grundlage der Gemein-schaft*, Verlag Froemann, Stuttgart, 1899, S.88, 92.

② Paul Natorp, *Philosophise und Pädagogik*, Paderborn, 1964, S.206.

③ Paul Natorp, *Sozialpädagogik*, *Theorie der Willenserziehung auf der grundlage der Gemein-schaft*, Verlag Froemann, Stuttgart, 1899, S.54.

才能具备活动的三种形式：一是"驱力"使人具有经济法则与工作法则，二是"意志"使人具有法律与管理的社会形式，三是"理性的意志"使人能形成"人的陶冶"思想与社会组织。① 也就是要人养成"社会生活的道德形式"②。

纳托普在社会教育学方面有很大的成就，他常与威尔曼一样被人们称道。纳托普曾经表示：在理论教育学的领域里，宁愿做一个"社会教育家"。由此可见他的自我期望。这一期望与他所建立的理论并没有被人们遗忘。

三、赖希魏因的社会教育学理论

赖希魏因（Reichwein，1898—1944）于 1898 年 10 月出生于德国的鄂姆斯（Ems）。赖希魏因上大学时受教于纳托普，因此受纳托普社会教育思想的影响很大，完全接受了纳托普有关社会教育学的观念。此外，赖希魏因还受德国社会学家滕尼斯（Tönnies，1855—1936）的影响。关于滕尼斯有关社会的概念，赖希魏因都有深入的了解，尤其是认可滕尼斯有关人与社会关系的理论，认为社会关系建立以后，人们才能过有组织的生活。

赖希魏因极力主张认真推行成人教育，建立"工作的社会"；并且关心德国的青年运动，如游鸟运动③。他的著名主张是"工作与智慧要相互连接"。也就是说：工作要靠智慧，有智慧，工作才能成功。凭借这些成就，赖希魏因被在教育学术界负有盛名的哈勒大学聘为教授。他由于在大学教书时反对纳粹，因此被迫离开大学，到上巴林姆（Oberbarnim）当乡村教师。1939 年，赖希魏因担任柏林民族博物馆馆长，但在五年后，他还是因为坚决反对纳粹，

---

① Paul Natorp, *Sozialpädagogik*, *Theorie der Willenserziehung auf der grundlage der Gemein-schaft*, Verlag Froemann, Stuttgart, 1899, S.165.

② Paul Natorp, *Sozialpädagogik*, *Theorie der Willenserziehung auf der grundlage der Gemein-schaft*, Verlag Froemann, Stuttgart, 1899, S.102.

③ 游鸟运动是 19 世纪末德国兴起的一种以"奔向自然"为目标的青年运动，最初为中学生自发去野外体验大自然的活动，后影响逐渐扩大，形成"游鸟运动"。

于 1944 年被纳粹迫害致死。

赖希魏因生前对苏联的教育制度很有研究，对苏联文学家陀斯妥耶夫斯基(Достоевский，1821—1881)的思想有深入的研究。他将陀斯妥耶夫斯基和裴斯泰洛齐二人并列，认为二人是"宗教精神家"，所以他的思想也受到以上二人的影响。他出任民族博物馆馆长时，对东方文化尤其是对中国文化兴趣浓厚，曾从事于 18 世纪中国与欧洲关系的研究。此外，他对日本的劳工运动与农民运动也感兴趣。

他的主要著作有《中国与欧洲——18 世纪历史与艺术家的关系》(*China und Europa. Geistige und künstlerische Beziehungen im 18. Jahrhundert*，1923 年)，《孙中山与民族运动》(*Nationale Bewegung Sunjatsen*，1923 年)，《用工作来塑造中国》(*China bei der Arbeit*，1928—1929 年)，《苏联教育制度》(*Das Bildungswesen in Sowjet-Rußland*，1921 年)，《日本的劳工运动与农民运动》(*Japans Arbeiter-und Bauernbewgung*，1927 年)等。其主要著作大部分是论文或短篇文章，刊登在各种杂志上，内容颇为广泛，包括博物馆教育、民族运动、音乐教育、电影教育、民众高等学校教育等。短篇文章后来由斯坦曼(Steinmann)集成《民族·诸民族·故乡·世界》(*Volk-Völker-Heimat-Welt*)一书出版。

(一)关于社会教育学的概念

赖希魏因的社会教育思想是根据亲身经历总结的。他看到当时德国农村生活清苦贫穷的现象，说道："对于我整个的生活有决定性影响的因素，就是见到威斯特伐(德国莱茵河右岸的山脉)的贫穷农夫，那时我还年轻，当兵的时候就是在该村庄度过的。"[①]这些重要的经验使得年轻的他就感觉到了社会因贫穷造成的现象——社会的苦难与社会的差距。他由于有上述想法，因此形成了他的社会观，认为人对社会应该负有责任，想借此提高国民的知识水平。

---

① Adolf Reichwein, *China und Europa*. Berlin，1923，S.9.

赖希魏因的社会教育思想很显然受到"游鸟运动"的影响。他写信给他的妻子说："游鸟运动十年来有很大的成就，是一种真正的青年运动。"依据自己的经验与体验，他认为教育的概念就是要建立"新的生活风格"，"游鸟运动"就是青年人新的生活风格的表现。

赖希魏因认为，"游鸟运动"直接与土地和人民、道德、风俗习惯、民族性有关；又认为文化的根本是民族性，不同的民族性形成不同的文化。其次，"民族艺术"也与文化有密切的关系，因为"民族艺术"是民族文化的一部分。在以上前提下，"游鸟运动"融合了文化与艺术，成为一种"自由的与精神的活动"①。

赖希魏因认为应该用现代科学的方法去了解社会教育学，这样对于社会教育学才会有正确的概念。研究社会教育学就是要找出方法来办理自己同胞的教育，尤其要养成责任的道德意识。社会教育所要帮助的不但包括儿童与青年，而且包括成人与老人；也就是说，所有年龄阶段的人和所有生活范围以内的人，如果有需要，都应该得到帮助。

赖希魏因认为社会教育与社会、政治关系极为密切，只有在社会与政治安定时，社会教育才会发展得更好。如果碰上战争与革命，社会教育就难以推展，不但如此，还会造成"文化危机"（Kulturkrise）。他说："战争与革命很显然地会造成文化危机，使我们失去安定，甚至对信仰产生怀疑，连带地产生'文化怀疑'（Kulturskepsis），使整个形式发生改变。"②

赖希魏因尝试将中国古代哲学应用到现代，给予青年人"指导的帮助"（Orientierungshilfe）与"预示的帮助"（Deut-undshilfe），使青年人已经失去的价值标准和方向重新显示出来。③ 他说："年青一代的团体，遭受到时代纷扰的

---

① Frank Fischer, *Unser Wandern*, in Werner Kindt, *Grundshriften der deutschen*, 1963, S.80.

② Adolf Reichwein, *Volksbildung in Rubland*, S.682.

③ Hans Bohnenkamp, *Gedanken an Adolf Reichwein*, S.12.

精神问题，'东方的智慧'(Selbstbesinnung)则有助于安定与宁静。"①赖希魏因十分称赞中国文化，认为中国古代的哲学是东方的智慧。在他看来，中国文化有许多值得学习的地方，应该要求年青一代具有中华文化的理念，并具有"东方的智慧"，这样才能做"自我的致思"(Selbstreflexion)②，以达到"自我的反省"，能较好地控制文化的情况与社会的情况。赖希魏因的社会教育学的概念融入了中国古代哲学，融入了"东方的智慧"，即以助人为根本的责任感意识。

(二)关于社会教育学的基本观点

赖希魏因的社会教育学的基本观点为舍弃个人主义，以社会全体为前提，追求社会更新，建立社会的新形象，以进入理想的社会。

首先，赖希魏因认为，个人主义是文化危机产生的重要原因之一，社会教育就是要解决这个问题。个人主义虽然范围不同，但是都足以造成文化危机。所以在社会、国家及职业生活的范围里，都要超越个人主义。这样不但能使个人理性化，而且能进一步地建立社会的关系与人的关系。他说："个人主义在经济的范围中的意义是资本主义，在职业、社会与国家中的意义是：以机械生活为目标的管理，因此是置于机械的压迫之下的，是由个人必须解放出来，恢复到'我'的真面目，那就是'人格'，是穿透资本主义的机械论的工具。"③在赖希魏因心目中，个人主义是文化危机的根本，与资本主义几乎没有什么区别。人如果过分强调个人主义与资本主义，那么就会成为机械的附庸。因此，社会教育就是要扬弃个人主义与资本主义，将人与人视为社会中互为关系的群体。

其次，要解决个人主义的危机，就是要打破"个人主义的循环"(individua-

① Adolf Reichwein, *China und Europa*, Berlin, 1923, S.9.
② Adolf Reichwein, *China und Europa*, Berlin, 1923, S.15.
③ Adolf Reichwein, *Vom Gemeinschaftssinn der deutschen Jugendbewegung*, S.2.

listiche Kreislauf)，推行社会的更新。① 其解决的方式是，必须向每一个人尤其是青年人灌输"社会思想"，让青年人在小团体中能体验到"社会思想"，即"同志情谊的精神"（der Geist der Kameradschaft）与"预备帮助的精神"（der Geist der Hilfsbereitschaft）。在古老的社会里，那些古老的文化有时与社会并不一定有太大的关联。自从有了政府的组织以后，有领导者出现，人们就慢慢地开始团结，于是产生了"同志情谊的新世界"（die neue Welt der Kameradschaft），那就是"工作的协同体"（Arbeitsgmeinschaft）。在这个协同体中，不同的人，如自由的人、强有力的人、独立的人，组成了一个工作社会。

赖希魏因对社会更新持乐观的态度。他认为只要能了解困难，解决困难，有足够的人力，就可以达到社会更新的最高目的。他甚至认为，人们不需要具备各种社会理论的知识，也不需要有社会的或政治的目标，很容易就可以了解"新的人的社会的图像"②。在这个图像中，青年运动要具有社会的形式，也就是青年人在社会中，能实现自己的理想，能创造自己，并能对社会中的事物与人用良心来加以衡量。因此，社会教育就是要养成人们"在社会中过新的生活"，以服务为目的，于是"为他人服务是正确的社会法则"。

由此，赖希魏因认为社会唯有改革，才能更新，才能进步，朝理想的社会迈进。理想的社会是精神的社会（Geistgemeinschaft）、生产的社会（Produktion-gemeinschaft）、陶冶的社会（Bildungsgemeinschaft）、教育的社会（Erziehungsge-meinschaft）、民族的社会（Volksgemeinschaft）五种社会的综合。社会教育的功能就在于建立理想的社会，这种理想的社会也就是和谐的社会。

然后，赖希魏因将社会的性质区分为生活的社会和工作的社会。所谓生活的社会（Lebensgemeinschaft），其意义为：营造共同生活的社会或一群人在

---

① Adolf Reichwein, *Vom Gemeinschaftssinn der deutschen Jugendbewegung*, S.2.

② Adolf Reichwein, *Vom Gemeinschaftssinn der deutschen Jugendbewegung*, S.2.

同一时间与空间里，为了本身的生存而互相依赖的社会。① 所谓工作的社会（Arbeitsgemeins-chaft），其意义为：工作范围非常广泛，不但包括精神的工作与身体的工作，而且包括文化的工作，如音乐、游戏与庆典等。工作的社会中的人们要讲求新的工作方法，这样对经济才有帮助，才能发挥实际的作用。② 人们所处的社会，既是生活的社会，也是工作的社会，因为人们必须共同生活，不能离群而索居，同时人们也必须工作才能谋生活。那么，"为生活而工作"与"为工作而生活"、"生活"与"工作"相辅相成。

最后，赖希魏因强调，社会新形态的形成，主要的因素有二：一是战争，二是进化。前者对于社会新形态的形成来说是急剧的，并且是重大的变迁；后者对于社会新形态的形成来说是逐渐的，其变迁是缓慢的。社会教育对社会改革的促进是缓慢的。社会必须不断地更新，才能产生新的社会形态。要建立社会新形态，首先须有新的社会秩序，其次是社会观，最后是社会经验。这三者只有互相配合，才能建立社会新形态。

(三)关于社会教育的理念

赖希魏因的社会教育理念主要来自纳托普。他认为，个人在社会中，逐渐客观化(其主观消失)，社会的图像开始发展。所以教育要强调社会面，然后使社会面趋向于"社会的极"（Pol des Soziales）。③ 因此，教育活动要强调体验社会理念，了解个人与社会之间的关系。而且现代社会教育要引导人们具有责任意识及与他人和谐相处。

基于以上原因，赖希魏因肯定社会教育以"人性的理念"（die Idee der Men-schlichkeit）为重心。他认为，在现代工业社会里，社会教育的概念是所有社会改革，其中心应以人的需要为主，因此"人性"成为"社会教育的概念的

---

① Adolf Reichwein, *Schaffen des Schulvolk*, 1964, S.190.

② Adolf Reichwein, *Vom Gemeinschaftssinn der deutschen Jugendbewegung*, S.2.

③ Hans Bohnenkamp, *Gedanken an Adolf Reichwein*, S.11.

支柱"。因为在赖希魏因的心目中，每一个人的价值与尊严在任何情况下都是
"严肃"的。

赖希魏因认为，推行社会教育时，要基于人性去考虑人的生活是否合乎
教育的原则，这样社会教育才会有效果。基于人性去考虑他人的所作所为，
必须是设身处地地体会，这样才会了解人性。

赖希魏因认为，在教育与陶冶的范围内，人性是不可或缺的基础。教育
家所持有的"人性的理念"的观点，认为人性是教育思想与教育行为的原动力。
把这种人本主义的观点引入社会教育的理论，对于从事教育工作的人来说是
非常重要的，因为这种理论强调"教育青年人对事与人的尊敬"①。有了对人
对事尊敬的心态，才会有对同胞尊敬的心态，并将这种心态推展。此外，赖
希魏因还强调对于人性要有"新的体验"与"新的把握"，这样社会教育的动机
才会显现出来，从而实现教育目的。

赖希魏因也重视"精神"（Geist），认为"精神"将带给人们完满的意义。它
的形成力来自人的内部。在"精神"中，人可以了解生活原则，这种"精神"使
人产生有义务性质的法则，形成一种新的社会关系，使人与人之间能互相沟
通，互相唤醒，以了解人性的理念。②

（四）关于民众高等学校的性质

民众高等学校属于社会教育的范畴，民众高等教育与成人教育有关。赖
希魏因认为，成人教育除了职业辅导、职业选择和一般的民众陶冶工作以外，
还有其他三种重要职能：①双亲之家（Elternhaus），其设置的目的在于过一过
乡村生活；②青年运动（Jugendbewegung），其发展的目的在于把青年活动引向
正道，如"游鸟运动"；③战争体验（Kriegserlebnis），其演习的目的在于培养

---

① Adolf Reichwein, *Schule：Schulpolitik*, from *Zeitschrift für neues Deutschtum*, 2（1921/22），S.697.

② Adolf Reichwein, *Carl Heinrich Becker*, *Siegelbewahrer des Humanen*, S.6.

前线同志情谊。①

　　赖希魏因又认为，要有民族统一的中心理念，必须使不同的民众教育机构共同发挥功能。这些不同的民众教育机构中重要的要算民众高等学校了。在民众高等学校的工作中，他实际参与了耶拿民众高等学校的教育工作，所以对成人教育知之甚详。他认为，民众高等学校的教育目的是培养人们的统一精神，民众高等学校的任务是依据社会教育实施的步骤去认识与推行成人教育。民众高等学校的教学与一般正规学校不同，民众高等学校的教学应特别强调社会与政治的教育工作。其施教的方式是重视"实事求是"（Sachlichkeit）、"批判的思想"（Kritisches Denken）、"生活的接近"（Lebensnähe）三方面。"实事求是"强调，教育要注重对事实的解释，反对先入为主的判断与政治宣传。"批判的思想"强调要培养受教育者独立的批判思想。"生活的接近"要求受教育者在生活中立稳脚跟，并给予其生活的指导。据此，赖希魏因认为，民众高等学校是一种生活学校，它存在的意义就是教导受教育者了解社会实际。

　　但赖希魏因并不把民众高等学校看成一盘散沙，而认为民众高等学校应该有计划，教材的选择应以生活为主，并以与人有切身关系者为重。他认为经济学与生活的关系最为密切，而且经济问题也是实际的社会问题。

　　民众高等学校还是一个自由交谈的场所。当今重要的问题都可以提出来讨论，这样可以引导受教育者对事物有公正的看法，教导他们进行思想训练，这些都与个人的直观能力有关。

　　综上所述，赖希魏因认为民众高等学校具有四方面的性质。第一，民众高等学校是经济的学校（Wirtschaftsschule），传授现代工业社会所需要的经济学的基本知识，教导受教育者了解经济与社会的现实状况，以及其所包含的

---

① Adolf Reichwein, *Bemerkungen*, S.3.

问题和它的层次。因此，控制经济机构与社会结构是社会教育的主要课题。①
第二，民众高等学校是民众的学校（Volksschule）。民众高等学校运动的本质
与功能在于促进民族的统一与团结，所以，"民众高等学校，我们认为是一种
民众的学校，民族命运之所系，社会问题之解决，团体活动之推动等方面的
场所"②。第三，民众高等学校是人性的学校（die Schule zur Menschlichkeit）。
民众高等学校的本质是"人性的学校，换句话说是以人性为主"③的学校。人
性陶冶的主要原则要以社会为图像，使每一个人都能发挥其力量，在理性化
与技术化的现代工业社会，不但要重视人的价值，而且要重视在生产过程中
的实用性。④ 社会教育要兼顾以上的重要因素，在强调社会与经济的重要性之
际，也要体认人性的原则。第四，民众高等学校是团体教育的场所。民众高
等学校的任务是训练青年人与成年人，使他们不但在专业的范围内有专门知
识，而且有与人交往的能力。这样，民众高等学校就成了知识媒介的场所和
团体教育的中心，使受教育者在生活的范围中有所创造。因此，要把民众高
等学校视为"民众高等学校协同体"，视为团体生活体验的场所。⑤

（五）关于社会教育的展望

赖希魏因对社会教育的发展深具信心，认为社会教育应该普及于社会，
为青年人与成年人提供良好的学习场所，要依照裴斯泰洛齐的教育理想，将
人教育成"脑、手、心"三者和谐发展的人。他说："陶冶人的精神与心灵、意
志与态度，使其在生活中均衡发展，个人能形成他自己，这就是教育的意义
与目的。"⑥

---

① Adolf Reinchwein, *Wirtschaftskunde*, in *Blatter der Volkshochschule*, 6（1924/25）5,
SS.56-57.

② Adolf Reinchwein, *Wo stehen wir?*, S.4.

③ Adolf Reinchwein, *Wo stehen wir?*, S.4.

④ Adolf Reinchwein, *Jungarbeit-Ereizeit*, S.27.

⑤ Adolf Reinchwein, *Der Volkshochschul-Bau*, S.3.

⑥ Ernst Keβler, *Adolf Reinchwein zum Gewaltlosigkeit*, S.2.

他认为，社会教育应该有目的，这样才能有所成就，实现"真正的生活的帮助"。一是为民众的教育尽心尽力，其中包括个人的发展、文化的体验等；二是谋求社会生活的适应，以及社会依照既定的目标和谐地发展。依照赖希魏因的观念，社会教育的理想在于追求"完整性"，培养受教育者成为"完整的人"。所谓"完整的人"，就是具有完整的人格，身心都健全，并且具有各项能力，足以适应社会生活，尤其是具有责任心，能为他人和社会服务。

因此，赖希魏因将社会教育分为知识教育与品格教育。前者追求基本知识及职业方面的知识，尤其是要培养受教育者对于一件事情能有正确的观点，并且积累各方面的经验；后者在于培养受教育者具有负责任的品格，从而使社会的关系发生积极的转变。他认为，这种社会关系的转变不是梦想，是可以实现的，但是要有完满的人格、坚强的意志力、谦逊寡欲、牺牲四方面的互相配合才行。社会关系发生改变，才能形成"社会的更新"，以建立进步的新社会。

赖希魏因非常重视民主，他提出了社会的理想与民主的理想两种理想类型。所谓社会的理想是人人有责任意识，人人为他人服务；所谓民主的理想是"团结"与"容忍"。"团结"是各方面都和谐安定，有可能实施民主制度；"容忍"是每一个人都负有"共同的责任"，能够尊重对方的意见。社会教育就是沿着社会的理想与民主的理想的道路迈进。

四、诺尔的社会教育学理论

诺尔(Nohl，1879—1960)于1879年10月7日出生于德国首都柏林。其学术成就主要在教育学领域。他主张教育学是一门独立科学，其他的研究涉及历史、哲学、德国语言等。他的思想受狄尔泰及鲍尔生(Paulson，1846—1908)影响很大。诺尔受狄尔泰的提拔，担任其助手。1919年，他被聘为耶拿大学的教授，同年在图林根创办了"民众高等学校"(Volkshochule)，1920年转任哥廷根大学教授，讲授哲学与教育学，直到 1949 年退休为止。在当时许多学者批评教育的情形下，他深受改革教育思想的刺激，发挥了其老师狄尔泰的"精神科学的教育学"的理论。他特别注重"教师的培养"与"教育社会学"，最终成为社会教育学大师。

诺尔著有《苏格拉底与伦理学》(*Sokrates und die Ethik*，1904 年)，《绘画的世界观》(*Die Weltanschauungen der Malerei*，1908 年)，《教育学与政治学论文》(*Pädagogische und Politische Aufsatze*，1919 年)，《德国的教育理论及其运动》(*Die Pädagogische Bewegung in Deutschland und ihre Theorie*，1933 年)，《哲学概论》(*Einfuhrung in die Philosophie*，1935 年)，《美学的实际性》(*Die Asthetische Wirklichkeit*，1935 年)，《性格与命运》(*Charakter und Schicksat*，1938 年)，《道德基本经验》(*Die sittliche Grunderfahrungen*，1939 年)，《三十年来的教育论文选》(*Pädagogil aus 30 Jahren*，1949 年)，《现代教育的课题》(*Die Pädagogische Aufgabe der Gegenwart*，1949 年)，《席勒》(*Schiller*，1954 年)。在他去世后，《教育学的负担与课题》(*Schuld und Aufgabe der Pädagogik*，1962 年)，《社会教育学的课题与方法》(*Aufgaben und Wege zur Sozialpädagogik*，1965 年)，《学校教育论文选集》(*Ausgewahlte sculpädagogische Schriften*，1967 年)，《教育学论文选集》(*Ausgewahlte pädagogische Abhandlungen*，1967 年)，《德国运动》(*Die Deutshe Bewegung*，1970 年)等出版。

(一)关于社会教育学的概念

诺尔认为，新的教育是一种最好的诊治方法，对国民中不幸者予以辅导，使他们更快乐、更勇敢、更有创造性。他于《教育学与政治学论文》一书的序言中提出了"生活中的工作"(Lebensarbeit)的理论。[①] 教育在生活的空间中，要建立教育学的本质，尤其应以裴斯泰洛齐的教育学为基础。

诺尔将教育学的基础分为三方面：一是"实际—俗人的"(realistisch-welt-

---

① Herrman Nohl, *Pädagogische und Politische*, 1919, S.4.

mannische)基础，二是"社会的"(soziale)基础，三是"人文的"(humanistische)基础。在社会的基础方面，诺尔强调政治教育的价值。他说："所有的生活指向建立在我们国家的意志统一与力量提升上，这就是早期所谓国家公民教育。"①所谓国家公民教育，他解释：一个民族用政治的方法来"形成"它，换句话说就是政治的陶冶、理想的实现。政治教育的目的在于自由、民主的实现，并且使一个国家成为"文化国家"(kulturstaat)。

与威尔曼早期的思想相同，诺尔认为个体教育学与国家教育学相对立。诺尔强调国家教育的价值，国家教育又偏重在政治教育方面。他说："总而言之，坦白地说，社会教育学，就是国民(民众)的教育。"②但是后来他扩大了社会教育学的概念，认为"理想的文化国家"的目标，在完成的过程中，个人教育不容被忽视，所以需要发展一种"新的社会教育学"，在本质上与需要上涵盖个体教育学，因为个人的"需要帮助"(nothilfe)的思想掺杂在其中。③ 于是他将个人教育与国家教育加以结合。

诺尔在教育上所做的努力，在建立"教育情境"与"教育关系"上。社会教育一方面将其基础建立在"帮助的需要"(hilfsbedürftig)上，另一方面又是"自我帮助"(selbsthilfe)。这两方面成为社会教育的重要课题。因此，社会教育一方面要建立"人的新概念"(neuer Begriff vom Menschen)，另一方面要从新人文主义出发去建立"人的文化协同体"(die menschliche kulturgemeinschaft)。

人在社会中要通过团体生活，团体生活应具有民主的方式，因此，政治教育应该强调对民主的认识，在学校中也要安排这种生活，在自由与自我活动方面也要讲求服从。诺尔认为，心灵是一种内在的形式，善与恶各方面均

---

① Herrman Nohl, *Die pädagogische Bewegung in Deutschland und ihre Theorie*, 1963, S.226.

② Herrman Nohl, *Pädagogische und Politische*, 1919, S.5.

③ Erich Weniger, *Herman Hohl und die Sozial Pädagogische Bewegun*, in *Beitrage zur Menschenbildung*, Herman Nohl zum 80. Geburtsag, I. Beiheft der Zeitschrift fur Padagogik, Verlag Beltz Weinheim, 1959, S.5f.

掌握在人的手中，个人的正确教育成为创造共同生活的基本条件。

诺尔认为，社会教育具有"责任"（verantwortung）的意义，这种"责任"应分为两方面：一是个人责任，也就是"自我的责任"（selbstverantwortung）；二是社会责任，也就是"帮助的责任"（hilfsverantwortung）。他说："心灵之集中的秘密就是自我的责任，这种自我责任的成长，其价值在于赋予人义务，并能自我认识，过自由的共同生活，它的课题在于为协同体承担一部分责任，成为团体的一分子。自我的责任就是责任的主观化。"①社会的责任在于建立"道德结构"（sittliche struktur），"所有的人在共同生活中，所要把握的就是实际的道德"。②

社会教育的实施应该重视教育的责任。有了责任，社会教育的对象应该是那些需要帮助的人。其工作范围包括无人管教的儿童的教育、青少年的福利与养护、青年的辅导与帮助、民众高等学校的教育工作等。诺尔除了提出上述的见解外，还认为社会教育应依"重要的情况"而实施，偏重于教育实施方面。所以对于社会教育的课题的了解，应该以深入了解教育问题为主要手段。社会教育注重实际，所以与生活有关，于是"生活的了解"与"生活的辅导"成为社会教育的重要工作。③

（二）关于社会教育的工作范围

诺尔认为，社会教育的工作范围主要有四个方面。

第一，无人管教的儿童的教育。诺尔认为，无人管教的儿童的教育问题是很重要的问题，但并不是很严重的问题。因为对于这个问题，不但要由专家来解决，而且要加以研究。④ 专家处理无人管教的儿童的教育问题时一般会

---

① Herrman Nohl, *Pädagogische und Politische*, 1919, S.58.

② Erich Weniger, *Theorie der Bildung*, in *Beitrage zur Menschenbildung*, Herman Nohl zum 80. Geburtsag, I. Beiheft der Zeitschrift fur Padagogik, Verlag Beltz Weinheim, 1959, S.5.

③ Herrman Nohl, *Charkter und Schicksal*, *Eine pädagogische Menschenkunde*, 1949, S.11.

④ Herrman Nohl, *Jugendwohlfahrt*, in *Socialpädagogische Vortrage*, 1927, S.25.

考虑两个要素：一是环境，二是设施。诺尔认为，教育设施对人的发展有很重要的意义，而且环境也与人的发展有密切的关系。无人管教的儿童如果没有接受好的教育，其人格必将会有错误的发展。因此，照顾无人管教的儿童，要以外在环境的教育力量使人的本性发生改变，并保持良好的一面。

对于无人管教的儿童，诺尔常采用心理分析的方法医治，即以弗洛伊德的方法为基础。诺尔认为，弗洛伊德的心理分析方法的应用具有广泛的意义，但不是从"原始欲望"（primare libido）着手，而是从人与人之间的关系去把握。裴斯泰洛齐重视家庭中成员关系的理论值得被重视。因为裴斯泰洛齐认为家庭中的父母兄弟姐妹的关系是一种"聚合的人的关系"（die gesamtmenschliche bezüge），这种关系可以使儿童在家庭生活中学习，与环境建立良好的关系。

按诺尔的观点，对于无人管教的儿童的教育，要给他们幸福与快乐，期望他们的行为能完美，供给他们各种运动、游戏、活动的设施；此外，还要时常给予奖赏，奖励其良好的行为表现，并且要他们体验那些高尚的情怀，将这作为一种幸福的意志训练。

诺尔还认为，实施无人管教的儿童的教育，应该赋予其"高级的精神指向"（höhere geistige richetungen），使儿童朝正确的方向发展。他的发展不但要经由教导，而且要经由在团体中的生活，才能有正确的方向。[1] 必要时可以给予青年人一些刺激，这些刺激对青年人的生活能量具有唤醒的作用，能够产生新的火花。诺尔认为，青年人的职业与兴趣是一种"高级兴趣"。他说："青年人做一件事情要能成功，必须唤醒其高级兴趣，以自我生活为中心，将其转变为所有高级存在的基础。"[2]

对于无人管教的儿童的教育，应该以能提高其将来的生活水平为前提，并且要发展其责任意识，引导其进入团体，使其容易获得成功，这样他们才

---

[1] Herrman Nohl, *Jugendwohlfahrt*, in *Socialpädagogische Vortrage*, 1927, S.108.

[2] Herrman Nohl, *Jugendwohlfahrt*, in *Socialpädagogische Vortrage*, 1927, S.108.

觉得团体活动有意义。

第二，青少年的福利与养护。诺尔建议要发展教育的实际活动，尤其是社会教育的实际活动。社会教育所谋求的是"需要的帮助"和"人的权利的获得"，所以社会教育所努力的也就是实现青少年的福利与养护。他提出了"青年福利的养护"（jugendwohlfahrt-spflege）这一术语。这种"青年福利的养护"，"它的目的不只是权利、健康、经济的成就或者是心灵治疗的维护，因为这些只是一部分而已，最重要的是幸福的获得"。① 从以上的教育观点出发，社会教育必须邀集政党、教会参与，并非只是国家的责任，而且施教的人必须具有帮助他人的热忱。站在另外一个立场，照顾对于个人而言，是有客观的价值的，并且对那些穷苦无助的人，要激励其追求幸福，除了吃、住、工作以外，还要有娱乐。这些事情就如一个人渴望获得爱一样。

按诺尔的观点，社会教育的工作具有广泛的意义。他认为，所有社会教育所要做的努力，都要以需要的情况来定，对于照顾的加强，将其视同母亲关心孩子的方式来处理。不过，不能忽视的是还要激发青年自我帮助的意志，也就是帮助者具有责任意识，被帮助者不能完全依赖他人。同时，帮助者也要斟酌需要的情况，做出不同程度的帮助，不能一味地一视同仁。

诺尔认为，必须把社会教育工作视为积极主动的工作，而不是等待伤害发生以后才去处理，所以要尽可能做预防工作。在所有的工作范围中，对于青年的教育，社会要主动负起责任来。同时，青年人应具有理想。社会希望青年人成为有用的社会公民；青年人希望在工作上有成就，能独立。这两方面构成了"社会教育职业的伦理"（ethos der sozialpädagogische berufe）。

社会教育除照顾以外，还有保护的义务及引导的责任，这正如欧洲中世纪的"骑士精神"（ritterlichkeit）。因此，诺尔认为对于青年的照顾发挥社会的

---

① Herrman Nohl, *Pädagogik aus draiβig Jahren*, S.142.

功能是非常重要的。① 然而这种理想要实现，必须要求家庭、团体共同负起责任，引导青年人度过危险与困难。此外，也要有"精神上的慈爱"（geistige mütterlichekeit），才能有关怀与细心的照顾，使青年人在生活上获得帮助。诺尔认为，在一个家庭中，丈夫应该有"骑士的精神"，妻子应该有"精神上的母爱"，这样儿童才能得到好的照顾。同样，社会亦然，男人应该扮演骑士的角色，女人应该扮演母亲的角色，这样青年人才能获得保护与帮助。

第三，青年辅导与帮助。青年的成长过程需要成年人的辅导与帮助。成年人必须建立一种信念，那就是青年人遇到困难必须帮助他、照顾他，使他的困难得以化解。因此，青年辅导与帮助工作应是正面的转变。也就是青年辅导与帮助的主要任务是诊治破碎的创伤，还要使那些无法上学者与一般的民众陶冶发生关联。人们可以将这样的工作比作医生照顾病人。这种工作是具有完整性的工作，但是这完整性并非包括一切，因为教育和医疗对象只是那些有缺陷者，这种情形恰可与健康对比。温登堡曾说："就是再有良好的医药设备，也不能终止对健康的要求，必须确定身体之精神能力对于工作所能负荷的程度，一般国民的注意力不是置于健康上，而是集中于疾病上。每一个人应自己负责保持其健康，对抗失责和对健康的忽略。"② 人们将注意力集中在疾病上，而不把注意力集中在健康的保持上，以致轻视了对青年辅助的责任，只针对青年犯罪行为或不正常行为进行发掘，形成了本末倒置的现象。

对于青年辅助的实施是无可争论的，这种"精神丰富的社会思想"是高度同情心的发挥，也是对社会伦理的重视。青年辅助的指向建立在人的高等陶冶与环境的高等陶冶上。青年辅助与陶冶也有着密切的关系。陶冶的问题不但与人有关，而且与环境有关，二者要相互改变——人们改变环境，环境影

---

① Herrman Nohl, *Pädagogik aus drai βig Jahren*, S.144.

② Job-Gunter Klink, *Gegenwartspädagogik*, *Kamps pädagogische Taschenbucher*, 3, Aufl, S.127.

响个人。人受教育不能用世俗的眼光来衡量。纵使个人有不良的发展，社会团体对他的教育也要担负责任，并应寄予深深的同情。

青年人的心理问题，往往最容易被忽略。凡遇有心理学问题，必须施与教育的辅助。辅助的出发点是"自我帮助的意志"和"责任心"的唤醒，对自己如同对团体一样。辅导者所站的地位是观察，并负起责任；被辅导者很自然地被问及相关的事情，辅导者根据法律所赋予的权利行事。

诺尔认为，如果辅导者所做的辅导只是以社会伦理为范围，或者只作为一位同情的使徒，那么这就完全误解了裴斯泰洛齐"教育爱"的观念。因为教育辅助是一种"教育爱"。也就是说，最后每个人只有他自己能够自我帮助。所有对青年人的辅助和教育，应该鼓励其创造自我帮助的力量与勇气。处理这个问题，人们应再度去加深研究，最小的事情也凭良心去做，这就是社会教育所要努力完成的目标，而且社会教育最后仍有个人的价值。

诺尔又认为，德国公共辅助的工作做得并不成功，尤其是教育上的福利与养护方面不完善。因此，需要唤醒人们建立"自我帮助的意志"。有了这种自助的意志，才能为自己建立信心，也才能为他人服务。

以上那些概念是严肃的，同时对于国民健康的促进也具有很大的意义。所以医治与救助的青年工作，对于那些生病与不幸的青年是非常重要的。这些工作应建立在预防上，医疗也要建立在预防上。诺尔认为"照顾"（fürsorge）是以"兴趣"为前提的，因为一个人必须对某一个人发自内心地喜欢，才会愿意去照顾他。并且"照顾"是一件很烦人的工作，如果没有兴趣的支持，这项工作很难继续下去。

"青年养护"（jugenpflege）这个名词比"照顾"有更深长的意义，是社会教育的主要课题。养护有一种积极的意义，那就是健康的保持，以维持人的健康。这种工作要从夫妻的讨论和母亲的协助开始，到托儿所、母亲咨询所、幼儿园、日间学童托管所、日间之家、地方修养所、教育咨询所、被学校开

除之青年养护所、职业咨询和青年民众高等学校等。以上这些场所、机构在
为促使青少年及儿童在环境中保持健康而努力。所以发展是积极的工作，其
精神是教育的本质。正确的发展和积极的指导成为青年工作的重要项目。

第四，民众高等学校的教育工作。诺尔曾经在图林根设立民众高等学校，
这种学校也属于社会教育的一种。他在军队时见到士兵们在精神上与心灵上
很贫乏，于是他产生了创办民众高等学校的动机，想利用"民众高等学校来教
育社会上的每一个人"。

诺尔认为，在社会中，人们应该学习新的见闻。新的见闻可以分为两方
面：一是低层次的国民有精神上的需要，去认识更多的事物，以增加见闻，
因为他们无法接受更多的普通教育，由此可用民众高等学校来补充普通教育
的不足；二是国民要从低层次迈入高层次，必须以经济做基础，通过教育机
构的教导才能完成，也就是实施国民的陶冶与生活的陶冶，并且进一步发展
科学的专门教育，使国民的教育进步更快。国民接受良好的教育之后，将会
与国家更为密切，与工厂中的工作人员更为密切，甚至会与路上的行人更为
密切。①

民众高等学校的教育对象虽然是从青年开始的，但最重要的还是成年人。
其主要特征如下。

一是民众高等学校是一种教育组织，其重要意义在于实施高级人性的陶
冶，增强国民责任感。在诺尔看来，民众高等学校对于精神文化的陶冶有很
大的贡献，因为它具有启蒙作用，成为国民陶冶的新指向，可以使民众对于
人及文化团体有新的认识，也就是使这种学校具有新人文主义的色彩。这种
学校根据"人性"来创办，其目标是培养对社会有用的公民，使他们能过公民
的生活。因此，民众高等学校的陶冶在于使人具有"完整的精神力量"，能过
"工作生活"与"团体生活"。

---

① Herrman Nohl, *Die pädagogische Bewegung in Deutschland und ihre Theorie*, 1963, S.23.

二是民众高等学校不仅是获得知识的场所，也是从精神教育到公民教育的进一步发展。所以，民众高等学校的教育问题是从以上观点出发来探讨的，由此可以认定民众高等学校的教育问题也就是成人的教育问题。在这种学校受教育，可以找寻生活中一种可了解的关系，建立教育的课题。在学校中，受教育者可以自由地工作和做决定，这就肯定了人在世界中的地位。不仅如此，民众高等学校顾及生活的不同力量之间的关系，包括经济的、政治的、文化的与宗教的力量及其构成的法则。它们肯定了人的关系和人的生活形式，学生的需要将获得满足。

三是民众高等学校与青年教育的关系是"青年养护"与"青年照顾"。此外，民众高等学校也与大的社会教育机构，如民众图书馆、音乐厅、艺术馆、博物馆等合作，提供具有民众教育性质的服务。其项目包括阅读、民俗艺术的保护、民众音乐会、团体晚会、农村福利的照顾、工会教育联合会的成立等。

四是民众高等学校设立的最大意义是在快乐中培养教育意志，把工作当作生活，以愉快的心情参加社会活动或宗教活动，用教育来扩展视野与工作范围。而且这种学校有很多教育课题，如加以分析，成人教育也有不同的形式，许多因素也具有陶冶的功能，如报纸、电影、生活圈的关系等。

民众高等学校也具有一些学校教育的性质，然而在今天，人们并不怎么考虑这一点。民众高等学校所能发挥的作用，包括知识的灌输、科学分析的思考和具体生活要件的思考等。所以它的工作是"一种实际的工作、有意义的工作，而且是一种必需的工作"①。

（三）关于社会教育的理想

诺尔在《社会教育学的评价》（*Sozialpädagosche Ansatz*）中强调："教育被理解为生活辅助与生活教导。"因此，社会教育的工作，其本质是解决个人所遭

---

① Herrman Nohl, *Die pädagogische Bewegung in Deutschland und ihre Theorie*, 1963, SS. 23-29.

遇到的困难。社会教育工作者不但是理想的热衷者，而且是重视生活实际的工作者。他们能感觉出青年或成人所面临的问题，能鼓励他们面对困难、克服困难。所以，社会教育的工作被理解为一项生活之责任性的工作，它的产生是为了在生活中做出反应，进而解决困难，使人们在社会中能生活得更幸福。

按照诺尔的意见，社会教育也具有普通陶冶的性质。其职业陶冶的性质为：职业养成与职业进修。这两种性质的综合可以促使人形成"伟大的兴趣"，致力于生活问题的解决。诺尔说："人，以生活的奋斗为手段，要问一问自己存在的意义，哪些所教导的是实用的思想，并有所帮助。"①因此，社会教育可以提高人文陶冶与教育实际的价值。

诺尔把社会教育看成一种帮助，尤其是急难的帮助。困难一解决，人们就可以过上幸福的生活，再加上文化的陶冶，使人能变化气质，有责任感，有道德意识，从而形成新的生活形式、新的生活类型与新的生活风格。

第三节　文化教育学思潮

诞生于德国的文化教育学是 20 世纪初西方最重要的教育思想流派之一。此后半个世纪，文化教育学逐渐风靡欧美，并波及日本、菲律宾，影响深远。

一、文化教育学的渊源

文化教育学是建立在狄尔泰生命哲学和精神科学的理论基础之上的，因而最早又被称为"精神科学教育学"（geisteswisseschaftliche pädagogik）。但是，在德国教育史上，人们对文化教育学（kuluturelle pädagogik）这个概念的解释充满着歧义。德国学者迪特里希·本纳（Dietrich Benner）在他所写的《教育科学

---

① Herrman Nohl, *Die pädagogische Bewegung in Deutschland und ihre Theorie*, 1963, S.29.

主潮》(*Hauptstromungen der Erziehungswssenschaft*) 一书中指出："精神科学教育学是本世纪二十年代兴起的教育流派,它主要探讨教育经验问题。"①另一位学者 H. 丹纳(H. Danner)认为,文化教育学主要关注教育现实性问题。② 还有学者认为,所谓文化教育学,就是从历史的文化立场来解决教育问题的一种教育理论流派。

以上几种观点都各有侧重,或从其研究领域,或从其研究的逻辑起点来界定文化教育学。这个学派在其目的论上,注重从历史文化和生命阐释入手研究教育,故被总称为文化教育学。这种状况足以说明这一教育思想流派理论的深奥性、内容的丰富性和影响的深远性。

(一)文化教育学的哲学基础

文化教育学作为一种教育思想流派,在其渊源上与 19 世纪后半期至 20世纪初期的各种人文哲学思潮密切相关。以德国哲学家狄尔泰为首的生命哲学和精神科学是其重要的理论基础。

19 世纪末至 20 世纪上半期,西方资本主义社会矛盾重重,阶级斗争十分激烈,社会政治、经济、文化动荡不安。为了重新恢复社会的稳定,调和日益加剧的阶级矛盾,生命哲学不仅反对传统理性派唯心主义的抽象原则和绝对观念,而且反对经验派唯心主义标榜的经验、感性事实,认为实证主义的机械论和唯理论的抽象原则均不能成为当代社会有说服力的世界观,而只有以"生命的体验""生命的充实"为根据的哲学才能成为洞察当代社会的本质和真理的世界观。以狄尔泰为首的生命哲学家将生命概念提到哲学的中心地位,作为各种现实和价值的出发点,以此去解决现代文化冲突,并开创了不同于唯理论和经验论的第三条道路。生命哲学坚决反对当时自然科学把物质看成僵死的、凝固的东西,主张用精神科学这一与自然科学截然不同的方法论去

---

① Benner, *Hauptströmungen der Erziehungswissenschaft*, München, 1978, S.195.

② Danner, *Methoden Geisteswissenchafttlicher Pädagogik*, München, 1979, S.21.

研究充满活力的生命现象。

生命哲学认为，近现代社会由于科学技术导致的严重分工以及社会等级制度，社会与个人、人的生命感性与理性、现实与理想发生了严重的分裂和对立，这种有限与无限、经验与超验的普遍分裂，使人成为畸形的碎片。人被物化了，丧失了生命的激情，失去了童贞。要获得人性的生命解放，必须重视人的生命，不断挣脱物质的锁链和理性的专制，恢复人性和谐，达到生命与世界、形式与内容、感性与理性、有限与无限、物质与精神的统一。生命只能通过体验和理解去把握，即只有通过融入对象、进行体验、寻找启示的解释学方法才能揭示人类精神世界的奥秘。

除了生命哲学和精神科学以外，文化教育学还广泛吸收了文化哲学，将其作为自己的理论基础。德国文化教育学的提倡者同时就是文化哲学的提倡者。因此，文化教育学的哲学就成为以生活为单位的一种哲学，一方面注重知、情、意的统一活动，另一方面注重历史的、社会的实在发展。在文化哲学透视下的"教育"，是以个人周围的客观文化为材料，使个人心灵得到陶冶的客观文化体系，由于个人心灵不断介入，因此更为生动。从这里可以看到，以"文化哲学为基础的文化教育学具有明显的'经验—实用'的文化传承与创造倾向"。以至于有的学者认为，20 世纪是以文化为主的时代，也就是教育的时代。①

文化教育学还以李凯尔特（Rickert，1863—1936）的新康德主义价值哲学为基础。在李凯尔特看来，价值是区别自然和文化的决定性标准，凡是文化必定具有价值，也必须以价值的观点加以考察。文化是财富的总和，它只有作为这样的东西才可能被理解，因为价值是在文化中"实现"的，历史创造了文化财富，文化价值实现于文化财富之中。因此，李凯尔特把哲学问题看成价值问题，尤其是文化价值问题。李凯尔特将价值问题作为哲学的重要对象，

---

① 朱谦之：《文化社会学》，151 页，广州，中国社会学社广东分社，1948。

有其合理性，尤其是对主客体及其价值的阐释，以及进一步将文化价值的重要地位凸显出来，提出"文化财"这一重要概念，对文化教育学的代表人物斯普朗格（Spranger，1882—1963）和李特（Litt，1880—1962）影响很大。

在方法论上，文化教育学受到胡塞尔（Husserl，1859—1938）的现象学的影响。现象学是一种通过所谓"直接的认识"去描述现象的研究方法。胡塞尔认为，经验和事实是靠不住的。所以应当通过观察具体形象来直观其本质。文化教育学融合了先验法与经验法，并把纯粹思辨与科学实证法结合起来，既重视经验，又从经验事实出发来力求直观普遍的本质。这一点可以从斯普朗格的生活类型说看出来。

（二）文化教育学的教育学背景

除了以上哲学思想的影响外，文化教育学还受到当时德国风云而起的各种教育思潮的影响。这些思潮主要的特征就是反对赫尔巴特将自然科学的步骤与教育理论相结合，而把活生生的教育关系变成了简单的"目的—手段关系"。也就是反对填鸭式的知识灌输，倡导一种注重人的知、情、意全面发展的教育。这些思潮中与文化教育学关系最为密切的为：回归自然教育、儿童本位思潮、艺术教育运动和劳作学校理论。

德国教育家赫曼·利茨（Hermann Lietz，1868—1919）有感于都市生活的病态和教育漠视个性的弊端，倡导返回人类的故乡——大自然中，去重新体验安谧的自然、芬馥的生活和温暖的人情。他于1898年在哈兹创办了"乡村教育之家"。利茨认为，教育有两个基本概念：一是祖国之爱，即爱自己的乡土，进而扩充为爱自己的国家；二是道德训练，培养学生追求理想的韧劲，增强他们的责任感与义务感。他赋予乡村教育之家三个宗旨：一是光明，指智慧的训练，即要使儿童认识真理，热爱理想，不为物欲所蔽，这样才能心智清晰，得到光明；二是爱，爱是情感与道德的陶冶，爱是人与人相处之道，人们之间互相理解，和睦相处，就会产生爱心；三是生活，即技能的传授。

利茨进一步认为，教育应包括品格教育、宗教道德教育、身心官能力量的发展、公民教育、民族文化发展的工作。换句话说，就是使每个学生的身体、精神、宗教感、道德感、知识、情感诸方面都能得到均衡发展。这种发展不是向下或横向的发展，而是向上的发展。利茨的乡村教育之家对于人格教育、艺术教育、劳作教育、体育活动非常重视，他是德国现代教育运动的开拓者。

儿童本位思潮由 19 世纪末 20 世纪初瑞典女教育家爱伦·凯(Ellen Key，1849—1926)倡导。爱伦·凯强调，教育是开发儿童固有个性的事业，因此，教育应以儿童为中心，任何有强迫性的计划教育都要取消。德国教育改革家贝特霍拉德·奥托(Berthold Otto，1859—1933)进一步发展了爱伦·凯的观点，但他除了重视儿童的自由活动及内在能力的发展外，也承认教师及教学在教育活动中的地位。奥托特别强调家庭与学校的密切联系，认为学校应具有家庭的和睦气氛，使有各种问题的学生无限制地发问。不仅如此，这种自由交谈的方式还有利于培养学生的民族精神，能够把生活方式不同、阶级对立的人们融合在一起，使其加强理解，彼此沟通，从而组成一个民族整体。奥托反对班级教学，认为教育工作应注重个别指导，使学生感情融和。总之，奥托认为，教育应该培养能独立思考、仔细观察外界、深切了解环境的新人。

德国艺术教育思潮的主要代表人物是厄内斯特·韦伯(Ernst Weber，1873—1948)。在韦伯看来，当时德国教育存在四种弊端：第一，学校教育内容跟人的生活相冲突；第二，忽视学生个性发展，倾向于团体教育；第三，这种教育带有强迫教育的特性，忽略了学生的自由活动；第四，偏重知识的灌输，忽略情操的陶冶。因此，他认为教育的任务是发展个人的人格特质和培养创造力。这种教育要求根据艺术原理来实施，也要求教师必须是一位艺术家，必须精于说话的艺术，同时要懂绘画、音乐和手工。教师教导学生，犹如艺术家创造作品一样，是在创造价值。艺术教育的基本原则就是发展儿童的个性，注重知、情、意的均衡发展。

劳作学校有别于传统的所谓"学习学校"，这种学校反对偏重课本知识及教师传授的教育，主张儿童自主活动，并通过共同的劳作活动使儿童的心灵均衡发展，以达到"职业训练"与"公民教育"的双重目标。其倡导者——德国教育家凯兴斯泰纳明确指出，一切教育的目的是教育有用的国家公民。为培养这种公民，就应使儿童在实际的共同劳作中得到训练，因为实际的劳作才能陶冶儿童将来职业生活的能力。同时，共同的劳作又培养了儿童为生活团体服务、为国家服务的精神。由此，他认为学校有三项任务：职业训练或职业准备，职业的道德化，团体生活的道德化。他所说的道德化是指提高人们内在的人格价值。

可以看出，以上四种教育思潮为了摆脱赫尔巴特教育思想的羁绊，从多个视角对德国教育进行了深层次的思考。尽管由于时代的局限，它们不免带有许多片面性，但这些片面之词为文化教育学的产生造就了浓厚的研究氛围，也为文化教育学者提供了新的研究思路，使其从"文化"这个大视角去研究教育。

二、狄尔泰的生命哲学和精神科学

哲学家狄尔泰是生命哲学的奠基人。他于1833年出生于德国比布里奇的一个牧师家庭，曾在海德堡大学学习神学，后来到柏林大学主攻历史和哲学，1864年获博士学位，1866年任教于巴塞尔大学，1877年到布雷斯劳大学执教，1882年起到柏林大学洛采学院任哲学教授，直至1905年退休。狄尔泰的哲学思想是对新康德主义的发展。他严格区分了自然科学与精神科学，并以生命或生活作为哲学的出发点，认为哲学不仅仅是对个人生命的说明，更强调人类的生命，指出人类生命的特点必定表现在时代精神上，但他却把生命解释为某种神秘的心理体验。他的主要著作有《精神科学导论》(1883年)、《哲学的本质》(1907年)等。狄尔泰的生命哲学思想为文化教育学的产生做了必要的理论准备，他也成为这一重要教育理论流派的先驱。

（一）关于精神科学

狄尔泰的生活年代正处于19世纪与20世纪之交的时代，这是一个理性哲学走上穷途末路和德国古典唯心主义哲学终结的时代，西方哲学正处在向非理性主义转折的非常时期。这种方向性的变化对狄尔泰的思想产生了决定性的影响。狄尔泰在哲学上走过一条由黑格尔转向康德的道路。发挥和改造康德对理性的批判是他的哲学理论的出发点。但他一开始就不同意康德以认识自然为主旨的认识论模式，认为哲学不应当从认识自然开始，而应当从阐释历史开始。他要求以历史理性批判取代康德的纯粹理性批判。他的生命哲学也因此主要表现为社会历史领域的研究。

狄尔泰认为，以社会历史事物和文化现象为研究对象的人文科学（精神科学）与以自然事物和现象为研究对象的自然科学有着原则区别。狄尔泰在《精神科学导论》中首创"精神科学"（Geisteswissenschsften）一词，以便与自然科学区别开来。"精神科学"本质上也是"人的科学"，包含了心理学、哲学和一些社会—历史科学。

狄尔泰认为，对人的研究与对自然的研究是不同的。对人的研究一旦成熟完备起来，就不仅是描述性的和理论性的（像自然科学那样），而具有规范性。人的研究包括由事实、公理、价值判断和规则所构成的三级命题。对人的研究旨在对人的产物和制度之具体情境的描述和分析，对它们做出评价。必须指出，这种评价并非以外在的方式（无论是理性的还是主观的）来衡量某种东西。在这种情况下，人的科学的目标是客观性。但是，狄尔泰认为人性的客观化应在其单一性上加以理解。评价就是去品评和鉴赏。狄尔泰并不绝对地排斥自然科学在理论上的普遍化，因为他感到只有当个性作为对齐一性的认识的升华时，对个性的鉴赏才是真实的。此外，理论和因果解释的尝试也应当成为人的研究的背景。

精神科学对人的研究与自然科学对自然的研究是不同的，研究精神科学的方法也有别于研究自然科学的方法。《精神科学导论》主张将人文科学建成阐明性科学，将个体体验、以创造性表达方式来表现这种体验、对这体验的反思三者之间的相互作用作为这一思想的基础。

（二）关于生命

狄尔泰认为，人文科学必须以"生命"（leben）作为研究的出发点，因为生命本身包含着揭示一切认识和一切思维的联系。一切认识的可能性的关键即以此为基础。在狄尔泰看来，从人类的社会制度和组织到个体的经历和心理意识取向，再到各种精神科学和文化形态（如语言、艺术、宗教、哲学和习俗、风尚等），以及人类历史的演进，无一不是生命的表达和体现。所以，"生命"这一范畴是与人类生活、历史和文化密切联系着的。他说："我们正处于传统模式的形而上学的终结之时，同时又在思考我们要终结科学哲学本身。这就是生命哲学的兴起。"①

生命或精神科学究竟是一个什么样的世界，这是理解狄尔泰生命哲学的关键问题。在狄尔泰看来，生命固然是有机生命进化阶段中的一个表现，但从科学进化论的角度来谈生命，已不是哲学的思考方式。因此，人的生命绝不能只由生物性来规定。生命是有限个体从生到死的体验的总和，植根于人类（社会—历史）的生命之中。生命表现为由情感去感受、以思想去反思的体验，而体验又总是对生命自身置于其中的生活关联的体验；也就是说，处于特定的社会—历史之中的生命的复杂关联就形成了生活。因此，生命即生活，生活即生命，其中心的关联是体验。一切知识都以生活关联域为基础，一切哲学理论都起源于日常生活关联和个体的生活。所有的思想，每一种内在和外在的行动，都体现着生活的结构。生命包括了人的全部活动和体验。正因为如此，狄尔泰极其重视心理学，但他既不把心理学看成实验的和对象化的

---

① 邹进：《德国文化教育学》，博士学位论文，北京师范大学，1989。

科学，也不把它当成只与人类经验的抽象形式相关的形式科学，而将其看成一种关于历史的生活经验的科学。

狄尔泰在具体解释生命概念的含义时，特别强调其时间性和历史性。生命是以人类永恒的历史为背景的，其实就是历史的生命、社会的生命。生命的本质只能到历史性的存在中去寻求，也就是只有在历史的进程中才能领悟生命的真谛。因为社会历史就是生命在时间上的延展。生命的首要特征是它的时间结构。我们所体验到的生命时间不是一连串细小而不联结的时间单位，而是一个人一生连续不断、由生到死所限定的处境，每一瞬间都伴随着对过去的意识和对未来的期待。对每一个人来说，生命就在他的活动、他的态度、他对人与事的认识、他与周围环境的关系中表现出他独具的特征。个人的生活通过他们同环境、他人及事物的关系而得到无限丰富，作为生命个体形成感知、评价等活动的系统联系的一个体验中心。但是，每一个人同时又是无数交叉系统中的一个点，无数个人聚成生命网络，汇成生命巨流，而生命本身就在他们中间体现为社会的、历史的实在。正是存在着生命的经验和意义，历史才成为可能。

（三）关于理解和解释

狄尔泰认为，在历史科学中，绝不能仅仅依据事件之间的因果关系来认识历史。历史事件之间的关系是意义关系，而不是像物理事件那样的因果关系。历史是关于在时间长河中人类所做的和所遭遇的一切，包括人创造的各种典章制度、风俗习惯及它们的产生、影响、作用等。历史的意义就体现在生命的创造活动中。历史的客观性与主体的心灵是一致的，因为历史本身就是精神世界的产物。历史学家所研究的每一事件的境遇对他们来说必须已经具有意义，而他们也正是通过接受置身于历史事件中的人们所做的解释来理解这些意义的。因此，对于理解生命和历史来说，各文化时期的传记和观念史都极为重要。

狄尔泰认为，个人对历史的理解必须在客观精神的广阔境遇中才能完成。所谓"客观精神"，又可被称为"生命的客观化"，它包含语言、习俗、生活的每一种形式或风尚、家庭、社会、国家和法律，乃至艺术、宗教和哲学。他认为，只有通过生命客观化的观念，我们才得以洞察历史的本质。个人是客观精神的普遍特征的承担者和代表，既是历史的存在，创造、享受着历史，又理解着历史。也正是在这种意义上，个人的生活经验与集体在历史中所实现的经验之间存在着一种结构性联系。

狄尔泰还认为，要获得对历史的认识，必须通过一条与自然科学相异而与其他人文科学相通的道路，这就是理解。理解和解释是贯穿整个人文科学的方法。因为生命具有意义，所以需要理解。狄尔泰借用德国哲学家施莱尔马赫的概念，把对理解和解释的研究叫作"解释学"。他认为精神科学对于人类精神的历史表达（艺术、社会制度、各门科学和哲学等学科）应当采用特殊的释义学的和批判的技术。这样一来，历史知识变成了一种对于在一段时间内人类精神的成果的描述。

狄尔泰的精神科学理论的影响巨大，直接为德国教育哲学理论奠定了一种全新的理论基础，催生了文化教育学派。

三、斯普朗格的文化教育学

斯普朗格是德国文化教育学派的主要代表人物、德国现代教育学的开创者。1882 年 7 月 27 日，斯普朗格诞生于柏林西郊利西特菲尔德（Lichterfelde）。他自幼聪慧，喜欢读书。6 岁时，斯普朗格进入多罗台恩（Dorothen）市立实科中学小学部学习；1894 年，升入"铁血宰相"俾斯麦的母校灰色修道院（Grauses Kloster）文科中学；1900 年，考上柏林大学哲学系，并有幸拜在德国哲学家狄尔泰和教育家鲍尔生门下。这两位导师的学说对斯普朗格的思想发展产生了深刻的影响。1905 年，斯普朗格完成毕业论文《历史科学的基础》，获得哲学博士学位。毕业后，他先后在两所高级女子中学教书，并开始研究洪堡的教育思想。1909年，他出版了《洪堡与人文主义理想》一书，并以此获得了在柏林大学任教的资格。1911年，斯普朗格应聘到莱比锡大学当编外教授，1912年被提为教育学正式教授，接替实验教育学派代表人物梅伊曼（Meumann，1862—1915）。1914年，他发表了代表作《生活类型论》（*Lebensformen*），对人的个性类型做了科学的划分，这是对个性心理学的一大贡献。此书出版后，立刻引起轰动，为斯普朗格带来了世界性声誉。1919年，斯普朗格又发表了另一部重要著作《文化与教育》（*Kultur und Erziehung*）。斯普朗格在莱比锡期间，还结识了凯兴斯泰纳，并与他保持联系，直到他去世。1920年，柏林大学的哲学家利尔（Riehl，1844—1924）告老还乡，斯普朗格又转到柏林大学，担任哲学、教育学教授。在此期间，他与李特等人一起主办《教育杂志》月刊，宣传文化教育学的思想。1933年，斯普朗格因抗议刚上台的纳粹政府干涉大学自由，提出辞职。后由于同事劝阻，他继续留任。1937—1938年，斯普朗格应邀赴日本讲学。第二次世界大战结束后，他一度出任柏林大学校长，但因不满西柏林盟军军政当局的政策，于1946年转任图宾根大学哲学教授，直至1954年退休。除了教书、写作外，他还担任繁重的社会工作。他于1951—1954年当选为德国研究联合会副主席，1955年被联邦德国内政部任命为权力委员会委员。从1951年起，斯普朗格一直担任联邦德国科学院院士。1963年9月13日，斯普朗格在图宾根逝世。为了纪念这位教育家，从1969年起，联邦德国出版了11卷本的《斯普朗格全集》。斯普朗格的学说在欧美、日本广为流传，欧美不少国家还成立了"斯普朗格思想研究会"。

（一）构造心理学

斯普朗格是从构造心理学来构筑他的文化教育学的。作为狄尔泰和鲍尔生的高足，他的构造心理学深受狄尔泰精神科学学派"生命哲学"学说和鲍尔生温厚朴实的文化教育观的影响。斯普朗格认为，教育学必须以心理学为基础，必须以心理学的成就或原则为依据。教育学如果没有心理学的坚固基础，就如同建筑栽在沙漠上一样。他强调，教育学所依赖的心理学还应以文化关系为出发点，一切活动都以文化关系为依据。在整个意义上，构造心理学又称"精神科学的心理学"或"文化哲学的心理学"，从而与以往那种以实验心理学为研究特征的"自然科学的心理学"区分开来了。

"人"的研究和分类是斯普朗格构造心理学的主要内容。斯普朗格认为，人不仅与其他生物或滞留在原始社会的民族一样，受自然环境的支配，而且受文化环境的影响。人不仅生于一种自然环境中，而且生于一种文化环境中。人所表现的各种差异，不仅是生物学方面的差异，而且是精神领域，即文化领域的差异。他指出，当前的科学对人的生物方面的研究已经很深入了，但是，忽视了"超生物阶段"（über-biologisch）。所谓"超生物阶段"，是指人除了维持正常的生理需要外，还追求生活的意义内容。因此，心理学不能只研究人的内在的精神过程，还要探讨内在精神过程与世界构造的关系。

在斯普朗格看来，心理学关于人的研究可以分为两部分。第一部分是关于发展心理学的研究，他称之为"年代心理学"，这主要从纵向来研究人的心理发展过程。他把儿童及青年心理的发展过程分为六个阶段，即乳儿期（出生至 1 岁）、学步与学语期（1~3 岁）、幼儿期（4~9 岁）、儿童期（9~14 岁）、成熟期（14~17 岁）、青年期（17~20 岁）。① 斯普朗格指出，乳儿唯一的生活环境就是"母亲的胸"，他们一天大部分时间处于睡眠状态，"主观"与"客观"的区别极不明了。在学步与学语期，儿童离开母亲的身体，独立和自我意识逐渐产生。到幼儿期，儿童心理开始由"自我"向"世界"过渡，这一时期儿童与世界的关系是"你我关系"或"同族体验"。满 10 岁时，转向现实世界，儿童的兴趣具有外倾的特征。成熟期，又称思春期，儿童的性已成熟。与前一个时期相反，儿童重"内省"，由注意现实转向注意自己的内心世界。斯普朗格指

---

① 王锦第：《士榜格的教育与文化思想》，载《中德学志》，1940（1）。

出，以上各个时期的过渡期或转换期常常是生理与心理的危险期，而"过渡期精神的危险"是教育上最不能忽视的问题之一。相对而言，成熟期是人生最重大、最漫长同时又是最危险的时期。危险产生于空想与现实的摩擦，解决这个问题是教育的基本任务之一。

过了青年期，进到成人期，人的生物学的决定因素逐渐减少，与历史的、社会的、文化的关系逐渐增强。构造心理学要根据"超生物的阶段"，研究人类生活在文化环境中的关系。因此，构造心理学的第二部分便是对成人心理的考察，由这可以从横向区分人的精神构造的类别。斯普朗格在此提出了"生活类型论"。他运用狄尔泰的类型说，把人划分为六种基本类型：理论型，即以理性或认识为立场的人，如探讨事物本质的学者；经济型，即从事实业以发展经济为目的的人，如企业家和商人；审美型，即以创造美的价值为生命的人，如艺术家；宗教型，即为追求满足人类的最高向往的价值体验而确立人生全部意义的人，如宗教家；权力型，即那些主张坚定、活动力强和善于支配他人的人，如政治家；社会型，即富有社会共同精神、代表人生根本方向的人，如教育家。

斯普朗格指出，不同类型的人所追求的价值是不同的。他们占主导地位的价值分别为：理论型——"真"，经济型——"利"，审美型——"美"，宗教型——"圣"，权力型——"权"，社会型——"爱"。在以上六种价值中，宗教型的价值最高，并和伦理的道德价值一起构成了整个精神生活的最高规范。因此，斯普朗格认为，教育与木匠制作家具、农民种植庄稼有着本质差别，教育面对的是生活在某一特定文化环境中的具有精神道德本质的人。因此，教育的任务在于传递文化，体验文化价值，并培养能创造文化价值的人。

(二)文化哲学

斯普朗格是从文化哲学的高度来理解教育的。他认为，教育作为一种活动，是与人类文化同时发生和发展的。与经济、科学、政治、宗教等相比，教育在人类全部文化活动中具有特殊的目的和价值。为了展示这些特殊的目的和价值，教育学就必须借助于文化哲学。

　　所谓文化哲学，就是以文化作为基础建立的一种哲学，其代表人物有康德、文德尔班、李卡尔特、狄尔泰等。其中心命题在于以人在社会历史之中的文化（物质和精神财富）来说明人与人的生活。斯普朗格基本接受了这些人的文化哲学观点。按照他的理解，文化是人类在适应和改造环境的过程中所表现出的能力及其结果。人类在长期社会生活中创造的知识、道德、风俗习惯、信仰、法律等，都属于文化。这种文化又构成了超越自然环境的"环境"。这样，斯普朗格用文化这一概念就将个人与社会、自我与历史、主观精神与客观精神统合起来了。

　　在斯普朗格看来，个人是主观精神，文化是客观精神，二者不可分割，是同一过程的主观方面和客观方面。"'精神的主观与客观的联系'，是他的思想体系的核心。"①按照这种思想体系，文化是一种超个人结构的客观精神；个人作为主观精神，只有在与文化的联系中才可能生存。个人生活必须受文化的支配和制约，汲取文化的营养，并得以充实。个人素质也必须依赖文化环境得以发展。他特别指出，个人对文化的依存关系不是一种因果关系。客观的文化并不必然促使个人向一定的方向发展。只有当个人具备意识和体验价值的能力时，文化才会对个人产生影响，否则文化仅是"潜在的精神内容"②。所以，与其说客观文化刺激或不刺激个人的成长，不如说个人的主观精神接受或不接受客观文化的影响。不仅如此，斯普朗格还认为，个人不仅是客观文化的载体，也是它的主体。个人的主观精神可以通过其创造活动，发展和创造文化。总之，个人与文化的关系是一种"生动的循环"，其主观意义是个人的形成，其客观意义是文化的发展。就是说，个人与社会是同一过

---

①　崔录、李玢：《现代教育思想精粹》，170 页，北京，光明日报出版社，1987。
②　崔录、李玢：《现代教育思想精粹》，170 页，北京，光明日报出版社，1987。

程的两个方面。

综上所述，斯普朗格进一步提出了"教育就是文化过程"的命题。他认为，文化过程包括"文化的创造"和"文化的传递"两个部分。前者是从主观个人到客观文化的转化，后者是从客观文化到主观个人的转化。教育属于文化的传递过程。但是，从文化到个人的转化过程不都是教育过程。要使一般的文化过程变成教育过程，必须把文化过程置于一定教育观点之下。要使文化环境成为教育环境，必须要有教育者的规范意识活动的参与。毫无疑问，客观文化仅仅作为潜在价值存在，还不会产生教育的作用。它要成为教育的过程，必须由文化的负载者来真正加以理解和评价。同时，这种文化必须与具有体验能力的、不断复苏的个人精神相碰撞。从这个意义上讲，教育是文化传递过程的一个特殊方面。在这里，斯普朗格与鲍尔生"以文化传递为教育目的"的观点是一致的。

(三)文化教育学

根据构造心理学和文化哲学，斯普朗格深入探讨了教育领域内各方面的问题。他指出："教育问题是文化本质与要求而产生的精密的、创造的、分析的结果。"[1]因此，真正的教育应该是文化的教育。这种教育是根据社会文化所进行的培养个人人格精神的一种文化活动，其最终目的在于唤醒个人的意识，使其具有自动追求理想价值的意志，并有所创造，增加文化的新成分。

1. 唤醒论

斯普朗格认为："教育绝非单纯的文化传递。教育之所以为教育，正在于它是一个人人格心灵的'唤醒'，这是教育的核心所在。"[2]进言之，教育的最终目的不是传授已有的东西，而是把人的创造力量诱导出来，唤醒人的生命

---

① 王锦第：《士榜格的教育与文化思想》，载《中德学志》，1940(1)。
② 邹进：《现代德国文化教育学》，博士学位论文，北京师范大学，1989。

感、价值感，"一直到精神生活运动的根"①。

斯普朗格认为，人是有灵的、活生生的个体，人的生成并非草木生成那样，在很多情况下或表现出不受因果关系制约的突然性，即在某一神圣的时刻感到豁然开朗，完成由渐悟到顿悟的飞跃。由此可见，唤醒是教育过程的一个特殊领域，是主体内在已有的某种准备在教育影响下发生突变，突然呈现。教育的本质不是制约受教育者，而是解放他。因此，教育过程应首先考虑的问题是如何解放受教育者的内在力量。

斯普朗格认为，由于唤醒是使人的"内在性觉醒"，内在性又是完全孤独、特殊的领域，是无法用什么固定方法从外部直接加以操纵的，因此，促使个人觉醒的办法不可能根据什么规律推导出来。教育只能为此提供一些材料，但哪些材料奏效，目前还不能预测。这既说明了教育有局限性，又说明了教育所面临的一个难题。教育者应付出极大努力去解决这个难题，使教育的可能性变为现实性。

2. 陶冶论

斯普朗格认为，教育是以环绕个人的客观文化为材料，使个人心灵获得适当的陶冶。但是，客观文化并不是原封不动地作为陶冶材料起作用的。文化财富只有和个人的有规律性的自我发展过程相结合，才会变成帮助个人成长的材料。陶冶是在教育过程中将现有的文化还原为生成过程，并与儿童的体验合拍后产生的效应。

年代心理学表明，儿童及青少年的心灵发展是一个由低级向高级的过程，而且各个年龄段都表现出各自的特征，因此，教育过程中对儿童的陶冶应相应地划分为不同的阶段。

陶冶的第一阶段是"基础陶冶"。基础陶冶的任务是养成以后陶冶所必需的基本精神和能力。这一阶段的任务主要是通过家庭教育、初等教育和中等

---

① 赵祥麟：《外国教育家评传》第 3 卷，61 页，上海，上海教育出版社，1992。

普通教育来实施的。陶冶的内容要与儿童的活动相联系，包括养护儿童的身体，锻炼儿童的感觉，让儿童学习生活常识，参加各种游戏和家庭所在地的公益劳动，了解祖国的历史和风俗，掌握初步的各科理论知识等。

陶冶的第二阶段是"职业陶冶"。这一阶段的任务由中等和高等教育机构与大学各系科来承担。教育过程以特定的专业科目为主，也有相关科目辅助，培养学生个性或某方面的职业倾向。斯普朗格指出，职业陶冶并非培养孤立化的个体，而是培养与他人紧密联系的、专门化的、有独到见地的人才。

陶冶的第三阶段是"一般陶冶"。这是建立在职业陶冶之上的高级陶冶。经过职业陶冶的青年应更加关心拓展自己的文化领域，把自己的事业置于广阔的社会文化背景中去把握和行事，这样才能加深理解自己职业的意义。这一阶段的陶冶任务由成人教育机构或自我修养等途径来完成。

3. 教育爱

斯普朗格认为，教育的本质以爱作为根本的文化传递过程。他说："教育是基于对他人的精神施与之爱，使他人的全部价值受容性及价值创造性从内部发展出来。"[①]因此，他特别强调，成为教育者的首要条件是对受教育者具有真挚的爱。他甚至认为，所谓教育就是教育者将爱倾注于受教育者心目中的过程。教育者在热爱受教育者的同时，还要酷爱文化财富，特别要酷爱具有陶冶价值的文化财富。这两方面的爱构成了教育活动中的教育爱，是做好教育工作的前提。

4. 教育学体系

斯普朗格虽然没有系统的教育学论著，但他对教育学体系建设问题一直十分重视。他认为："科学的教育学的任务在于说明现存文化本质，阐明其意义，确立其价值与规律。"[②]所以，教育学是社会的、系统的、文化的科学。

---

① Sprang, *Types of Men*, Target Tarinning International, 2013, p.3.
② 王锦第：《士榜格的教育与文化思想》，载《中德学志》，1940(1)。

它具有三大职能：教育学的文化职能在于指出文化与教育的关系，分析复杂社会关系作为特殊的教育因素；系统职能在于列举种种标准人格，并阐明其独立的构造；社会职能在于培养活泼的、有价值意志的人。

斯普朗格把教育学的主要问题分为四大类，即教育理想、教育可能性、教育主体及教育机关。与此相对应，教育学分为规范的部门、精神论的部门、心理学的部门、社会学的部门。① 教育学的四大问题由四个部门去研究。他认为，其中最困难的问题是关于教育理想首先是教育哲学的中心问题。教育理想是由民族或国民的生活产生的。不同时代、不同民族具有不同的教育理想。不同民族的教育理想通过"教育理想的类型学"来研究，不同时代的教育理想由教育史来探讨。至于其他三个问题，教育可能性的原理可以儿童学为基础。教育主体表明教师的特殊地位和作用，可由教师论来说明。教育机关属于教育社会学的领域。

斯普朗格是文化教育学的主帅，将狄尔泰生命哲学和精神科学思想广泛应用于文化教育学，第一次打破了赫尔巴特古典教育思想长期垄断教育的局面，给德国现代教育学体系的确立奠定了坚实的基础。斯普朗格作为"百科全书式的思想家"，其影响遍及哲学界、教育界和心理学界。20世纪70年代，西方学术界出现了一股"狄尔泰复兴"运动。作为狄尔泰的弟子并获得真传的斯普朗格的许多观点，也得到许多人的认同，被欣然接受。斯普朗格的文化教育学尽管在理论上有重大的建树和突破，但对教育实践的具体指导显得不够，有玄学之弊，这是他的教育思想的一大不足之处。

四、李特的教育思想

李特是与斯普朗格并驾齐驱的文化教育学派的代表人物。1880年12月27日，李特出生于德国杜塞尔多夫市的一个中学教师家庭；1899年，进入波

---

① 王锦第：《士榜格的教育与文化思想》，载《中德学志》，1940(1)。

恩大学学习古典语言，后转到柏林大学专攻历史和哲学；1904 年，大学毕业后，先后在波恩和科隆两地的文科高级中学任教共 16 年之久，这段教书生涯使他对德国教育状况有了较全面的了解，为以后进行较深刻的理论分析奠定了基础。1917 年 5 月，李特以科隆市费特列·威廉高级中学教师的身份参加了普鲁士文化部召开的大中学教师会议。会议期间，李特发表演说，主张建立"文化教育学"，因此被公认为"提出德国文化教育学的第一人"。1918 年，他应聘到波恩大学任教，开始其系统的教育理论研究。1920 年，他被聘为莱比锡大学哲学和教育学教授，接替转任柏林大学教授的斯普朗格的职位，直至 1937 年，因对当时纳粹统治持不同政见而被迫退休。第二次世界大战结束后，李特重新在莱比锡大学执教，1947 年返回波恩大学，从事教育哲学和生命、文化哲学的教学与研究工作，直到 1952 年正式退休。李特在学术界和社会上的声誉，使他于 1932 年获得歌德奖金，1953 年获得和平勋章。李特一生写下 20 多部著作，主要有《历史与生活》(*Geschichte und Leben*，1918 年)，《个人与社会》(*Individuum und Gemeinschaft*，1919 年)，《教育学文集：现代文化》(*Pädagogik in dem Sammelwerke：Kultur der Gegenwart*，1924 年)，《教育学的可能性与局限》(*Moglichkeiten und Grenzen der Pädagogik*，1926 年)，《近代伦理学》(*Ethik der Neuzeit*，1926 年)，《引导呢还是放任呢》(*Fuhren und Wachsenlassen*，1927 年)，《认识与生活》(*Erkenntnis und Leben*，1928 年)，《自然科学与人的陶冶》(*Naturwissenschaft und Menschenbildung*，1952 年)，《德国古典陶冶思想与现代劳动市场》(*Das Bildangsideal der Deutschen Klassik und die Moderne Arbeitswelt*，1955 年)，《职业教育、专业教育与人的陶冶》(*Berufsbildung，Fachbildung，Menschenbildung*，1958 年)等。

(一)教育学的理论基础

李特的教育学说也是以狄尔泰的生命哲学为理论基础的，此外，还吸收了德国哲学家黑格尔的辩证法思想和胡塞尔的现象学观点。他认为，教育的确立是历史的，教育的本质是辩证的，教育的意义是多方面的，因此，只有从各个角度，包括国家、政治、自由、生活秩序、行政等直观地、辩证地考察分析，才能解释复杂的教育学问题。

李特认为，教育学所研究的问题包括教育理论与教育实践两大方面。早于教育理论，教育实践首先由于人类社会生活的需要而产生。但是，为了使教育实践更有成效，更好地发挥作用，一些人凭借自己的经验开始对教育目的、教育方法等发表种种意见和主张，由此开始了教育理论的研究。在他看来，历史上的专家学者都从自己的立场出发提出了理论观点。有的系统地追忆和陈述了以前支配教育实践的传统思想；有的立足于自己的亲身经验提出了理论；有的将自己独特的哲学、伦理学或宗教思想应用于教育研究；还有的，如卢梭、裴斯泰洛齐把自己的教育思想用极通俗的小说体表述出来。李特认为，历史上的各种个人见解和转述别人的思想都不是科学的教育学。

至于赫尔巴特把伦理学和心理学作为教育学的理论基础，确立了教育学是一门独立学科的地位，在教育史上的贡献应是极大的。但是，李特认为，赫尔巴特企图建立一门普通教育学，像数学、物理学那样不同时代与国别都适用，显然他的目的没有达到。另外，赫尔巴特把教育目的论建立在伦理学基础上，把教育学看成伦理学和心理学的应用学科，这样势必会降低教育学的地位。李特认为，教育目的与方法是一贯的，决不能像这样分离开来一个一个地去考察。因此，在李特看来，教育学说要有牢固的根基，就必须以文化哲学、现象学和辩证法作为它的理论基础。

李特认为，教育是整个文化的一个组成部分。所以，教育学的确立不应脱离文化哲学；要真正了解教育学，就必须以"文化哲学的通观"去把握。他认为，假如不以文化理想为基础，人的一切实际活动都是不完整的和不牢固的。重要的是要透过文化教育学这面多维镜，去了解不同的团体和民族阶层及其不同的信仰，以呈现今天生活的风范。在李特看来，教育需要以文化理想做指导。青年的教育和陶冶的目的、形式与指导都不是孤立的，而是与整个文化生活联系起来的。教育目的和教育内容取之于文化；反过来，文化的存在、延续和发展只有依靠教育才有可能实现。文化哲学和教育学是密不可分的两个学科。

当然，教育学有自己的独特领域，这就是教育事实。教育事实是由教育的主体和教育的客体，即教育者和受教育者两个方面构成的。教育者和受教育者之所以能构成教育事实，取决于两个条件：第一，教育者和受教育者有相同的精神构造，这是相互了解和体验的基础；第二，教育者和受教育者处在相同的文化环境中，保持同体不离的关系。① 如果把教育者和受教育者只看成孤立的自然实体，他们就会毫无联系地存在着，构不成教育事实。只有教育者和受教育者同属精神实体，且具备上述两个条件，他们才共同构成教育事实。教育者和受教育者之间如果存在明显的对立，教育将是虚伪的、空洞的教育；相反，双方目标一致，在同一文化活动中紧密联系，教育才是充实的、真正的教育。

(二)关于教育本质

通过对教育思想的系统研究，李特归纳出四种关于教育本质的观点。第一种观点认为，教育是一种艺术。教育的思想和行为在本质上是反理性的，它更多是一种发自直觉的行为。在此前提下，教育学是一种"理解—描述的艺术科学"。但是，李特认为，这种观点存在一个最大问题，就是教师不能像艺术家对待材料那样对待学生。第二种观点认为，教育是一种技术，教育学是一门工艺学，二者是目的与手段的关系。李特对此持不同意见。他指出，技术的对象是无生命、无感觉的死材料，它自身没有什么目的和意欲，这与教学中活生生的对象——学生截然不同。因此，将教育学等同于工艺学是一种片面的观点。第三种观点是内发论。它认为，人的发展是其内在素质或天赋

———————————

① 蒋径三：《文化教育学》，133~134页，上海，商务印书馆，1936。

逐步发展的过程，教育者的作用只是提供成长养料和精神食粮以及促使生长的外部环境等。李特指出，这种观点把人的内在天赋看成命中注定的，无视历史、社会和文化影响的意义以及受教育者的主观能动作用。第四种观点认为教育学是一门应用学科。就教育理论而言，教育学要解释某种历史关联性，设立教育目标，确定教育事实的依存关系；就实践而言，教育学是教育思想的应用活动，具有开发人性、引人向上的独特作用，因而要划清教育学与其他学科的界限。

李特强调说，为了使教育按照一定的路线发展，教育学必须具有崇高的教育理想。他认为，历史上出现过四种教育理想：一是完整性，造就完美的人格；二是和谐性，通过人文活动，使人的精神调和，共同创造文明；三是普遍性，使生活与文化关联；四是形式性，以宗教、道德、科学和艺术来填充教育的内容。因此，"教育学即是理想，即是精神的一般趋向"[1]。教育学理想的承担者——教育家，承担着造就人与巩固人性的重要使命。

李特把教育学理解为一个兼容并包的庞大体系。教育学以真理为根据，具有把宗教预言、形而上学的思辨、科学的理论、社会计划、政治意愿等综合起来而其中任何一者都具有不能被替代的性质。李特认为，教育学表现为一种精神力量，一般来说，与教育学密切相关的精神力量有七种：就国家而言，教育与国家的关系表现为三种情形，即国家教育化、教育的政治化、教育脱离政治化；就社会与经济而言，教育促进经济发展和社会整体进步，反过来，社会经济为教育发展提供了一定的物质基础，同时不断地向教育提出新要求；就宗教而言，它具有刺激作用，有助于发展精神文化，与教育更是密不可分的；就科学而言，科学以其较强的理性和具有普遍性的客观方法成为教育学的立场和方法，成为人们达到某种目的的强有力的手段；就艺术而言，教育通过艺术表征人类的创造精神，培养人的意志；就道德而言，道德

---

[1] 邹进：《现代德国文化教育学》，博士学位论文，北京师范大学，1989。

教育培养"道德品格""具有德性的人格"和"道德的协同体";就协同体而言,这是将教育理想转移到社会形式的一种媒体,从事多方面的工作,发挥精神的自动功能。① 李特认为,只有将以上精神力量之间的关系加以限定,教育学才能赢得真正的"自治"。②

(三)关于文化课程

李特特别重视人文学科的建设和发展。他认为,人文学科能发展人的心灵,帮助发展和谐的人性。这些学科不仅代表一个民族的精神遗产,而且标志该民族的最高智慧,是陶冶取之不尽、用之不竭的源泉。科学给人以力量,但这种力量仅仅有助于我们去掌握方法。与科学不同,哲学决定目的和探究人类终极目标,因此,哲学、宗教以及人文学科在所有的方面都高于科学,而且这已是被西方历史证明了的事实。基于以上认识,1925年,李特提出了"文化课程教学原则思想"。

按他的解释,文化课程是一种新的陶冶原则。它不是新教材的教学,而是社会、政治、经济、历史、文学等知识的综合传授。文化课程为陶冶或教育的改革服务,所传授的知识不超越专业的范围,不是求实用,而是传播文化,充实人的精神。李特指出,文化课程的目的是培养新人。这种新人不仅有文化教养,而且意志坚强,行动有分寸,有德国国家意识和德国民族的价值观念。因此,在文化课程原则指导下的学校教育应把德国语、德国史放在中心学问的位置,使德国人明了从古代到现代的历史。外国语也是必要的科目,因为学习外语有助于科学研究。文化课程要求教育者根据价值陶冶功能来选择和传授教材。这样的教育就不是简单的主智主义,而是陶冶人的活动。

李特设置文化课程的目的在于,在人的理性教育,主要是知识教育中,

① 詹栋梁:《西洋教育思想》,551~552页,台北,台湾伟文图书出版有限公司,1979。

② 瞿葆奎、马骥雄、雷尧珠:《教育学文集·联邦德国教育改革》,162页,上海,华东师范大学出版社,1989。

渗入情感、意志等超理性的成分，使学生不仅在知识上受教，也在情感上受到震撼。李特甚至认为，仅仅进行"课程"教学，在履行文化职能时，有可能收到反文化之效，造就出一批缺乏情感、缺乏意志、没有创新能力、没有人生趣味的"现代机器人"。只有文化课程，才能使受教育者身体里流淌着新文化的血液，从而富有人性的魅力。

（四）关于文化的价值陶冶

李特特别重视客观文化的陶冶价值。他认为，文化价值包含于各种文化领域的文化财中。教育是认识那些包含于文化财中的客观文化价值，把它作为受教育者的人格内容并实现之的活动。从不同的教育目的去考察文化财，其中所含的价值，即对受教育者的影响是不一样的，所以教育者要对文化财加以选择。李特在这个问题上赞同斯普朗格的观点，按照教育者对于文化财所持的态度，文化价值呈现一定的价值顺序。因而，教育不能将文化财原封不动地收容进来，而要寻求其中所包含的陶冶价值。

李特进一步指出，有陶冶价值的文化财可被称为"陶冶财"。陶冶财的范围要比一般的文化财小。陶冶财的确认，既要看文化财自身的内容，又要看该内容能否适合陶冶过程的要求。文化财从其产生来看，是人类生物体活动的结果，所以，追溯其产生的过程，把已经客观化、形式化和固定化的文化财还原于最初的产生过程，可以引起教育者与受教育者的共鸣，这样，文化财就具有陶冶价值。因此，受教育者在体验文化生成时，不应原封不动地记忆、接受或吸收，而应对文化有所创造和发展，这才是真正的陶冶。

李特还特别强调，在陶冶过程中，既要考虑到教育者的陶冶能力，也要考虑到受教育者的陶冶可能性，二者决定陶冶水平的高低。李特指出，受教育者是尚未成熟和正在成长的一代，因此，用于陶冶的文化财是否适合于他们的心灵发展是关键问题，教育者对此不应忽视。

李特认为，陶冶除有认识文化、掌握文化、创造文化和发展文化的作用外，还有"形式作用"，即受教育者在体验文化生成过程时，也受到了文化如何生成的陶冶。受教育者了解前辈是如何创建各种文化后，才能发展智力，培养意志。

（五）关于受教育者的差异

李特还专门研究了社会与个人的关系问题。他认为，个人与社会是相互依存的，客观文化与个人的主观精神也是相互依存的。在他看来，陶冶过程是指将形式化了的文化财还原于其当初产生时的精神活动，在受教育者的精神内部引起同样的活动。但是，当把具体的受教育者放在其前面而施行实际的教育时，却不得不考虑每个受教育者的天赋素质的差异。文化财中特有的客观性与受教育者的个性差异存在对立。这样，摆在教育者面前的一个重要问题就是，如何调和多样的文化财与个人素质的差异。

李特认为，在个体方面，每个受教育者都具有一定的文化接受能力和文化创造能力。只有当受教育者的这些能力表现出与原始的文化创造行为一致时，才能产生陶冶价值。受教育者的个性很难用一个固定的结论加以概括，但大体可以分成几类，以利于对他们施以有针对性教育。他赞同斯普朗格等人对个性类型的划分，认为这种划分对于澄清主观精神(个人)和客观精神(文化)都十分必要，可以建立两者之间的联系。

李特还谈到，如果把个性差异分类学说扩展到社会上的学校教育系统，就可以很好地说明为什么应建立各级各类教育机构——学校。他认为，教育人本来是全社会的事业，只是到后来它的一部分才成为学校的事业。社会上设立不同类型的学校，也正是从总体上企图适合具有不同个性的受教育者的需要。

李特认为，学校是社会、文化和现实生活的"附属体"。① 它能以符合受教育者精神状态的形式，如知识的简化和条理化模式，把受教育者与客观文

---

① 瞿葆奎、马骥雄、雷尧珠：《曹孚教育论稿》，165页，上海，华东师范大学出版社，1989。

化联系在一起，引导他们为同生活结合做准备。在李特看来，这是学校"真正的教育天职"①。他还指出，学校应成为一个"更为美好的新世界的诞生地"。学校里的学生处于"可塑性最强的年龄段"，他们的任务是去实现未来的蓝图。因此，学校应在教学和生活中，在人的价值追求方面创立一种高尚的思想境界，进一步发展成为"青年人的生活领地"及培养新生理想的地方，并始终以这种"思想境界"来衡量自己的工作，从而发挥与学校的职责相符的作用。②

　　李特不仅是一位文化教育理论家，也是一位脚踏实地的教育思想的实践家。尽管西方有学者认为李特的理论不如斯普朗格的理想那样庞大、严谨，然而由于他重视将教育理论与教育实践相结合，因此其理论的现实性和可能性得到教育思想界的更多重视。需要指出的是，李特的教育思想充满着浓厚的理想主义色彩。他的文化课程论过分强调德国的历史和民族的意义，很容易造成偏狭的民族主义。

五、博尔诺夫的人类学教育学

　　奥托·弗里德里希·博尔诺夫（Otto Friedrich Bollnow，1903—1991）是德国文化教育学的第三代学者。博尔诺夫的父亲老奥托·博尔诺夫是 20 世纪初德国教育改革的积极倡导者，是蒙台梭利学说在德国的宣传者，他从小深受其父的影响。1921 年，博尔诺夫进入柏林大学学数学和物理，并于四年后从哥廷根大学获得博士学位。1926 年留校工作的博尔诺夫，对教育学产生了浓厚的兴趣，开始转向哲学和教育学研究，不久转到图宾根大学，在诺尔的指导下，研究狄尔泰的精神科学和生命哲学理论。1927 年，德国存在主义哲学家马丁·海德格尔（Martin Heidegger，1889—1976）发表《存在与时间》（*Sein und Zeit*），博尔诺夫为这部巨著的全新思路和提出问题的眼界所吸引，于次

---

①　瞿葆奎、马骥雄、雷尧珠：《曹孚教育论稿》，166 页，上海，华东师范大学出版社，1989。

②　瞿葆奎、马骥雄、雷尧珠：《曹孚教育论稿》，167 页，上海，华东师范大学出版社，1989。

年前往海德堡大学向海德格尔求教;一年后,又返回图宾根大学,在诺尔的指导下完成了大学教师资格论文《雅可比的生命哲学》。1931 年,博尔诺夫被聘为哥廷根大学讲师;1939 年,转任埃森大学哲学和教育学教授;1946 年,转任美因兹大学心理学和教育学教授。1953 年,斯普朗格退休后,博尔诺夫接任图宾根大学哲学、教育学教授,同时担任德国教育学会会长。斯特拉斯堡大学于 1975 年授予他荣誉博士学位。

博尔诺夫一生勤于思考,研究范围涉及哲学、教育、伦理学、人类学等领域。其主要著作有:《狄尔泰的哲学入门》(*Dilthey Eine Einfuhrung in seine Philosophie*,1936 年),《朴素道德》(*Einfache Sittlichkait*,1947 年),《理解论》(*Das Verstehen*,1949 年),《道德的本质与转折》(*Wesen und Wandel der Tugenden*,1958 年),《生命哲学》(*Die Lebebshilosophie*,1958 年),《存在哲学与教育学》(*Existenzphilosophie und Pädagogik*,1965 年),《教育学的人类学考察方式》(*Die Anthropologische Betrachtungsweise in der Pädagogik*,1965 年),《人类学视野中的教育》(*Erziehung in Anthropologischer Sicht*,1969 年),《认识论哲学》(*Philosophie der Erkenntnis*,1970 年)。博尔诺夫的教育思想的一个重要特点是,始终将人的存在问题放到人的教育活动中去审视,同时以批判精神重新分析狄尔泰的生命哲学、斯普朗格的文化哲学,并从现实出发,将其有选择地吸收到自己的教育思想中。正是在观念的激烈斗争和现实的重重矛盾面前,他的思想经历了由存在主义教育到人类教育学的转变。

(一)对存在主义教育学的批判

20 世纪 50 年代,存在主义思潮在德国非常流行。博尔诺夫对此兴趣浓厚,并做了认真研究。在博尔诺夫看来,存在主义在这个时候出现有其历史必然性,同时它对解决西方世界的危机具有现实意义。但是,他对存在主义否认教育的可能性持反对意见。他指出,存在主义坚决否定教育的可能性,认为理性主义无法挽救人类,人生注定是悲剧,传统教育学的乐观主义是一种"欺世学"，对人的可塑性、人的知识训练，即"教育的可能性"从根本上持怀疑态度。因此，存在主义非理性思想与理性主义教育观之间形成了尖锐的对峙。博尔诺夫认为，二者的矛盾是可以解决的。他于 1959 年出版的《存在哲学与教育学：论非连续性教育形式》一书就是将存在主义与教育学相结合的一种尝试：使存在主义获得人的教育（生成）的根基，使教育学获得存在主义的"当代性"。①

针对存在主义把人生看成非连续的现象，否定教育的不断陶冶和不断积累的连续性，博尔诺夫指出，教育是连续性与非连续性的统一，与人相适应，既有其连续性的一面，如循序渐进、日积月累等，也有其非连续性的一面，如顿悟、唤醒、豁然开朗等。与人的非连续性发展相适应，存在六种非连续性教育形式。①危机（Krise），这是一种打断日常生活的因果链而突然直面人生的突发事件和精神状态。危机是教育的"促进剂"和"试金石"，成了砥砺人的精神人格，重铸人的精神个性的砥柱。②唤醒（Ereckung），其本义是将人沉睡的灵魂唤醒，使其不再处于蒙昧昏睡之中。正是有了唤醒，一个人才能真正认识自己及所处世界。教师以恰当的方法和时机给学生以心灵震撼，就会空前增强他的自我意识。③劝诫（Ermahnung），这是指催劝、警诫学生，力陈利弊，指清道路，使其幡然醒悟，回到"该干的事情"上去。④吁求（Appell），这是一种触及良心的方法。教师以眷眷之心、殷殷之情向学生发出吁求，达到与学生心灵交流、贯通的目的。⑤偶然遭遇（Begegnung），这要求培养学生一种特殊的精神禀赋，一种直面苦难的勇气和随时准备对付突然遭遇的意志力。⑥冒险与挫折。教育不能回避冒险和挫折，而是要正确地分析教育的困境，找出症结所在，从而冒着"挫折"——失败的"风险"，去闯出一条新的道路。

博尔诺夫尽管早年为存在主义哲学所振奋，并深受其影响，但最终还是清

---

① Bollnow, *Existenzphilosophie und Pädagogik*. S.6.

醒地认识到了存在主义的种种局限。他声称，存在主义哲学因其本身的局限而失去了基础。因此，他给自己设立了新的研究方向：走出存在主义领域，发展和改造它的原理，甚至彻底脱离整个存在主义哲学并认真对其进行批判。经过几年反思，他终于清算了自己的存在主义教育学思想，走向了人类学教育学。

(二)人类学教育学的理论架构

博尔诺夫的人类学教育学(Anthropologische Pädagogik)继承和发展了德国哲学人类学家迈克斯·舍勒(Max Scheler, 1874—1928)的思想。在博尔诺夫看来，舍勒的哲学人类学与存在主义的不同之处在于，存在主义以悲观主义为特征，标榜以个人存在为中心的理论；舍勒的哲学人类学则相反，以乐观主义为特征，以完整的人为标志。博尔诺夫舍弃了海德格尔的学说，吸收了舍勒的人类学观点，并进一步在教育学领域具体展开。他认为，人类学教育学的中心是人的教育问题，人是不同于"物"的一种存在，因此以人为对象的教育就不能采用制造物的"工艺论"的方法；相反，应以有机生成论的方法去教育人，即将人看成一个活生生的生长过程，像看待一颗种子根据自己的内在法则发芽、成长、开花、结果那样去看待儿童的成长。因此，人类学教育学并不仅仅是教育学的一个分支学科，还要"从活生生的人这一根本"出发，去考察处于成长变化即生成状态中的人的文化教育学的当代形态。

博尔诺夫把教育革新问题放在人类学教育学思考的中心位置。为了使当代教育既不局限于存在主义教育观念，又不退回传统教育学，他力求从精神科学出发，去建立自己的人类学教育学体系。人类学教育学注重对人的知识和精神科学的研究，注重将个体放到文化和社会存在中考察，强调人是文化与社会的存在，是历史与传统的存在。教育的意义在于一方面通过历史积淀下来的文化传统去塑造新人，另一方面通过塑造新人为客观文化世界增添新的内容和新的文化形式。通过教育，人类保存了传统并使人的内在能力得以发展。可以说，人的内在能动性通过文化教育的全面性，实现人与外部世界关系的完整性，从而使人的教育与发展具有了无限的可能性。正是在这个意义上，博尔诺夫认为人类学教育学"始终贯穿着完整的教育原理"①。他把所谓"完整的教育原理"具体化为四条基本的方法论原则：还原原则、工具原则、阐释原则和开放原则。②

博尔诺夫还从哲学人类学的角度，提出了现代教育学的三条实践性原则。首先是"教育之爱"。博尔诺夫认为，"教育之爱"是教育学的核心问题。爱将教与学这种"我与你"的关系变成了"我们"的关系，即一种相互依存、相互协调从而达到人性融贯的深挚关系。在教学过程中，教师以其挚诚的爱心看待学生的每一个优点或缺点，并且从每个学生的不同境遇、不同情况出发，对其进行教育，使之感到"教师温暖的目光注视着学生的行为和心灵"。如果仅仅严格地要求，从纪律上约束，从课业上强制，从考试上施加压力，并不能使学生心灵健康发展，或者只驱使学生死记硬背，使学生对学习产生逆反心理，阻绝了师生之间的情感交流，那么这是一种有弊病的教育。从现实意义上说，"教育之爱"对处于危机社会中的学生来说是一种支持力量，可以帮助学生逐渐增强生命的信念，消除丑恶的心理。因此，这种教育爱是解救现代情感危机和教育危机的"良药"，是教育的灵魂所在。

人类学教育学的实践原则，除了"教育之爱"外，还有人类学意义上的"节日"和"漫游"。博尔诺夫认为，节日是一种特殊的时间，以一种沉醉之情和解放之感弥漫整个心灵，使人的精神感到格外亢奋和充实。当一个人欢度节日时，他会发现自己从日常生活中解放了出来，与原初节日的氛围和历史延续的维度接通了。他在节日中既感受到了历史、传统和文化的积淀，也感受到了个人与集体、民族的沟通，于是以个体为中介，使历史继承性与现实创造性结合起来成为可能。不仅如此，节日成为学生了解和继承民族文化的"特别

---

① Bollnow, *Die Anthrologosche Betrachtungsweise in der Pädagogik*. S.51.

② 邹进：《德国文化教育学》，博士学位论文，北京师范大学，1989。

仪式",在学校中具有特别重要的意义。"漫游"也非常重要。"漫游"包括两个层次:一个层次是指精神上的漫游遐思,另一个层次是指学生走出校园去大自然与社会中体验和实验。学生进行内部世界的"漫游",往往能很好地进行自我反思和自我观照,达到自我教育的实效。外部世界的"漫游"也能使学生从紧张的校园生活中走出来,进入大自然,感受大自然的美丽和壮观,并激发起一种融天、地、人生于一体的宇宙人生感。参加社会实践也能受到教育,使自己身心都得到陶冶、锻炼,并增强现实生活能力。

(三)关于人格教育

20世纪60年代中期,博尔诺夫发表了一系列的论著和文章,主张为人文科学和自然科学"划界"。他坚持认为,那种以自然科学的精确性、以一种纯然的态度对待教育的做法,忽视了人的内心世界的复杂性和人的潜在性,没有看到人不同于物的能动性和主动性,甚至丧失了在教育中贯穿的"主体性"和"教育之爱"。这种只重认知、不重情感和意志的教育,最终因使学生丧失内在人格和精神世界的丰富性而生产出成批的犹如一个模子出来的"机器人"。这是十分可怕的。博尔诺夫强调,那种不顾"人这一整体事实",不从"总体的人"出发的所谓教育科学性,无异于以一种僵化的尺度去测量充满生命活力的对象,无异于以鱼在岸上存活的时间去衡量鱼的生命力。只有真正从人文科学的特殊性、主体性出发,才能真正潜入水中,去感受"鱼"的真实存在情况。

当然,博尔诺夫也认为,教育的某些方面也是可以得到精确测量的,因为人除了精神世界外,也是作为一个客体存在于世界之中的,因此也可以在某些方面进行心理测验或生理测试。然而人的灵性和精神性只能加以"还原"和"理解"。只有在教育理论上遵循"解释学逻辑"进行"现象学追问",从而进行人类学层次上的总体认识,才能窥探到教育过程中人的心灵世界的微妙变化,才能有效地进行人的全面"生成"。

按照博尔诺夫的设想,人格教育可以解决当时社会青年一代"信仰危机"

的问题。他的具体做法是从以下两个方面进行的。首先，他把道德划分为高尚道德和朴素道德两类。高尚道德给人设定理想的目标，如早期基督教的苦行禁欲主义、中世纪的勇武豪侠精神和启蒙时代的人道主义理想。这种道德理想因为标准过高，一般人很难企及。朴素道德包括履行义务、诚实信赖、同情他人、礼貌待人、扶危济困等，这种道德形式存在于人们日常生活中，比较稳定，为高尚道德的形成奠定了基础。博尔诺夫认为，高尚道德与朴素道德之间存在着相互依存的关系。尤其在道德沦丧的时代，坚持朴素道德是当前教育的主要任务，也是重建当前道德生活的关键所在。其次，进行健全人格的道德实践。博尔诺夫认为，仅仅列出朴素道德目标和准则是不够的，必须将其贯穿于教育实践之中。教师应给学生选择自由活动的机会，培养学生对善恶的独立判断能力，养成他们对善的向往和对恶的抗争的生存态度。在这方面，具有进步作用的文艺作品对青少年有很大的人格启迪作用。只有通过审美的、伦理的教育，学生才会增强自我教育和自我判断的能力，才能从良心出发，对社会价值进行独立判断。

作为文化教育学的集大成者，博尔诺夫的整个理论对西方现代教育具有重要的意义，它涉及的范围广，探索的领域多，提出了一整套方法论原则和实践原则，的确让人耳目一新。

第四节　人格教育思潮

人格教育思潮是 19 世纪末 20 世纪前期德国重要的教育思潮之一。它以奥伊肯(Eucken，1846—1926)的精神生活哲学为立足点，排斥物质万能、知识万能，力辟功利主义、享乐主义，不但对社会教育学轻视个人进行了抨击，而且对个人主义教育不了解社会做了批判。这一思潮强调以人格、精神、理想、情意为目标，以个人、社会、国家、世界为指归，在欧美、日本流行多年，对世界教育的影响很大，直到 20 世纪 30 年代才出现了批评反对的意见，其势力逐渐减弱。

一、奥伊肯的精神生活哲学

奥伊肯是 20 世纪初德国哲学家，1846 年 1 月 5 日出生于德国汉诺威的奥里希(Aurich)市。他自小便喜欢深思人生，酷爱读书。1863 年，奥伊肯入读哥廷根大学，一度去柏林大学学习，主要兴趣是古代哲学和历史，特别喜欢亚里士多德；1867 年毕业后，任文科中学教师；1871 年，任瑞士巴塞尔大学哲学教授；1874 年，任德国耶拿大学哲学教授，直至 1920 年退休，40 多年中，他每天黎明前在河边林间空地讲学，深受学生欢迎。1913—1914 年，他以交换学者的身份赴美国纽约大学讲学。奥伊肯是一位高产作家，主要著作有：《大思想家的人生观》(*Die Lebensanschauungen der grosser Denker*，1890 年)，《为精神生活的内容而战》(*Der Kampf um einen geistigen Lebensinhalt*，1896 年)，《宗教的真理》(*Der Wahrheitsgehalt der Religion*，1901 年)，《生活的基础与生活的理想》(*Grundlinien einer neuen Lebensanschauung*，1907 年)，《人生的意义与价值》(*Der Sinn und Wert des Lebens*，1908 年)，《历史哲学》(*Grundlinien einer neuen Lebensanschauung*，1907 年)，《现代思想的主流》(*Geistige Stromungen der Gegenwart*，1908 年)，《当代伦理学与精神生活的关系》(*Present Day Ethics in their Relation to the Spiritual Life*，1913 年)，《社会主义与人生回顾》(*Der Sozialismus und seine Lebensgestaltung*，1920 年)等。奥伊肯的著作文字晓畅易懂，毫无黑格尔式文体的晦涩。1908 年，为了表彰他对真理的热切追求、对思想的贯通能力、广阔的视野以及在无数著作中为维护并发展一种理想主义的人生哲学而表现的热忱和力量，哲学家奥伊肯被授予诺贝尔文学奖。奥伊肯以人的生命、人的生活、人的价值、人的历史文化作为研究课题，强调生命的精神创造和心灵世界的独特性，但在本质上仍然是从主观出发的唯心论者。他把自己的哲学称为"精神生活哲学"（Geistes Leben），与狄尔泰、柏格森等并驾齐驱。

（一）关于生活的意义

奥伊肯精神生活哲学的重点是实际的人类经验。他关注的核心问题是人所经验的生活，借以探寻人的生活是否有意义与价值。他认为，生活是一个非常现实的问题，不是空闲的游戏，需要辛勤的劳作，甚至牺牲。在20世纪初，奥伊肯之所以关注生活价值，是因为现代西方社会物质文明发展迅速，但人们并没有感到幸福，随着劳动组织日益复杂，劳动者演变成了单纯的工具。人们担心物质生活的日益丰富会导致精神生活的逐渐贫乏。奥伊肯认为正是那些传统的价值观导致了现代人的困惑，因为当人们的理想与价值标准仍然受到旧观念的支配时，人们的兴趣与事业却面对着新的方向，所以传统的价值观并不能解决人们新生活所遇到的问题。传统的价值观的典型代表是基督教和内在论唯心主义。基督教认为它能使人们把最艰难的任务视为轻而易举之事，把不可能的事情视为等闲平常，把看不见的上帝视为实在之中最可亲近的实在。内在论唯心主义主张人的生活不需要以自身之外的什么东西作为目标，而应当在自身的精神生活中发展生活的意义，超越日常生活琐事。奥伊肯进而指出，它们都想用一个与现代世界不同的新世界来为生活确立价值，这只会引导人们误入歧途，而且它们给人们的过高希望最终会在失败中导致更多的沮丧和怀疑。这就造成了19世纪出现的从唯心论向实在论的转变。人们越来越厌倦内省的问题，于是将充沛的精力和满腔的热情投向日益丰富多彩的可见世界，从中去发现生活的意义和价值。生活失去了那种阴暗的特征，呈现出各种生机勃勃的具体形式。因此，实在论仍然不足以为生活确定真实意义。

（二）关于精神生活的作用

奥伊肯把"实在论"（也称"现实主义"）分为"自然主义"和"理智主义"两

种互相对立的观点，并提出了有针对性的批评。他认为，自然主义把人的生活物质化、生物化了，否认了人的独立性，剥夺了人的思想自由和创造精神。人的生活完全遵循自然秩序的机械要求，受生存竞争法则的支配。所有进一步的成就都属于自然，而不属于人的意志，这使人丧失了对崇高理想的追求。理智主义声称思想是全部实在，主张对生活拥有支配权是有局限性的，并且把人的生活抽象化、概念化，要求人为抽象的观念或理想而奋斗，是片面的、机械的。此外，奥伊肯针对人本主义指出，它把人的生活分解成一连串孤立的状态，不能为整体的生活提供价值与意义，或者使个人的劳动成果与他自己的福利只有非常间接的关系，导致个人失去奋斗的积极性。

奥伊肯认为，解决这些问题的关键在于承认一种独立的精神生活及其在人身上的展现，"精神生活在人身上的直接展示必然说明它是最基本、最直接的，是生活的真正基础"①。"最具远见卓识的状态是精神上富有的，特别在科学艺术领域里。创造性劳动调动起人的一切才能，使人做出合理、健全的判断。"②他主张放弃纯粹的现实主义，使人依靠一种比人更强的力量来追求某个崇高的目标，这样生活才有价值和意义。

(三)关于精神生活的发展

奥伊肯认为，人的生活特征在于精神生活，这种精神生活使人超然于自然之上，构成了人的真正本质。精神生活是最真实的实在，既是主体自我的生活，又是客体宇宙的生活。精神生活的基础是精神世界，内容产生于一种包罗万象的生活，即宇宙"大全"。这种宇宙精神处于由内向外的自我发展、自我实现的过程中，其目标是变形为精神实体王国。正是在这种发展过程中，人类的生活分享了来自大全的精神力量。精神和自然同属于超越一切对立与

---

① [德]鲁道夫·奥伊肯:《生活的意义与价值》，万以译，9页，上海，上海译文出版社，1997。
② [德]鲁道夫·奥伊肯:《生活的意义与价值》，万以译，71~72页，上海，上海译文出版社，1997。

差异的大全。精神生活正是在与自然生活有限性的斗争中，展现出生活的意义和价值。他说："它不必听任事变潮流席卷而不作任何抵抗，它可以发挥反作用力。它可以从易朽的东西中筛选出永恒的东西，从纯粹自然的东西中筛选出精神的东西，并要求越来越多地享有那永恒的东西。"①他还肯定精神生活的独立性与人的自由，并认为精神生活是一个不断创造的过程。

（四）关于精神生活的职能

奥伊肯从精神生活的观点出发，对人生意义、道德、社会正义和宗教做了新的诠释。在人生意义方面，他认为人通过对自己精神世界的建造，体会到了人生真正的价值，改变了对不幸和困难的态度，进而理解了个体生活和人类生活真正的历史意义。在道德方面，如果把精神王国的利益看得与个人有关，就会将精神生活的道德要求看成个人生活的表现。在社会正义方面，他认为正义只有作为精神生活在我们人类世界内独特展现，作为一种超越了一切权益考虑的崇高存在出现时，才能保存自己，才可能在精神上使人变得高尚起来。它的职能是尽可能地在人们面前保持一个精神自由王国，捍卫它的理想和价值标准，营造一种与之相适应的精神氛围。在宗教方面，他认为真正的宗教旨在通过追溯终极的东西来确保精神生活的存留与胜利。他将宗教生活视为人的精神的最高境界，认为宗教能把生活的重心从理智世界转到道德世界和人格世界，并主张从精神上更新旧教会，推崇以人格、道德为中心的新宗教。

（五）关于精神生活的教育

奥伊肯认为，精神生活绝不是自然现象的连续，实质上是支配、统一物质的独立生活。依此独立的精神生活，统一生活的是人格，支持人格确立的东西是品格。如果人类没有这样的独立精神、生活与人格品性，那么人与自

---

① ［德］鲁道夫·奥伊肯：《生活的意义与价值》，万以译，79~80 页，上海，上海译文出版社，1997。

然将没有什么不同,而且一切思想行动也就与自然现象成了同一回事。从这个意义上说,人生最后的目的就是体味独立的精神生活。因此,青年教育必须以独立精神生活的道理来教导学生。黑格尔关于知识的形式陶冶,只注意到了精神生活中的智力部分,而对很有价值的情意陶冶轻轻带过。青年教育应当以精神力的同等发展为目的,除重视陶冶智力外,还必须重视陶冶情意想象力,其中品性陶冶、道德陶冶、审美陶冶较为重要。

奥伊肯结合具体的教育内容,说明了精神生活在教育中的目的。他说,语言教学的目的不在于把青年培养成一位语言学家,而是要发展青年的人格。例如,本国语教学,其意义在于使学生了解本国的文明思想;外国语教学,其意义在于使学生了解外国的文明思想。这样既可以丰富国民的思想,也可以陶冶个人的精神生活。教学古代语,其意义在于使学生了解古代英雄伟人的言行思想,在此基础上学习效仿,以此作为自己言行的模范。这样做就在青年的精神生活中奠定了真、善、美的根基。又如,历史教学的意义在于使学生了解现有文明文化,以前如何发生,将来如何发展;了解英雄豪杰对各时代的贡献,知道如何效仿。总之,各科教学都是以道德品性陶冶为最后目的的,这样才能将知识的、美的、伦理的陶冶协调统一起来。

奥伊肯强调,教育既然以充分发展个人精神生活为目的,那么必须谨慎选择教材。在这方面,黑格尔主张以国家万能主义为本位,选择教材时不顾学生,人人一律,这种做法压抑了学生的自由。奥伊肯指出,选择教材应当先从学生这方面来考虑,即是否符合学生个人的倾向及天性。如果不顾这一点,那么学生的精神生活就不能陶养人格,也就不可能自由向上。试观现在的教育,并没有顾及学生的个性发展。由于个性不同,个人兴趣也大为不同。假如采用一律的教材教学生,那么不仅不能发挥学生的精神力,反而会大为压抑学生。因此,通过教育的改造来发挥精神生活的特性,可谓大有利益,可以大大地推进文明的发展。

二、布德的教育思想

布德（Budde，1865—1944）出生于德国的莱尔市，中学就读于实科高级中学，后进入马尔堡大学、柏林大学研究现代语言学，获得博士学位；毕业后，担任汉诺威女子专门学校教师，并兼任当地工业大学的教育学教授。他的主要著作有：《基于奥伊肯哲学建设普鲁士中等教育的尝试》《现代陶冶问题》（*Moderne Bildungsprobleme*，1912 年），《当今教育理想的推移》（*Die Wandlung d. Bildungsideals in unserer Zeit*，1914 年），《纯理的教育学》（*Nologische Pädogogik*）等。布德的人格教育学说全部以奥伊肯的精神生活哲学为根据，以论述个人的价值及个性发展为目的。

（一）对教育学说的批评

布德首先对同一时期各种教育学说提出了尖锐的批评。他认为，以往的教育大都倾向于主知主义，偏重思维与知识。其实思维与知识只是人生关系的一部分，并不能包括人类的全部生活。而且智力虽然能通过形式陶冶得到发展，但不能给人以精神生活的内容，所以形式陶冶不能作为陶冶的标准。教育最高的目的是根据意志的陶冶来培养自立的精神。但是，今天的艺术教育又不免流于浪漫，缺乏内部实在的精神。道德主义者认为艺术教育怠慢浮嚣，也是有其道理的。但是，道德主义的教育也过于清苦严肃，因为人生不能简单地采用形式的规范来拘束，应使人有愉快的心情，过一种内部充实的生活。而干燥无味的道德无法触动人的内心，无法使人的心情愉快。

主知主义、艺术主义以及道德主义既然都不足以为陶冶的理想，那么以社会文化观念为基础的社会教育学又将如何呢？布德认为，这也是不可能的。社会教育学的目的在于促进社会的发展进步，但其志趣偏于划一，不顾及个人的精神充分发展，即其所谓一般陶冶也没法促进人格的真正发展。而且社会教育学过于功利，看重实际利益，存在轻视精神生活之嫌，也不是能够陶冶圆满人格的真正之道。与此相反，个人的教育学说又将如何呢？在布德看来，也不完全。其结果足以招致荼毒教育的危险。个人教育学说的观点与人格教育学说看似相似，其实完全不同，因此也不能成为陶冶的理想。此外，如实证主义及实用主义更不足以表示陶冶的理想。因为实证主义是对事物的认识、记载与说明，实用主义努力阐明谋求人类幸福的方法，都不能为陶冶提供理想的办法。

（二）关于人格教育的目的

既然布德对以上教育学说都表示不满，那么他自身认为妥善的教育究竟是什么样的呢？毫无疑问就是基于人格主义的教育。人格主义教育就以超越的精神生活作为其根本原理。

那么，精神生活究竟是什么呢？布德认为，精神生活不是外界的附属物，而是自己生活的特性；换句话说，它是对各种活动能力的统一。因此，其本质是能动的、创造的、向上的。关于这一点，他给人格下了一个定义："所谓人格，是我们人类脱离自然的机械的状态，而为独立不羁的状态，即是能自觉能自己活动的统一体。"①从这个观点出发，布德确定自己的教育理想就是人格教育，教育的真正目的在于陶冶人格。精神生活的真正保障无疑在于卓越的个人、优秀的人格。

精神生活的构成要素包括宗教、道德、艺术、科学四个方面。宗教开拓新世界，对于人的精神生活起维持、指导作用，因此是较为重要的方面。道德的发展是人对于心的独立以及内在自由的奋斗的表达。然而道德不是自然产生的，而是通过牺牲、克己、服从社会产生的。艺术以脱离最初的印象，尝试新创作的想象活动为必要条件。想象最为可贵，对于人生是不可或缺的东西，既可以帮助内心向上发展，又可以超越不完全的状态。科学如果能离开小我，对于精神生活也至关重要。如果人的生活没有无限的宇宙观，那么人格就不会自动产生。想要使生活无限界，必须综合考虑宗教、道德、艺术、

---

① 蒋径三：《西洋教育思想史》下册，10 页，福州，福建教育出版社，2011。

科学。只有考虑到这四个方面的要素，才能改变仅满足于自然行动、过于注重个人感情的现状，才能表现完全的人格。

（三）关于教学的改造

布德根据以上原理，主张教学必须对主知主义加以限制，废除注入式的教学，避开偏于悟性与记忆知识的陶冶，将思考及知识与其他的生活，即美的、宗教的、道德的陶冶相结合。对于语言的教学，不能仅为语言而教学语言，应当让学生广泛阅读著作，了解外国的文化及精神界，从而受到历史的、美的、道德的陶冶。想要进行以上的陶冶，必须尊重个性的自由，并且采取有秩序的自由举措，以帮助学生养成自治的习惯，这是养成人格和品性的重要保障。从这一点看，布德的教育方法充分体现了奥伊肯精神生活学说的核心思想。

三、林德的人格教育学

林德（Linde，1864—1943）是人格教育学的极力倡导者。他于 1864 年出生于德国哥达，做过当地一所小学的校长，同时兼任德国教育新闻的主笔，成为人格教育学派的健将。他的主要著作有：《自然与精神》（*Natur und Geist*，1907 年），《现时教育上的争论》（*Pädagogische Streitfragen der Gegenwart*，1902年），《艺术与教育》（*Kunst und Erziehung*，1901 年）等。

（一）关于人格的要素

林德认为，人的本质是由自然与精神组成的。但是，这二者不是二元地存在的，而是并行地相互关系的。精神因其是自然的最高发展阶段，因此处于统治地位，自然处于被统治的地位。这样的关系如果能保持不变，并且又有进步，就应当可以促进文化的发展；否则，将使文化堕落。林德又说，人的生活包括自然和精神两个方面。人在自然方面虽然有不精、怠惰、迟钝、粗放、利己等恶的倾向，在精神方面却又有希求真、善、美进而为克己牺牲的倾向。人之所以为人，是因为能以这一高级的精神生活力去统治低级自然的生活。林德由此阐发人格生活的真相，他将这一思想应用在教育上，并发展了他的人格教育学。

林德的教育理想就是实现上述人格生活的真相。他把人格的根本要素分为四种：一是热诚能感，二是个性显明，三是生动独创，四是操守稳固。所谓热诚能感，是指热心而富于温情、感动性；所谓个性显明，是指具有显著的个性；所谓生动独创，是指自由而富于活动力且创作力旺盛；所谓操守稳固，是指具有充实的动力与丰富的抵抗力以及确固不拔。具备以上四种要素，才是教育上理想的人格，而教育的理想就是陶冶这样的人格。

(二)关于意志和情感的陶冶

林德认为，教育的目的在于人格的陶冶。他批评现在的学校仅有智力与悟性的陶冶，仅有知识的传授与理论的训练，不尊重儿童的人格。人格的发展就好像植物的生长一样。植物遵从自己内部的法则而得到生长。人格也一样，从外部摄取适合自己本质与生命的物质，消融并同化；对于不适合自己的东西，就排泄出去。起这种同化作用的机关，对植物来说是纤维组织，对人来说是情感(Gemüt)。所以，人格的发展必须有这一机关，以消化外来物质，就好像植物必须有纤维组织以同化碳素。赫尔巴特的学说所说的陶冶儿童意志的教学，就是陶冶儿童品性的教学，这种教学被称作"教育性教学"。根据这一学派的观点，意志基于悟性，由意识的思想界产生。因此，明了的观念能产生明了的概念，具体的事例能发生抽象的真理。这一观点虽然看起来是真理，但抽象的概念与真理绝不可能约束意志的力量。所以，意志是人格的产物，人格的根基是情感。情感是一切意志行为的源泉，也是最后的基础。所以，陶冶意志应以陶冶情意为本。教学要能以情感陶冶为本，才能被称为教育性教学。

林德认为，情感的本质是"爱"。能对反乎自己之物大度包容，将其化为自身之血肉，这就是爱；能从客观事物当中真诚感化，而动其人格与心灵，这也是爱。赫尔巴特提出的六种兴趣中，可以作为我们本质的东西的只有"同情的兴趣"。这种兴趣的来源也是情感。情感借同情的兴趣，而放其光辉。其他五种兴趣，都是得此光辉而得繁荣。人格陶冶于是收到成效。经验的兴趣如果无同情相伴，那么只是一种好奇心罢了；探究的兴趣如果无同情做根本，那么只不过是分析的记录而已。美的兴趣、社会的兴趣，也无不是这样的。即使宗教的兴趣，虽然也说到了爱，但是如果缺乏同情，则流于宗教仪式与偏狭的生活，对人格陶冶不仅无益，反而有害。

林德指出，意志陶冶虽然以情感陶冶为根本，但是意志的自由不得不以悟性陶冶为必要。这就如骑马，悟性是骑士，意志是马。马必然为骑士所驾驭，才能奔走。这样意志为悟性所支配，始得自由。有时意志不能为悟性所左右，也不靠悟性来发动，其最大的根源就是冲动。悟性对于冲动不过是以一般法则及真理的标准来呈现，又不过以承认及拒绝的意思来教导。所以，悟性陶冶仅仅是对意志陶冶的帮助，但不可并重，更不可偏重。当今把意志误认为由悟性来驾驭，于是仅看到了悟性的一面，把重要的冲动反而等闲视之，这是现代教育的一大通病。要破除此弊端，必须弄清楚意志与冲动的关系。

（三）关于人格教育的方法

林德的人格教育学以教师的人格为教育的主要方法，学生的人格为陶冶的主要对象，所以人格教育学的特色可有两点，其内容也可分为两部分：一是关于教师人格的讨论，二是关于学生人格的讨论。

就教师方面来说，第一，教育上特别是训练上，教师的人格甚为重要。因此，教师不得不常常作为学生的模范。第二，在教学上，教师的人格也足以使其产生影响。林德对于这点，是极力排斥从前的置重材料及偏重方法的教育，而以教育者的人格为基本。第三，教师不可不为热心而富于温情又具有感动性者。第四,教师做事有点像艺术家创作,因此其活动是自由的,不可不随其个性而进行。第五,若就"生动独创"这点来说,则教学材料不可不依据学生的年龄及其他的条件来选择。第六,作为教师,应具有充实的力量与顽强的抵抗力及坚韧不拔的意志。

就学生方面来说,第一,教学材料必须取与学生的情感有关且能唤起学生兴趣的东西。关于这一点,林德赞成赫尔巴特的教学兴趣论。第二,教学必须竭力排斥抽象,强调直观、具体。这样才能陶冶学生的情操而唤起他的兴趣。第三,只要对于教学目的不产生阻碍,就尽量让学生自由提问、自由发表意见。第四,为消除恐怖及不快感,不妨采用较为高级的、幽默诙谐的话,这样可以使学生与教师之间的感情日臻亲切,有助于传达思想与感情。

四、其他的人格教育学说

除了布德、林德外,主张人格教育的德国教育学家还有弗尔斯特(Foerster)、伊彻诺尔(Itschner)、克斯脱纳(Kstner)等。

(一)弗尔斯特的道德人格教育学

弗尔斯特 1869 年 2 月出生于德国柏林,曾就读于柏林大学、弗莱堡大学,毕业后从事于德国的伦理教化运动,颇有成效;后来先是担任维也纳大学教授,再是担任慕尼黑大学哲学、教育学教授;1966 年 9 月,在苏黎世去世。其关于教育方面的著述颇丰,主要有《学校与品性》(*Schule und Charakter*,1914 年),《教育与自我教育》(*Erziehung und Selfsterziehung*,1917 年)等。

弗尔斯特是一位道德教育学家,认为陶冶道德的品性是教育的唯一理想。如果从人格教育学的立场来说,他的教育学说可以说是道德的人格教育学。他把道德品性的陶冶作为学校教育的中心,认为一切知识的职业陶冶的基础都建立在道德品性的陶冶之上。

他在《学校与品性》一书中,开宗明义地大说研究品性陶冶之学的必要性,并应用文化上、伦理上、艺术上、生理上以及治疗教育上的种种观点予以说明。他强调，品性陶冶的内容应求之于基督教，力和爱的调和是品性陶冶的根本要素。在这二者的结合中，如果主张与牺牲、坚忍与顺从、势力与优美能得到相互调和，就能形成理想的品性。

他又举出道德教授与自治训练为品性陶冶的方法，认为在道德的教授上，凡是属于命令式的一切都须加以禁止，应使儿童由自身的实际经验归纳出道德原理，并加以理解。至于自治训练，教师对于儿童的惩罚，固然不能完全免除，但对于校外生活及学校生活的一部分，在某种限度以内，应使儿童有自治的自由。因此，从这点来看，弗尔斯特的教育学说当属于自由主义。

(二)伊彻诺尔的人格教育学

伊彻诺尔著有《教学法》(*Unterrichtslehre*)一书。他认为人格的教育是在寻求感性与灵性、自然与精神两种生活的调和，以此创造人格的生活。他强调，所谓人格是指个人从自然的机制独立出来，处于成为自由的状态。因此，人格具有以下四种特质：一是自己固有的特质，即个性；二是意志所秉持的操守，即性格；三是不为威武和暴力所屈服的自己的主张；四是恒久的内容。教学的目的，就在于培养具有这四种特质的人格。

至于教学方法，是以人类天赋所有的构成力(gestalungskraft)为基础，加以辅助作用使其完成为人格。因此，教学的任务有两个：一是引发创作力量，二是促使学生了解和掌握生活的真正意义。前者是形式的原理，后者是实质的原理。教学顺序可以分为三个阶段：第一阶段是领受，即直观；第二阶段是配置陶冶人格的教材，即认识；第三阶段是处理，即发表。针对这一顺序，伊彻诺尔反对一些人格教育学者的观点，即将教学完全依靠或交给教师的自由人格，而忽略了客观原则。

(三)克斯脱纳的人格教育主张

克斯脱纳的人格教育学说主要见于其代表作《社会教育学与新理想主义》

(*Sozial Pädagogik und Neuidealismus*)。他对纳托普等人的社会教育学大加抨击。他认为，社会教育学的主张不足采信，从而主张自己的人格教育学说。他根据奥伊肯的精神生活观点，主张征服自然，确立精神生活，从而构成人格的生活。在方法上，他采用裴斯泰洛齐的劳作主义思想。他根据精神生活发展阶段，将教育阶段划分为三个阶段：第一阶段是制作的阶段，第二阶段是黎明的阶段，第三阶段是更新的阶段。

第五节　艺术教育思潮

艺术教育也是20世纪前期德国诸多教育思潮之一。19世纪末，在包括德国在内的整个西欧，随着科学技术快速发展，人们崇拜无知文明，忽视艺术价值，以致工艺品粗制滥造，风格消失，素质低劣。整个社会倾向功利，偏重显示，人们心胸狭隘，毫无理想，生活趣味萧索，感情内容枯萎。此时，思想上有新人文主义的勃兴，教育上出现了艺术教育。艺术教育并不是由教育家开始的，而是由一般社会人士，特别是诗人、画家率先发起的。艺术教育的基本原则，就是极力反对工业社会的标准化、非"人"化的做法，强调知、情、意的全人格均衡发展，以培养创造力。艺术教育又可分为两个支流：一是"以艺术为目的"的教育，旨在提高美育的价值；二是"以艺术为手段"的教育，即美的教育。20世纪初，德国先后召开三次艺术教育会议：第一次于1901年在德莱斯顿，第二次于1903年在魏玛，第三次于1905年在汉堡。这一思潮的主要代表人物有朗格(Lange，1855—1921)、利希德华克(Lichtwark，1852—1914)、韦伯(Weber，1873—1948)和塞弗特(Seyfert，1862—1940)。

一、朗格的艺术教育观点

朗格是德国艺术教育的首倡者，1855年出生于德国哥廷根，最初在哥尼斯堡大学讲授美学，后来转到杜宾根大学担任艺术史教授，主讲近代和中世纪艺术史。朗格是德国一流的艺术教育学家，一生致力于倡导艺术教育及改革中学美术教学工作。他于1893年出版了《德意志青年的艺术教育》(*Die Kunstlerische Erziehungder Deutschen Jugend*)一书，1902年出版了代表作《艺术教育本质》(*Das Wuessen der Kusterischen Erziehing*，共两卷)，1907年再版时合成一卷。《艺术教育本质》系统地表达了他对艺术教育的态度及关于图画教学的意见，对艺术教育思想的影响重大，几乎无人可与其匹敌。[①] 1920年，朗格著有《电影的现在与将来》，否定以机械技术写实为媒介的电影的艺术性。在这些书中，朗格认为德意志艺术发展的道路在于唤起民众的艺术爱好，培养创造力及发掘艺术天才。他虽然强调艺术教育的重要性，但仍重视对生活理想的培育。在1901年德累斯顿(Dresden)召开的艺术教育会议上，他提出艺术教育的目的，不在专门艺术家的养成，而在不妨害其他教育目的的前提下，培养多人的艺术爱好。因此，没有必要特别设置美术史及美学这类学科，也不必多讨论专门绘画技术问题，只要学生能真正欣赏美术作品，并从鉴赏中得到愉快感及满足就够了。他特别强调，并不想拿艺术的理想代替道德的或宗教的理想，因为在生活中，除了艺术之外，还需要其他理想的存在。

(一)关于艺术经济观

朗格的艺术教育的特点在于他主张的艺术经济观点。朗格认为，艺术教育思想正是近代文化问题之一。由于他从一般文化的经济观点出发，因此他的艺术教育理想显然带有贵族色彩。他指出，如果我们所做的努力，只是把贫民提高到富人已达到的阶层，那就大错了。即使所谓上流社会，实际上与贫民阶层一样缺乏艺术教育。不但如此，他又确信上流社会缺乏美的陶冶，比下层社会缺乏美的陶冶来得更加危险。由于上流社会强力地支配着艺术经济命脉，因此，富人因为不确定自己的艺术判断力而不购买艺术品，或者因

---

① 蒋径三：《西洋教育思想史》下册，65页，福州，福建教育出版社，2011。

此曾经受到不正当的艺术陶冶而保护不纯良的艺术。比起那些因无欣赏能力而对艺术漠不关心的贫民，他们对真正艺术的毒害更为厉害。从这一点看，朗格首先关注的是上层社会的艺术教育。他的改革意见就从图画教学及大学的美术史与美学出发。

朗格分析指出，德国在 1890 年以前还处于科学时代，艺术的新时代还没有开始。上下层社会普遍盛行激烈的生存竞争，适合于艺术创作的愉快的时间与富力是不能见到的。历史表明，在没有战争的危险、财富集中于个人之手的时代，艺术始终兴盛；照此推理，我们生存于不和平的危险的时代，个人能力的自由发展是不可能的。寒冷而强烈的暴风弥漫在国内，要想自由地耽于沉思默悟、美的感激及憧憬，在德国当然是不可能的。艺术之蕾，在未开花以前早已被狂风吹散，在感情生活高调的时代，未必随着道德而衰亡。因此随着自然发展进入新文化的时代，是个人的义务。对现代的德国人来说，这样的时期已经到来。我们虽然还未进入新文化的时代，但自然会逐渐地进入。所以，我们必须先为进入这新文化的时代开展充分的活动。

朗格接着指出："无论其为欧战所致或社会革命所致，或一般军备缩小所致，总须现在的紧张的时代先完结了，然后人们所憧憬的新时代可以开始。这新时代的情况如何，在今日大体是可以预言的。这新时代虽非永远和平的时代，但大概是为各国民相互间的'和平的竞争'的时代罢。到了这时代，人类的和平的欲望，特别是艺术的欲望，恐怕是有不能预料的发展，在这时候，我们在艺术的发展上一定是先于其他欧洲诸国的。"①

（二）关于艺术的实用价值

朗格指出，不但是精神界的一般的变动唤起了艺术教育的必要性，在德国还有生存之外的条件强迫着。德国位于欧洲中央，经常受到邻国的威胁。不只如此，德国是一个资源贫乏的国家，其国土物产不足以养活其国民，因

---

① 蒋径三：《西洋教育思想史》下册，66~67 页，福州，福建教育出版社，2011。

此必须向外国要求足够的供给。这样依赖外援的状态，恐怕一时难以被打破。所以必须对抗这种依赖的状态。现在的德国虽然已成为有力的工业国，有了经济上的调和，然而如果到了国家艺术全盛期，我们的经济生活就会更加进步、更加巩固。

朗格由此肯定地说，高等的艺术对于经济发展的益处是无以复加的。但是令人担忧的是，大多数德国人只知道艺术是愉快的、美的，却不知道艺术的实用价值。因此，不可抱着这种偏见，应从经济的观点来处理这个问题。他强调，艺术在人类一切的活动中，是以比较少的材料产生比较高的价值的。高等艺术的原材料的价值与精制品的价值相比，显得很微小。对于人类生产来说，无论什么领域，都没有像艺术领域中获得精神创作力，即天才那样，能获得丰厚的报酬。所以，那些在多方面发展中提高艺术能力的国民，在经济关系上，必然会较其他国民占有优势地位。这一点，即使被称为艺术之国的法国，也是非常明白的。艺术发展的结果，对于他们获得物质利益也有很大的帮助。

（三）关于艺术爱好者的培养

朗格对德国艺术教育的状况十分不满。他说："固然我们对于艺术的发达上已经办了必要的一切的设施，如美术学校博物馆及展览会等都先后设置或开过了。但是我们并未使艺术之花开放，我们并未使一般国民对于艺术的要求有所彻悟和促进。艺术的创作力即天才虽不缺乏，但国民完全不曾了解艺术的真义。我们的国民就是对于艺术的感受力及强烈的要求也甚缺乏。我们有时固然亦有伟大的艺术品出现，然而没有能欣赏这艺术的民众。这是不论于贵族间、富人间、贫民间，都可发现的事实。"①

朗格对此做了进一步分析。因为一般国民对于惊人的艺术事业茫无感觉，所以发生了可悲的结果。由于一方面艺术家胡乱创作，另一方面没有判断艺

---

① 蒋径三：《西洋教育思想史》下册，68 页，福州，福建教育出版社，2011。

术家禀赋的能力，因此缺少保护艺术家努力奋斗的工作。德国固然不乏有为的艺术家，然而由于贫困而不能从事创作的也为数不少。又由于公众没有判断力，因此即使有伟大的作品，也苦于无人购买，被埋没于国内，最终流往国外。于是迫使艺术家穷困于其乡土中，直到其作品受到法国人的赞美之后，国人方才认识其价值。这实在是一种耻辱。

因此，朗格呼吁加强对国民的艺术教育。他指出，不要在乎可以养成多少艺术家，而要在乎怎样教育民众，使他们能够理解伟大的作品并将其保护好。必须提高德国民众的艺术要求，使他们达到与英国、法国同等的程度。如果要做到此，就必须像英法那样，培养有教养的艺术爱好者。他认为，真的艺术爱好者是艺术家与一般民众之间的介绍者，即结合创造艺术活动与接受艺术活动的人。这些介绍人可以提高国民的感受力。因此，从艺术的经济观来看，要务必注意对艺术爱好者的教育。

（四）关于图画教学

在图画教学方面，朗格认为应具有艺术的特质，不可视绘画为一种技能来施行技能的练习。他说："在今世艺术的见解有两个：其一是与自然有密切关系；其二是艺术的人格。"①因此绘画教学应适合这两方面，也就是模仿及个别教学。

二、利希德华克的艺术教育思想

利希德华克1852年出生于德国汉堡，最初做过小学教师，后就读于莱比锡大学、柏林大学等，毕业后受聘为柏林艺术工业博物馆的书记员。1886年，他担任汉堡艺术工业博物馆馆长。这所博物馆是利希德华克的老师布林克曼（Brinkmann）于1874年仿照英国、奥地利艺术工业博物馆而设立的，它旨在提高国民的艺术水准，培养艺术创造力。直至1914年1月14日去世为止，他

---

① 田培林：《教育与文化》第6版，451页，台北，五南图书出版公司，1987。

将一生倾注于艺术教育事业之中，致力于推动工艺品展览以及艺术教育的发展。利希德华克著有《学校中的艺术》(*Die Kunst in die Schule*，1887 年)，《艺术品观察的训练》(*Ubungen in der Betrachtung von Kunstwerken*，1909 年)等。《学校中的艺术》可被视为他艺术教育思想的代表作。

(一)关于"艺术享乐主义"

利希德华克与其说是艺术教育者，不如说是社会教育者。他主张从社会的、经济的角度来考察艺术教育。不但如此，他又把艺术教育看成一个文化的重要问题。利希德华克认为，德国工业的发展必须以全体国民的艺术爱好为基础。因此，他倡导通过艺术教育，培养国民的艺术兴趣以及欣赏能力，以促进工业经济的发展。工艺品只有受到大众普遍的喜爱、认识及正当批评才能进步。他提出"艺术享乐主义"(Dilettantism)这一概念，认为艺术享受与艺术爱好不仅是个人生活幸福的源泉，也是国家工业艺术发达的途径。

利希德华克考察了德国的文化状态，尤其是 1890 年以前的文化状态，由此认定德国文化处于完全衰退当中。他在公共生活、社会生活中痛感一般人缺乏趣味。1890 年，他看见柏林街头有卖野花者，不像从前把花扎成无趣味的花束，而任其自然的姿态而售卖，他觉得非常感动，认为这是在德国趣味史上划时代的一件大事件。他说："德意志人在艺术上不能达于文化之域的原因，在于德意志人对色彩无趣味。德意志人的色彩感觉缺乏陶冶，便是艺术之经济的悲运所由生。为高度的色彩的文化的所有者法兰西输入其艺术品及美术工艺品于德意志征服了德意志的艺术之经济的生活。不但如此，德意志人又因此而陷入于法兰西模仿的状态中，终于失却了德意志人的色彩之独立。倘能陶冶我们所有的色彩上的才能，我们必可为经济上有力的工业的所有者，每年数千万元的利益不致外溢，而我们的衣料不必从英国输入，化妆品不必从巴黎输入了。我们的工业界也不必从外国品的模仿了。然德意志的消费者的色彩上的趣味倘不陶冶，生产上的一切努力均无从奏其效果。"①

利希德华克又极力从经济角度推说其艺术教育观点。他说："我们倘要在经济的竞争上凌驾他国，必先明白注意上述的国家的弱点。将来的竞争，第一大概是经济性质的东西。我们现在正立在经济的胜败的关头上。我们的工业的将来，须视次代的国民有否认真施行艺术教育的决心，及能否认真地施行艺术教育而决定。我们以前仅注意于艺术家之养成，以为因此可以在世界市场中得到优越的地位。然而今日才知道这是错误了的。其实国家经济的活力，依托在其国的消费者的文化状态上，所以只有注意消费者的教育，才可希望工业之独立与其活动力。而消费者的教育，莫善于奖励'艺术享乐主义'。虽现在的教育之可悲的缺陷，是视艺术享乐者为嘲笑的人物。我们的音乐界中早有许多的艺术享乐者；但我们以为这是自然的。至于诗文及造形美术的方面，则未闻有赞赏艺术享乐者之事。赴展览会的人与赴音乐会的人其间有很大的差异，全然是为了这原故。我们因为在音乐界上为艺术享乐主义，所以得成了音乐的国民。然对于造形美术，却无人注意及之。向来儿童从 7 岁起每日教音乐一小时，倘把这工夫早放在图书与手工的练习上，则我国今日的现状一定不致于这样！从来没有人为儿童在学校以外另教一点图书。7 岁开始教弹琴的儿童中，恐怕百人中没有一人受到同弹琴教育一样的图书教育的罢！"

"因为有这样的情形，所以德意志人的形式的陶冶、感觉的陶冶很不完全。德意志人对于艺术实在可以说是盲目者。他们尚未十分看清楚艺术品，即妄加批评。"②

但根据利希德华克的意见，自 1880 年以来，德国教育的重心已经发生了变化，艺术享乐主义逐渐盛行起来。当时德国教育缺乏本质的要素，这是为

---

① 蒋径三：《西洋教育思想史》下册，71 页，福州，福建教育出版社，2011。
② 蒋径三：《西洋教育思想史》下册，70~71 页，福州，福建教育出版社，2011。

人们所公认的。因此，德国各地自发地流行起来艺术享乐主义。1889 年以后，德国人以非常之势提倡艺术享乐主义，上流社会中也有许多皈依者。这是因为上流社会既富裕又闲暇，具备艺术享乐主义成立的条件。如果此后继续发达，日趋健全，接着推广到下层社会，则新的纯粹的国民艺术必将因此而发生。旧艺术不但根据美的要求及创作欲望，而且是直接从国民经济生活中产生的。所以，旧艺术不像今天的艺术爱好者的艺术活动之先要求所谓目的教育，而希望有实用的价值。但是，今天的艺术享乐主义却不把这样实际的目的放在眼中，因为这些实际的要求很可能从美术工艺上获得满足。今天的艺术享乐主义，表面上虽然没有经济的倾向，但在实际上比旧艺术更具有经济的意义。

经济学家不可不倾注其趣味于这种新的艺术享乐主义。因为艺术享乐主义可以造出足以影响生产的舆论。我们的艺术及美术工艺，虽然没有人好好地批评它，又没有真正能了解它的人，但这个缺陷可由真正的爱好艺术者来弥补。由于有了艺术享乐主义，因此既足以挽救美术工艺，避免其形式化，又能促进高级艺术及应用艺术的发展。德国人"为了提高美术工艺及艺术的生产之质，而使产出新的机轴起见，应如何的倾注其全力，由世界市场的形势，很能说明其必要"①。我们输出的物品，主要是低廉的物品，即无关于眼之艺术的陶冶的物品。但是德国经济界的将来不能把这样的输出作为根据。因为对于制造廉价的物品，他国绝不劣于我们，而我们可以毋庸输出了。而对于含有高尚趣味的物品，我们却还得依靠他国的输入。像这样德国的艺术产品之所以不能与其他国家取得同等的地位，绝不是我们的艺术家禀赋不足的缘故，乃是我们一般的艺术陶冶的水平过低的缘故。

（二）关于艺术教育及实施

利希德华克确信健全的、真正的艺术享乐主义，不得不负有挽救德国艺

---

① 蒋径三：《西洋教育思想史》下册，72 页，福州，福建教育出版社，2011。

术经济不振的使命。他颇慨叹当时所谓有教养的艺术家之多,认为他们不但不能促进艺术发达,反而会起妨碍作用。而对于能够促使多数人审美能力发展,并能满足其艺术创作要求的艺术享乐主义,他却十分赞赏。他虽然以培养成感受艺术、了解艺术的民众为艺术享乐主义的主要使命,但在其他方面,"尚努力于可由其聪明的批评,而促进国家的生产之艺术批评家及位于艺术家与一般民众之间而灌注艺术的兴趣于一般民众文艺术教育家之养成"①。

然而要达到这样的目的,应用什么办法呢?利希德华克认为,要想自由地了解高等艺术,深知其本质,不可不在图画以及雕刻上努力获得其艺术性质;想要促进美术工艺,当努力去解决实际问题。当艺术享乐者互相合并其能力,计划向其目的努力后,才能够达到其目的。否则,如果无所谓组织,艺术享乐主义就不能快速地产生效果。这是利希德华克所确信的。所以他一生的事业,产生大的效果的一定有他所首倡的组织。具体实例于他在汉堡所倡办的各种事业中可以见到。

对于艺术教育,利希德华克说:"使儿童观察艺术品的目的,在于使他们深入艺术品之中,养成他们有永久观察艺术品的习惯与感官的觉醒,而不是在灌输给儿童艺术品的知识。因此对于儿童先要引起他们的兴趣,然后再让他们学习沉静地、精密地观察每件艺术品。"②他认为在艺术教育中宜避免艺术批评,只管让儿童全心全意去欣赏,满足艺术爱好的欲望,所以艺术欣赏的出发点不在美术史知识而在艺术的直观,在培养儿童的鉴赏力及艺术兴趣。对于学校中的艺术教育,他主张不必过早,图画观察约从12岁开始,雕刻、建筑等从11岁开始较为恰当。女生因经常注意化妆品,在色彩感觉方面较敏感,艺术欣赏也应较男生稍早。

---

① 蒋径三:《西洋教育思想史》下册,72页,福州,福建教育出版社,2011。
② 田培林:《教育与文化》第6版,452页,台北,五南图书出版公司,1987。

三、韦伯的美学教育学

朗格与利希德华克的艺术教育思想主要集中在发展工业艺术方面，到韦伯才开始把艺术原理与教育原理融合起来，欲以艺术原理为根据组织教育学。后来有学者称："把美学当作教育的一个原理，而企图建立美的教育学的，当以韦伯为第一人。"①跟前人相比，韦伯最大的不同在于他是教育工作者，而不是艺术教授。他担任过小学教师、师范学校校长，著有《作为教育学基础科学的美学》(Aesthetik das Grundwissenschaft der Pädagogik，1907 年)，《教师人格》(Die Lehrepersonlichkeit，1911 年)，《德意志的国民性与国民教育》(Deutsches Volkstum und Nationale Erziehung，1924 年)等。其中，《作为教育学基础科学的美学》集中论述了他的艺术教育思想。

(一)论教育与艺术

韦伯首先认为教育是一种艺术，就此提出"美学教育学"这一概念。他说："教育不外是引导被教育者，使臻于自己活动的地位，换言之，即养成继续生长的人。自己活动是能令人类的本质自由发展。然则欲助长此种主观的个人的自己活动之发展，需要何种教育学？单靠指示一般原理的教育学，当然是不足的，因此，是在不能不依赖于美的教育学之指示。"

韦伯认为教育的内在任务是发展个人的人格特质，也就是发起自我活动来培养创造力量。所谓"自我活动"，就是艺术的、感情的、主观的及个人的活动。要发展这种自我活动，必须依从艺术原理。韦伯又认为，当代教育有四种弊病：第一，学校教育内容跟人的真正生活相冲突；第二，偏重团体教育，忽视个性发展；第三，偏重强迫的教育，忽略学生的自由活动；第四，偏重知识的灌输，忽略情操的陶冶。② 在韦伯看来，教育要弃除这些弊病，必须遵循艺术原理。因此，从这个意义上说，美学是教育学的

---

① 蒋径三：《西洋教育思想史》下册，73 页，福州，福建教育出版社，2011。
② 姜琦：《现代西洋教育史》上册，145 页，福州，福建教育出版社，2011。

基础。

韦伯接着将教育学分为三种：第一种是作为一般原理的教育学，第二种是给教育实践提供理论基础的教育学，第三种是指导教育动作实习的教育学。第一种教育学是赫尔巴特派所主张的"理论的教育学"，即教育全部理论的教育学，也是建立在伦理学、心理学、文明史、卫生学等基础上的哲学教育学；第二种是"科学的教育学"，是关于教育实践的一般方法学，这是夸美纽斯、裴斯泰洛齐等教育家苦心建构的教育学；第三种教育学还不能被称为纯正的科学，只是属于直觉艺术领域的实用教育艺术。①

（二）论美的教育学

美的教育学究竟是什么？韦伯认为，它属于第三种教育学。韦伯所说的"美的教育学"与平常所说的一般的教育学、理论的教育学、系统的教育学等完全不同，也不是一种教学法，实际上可被称为"教育艺术"或"教育动作学"。②

既然说到"艺术"和"动作"，自然不能成为"学"。韦伯由此指出，直觉的、艺术的教育，原不能被称为纯正的科学。韦伯依据美学的艺术规范，推进教育学的建设。韦伯曾在莱比锡大学师从德国哲学家、美学家约翰内斯·福克尔特（Johannes Volkelt，1848—1930），吸收了其关于美的根本规范的思想。

（三）论美的规范与教育

福克尔特把美的规范分为客观和主观两个方面。

客观方面包括四个要点：一是形式与内容的统一，二是在人身上有价值的内容，三是表现出来的美，四是有机、统一的美的对象。韦伯把这些美的规范应用于教育上，认为教育要从人生与自然生活中寻求各种有价值的材料，

---

① 蒋径三：《西洋教育思想史》下册，73~74页，福州，福建教育出版社，2011。
② 姜琦：《现代西洋教育史》上册，146页，福州，福建教育出版社，2011。

并加以组织整理。这些有价值的内容，必须与人类有关，也就是能够发展天性。艺术是实在世界的表现，教育也要让儿童知道实物、事实及严密的法则。最后，艺术注重有机的统一，教育上应实行综合教学。①

主观方面也包括四个要点：一是感情热烈的直观，二是感情表象的扩大，三是关系活动的昂进，四是实感的沉降。所谓感情热烈的直观，是指欣赏美术时，如果感情冷淡，就不能有美感的享受。这一规范在教育上的应用，就如道德训导必须借教师的热情而收功；教授地理学科，如果加上旅行经验的介绍，更容易引发学生的兴趣。所谓感情表象的扩大，是指赏玩美术时，必须将观念逐渐扩大，方能感受其美，否则美感便会减弱。所谓关系活动的昂进，是指逐渐凭借教师的人格与热烈的感情将教育活动统一起来。但这种统一不是理论的统一，而是人格的统一。所谓实感的沉降，是说审美时必须逐渐遣散实像的情感，仅以假象的情感充满意识方可。不然，如果实感昂进，反令美感沉降。②

据此，韦伯要求教师必须是艺术的教育家，要能发掘儿童的个性，实施人格教育。教师必须精于说话的艺术，善于绘画及手工制作。教师教导学生，犹如艺术家创作作品一样，是在创造价值，满足人类生活的要求。

四、塞弗特的教育思想

塞弗特 1862 年 5 月出生于德国德累斯顿，父亲是技师。他在师范学校毕业后，先是担任小学教师及校长，后来进入莱比锡大学研究教育，获得学士学位，毕业后担任师范学校的教师及校长。他著作有《一般教育学理念》（*Die Pädagogische Idee in ihrer allgemein*，1904 年），《当作教授的艺术形式的教授讲义》（*Die Unterr. lektion als didakt. Kunstform，Ratschläge u. Proben f. d. Alltag-*

---

① 蒋径三：《西洋教育思想史》下册，74~75 页，福州，福建教育出版社，2011。
② 蒋径三：《西洋教育思想史》下册，75~77 页，福州，福建教育出版社，2011。

sarb. u. f. Lehrproben，1904年)，《作业科》(第九版)(*Operative Sektion 9. Auflage*，1922年)等。

塞弗特认为教育即艺术，教师即艺术家；又说艺术可分为纯粹艺术与应用艺术两种，而教育是应用艺术的一种。他尤其注重教学方面。根据他的观点，教学可被视为造型艺术，教师可被视为诗人与音乐家。因为教师如果想呈示给学生一种原理或事实，则往往指手画脚以发表其思想与感情，其与画家之绘画及雕刻家之塑像初无异致。所以说，教学是造型艺术。另外，诗人构思、音乐家制曲，教师都兼而有之。譬如教学，必先有确定的设计，然后各学年、各学期、各时段的教学才可有适当的分配，教学的形式与实质也可得以互相调和。所谓设计，不就是构思的结果吗？又如音乐看重调节，所谓调节，就是高音、低音、噪音、净音、急板、慢板等都能相互协调，而且与情感相呼应。教学须有调节，也与此没有两样，有时应用激烈的声调，有时宜用婉转的调色，方能感动儿童，以获得教学上最优的效果。所以说，教师等于诗人与音乐家。

第七章

20世纪前期日本的教育与思想

　　第一次世界大战后，日本的国际交往日益频繁，欧美自由主义思想传入日本，推动日本迎来了短暂的"大正德谟克拉西"时期。日本教育界兴起了"大正新教育运动"，依据日本国情提出了教育改造的思想和观点，形成了以"八大教育主张"为代表的新教育思想，并将其付诸实践，对日本教育发展具有深远影响。

　　日本是亚洲第一个走上资本主义道路的国家。19世纪中叶，日本明治政府为了追赶欧美资本主义国家，强力主导开展了"明治维新"运动，确立了"富国强兵""殖产兴业""文明开化"的口号。其中，"富国强兵"是引领政治、文化和教育改革的总方针，以推动日本各方面的发展。明治初期，日本以学习和吸收欧美等国的个人主义、功利主义、自由主义和民主主义思想为主，国家主义思想处于暂时性的蛰伏状态。明治中期和后期，在德国国家至上主义的影响下，日本国家主义教育体制逐渐确立并不断扩充。第一次世界大战后，日本进入了垄断资本主义发展阶段。加之地少人多、资源困乏，日本逐渐成为军事封建性的帝国主义国家，具有强烈的侵略性。为了寻找一条继承日本传统文化、抵御西方文化影响的途径，1890年，日本天皇颁布了《教育敕语》，其主要内容是重申忠孝为日本国体之精华、日本教育之渊源。从此日本的教育开始把儒家的伦理道德规范与日本的民族意识培养结合起来，以适应日本社会各方面急速发展的需要。

第一节 日本大正时期新教育改革

20 世纪初，尤其是第一次世界大战后，伴随欧美自由主义思想的传播，日本迎来了短暂的民主化发展时期。大正时期(1912—1926 年)在日本近代史上仅持续了 15 年，被誉为"一朵美丽的谎花"①。大正时期虽然时间较短，但作为承接明治时期和昭和时期的过渡阶段，在日本历史发展中对日本社会和教育都产生了深远影响。

一、日本大正时期的社会背景

1912 年 7 月，日本明治天皇(睦仁)逝世，皇太子嘉仁继位，年号定为"大正"，日本进入近现代史上重要的转折时期。尽管大正时期仅存续了 15 年，但在民本主义思潮的推动下，日本兴起了继明治时期"自由民权运动"之后的第二次民主运动高潮，即大正民主运动(亦称为"大正德谟克拉西")。与此同时，大正时期也是日本帝国主义加剧膨胀时期，吞并朝鲜、参加第一次世界大战、出兵山东等，侵略步伐逐渐加快。由此可以看到，日本大正时期是日本近现代史上具有"二重性"特征的时代。

一般而言，日本史学界所使用的"大正民主"这一概念泛指 1905 年"日比谷骚动事件"至 1931 年"九一八事变"前夜，以大正年间政党政治的实现为中心，日本在社会、政治、文化等各领域所涌现的民主主义、自由主义、社会

① [日]近代日本思想史研究会：《近代日本思想史》第二卷，184 页，李民、贾纯、华夏等译，北京，商务印书馆，1992。

主义以及无政府主义的思潮和运动。① 狭义上，"大正民主主义"运动开始于大正初期"第一次护宪运动"，经过中期的"米骚动"，到"第二次护宪运动"，以《普通选举法》的公布而告终。② 大正民主主义运动一方面启蒙了日本民众的市民意识，另一方面孕育了日本走向军国主义的基本前提。

　　作为后发资本主义国家，日本在19世纪80年代完成了以轻工业为中心的产业革命。中日甲午战争后，日本将发展的重心转向重工业，开始向垄断资本主义阶段过渡。与此同时，资本主义国家将争夺殖民地和势力范围的目光转向中国，日本更是大力地向中国扩张，与俄国产生了尖锐矛盾。1904—1905年，日俄之间为瓜分在中国的势力范围，爆发了日俄战争。在这场战争中，日本和沙皇俄国都被巨大的战争消耗拉入深渊，最终在1905年日本取得了日本海战的胜利。沙俄迫于国内动荡的革命形势，希望早日结束战争。在美国总统罗斯福的斡旋下，日俄在1905年9月5日签订了《朴茨茅斯条约》。然而，该条约的内容与日本国民的期待相差很远，尤其是没有获得战争赔款，这就意味着巨额的战争费要全部由日本负担，从而激起了日本国民的愤怒。"日比谷骚动事件"由此而发，并扩展到东京全市，拉开了广义上日本"大正民主"的帷幕。"日比谷骚动事件"最初以东京市参事会员为先锋，遭到警察镇压后，被激怒的民众(手艺人、工厂工人、日工、人力车夫、城市贫苦无产阶层)才成为参与事件的主体。这次事件具有排外主义、扩张主义的性质，同时也是由于民众因对受战争迫害而被迫遭受重大牺牲的强烈不满而爆发的，因而具有反对专制政治的反政府运动的性质。③ "日比谷骚动事件"后，反对媾和运动在日本全国开展起来，突出对日本藩阀专制的批判，构成了后来城市

---

① 钱昕怡：《战后日本历史学中的"大正民主"研究》，载《日本研究》，2015(3)。

② ［日］近代日本思想史研究会：《近代日本思想史》第二卷，162页，李民、贾纯、华夏等译，北京，商务印书馆，1992。

③ ［日］今井清一：《日本近现代史》第二卷，10页，杨孝臣、郎唯成、杨树人译，北京，商务印书馆，1992。

群众运动的雏形，政党势力也逐渐加强。

1912年秋，日本陆军以增加军费为由对西园寺内阁进行强烈攻击，与西园寺内阁(政友会)发生正面冲突，逼迫西园寺内阁集体辞职，进一步引发了第一次护宪运动。西园寺内阁的辞职推动了社会舆论，对元老、藩阀实力造成了较大的冲击。当时的《东京日日新闻》将西园寺内阁的辞职评论为"大正政治维新的开始"，《东洋经济新报》评论指出"予天下人心以深刻感动，盖为我国所罕见"。日本全国各地的政友会支部、商业会议所、新闻记者团等纷纷召开反对陆军增师、拥护宪政的大会，各地民众骚动不断，以打倒滥用陆军特权的阀族、实现责任内阁为目标的护宪运动逐渐开展起来。在护宪运动的压力下，由元老会议推举组建的第三届桂内阁(1912年12月21日组成)在人民的不满中败下阵来，并在1913年2月11日集体辞职。政友会和国民党犬养派联合，利用群众运动攻击政府、打倒内阁，这在明治宪法颁布以来是史无前例的。虽然此次护宪运动由于政友会的妥协很快分裂，群众运动也很快平息，但提高了日本群众尤其是青壮年对国家政治的关心意识，推动地方出现了市民性政治结社，出现了民本主义的主张。

1914年，日本不顾同盟国英国的反对，决定加入第一次世界大战，凭借其海军发展的优势，乘机攫取了德国在中国山东胶州湾的租界地和租借权及德国在南洋占领的诸岛屿。日本坚持参加第一次世界大战的根本原因在于转移日俄战争造成的国内社会矛盾。日俄战争后，由于没有得到俄国的战争赔款，日本政府入不敷出，国家财政陷入破产危机。尤其是在1912—1914年，物价下降，企业和银行不断出现破产的情况。第一次世界大战对日本统治阶级来说实在是"大正时代一个天赐良机"①。参加第一次世界大战的第一年，日本经济进一步恶化，进出口贸易几乎断绝。然而，到了1915年下半年，日

---

① [日]守屋典郎：《日本经济史》，192页，周锡卿译，北京，生活·读书·新知三联书店，1963。

本经济发展迎来转机，大发战争财，刺激资本主义经济出现了空前的景气和繁荣的局面。一方面，日本借英、俄、法帝国主义国家忙于欧洲战场，无暇东顾之机，向亚洲和非洲各国大量倾销商品，扩大贸易，使日本社会经济空前发展，成为亚洲最强的帝国主义国家；另一方面，战争刺激了物资需求的高涨，俄国和其他协约国向日本订购大量军需品，刺激了日本纺织品和杂货等商品市场的扩大。由战争带来的经济繁荣并没有持续太久。第一次世界大战结束不久，在世界经济危机的影响下，日本经济在大正后期再次陷入萧条。日本帝国主义者为了摆脱危机，解决国内矛盾，加紧了侵略中国的步伐。

在第一次世界大战末期，日本国内阶级矛盾日益尖锐，加之俄国十月革命以及其他国家社会革命风暴的影响，日本爆发了历史上第一次全国性大暴动。这次暴动起因于米价暴涨，于是在日本习惯性地被称为"米骚动事件"。1918 年 8 月 2 日，日本政府颁布了《大日本帝国政府告示》，决定出兵西伯利亚，同时发出动员令。而此时正值夏季青黄不接的时期，大米原本就供不应求，再加上出兵西伯利亚，大米被囤积起来，奇货可居。米价暴涨严重影响了因"一战景气"改善的生活，于是富山县女性们率先行动起来抗议米价暴涨。之后一个多月里，日本全国各地发起了团体性示威行动。随后，矿工、佃户、被歧视的部落民族等参加到暴动中，使得"米骚动事件"成为日本"政治危机中划时代的事件"。它不是单纯由米价问题引发的，而是包含着政治问题、社会问题、思想问题和其他种种意义，是"阶级斗争的第一烽火"。① 为镇压"米骚动事件"，日本政府紧急进口外国米，同时出动了警察和军队，在当年 8 月下旬将"米骚动事件"镇压了下去。"米骚动事件"虽然持续时间非常短暂，但却推动日本产生了第一个真正的政党内阁——原敬内阁，推动日本开始探索统治机构的重建。1923 年，山本衡兵卫内阁因"虎之门事件"集体辞职，进一步引发了日本政界和民众的不满。在拥护宪政的宪政会、革新俱乐部和政友会

---

① 海後宗臣：《臨時教育会議の研究》，33~34 頁，東京，東京大学出版会，1960。

三个政党的领导下，日本发生了"第二次护宪运动"。政党主导选举战，并通过由上而下地组织民众运动扩大选举权，继而形成了声势浩大的普选运动。与此同时，日本社会运动和社会主义运动高涨起来，日本政府便试图通过出台《治安维持法》等取缔共产主义运动。1925年，《治安维持法》以压倒性多数票在日本众议院通过，并提交贵族院通过，同时通过的法案还有《普通选举法》。两法的同时出台促使日本形成了"普选-治安维持法体系"。人民对于政党的认识发生了根本性改变，原来政党被视为"政治统治阶级的一个分支"，新体系下政党被视为"决定国家意志的中心"。这种体制通过赋予人们选举权，让人们自觉是"国民"，从而促使他们在主观上与国家一体化，进而排除不遵从这点的人。新体系通过统合（普选法）和排除（治安维持法）来实现有差别的"国民化"①，为日本走向侵略的道路奠定了内部制度基础。日本大正时期的经济社会形势也影响了日本治理教育的方式。

二、日本大正时期的教育方针与政策

大正前半期基本上是在第一次世界大战中度过的，并在战争期间获得了经济上的短暂繁荣。然而伴随战争的结束，日本经济发展减缓带来了社会恐慌心理，社会对教育提出了各种各样的要求，新教育运动蓬勃开展，迫使日本不得不调整教育政策和方针。大正时期的教育政策以1917年"临时教育会议"为分界点，大致可以分为两个阶段。前一阶段仍然处于明治教育政策的惯性之下，"皇国"思想被日本政府用为化解社会矛盾的工具，以法制化的形式融入大正前期的教育体系。

集中体现"皇国"思想的《教育敕语》，虽然制定于1890年，但对20世纪前期日本教育的发展产生了深远的影响。1908年10月13日，日本政府颁布《戊申诏书》，以天皇的最高权威规定了国民道德的内容，即"战后之日尚浅，

① ［日］成田龙一：《大正民主运动》，249页，李铃译，香港，香港中和出版有限公司，2016。

庶政需愈益更张。宜应上下一心，忠服实业，勤俭治产，为信为义，醇厚成俗，去华就实，荒怠相戒，自强不息"，秉持《教育敕语》的基本精神，强调培养国民之道德以服务国家发展需要。在教育管理和实践层面，日本政府更加重视《教育敕语》，在中小学教育以及教科书中进一步强化修身课"忠君爱国"的宗旨，增加有关皇室的内容等。日本在教育行政上仍然坚持"敕令主义"，天皇以下达教育命令等方式继续参与教育决策。但此时日本中央教育行政在国家治理方式变化的宏观背景下，也通过设置中央教育审议机构、强化视学制度、实施教科书国定制度等强化中央政府对教育的统治。

第一次世界大战结束后，在欧美自由主义思潮的影响下，日本的工人运动十分活跃，教育领域也掀起了关注个性与自由的新教育运动。然而，新教育运动的主张对以"皇国"思想为底色的日本教育来说可谓是颠覆性的。日本政府也看到了这一点，便试图用"忠君爱国"的国民道德教育来应对和抑制自由民主的教育思潮，缓解阶级矛盾，维护稳定统治。为此，日本政府对文部省进行了行政机构改革，强化了教育行政机构为社会统治服务的功能。1917年9月，日本内阁设置临时教育会议——近代以来第一个直属于首相的教育审议机构，取消了教育调查会，对明治时期确立的教育制度和教育内容进行了全面审查和修订，对小学教育、男子高等普通教育、实业教育、大学教育、师范教育和女子教育等提出了改革方案。1917年10月，时任首相寺内正毅在临时教育会议上指出日本在第一次世界大战后"须日益加强教育以发扬国体之精华"，国民教育之要在于"培养富于护国精神之忠良臣民"。① 临时教育会议将这一宗旨融入各项改革建议，对明治时期确立的教育体制进行了拓展和完善，突出了对皇国思想的强化。在小学教育方面，临时教育会议认为，小学教育重在培养国民道德，巩固儿童的道德性信念，采取适切的方法促进儿童身体健全发展；在知识技能教授方面应以儿童的理解和应用为主，避免各类

---

① 海後宗臣：《臨時教育會議の研究》，33~34 頁，東京，東京大学出版会，1960。

设施和教育方法千篇一律，应根据各地实际情况做出调整；在中等教育方面，提出要使学生充分体会《教育敕语》的要旨，强化巩固国体的观念；针对大学，提出应更加注意陶冶人格，涵养国家思想；针对师范教育，提出要进一步致力于涵养忠君爱国的志趣情操。

日本政府在临时教育会议的咨询报告的基础上修订法令法规，将"国民道德""国家思想"等表述以法令的形式植入各级各类学校教育。例如，1918年修订的《大学令》规定大学要"兼留意陶冶人格、涵养国家思想"；1919年修订的《中学校令》在中学教育目中增加了"培养国民道德"的内容；1920年修订的《高等女子学校令》将高等女子学校的目的定为"应特别致力于培养国民道德，注意涵养妇德"。临时教育会议仅在1917—1919年存续了2年左右的时间，但它所提出的各项建议在当时或者通过1924年设立的"文政审议会"得以实施，使得日本教育领域中的皇国意识不断强化，甚至深化。这种情况与大正民主主义运动所提倡的内容形成了鲜明对照，也反映出了大正民主主义运动的局限性。

三、日本大正时期各类教育的发展

进入20世纪后，日本教育在明治政府的推动下取得了较大发展，全体国民的受教育水平大幅提升，初等教育实现普及，实业教育得到重视，高等教育发展也迈入现代化进程。日俄战争、第一次世界大战等使日本政府强化了对人才培养的重要性的认识，并在明治后期和大正时期对教育制度进行了一系列改革。除了大力加强普通义务教育外，日本还进一步发展中等职业教育和实业教育，重点改革和发展高等教育，重视理工科教育，以谋求培养军事工业所需要的熟练工人和军事科技人才，推动了各级各类教育的快速发展。

(一)学前教育的改革和发展

日本学前教育发端于19世纪90年代。进入20世纪后，受义务教育普及、地方财政状况紧张等因素的影响，学前教育发展受到较大的冲击。1886年，日本幼儿园数量不足40所，并以每年20~30所的数量逐年增加。到19世纪末，日本幼儿园数量已经超过200所。1897年，小学一年级新生中约有1%的儿童上过幼儿园。到1912年，日本国立和公立幼儿园数量为224所，与19世纪末相比几乎没有增长。相比之下私立幼儿园数量明显增加，仅1906—1912年，私立幼儿园数从160所增加到309所。1911年，日本政府放松了对幼儿园招生规模的限制，进入大正时期后，私立幼儿园数量持续增加。1916年时，国立和公立幼儿园为245所，私立幼儿园达到了420所。[①]

尽管大正前期日本幼儿园数量不断增加，但日本教育体系对幼儿园还没有明确的定位。直到1899年日本政府出台《幼儿园保育及设备规程》后，学前教育发展才步入制度化阶段。该规程是日本学前教育史上第一部详细的法律规程，明确了幼儿园的主要任务是对满3岁到小学就学前的儿童进行保育，主要内容有：保育时间需控制在每天5小时以内，学生人数需控制在40人以内；一所幼儿园的在园幼儿数在100人以内，特别情况下可放宽到150人以内；保育以游戏、唱歌、谈话、手工等活动为主，应设置保育室、游戏室、职员室等；保育室面积不得小于每4人一坪(合3.3057平方米)，游戏场所面积不得小于每人一坪；幼儿园还应配备恩物、绘画、游戏道具、乐器、黑板、桌椅、钟表、温度计、暖气等设备。

《幼儿园保育及设备规程》于1900年被纳入《小学校令施行规则》，但主体内容没有变化，经过1911年再次修订后，1926年以独立法令《幼儿园令》的形式再次回到学前教育领域，对于20世纪前期日本学前教育发展产生了深远影响。

(二)初等教育的改革和发展

19世纪末，日本的初等教育已经得到了较快的发展，确立了免费义务教

---

① 文部省：《学制百年史》，东京，帝国地方行政学会，1981，网络版，https://www.mext.go.jp/b_menu/hakusho/html/others/detail/1317625.htm，2021-10-01.

育的原则。据统计，1900 年，日本初等教育入学率超过 80%；到 1905 年，初等教育入学率提高到 95.6%；到 1912 年，入学率进一步提高到 98.2%，入学率的性别差异和区域差异都有所缩小(见表 7-1)。进入大正时期后，在初等教育大发展的同时，日本政府加紧了对初等教育的控制。

表 7-1　日本学龄儿童就学率变化(1900—1917 年)

（单位:%）

年份	男	女	平均	年份	男	女	平均
1900	90.6	71.7	81.5	1909	98.9	97.3	98.1
1901	93.8	81.8	88.1	1910	98.8	97.4	98.1
1902	95.8	87.0	91.6	1911	98.8	97.5	98.2
1903	96.6	89.6	93.2	1912	98.7	97.6	98.2
1904	97.2	91.5	94.4	1913	98.7	97.7	98.2
1905	97.7	93.3	95.6	1914	98.8	97.7	98.3
1906	98.2	94.8	96.6	1915	98.9	98.0	98.5
1907	98.5	96.1	97.4	1916	99.0	98.2	98.6
1908	98.7	96.9	97.8	1917	99.1	98.4	98.7

资料来源：文部省：《学制百年史》，东京，帝国地方行政学会，1981，网络版，https：//www. mext. go. jp/b_ menu/hakusho/html/others/detail/1317618. htm，2021-10-01.

1900 年，日本修订并公布《小学校令》，并在此基础上形成新的《小学校令施行规则》，统一了小学学制，将寻常小学学制延长为四年，提倡在寻常小学设置两年制的高等小学，试图将寻常小学与高等小学联系起来，这为实行六年制义务教育奠定了制度基础。1907 年，日本颁布了《再改正小学校令》，将义务教育年限从四年延长为六年。该法令规定，废除全部私立小学，一律改为公立小学。初等小学的修业年限延长为六年，属于义务教育阶段。从此，确立了六年义务教育体制。伴随义务教育的普及，日本政府也确立了义务教育无偿制，原则上废除了公立小学征收学费的规定，然而这也给地方带来了较大的财政负担。为了解决义务教育无偿化带来的经费问题，日本政府在1900年出台了《市町村立小学教育费国库补助法》，从国家财政的角度支持义务教育制度的确立及其年限的延长。

在改革初等教育制度的过程中，日本也加强了对初等教育课程的改革。1890年，日本初等小学开设了修身、阅读、作文、书法、算术、体操等课程，高等小学增加了日本地理、日本历史、世界地理、理科、图画和唱歌等课程。1900年，又将阅读、作文和书法合并为日本语，日本地理和世界地理合并为地理课。1919年，日本在初等小学中增设了理科课程，增加了地理和日本历史课程的学时。高等小学的课程科目也有一定扩充。1926年，日本在高等小学中加强了实科教育的地位，将图画、手工、实业、珠算定为必修课。

学制和课程的改革促进了日本初等教育的发展。到20年代初期，日本已经完成了普及六年义务教育的任务，为日本经济的迅速发展提供了有利的条件。

（三）中等教育的改革和发展

日本中等教育在这一时期也得到较快的发展。日本中等教育实行多轨制，主要有以升大学为目标的五年制学术性中学、专为女子设置的女子学校、中等师范学校、中等职业技术学校以及各种补习学校等。这些多轨制学校提供了选择和分流学生的手段，有利于强化日本盛行的社会等级结构。

学术性中学是日本中等教育的主要形式。它是通往日本政府高级职位和通向专门职业的重要渠道。为了适应日本政治、经济和教育的发展，强化国家对中学的控制，使中学成为效忠天皇的教育机器，1919年，日本公布了《修订中学校令》。其基本内容为：重新编制学科课程，重视物理和化学教学中的实验和实习；加强中学和小学的联系，取消中学入学年龄为12岁以上的规定，学习优秀者可以跳级；设立初中预科，年限为两年。1918年12月，日本颁布了经修订的《高级中学令》，强调高中应以完成高等普通教育为目的，加强和充实国民道德教育；同时，允许创办私立和公立高级中学。高级中学分为文理两科，修业年限为七年，其中，寻常科为四年，高等科为三年。日本学术性中学的课程重视基础科目和外语教学，主要有道德、日语、代数、几何、物理、化学、历史、地理、汉语和两门外国语等。为了保证教育的质量，日本中学实行严格的考试。

女子学校主要由四年制的学校组成。受日本传统文化的影响，日本的女子教育与男子教育有很大的不同。日本女子教育的重点不在基础科目，而更多地重视国民道德养成和妇德涵养等，在学习内容上侧重家政、装饰艺术（花卉陈设以及宴会安排等）和有关抚育子女的知识。1920 年 7 月，日本颁布了修订后的《高等女子学校令》和《高等女子学校令施行规则》，强调改善和加强女子教育，学校教育年限由四年延长为五年，增加选择性科目（如教育、法制及经济、手艺等科目），增加理科和数学的课时数，女子有与男子一样升入高一级学校的权利。

大正时期，学校都得到了明显的发展。1917 年，日本初级中学发展到329 所，学生数为 147467 人；到 1926 年时，初级中学发展到 518 所，学生数为 316759 人；大正时期后半段中学学校数量和在校生数增长迅速。[1] 高等女子学校数量为 395 所，学生数为 109857 人，[2] 在大正时期增长较快，而进入昭和以后，高等女子学校和中学的发展都进入了暂时停滞的阶段。

（四）高等教育的改革和发展

为了适应日本社会对培养高级人才的需要，日本政府于 1918 年颁布了修订的《大学令》。主要内容如下：大学教育的目的是通过传授国家所需要的思想和知识，培养高水平的人才，除国立大学外，允许设立私立大学和地方公立大学，大学可以由几个学部组成，如法学、医学、文学、理学、农学、工

---

① 文部省：《学制百年史》，东京，帝国地方行政学会，1981，网络版，https：//www.mext.go.jp/b_ menu/hakusho/html/others/detail/1317659.htm.2021-10-01.

② 文部省：《学制百年史》，东京，帝国地方行政学会，1981，网络版，https：//www.mext.go.jp/b_ menu/hakusho/html/others/detail/1317659.htm.2021-10-01.

学、经济学和商学等，也可设立单科大学，修业年限为 3~4 年；大学招生对
象主要是预科或高级中学高等部的毕业生，经考试合格后方可录取。《大学
令》的颁布推动了日本高等教育的发展。一些大学采用学部制，建立了规模较
大的综合性大学，如东京帝国大学、京都帝国大学、东北帝国大学、九州大
学和北海道大学等。还有一些大学建成了单科大学，如东京商科大学、千叶
医科大学等。一些私立大学也得到了发展，如早稻田大学、庆应义塾大学、
明治大学、法政大学、中央大学和日本大学等。据统计，到 1929 年，日本的
大学增加到 46 所。这一时期，日本的高等专科学校也得到较快发展。一方
面，专科学校通过自身的改革不断壮大；另一方面，一些专科学校升格为单
科大学，培养了大批实用技术人才。

(五)师范教育和专科教育的改革与发展

大正时期，日本政府十分重视发展师范教育。这个时期，师范教育的体
制没有发生根本性改变，只是在具体规程上进行了调整。日本师范教育分为
中等师范学校和高等师范学校。中等师范教育根据学生所学专业的不同而有
不同的年限，以培养小学教师为目标，设有本科和预科。本科又分为第一部
和第二部，第一部修业年限为四年，招收预科结业者和高等小学三年毕业者，
或具有同等学力者，年龄在 15 岁以上。男生本科第二部初为一年制，后改为
二年制，招收初中毕业生或具有同等学力者，年龄在 17 岁以上；女生本科第
二部修业年限为一年或两年，一年制招收高等女子学校毕业生，两年制招收
高等女子学校四年结业者，年龄在 14 岁以上。预科有一年制也有两年制，招
收高等小学毕业生。师范学校学生的费用通常由政府支付，学生毕业后要为
国家服务一定的年限。

高等师范学校以培养师范学校、中学和高等女子学校的教师为目标，设
有本科和预科。本科为五年制，预科为一年或两年。学科设置分为文科、理
科和特科。临时教育会议虽然提出扩充中等教育，但是却没有对高等师范学

校以及女子高等师范学校进行相应的改革，使得中学教师的供给不得不依靠临时教员养成所和教员检定制度来实现。1916 年，所有高等师范学校在校生总数为 1676 人，到 1926 年时增加到 2719 人，但仍然满足不了中等学校的教师需求。1922 年，日本政府修订了《临时教员养成所规程》，增设了 4 所临时教员养成所，此后逐年增加，到 1926 年时增加到 14 所，在校生增加到1542 人。[①]

中等职业技术学校在日本发展较快。第一次世界大战为日本产业尤其是工业的快速发展提供了良好契机，也刺激了实业教育的发展。从 1920 年颁布《修订实业学校令》以后，日本修订了各种职业学校规程，包括废除过去各种职业学校按甲乙分类的做法，职业学校的教学注重与社会相关的职业科目，加强了职业学校与小学的联系，允许职业学校的毕业生具有与中学毕业生相同的升入大学的权利。实业学校数从 1917 年的 587 所增加到 1925 年的 797所，学生总数从 106791 人增加到 212867 人。[②] 为了解决小学毕业后一些学生就业的问题，日本还加强了对业余职业教育的管理，要求给学生以一定文化知识的补习时间，向他们传授一定的生产知识和技能。日本的业余职业教育发展很快，职业补习学校由 1915 年的 8908 所增至 1925 年的 15361 所，适应了日本这一时期对中、低级熟练技术工人的需求。

总之，这一时期，日本在《教育敕语》精神的指导下，通过多方面的教育改革，把效忠天皇、树立为日本帝国献身的精神作为各级学校的目标，重视学校的道德教育，强化了日本的民族主义价值观念。日本的各级学校教育为适应日本社会政治和经济发展的需要，分别进行了内部调整和变革，形成了相互联系的学校教育制度，提供了日本社会进一步发展的基础。

---

① 文部省：《学制百年史》，东京，帝国地方行政学会，1981，网络版，https：//www.mext.go.jp/b_ menu/hakusho/html/others/detail/1317668.htm.2021-10-01.

② 文部省：《学制百年史》，东京，帝国地方行政学会，1981，网络版，https：//www.mext.go.jp/b_ menu/hakusho/html/others/detail/1317671.htm.2021-10-01.

第二节　日本新教育运动的"八大教育主张"

19世纪90年代，新教育思潮已经在英国占据统治地位。被称为"新教育之父"的英国教育家雷迪创办阿博茨霍尔姆学校，标志着欧洲新教育运动的兴起。20世纪前期，欧洲大陆形成了兴盛一时的新教育运动。几乎在同一时期，美国兴起了以"进步教育之父"帕克的昆西学校实验为标志的进步教育运动。欧洲新教育运动和美国进步教育运动所产生的各种教育思想通过多种途径传播到日本，推动日本兴起了新教育运动，出现了以"八大教育主张"为代表的本土化教育思潮与实践，为日本教育发展留下了宝贵的思想遗产。

一、日本"八大教育主张"形成的基础

第一次世界大战后，随着国际文化教育交流的兴盛，欧美各国资产阶级教育学说不断传入日本，使日本教育界受到很大冲击，一方面引起了日本对现存教育制度的不满，另一方面使日本从外来教育思想中受到启发。日本在总结自己多年实际教育经验的基础上，极力主张创造本国的新教育学说，阐述自己的教育观点和理论，逐渐形成了"八大教育主张"，并成为引领日本新教育运动的核心思潮。

（一）欧美教育思想的大量涌入

第一次世界大战期间及结束后，欧美各国的教育思潮通过多种途径传到日本，推动日本迎来了短暂的"大正德谟克拉西"时期，普选运动、工农运动和社会主义运动此起彼伏。大正时期在日本流传较为广泛且影响较大的欧美教育思想主要有德国凯兴斯泰纳的公民教育思想、美国杜威的实用主义教育思想、欧洲新教育运动中的自由主义教育思想等。

明治维新时期形成的国家主义教育思想为欧美教育思想在日本的传播奠

定了思想基础。1917年，日本成立了临时教育会议，其作为内阁总理大臣的教育咨询机构，明确提出了日本教育发展的指导思想和方针。临时教育会议在其1919年提出的《关于一般设施应完成教育之效果的建议》中明确指出"教育之事乃国家经纶之大本，振兴皇道、隆昌国运一俟其力"，须使"国民思想归向为一"。日本这种皇国主义教育思想与德国公民教育思想存在较大共鸣，因此，德国公民教育思想受到日本国家最高统治阶层的欢迎。德国凯兴斯泰纳认为"国民教育是一切教育的核心问题"[1]，在理想的国家集体中，公民必须具备"公正""合法"以及"劳作"这三种美德，公民教育就是要培养具有国家意识的公民。为此，公民教育的主要内容应围绕五方面内容展开：公民权利和义务教育、集体观念教育、权威感教育、民族感教育以及劳作教育。1913年，乙竹岩造在《教育学术界》杂志发表了《评论凯兴斯泰纳氏的教育学说》一文，评介了公民教育思想。一批日本学者也出版了公民教育的著作，如川本宇之介的《公民教育理论和实际》、直田幸宪的《公民教育学》、槙山荣次的《教育教授的新潮》等。公民教育思想传入日本后，受到日本官方，尤其是临时教育会议的重视，被视为构筑思想国防的学说。日本内阁专门设立了"公民教育调查委员会"，试图以公民教育思想为理论基础，重新审定日本教育政策和实践。

　　大正七八年前后，民本主义在日本思想界开始盛行。与此同时，教育界也开始广泛介绍民本主义教育学说，其中介绍得较多的是美国哥伦比亚大学教授杜威的实用主义、经验主义教育学说。日本最早的对杜威教育思想的介绍可以追溯到19世纪80年代末。1888年元良勇次郎在《美国心理学近况》一文中第一次介绍了杜威的学说。[2] 随后，一批日本教育学者翻译了杜威的主要

　　① ［德］乔治·凯兴斯泰纳：《凯兴斯泰纳教育论著选》，郑惠卿译，220页，北京，人民教育出版社，1993。
　　② 梶井一晓：日本におけるデューイ研究史の特色と課題，载《岡山大学大学院教育学研究科研究集録》，第162号，2016。

著作，包括元良右二郎翻译的《伦理学理论批判纲要》（1900 年）、上野阳一翻译的《学校与社会》（1900 年）、菰田万一郎翻译的《伦理学》（1912 年）、田制佐重翻译的《民主主义与教育》（1918 年）、中岛慎一翻译的《哲学的改造》（1921 年）等，并对杜威教育思想和理论进行了讨论，如中岛德藏的《杜威伦理学纲要》（1900 年）等。被誉为"日本的杜威"的西山哲治先后翻译了詹姆斯的《实用主义》（1911 年），出版了《儿童中心主义研究的新教授法》（1911 年）、《恶教育的研究》（1913 年）等专著。他是日本学者中第一个使用"儿童中心"一词的人，推动了欧美教育思潮在日本的传播。1919 年 2 月，杜威造访日本，并在东京帝国大学以"现在哲学的位置——哲学改造的诸问题"为题连续 8 天进行了 8 场讲座，听众近千人。这些演讲的内容后来被翻译整理为《哲学的改造》一书，加速了其教育思想在日本的传播和发展。在按照实用主义教育思想建立起来的实验学校里，儿童被视为教育教学活动的中心，学校提供适合儿童发展的环境，帮助儿童保持兴趣、发展能力。实用主义教育思潮无碍于军国主义统治，又在一定程度上满足了社会对低层次技术人员的需求，因此在传入日本后并没有受到日本官方的干涉。日本教育学者逐渐开始运用杜威的教育学说，批判日本的旧教育，倡导先进的教育思想和教学方法，提出新的教育主张，创立新的实验学校等。杜威教育思想在日本的传播，不仅为"八大教育主张"的产生提供了思想养料，也为日本教育工作者开展实用主义教育实验学校提供了指南。

　　欧洲新教育运动中的自由主义教育思想在 20 世纪初开始传入日本，对日本教育思想和实践产生了不小的影响。瑞典教育家爱伦·凯提出的以儿童为本的自由主义教育学说早在明治时代就已经传入日本。1906 年，大村仁太郎将《儿童的世纪》（1900 年）摘译为《20 世纪：儿童的世界》，但此时爱伦·凯的思想并没有引起多大的影响，直到第一次世界大战后，伴随日本新教育运动的逐渐兴起开始受到重视。意大利教育家蒙台梭利的教育思想伴随《儿童之家》的译介传入日本。日本教育学者手塚岸卫是自由主义教育的忠实拥护者，并将自由主义教育思想付诸实践。

除了上述这些欧美教育思想外，大正时期人格教育学、社会教育学、文化教育学等教育思想流派也在日本学者的译介下传入日本。伴随欧美教育思想的传播，教育实验方法也传入日本，尽管其所依据的哲学基础各不相同，但在教育教学方法上都提倡以儿童为中心。主要的教学方法有蒙台梭利教育法、克伯屈的设计教学法、华虚朋的文纳特卡制、帕克赫斯特的道尔顿制等。这些教育思想和教学方法的传播，打开了日本教育界的视野和思路，为批判日本传统教育，即以教师为中心、采取注入式教学和一齐教学的方法，注入了新的活力。

(二)大正新教育运动的勃兴

大正民主主义运动是继承明治年代的"自由民权运动"而在全国人民中大规模兴起的第二次民主运动。受大正民主主义运动的影响，"教育社会化""教育民主化""教育自由化"等成为大正时期教育思想家推崇和提倡的口号，日本教育界纷纷开始成立各种学生民主组织，从社会问题的角度切入，广泛讨论教育问题。与此同时，迫于社会民主运动和欧美各种思潮的影响和压力，日本政府试图通过改革学校制度和教育内容来加强政府对学校的管控，保障天皇在教育领域的绝对权威，又希望借鉴欧美先进教育理念和方法。于是，1913年，文部省设置了"教育调查会"，主要围绕学制问题展开讨论和调查，针砭时弊地提出了一些改革议案。尽管受政权更迭影响，教育调查会并没有取得明显的成果，但其设置和运转所反映出来的日本官方对改革教育的积极态度，给教育界传递了积极的信号。1917年，日本设置了临时教育会议，继承了教育调查会的很多调查和审议结果，虽然其根本的历史任务是强化皇国主义教育思想的灌输，但基于它所提出的建议而形成的规章制度在客观上促进了日本新教育运动的发展。

明治维新后，日本在"文明开化"方针的指导下推行教育领域"全盘西化"的政策，主要学习英国和法国的教育制度和教育思想。但19世纪80年代兴起的自由民权运动，让明治政府意识到过于自由的教育思想和制度并不适用于日本统治的需要，于是转而学习正在崛起的德国，实行国家主义政策。在教育领域，明治政府全面学习赫尔巴特教育理论，其"五段教学法"受到了日本教师的狂热推崇。但是，赫尔巴特教育理论在日本的传播和推广带来了诸多弊端，如片面强调教师在教学中的中心作用，过于注重教科书和课堂教授的作用，要求学生必须与教师保持一致等。针对日本教育的这种状况，教育领域掀起了对旧教育的批判，提倡学习欧美以学生为中心的教育思想，积势聚能逐渐形成了自发性的新教育运动。

日本新教育运动从兴起到衰落大致经历 30 年的时间，对推动当时日本社会变革、探索和丰富教育理论与实践等都产生了积极作用。日本新教育运动可以划分为三个发展阶段，即早期发展阶段（1912—1920 年）、蓬勃展开阶段（1921—1923 年）、衰落阶段（1924—1941 年）。在早期发展阶段，日本新教育运动没有走"拿来主义"的路线，而是将日本学者引入和宣传的欧美新教育理念进行日本化改造，结合日本教育发展的情况和需要提出了一些新的教育主张，主要代表人物有棚桥源太郎、牧口常三郎、泽柳政太郎、木下竹次、及川平治、手塚岸卫等，提出的教育主张主要有手工科教育论、乡土科教育论、儿童中心论、分团式教学法、合科式教学法、自由教学法、学级自治会等。在模仿和创新的基础上，日本教育学者总结了多年的教育实践经验，并主张创造本国的新教育学术。日本学术学会创刊了《教育学术界》杂志，发表了一大批关于新教育理论的文章，推动日本新教育运动走向了高潮。其中，显著的成果就是由《教育学术界》杂志主编尼子止发起举办的"教育学术研究大会"而形成的"八大教育主张"，后根据会议纪要编辑出版了《八大教育主张》一书，勾勒出了日本教育思想的基本框架和蓝图，在日本社会中广为流传，成为日本新教育运动的思想中心。然而，日本新教育运动虽然在教育理论和实践层面都取得了不少成果，但面对日益膨胀的军国主义势力的限制和打压，民间发起的这场新教育运动由盛转衰，军国主义教育思想在日本政府和军部的强力推动下侵蚀学校教育领域。20 世纪 30 年代中期开始，欧美新教育运动的发展走向低落，其影响力不断弱化，日本新教育思想失去了持续发展的外部环境。1924 年 8 月，文部大臣冈田良平在地方长官会议上指示要加强监督"教育新主义的鼓吹者"，这是文部省最早提出取缔新教育的正式方针。[①] 此后，日本新教育运动不断衰落，一些新教育实践学校(包括教师)和新教育学者开始对新教育理念产生动摇，使得日本新教育运动逐渐从内部开始瓦解。尽管日本于 1930 年试图通过成立日本新教育协会推动新教育运动的发展，但仍然无力对抗其后的国际形势和日本军国主义势力的强压。1941 年，协会宣告解散，日本新教育运动也退出了历史舞台。

二、日本"八大教育主张"的主要内容

1921 年 8 月 1 日至 8 日，日本学术协会在东京召开了"教育学术研究大会"。大会持续了八天，每天一人，由海选出来的讲演者轮流上台。八位讲演者由日本学术协会会刊《教育学术界》的主编尼子止亲自选定，是当时教育学界的"新晋人气者"，平均年龄 42 岁，其共同特征是都拥有各自的教育改革主张并将其应用于教育改革实践。这八位讲演者既不是著述颇丰的教育理论家，也不是位高权重的大学教授，有助于在会场形成质疑和交流的会议氛围。"八大教育主张"倡导者分别阐释了自己的教育主张，能够容纳 2000 人的会场几乎场场爆满。八位讲演者的出场顺序依次是及川平治、稻毛金七、樋口长市、手塚岸卫、片上伸、千叶命吉、河野清丸和小原国芳。演讲会后，日本学术协会还刊发专刊，组织新教育实践者围绕"八大教育主张"进行专题讨论，并详细记载、分析了当时开展新教育的各类学校的情况。此后，"八大教育主张"风靡日本全境，成为大正时期教育思潮的中心。其中，小原国芳的全人教

---

① 伊崎小生、松岛荣一:《日本教育史の年表》，114 页，东京，三省堂，1990。

育论和手塚岸卫的自由教育论影响较大。

（一）及川平治与"动的教育论"

及川平治（1875—1939）时任兵库县明石女子高等师范学校附属小学校长，是日本新教育运动代表人物之一。他在总结明石女子师范学校附属小学的教育实践经验的基础上，针对"静的教育"提出了"动的教育"。他在担任附属小学校长期间倡导"分团式动态教育法"，在1912年和1915年分别出版了《分团式动的教育法》和《分团式各种动的教育法》两本专著，其中前者先后再版25次，受到日本教育界的好评。他在讲演会上提出的"动的教育论"成为日本新教育运动的代表性教育理论。1920年，他又出版了《动的教育学要领》等著作，对其理论进行梳理和完善。

及川平治认为"学生能力的差异应成为教育计划的基础"，主张打破教师中心主义整齐划一的教学模式，重视儿童个性和自发性的儿童中心主义教育模式。在及川平治看来，教育就是要激发儿童的学习兴趣和学习动机，根本上要重视儿童的生活经验和直接经验，发挥儿童的自主性和自律性，引导儿童进行建构性学习。这种教育与统一年龄编班授课、统一课程、统一学习年限的"静的教育"不同，是一种"动的教育"。在教育过程中，教育者需要根据儿童学习情况提供有针对性的辅导，训练儿童的独立探究能力，因此应采取分团教育法或个别教育法进行讲授。及川平治还特别强调学生自学自习，认为自学自习是学习上唯一的好方法。总的来看，及川平治提出的"动的教育论"以进步是永恒真理为前提，其基本精神主要包括：教育应培养儿童的艺术观点，教育应培养儿童具有突破现状的精神，教育应培养儿童具有试做的观点，学习应成为自觉崇尚的事情，教育应成为享乐的连续进步的事业。①

（二）稻毛金七与"创造教育论"

早稻田大学教育学教授稻毛金七（号诅风，1887—1946）是八位讲演者中

---

① 王桂：《日本教育史》，226页，长春，吉林教育出版社，1987。

最年轻的一位，当时只有 34 岁。1912 年，稻毛金七毕业于早稻田大学哲学系，先后在中央公论社、内外教育评论社工作，后辞去记者工作，创办了《教育实验界》杂志并担任主编，对"创造教育"进行了较为系统的研究。1922 年，他出版了《以创造为中心的教育观》一书，表明了自己尊崇以儿童为中心的教育思想和主张；1924 年出版了《创造教育论》，系统阐述了创造教育理论产生的背景、概念、原理、本质、目的、动力和方针等。他将创造的概念作为近代教育思想的基础，用创造教育原理说明一切教育现象和制订教育规划，认为"人生之本质为创造，人性之本质为创造性"，"教育须以此创造为原理，始为真有价值者，才能完全贯彻其使命。故以创造主义之人生观为背景，即此教育之特色"。人生的创造性本质是教育目的论和理想论的依据，人性的创造性本质是教育方法的基础。教育目的和方法都必须以创造作为教育的全部根本原则。这种创造性在最初是冲动的，但是，这种冲动是以发展为宗旨的。创造的自由性是保持在自身中的力量的创造性。创造的结果是自己超越自己。教育的直接目的是创造卓越的人格，终极目的是创造优秀的文化价值。受教育者以全人格为对象，其主要动力是创造性，为达到教育目的，就是要使教育功能得到最有效的发挥，以这种创造性自律活动作为主要教育手段。①

（三） 口长市与"自学教育论"

樋口长市（1871—1945）是日本教育学者，1902 年开始出任东京高等师范学校附属小学校长。1919—1921 年，樋口长市被文部省派往美、英、法考察，其间出版了他的教育代表作《自学主义教学法》（1919 年），该书明确地阐述了他"自学教育论"的主张。1921 年，樋口长市受邀参加了"八大教育主张"讲演会，以"自学教育论"为题宣讲自己的教育主张。会后，他作为东京高等师范学校教授宣传推广新教育思想；1924 年在长野县进行教育巡视的过程中发生了"川井训导事件"，他亲身经历了军国主义势力对新教育运动的打压。1925

① 王桂:《日本教育史》，224~225 页，长春，吉林教育出版社，1987。

年，他转任东京聋哑学校校长，专门从事特殊教育研究。

樋口长市认为，旧教育是智能主义的，不能充分发挥儿童内部的各种能力，只许儿童消极地顺应和学习国家规定的课程。相比之下，新教育重视知识学习过程对儿童心智发展的作用。他认为旧教育的教育方法是万能主义的，新教育是重视儿童自主学习的教育。樋口长市提倡的"自学"中的"自"指的是自主、自发、自动等。他认为儿童心理发展之初就有各种被称为冲动或者本能的倾向，使儿童具备学习本能或学习冲动（包括好奇心、模仿性、游戏等），教育者应利用儿童的学习本能促进儿童发展。此外，他还讨论了学习动机问题，将学习动机划分为功利说、努力说、兴趣说三类，但他并不赞成这样对学习动机进行界定。樋口长市认为，应该避免在特殊情境中激发学生特殊的学习动机，应让学生不论何时何地都具备普遍性动机，即提倡"自我自觉"。① 他提倡自主学习方法，尊重儿童自主学习精神，儿童获得知识不能从外往里灌入，而要利用内部的潜力、自主能力获得知识；提倡以意志为主的学说，以儿童意志为中心开展教育，在尊重儿童意志的前提下引导儿童自主学习知识。

（四）手 岸卫与"自由教育论"

手塚岸卫（1880—1936）是日本大正和昭和前期的自由主义教育家，受邀参加"八大教育主张"讲演会时是千叶师范学校附属小学校长，以"自由教育论"为题阐述了他的教育思想。1908 年，他从东京高等师范学校毕业后到福井县师范学校工作，结识了筱原助市②，开始接触自由教育相关理论；1919 年，出任千叶师范学校教谕并兼任附属小学校长。在筱原助市的建议下，手塚岸卫开始在千叶师范学校附属小学进行自由教育实践，取得了良好成效；1925

---

① 桥本美保、田中智志：《大正新教育の思想：生命の躍動》，261～262 页，東京，東信堂，2015。

② 筱原助市（1876—1957），日本大正、昭和时期教育家，主要致力于德国教育思想的研究，以批判哲学为基础提出文化主义教育论，对日本大正新教育运动产生过积极影响。第二次世界大战后，提出从民主主义的角度开展新教育活动。主要代表作有《理论教育学》《教育学》《教授原论》《训练原论》《欧洲教育思想史》等。

年，在总结千叶师范学校附属小学的教育实践的基础上出版了《自由教育实践》一书，系统论述了自由教育思想。

手塚岸卫的自由教育思想深受筱原助市"批判的教育学"理论的影响。他认为当时的自由教育论调大致有四种，即通俗自由教育论、艺术自由教育论、自然自由教育论和理性自由教育论，认为通过理性自由教育才能使儿童发展达到理想境界。手塚岸卫认为自由教育试图通过提升自然的理性化程度来扩大自由，所谓"自然的理性化"就是指通过真、善、美的规范使自然统整起来，成为一种理想的"文化生活"，教育的作用就是推动自然生活走向文化生活。换言之，在"创造性连续发展"的过程中，对真、善、美的持续追求即为"自由"。在教育实践中，手塚岸卫十分重视儿童自发进行学习的"自学"和以年级自治会为中心的"自治"，注重发挥儿童自身的力量。他竭力主张给予儿童自由，通过自由学习，唤起儿童的自觉性。自学主义的彻底性在于对知识技术能自学自习，对道德训练能自律自治，对身体养护能自强自育。自由教育的理性活动的意义在于得到自由教育的结果，目的在于创造真、善、美的价值，在学校使儿童养成自学自习的习惯，使其实现自由协调发展。按照他的教育主张，千叶师范学校附属小学在教育改革中重视学生自学，学科教学采取分类教学与共通教学相结合的形式。分类教学实际上是一种儿童本位的个别教学，即同一个科目针对不同儿童给予不同教材和不同水平的教学指导；共通教学是指同一个科目给予儿童相同教材和相同水平的教学，采取教师统一授课的形式。专门设置"自由学习"课时，它比分类教学能更为彻底地发挥学生的自发性，是不同学科不同教材不同程度的、完全个性化的自主学习。此外，还强调单独自学与协同自学相结合。①

---

① 桥本美保、田中智志：《大正新教育の思想：生命の躍動》，288～289頁，東京，東信堂，2015。

（五）片上伸和"文艺教育论"

片上伸（1884—1928），号天弦，日本文艺评论家、俄国文学研究者，1909 年毕业于东京专门学校（今早稻田大学）哲学英文学科，1915 年作为早稻田大学公派留学生前往莫斯科留学。俄国十月革命给他带来了极大的触动和影响。回国后，他将自己的研究方向从自然主义文学运动转向无产阶级文学。片上伸原为东京专门学校俄国文学研究室主任、教授，1921 年加入了北原白秋、山本鼎等人主编的《艺术自由教育》和《文艺教育论》杂志，其间直接或间接表达了他的教育思想和主张。在"八大教育主张"讲演会上，他以"文艺教育论"为题发表了自己对教育的独到见解，有力地推动了自由主义教育的发展。

片上伸提出文艺教育论是对当时教育现状的一种批判。文艺教育的宗旨在于用文艺对人进行有意义的教育，这种教育未必直接通过文艺本身实现，而是通过文艺精神对人产生教育作用。片上伸在"八大教育主张"讲演会上指出，当今的教育，从中小学到专门学校甚至到大学，都充斥着低贱意味上的实用主义教育或职业教育。教育不能停留于学校之内，应成为全社会都关注的问题。他认为文艺对人的道德生活具有微妙的、精深的、根本的、永久的感化作用，文学、绘画、音乐、舞蹈、演剧等艺术形式都可以对人产生教育作用，但并不是所有的文艺形式都能表现出文艺思想，关键在于依赖文艺作品的思想对人进行教育。他主张学校课程中的道德教育科应借助文艺作品及其他艺术形式对人进行教育。他主张通过文艺教育培养对人间生活能宽宏大量又有细微的容让力的人，具有自伸自愈的生命力的人。这是片上伸提倡文艺教育的意义所在。但是，实际上只凭文艺作品的力量，是无法实现上述目的的。[①]

（六）千叶命吉与"一切冲动皆满足论"

千叶命吉（1887—1959）是明治、昭和时代的教育者，1905 年从秋田县师范学校毕业后，任爱知县第一师范学校训导、奈良女子高等师范学校附属小

---

① 小原國芳：《八大教育主張》，149~166 頁，東京，玉川大学出版部，1976。

学训导，1920 年任广岛师范学校附属小学校长。最初，千叶命吉大力提倡稻毛金七的"创造教育论"，先后出版了《创造教育理论与实际》(1919 年)、《创造教育自我表现的学习》(1921 年)、《独创学概论》(1926 年)、《教育现象学》(1927 年)、《独创教育十论》(1931 年)等著作。在"八大教育主张"讲演会上，他以"一切冲动皆满足论"为题阐述了他基于生命哲学的教育思想。

千叶命吉的教育思想受杜威、柏格森①、尼采、日本神道思想的影响，将"冲动"视为生命根源性力量，将自我肯定视为一切生命活动的基础。"一切冲动"是指生物体内固有的力量，是生命单纯的、原始的表露，是日本固有的神道思想，随着神的冲动而冲动是有意义的冲动。创造是解决目的性问题的过程，始于对生命的不满，终于对生命的满足。学习的过程就是解决生命中的问题的活动过程，由此教学过程应参照以杜威为首的欧美教育思想，将学习过程划分为五个阶段，即领会资料—发现问题—形成问题—解决问题—创造性表现，其中千叶命吉特别重视儿童自己发现和形成问题的重要性。② 他认为，儿童的创造性就产生于一切冲动皆满足的瞬间感动。千叶命吉也指出，对于一切冲动的满足并不等于满足每个瞬时性冲动，否则就与自然生存的动物没有区别。对冲动的满足应具有超越自然的价值，面对多种冲动的同时出现，能够加以平衡，给予"联合"式满足，从而使所有冲动得到满足。不同类型的冲动之间可能存在相互矛盾，因此，应为儿童提供"咨询"(consultation)，解开儿童的疑惑，让儿童认识到"自己的生命中也包含着他人的生命"。教师在面对儿童的咨询时应始终抱有爱和智慧，既不过多指导，也不放任自流。

(七)河野清丸与"自动教育论"

河野清丸(1873—1942)，日本教育学者。他是最早接受蒙台梭利教学法，

---

① 亨利·柏格森(1859—1941)，法国哲学家，1927 年获得诺贝尔文学奖。主要著作有《论意识的即时性》《物质与记忆》《创造进化论》《宗教与道德的两个源泉》等。

② 桥本美保、田中智志：《大正新教育の思想：生命の躍動》，300~301 頁，東京，東信堂，2015。

并将其引介到日本教育界的学者之一。然而他所提出的"自动教育论"虽然受蒙台梭利教育思想的启发，但并不是追随蒙台梭利教育思想的产物。1906 年，河野清丸进入东京帝国大学文学科学习，师从吉田熊次研习教育学；1910 年毕业后进入日本女子大学附属丰明小学任校长，在任期间深入实践其"自学自动主义教育"方针，吸取蒙台梭利教育思想的精华，不断提炼形成自己的教育思想，提出了"自动教育论"的构想，先后出版了《自动教育法原理和实践》（1919 年）、《自动教育论》（1923 年），明确阐释了他的教育思想和主张。

河野清丸的"自动教育论"以"自我主观意识第一"的哲学思想为理论基础。他认为文化知识等，不是由个人构成的，而是由超个人构成的。"全体"即"超个人"，先于"个人"存在，而后"个人"作为"全体"的各部分而存在。因此，"个人"内在拥有超个人的理想，也能发现有价值的内容。他认为人类文化都是由"我＝超个人"主观认识构成的，其构成是自动的。"我的自动"就是我或主观的自我动作创造知识、技能或真、善、美的文化。教育的目的不在于发扬和继承人类文化，而是帮助受教育者使其自然性达到理论化的程度，也就是本能和冲动能使自己从其善而不从其恶，使自然性各得其所，通过理论化统一自我。这种自我的主观认识构成自动创造的真、善、美的文化。知识不是被传递的，而是通过自我构建这种积极行动统合而成的。因此，在教育方法上，他强调要从儿童自身的观点出发，让儿童通过自我创造达到教育目的。教师在教学过程中要培养儿童自觉自动的习惯和心理倾向，培养儿童主动学习的态度。培养儿童的学习态度的第一步是激发儿童学习的动机或在守护儿童自然产生的动机的前提下增强儿童的学习欲望；其次是培养儿童自发观察事物的习惯，培养根据看到的现象自发地进行推理探究的习惯，培养自我反省的习惯。① 所养成的习惯终究会在自己身上产生动机，指导自身实现目的。

---

① 桥本美保：《文献资料集成大正新教育(1)：八大教育主张》，74-76 页，東京，日本図書センター，2016。

（八）小原国芳与"全人教育论"

小原国芳(1887—1977)是日本新教育运动的代表人物、日本教育家、日本玉川学园创始人。1918年，小原国芳从京都帝国大学毕业后任广岛高等师范学校附属小学教导主任。次年，小原国芳担任成城小学主事，在泽柳政太郎的支持下开展新教育改革实践。1929年，由于在成城小学的新教育改革受阻，小原国芳带领志同道合的师生创办了玉川学园，并将其发展成为集小学到大学于一体的综合性教育体。小原国芳一生著述颇丰，主要著作有《全人教育论》《母亲教育学》《教育立国论》《教育的根本问题——宗教》《教育的根本问题——哲学》等。后人将小原国芳的著述集结成册，出版了48卷本的《小原国芳全集》。

"全人教育论"是小原国芳在"八大教育主张"讲演会上提出的教育思想和主张。"全人教育"是真、善、美、圣、健、富和谐发展的教育。他认为人类文化由学问、道德、艺术、宗教、身体、生活六方面组成，学问的理想在于真，道德的理想在于善，艺术的理想在于美，宗教的理想在于圣，身体的理想在于健，生活的理想在于富。他主张教学不单纯是教授，而应着眼于学习；不是教师塞给学生知识，而是学生自己掌握知识。学习质量的提高不是依靠数量增加，而是依靠发展兴趣，唤起学生求知的热情，让学生掌握钻研学问的方法。小原国芳的"全人教育"并没有停留在理论研究，而是伴随其教育实践不断发展和丰富的。在玉川学园时期，他提出了"十二教育信条"，用来指导玉川学园各级各类学校的办学和工作。"全人教育"思想是"八大教育主张"中影响力最大的，不仅影响了日本第二次世界大战后教育的重建，也传播到了中国、韩国甚至欧美一些国家和地区，对教育改革实践具有很强的借鉴指导意义。下文将专门介绍小原国芳的"全人教育"思想。

三、日本"八大教育主张"的影响与评价

日本"八大教育主张"作为日本大正新教育运动高潮时期的教育思想，从

一个侧面反映出了大正新教育运动中开展的教育实践的多样性。总的来看，以"八大教育主张"为代表的近代教育思想革新运动对推动当时日本教育与社会的发展发挥了积极作用。然而，"八大教育主张"也存在一定的局限性。

"八大教育主张"的提出丰富了日本近代教育理论和实践。从思想来源看，八位讲演者所提出的教育理念都提倡儿童中心主义，这很大程度上受到了当时欧美新教育思想的影响。日本在明治维新"求知于世界"时期，教育领域选择了更符合当局者利益需要的德国赫尔巴特的教育思想，由此产生了教师中心主义倾向严重、应试倾向严重、学生个性被抹杀等教育现实问题。出于对明治时代"旧教育"的批判，八种教育主张都强调教育主体应由教师转向学生，教学的中心从"教"转向"学"，虽然具体的实施方式有所不同。据统计，当时全日本共有 234 所学校导入了新教育思想，包括一般公立小学、师范学校附属学校和城市地区私立学校，影响了一批中小学乃至幼儿园的教育实践（见表7-2）。这场运动虽然距今已近百年，但其遵循一切从儿童出发，注重儿童的个性、自然性、自发性、和谐性发展的儿童中心主义教育思想在今天的教育工作中仍然具有重大指导意义。

表 7-2　日本新教育学校一览表（1929 年）

学校名称	所在地	校长	改革时间	教育方针特征
明石女子师范学校附属小学校	兵库县	及川平治	1906	动的教育、直接经验
成蹊学园小学校	东京府	中村春二	1906	英才教育与普及教育并举，面向中产阶级子女
原野幼儿园	大阪府	桥诘良一	1912	以原野为园舍、培养生活能力、创作手工游戏
别府南小学校	大分县	高田龟一	1914	尊重个性、尊重自由
成城小学校	东京府	泽柳政太郎	1917	尊重个性、独创、自学，田园生活教育

续表

学校名称	所在地	校长	改革时间	教育方针特征
成修学院	京都府	川合信水	1917	寄宿制、全天候教育
长野师范学校附属小学校	长野县	杉崎暮	1917	自主学习、发展个性
东京府第五中学校	东京府	伊藤长七	1918	创造教育
樱井小学校	奈良县	福塚平七	1918	尊重个性、尊重自由、尊重创造性
大町小学校	爱媛县	川崎利市	1919	打破抽象划一的教育、进行具体现实教育
横川小学校	东京府	田岛音次郎	1919	尊重儿童生活的要求
奈良女子高等师范学校附属小学校	奈良县	木下竹次	1919	发展、创作、努力、协同，发挥个性
千叶师范学校附属小学校	千叶县	中岛义一	1919	自治、自修、共同研究
富山师范学校附属小学校	富山县	未知	1919	生活学校化、学校社会化
冈崎师范学校附属小学校	爱知县	未知	1919	将教育融入生活
鹄沼小学校	神奈川县	土方义道	1920	尊重个性、自主自学、自治自律
三国小学校	福井县	三好得惠	1920	男女共学、自主学习、自由研究
田原本高等小学校	奈良县	松井万藏	1920	自学自习、自律自治、自味自得
仓敷小学校	冈山县	斋藤诸平	1921	自发教育、尊重个性
潮田小学校	横滨市	山田民臣	1921	自己发展、创造活动、自主学习
东京女子高等师范学校附属小学校	东京府	北泽种一	1921	实用主义、个别指导、现场训练，新教育研究、实验学校

续表

学校名称	所在地	校长	改革时间	教育方针特征
成德小学校	鸟取县	矶江真太郎	1921	自治、自律、创造、尊重个性
广岛市高等女学校	广岛县	今堀友市	1922	重视体育，根据体质分班开展教学
神兴小学校	福冈县	力丸健象	1922	自律自管、爱护自然、尊重劳动
福岛第四小学校	福岛县	须田赫二	1922	个性教育、实用主义，推行道尔顿制
泷野川小学校	东京府	山崎菊次郎	1922	自主自觉教育
富士小学校	东京府	上沼久之丞	1923	创造教育、合科教学、相互讨论学习
东京府女子师范学校附属小学校	东京府	木下一雄	1923	尊重儿童发展，开展游戏式学习教育（幼儿园）、基础学习教育、自己学习教育（寻五）
田岛小学校	神奈川县	山崎博	1923	体验式教育、个性化教育
加茂小学校	新潟县	屋代新造	1923	尊重儿童发育规律，培养国际精神
万代小学校	新潟县	石田信次	1923	根据能力分班，自发主义教育
大原小学校	千叶县	元吉亮	1923	尊重体验、操作、行动式教育，培养知行合一的学生
东京女子高等师范学校附属幼儿园	东京府	堀七藏	1923	让儿童快乐自由地发挥天性
儿童村小学校1	东京府	野口援太郎	1924	尊重个性发展，实行师生自治
深谷小学校	埼玉县	小林倭子	1924	将学校家庭化、社会化，尊重乡土教育
金津小学校	新潟县	吉川钦造	1924	自发学习、尊重实际操作
德岛高等小学校	德岛县	安部清见	1924	领会主义教育、自觉自律
明星学园	东京府	赤井米吉	1924	真实、勤劳、协同、自觉

续表

学校名称	所在地	校长	改革时间	教育方针特征
和田山小学校	佐贺县	川崎秀次郎	1924	实行道尔顿制、设置自由学习时间
今市中学校	枥木县	木桥傅治	1925	体会教育
第一泷户小学校	东京府	斋藤荣治	1925	自律开展自己的生活、尊重直观获取的知识
自治讲习所	山形县	加藤完治	1925	生活指导、自治学习
友部国民高等学校	茨城县	加藤完治	1925	生活指导、自治学习
儿童村小学校 2	兵库县	櫻井祐男	1925	自主自发学习、个别教育、各年级单独空间
清岛小学校	东京府	中村恒作	1925	自主自学、体会创造
丸森小学校	宫城县	斋藤富	1926	儿童生活排在第一位、体验教育、学校生活社会化
鱼津小学校	富山县	高濑政清	1926	自发学习、保健卫生、学校社会化、自治会
日光第一小学校	枥木县	平塚善次郎	1926	自发式学习、体会教育
育英小学校	东京府	泉田津平	1926	自主学习
浅草小学校	东京府	大西文太	1926	实现人格价值的创造、尊重个性
新堀小学校	东京府	坂本鼎三	1927	自觉自律、尊重个性
柳北小学校	东京府	小林茂	1928	尊重个性、自治自律、陶冶性情、儿童参与学校管理
自由丘小学校	东京府	手塚岸卫	1928	独自、协同、自学、自治、创造
三轮小学校	奈良县	吉田丰二	未知	自己活动、个别教育、勤劳作业
鹿儿岛小学校	鹿儿岛县	兼子镇雄	未知	自学自习、生活化、社会化、乡土化

资料来源：桥本美保：《文献资料集成大正新教育(3)：日本の新学校》，368~371页，東京，日本図書センター，2016。

　　"八大教育主张"的提出推动了日本教学方式和教学内容的改革。"八大教育主张"的讲演者虽然都在不同程度上受到蒙台梭利、杜威等欧美教育家的影响，但并没有奉行"拿来主义"，而是在学习儿童中心原则的基础上，结合日本教育实际情况、已有教育实践和思想而产生的，都重视每个儿童的个性差异，重视儿童在与他者的交流互动中表达自己的意见，在具体教学方式上，都推崇自由、表现、创造、个性、活动、操作、自发等特征，反映出了明显的自由和民主思想。"八大教育主张"注重自然环境对儿童发展的影响，同时也注重儿童内在的"自然属性"。在课程设置方面，新教育学校基于学科性质和儿童发展情况等，调整国语、数学等学科课程体系和课程设置，修订课程名称和课程等。例如，成城小学将算术课修订为数学课，将习字课修订为书法课，将图画手工课修订为美术课等；重新编辑各门课程教材，还创办了成城学校剧团，实施学校剧等。此外，在教学方法方面创建了符合成城小学情况的道尔顿制式自主学习模式，在低年级采用基于自然、游戏与阅读的教育方法等。

　　以"八大教育主张"为代表的日本新教育运动对于日本在第二次世界大战后的教育改革中接受民主和平等观点奠定了思想基础，也对第二次世界大战后日本三次教育改革产生了一定的影响。第二次世界大战后，美国远东军司令兼驻日美军总司令麦克阿瑟在到达日本后不久便对日本政府提出"五大改革"（妇女解放、奖励工会、废除秘密警察、经济民主化、教育自由化）的要求，并在 1946 年派出由 27 名专家学者组成的"第一次美国教育使节团"，在 1 个月的时间里考察访问了各类教育设施和机构，其中包括小原国芳创办的玉川学园。之所以选择到玉川学园进行考察，是因为使节团希望了解受杜威儿童中心主义教育思想影响的私立学校的教育实践情况。以此为契机，小原国芳陈述了日本旧教育体系的弊端，同时也提出第二次世界大战后以教育改革为契机，实施教育立国，建设一个新日本的主张。① 使节团参观玉川学园后对小原国芳教育改革实践给予了高度评价，并将在玉川学园得到的启示写入了《第一次教育使节团报告书》。

另一方面，我们也必须要看到，"八大教育主张"的教育思想和理论主张不可避免地存在局限性。这主要表现在以下几个方面：一是由于日本新教育运动属于自下而上由民间发起的教育改革运动，对于当时日本官方所推崇的赫尔巴特教育学指导下的"旧教育"持批评的态度，因此开展新教育改革实践比较成功的学校往往是新式私立学校，这就使得日本新教育运动影响范围局限在中产阶级家庭子女，缺乏更为广大的民众基础；二是这些教育主张的倡导者自身由于受到军国主义势力和日本政府的压制和迫害，产生了退缩和畏难情绪，尤其是进行新教育改革的一般公立学校，在国家强权的干预下，新教育改革难以持续，失去了实践的土壤，教育思想和主张也就难以持续深化和发展；三是这些教育主张产生的理论和思想基础呈现出明显的唯心主义倾向，将教育价值和目的归结为宗教，这不失为一大缺憾；四是这些教育主张都存在明显的理想主义色彩，依据这些教育主张所进行的教学改革，如"道尔顿制式自主学习模式""分团运动式教学法""合科式教学法"等对人、财、物的依赖性比较强，这明显与当时日本极力扩充军费的导向不一致，从而也难以持续。

第三节　小原国芳的全人教育思想

小原国芳是日本教育家，毕生致力于教育实践、教育改革活动和教育理

---

① 米 国 教 育 使 節 団，https：//www.tamagawa.jp/introduction/enkaku/history/detail＿6819.html，2020-12-31。

论研究，努力倡导新教育思想，创办了日本玉川学园，将"全人教育论"付诸教育实践，对日本近代的教育发展以及韩国、中国等周边国家的教育发展产生了一些影响。他所倡导的"全人教育"思想初创于大正时期。在昭和前期，他将其运用于指导办学实践，第二次世界大战后主要进行完善和推广。"全人教育"思想也是 20 世纪前期日本吸收、改造和运用欧美自由主义教育思潮的产物。小原国芳的"全人教育"思想具有明显的日本特色，从解决日本教育实际问题出发，注重人的全面和谐发展，认为教师是教育的关键。"全人教育"思想问世以来，对日本教育发展发挥了重要指导作用，吸引了多个国家和地区教育界的关注。然而，任何一种教育思想都不是尽善尽美的，"全人教育"思想也同样存在不足之处。

一、生平和教育活动

1887 年 4 月 8 日，小原国芳出生于日本九州最南端的鹿儿岛县，该县与冲绳县隔海相对，拥有得天独厚的自然风景资源和历史文化资源。他的家位于鹿儿岛县川边郡的久志村，其祖父毕生都在当地的"寺子屋"①教书，擅长诗歌、书法、绘画等，深受人民的尊敬与爱戴。在祖父的影响下，童年时期小原国芳产生了当老师的愿望。然而，小原国芳还未来得及实现他当老师的愿望，就在 10 岁时丧母，12 岁时丧父，从此家道中落。在亲友的援助下，他读完了小学，但却因为无力缴纳中学学费，他在小学毕业后报考了公办的电气通信技术养成所（1901 年），成为鹿儿岛大浜海底电信所的技术人员。

尽管迫于生计中断了学业，小原国芳在 18 岁时毅然辞职，报考了鹿儿岛师范学校（1905 年），踏上了贯穿一生的教育之路。在鹿儿岛师范学校求学期

---

① 寺子屋是日本江户时代（1600—1868 年）寺院所设立的私塾，是面向庶民子弟的初等教育机构，提供类似小学水平的教育，学习内容以读写训练、算盘等贴近日常生活需要的内容为主，对日本近代教育发展具有重要历史意义。

间，他对基督教产生了较大的兴趣，访问教会时受托在教会给小学生上课，因此小原国芳每周造访教会，并接受了洗礼。1909 年，学习成绩优异的小原国芳考入了广岛高等师范学校英语专业。1913 年，小原国芳毕业后被破格任命为香川师范学校教谕，开始尝试教学改革。1915 年，为进一步深造，小原国芳进入当时极负盛名的京都帝国大学文学部攻读哲学专业。1918 年毕业后，应母校广岛高等师范学校的邀请，小原国芳成为该校附属小学教导主任。

1917 年，日本进步教育家、"实际教育学"倡导者泽柳政太郎(1865—1927)创办了尊重学生个性、以学生为学习主体的成城小学。1919 年，小原国芳受广岛高等师范附属学校小学主事佐藤熊次郎委派，到东京进行为期两周的教育考察。考察期间，小原国芳参观了成城小学并拜访了日本教育界泰斗泽柳政太郎。1919 年 12 月，小原国芳在长田新的举荐下担任成城小学主事，开展教育革新实验。

在成城小学工作的近八年中，小原国芳在泽柳政太郎的支持和帮助下开展了大胆的教育改革和创新，这奠定了小原国芳"全人教育"思想形成的实践基础。他在 1921 年的"八大教育主张"讲演会上提出"全人教育"理念：在教学编制上，实行 20 人左右小班制；在教学方法上，推崇美国帕克赫斯特女士的道尔顿方案，实行自学辅导制；在办学宗旨上，提出"七大教育目标"，即培育和谐人格的教育、尊重个性的教育、自学自律的教育、建立在学理根据上的教育、高效率的教育、尊重自然的教育、尊重师生感情的教育。[①] 然而，1927 年泽柳政太郎的逝世给小原国芳的改革带来很大的打击，成城小学逐渐偏离了办学初衷，并受到来自部分家长的压力和学校持不同看法的教师的影响，沦落为帝国大学的升学预备学校。于是，小原国芳另起炉灶，按照自己的教育理念，带领一些志同道合的教师和学生于 1929 年创办了玉川学园。玉

---

① 小原国芳：《小原国芳教育论著选》上卷，7 页，由其民、刘剑乔、吴光威译，北京，人民教育出版社，1993。

川学园创办时仅有 111 名学生和 18 名教师。

在玉川学园，小原国芳全面总结了成城小学的办学经验，提出"玉川精神"以全人教育为第一信条，实行"十二教育信条"，即全人教育、尊重个性的教育、自学自律、高效率的教育、建立在学理根据上的教育、尊重自认、师生亲密无间、劳作教育、对立的合一、吃苦耐劳开拓人生、书塾教育、国际教育。经过一段时间的探索，小原国芳不断谋求自给自足的办法，到 1947 年，将玉川学园发展成为包括幼儿园、小学、中学和大学在内的综合教育机构。小原国芳在办学过程中亲力亲为，一直到 1973 年始终担任学园理事长。他规划学园建设，筹措办学经费，制定办学方针，聘请教师，还到国外学习现代教育先进经验，宣讲日本的新教育运动。1977 年 12 月 13 日，小原国芳病逝于东京。逝世前 4 个月他还在讲坛上为通信教育暑期学校讲课，书写其教育的一生。

小原国芳不仅在教育实践上做出了具有开创性的贡献，而且在教育理论上著述颇丰，出版了《教育的根本问题——宗教》《教育改造论》《自由教育论》《仰慕裴斯泰洛齐》《教育的根本问题——哲学》《母亲教育学》《道德教学革新论》《理想学校》《教育立国论》《思想问题与教育》《学校剧论》《全人教育》《师道》《学习原论·各论》等，后人将其著作结集出版为《小原国芳全集》(共 48 卷)。小原国芳为后人留下了大量宝贵的精神财富，丰富了世界教育理论和实践宝库。

二、"全人教育"思想内容阐释

小原国芳作为日本 20 世纪前期新教育运动中出现的"八大教育家"中影响较为广泛的人，受到了当时欧美教育思想的深刻影响。在译介西欧国家新自由主义教育运动的过程中，小原国芳得到启发，开始摸索日本教育改革方向。小原国芳认为只有在教育的主体与客体合一、教师与儿童融合一致时，才能发现教育的真义。小原国芳针对当时日本教育中存在的智育第一、偏重升学考试等流弊，倡导真、善、美各方面和谐发展的教育，即"全人教育"思想体系，该体系成为 20 世纪 20 年代以来日本产生的具有日本特色的教育思潮。

小原国芳认为教育的内容必须包含人类的全部文化，人类文化包括学问、道德、艺术、宗教、身体、生活六个方面，学问的理想是真，道德的理想是善，艺术的理想是美，宗教的理想是圣，身体的理想是健，生活的理想是富。教育的理想就是创造真、善、美、圣、健、富六种价值。因此，教育必须是绝对的"全人教育"。在这六种价值中，真、善、美、圣四种价值被称为绝对价值，健、富两种价值被称为手段价值(见图 7-1)。小原国芳认为人有这六个方面的价值追求，六种价值之间有着紧密的关系，"全人教育"所要求的"人"是具备这六个方面价值追求的人。没有健康就没有精神生活，离开了精神生活也就没有健康。不重视富的价值，精神文明难于保持；精神文明不发展，也难以期望物质文明的进步。

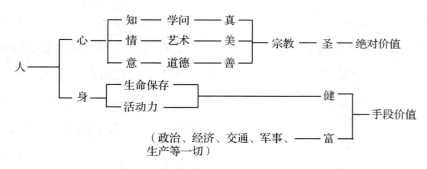

图 7-1　小原国芳的价值体系

(一)学问教育

学问教育的理想就是创造真的价值。所谓学问，就是随时随地把所疑、所惊、所奇的东西加以突破，从而彻底地找到事物的本原。小原国芳指责日本当时的学校教学是填鸭式、呆读死记、理论脱离实际的教学，不是帮助学生追求真理，而是让学生不假思索，生吞活剥被歪曲了的学问。在他看来，教师和家长要把外界给予、灌输、传授、迫使死记硬背的形式改变为自我掌握、自我研究、自我学习、自我创造、自我发现的形式，要把自上而来和自外界而来的教育改变为自下而起和自内展开的教育，应该采取各种教学方法之长，尽可能让学生自己学习，自己发现、创造和开拓。教育过程应鼓励学生的积极性和主动性，提高学生的学习兴趣，让学生不断质疑，努力去探索和发现真理。小原国芳认为读书是十分必要的，家庭文库、学校图书馆、乡村图书馆的建设都应受到重视。学校中各学科也应该有各自的目标，并根据目标提供大量的优秀教材。各个学科不可过分分散，要在互相联系中实行整体教学。知识教学要与学生的实际情况联系起来，要发挥学生各自多方面的才能，充分尊重学生的兴趣、特点、个性。

(二)道德教育

道德的理想在于善，道德教育的目的是使人成为开拓者和具有为人类服务的精神。小原国芳认为人是二元动物：一半是神的性质，一半是兽类的性质。在两类性质的驱使下，人会有纠葛、斗争、矛盾、苦闷、烦恼等。有纠葛人才能继续进步，纠葛越大进步越快。所谓道德就是"自然的理性化"，用理智正确引导烦恼、意欲、本能。小原国芳认为，第一次世界大战后日本社会道德低下和忽视道德教育有关。他主张在学校中特设道德学科，并认为道德学科是中心学科。他提出道德教育的五个目标：一是让人们深刻认识和理解人格价值的尊贵；二是要树立正确的人生观，即超越喜、怒、哀、乐的坚定人生观；三是了解善、恶、苦、恼的深意以及罪和忏悔的崇高意义；四是真正了解道德生活的意义、意欲和理性的纠葛；五是培养美好的、正直的、确有永久性的人。道德教育应关注知、情、意三个方面，要做到锻炼意志、纯化感情、开发知识三方面。意志的锻炼在于培养儿童的意志力和决断力，陶冶意志应从多种途径实施，包括修身课、体操、游戏、登山、各种劳动等；纯化感情就是培养和净化道德情操，以理智的力量给感情以方向，必须依靠艺术。小原国芳主张道德教学哲学化、道德教学理智化，其重大任务就是启发儿童的道德知性，锻炼坚强的意志，陶冶纯美的情操。

（三）艺术教育

艺术教育的理想在于追求美的价值。小原国芳认为，真正的美不是外表的、形式上的美，而是人们主观赋予物质的一种情感，是人的心灵美。人的心灵美要依靠艺术的途径来培养，没有艺术则没有美。艺术教育的使命在于丰富人的精神世界，培养人的创造意识。儿童的想象本能、创造本能、探究本能都很强，而且从深层意义上讲，享受、鉴赏与创作或许就是同一活动。能深刻观察的人，才能深刻创作；能深刻创作的人，才能深刻观察。艺术教育把人从机器、煤烟、电等物质世界造成的苦闷、死板和涣散中拯救出来，消除人的失望、焦躁、抱怨、懒惰等，使之成为全人。小原国芳认为，艺术是人类生活重要的根本动力之一，优秀艺术的极致就是真正优秀的道德。艺术教育需要注意一些问题，首先要尊重自我独特的天地、自我生命的表现和创作的自由，还要注意培养儿童的艺术敏感性和深刻性等。艺术教育不只是教教绘画、拉拉手风琴。生活中的每个角落都包含着艺术。美的感受要渗透到日常生活中。中小学应通过音乐、美术、手工、学校剧、文学欣赏与创作等形式向学生进行美的教育。其中，作为综合艺术的学校剧对促进儿童增强美感、完善全人具有重要意义。

（四）宗教教育

小原国芳认为教育的理想和方法、教材论、儿童论、教师论，都不能离开宗教来思考。宗教意识是人类精神生活的总和，宗教教育是使精神生活总体得到适当发展，而不是仅一个方面、一个局部的发展。宗教统领人的心理的知、情、意三方面。宗教的理想在于圣，追求人生圣的价值是教育极其重要的目的。圣不是所谓真、善、美普遍适用价值之外的另一种东西，而是真、善、美在有关超感觉实在这一范围内的价值的本身。人具有了宗教的圣心才算进入牺牲自我、为人类服务的境界。学问、道德和艺术追究下去都要触及超世界的、超感觉的神秘境界，一切价值都可以取得宗教形式。小原国芳认为神是公道的，神能惩恶扬善。宗教教育可以使人懂得宗教，树立神的威严，净化人的灵魂，造就完美的人。

（五）健康教育

身体的理想在于实现健的价值。健的价值是手段价值，其意义在于尽可能持续提供精神活动原动力。小原国芳提出身体的五点理想目标，即保持身体本身、锻造强壮而有持续耐力的身体、使身体正常并协调、使身体灵巧、使身体优美。体育的目的在于使学生有强韧的体力、调和的身体及技巧性。小原国芳认为，生理学知识是体育的前提，体操是体育的基础。体育除健身功能外，还能磨炼节制、礼仪、克己、勇敢、协作、忍耐等品质，从而使学生得到道德训练。学校体育肩负多方面任务，包括传授生理学知识、游戏、体操等运动。

（六）生活教育

富的价值属于手段价值，广义上包含了政治、经济、交通、军事、法律、生产等，是实现真、善、美、圣四个绝对价值的手段。生活教育要教育学生做主宰富的主人，而不能为富所使役。生活教育不能仅局限于如何赚钱的教育，那样会变成物质的奴隶，最终成为"经济动物"。小原国芳认为，教育学生如何正确使用财富比如何创造财富还重要。富是人不应超越道德与人格所拥有和使用的东西，否则便会破坏社会公德，导致经济停滞。生活教育的实质是关心他人和发扬互助精神。政治家和全体国民必须觉醒，认识到教育的重要性，认识到教育投资是最大的投资。他还认为，生活教育的含义也包括对学生进行独立生活能力以及群体意识的培养等方面。

三、影响与评价

小原国芳的"全人教育"思想萌芽于大正时期，完善于昭和时期，尤其是在第二次世界大战结束后，在世界范围内传播和推广，产生了广泛的影响。总体来看，小原国芳教育思想是外国先进教育思想、日本优秀教育传统以及他本人教育实践相互融合、相互作用的结晶。尤其值得一提的是，"全人教育"思想是小原国芳在开展教育实践的过程中提出的，拥有较强的实践性。通过成城小学、玉川学园的教育实践，小原国芳进一步完善和发展了"全人教育"思想。玉川学园既是"全人教育"思想影响下成功的教育实践，又是"全人教育"思想得以充实和丰富的实践源泉。

"全人教育"思想不仅奠定了日本教育体制的基础，而且在世界范围内产生了一定的影响。第二次世界大战后，参观访问玉川学园的外国教育者络绎不绝。例如，1945年11月，"美国教育考察团"访问玉川学园；1946年，莫斯科大学文学院院长一行到访；美国哥伦比亚大学教授拉葛博士前后四次访问玉川学园，并指出在进步教育十分萎缩的今日，玉川班成为创造性的、民主性的、在世界上也是最好的学校，给予了玉川学园较高的评价。美国教育家杜威曾决定在有生之年访问玉川学园，但因年事已高未能成行。杜威的夫人在他去世后曾7次访问玉川学园。不仅如此，小原国芳也通过积极参加国家教育交流活动，宣传和推广他的"全人教育"思想。1973年，联合国教科文组织在日本召开世界新教育会议，小原国芳以会长的身份主持会议。从此，其教育思想和活动赢得了世界的肯定和公认。

"全人教育"思想注重人在德、智、体、美诸方面和谐发展，提倡组织各种儿童劳动实践，强调理论与实践的统一，坚持把培养学生的个性、坚强意志和自我生活能力放在学校工作的重要地位，这些主张都是值得肯定的。小原国芳认为，教育的目的在于培养"全人"，但并不是要抹杀学生的个性，因为每个人生来都有不同的差异，尊重学生的个体差异，尊重学生的个性发展，才是真正的"全人教育"。

"全人教育"思想将教学的极致归结为"宗教境界"，把人的最高价值归结为"圣"，把教育的根本问题归结为"宗教"，尽管"宗教境界""圣""宗教"实际上指的是对人本身的最高要求，并非宗教迷信意义上的上帝和神。换言之，小原国芳是以一种理性的观点看待宗教，将"宗教境界""圣"作为一种教育理想和信仰来追求的。然而，这种教育思想所追求的价值和目标难以通过实践的努力实现。也正因如此，小原国芳的教育思想在教育实践中受到重重阻碍。把人的最高价值归结为"圣"是他教育思想的一大缺憾，也反映了他教育思想体系中唯心主义的成分。

第八章

20 世纪前期印度的教育与思想

印度的教育有着悠久的历史。在 1757 年普拉西战役使印度沦为英国殖民地之前，印度的教育包括其固有的传统教育与外来的伊斯兰教育。不列颠的殖民政策"破坏了印度数千年来教育发展的本土传统"，"使印度教育传统的历史延续出现了明显的断裂过程"①，而且，这种断裂不是对变化着的印度社会和经济需要的自然反映，而是"帝国主义强大的军事和经济存在对一种文化制度的蓄意破坏，……殖民政府主要通过税收政府，消除支持印度各地学校和教师的财政基础。……使得本土教育制度在演变为'现代'教育制度之前就被摧毁了"②。英国实施的教育促进了印度近代教育制度的建立，但其推行以英语为教学语言的西方教育割裂了印度文化自身发展的进程。20 世纪上半叶，印度知识分子为恢复印度文化与传统教育，发起了民族教育运动、基础教育运动，泰戈尔与甘地的教育思想与实践深刻影响了印度教育及社会。

20 世纪上半叶伴随着两次世界大战。第一次世界大战催化了联合印度的

①　Moonis Raza, Yash Aggarwal, "Higher Education: Regional Dimension," *Journal of Higher Education*, 1985—1986, Vol. 11, Nos.1&2, pp.1-38.

②　Joseph Di Bona, "The Transitional Process of Educational Systems from Pre-Colonial to Western Forms in 19th Century India," *Journal of South Asian and Middle Eastern Studies*, 1990(3), pp.49-62.

民族主义运动。第二次世界大战中，在英国为自由而与德军、日军作战之际，印度也为自身的独立与自由，与英国政府对抗。印度持续受到纷繁复杂的战乱、殖民、种姓制度①、种族、宗教、政党、饥荒、文化冲突与融合的挑战，教育举步维艰。

印度于 1947 年获得独立。独立之际，印巴分治引发暴力冲突，给印度教徒、锡克教徒和穆斯林带来深重持久的伤痛。独立后的印度基于宪法，追求公正、自由、平等与友爱，各级各类教育得到稳步发展。

第一节　20 世纪初印度民族教育运动的兴起和发展

19 世纪上半叶，印度教育史上出现"东学派"（Oriental Party，Orientalism）与"英学派"（English Party，Anglicism，Occidentalism）之争，1854 年颁布的《伍德教育急件》（*Wood's Educational Despatch*）标志着印度教育西化的确立。

20 世纪初，很多印度知识分子对于英语教育逐渐从最初几乎盲目的崇拜转变为不满，一些教育团体致力于用祖国语言代替英语。一大批印度知识分

---

①　印度种姓制度是一种特有的社会分工形式，也是印度教的教阶制度。种姓制度依据宗教意义上出身的高低贵贱、肤色、精神和职业上的优劣之分确立，曾一度被古印度的婆罗门经书赋予宗教上的"神圣"起源，又从印度教的神、哲学中获得玄秘的"合理性"证明。种姓的梵文为"Varna"，原意为"色"，主要指皮肤的颜色。肤色上，皮肤白皙的雅利安人自视为高等种姓，把肤色黝黑的达罗毗荼人驱为奴隶，称其为"达萨"。职业上，执掌宗教事务的僧侣贵族"婆罗门"种姓最为高贵，其次是执掌行政事务与军事权力的世俗贵族种姓"刹帝利"，再次是从事各种生产活动的平民"吠舍"，最后是从事低贱工作的"首陀罗"。种姓之外还有最底层的"不可接触者"或称"贱民"。出生上，《摩奴法论》指出 4 个种姓的人分别从印度教创造神"梵天"的口、臂、腿和脚出生，越靠近身体上部出生的越高贵。印度教的业报轮回理论宣称不同种姓是自己前世行为的结果，现世的不平等实际上体现着永恒的平等。历史上种姓制度严苛，不同种姓各司其职，界限分明，不能变更，不准通婚，种姓之间的往来被严格限制，这些规定以严刑酷法来维持。详见欧东明：《印度教与印度种姓制度》，载《南亚研究季刊》，2002（3）；另见吴春燕：《印度教育的发展与印度现代化》，硕士学位论文，福建师范大学，2007。

子发起的印度民族教育运动历经三个时期，是印度独立运动的重要组成部分。

一、印度民族教育运动的第一个时期(1900—1919 年)

1901 年，印度桂冠诗人、哲学家、人道主义者和教育家泰戈尔(Tagore，1861—1941)在桑地尼克坦(Shriniktan)开办实验学校，使用孟加拉语进行教学，创建了一套以艺术、亚洲文化和大自然为核心的教学方法，表达了他反对"英式教育体系的英国中心主义和以都市为中心的特点"[①]，印度民族教育开始萌芽。1902 年，沙玛吉斯(Samajists)建立了一所用印地语进行教学的学校。重视梵文、重视义务初等教育的呼声开始出现。

1905 年 10 月，在抵制英货和斯瓦德希(Swadeshi，意为"使用国货")运动中，一些激进的民族主义者提出了抵制公立学校的主张。大约 1000 名学生集会，集体宣誓抵制一切官办学校。印度民族主义领导人决定建立一项基金，提供给因参与抵制运动而被开除的学生，使他们获得继续学习的机会。1905 年 11 月，兰格浦尔县建立民族学校，约 300 名被官办学校开除的学生入学。随后，加尔各答、达卡和迪纳吉浦尔县分别建立民族学校。

1906 年 3 月 11 日，印度民族教育会议成立。其宗旨为："在现行的初等、中等和高等教育体系之外，建立单独的而不是与之对立的，奉行民族路线并完全处于民族控制下的教育体系，包括文科、理科和工科在内。"[②]民族教育会议的成立，标志着民族教育运动的全面开展。但对于制定何种民族教育方针，民族领导人存在许多分歧：极端派提出在政治、司法、文化与教育领域全面开展抵制运动，促使殖民政府瘫痪；如同在经济上强调发展民族工商业

---

① [法]让-马克·德格拉夫:《东亚国家正式与非正式教育：社会化及学习内容的关系》，235 页，普罗旺斯地区艾克斯，普罗旺斯大学出版社，2012。转引自[法]庄雪婵(Catherine Capdeville-Zeng):《过去与当代教育模式在亚洲国家的比较：印度、东南亚、中国》，侯仁佑译，载《民族学刊》，2018(2)。

② 林承节:《20 世纪初印度的民族教育运动》，载《南亚研究》，1987(4)。

而非抵制一样，温和派在教育领域不关心抵制，而聚焦于建立民族学校本身。在采取文、理、工并举还是仅开办工科方面，多数人持三科并举的观点；也有人认为技术教育是印度最为缺乏的，应集中力量开办工科教育，并于 1906 年成立"促进技术教育协会"。在重点发展民族大学与中学还是小学教育与大众教育方面，会议成员虽然赞成发扬民族文化传统，学习西方先进思想和科学技术，但在教育内容设置上存在分歧：有人主张学习西方的思想和科学技术，有人强调用印度教的宗教价值观培养学生。最后，会议折中规定，民族教育以印度语为教学语言，英语作为选修课程，专门设立基金提供宗教教育，重视学习祖国的知识，吸收优秀的西方思想，理科注重学习东方的科学知识、医学知识等。

尽管存在分歧意见，但民族教育运动仍得到了发展。在孟加拉学院，教科书用印地语编写，学生可以自由选择孟加拉语、印地语、乌尔都语及英语做作业、回答问题，文科、理科、工科学生的学习均和印度的发展联系密切。

在民众的积极捐助下，一些地区的民族学校得以建立。民族教育会议也从每年的基金收入中拨出一部分作为补助金，补助新成立的学校，并建立奖学金制度。小学也开始了民族化的进程，一些农村开办了农民夜校。

1906 年，在极端派的努力下，印度国大党①年会通过了民族教育决议。1908 年，马德拉斯的拉贾蒙德税县建立了一所民族中学。1909 年，浦那县建立了两所民族中学，使用由孟加拉民族教育会议拟定的教学大纲并参加其统一考试。同年，安德拉教育会议建立了模范民族学院。民族教育运动的开展促进了印度各地民族主义者之间的联系。

1908 年，由于温和派的退出和殖民政府的镇压，抵制英货和斯瓦德希运动失败，民族教育运动遭受沉重打击。许多民族学校曾声明要脱离与官办大

① 印度国大党于 1885 年在孟买成立，是印度历史最悠久的政党，也是印度两大政党之一（另一个是印度人民党）。

学的附属关系并转入民族教育会议，现在为保住政府的补助金而食言。孟加拉民族教育会议除了其自办的学院外，没有一所学院和中学附属于它。民族运动极端派领导人遭逮捕、监禁或流放，民族教育运动失去了脊骨，随之瓦解。另外，如前所述，民族运动领导人对于民族教育方针存在分歧，也使学生难以适应。1909 年，民族教育会议阻止学生参加抗议当局镇压学生运动的集会，使作为政治斗争的一部分的民族教育会议失去了往日风采。1906 年，有 729 名学生参加民族教育会议的第一次大学入学考试，而到 1909 年，考试人数锐减为 163 人，这表明民族教育会议先前的吸引力已大大降低。此外，为压制民族教育运动，殖民当局规定，一切官方机构和英方及附属英方的印度企业均不得录用民族学院和民族中学学生，很多民族学院学生毕业即失业，许多学生及其家长在就业压力下放弃选择民族学院。

殖民当局在印度民族主义教育运动的压力下，对其教育政策进行了些许调整。例如，其主办的学校里也允许学生用印地语写作业，教学内容上改变了过度鄙视印度文化传统的内容，减轻了学生的反感。据 1910 年的殖民官方报道：大学教育有了很大的吸引力，得到了越来越高的评价。

第一个时期的民族教育运动虽然陷入低潮，但在诸多方面留下了探索的痕迹：印度大众开始加入这场运动，民族教育运动不再仅是少数知识分子的呼声；对培养青少年的爱国主义精神有了广泛关注；探索了创办民族教育的方针和路线；打破了英语作为大学和中学教学语言的垄断地位；等等。这些开创性的探索奠定了继续开展民族教育运动的基础。

二、印度民族教育运动的第二个时期(1920—1946 年)

印度民族教育运动的第二个时期始于 20 世纪 20 年代，发展于 20 世纪 30 年代，在 20 世纪 40 年代趋于完善。甘地(Gandhi，1869—1948)领导的"非暴力不合作运动"对之起到了巨大的推动作用。

1920 年，在那格普尔年会上，国大党通过了甘地领导的"非暴力不合作运动"。以抵制官办学校为前提，私立学校拒绝接受政府的认可和补助金，大批学生离开官办学校，进入新近纷纷成立的民族学校。在这些学校里，作为全印语言的印地语取代了英语，教学使用地方语言。教育上的不合作运动使得官办学校的学生人数急剧下降。1921 年，学院入学人数下降 8.6%，中学下降 5.1%。民族教育则得到迅速发展。例如，因"非暴力不合作运动"退出官办学校并转入泰戈尔创办的桑地尼克坦学校的学生逐年增加，学校发展成大学，在 1921 年易名为"国际大学"。次年泰戈尔又在学校附近创办了大学农科和农场。

1937 年，基础教育运动兴起，以甘地的以手工劳动为中心的思想为主旨。1937 年 10 月，"全印民族教育大会"（All-India National Educational Conference）通过了甘地提出的基础教育原则，制定了"瓦尔达基础教育方案"（Wardha Scheme of Basic Education，简称"瓦尔达方案"或"基础教育方案"）。1938 年，国大党批准该方案，基础教育运动在印度全面开展。

印度第二个时期的民族教育运动以甘地的基础教育思想为指导，并将教育对象扩大到成人，提高了印度大众的文化与受教育水平。基于印度作为一个农业国家的需要，教育以手工劳动为中心，并因此与西方教育模式相区别。从 1921 年到 1947 年，教育机构开始由少数印度人控制，人民在政治上更为觉醒，私立学校与学院增加，官方控制教育的努力渐趋失败。

三、印度民族教育运动的第三个时期（1947—1960 年）

印度独立后至宪法实施后的十年，为民族主义教育发展的第三个时期。印度于 1947 年 8 月独立。第一任总理尼赫鲁（Nehru，1889—1964）的教育思想极大地影响了这一时期的教育政策及实践，民族主义教育与其他民族文化中所有有价值的教育尝试走向结合。

尼赫鲁认为，甘地领导的国大党主张农村工业的复兴，同时，国大党也不反对大工业的发展。而且，为了实现减轻对土地的压力、向贫穷做斗争、提高生活水准、保卫国家以及其他种种目标，印度有必要迅速实现工业化，同时通过缜密的计划避免工业化的危害，印度的发展必须与其所处时代的最高理想协调一致，其时的最高理想是人道主义和科学精神的结合：科学的人道主义。科学方法和精神是一种生活方式：追求真理和新知，拒绝接受任何未经试验的事物，具备一有新的证据就改变过去定论的能力，只信赖观察过的事实而不信赖假定的学说及智力的艰苦锻炼。尼赫鲁指出，西方有许多东西值得印度学习，同时西方也应当从科技带来的灾难里汲取深刻的教训。尼赫鲁呼唤印度人在即将来临的国际主义之中发挥作用，并且为了这个目的去旅行，去和别人会见，向他们学习和了解他们。民族文化将和人类的国际文化互相融合，印度人一方面要做真正的印度人和亚洲人，另一方面要成为优良的国际主义者和世界公民。①

印度新宪法于1950年1月生效。新宪法规定了国家在1960年前应实现所有儿童的义务教育权利："国家应尽力在本宪法实施后的十年内，对于十四岁和十四岁以下的所有儿童实施免费义务教育。"②并规定无论是基于宗教的还是基于语言的少数民族，都有创办和管理自己的教育机构的权利。宪法条款保护社会上和教育上处境不利的市民阶层以及表列种姓和表列部落③的教育利

① ［印度］贾瓦哈拉尔·尼赫鲁:《印度的发现》，370~371，373，466，471~472，482，514~515，521~522页，向哲濬、朱彬元、杨寿林译，上海，上海人民出版社，2016。

② 姜士林、鲁仁、刘政等:《世界宪法全书》，588页，青岛，青岛出版社，1997。

③ 印度独立之前，印度社会对其最底层群体的一般性称呼带有明显的歧视色彩，即"不可接触者"(untouchable caste)"贱民""原始部落""野蛮部落"(wild tribe)与"山民"(hill tribe)等。1950年颁布的首部印度共和国宪法宣布"法律面前人人平等"，以及"不可接触者"(untouchability)非法，废除了上述称谓，而以带有法律效力的正式称谓"表列种姓"和"表列部落"代替之，意为"印度总统批准、政府公告确认的、用官方文表列出的特指群体"，"表列种姓指经过印度总统公告确认的种姓、种族和部族"，"表列部落指经过印度总统公告确认的部落或部落群"。这种法律意义上的称谓一直沿用至今。2007年，印度表列种姓和表列部落的总人口超过25000万，占全国人口近25%。详见赵伯乐:《印度表列种姓与表列部落探析》，载《世界民族》，2010(1)。

益，为此单设条文。宪法第四十六条规定："增进表列种姓、表列部落和其他弱小阶层的教育和经济利益——国家应特别注意增进人民中弱小阶层之教育与经济利益，特别是'表列部落'和'表列种姓'的教育和经济利益，并应保护彼等不受社会之不公待遇与一切形式之剥削。"①宪法还规定教育方面须为表列种姓和表列部落保留名额，不过这项规定的实施常遭受优势种姓的极力阻挠，乃至为此发生暴力冲突。宗教自由作为教育原则提出，学校不得进行宗教教育，由道德社会和精神教育所取代，从而在学校里防止宗教仇恨和宗教偏见等不良倾向。宪法赋予妇女与男子完全平等的权利，规定国家不应仅仅因性别而歧视任何公民。宪法还要求印度各邦应尽力在初等教育阶段为语言性少数民族儿童的母语教学提供充分的便利，并为国语印地语的普及和发展做出规定。比如，"准备科技术语；出版经过修订和注释的优秀印地语著作；翻译学术和科学领域的权威著作；筹编百科全书；为印地语打字机准备字键；指定合适的印地语速写符号；用印地语出版通俗文学作品等"②。

独立后的印度根据自己的意志决定对英国在政治与文化上的遗产的取舍。其民族独立与民族教育运动成为印度独立以后制定自身发展道路的重要遗产。

第二节　20 世纪 30 年代后期基础教育运动的兴起

印度的基础教育在英国殖民统治时期发展缓慢，其原因主要为：英国殖民者毁坏了印度原有的发达的学校系统，他们更重视发展高等教育，为其统治培养管理人才，而不愿负责印度广大群众的教育问题。③ 19 世纪中后期，

---

① 姜士林、鲁仁、刘政等：《世界宪法全书》，589 页，青岛，青岛出版社，1997。
② ［印度］科奇哈：《印度的宪法与教育》，见瞿葆奎：《教育学文集·印度、埃及、巴西教育改革》，183~184 页，北京，人民教育出版社，1991。
③ 王长纯：《印度教育》，202 页，长春，吉林教育出版社，2000。

虽有几位英国官员建议用地方税收发展基础教育，印度教育委员会也于1882年建立县委员会负责初等教育，但均未得到充分实施。1917年印度颁布《孟买初等教育（县市）法》，1918—1930年所有省立法机构都通过了普及义务教育的法案，但在英国殖民统治下未能取得令人满意的效果。

印度于20世纪30年代后期兴起基础教育运动。基于甘地的基础教育思想，"全印民族教育大会"（All-India National Educational Conference）于1937年10月制定了"瓦尔达基础教育方案"。该方案在印度得到广泛实施，是民族教育运动第二个时期的主要内容。

一、甘地的基础教育思想与实践

1937年，甘地在《哈里真》①上撰文，系统阐述了自己以手工劳动为中心的教育思想，并将之命名为"基础教育"，其要旨是训练儿童参加手工艺的生产劳动，教给他们在一个合作性社区里生活的态度和价值准则，从而使乡村沿着这个方向发展，建设起由自给自足的小型社区所组成的理想社会。这种教育思想与印度原有教育有诸多不同之处，所以甘地又称之为"新教育"。

在《论新型大学》（Of New Universities）一文中，甘地阐述了基础教育的基本要素：①真正的教育应该是自立的；②手工技能将自始至终得到应用，也就是说，学生每天都要熟练地劳动一段时间；③教育须用该省语言作为传授媒介；④各种教派的宗教培训在基础教育中将没有地位，取而代之的是基本、普遍的道德原则教育；⑤不管学生是儿童还是成人、男性还是女性，教育将延伸至他们的家庭；⑥既然数百万接受基础教育的学生会认为自己是印度的

---

① 1932年，甘地把《少年印度》（Young India）杂志改名为《哈里真周刊》。1933—1948年，甘地用英语出版周报《哈里真》（Harijan），"Harijan"的意思是"上帝的人"（People of God），也是甘地对"不可接触者"（Untouchable caste）的称呼。甘地还分别出版了古吉拉特语（Harijan Bandu）和印地语（Harijan Sevak）的《哈里真》，三份报纸都讨论印度的社会与经济问题。

全体，那么他们必须学习一种跨省的语言。①

　　甘地的基础教育思想与实践的目的在于促进印度广大农村发展，以此作为实现自治的基础；打破印度社会种姓等级的樊篱，提倡体力劳动与脑力劳动具有同等价值；以印度传统手工艺生产及其教育，抵抗西方现代文明机器化大生产对人性和社会的损害。

（一）基础教育的宗旨

1. 教育应为农村服务

　　甘地坚持认为，一个民族要想获得自由，必须依靠自己的双腿站立起来。印度社会是一个由乡村组成的社会，如果农村能成功地摆脱贫困，那么印度就会赢得自治。甘地在其初等教育规划中，建议大学应建在乡村，为印度广大的乡村服务。② 工业和纺纱应有助于农村生活的改善。在学校里，采取何种特定产业作为教学媒介需要取决于当地的情况与需求。若乡村人们对农业更感兴趣，就选择农业作为教学媒介。在《关于学生》（*About Students*）一文中，他进一步申明，教育必须证明它促进了其所在国家的发展③，大学教育也应当与国家的需要联系起来。

2. 教育须经济自给以实现自主

　　在学校财政方面，甘地认为，真正的教育必须自立，从而摆脱对政府拨款的依赖并免受政府干涉。他建议，一个民主的国家不应为建立大学而筹措经费，而应该由需要大学教育的人提供经费，各产业（矿业、商业、医药、农业等）也应该为他们所需要的毕业生的培训支付费用。在基础学校开设生产性

---

① Gandhi, "Of New Universities," in *The Collected Works of Mahatma Gandhi*, ed., India Ministry of Information and Broadcasting, Ahmedabad, Navajivan Trust, 1983, Vol.89, pp.404－405.

② Gandhi, "A Talk," in *The Collected Works of Mahatma Gandhi*, ed., India Ministry of Information and Broadcasting, Ahmedabad, Navajivan Trust, 1983, Vol.88, p.207.

③ Gandhi, "About Students," in *The Collected Works of Mahatma Gandhi*, ed., India Ministry of Information and Broadcasting, Ahmedabad, Navajivan Trust, 1983, Vol.89, p.114.

的课程,学生生产的产品将由其家长购买或在市场出售,使学校通过生产的收益获得教育经费,从而达到财政的自我维持和经济自给,摆脱政府控制,实现教育自主。

3. 通过手工艺教育促进种姓平等

在印度,种姓等级森严,手工艺生产通常被视为最底层、最卑贱的种姓所从事的技艺,多属于"不可接触者"。甘地对外反对英国殖民政府的不公正,对内试图从印度社会内部消除不平等和不公正。甘地认为,英国无权统治印度,但印度也只有在纠正了自身社会痼疾后才能胜任自治。① "不可接触者"制度就是印度社会的痼疾之一,只要"不可接触者"制度的诅咒还在污染着印度人的心灵,那么他自己在世界眼中就是一个"不可接触者",而一个"不可接触者"是不能够赢得非暴力自治的。去除"不可接触者"制度意味着像对待自己的亲友那样对待被称为"不可接触者"的人。② 1915年5月25日,甘地在阿赫梅达巴建立的非暴力抵抗学院,就试图通过接受"不可接触者"家庭并与之共同生活,来动摇"不可接触者"制度。

在教育领域,甘地试图改变仅注重高等种姓阶级的印度教育传统与殖民教育制度,通过将"不可接触者"从事的手工艺设置为中心课程并开办生产性学校,打破社会等级的樊篱,视每一种职业具有相同的价值。在他的著作中,他提到美国学者约翰·罗斯金(John Ruskin, 1819—1900)的《直到最后》一书给他的启发:经济的繁荣需要关注全民的利益,体力劳动(如理发师)与脑力劳动(如律师)具有同等价值,有价值的生活是劳动者和工匠的生活。甘地还曾与托尔斯泰(Tolstoy, 1828—1910)交流对赞赏个人自由以及和平生活的权

---

① Gandhi, "Benares University Speech," in Homer A. Jack, *The Gandhi Reader: A Source Book of His Life and Writings*, Madras, Samata Books, 1983, p.128.

② Gandhi, " Implications of Constructive Programme," in *The Collected Works of Mahatma Gandhi*, ed., India Ministry of Information and Broadcasting, Ahmedabad, Navajivan Trust, 1983, Vol.72, p.379.

利，否定一切形式的压迫。①

甘地相信，当社会最底层儿童的基础教育课程得到开展时，教育将获得"平等"的象征意义，印度社会的既定结构也将由此得到改变。

4. 以印度的传统纺车对抗现代工业文明问题

甘地于1909年以古吉拉特语出版了《印度斯瓦拉吉》(*Hind Swaraj*)或称《印度自治》(*Indian Home Rule*)，一年后该书以英语出版。《印度斯瓦拉吉》对现代文明发出一系列控诉，指责机器、科技和医药使人沦为奴隶，剥夺了人的本性，令人疏远了大自然和精神价值。甘地梦想着通过回归手摇纺车和简陋锄头的古老时代来反抗这样的文明。他认为，当前真正的矛盾冲突在两种不同形式的文明之间——印度传统的(他坚称也是欧洲前工业社会的)悠闲、平和、父权制的文明与现代欧洲(以及印度被欧洲污染了的部分的)疯癫狂乱、轻浮躁动、自私自利和物欲横流的文明之间的矛盾。②

甘地认为，西方现代文明的机器化大生产带来了严重的失业问题，使用印度的传统纺车进行手工劳动可以使千百万处于半失业半饥饿状态中的印度劳苦大众获得生存的机会，并使人人处于平等的地位。纺车是印度早期手工艺的一种。在早年，印度人的衣服都用纺车织成，但纺车因为限于未受过教育的工匠使用，所以逐渐衰落乃至被废弃。甘地将纺车纺织视为经济自主运动的主干，希望通过使用纺车，消除竞争与剥削，使印度人重新拥有简朴宁静的生活。他界定"'纺车'一词的最真实的含义，是人类尊严与平等的标志"③。基础教育也将通过纺车纺织来开展，这将是具有深远影响的、无声的社会革命的前奏。它将为城市和乡村的关系提供健康和道德，并将为消除当

---

①　[印度]克里什那·库马尔：《默罕达斯·卡拉姆昌德·甘地》，见[摩洛哥]扎古尔·摩西：《世界著名教育思想家》第2卷，66页，梅祖培、龙治芳等译，北京，中国对外翻译出版公司，1995。

②　[意]詹尼·索弗里：《甘地与印度》，69页，李阳译，北京，生活·读书·新知三联书店，2006。

③　吴成平：《一九一七——九三九年的印度》，95页，北京，商务印书馆，1996。

前社会不安定的邪恶和阶级之间败德的关系长期奋斗。它将抑制印度乡村的逐步衰落,建立更公正的社会秩序的基础。其中,"有产者"与"无产者"之间没有不自然的分界线,每个人都享有保障基本生活的工资与自由的权利。所有这些并不伴随印度实行机械化可能涉及的血腥的阶级战争,或者巨大的资本支出。最后,它并不需要高度专业化的天才,它将使大众将命运掌握在他们自己手中。[①] 只有通过教育民众,使所有人都获得抵制滥用权力的能力的时候,印度的自治才能实现。

5. 全面训练"头、手、心"

甘地批评印度当时"总是竭力给孩子们的头脑填满各种知识,而不考虑如何激励和发展他们自己的智力"的教育。在评论孟买的教育时,他说道,在城市中成长的儿童可以熟记诗歌并像鹦鹉一样背诵出来,他们会跳舞、模仿、击鼓、回答关于历史与地理的问题,但如果叫他们修理一把椅子或补一件破了的衣服,他们就做不了了。迄今为止,他们所接受的课程尚不能保证使他们成长为公民。[②] 甘地认为,真正的教育应能帮助人们了解"阿特曼"[③]、我们真实的自我、神和真理。人们学习、研究知识的不同分支,也是为了了解自

---

① Gandhi, "Primary Education in Bombay," in *The Collected Works of Mahatma Gandhi*, ed., India Ministry of Information and Broadcasting, Ahmedabad, Navajivan Trust, 1983, Vol.66, p.169. 1924 年,当有人问甘地是否反对一切机器时,他回答,他所反对的是机器狂,而不是机器本身。他认为机器节省时间和劳力的价值应该是为了全人类,而不是为了一部分人,财富应聚集在全人类手中,而当时,机器使得少数人凌驾于千百万人之上。

② Gandhi, "Primary Education in Bombay," in *The Collected Works of Mahatma Gandhi*, ed., India Ministry of Information and Broadcasting, Ahmedabad, Navajivan Trust, 1983, Vol.66, p.166.

③ "阿特曼"(Atman)是汉语的音译,意译为"我"。印度奥义书中的主流哲学思想认为,宇宙的最高本体是"梵"(Brahman),"阿特曼"是人或有情(指一切有感情、有意识的生物)中的主体,梵是每个人的阿特曼的本质,主张"梵我同一"。梵常被称为"大我",人或有情中的主体被称为"小我"。在古印度文献中,无论是梵还是我都可以被称为"阿特曼",每个人的主体与宇宙的本体同一,若以为它们有差别就是无知,是虚妄,是各种痛苦产生的根源。因而,包括人生现象在内的一切事物的根本实体就是梵或大我。如《歌者奥义书》中说:"这整个世界都是梵。"奥义书中这种关于事物根本实体的思想是婆罗门教以及后来印度教哲学的根本理念。参见姚卫群:《论古印度宗教哲学的神与根本实体》,载《中国高校社会科学》,2016(4)。

我。教育还必须基于真理与爱，通过道德教育或品质训练，培养人们树立一种为实现伟大目标而抛弃自己的信念。

甘地提出，教育意味着使孩子和成人在身体、心理和精神方面得到全面训练。他主张教育以手工劳动为中心，兼顾头、手、心的发展，用以反对当时"看重通过脑力劳动来获得物质的发展与进步"①的殖民教育，而且只有对儿童身体的各个器官，如手、脚、眼、耳、鼻等进行适当训练，才能实现真正的智力教育。他将心灵的教育称为"精神训练"，发展精神就是形成性格、认识神和实现自我。"只有当一个儿童的心理教育与身体和精神机能的教育同时进行时，他的心理才能得到适当和全面的发展。这三者构成了一个不可分割的整体。因此，根据这种理论，以为它们三者能分别或相互独立地发展，那将是一个严重的错误。"②

甘地将儿童的教育视为主要由父母承担的义务，对于身心的全面训练而言，创设一种生动的教育环境远比建立众多学校重要得多。一旦这样的环境在其坚实的根基上建立起来，学校就将完结其使命。

(二)以手工劳动为中心的课程设置

在甘地的基础教育计划里，基础教育的课程以手工艺劳动为中心进行设置。初等教育课程包括儿童的母语、数学、自然科学、社会科学、地理与历史、手工或多种技术工作、物质文化(physical culture)、印地语、美术与音乐③，每一门科目都围绕饲养家禽、木工、纺纱、编织或其他类似的手工艺进行，使儿童产生对工作的兴趣并发挥出最高的技能水平，在此过程中训练儿

---

① 转引自[法]庄雪婵：《过去与当代教育模式在亚洲国家的比较：印度、东南亚、中国》，侯仁佑译，载《民族学刊》，2018(2)。

② Gandhi, "Intellectual Development or Dissipation?" Harijan, 1937-05-08, in *The Collected Works of Mahatma Gandhi*, ed., India Ministry of Information and Broadcasting, Ahmedabad, Navajivan Trust, 1983, Vol. 71, p. 122.

③ Gandhi, "In Support," in *The Collected Works of Mahatma Gandhi*, ed., India Ministry of Information and Broadcasting, Ahmedabad, Navajivan Trust, 1983, Vol.66, p.243.

童的头脑、身体、手艺和技术，以唤醒每个人生来就有的某种禀赋和能力，并使他将来成为他所学的那种手艺的能手。①

甘地认为，教师不是机械地将手工艺教给学生，而是尽量采取口头的方式科学地教给他们，进行每一道工序时，都应该阐明其原理，根据每个儿童的特殊资质决定他工作的种类。甘地相信，这种教学方式可以使儿童的心智和灵魂得到最大限度的发展。

甘地在对印度教师的讲演中建议，学生上学日的5小时中，4小时用于手工劳动，1小时用来讲解学校手工的科学知识和不能包含于手工课的其他科目。在讲授手工时，历史、地理与数学的部分或全部知识可以包含于其中，语言和语法可以作为其中的一部分，正确的发音也可自然地被包括进去。教师可以将手工作为这些知识的载体。在教儿童正确语言的过程中，语法的知识也就自然地教给了他们。儿童必须从一开始就学习正确的运算步骤，因此，教学应始于数学。整洁也不是一个单独的科目，儿童必须在做任何事情时都保持整洁，从干净、整洁地上学开始。儿童学习字母也可以通过手工劳动。甘地建议，读应该先于写，字母应该被当成图画，教儿童认识，然后教他们画字母，就像他们画一只乌鸦或鹦鹉那样。当他们学会轻松地画图时，再教他们写字母。这个阶段完成后，他们会从一开始就写得一手好字。这也就是甘地所主张的任何事物都不能强行教给儿童，教给儿童的一切都应该使他感兴趣，对儿童的教育应该像游戏，并将游戏作为教育的一个基本部分。甘地认为，以手工艺劳动为中心，任何一门科目都可以在职业训练的同时教给儿童。②

----

① Gandhi, "Discussion with Educationist, " Harijan, 1937-09-18, in *The Collected Works of Mahatma Gandhi*, Ahmedabad, Navajivan Trust, 1983, Vol.72, pp.226-227.

② Gandhi, "To National Teachers," in *The Collected Works of Mahatma Gandhi*, ed., India Ministry of Information and Broadcasting, Ahmedabad, Navajivan Trust, 1983, Vol.66, pp.150-151.

甘地以纺车为例说明多科目教学设计，教师可首先将纺车在印度日常生活中的地位教给儿童，然后向他们简短介绍纺车的历史及它衰落的原因，跟随其后的是印度历史简介以及机械课程——讲授纺车的构造，棉花的特性、种植及生长地区的相关知识，通过这些使学生涉足农业。

甘地的基础教育计划中，并不包含宗教教育。在充满诸多宗教冲突的印度，甘地担心教授宗教将导致冲突。甘地相信，所有宗教的本质都是相同的，每一个人都应该像尊重自己所信奉的宗教那样热爱并尊重其他宗教。在国民大会（国大党前身）内部，甘地要求每一个成员打破各种教派之间的界限，无论自己信的宗教是什么，他都要代表印度教徒、伊斯兰教徒、基督教徒、拜火教徒、犹太教徒等，即代表每一个印度教徒和非印度教徒。甘地建议，不同宗教存在普遍真理的道理，不是通过词语或书本教给儿童的，儿童只能通过教师的日常生活学习这些真理。如果教师身体力行真理与正义的原则，那么儿童就可以认识到真理与正义是一切宗教的基础。①

（三）基础教育的扩展

甘地看到，印度是以乡村为基本单位的农业国家。基础教育的设计如果忽略了70万乡村和数百万农民，就意味着忽略了印度。为了教育印度广大的农村民众，他认识到需要扩展基础教育的范围，将每个人生命每一阶段的教育皆包含进来，成人教育是重要方面。

在甘地看来，成人教育的目的在于使男人和女人在各方面成为更优秀的公民，女性和"不可接触者"也包含于内，所有成人均被纳入成人教育。成人教育应教导人们邻里和睦，斩断"不可接触者"制度与社会问题的根基。成人教育意味着教育者用成人自己的语言，给予他们一种纯粹的和对社会有用的、生活所

---

① Gandhi, "Letter To Jamalal Bajaj," in *The Collected Works of Mahatma Gandhi*, Vol.67, p.116. Gandhi, "Talks on Vocational Education," in *The Collected Works of Mahatma Gandhi*, ed., India Ministry of Information and Broadcasting, Ahmedabad, Navajivan Trust, 1983, Vol.67, p.154.

需要的全面教育。如果他们不能做到自立，那么那种教育就是有严重缺陷的。①

在教学方式上，甘地倡导灵活的传递先生制："每一个人在获得关于自我这一真理的知识时，都同时是一个教师和学生，在他所知道的意义上，他是一个教师；在他需要学习的事物的意义上，他又是一个学生。如果我们比我们的邻人对于某种事物知道得多，我们就应该乐于与他分享我们的知识，并同样乐意从他那里学到他所知道得比我们多的东西。如果我们能够经常与他人交流这些知识，那么我们就不会感到教师的缺乏，教育也就会成为一个没有痛苦的自发过程。"②他建议，基础教育学校的教师必须将自己看作属于全体的教师，当他接触到任何一个人时，无论是男人或女人，青年或老年，他都要问自己："现在，我可以给这个人什么呢?"儿童也可作为父母的教师。这样，乡村里的农民与工人也可以获得成人教育。

甘地还倡导，在没有教师的情况下，教育也可以进行。人真正的教师是他自己，经验是最大的学校。例如，很大一部分手工艺在学校是学不到的，只能在车间里学到，成人最需要的不是学校，而是对知识、勤奋与自信的渴求。

在教育内容上，甘地认为，成人教育要从教育成年学生认识他们国家的广大和伟大开始。印度的村民只是在他的村庄之内，他到另一个村庄就说他自己的村子是他的家。印度对于他只是一个地理名词。因此，成人教育首先

---

① Gandhi, "Speech On Nayee Tallm," in *The Collected Works of Mahatma Gandhi*, ed., India Ministry of Information and Broadcasting, Ahmedabad, Navajivan Trust, 1983, Vol.82, p.144.

② Gandhi, "Education," in *The Collected Works of Mahatma Gandhi*, ed., India Ministry of Information and Broadcasting, Ahmedabad, Navajivan Trust, 1983, Vol.50, pp.182-181. 1938 年 8 月，陶行知访问印度，与甘地论及(当时甘地处于静默的戒律中，所以讨论用笔进行)大众教育时，向甘地介绍了中国开展的传递先生制(每一个人都将自己学到的东西传递给身旁的人)与小先生制(儿童将自己学到的知识教给自己不识字的父母)。甘地对此非常感兴趣，并请陶行知将"传递"先生与"小"先生是如何培养的、如何教学的及其效果写下来。他们还讨论了日本侵华与中国人民的抗战，甘地表示了访华的愿望。(Gandhi, "Discussion with Hengchin Tao," In *The Collected Words of Mahatma Gandhi*, ed., India Ministry of Information and Broadcasting, Ahmedabad, Navajivan Trust, 1983, Vol.67, pp.250-252.)

就是用口头语言对成年人进行关于国家的政治教育。他建议为文盲建立夜校，一定要他们学习读、写、算，可以通过讲座帮助他们接受基本知识；如果他们愿意，那么可以为他们安排读、写、算课程。

二、基础教育方案的实施

1937 年 10 月，全印民族教育大会制定了"瓦尔达基础教育方案"，确定了甘地拟订的基本原则：

①在全国范围内为所有 14 岁以下儿童实施七年制免费义务教育；

②采用本民族语进行教学；

③教育必须以手工劳动和生产性工作为中心，其他一切活动要尽可能和儿童的环境及其手工劳动密切联系；

④学校实行经济自给，自行负担教师的工资。[①]

1938 年，国大党批准该方案，基础教育运动在印度全面展开。国大党在其执政省份开办了许多基础学校和基础教育教师培训中心，一些民族教育机构也创办了自己的基础教育学校。1945 年，全印民族教育工作者会议在瓦尔达附近的萨瓦格拉姆召开。在甘地的建议下，会议决定将基础教育扩大至四个阶段：前基础教育，对象为 3~6 岁儿童；基础教育，着重于 7~14 岁儿童；后基础教育，服务于完成基础教育的 15~18 岁的学生；成人教育，以父母为主要教育对象。要求通过劳动和服务促进教育与社会的联系以及印度农业的发展。

三、基础教育运动的影响及评价

基础教育运动是印度第二个时期的民族教育运动的主要内容，以甘地的

---

① 吴式颖：《外国现代教育史》，338 页，北京，人民教育出版社，1997。

基础教育思想为指导，在印度得到广泛开展。基础教育计划通过手工艺与体力劳动来刺激儿童大脑发展的思想，为现代心理学研究和教育实践所证明。许多教育家欢迎基础教育，并拟订了广泛的实施计划，几个大的地区在印度独立后都以相当大的规模实施了基础教育计划。基础教育运动将教育对象扩大到成人，提高了印度大众的文化与教育水平。基于印度作为一个农业国家的需要，教育以手工劳动为中心，并因此与西方教育模式相区别。从1921年到1947年，教育机构开始由少数印度人控制，人民在政治上也更为觉醒，私立学校与学院增加，教育得到迅速发展，官方控制教育的努力渐趋失败。

尼赫鲁引述经济学者柯尔的观点，称赞甘地发起的家庭织布运动是减轻贫困、提高农村生活水平的一种实际可行的尝试。尼赫鲁进一步赞赏，这项运动促使印度以人道主义的原则去考虑贫苦的农民，将农民地位和生活状况的改变作为衡量印度进步与自由的标准。甘地还促进了受过英国教育的新阶级与印度同胞及群众之间的沟通。尼赫鲁也介绍了甘地对使用机器的态度的逐步改变：甘地逐渐反对机器的疯狂，而非机器本身。尼赫鲁本人是高度工业化的提倡者，他认为任何一个国家只有高度发展工业化，才能获得政治和经济上的独立自主。①

甘地的基础教育方案也遭受了诸多批评。印度北部全印度穆斯林联盟(以下简称"穆盟")②的领袖们将之敌视为"印度教的谋略"，罔顾甘地计划非宗教的特点。许多知识分子与政治家也提出反对意见。他们认为，以科学实验为基础的科学教育对于复兴印度教育会起到更重要的作用，通过科学使印度摆脱贫穷也将有更大的价值。印度普通教育与技术教育小组委员会评论，在初等教育阶段过分强调职业性将损害精神的成长，通过单一狭窄的手段讲授普通学科会使科目的知识变得肤浅又有缺陷。他们还担心让儿童在学校生产劳动产品以维

---

① [印度]贾瓦哈拉尔·尼赫鲁：《印度的发现》，374~375页，向哲濬、朱彬元、杨寿林译，上海，上海人民出版社，2016。
② 全印度穆斯林联盟，通称穆斯林联盟，是于1906年在达卡成立的政党。

持学校财政需要，在某种程度上意味着学校内将出现童工。现代教育的特征包括为初等教育设置广泛而开明的课程，为技术教育补充设备，推行初等义务教育的财政支出由政府负担，相比之下，甘地的观念显得陈旧而保守。[①]

1960 年，印度走上了工业化的发展道路，甘地以农村教育为对象制定的基础教育计划逐渐衰落。尽管如此，甘地的教育思想仍在印度教育史上占有重要位置，其目标的真诚及为穷人的事业献身的精神受到广泛崇敬。

第三节　第二次世界大战时期教育的萎缩和发展设想

作为英国的殖民地，印度在 20 世纪上半叶被卷入两次世界大战。印度在第一次世界大战（1914—1918 年）中为英国忠心服役，慷慨贡献士兵、财力、军火、粮食、经济作物及矿产等多种资源。作为酬答，英国的印度事务大臣蒙塔古（Montagu，1879—1924）声明，印度将作为"一个完整的部分"进一步承担政府责任。[②] 当蒙塔古的改革方案被罗拉特法案替代后，几百万印度人从英国统治者的忠诚支持者转变为民族主义者。因此，第一次世界大战实际上催化了联合印度的民族主义运动。第二次世界大战打碎了国大党与穆盟和解的希望。在英国为自由与德军、日军作战之际，印度也为自身的独立和自由持续与英国殖民政府对抗，激进派通过与轴心国合作来争取使印度独立的人力和物力，更为印度之第二次世界大战史增添了其所在地的复杂性。世界大战、非殖民地化以及以印度教徒为主的国大党和以穆斯林为主的穆盟这两大群体的冲突，是印度在第二次世界大战期间的旋律。内外交困之下，教育举步维

---

① ［印度］克里什那·库马尔：《默罕达斯·卡拉姆昌德·甘地》，见［摩洛哥］扎古尔·摩西：《世界著名教育思想家》第 2 卷，71 页，梅祖培、龙治芳译，北京，中国对外翻译出版公司，1995。

② 参见［印度］R.C. 马宗达、H.C. 赖乔杜里、卡利金卡尔·达塔：《高级印度史》下，983、996 页，张澍霖、夏炎德、刘继兴等译，北京，商务印书馆，1986。

艰。教育在印度独立后方迎来稳步发展。

一、从第二次世界大战到独立(1939—1947年)

1939年9月1日，德国入侵波兰。9月3日，英国和法国对德宣战。因英国政府未征询印度的意见即要求印度为战争出力，国大党和穆盟这两大印度政党都拒绝了要求，他们也不同意在尚未获得绝对自治的情况下参战。国大党工作委员会宣告，"一个自由而民主的印度为了共同抗击入侵和经济合作会愉快地将自己与其他自由的民族联系起来"，"合作必须是在平等和相互同意的基础上"。① 但印度各土邦王公愿做政府的后盾，印度人力和物力的补充极大地增强了英国的作战力量。印度战士在非洲和中东作战，直到盟国转败为胜。

日本为获得在亚洲及太平洋地区的领导地位，在1931年9月侵占中国东北及1937年7月7日发动"卢沟桥事变"后，于1941年12月7日袭击珍珠港及位于太平洋地区的其他英美殖民地，对菲律宾、马来半岛、印度和泰国发起一系列闪电攻击。1942年2月15日，日军占领新加坡。1943年春季，东条英机把数万名印度战俘交给原国大党领导人、激进独立派领导苏巴斯·鲍斯（Subhas Bose，1897—1945）。鲍斯曾利用德国赠予的高性能播音器材从德国向印度播音，劝说印度同胞反抗英国的专制统治。1942年10月，鲍斯在日本的"保护"下成立阿扎德（自由的）印度临时政府（Provisional Government of Azad India），他联合印度国民军和几百万追随者与英军作战。战事失利后，他们于1945年5月在仰光投降。对鲍斯印度国民军的审讯出乎英国政府意料地变成颂扬鲍斯的集会，印度完全独立的思想赢得了支持。1946年2月18日，皇家印度海军（Royal Indian Navy）在孟买港发动兵变。

与此同时，甘地和国大党领导了一系列"非暴力不合作运动"。1942年8

① ［美］斯坦利·沃尔波特：《印度史》，333页，李建欣、张锦冬译，上海，东方出版中心，2015。

月，他们提出了"退出印度"的口号，在战争的剩余日子里向次大陆每一个英国人、妇女和孩子呼喊"退出印度"。他们还采用包括罢工、抵制英货、普及国民教育等政治武器，对政府施加压力。

政府持续对各种独立运动施以镇压。据官方估计，仅 1942 年的最后五个月里，被捕者有三万多人，未经审讯而遭扣押者有 18000 人，遭杀害者有 940 人，因军警开枪而受伤者有 1630 人。[①] 1943 年，孟加拉发生了近代印度历史上最严重的饥荒，夺去了 100 万至 300 万人的生命，是印度在战争期间遭受的军事伤亡总数的 10 至 30 倍。

战争期间直到 1945 年第二次世界大战结束乃至 1947 年独立，印度不仅遭受世界大战的战乱冲击，还一直受到其内部纷繁复杂的殖民、种姓制度、种族、宗教、党派、饥荒、文化冲突与融合的挑战，多重挑战使得教育举步维艰。1947 年 2 月 20 日，英国政府宣布打算在 1948 年 6 月退出印度，任命蒙巴顿勋爵（Lord Louis Mountbatten，1900—1979）为印度副王（总督），安排将权力由英国人移交给印度人的事宜。这是英国从"日不落帝国"走向非殖民化进程的关键一步。[②] 蒙巴顿提出了基于印巴分治的《印度独立法案》。虽然以

---

① 参见［印度］R.C. 马宗达、H.C. 赖乔杜里、卡利金卡尔·达塔：《高级印度史》下，1064 页，张澍霖、夏炎德、刘继兴等译，北京，商务印书馆，1986。

② 印度的独立，从一个横截面折射了英国非殖民化的长时段历史特征。英国的历史学家戴维斯对此过于急切地解释：第二次世界大战后的几十年间，非殖民化已成为欧洲共同体平等民主的伙伴关系的前提条件。到 1945 年，殖民地人民中的精英分子很多都在欧洲受过教育，接受了民族主义和宗主国的民主观念，疾呼独立，没有人愿意保留一个种族凌驾于另一个种族之上的制度，帝国主义不再受到尊敬，维持欧洲的殖民帝国已不可能。"此刻苏联正在扩大和巩固自己建立于东欧国家之上的帝国，而西欧的帝国政府正在急切寻找拆除自己帝国的办法。……曾经占领过比大不列颠本土约大 125 倍的大英帝国，现在已经进入一种先进的变革状态。自 1931 年以来，所有的'白人自治领'已经全部独立；其他许多领地正准备自治或由地方统治。"非殖民地化使得过去的帝国主义大国地位下降，丧失了许多传统经济利益，尤其是便宜的原材料和已经获得的殖民地市场，但它们也摆脱了保护和管理那些遥远属地的包袱。它们与亚洲和非洲人民保持了很强的文化和个人联系，后者可以输送大量的志愿移民加入"老国"的劳动力大军。帝国的种族问题也随之引入这些国家。［英］诺曼·戴维斯：《欧洲史》下卷，1102~1104 页，郭方、刘北成等译，北京，世界知识出版社，2007。

尼赫鲁为领导的国大党和以真纳(Jinnah，1876—1948)为领导的穆盟对此方案皆不满意，但鉴于新方案似乎对解决印度问题提供了在那时能够设想的、最好的、切实可行的办法，因而国大党和穆盟均接受了。① 对于印巴分治，印度历史学家的阐释为：穆斯林占印度人口的四分之一，穆斯林领袖们害怕在国大党领袖们理想的民主政府制度下，人数多的教派将完全压倒人数少的教派的利益，这种想法极大地影响了他们的意见和行动，最后要求成立巴基斯坦。② 巴基斯坦历史学家马里克(Malik)评论：大部分国大党的成员和领导来自印度上层种姓的多数派社会，国大党作为主流政党，寻求超越宗教文化分歧、实现一个国家和一种民族身份的印度独立。而印度大会党(Hindu Mahas-sabha)和锡克人的政党(Akali Dal)，如许多穆斯林一样，要求建立由印度人统治的印度，或由穆斯林统治的巴基斯坦，与国大党的单一民族主义论有冲突，因而，主权分离前运动和概念是多样的，印度统一性的宏大叙述、英国单独以"分而治之"处理社会政治的有害方式、殖民地国家设计的印度民族主义的概念，都不能恰当地解释当时当地的复杂状况。③ 印度与巴基斯坦的历史学家均谴责英国以"分而治之"处理印度政治的方式，马里克称之为"有害"。印度的历史学家指出，英国人常年利用国大党和穆盟的分歧与陈年积怨，采取"分

---

① 参见[印度]R.C.马宗达、H.C.赖乔杜里、卡利金卡尔·达塔：《高级印度史》下，1067~1068 页，张澍霖、夏炎德、刘继兴等译，北京，商务印书馆，1986。

② 1940 年 1 月，穆斯林联盟领导人真纳宣称，印度教徒和穆斯林已成为两个不同的民族，"双方都要参加对他们共同的祖国的治理"。三个月后，在穆斯林联盟拉合尔会议上(1940 年 3 月)，他宣称穆斯林民族必须有一个单独的独立国家，主张成立名为"巴基斯坦"(Pakistan，意为"清真之地")的主权国家，Pakistan 由旁遮普(Punjab)、西北边省或阿富汗省(Afghan Provinces)、克什米尔(Kash-mir)、信德(Sindh)的首字母缩写和俾路支斯坦(Baluchistan)的最后几个字母合成。真纳的提议在 1940 年得到穆斯林联盟的正式通过。从此以后，任何想使国大党和穆盟间协调的企图，总会在巴基斯坦这个问题上搁浅。参见[印度]R.C.马宗达、H.C.赖乔杜里、卡利金卡尔·达塔：《高级印度史》下，1063~1064 页，张澍霖、夏炎德、刘继兴等译，北京，商务印书馆，1986。

③ [巴基斯坦]伊夫提哈尔·H.马里克：《巴基斯坦史》，94 页，张文涛译，北京，中国大百科全书出版社，2010。

而治之"政策;① 国大党领导人、独立后第一任总理尼赫鲁批评"分而治之"是整个英国统治期间一个处心积虑的政策，在印度人当中制造分裂，鼓励发展一个集团而牺牲另外一个集团。②

1947 年 8 月 15 日，印度和巴基斯坦分别成为两个独立的国家。数以百万计生怕一早醒来却发现自己落入了敌对信仰国度的印度教徒、锡克教徒和穆斯林，内心极度恐惧和痛苦，被迫只能带上搬得动的一点点家当，逃离世代居住的房屋和土地，向东运行的列车上运载的锡克难民被巴基斯坦的穆斯林残杀，向西的穆斯林被印度的锡克教徒和印度教徒滥杀，抢劫、强奸和谋杀盛行。民族伤害、宗教失和以及大规模流血冲突，造成超过 100 万人丧生，1000 万人流离失所，仍然有 1/3 的穆斯林留在了印度。③ 印巴分治的边界"被

① 参见[印度]R.C. 马宗达、H.C. 赖乔杜里、卡利金卡尔·达塔：《高级印度史》下，963 页，张澍霖、夏炎德、刘继兴等译，北京，商务印书馆，1986。

② [印度]贾瓦哈拉尔·尼赫鲁：《印度的发现》，276 页，向哲濬、朱彬元、杨寿林译，上海，上海人民出版社，2016。

③ [意]詹尼·索弗里：《甘地与印度》，123 页，李阳译，北京，生活·读书·新知三联书店，2006。[美]斯坦利·沃尔波特：《印度史》，354 页，李建欣、张锦冬译，上海，东方出版中心，2015。巴基斯坦、印度、英国的历史学家对印巴分治之际的暴力冲突分别选取了不同截面进行论述。巴基斯坦的历史学家评述道：1947 年，英国匆匆从次大陆撤走，释放出世界上最大规模的越境移民潮，还在印度教徒、穆斯林与锡克教徒中增添了社区骚乱。互相猜忌以及因边界、财产、双方宗教少数派的未来地位等问题引发冲突，通过各种方式移民的总人数达 1.4 亿人，招致了不加区别的屠杀、团伙强奸和绑架。旁遮普发生了由地方自治主义犯罪分子针对无辜群众的大屠杀罪行。穆斯林通往巴基斯坦的旅程更不顺利，有 100 万穆斯林失去了生命，大约 5 万名女性遭到绑架，仅 8000 人生还。约 1 万名非穆斯林出行遭绑架，6000 人得以生还。800 万穆斯林来到巴基斯坦，约 500 万难民去往印度。参见[巴基斯坦]伊夫提哈尔·H. 马里克：《巴基斯坦史》，135~136 页，张文涛译，北京，中国大百科全书出版社，2010。前述印度的历史学家们未评述印巴分治之际的冲突，他们描述了穆斯林联盟分别于 1946 年 8 月 16 日和 1947 年 2 月 20 日发起的"直接行动"，许多强暴的穆盟徒众发起暴乱，屠杀印度教徒，印度教徒迅即实行报复，教派暴乱使得"印度教徒和锡克教徒向来坚持一个统一的印度，现在渐渐知道这个理想不可能实现"。参见[印度]R.C. 马宗达、H.C. 赖乔杜里、卡利金卡尔·达塔：《高级印度史》下，1066~1068 页，张澍霖、夏炎德、刘继兴等译，北京，商务印书馆，1986。英国历史学家戴维斯就独立之际的印巴分治评论道："在穆斯林和印度教徒之间发生了许多次大屠杀，但没有一次是直接针对英国人的。"引自[英]诺曼·戴维斯：《欧洲史》下卷，1103 页，郭方、刘北成等译，北京，世界知识出版社，2007。

绝望逃难的难民的鲜血浸透"①，给印度教徒、锡克教徒和穆斯林带来深重、持久的伤痛。与此同时，印度和巴基斯坦在克什米尔爆发了战争，而这只是此后一连串战争中的第一场。1948年1月30日，甘地因印巴分治及自己的"非暴力"主张遇刺。②

独立后，印度立宪会议(Constituent Assembly)于1949年为印度的"主权民主共和国和联邦"制定了一部宪法，其目标是"使其所有公民获得社会、经济和政治上的公正；思想、言论、信仰和崇拜的自由；地位和机会的平等；在确保个人尊严和整个国家的统一的同时，促进公民间的友爱"③。

二、第二次世界大战期间的印度教育

印度社会在第二次世界大战前后及其战争期间内外交困。1942—1947年，

---

① [美]斯坦利·沃尔波特：《印度史》，352页，李建欣、张锦冬译，上海，东方出版中心，2015。

② 了解甘地遇刺事件及刺客行为背后的思想和动机，是理解该历史事件的关键之一，"历史的过程不是单纯事件的过程而是行动的过程，它有一个由思想的过程所构成的内在方面；而历史学家所要寻求的正是这些思想过程。一切历史都是思想史"。引自[英]柯林武德：《历史的观念》，304页，何兆武、张文杰译，北京，商务印书馆，2009。刺客戈德塞(Nathuram Vinayak Godse，1910—1949)与甘地同为印度民族主义者，致力于为复兴印度而奋斗，与甘地同为虔诚的印度教徒、苦行者，都认为印度教应该取消种姓，都反对分割印度。表面上戈德塞是因为印巴分治而刺杀甘地的，但实质上有着文化上更深刻的原因。两人对印度文化的理解不同。甘地认为印度传统文化从思想上教导了伦理道德修养的"非暴力"理论，精神力量胜过物质力量，通过罢工、抗税等"非暴力不合作运动"，印度人的精神力量超过统治者，可以使统治者陷入困境，无武器也能获胜，所以首先要鼓舞士气，唤起民族自信心。戈德塞认为，史诗和往世书所传的印度教的核心精神是战斗，近1000年的非印度教徒统治已使印度教徒衰落下去，因而需要提倡勇武与战斗。他认为甘地的"非暴力"思想削弱了印度的斗争精神，成为障碍，必须除去。按照他的理解，印度神歌《薄伽梵歌》以行动为中心，教导战争并不惜因此杀死本族尊长及亲属。所以，他认为自己是为了印度母亲而向这位被称为印度父亲的甘地执行死刑，因为甘地没有尽印度的父亲之职而成了巴基斯坦的父亲。他在法庭上以英语发表的供词，竟使得法官与旁听群众为之动容。印度文化的复杂及其所包含的对立面的复合体，由此可以窥见。详见金克木：《略论甘地之死》，见《比较文化论集》，164~167页，北京，生活·读书·新知三联书店，1984。

③ [美]斯坦利·沃尔波特：《印度史》，361页，李建欣、张锦冬译，上海，东方出版中心，2015。

印度被纳入英国的战争计划，包括教育经费被削减用来支持战争，教育举步维艰。在多方一系列的努力下，教育坚韧地取得许多进展。直到独立以后，印度教育才得到持续稳步的发展。

（一）教育行政机构及一系列教育委员会的成立

印度教育部于 1910 年成立后，于 1913 年 2 月 21 日提出发展教育的若干措施，包括设置一些住读大学，但两次世界大战的冲击让多项措施都暂停实施了。1919 年的改革和 1935 年的补充改革确立了教育的分权体制，各省教育交由各该省教育部部长管理。①

第二次世界大战前后，中央教育咨询委员会、中央中等教育委员会、全印技术教育委员会作为教育自治组织相继成立，对印度教育发挥着重要的建议与决策作用。②

作为印度成立时间最长也是最重要的政府教育咨询机构，中央教育咨询委员会(The Central Advisory Board of Education，CABE)③于 1920 年成立，1923 年因经费困难遭解散，1935 年恢复。委员会主席由联邦教育部部长出任，其成员包括中央政府代表、各邦政府代表、教育家、议会议员以及大学代表等。委员会的主要职责为：对涉及中央和地方政府的各种教育问题提出建议；收集对印度教育发展有特别意义和价值的信息与建议，进行检查后推荐给中央及地方政府。自成立起，委员会对于现行的教育制度，包括初等、中等和高等各级教育，各种类型的文化或职业教育，都提出了许多改革建议。例如，针对当时受教育青年大量失业的状况，首届委员会会议(1935 年)提出改革教育体制以应对失业问题，并在第二次世界大战期间批准了第一份对战后印度全国教育发展具有指导意义的文件——《印度战后教育发展规划》(1944 年)。

①　参见[印度]R.C. 马宗达、H.C. 赖乔杜里、卡利金卡尔·达塔：《高级印度史》下，1025、1027 页，张澍霖、夏炎德、刘继兴等译，北京，商务印书馆，1986。

②　赵中建等：《印度基础教育》，26~28 页，广州，广东教育出版社，2007。

③　一译"中央教育顾问委员会"，本文统一取"中央教育咨询委员会"译名。

该规划主要由印度教育顾问、委员会官员约翰·萨金特（John Sargent）领导，1944年，经中央教育咨询委员会通过，该规划也被称为"萨金特方案"，为现代印度的教育规划打下了良好基础。① 这份规划是印度历史上殖民地时期最后一份教育规划，也是第一份全面叙述印度在第二次世界大战后教育发展的规划，对印度在第二次世界大战后的教育发展产生了重要影响。

中央和省政府不久便依据规划制订了实施方案，以发展初等、中等及大学教育，以及体育、残障者教育和职业（工艺、农业和商业）教育。各省新政府逐渐将手艺训练与识字教育结合起来的基础教育方案（瓦尔达制）推行到各地。各大学副校长和中央政府教育部部长讨论了大学教育是否将以别种语言代替英语讲授的问题，达成的共识为：在此过渡阶段的一定时期内仍采用英语，在该时期末逐渐用各地或各邦语言予以代替。中央教育咨询委员会还强调必须给妇女教育以更多便利，女校的设置应与男校的设置达到同等规模。鉴于女性在儿童教育中的特殊作用，委员会建议除幼儿园必须全部用女教师外，初级小学教师中至少要有五分之三，高级小学教师中至少要有一半是女教师。

中央教育咨询委员会任命了一个专门委员会，负责调查在教育机构内开展宗教教育的必要性和可行性。1946年，该委员会在调查报告中表明，精神和道德教育在个人品格的形成中起着基础作用，世俗教育、学生的家庭和所在社区均应开展精神和道德教育。1947年，印度独立后，印度政府在宪法里将宗教教育纳入精神和道德教育，对之进行了规定，并不断探讨宗教教育的形式。

印度独立后，中央教育咨询委员会继续协调促进中央和地方政府共同参

① 下文有对该规划具体内容的介绍，参见[印度]R.C. 马宗达、H.C. 赖乔杜里、卡利金卡尔·达塔：《高级印度史》下，1046～1047、1051页，张澍霖、夏炎德、刘继兴等译，北京，商务印书馆，1986。

与发展教育。

（二）初等教育与中等教育状况

在基础教育运动和其他多种力量的努力下，第二次世界大战前，印度中小学学生人数有所增加。1935—1936年，学龄儿童中有51%的男孩、17%的女孩入学。

20世纪上半叶，教育与生活相联系的观点在世界多国得到重视。1917—1919年，针对中等教育脱离生活的问题，加尔各答大学委员会（萨德勒委员会）提出了远见卓识：升大学不应是中等学校学生的唯一目的，中等教育应提供多样化的课程；政府应新建中间学院，以提供艺术、科学、机械、机器等课程的学习机会，可独立或隶属于高中；中等和中间学校的所有课程都应重新调整以适应社会的需要；在高中，母语应作为指导语。旁遮普等多邦采纳了其建议。1929年成立的亨特委员会通过调研，确认教育需要起到指导和改善生活的作用。该委员会再一次强调课程的多样化。鉴于许多学生中学毕业后就结束了学生生涯，从事某种职业，许多男生在工业和商业领域工作，技术和工业学校对其进行预先的职业指导非常重要。该委员会还为中等教育的顺利实施提出了两项必要措施：第一，为防止有才能却贫穷的学生辍学，在整个教育过程中，按地区以薪金、助学金的形式资助这些学生；第二，在所有英国政府正式承认的学校中，无论私立还是公立，教师的工资不能低于中央教育咨询委员会所制定的标准，以保证中等教育的质量和顺利运行。

《伍德-艾伯特报告》（1937年）建议职业学校和传授普通教育的学校并存，众多工艺、商业技术、农业高中相应成立。中学数量由1917年的4883所增至1947年的12693所。[1]

《印度战后教育发展规划》（1944年）对初等和中等教育提出设想：拟为160万名6岁以下的儿童筹建幼儿园和托儿所，规定对所有6~14岁的男女儿

---

[1]　王长纯：《印度教育》，279~280页，长春，吉林教育出版社，2000。

童实行普及的强迫义务教育，积极促进各种类型的技术教育和职业教育，以适应各阶层学生的资质和能力。在中等教育方面，建议开设技术类中学和学术类中学，其目标均为在高中后期，结合学生离校后将从事的职业，提供一种较好的教育，且课程应具有一定的灵活性，不被大学的要求和考试制度完全束缚。

同时，初等和中等教育中存在诸多"停滞"和"浪费"现象。第二次世界大战期间，这种现象有所加剧。[①]

(三)高等教育状况

1854年颁布《教育急件》之后的几年，印度殖民地的熔炉将高等教育模式炮制成僵化的传统和无根的现代性的不自然混合。印度的大学和学院被赋予了三重职能：在智力上使学生熟悉欧洲思想，并通过他们使当地居民了解欧洲思想；在文化上，传播和宣传英国特有的文化价值观和规范；在政治上，为各级殖民政府培养一批合作的文员和警察。印度教育传统的历史延续出现了明显的断裂过程，它伴随着英国殖民统治的巩固而产生。[②] 印度的高等教育体系在19世纪中后期逐渐发展起来。英国统治期间发展起来的高等教育为统治阶级和上层种姓所垄断，大学和大多数学院设在城市或上层阶级地区，大多数印度人与高等教育无缘，取得大学学位成为社会地位流动的重要手段。

1913年，加尔各答大学委员会发布《推进大学和学院教育的政策建议》。该建议在1921年由政府通过，其要点为：各省均应建有一所大学，扩大大学教育和学院教育规模，为此集中资金，提高教学质量，尤其提高新大学的教学质量，此职责由各省和地方政府承担。20世纪上半叶，印度中央及多邦颁

---

① 参见[印度]R.C.马宗达、H.C.赖乔杜里、卡利金卡尔·达塔：《高级印度史》下，1027页，张澍霖、夏炎德、刘继兴等译，北京，商务印书馆，1986。

② Moonis Raza, Yash Aggarwal, "Higher Education: Regional Dimension," in *Journal of Higher Education*, 1985-1986, Vol.11, Nos.1 & 2, pp.1-38.

布了多部高等教育法令法规。①《推进大学和学院教育的政策建议》促进了 1921—1929 年印度高等教育的迅速发展。高等教育的学生总人数 1922 年为 66856 人，1927 年增为 93741 人。旁遮普大学报告，1922—1927 年，人文学科学院的入学人数增加了近一倍。②

　　印度的大学分为四种类型：中央直属大学是由教育部管理的重点大学，由中央政府提供全部经费；附属性大学在创立初期只为附属学院举行考试和颁发学位证书，不进行任何教学活动；单一制大学通常设在一个单一的中心内，自己负责所有教学和研究工作，一般不附设学院；联合大学一般是大学和它的一些学院合作进行工作，是印度高等教育的重要组织形式，其课程重点在古典学科和人文学科，理科和工科以及其他应用技术不受重视。

　　20 世纪初至独立前，印度共成立了 16 所大学（见表 8-1）。第二次世界大战期间，无新的大学成立。

表 8-1　印度的大学名单（1900—1947）③

编号	大学名称	地址	建校时间	法定大学类型
1	巴纳拉斯印度大学	瓦拉纳西	1915 年	教学和供住宿大学
2	迈索尔大学	迈索尔	1916 年	附属大学
3	巴特那大学	巴特那	1917 年	教学和供住宿大学
4	奥斯马尼亚大学	海得拉巴	1918 年	供住宿、附属和教学大学
5	阿利加尔穆斯林大学	阿利加尔	1920 年	供住宿大学
6	勒克瑙大学	勒克瑙	1921 年	教学和供住宿大学
7	德里大学	德里	1922 年	附属和教学大学
8	那格普尔大学	那格普尔	1923 年	教学和附属大学
9	安得拉大学	瓦尔泰尔	1925 年	教学和附属大学

①　王长纯：《印度教育》，387～388 页，长春，吉林教育出版社，2000。
②　曾向东：《印度现代高等教育》，12～13 页，成都，四川大学出版社，1987。
③　曾向东：《印度现代高等教育》，47～53 页，成都，四川大学出版社，1987。

续表

编号	大学名称	地址	建校时间	法定大学类型
10	亚格拉大学	亚格拉	1926年	附属大学
11	安纳马莱大学	安纳马莱纳加尔	1928年	单一和供住宿大学
12	乌特卡尔大学	布巴内斯瓦尔	1933年	附属和教学大学
13	喀拉拉大学	特里凡得琅	1937年	教学和附属大学
14	拉贾斯坦大学	斋普尔	1946年	教学和附属大学
15	索加尔大学	索加尔	1946年	供住宿、教学和附属大学
16	高哈蒂大学	高哈蒂	1947年	教学、附属和供住宿大学

法律学和医学是印度传统的专业，在社会上具有比较大的影响力。1921—1922年，法律学校和学院、公立医学院及公立医学学校的数量及学生数如表8-2所示。

表8-2　法律学校和学院、公立医学院及公立医学学校的数量及学生数(1921—1922)[①]

学校(院)类型	数量	学生数
法律学校和学院	115	5356
公立医学院	5	2279
公立医学学校	24	4975

印度教育家努鲁拉(Syed Nurullah)和奈克(Naik)对印度1922—1947年高等教育的巨大发展评论如下：民众在战争和英国退出印度运动中普遍觉醒，中间教育得到发展，妇女和弱势阶级要求接受高等教育的愿望迅速增强，战争带来迅速的城市化，在战争期间获得巨大利润的商业界和其他社会组织对教育提供了慷慨捐款等。战争也增加了对受过训练的人的需要，因此，政府主动给大学教育，特别是与战争有直接或间接联系的学科提供了巨大的拨款。[②]

---

① 王长纯：《印度教育》，367页，长春，吉林教育出版社，2000。
② 曾向东：《印度现代高等教育》，18页，成都，四川大学出版社，1987。

为协调大学间的工作，全印度大学代表组成的大学校际委员会于 1924 年成立。委员会于独立后改名为印度大学协会，开展了许多有益的工作。学院运动会和日常体育运动项目比赛的开展，成为这个时期高等教育发展的重要特点，大学培训队还组织学生开展军事训练。

高等教育也显露出诸多困境。加尔各答委员会建议中间教育分离出大学教育，由中间学院负责中间教育的考试和大学预科的考试。1936—1937 年，旁遮普报告指出："中间学院普遍减少，而四年制高等学校也不是很成功。政府没有每年提供适当的资金促进高等学校的发展，特别没有提供更多的资金发展更有价值的和更急需的学科。"[①]哈托格委员会指出大学教育的几个缺点：大学没有在质量和数量两方面培养出合格的社会领导人；由于不加区别地准许入学，中间学校教学工作差，大学之间互相竞争，荣誉学位课程没有被适当地组织，大学标准明显下降；图书馆和图书设备尚需增补，需发展学生团体，大学毕业生失业增加等。哈托格委员会要求大学尽全力改进自己的工作，提供良好的教育，使大学产生更多实际效果。

1944 年的《印度战后教育发展规划》强调充分改进大学及相当于大学程度的专科学校和技术学校的必要。哈托格委员会强调为适应印度发展工业、经济和农业资源的需要，需对现在的各级技术、商业与工艺教育设置加以扩充，为国家培养研究人员、管理人员和技术工人。它要求提供更多设备来开展文娱活动，以帮助学生彻底发挥他们自己的才能。基于"一门课程没有道德基础是终归无益的"原则，它提倡体育、智育与德育相结合，在各阶段教育中重视品格训练，重视提供经济补助的必要性，采用免学费、发奖学金和给生活补助费等方式，资助家境贫寒的、有才能的学生，使他们不致失学。哈托格委员会说明本规划的目的不在于设计一种理想的公共教育制度，只拟订出最低限度标准，使印度能跻身于和其他文明国家相接近的

---

① 曾向东：《印度现代高等教育》，13 页，成都，四川大学出版社，1987。

水平。

(四)职业与技术教育状况

传统上,印度的种姓制度与其职业高度匹配,各种姓从事特定职业。1854年的《伍德教育急件》提出了职业教育的概念。1882年,印度教育委员会建议中等教育课程分为学术性与职业性两部分,但该建议未得到实施,中等和高等职业教育一直受到忽视。《伍德–艾伯特报告》(1937年)提出在印度建立一个与实施普通教育的学校系统平行的完整的职业教育系统。

第二次世界大战期间,印度工业的增长比任何一个相对照的时期都要快,从1938—1939年到1943—1944年,电子生产增长了45%,钢铁、棉织品、纸张和水泥的生产均达高峰,自行车、机车和汽车工业在这一时期也开始了,化学、制药和轻工业工厂也经历着前所未有的发展,古吉拉特、奥里萨、孟加拉、比哈尔、旁遮普和北方邦都发展成为现代工业区。[1] 但因为其驱动力主要是为宗主国英国提供原材料及产品倾销,所以印度未能建立新型工业。在殖民和战争的双重压迫下,民族工业遭到很大破坏,加之印度社会自身尤其是上层阶级并无发展职业教育的强烈愿望,因此职业教育发展迟缓。

1944年,萨金特委员会在《战后印度教育发展规划》中提出,印度工商业的发展将引致对技术人员和熟练工人的需求,要建立有效的技术教育系统。该规划建议:①实践的因素应始于最早阶段的教育,课程目标要求男生和女生熟悉实践,就如他们熟悉学术科目一样;②技术教育应被视为教育系统的重要组成部分,不应将之视为低于学术教育的类型;③技术教育必须包括商业、贸易教育,工艺教育及农业教育;④技术教育类型包括初级教育,工业、商业学校为从高级基础学校毕业的14岁学生提供两年全日制教育,高级技术

---

① [美]斯坦利·沃尔波特:《印度史》,340页,李建欣、张锦冬译,上海,东方出版中心,2015。

学校有选择地为完成初级基础教育课程的学生提供 6 年全日制课程, 高级技术学院为完成高级技术学校教育课程的学生提供不同程度的全日制和业余课程教育。

1947 年印度独立后, 印度民族工业得到稳步发展, 社会对职业技术教育的需求大增。1946 年成立的全印技术教育委员会和 1947 年成立的科学人力委员会(The Scientific Manpower Committee)为职业和技术教育的发展提供了有效指导。1948—1949 年的大学拨款委员会(The University Grants Commission)建议把农业教育放在首位, 加强农业学院建设, 发展工程和技术学院。①

(五)教师教育状况

1904 年, 印度政府教育委员会规定, 为提高未来教师的教育能力, 教师必须接受教学艺术的训练, 教师培训机构应有附设的并接受其管理的教学实习学校。大学毕业生要求读一年的学位课程, 学位由大学授予; 对于希望提高普通教育水平、掌握教学理论与实践的毕业生, 训练课程为两年, 合格者由省教育局授予证书。该委员会还提出了教师在职教育的重要性, 以便教师重视教学法的实践。这项决定促进了印度教师教育的发展。1906 年, 孟买创建了首个中学教师培训学院, 该学院于 1922 年与孟买大学合并, 设立教学学士课程(B. T.)。1908 年, 加尔各答开办了戴维·海尔培训学院, 提供一年制的教学学士课程或教师证书课程(L. T.)。在这一阶段, 印度的教师培训学院由 6 所增至 13 所, 受过训练的教师在各省大量增加, 教师教育开始成为一种职业工作。

1913 年, 印度政府有关教育的决定指出, 未获教师证书者不能被聘用。1917 年建立的加尔各答大学委员会再次强调增加通过培训的教师数量, 建议大学建立教师培训局。达卡和加尔各答的教师培训局相继成立。该委员会建

---

① 王长纯:《印度教育》, 328~331 页, 长春, 吉林教育出版社, 2000。

议培训学院和大学教育局除建立附属教学实习学校外，还应把教育学作为大学课程，并建立实施教学方法和技术实验的小型实验学校。1929年，哈托格委员会建议进一步提高小学教师的普通教育水平，延长教育训练时间，开设"更新课程"，以加强教师的在职教育。

1937年以后，印度的基础教育运动强调教育要适应社会的需要和生活的变化，不能单纯强调书本知识。教师训练课程大纲据此调整，强调教育与生活的联系。

第二次世界大期间，教师教育也获得了一定的发展，但受英国的统治与压迫，发展有限。1941—1942年，521255名中小学教师中有201981人未接受过师范训练，占38.7%；1946—1947年，566398名中小学教师中有217898人未接受过师范训练，占38.5%。[①]

（六）成人教育状况

1918—1927年是印度成人教育初步发展的阶段。第一次世界大战后争取民族自治的政治活动唤醒了印度人的公民意识，甘地倡导的"非暴力不合作运动"和其他争取民族自治的力量促进了民族学校的建立及成人教育的开展。印度诗人泰戈尔亲身推进成人教育，曾亲自培训一大批年轻人到邻村去传教。他在桑地尼克坦创办乡村重建中心，目的是唤醒民众的民族意识，继承印度优秀的文化传统。该中心主要接收退出官办学校的学生，并将成人教育作为重要内容。后来，这所学校成为一所国际大学。1921—1922年，旁遮普政府首次对成人文化教育提供财政预算，开办了许多成人夜校。1927年，印度已有3784所成人学校，学习者达96414人。

1927—1937年，由于政治局势不稳定以及经济萧条，印度成人教育的发

---

① S. N. Mukerjee, *History of Education in India*, *Baroda*, Acharya Book Depot, 1950, p.391.Bhagwan Dayal, *The Development of Modern Indian Education*, Orient Longmants, 1955, p.478. 参见王长纯：《印度教育》，551~552页，长春，吉林教育出版社，2000。

展迟滞。经济的窘迫也使民众难以顾及教育的需求，对于村民来讲，"强调首先扫盲，然后再改善经济条件，就像是把一辆马车放在马的前面一样不可能让马车前进"①。许多成人教育学校由于财政紧缩、资金周转困难而被迫停办。以旁遮普为例，1927 年，成人学校数量为 3784 所，1936—1937 年，下降至 189 所。

　　1937—1942 年，在政府支持印度民族教育蓬勃发展以及基础教育运动扩展到成人教育的推动下，成人教育取得长足进展。在印度教育史上，发展成人教育首次成为政府明确具体的职责。时任比哈尔邦教育部部长的胡塞因（Hussain）常手拿一支粉笔，身旁带一块黑板，从一个地方到另一个地方教不识字的人认字。马德拉斯的首席部长亲自为成人编写了扫盲教育课本。成人教育计划不仅局限于扫盲教育，还包括一些公民教育。基础教育方案实施后，大批志愿者在培训中心接受培训，到成百上千个村庄和中心城市，在夜校中对成年男女进行扫盲教育，传授关于健康、卫生、营养和计划生育等日常生活的基本知识，许多在正规教育体制中工作的教师也参与成人教育教学。甘地的教育主张和"基础教育运动"的实践极大地推动了成人教育的发展。旁遮普再次成为成人教育的先锋，1931—1941 年，印度全国识字人数在 10 年间增加了 70%，旁遮普增加了 140%。

　　第二次世界大战期间，经费拮据，成人教育发展再次迟滞。《印度战后教育发展规划》计划扩大职业性和非职业性成人教育规模，扫除 9000 万文盲。它还建议为老年人、妇女等特殊的教育对象建立专门的教育机构，课程包括地理、历史、公民学、经济学、健康以及读、写、算的知识，每个成人教育班拥有 25 名以上的学习者。另外，广泛建立图书馆，通过幻灯片、电影剧目、唱片、广播、民间音乐和戏剧等形式进行教育。

---

①　V. K. Kohli, *Indian Education and Its Problems*, Ambala city, Vivek Publishers, 1990, p.262. 转引自王长纯：《印度教育》，443 页，长春，吉林教育出版社，2000。

(七)女子教育状况

1916年由卡尔韦教授在浦那建立的印度女子大学，是印度女子教育发展史上的一个重要里程碑。①

印度女子教育面临着性别差异及城乡的地区差异。1917—1922年，接受教育的女童数量为18.4万，1922—1927年超过40万，但男童与女童入学比例相差很大，女童与男童相比，入学人数少20多万。在英国统治印度时期，只有10%的学龄女童能够入学。男女入学比例的差别在中等和高等教育阶段体现得更为明显：在小学，女童的数量是男童的1/4；在初中，男童人数是女童的18倍；在高中，这个数目上升为34倍。城市和农村地区的差别明显，在城市已经普及的初等教育在农村地区发展缓慢，中等教育和高等教育亦然。农村地区缺乏女教师。在公共投资方面，女童教育明显少于男童教育。

年度全印妇女会议以及各地区举行的分区会议，对教育改革做了重要工作，促进了全印妇女教育基金会的成立。1930年，该基金会指派了一个特别委员会，决定在新德里创办欧文夫人学院，这是一所"通过心理研究综合各省立学院工作的全新方针"的学院。欧文夫人学院为预备充当高中家政学教员的学生提供三年师资训练课程，别的学生可修两年的家政课程。②

1937年开始，"基础教育运动"不断发展，社会普遍认识到妇女的作用，女性结婚年龄增大以及男性对妻子受教育程度的要求提高，使得妇女教育得到大力发展。女性识字率在1946—1947年上升到6.0%，女性在各种教育机构的入学人数为416万人，其中，60万人在中学学习，2.3万人在学院或大学学习。③

印度妇女还基于男女平等的理念，争取更多的工作机会。拉达巴伊·苏

---

① 印度女子大学于1936年迁至孟买。

② 参见[印度]R.C.马宗达、H.C.赖乔杜里、卡利金卡尔·达塔:《高级印度史》下，1028页，张澍霖、夏炎德、刘继兴等译，北京，商务印书馆，1986。

③ 王长纯:《印度教育》，500~503页，长春，吉林教育出版社，2000。

巴拉扬夫人于 1938 年成为国务会议的第一个妇女成员，雷努卡·拉伊夫人于 1943 年成为第一个坐在中央立法会议议席上的妇女。

印度独立后有女性担任省长、驻外大使、政府部长，英迪拉·甘地夫人于 1966 年当选为印度总理。①

第四节　泰戈尔的教育思想

泰戈尔，印度桂冠诗人、哲学家、人道主义者和教育家。他几乎对印度国民生活的每一个方面都提出了崭新的重要见解。② 在教育领域，他的信念是教育必须根植于自身土壤，喜悦、自由、对自然的爱以及东西方的不断接触，是一个成熟的教育体系的基本原则，这个原则将为世界的永久和平铺平道路。

一、生平与教育活动

泰戈尔于 1861 年 5 月 7 日出生于加尔各答一个望族家庭。其祖先为低等的婆罗门种姓，祖父与父亲均支持印度启蒙思想家、社会改革家拉姆·莫汉·罗伊（Ram Mohan Roy，1772—1883）开展的事业。为支持梵社运动的开展，父亲戴本德拉纳特·泰戈尔（Debendranath Tagore，1817—1905）于 1863 年在距加尔各答约 160 千米的桑地尼克坦（意为"和平之乡"）创办了一个静修中心。

泰戈尔是家中的第 14 个孩子。他的家充满了对宗教的虔敬与对美好生活的向往，家教自由而严格。当时印度著名的诗人、演员、音乐家和学者是家中常客，家里常开展哲学与宗教问题的讨论，安排演戏、诗歌朗诵会与音乐

---

① 参见［印度］R.C. 马宗达、H.C. 赖乔杜里、卡利金卡尔·达塔：《高级印度史》下，1051 页，张澍霖、夏炎德、刘继兴等译，北京，商务印书馆，1986。

② ［印度］纳拉万：《泰戈尔评传》，3 页，刘文哲、何文安译，重庆，重庆出版社，1985。

会，大家对于各种有争议的问题各抒己见，泰戈尔的心灵从家中所充溢的印度的伟大传统与自由思想中汲取着丰富的养分。

在童年，泰戈尔进过4所学校：东方学院、国立师范学校、孟加拉中学和圣萨维尔学校。在回忆著作《我的童年》(*My Boyhood Days*)中，泰戈尔用幽默轻讽的笔调表达了他对学校教育的批评。他称对学生进行"填鸭式"灌输的学校为"制造读书写字的工厂"，学生经过一番"加工监制"，便有望"在市场上卖出贴了特别商标的高价钱"。①泰戈尔14岁时离开学校，回到家里接受家庭教师和兄长的教育。

12岁那年，泰戈尔被父亲带到桑地尼克坦。② 在那里，父亲给他讲授梵文、孟加拉语和英语文学作品以及天文学知识。1901年，他在这里创办了自己的教育实践基地。

1878年，17岁的泰戈尔被父亲送往英国，父亲期冀他来日担任律师或印度公职。一年半以后，他回家了。他虽未完成学业，但已经领略到西方文化的积极方面，增强了对英国诗歌与西方音乐的兴趣。

回到热爱的环境，泰戈尔立刻恢复了创作能力。在60余年的创作生涯中，他为人类留下了50多部诗集、20余部戏剧、100余篇短篇小说、12部中长篇小说、2000多首歌曲、2500帧画作。他创作的歌曲《人民的意志》(*Jana-Gana Mana Adhinayaka*)于1950年被定为印度国歌。他的诗集《吉檀迦利》(*Gitanjali*)于1913年获诺贝尔文学奖，并被译为多种语言传遍世界。

泰戈尔对于世界的贡献远非限于文学领域。他不顾英国政府的高压政策，通过写大量文章与演讲谴责英国对印度的殖民统治，并公开声明放弃英国政

---

① ［印度］泰戈尔：《我的童年》，64~65页，金克木译，北京，人民文学出版社，1954。

② 桑地尼克坦(亦译圣蒂尼克坦)，意为和平村，距加尔各答九十九英里，原为印度的古老民族山达尔人所居，诗人的父亲于1863年开辟基础，泰戈尔在此建屋种树，创造出一个和平村，一个森林大学。常任侠：《怀念诗人泰戈尔与圣蒂尼克坦》，载《南亚研究》，1981(2)。

府授予他的爵士称号。① 他是甘地领导的"非暴力不合作运动"最真诚的拥戴者之一。泰戈尔关注占印度人口90%的农民的命运，他比甘地早20年，比民族政府早半个世纪，就用有限的资金，在自助和启蒙原则的基础上，先后在自己的庄园和什利尼克坦(意为自助村)建立集体农业实验中心，帮助农民建立学校、医院、合作企业、银行和自治村社制度，并将自己的儿子送往美国学习农业，以便让其服务于印度农业。

泰戈尔不仅投身于印度争取独立的斗争，而且尽其一生坚持为保卫世界和平与自由而疾呼。第一次世界大战时，他与巴比塞(Barbusse，1873—1935)、罗素(Russell，1872—1970)等人一起组织"光明团"，为和平奔走。1916年，他在访问日本、美国时，发表了题为"民族主义"的演讲，揭示了西方民族主义为扩大地盘而爆发的斗争及对东方民族的残酷统治，并反对东方照搬西方，主张用东方思想创出一条新路，将新的创造作为对人类的献礼。1919年，在罗曼·罗兰(Romain Rolland，1866—1944)的邀请下，他在反对战争的《人类精神独立宣言》(*The Declaration of Independence of the Spirit*)上签名。1937年，泰戈尔对日本军国主义侵略中国的野蛮行径表示了严正谴责。第二次世界大战前夕，他斥责了帝国主义分赃的慕尼黑会议。

在教育领域，泰戈尔所做的贡献影响深远。1901年12月22日，他带着5名教师、5名学生，其中包括他的长子，在桑地尼克坦建立了实验小学。这片荒原上原无树木，泰戈尔带领师生们建屋种树，如今已蔚为森林。1928年，泰戈尔在桑地尼克坦和什利尼克坦分别开创了两个新的节日：植树节和开犁节。植树节现在成为全印度节日。1921年，桑地尼克坦小学发展成一所闻名于世的国际大学，这所"世界艺苑"②旨在交流文化、传播友谊。

---

① [印度]克·克里巴拉尼：《恒河边的诗哲》，312页，倪培耕译，桂林，漓江出版社，1995。
② 梵文为"Visva—Bharati"，"Visva"意为"世界"，"Bharati"意为知识、智慧、文化等，此处指让所有人、所有宗教信仰者学习的地方。

泰戈尔一生撰写了许多教育方面的著作和文章，如《教育危机：一个诗人的信念》（*Crisis in Education：Faith of a Poet*）、《印度的教育》（*Education in India*）、《教育的理想》（*Ideals of Education*）、《教育问题》（*The Problem of Education*）、《教育的兴衰》（*The Vicissitudes of Education*）、《教育的传播》（*The Diffusion of Education*）、《教育的媒介》（*The Medium of Education*）、《教育的艺术》（*Art in Education*）、《儿童道德教育》（*Moral Education for Children*）、《新教育》（*New Education*）、《我的教育任务》（*My Educational Mission*）、《东方大学》（*An Eastern University*）、《我的学校》（*My School*）、《诗人的学校》（*A Poet's School*）等。他的哲学、美学著作也包含了他许多对于教育问题的精辟论述。

二、和谐论与教育

《奥义书》等古代印度经典所包含的吠檀多论思想对泰戈尔哲学的影响较大。据《奥义书》，梵的精神实质"是万物的生命和光芒，是宇宙意识"。宇宙之根本统一对印度人来说不是简单的哲学思辨，而是需要在感情上和行动上去亲证的生活目标，在宁静与和谐、善与爱中，人与万物相结合。① 泰戈尔认为，外部世界是"人类精神的摇篮"，理智者以疏远和无感情的方式观察事物，由此所得的世界只是个影子；只有用充满感情和兴趣的心灵去观察事物，才能获得一个真实的世界。② 因此，在泰戈尔的思想中，生活、和谐、美、协调、秩序、爱、喜、音乐等概念以及他用来描述自然的大多数比喻都与人的气质、冲动和情感相联系。他往往以知觉来丰富他的理性。他的哲学思想表现出典型的东方式思维，矛盾被当作实在的众多方面来接受，不完美被当作趋向于完美的一个阶段。如他的诗歌所写的那样：真理之川"从他的错误之沟

---

① ［印度］泰戈尔：《人生的亲证》，11、24 页，宫静译，北京，商务印书馆，1992。

② ［印度］巴萨特·库马尔·拉尔：《印度现代哲学》，107 页，朱明忠、姜敏译，北京，商务印书馆，1991。金克木：《泰戈尔的〈什么是艺术〉和〈吉檀迦利〉试解》，见《印度文化论集》，207 页，北京，中国社会科学出版社，1983。

渠中流过”，“如果你把所有的错误都关在门外，真理也要被关在外面了”。①

　　泰戈尔的教育哲学根植于三项原则：儿童的自由与快乐，创造性的自我表达，与他人及自然的和谐。教育的目的是通过智力、体质、道德与精神诸方面的和谐发展，将人身上最好的东西引发出来，使人的个性得到充分发展，使人的生命与万物和谐统一。② 他尊重个体的差异，认为不同个体有着独特的心灵，并在人的完全发展中遵循自身的轨迹。

三、自然主义与教育

　　在《人生的亲证》中，泰戈尔认为，印度的文明被大自然的浩大生命包围，由它提供食物和衣服，而且在各方面与大自然保持着密切的交流。泰戈尔与自然的早期密切接触是跟随父亲一起去喜马拉雅山旅行，自然的壮美在他年幼的心灵留下了不可磨灭的印象。在泰戈尔看来，自然的安排总是具有世界的完整性，具有永恒的与万物的合一性。而学校常“仅仅是一种纪律规定，而拒绝考虑个性。它是一个设计特殊的工厂，以获得相同的结果”③。在儿童还没有充分准备的情况下，由成人观点出发想象出来的知识就像水一样，被灌输到儿童的头脑。儿童往往只学习到其中一小部分，大部分都“从知识的航船上滑下大海，沉没了”。泰戈尔认为，教育是儿童内在自我的不断成长，教育不是“有意识的灌注过程，而是无意识的吸收过程”④，为此，教育需要引发

---

　　① ［印度］泰戈尔：《飞鸟集》，见华宇清：《泰戈尔散文诗全集》，194、177 页，郑振铎译，杭州，浙江文艺出版社，1990。

　　② Brij Kishore Goyal, *Thoughts of Gandhi*, *Nehru and Tagore*, New Delhi, CBS Publishers and Distributors, 1984, p.110.

　　③ ［印度］泰戈尔：《我的学校》，见《一个艺术家的宗教观——泰戈尔讲演集》，121 页，康绍邦译，上海，生活·读书·新知三联书店，1989。

　　④ V.R. Teneja, *Educational Thought and Practice*, New Delhi, Sterling Publishers, 1983. In Kalyan R.Salker, *Rabindranath Tagore: His Impact on Indian Education*, New Delhi, Sterling Publishers, Private Limited, 1990, p.21.

学生探求知识的渴望，创设充满激励的气氛，并将价值观渗入其中。

泰戈尔在教育计划中给自然以重要地位，包括三个层面：第一个层面指无生命的物质世界，如天空、山脉、河流、太阳、月亮、星、风、云、雨、四季的更迭、日与夜的世界；第二个层面指包括作物、树木、花草、果实、动物的非人类世界；第三个层面是相对于现代物质生活中的文明人而言的自然人。

泰戈尔认为，儿童早期就应该亲近自然，他们有对于美和新鲜事物的内在热爱，其诗曰：

> 有星星同他说话，天空也在他面前垂下，用它呆呆的云朵和彩虹来娱悦他。①

泰戈尔认为亲近自然有助于儿童获得不竭的活力并得到身体、智力和精神的和谐发展，将教给儿童合作、同情与和谐的美德，他们对自然的爱还将进一步转化为对万物的爱，这种情感对于世界和平必不可少，而且儿童有能力从自然环境中重新组织其智力课程。泰戈尔写道："大自然多种多样的美必将不知不觉地深植于儿童的心灵。……当他们能够意识到与外部世界的和谐时，他的内在天性也将感到和谐。"②

泰戈尔认为，一个广阔、开放的空间是个性充分发展的必需条件之一，城市的环境很难满足这样的要求。他将桑地尼克坦的学校设在一个美丽的地方：远离城市，古树成荫，视野开阔，直望到远处的地平线，儿童们在这里可以享受最大的自由。在他的学校里，他建议采用古代印度的教育原

---

① ［印度］泰戈尔：《飞鸟集》，见华宇清：《泰戈尔散文诗全集》，93 页，郑振铎译，杭州，浙江文艺出版社，1990。

② Rabindranath Tagore, *Towards Universal Man*, Bombay, Asia Publishing House, 1961. in Kalyan R. Salkar, *Rabindranath Tagore: His Impact on Indian Education*, New Delhi, Sterling Publishers, Private Limited, 1990, p.53.

则。在印度古代，贤士就是在森林隐居的场所给学生传授知识的。在桑地尼克坦，满树繁花的春天里，学生跟青年教师去森林，听他用孟加拉语背诵和讲解莎士比亚与勃朗宁的诗歌。泰戈尔赞赏学校的一位青年教师罗易使教学人格化，学校的学生不是从教科书中，而是从有生机的教师那里学到知识的。① 学习之余，学生在花园中清理树根周围的泥土，给作物浇水，修剪树篱等。这样，他们与自然就不仅有知识上的联系，还有手工的联系。泰戈尔还建议："在经常的远足和旅游中，学生的感官会变得敏锐，他们将可能在兴趣中观察并学习到无尽的知识。"②他为学生设计了一个五年环游印度的课程。

除了自然的教育价值以外，泰戈尔还主张教导儿童与世界万物生活于和谐之中，使儿童认识到人类是生态系统中的一部分，在这个生态系统中，植物、动物都有与人类共存的权利。从现代意义上讲，泰戈尔也是一位生态学者。泰戈尔还倡导学生过简朴、自律的生活，摈除一切种族或其他偏见，关爱一切人，并吸收与人交往中的美德和兄弟般的精神。

卢梭曾在《爱弥儿》的篇首写道："出自造物主之手的东西都是好的，而一到了人的手里就变坏了。"泰戈尔可能只同意这句话的前一部分，而不赞同后一部分。因为他坚信教育的目的是在个人与社会之间建立一种和谐的关系，每个人必须成为他所属的社会的一部分，并以此实现每一个个体与其他人的基本和睦。他的社会是一个国家的社会，并信仰宇宙主义（universalism），以此作为他梦想的社会的基础。在桑地尼克坦，他通过制订并实施不同的计划，尽力实现个人与社会的融合。

---

① ［印度］泰戈尔：《我的学校》，见《一个艺术家的宗教观——泰戈尔讲演集》，142 页，康绍邦译，上海，生活·读书·新知三联书店，1989。

② V.R.Teneja, *Educational Though and Practice*, in Kalyan R. Salkar, *Rabindranath Tagore: His Impact on Indian Education*, New Delhi, Sterling Publishers, Private Limited, 1990, p.21.

四、乡村改造、艺术、宗教与教育

(一)教育与乡村改造

1877年，泰戈尔在一篇文章中指出，舶来的教育模式既无助于判断力的培养，也无益于独立思考的形成。他在一则格言中写道："脱离泥土的树是不自由的。"他在日后将教育与人生联系起来，并使教育根植于国家的传统，由此得见端倪。在《教育的兴衰》一文中，泰戈尔针对印度教育与生活脱节的情况比喻到，教育好像是一个乞丐，他总是在冬天才能有钱买到夏天的衣服，在夏天才能买到冬天的衣服。为了纠正这种学识和生活混乱的弊端，"我们祈祷上苍结束教育的沧桑巨变，在冬天给我们冬天的衣服，在夏天给我们夏天的衣服"。他衷心希望印度人民的语言与其思想同一，教育与生活同一。

1930年，泰戈尔访问苏联。他指出："专制是严重的灾害。……在它的名义下许多人受到压迫，它的阴暗方面是暴力的运用。"在访问途中见到苏联农民快乐的面庞，他阐释为教育的普及以及俄国革命"把被压迫者提到人的位置上来"①，这与处于英国统治下的印度所发生的事情截然相反。回想自己的祖国像其他许多国家一样，大部分人作为牲畜被对待，没有成为人的机会，他感到悲伤。泰戈尔在一首诗里写道：

> 噢！我不幸的国家，
> 你将同那些一向受辱的人们，
> 一起蒙受凌辱。

---

① [印度]克里希那·克里巴拉尼：《泰戈尔传》，329页，倪培耕译，北京，人民文学出版社，2011。泰戈尔也敏锐地看到苏联教育体制的模式化，他反对将儿童心智标准化并使他们的思考强行一致。他的理想是，允许儿童在充分的自由中决定自己的生活并发展多种兴趣，参加众多可以刺激其潜能并强化他们自我发展成为一个全人的活动。如果所有人的思想都强行达成一致，那么，它所造成的不仅是一个沉闷的，同时也是一个机械化循规蹈矩的贫瘠世界。参见 Kalyan R. Salkar, *Rabindranath Tagore: His Impact on Indian Education*, New Delhi, Sterling Publishers, Private Limited, 1990, p.40.

他们垂首站在你的面前，

你却剥夺他们的人权，

始终不给他们怀中的温暖。你将同他们一起，

蒙受同样的凌辱。①

　　但诗人直到生命的最后一息仍保持着乐观，他相信当教育的光辉照耀到印度每一寸土地的那一天，印度将取得进步，拥有美好的未来。他在诗歌中呼唤：

我的父呵，让我的国家觉醒起来吧。②

　　为了消除印度的贫穷和纠正教育不问实际的弊端，泰戈尔早在1918年左右就在什利尼克坦创办了一个附属于教育基地的平行机构——农场和工艺中心，继而将其发展成为大规模村社发展的实验中心。泰戈尔将这个中心作为学生参加社会活动和社会服务的实践基地，从而建立学生与农民之间的联系，促进不同阶层民众平等的关系性联结。在其中的乡村改造学院（Institute for Rural Reconstruction）里，泰戈尔请来名匠教山达尔的孩子，使他们成为工艺名手，自助助人。学院还建有实验室及多种手工业作坊，学生参加反映真实生活情境的纺织、木工、编织、木雕和制陶等手工艺劳动，课程根据教师和学生的需要调整。师生还将作物栽培和饲养牲畜的科学方法教给村民，帮助村民改造卫生环境，开办门诊部，为劳动阶层和低等种姓的村民开办夜校和流动图书馆，给村民上课，做有关宗教、文化和公众问题的演说报告。师生

　　①　［印度］克里希那·克里巴拉尼：《泰戈尔传》，6页，倪培耕译，北京，人民文学出版社，2011。

　　②　［印度］泰戈尔：《吉檀迦利》，冰心译，引自华宇清：《泰戈尔散文诗全集》，13页，杭州，浙江文艺出版社，1990。

以服务与牺牲的精神振奋村民，提高村民的公民意识和道德水平。① 泰戈尔也肯定书本的作用，他批评只重书本不重实际和以考试为中心的教学，提醒人们将书本作为对于从真实生活和自然中获得的知识的一种补充，强调从生活和经验中获得知识的重要性。克·克里巴拉尼评价说："通过某种形式的劳作和手工业进行教育的思想及其实践最早发端于桑地尼克坦。在这之后，圣雄甘地才把这种见解包括在今天印度称之为'基础教育'的制度中去。"②

（二）艺术与教育

作为一位诗人，泰戈尔非常注重文学与艺术熏陶在儿童审美与和谐个性发展中的重要性。他在一篇文章中说："如果我想让自己的儿子成长为一个人，我会让他从童年起就像一个人那样成长。……我会告诉他勿完全依赖于记忆力，他将会有足够的机会思考自身并运用想象力。……文学的熏陶在童年和青少年时代对于人的发展是不可缺少的。"③

在桑地尼克坦，学生的审美能力通过两个层面的训练得到培养。

第一个层面是让学生从明显的和外在的观点来体验和分享美感经历。比如，运用四肢的锻炼；发问、思考和观察能力的发展；对鸟、兽、树木及自然各种现象的兴趣与热爱；制作日常用品的经历；保持卧室和环境清洁、健康和美丽的习惯；经常沐浴，保持身体、衣物洁净的训练；在饮食、身体锻炼、休息方面的自律和细心维持身体与智力的力量。第二个层面是培养他们的内在感受能力。比如，帮助处于痛苦中的他人和在每一个方面都乐于为邻居服务；了解自己国家多方面的知识，发展对国家的责任感；从思想、行为和语言上尊重和热爱其他国家的人民；了解各种社会服务组织和国外新文化

---

① 吴国珍：《泰戈尔的民族教育思想》，载《民族教育研究》，1992(4)。

② ［印度］克·克里巴拉尼：《恒河边的诗哲》，232页，倪培耕译，桂林，漓江出版社，1995。

③ Rabindranath Tagore, *Towards the Universal Man*, Bomday, Asia Publishing Housh, 1961. in Kalyan R. Salkar, *Rabindranath Tagore: His Impact on Indian Education*, New Delhi, Sterling Publishers, Private Limited, 1990, p.27.

发展的最新资料。印度教育家萨卡尔(Sarkar)评论道:"他将想象力、美感及高尚的情感提升到与理性同等的地位,当它们运用于诗歌、音乐与艺术的领域时,它们几乎与理性一样,是发现现实的重要途径。"①

现在,体育和游戏被认为是儿童教育中的一个基本组成部分。但在泰戈尔生活的时代,成人认为儿童运动和游戏是浪费时间与精力的事。泰戈尔呼吁,儿童的天性是活泼的,运动和游戏是儿童生活中不可分割的重要部分,身体的活动除了能保持儿童身体的健康以外,还可以使儿童的头脑保持敏捷。于是,他在课程中给予运动和游戏以优先的地位。

为培养学生的审美敏感性,桑地尼克坦的学生开展了以下一些活动。②

①参加全年的节日与典礼,让学生通过戏剧、美术、音乐、舞蹈、即席写作诗文等,在各种各样的主题和文化及审美的计划中培养审美能力。

②开展社会服务项目,培养友善、同情与合作的精神。

③开展识字运动,培养仁爱、怜悯与胞爱的感情,反映世界同一的美学视角。

④会见邻人并倾听他们的诉说,以加强学生对人类行善的感受,并扩展其视野。

⑤为贫困和无助的学生集资。分两个步骤进行,第一个步骤是在教师的指导下进行常规的集资,第二个步骤是在学生组织的节日中进行。

⑥通过出版期刊、手册等丰富创造性的和美学的精华。

泰戈尔还亲自为儿童写作了许多诗歌,指导他们排演戏剧。

(三)宗教与教育

泰戈尔将自己的宗教称作"人的宗教"。他认为造物主在人身上显示其自

① Sahitya Akademi, New Delhi, *Rabindranath Tagore, A Centenary*, 1961, Vol.1861—1961. In Kalyan R. Salkar, *Rabindranath Tagore: His Impact on Indian Education*, New Delhi, Sterling Publishers, Private Limited, 1990, p.18.

② Mohit Chakrabarti, *Philosophy of Education of Rabindranath Tagore: A Critical Evaluation*, New Delhi, Atlantic Publishers&Distributors, 1988, p.43.

身，人的世界就是在其一切经验中寻找对造物主的最好表达，人有责任在创造中体现造物主的存在，人在其中不仅是接受者，也是赠予者。泰戈尔写道："我感到我最终寻找到了我的宗教，这就是人的宗教。在这种宗教里，无限者在人性中获得了其真义，并来到我的身边，寻求我的爱与合作。"①在他看来，宗教是人的自我超越能力。通过战胜自我，通过超越一切傲慢、贪婪和恐惧，通过认识一切世俗的损失和肉体的死亡，都不能从真理和人的高尚灵魂中取走任何东西，人能够做到这点。② "真正的宗教观乃是证悟最高灵魂与一切创造物的灵魂之间的最圆满的爱的关系。"③

在桑地尼克坦，早晚的冥想是进行精神教育的重要内容，并成为学校惯例，至今大学依然设有供冥想的大厅，学生按时自觉地去冥想。在静寂的大厅里，人们心中默默吟诵：

> 唵！大地、天空、星界，
> 愿我的意识完全与你合一
> 你这智慧闪烁的创造者。
> 唵！你是我们的父亲，
> 愿你赐予我们智慧
> 让我们在这里顿悟，
> 我向你致敬！
> 让这一切成为真实。④

---

① ［印度］巴萨特·库马尔·拉尔：《印度现代哲学》，91 页，朱明忠、姜敏译，北京，商务印书馆，1991。
② ［印度］泰戈尔：《人生的亲证》，18 页，宫静译，北京，商务印书馆，1992。
③ ［印度］巴萨特·库马尔·拉尔：《印度现代哲学》，90 页，朱明忠、姜敏译，北京，商务印书馆，1991。
④ 转引自宫静：《谈泰戈尔的教育思想》，载《南亚研究》，1991(2)。

　　泰戈尔解释，"唵"（OM）的意思是圆满，代表无限、完美、永恒，是指万物的整体。冥想意味着人的意识和外部广袤世界的合一。泰戈尔认为，人只有通过冥想才能认识最高真理。当人的意识完全沉浸于冥想之中时，人便自然会懂得，那不仅是一种获得，而且是人与神的合一。在冥想中人与人的关系变得单纯、自然，从而使人获得自由。

　　桑地尼克坦没有开设任何一门宗教课程，只有关于普遍宗教的思想。泰戈尔认为，宗教情感使人去爱，并亲近社会和国家，也亲近其自身，所有这些都会成为善与利他主义的基础。

五、国际主义与教育

　　1921年，泰戈尔将桑地尼克坦的儿童学校发展成世界瞩目的国际大学——世界艺苑。他选择了一行古老的梵文作为大学的座右铭："整个世界相会在同一个鸟巢里。"（Where the world makes its home in a single nest.）[①]其理想为：一切民族的精神一致。他期冀："国际大学是印度拥有献给全人类的精神财富的代表。国际大学向四周奉献出自己最优秀文化的成果，同时也向他人汲取其最优秀精华，并把这种做法看作是印度的职责。"[②]

　　建立国际大学的思想与他的经历和世界观相应。在《我的童年》里，泰戈尔说明，他早年学到的知识全靠与人的接触得来，对于外国的知识也来自他同外国友人的接触。通过这种接触，"东方和西方结了友谊。我在生命中实现了我的名字的涵义"[③]。泰戈尔始终相信每一个民族、每一种文化，都应该在

---

　　① Mohit Chakrabarti, *Philosophy of Education of Rabindranath Tagore: A Critical Evaluation*, New Delhi, Atlantic Publishers&Distributors, 1988, p.75.

　　② ［印度］克·克里巴拉尼：《恒河边的诗哲》，314页，倪培耕译，桂林，漓江出版社，1995。

　　③ 泰戈尔之名为 RABINDRANATH，即 RAVI（=RABI）+INDRA+NATHA＝太阳+帝释天（因陀罗）+天主。太阳出于东而没于西，连接东西而不分东西之意。详见泰戈尔：《我的童年》，67页注，金克木译，北京，人民文学出版社，1954。

世界占有一席之地："每一个民族的职责是，保持自己心灵的永不熄灭的明灯，以作为世界光明的一个部分。熄灭任何一盏民族的灯，就意味着剥夺它在世界庆典里应有的位置。"①泰戈尔赞成世界不同文化互相吸收，并确信东西方不同文化最优秀因素的融合将形成一种新的文化类型。问题不在于抹杀差异，而是在保存差异的情况下如何融合。

国际大学成为友谊与国际合作的灯塔，吸引着各国学者与艺术家前来。他们自由地交流思想，相互学习，边教学边研究，共同过着简朴的世界大家庭的生活。在中印学人的共同努力下，1934年5月和1935年5月，中印学会分别在国际大学和南京成立，泰戈尔和蔡元培分任印中双方会长。随后，国际大学于1937年成立"中国学院"，中国学者许地山、徐志摩、徐悲鸿、陶行知、竺可桢等先后到此讲学或做客。徐悲鸿受邀讲学期间，在印度开办画展，为祖国抗日筹款，其中一幅作品是他1940年的画作《泰戈尔像》。画中，79岁的泰翁须发如雪，着一袭棕色长袍，左手握一蓝色笔记本，右手持一铅笔，似正在创作。他身形宁静，眼眸凝思冷峻，剑胆琴心的老诗人形象栩栩如生。

泰戈尔反对抹杀本民族文化的优秀传统与盲目模仿西方。他同意在高年级教授英语，但反对在儿童早期以英语作为教学媒介，因为这会增加儿童学习的难度，损害儿童学习的兴趣，这种教育也将成为一小部分人享有的特权。泰戈尔坚持用母语作为儿童的教学语言。他毕生重视用孟加拉文创作，用孟加拉文写了许多优美的儿童启蒙读物和教材。不仅如此，他认为，印度所希冀的教育体系应当深深扎根于印度土壤及其灿烂文化的教育体系，印度教育的目标应包括让学生了解印度源远流长的文化传统，使他们认识到印度的文化知识是整个人类文化遗产不可分割的一部分，只有了解了自己的文化，将来才有可能获得伟大的成就，也只有如此，印度文化的宝贵遗产才能对世界文化做出贡献。

---

① [印度]克·克里巴拉尼：《恒河边的诗哲》，315页，倪培耕译，桂林，漓江出版社，1995。

　　泰戈尔在一生中经历了两次世界大战。他希望通过东西方的交流，世界不同国家、种族的人民增进对彼此的了解，由此在真诚的国际理解和广阔的人道主义基础上，促进人类的和平。为此，他希望儿童学习世界历史。他认为世界上只存在一种历史，即人的历史，人类生活于一个家庭之中。教师应当教育儿童，在他们探索知识的过程中，超越国家的狭隘界限，让他们认识到，无论是什么种姓或什么肤色，他们的思想和成就都属于所有人。①

六、评价：泰戈尔——印度教育的开路先锋

　　从某种意义上说，泰戈尔是孤独的。他因为自己的激进而招致咒骂，又因为自己的保守而遭受谴责。他热爱印度及其人民，但从不支持同胞关于"印度人是上帝特选臣民"的迷信。他在文学作品里揭示印度社会的顽症痼疾，如种姓制度、官僚专横和印度教的愚昧，这种方式常使得他的爱国情感招致怀疑。在国内和国际上，他反抗英国对印度的殖民统治，公开抗议帝国主义的侵略行径，因此受到敌视、污蔑。但他又不因此全盘否定西方文明，因为他拒绝一切形式的偏执，他在文章与言谈中直言赞美西方的平等、自由与民主的观念。当他发现以印度教爱国者和激进的民族主义者的名义出现的反动者，谴责西方的一切事物，推崇"雅利安生活"时，他又写了一些尖锐刻薄的文章表达反对。对此，罗曼·罗兰评论道："正如 1813 年歌德（Johann Wolfgang von Goethe，1749—1832）拒绝抵制法兰西文明和文化，泰戈尔也拒绝抵制西方文明。"②泰戈尔的传记作者克里巴拉尼（Kripalani，1907—1992）评论得十分精当：泰戈尔"鼓励民族主义而抨击极端民族主义的生活方式"③。在殖民统

---

①　[印度]泰戈尔：《人生的亲证》，99 页，宫静译，北京，商务印书馆，1992。

②　[印度]克·克里巴拉尼：《恒河边的诗哲》，343~344 页，倪培耕译，桂林，漓江出版社，1995。

③　[印度]克里那希·克里巴拉尼：《泰戈尔传》，6 页，倪培耕译，北京，人民文学出版社，2011。

治和战火纷飞的年代，他呼吁世界和平，东西方文明互相汲取，这种态度招致一些狂热的民族主义者对他冷嘲热讽。

泰戈尔在中国也遭遇欢迎与抵制的激烈论战。在泰戈尔1924年受中国讲学社梁启超等邀请到华演讲的过程中，他分享了自己在英国殖民统治情境中探究东方文化价值的成果，如采用人民的口语作为文学表达的普通工具，以替换掌握在有限学者阶层手里的经典语言。他告诫中国珍视东方文化的价值，以此革新传统文化，同时论及博爱与泛神论思想。这些思想得到梁启超、胡适的赞赏与共鸣，林长民、林徽因和徐志摩演出的泰戈尔英文名剧《齐德拉》（Chitra）为一时之盛。但泰戈尔的思想也遭到陈独秀等激进知识分子的大规模抵制与抨击，泰戈尔被视为反科学、反现代化的落伍者和顽固派。《中国青年》出版批评泰戈尔的特号，其文章被印成传单，在泰戈尔讲演各场所散发，引发阵阵骚动。21世纪以来，仍有诸多研究者探究这一事件①，2010年8月22日至25日，北京大学召开国际学术研讨会"理解泰戈尔：新视野和新研究"，泰戈尔访华引起争论的问题也是研讨会讨论热点之一。21世纪的中国研究者从误读等多视角同情地理解、阐释当年泰戈尔演讲遭误解与歪曲的原因。例如，泰戈尔的印度经验是印度知识分子用民族的传统思想对抗殖民统治，甘地有意选用印度文明里的"非暴力"（Ahimsa）、"不合作"（Asahayog）、"坚持真理"（Satyagraha）、"自治"（Svaraj）等印度传统思想而不用英语词汇；中国也在探索救亡图存之道，而其指向多为如何改革自身传统。泰戈尔访华之际，中国刚经历五四运动，新文化运动兴起，"科玄"论战正酣，许多激进知识分子和青年坚信自身的传统文化是中国旧政权的护身符，选择弃旧图新，以西方的科学和文明来拯救饱受传统文化之糟粕影响的中国。近一个世纪以

---

① 详见郁龙余：《1924年泰戈尔访华引发争议的根本原因——答国际知名学者阿莫尔多·沈之问》，载《深圳大学学报（人文社会科学版）》，2011(1)。王燕：《泰戈尔访华：回顾与辨误》，载《南亚研究》，2011(1)。巢巍：《简析1924年泰戈尔访华前后中国学者的批评》，载《史学集刊》，2016(2)。

后，经历着中西文化之相遇与碰撞的中国研究者意识到"支持社会共同体演进的力量，不仅在于创新和革命，也同样在于对于文化张力的保守与内聚。传统与现代之相辅相成，正像泰戈尔所描绘的东方与西方一样"。"当……重新回顾泰戈尔当年的讲演，我们才醒悟到曾经错过了什么。"①当每一代研究者不仅试图同情地理解历史事件及其所处情境，而且用其自身生活于其中的当代精神阐释历史时，这些新阐释就透露出一个个时代的内在历史样貌，历史在每一代对其所做的重新阐释里复活、延续。正如英国历史学家柯林武德（Collingwood，1889—1943）所言："历史学家只要坚定不拔地立足于现在就能真正窥见过去；那就是说，他的职责并不是干脆跳出他自己的历史时代，而是要在每一个方面都是他自己那个时代的一个人，并当过去呈现出来的时候，要从自己那个时代的立足点去观看过去。"②也如意大利历史学家克罗齐（Croce，1866—1952）所言：真正的历史"是合乎理想的当代史"。"一切题目的历史总是经常被重写，总是重写得不一样。但历史革新自己时仍旧总是历史，它的发展力量恰恰在于它能这样持续下去。"③21 世纪中国研究者对泰戈尔访华的阐释，折射的正是历史长河里中国 21 世纪的时代样貌与内在精神。较之 1924 年，它或许已能更深刻地体悟西方文明和东方文明的优劣与相辅相成，泰戈尔当年的思想在当下的中国重焕生机。

泰戈尔或许过于超脱于他所处的时代了。在当时，眼前的需要或许比对永恒价值的赞颂更为迫切，甚至甘地当年也批评泰戈尔"诗人是为将来而活的"。在这个已成为"将来"的当今，批评或许已为褒扬。

泰戈尔的孤独大约也是每一个珍视独立自由的精神的人必然面临的命运。

----

① 彭姗姗：《封闭的开放：泰戈尔 1924 年访华的遭遇》，载《清华大学学报（哲学社会科学版）》，2010(4)。

② ［英］柯林武德：《历史的观念》，103～104 页，何兆武、张文杰译，北京，商务印书馆，2017。

③ ［意］贝奈戴托·克罗齐：《历史学的理论和实际》，31 页，［英］道格拉斯·安斯利英译，傅任敢中译，北京，商务印书馆，2017。

所幸，在他生活的年代，在那个世界，他还有精神上的盟友惺惺相惜：罗曼·罗兰、叶芝(Yeats，1865—1939)、爱因斯坦……

泰戈尔的传记作家克·克里巴拉尼评论道，泰戈尔对于印度的贡献是细致而深刻的，因为他在政治家无能为力的领域里，发现并扩大了蕴藏在创造活动后面的源泉。泰戈尔非常熟悉诸多欧洲优秀思想家的思想，他将他所能发现的卢梭、裴斯泰洛齐、福禄培尔、杜威、甘地的思想糅合到他自己的思想中来。其中，他汲取最多的是卢梭的思想。与卢梭不同的是，泰戈尔不仅创立了一种教育理论，还将其社会及教育理想付诸实践。他在桑地尼克坦创办的学校是同类教育实验的先声。

他在印度建立和制定了在教育学上被公认的诸多教育原则。例如，学生在家庭和普通中小学里所获得的知识，远比进入学院所获得的知识更为重要；母语作为儿童的教学语言，较之外国语言更加简便易行；通过实践活动所获得的教育比书本教育更真实；教育的真正目的，不是用死记硬背的知识去塞满头脑，而是掌握全部感性知识和发展心灵；文明远胜纯粹经院知识；等等。①

在印度历史上，泰戈尔第一个提出儿童充满潜力，教育的任务就是给儿童以机会，使其自然地开发潜力。泰戈尔因此可以被称作"印度儿童中心教育之父"。② 泰戈尔重视教师的价值，认为独立而富有创意的教师可以点燃儿童的敏感性，教师也因此需要不断学习，因为"一盏灯只有在自身燃烧着火焰的时候，才能点燃另一盏灯"。泰戈尔对现代教育的另一个重要贡献是他确认自然的教育价值。他并不像卢梭那样对社会抱有敌对的思想。与甘地一样，泰戈尔赞同社会环境也是教育的基本组成部分。泰戈尔对于妇女教育给予了深切的关注和同情，他希望女性承担起教育的工作。如果女性被排除在教育之

———————

① ［印度］克·克里巴拉尼：《恒河边的诗哲》，9 页，倪培耕译，桂林，漓江出版社，1995。

② Kalyan R.Salkar, *Rabindranath Tagore：His Impact on Indian Education*, New Delhi, Sterling Publishers, Private Limited, 1990, p.127.

外，那么印度就是在退步。他还意识到，需要为女性建立一所大学。

正如萨卡尔（Salkar）所说的那样："理想的教育家必须结合他作为哲学家、诗人、神秘主义者、社会改革家、科学家及真正的行动者的天赋。"①泰戈尔正是这样一位教育家。在泰戈尔的学校里：

> 人们为生命的最高目的、在自然的安宁之中聚集到一起。在那儿，生命不仅是静思的，而且是在活动中觉醒的；在那儿，孩子们的心灵不会被强迫去信仰；在那儿，他们要去将人的世界实现为他们渴望成为其居民的天国；在那儿，日出、日落和静寂的、灿烂的群星，每天都受到孩子们的重视；在那儿，人们在花儿与果实的盛会中尽情地享受着欢乐；在那儿，年轻人与老年人，教师与学生围坐同一张桌子，共进他们世俗之餐和永恒生命之餐。②

第五节　甘地的教育思想

甘地是 20 世纪印度民族独立运动的领袖、"非暴力不合作运动"的倡导者，享有"圣雄"（mahatma）称誉。甘地为印度的独立战斗了一生。在教育领域，他以倡导乡村社会改革运动、基础教育运动及反抗英国统治者实行的殖民教育而著名。

一、生平与教育活动

甘地于 1869 年出生于印度西海岸古吉拉特地区小镇博尔本德尔（Porban-

---

① Kalyan R. Salkar, *Rabindranath Tagore: His Impact on Indian Education*, New Delhi, Sterling Publishers, Private Limited, 1990, p.43.

② ［印度］泰戈尔：《我的学校》，见《一个艺术家的宗教观——泰戈尔讲演集》，147～148 页，康绍邦译，上海，生活·读书·新知三联书店，1989。

dar）。他的父亲卡拉姆昌德·甘地（Karamchand Gandhi，1822—1885）曾担任州的首席部长（diwan），他们的种姓是第三等吠舍，Gandhi 在古吉拉特语种的意思是"零售商"。甘地在这一点上与印度民族主义运动的大多数杰出领袖不同，戈卡尔（Gokhale，1866—1915）、提拉克（Tilak，1856—1920）、尼赫鲁等都是婆罗门。甘地的母亲普特李白（Putlibai，？—1891）出生于一个苦行修道的教派，宣扬慈悲为怀，禁止吃药、吸烟、食肉和饮酒。甘地的家庭信奉毗湿奴印度教（Vishnuite Hinduism），但宽容度也相当大，他们有许多穆斯林朋友。甘地13岁时遵从印度童婚传统，与同龄女孩嘉斯杜白（Kasturbai，1869—1944）结婚。他们的长子夭折了，后来他们又有了四个儿子。

1888年，高中毕业后，甘地离家赴英国留学。那时，他在文化上作为大英帝国公民的认同要超过作为印度人的认同。在英国，他直接或间接接触了许多"异类"思想家，他们来自怀恋前资本主义者、社会主义者、妇女解放的倡导者、自然与人体的研究者、实验新型社会关系的农村公社的创建者、最早的环保主义者，如约翰·罗斯金（John Ruskin）、爱德华·卡彭特（Edward Carpenter）、威廉·莫里斯（William Morris）、亨利·戴维·梭罗（Henry David Thoreau）等。他们都批判资本主义文明造成了人性的丧失；他们几乎都是亚洲文明，尤其是印度文化的崇拜者；他们阅读并撰写了大量有关印度的书籍，有的还亲自前往印度游历。受到这些影响后，甘地找到了自己的根。他不再是童年时代那个有点可笑的在偷偷摸摸和负罪感的气氛中和同样顽皮的小伙伴们学着吸烟、吃肉的孩子，他确认了自己的印度身份，开始如饥似渴并满怀崇敬地阅读印度经典，而且变成了一名坚定的素食主义者。[①]

1891年，甘地成为一名年轻的律师。1893年5月，甘地动身前往南非工作。在从德班到比勒陀利亚的火车上，他买了头等车厢的票，这符合他留学

---

① ［意］詹尼·索弗里：《甘地与印度》，51~53页，李阳译，北京，生活·读书·新知三联书店，2006。

过伦敦的律师身份。但一名"白人"叫列车员要求甘地转到三等车厢，甘地拒绝后被野蛮地扔下火车。这个痛苦的遭遇成为他觉醒的开端。

甘地在南非生活了 20 多年，他的政治和思想观念在深思熟虑和实践中逐步形成，他也逐渐克服了曾无法鼓起勇气在公共会议上演讲的近乎病态的羞怯心理。他在南非从事律师、政治领袖和新闻工作，创办了报纸《印度舆论》（*Indian Opinion*），为其撰写了大量文章。他还建立了两个农村公社：建于 1904 年的凤凰村（Phoenix）；为纪念俄国文豪托尔斯泰，于 1910 年建在约翰内斯堡附近的"托尔斯泰农场"。甘地身先士卒，带领两个公社的所有人，无论种姓、受教育程度及经济状况，都从事体力劳动。

甘地于 1914 年 7 月 18 日离开南非，乘船前往伦敦。当年 12 月，甘地因健康原因返回印度。回印度后，甘地先后在萨巴玛蒂和萨伐格拉姆创办了真理学院。他常常身穿一条白色的"dhoti"（像短裤一样裹住臀部并打结的一个布条）和一件白色布单，脚穿一双凉鞋，领导"非暴力不合作运动"，开创基础教育运动，开展民族主义教育实验。当印度于 1947 年独立后，甘地于次年 1 月 30 日在新德里被刺身亡。

意大利历史学家詹尼·索弗里（Gianni Sofri）分析了甘地逐渐发展出来的语言关键词。①Ahimsa（不杀生），意为"你不能冒犯任何人，你不能怀有任何苛刻无情的念头，不能拥有任何敌人"。②Aparigraha（不贪），甘地主张勿拥有财产，放弃非必需的物质财富，对于必需的也持超然态度，"使生活简朴化"。③Brahmacharya（禁欲），是对贞洁、性克制的誓言，对甘地还意味着不贪婪，只吃少量特定的天然食品，在心理上和生理上进行自律，控制自己的情欲，积蓄生命的能量，以便将整个身心完全奉献于追求真理和为他人服务。④Satyagraha（坚持真理），甘地以此标示自己的非暴力理论。⑤Sarvodaya（人人幸福，或称"共同利益"），指代他的"建设纲领"中提出的众多社会目标，也指代非暴力社会主义思想。⑥Swadeshi（斯瓦德希），意味着用印度产品（特别是纺织品)取代进口产品，以及利用紧邻于周围环境中的要素，这个概念"像其他所有美好的事物一样"，若转化成迷信，也许就是毁灭性的。如果仅仅因为它们是外国产品而拒绝外国产品，并不断浪费国家的时间和金钱来维持已不适于本国的自产产品，就是对斯瓦德希精神的否定。一名斯瓦德希的真正信奉者永远不会培养对外国人的仇恨，永远不会使自己限于与世界上的一切进行对抗的状态。①

　　甘地将教育视为实现印度民族独立与建设的重要力量，一生发表了诸多论述教育的著作、文章与演讲，如《基础教育》(*Basic Education*)、《成人教育》(*Adult Education*)、《为生活的教育》(*Education for Life*)、《教育的改造》(*Educational Reconstruction*)、《英语媒介造成的罪恶》(*The Evils Wrought by the English Medium*)、《高等教育》(*Higher Education*)、《我的教育观点》(*My Views on Education*)、《新教育》(*The New Education*)、《教育问题》(*The Problem of Education*)、《致学生》(*To the Students*)、《真正的教育》(*True Education*)、《妇女教育》(*Women's Education*)等。他抨击了英国殖民教育的文化奴役，提出了自己对于印度教育的设想。在发表于 1940 年的《建设纲领》(*Constructive Programme*)中，甘地将教育和社会道德作为理想印度的基础。《建设纲领》主要内容包括：①教派团结；②废除"不可接触"(贱民)；③禁绝烟酒；④土布；⑤其他农村工业；⑥农村卫生；⑦新的基础教育；⑧成人教育；⑨提高妇女地位；⑩健康与卫生教育；⑪宣传国语；⑫热爱自己的语言；⑬为经济平等而工作。围绕着"基础教育"，甘地提出了他对于教育的思考和计划，并将其作为实现印度社会自给自足的重要途径。

---

① ［意］詹尼・索弗里：《甘地与印度》，74 页，李阳译，北京，生活・读书・新知三联书店，2006。

二、教育中的"非暴力不合作运动"

"非暴力不合作运动"是甘地所倡导的反对英国殖民统治、恢复印度民族自尊、争取民族自治的手段，其前提是遵守法律与拒绝使用暴力。

（一）"非暴力不合作"思想的来源

甘地认为，目的并不能证明手段的正确性，而手段的纯洁却是实现良好目的的基本条件。用什么手段得到的只能用同样的手段保持：用暴力得到的只能用暴力保持，凭真理得到的将凭真理保持。如果说泰戈尔哲学思想的核心是"美"，那么，甘地哲学思想的核心就是"真"。真理就是上帝，就是"阿特曼"（Atman，自我），追求真理就是追求上帝，就是认识"阿特曼"。真理不可分割：人类同一和万物合一。

加利福尼亚州太平洋大学比较政治学系教授琼·邦杜兰特指出了甘地的"真理"观与西方的"真理"观的差异。在西方，"真理"是一个哲学范畴的抽象名词。甘地的"真理"属于宗教范畴，其基本含义来自早期印度教的伦理思想，即把"梵天"看成万物存在的基础，人们通过"禁欲""苦行""纯化"，最终达到"梵天"与"自我"合一。"真理"是道德的内涵，实在的本体。人们实现道德的完善，才能与"真理"一致。对甘地来说，"真理"就是"上帝"最重要的代名词，所以，甘地常说"真理是上帝"。然而，他又不同意"上帝是真理"的说法，因为"真理"被用于描述和形容上帝的时候，就失去了"真理"作为实在本体的意义。[①]

甘地最喜欢的"坚持真理"的形式是"文明的不服从""不合作""直接行动"和"绝食"，也即"非暴力不合作"。其思想主要来源于印度传统文化、印度的民族主义与英国的法律教育。

非暴力思想的积极方面是爱。《薄伽梵歌》《罗摩衍那》等印度古代经典深化了甘地的道德观念及其宗教洞察力。在英国，他了解了基督教，耶稣的一

[①]　张东春：《美国学者对甘地的认识和研究》，载《吉林大学社会科学学报》，1986（2）。

生和人格使他深深景仰；托尔斯泰强调忍耐具有强大的力量和尊严的思想也给甘地以启迪。甘地相信，人的本性与一切高尚和友好的行为相一致①，每个人的内心都存在着神的因素，神性以理智、良心和自由意志等形式表现出来，如果能用正确的方式利用这些神性的因素，那么人就能使天国降临到地面。通过爱，人能够纯化内在的生命，使自己得到提高。爱包含仁慈、友好、宽恕、容忍、慷慨、善良、同情等高尚情感。憎恨是容易的，爱却需要强大的能力和力量。当要求一个人去爱一个通常被看成自己敌人的人的时候，这种爱尤其困难。"非暴力不合作"是自觉地忍受痛苦以感化他人，是以人的全部心灵来反对专制者的意志，而并不意味着向专制者的意志屈服和妥协。甘地说："假如有人因为无知而对我们施加痛苦，那么我们就用爱去赢得他。'非暴力是最高的法'，这就是爱的力量的验证。"②这是"服从于我们人类的更高的法律，良心的呼唤"③。所以，甘地认为，非暴力所代表的是强大，而不是软弱。非暴力是一个包含着持续不断的思索、努力、考验和行动的能动过程。④ 他相信，只要在这种人类法则的指导下进行斗争，一个人就能反抗非正义帝国的全部权力。⑤

美国思想家梭罗的"文明不服从"的思想对甘地的影响也颇大。甘地认为，从道德意义上说，做一个公正而又诚实的人要比尊重法律更为恰当。若法律未能代表公正，那么就需要在法律允许的范围内进行抵抗，即在合法中违法。

---

① Gandhi, "Cow Protection," Young India, 1920-08-04, in *The Collected Works of Mahatma Gandhi*, ed., India Ministry of Information and Broadcasting, Ahmedabad, Navajivan Trust, 1983, Vol. 21, p. 119.

② 吴成平：《一九一七—一九三九年的印度》，44 页，北京，商务印书馆，1996。

③ 吴成平：《一九一七—一九三九年的印度》，43 页，北京，商务印书馆，1996。

④ [印度]巴萨特·库马尔·拉尔：《印度现代哲学》，129 页，朱明忠、姜敏译，北京，商务印书馆，1991。

⑤ Gandhi, "The Doctrine of the Sword," Young India, 1920-08-11, in *The Collected Works of Mahatma Gandhi*, ed., India Ministry of Information and Broadcasting, Ahmedabad, Navajivan Trust, 1983, Vol. 21, p. 135.

在英国殖民期间，印度人属于英国公民，甘地所领导的反抗英国殖民统治的方式就是在不违背英国法律的前提下进行。比如，他在印度的抗盐税斗争中，率领群众 79 人到海边煮海水制盐违反了盐法，但他因此接受处罚与入狱又是合法的。

正如戈耶尔(Goyal)评论的那样，甘地的思想实质是精神性的，他关于世俗生活的所有言论、著作、冥想与行动的背后贯穿着一根他对真理、仁爱与非暴力的不可动摇的信念的丝线。① 他所倡导的一切，都是他实践过的。他在自己成熟的生活经验的基础上建立了自己的哲学。他自己的生活不是别的，正是实验的记录，因此他将自己的自传定名为《我探索真理的实验》(*My Experiments with Truth*)。甘地最为重视的是生活的道德价值和精神价值。甘地正是因为他对人民的爱而赢得了"圣雄"的称誉。

琼·邦杜兰特指出，"发现真理""非暴力"和"自我折磨"是甘地"坚持真理"学说的三要素。甘地的"非暴力"和"自我折磨"被作为避免冲突双方使用暴力的最好方式，它表现的爱和真诚也促使对方发生变化，这就是甘地学说的"辩证法"。琼·邦杜兰特比较了甘地的"非暴力"思想与西方的"消极抵抗"的差别。西方的"消极抵抗"是个人对政府的一种反抗形式，用以解决个人与政府、个人与成文法律之间的冲突；甘地的"非暴力"斗争不是个人的反抗，而是民众运动，以解决社会的政治冲突。同时，它不是西方人通常理解的所谓"消极"的"弱者对强者"的反抗，甘地"非暴力"的反抗方式是精神上和道德上的强者，是"执着地、百折不回地对'真理'的追求"。甘地的"非暴力不合作"方式，为人类解决社会冲突做出了特殊贡献。②

美国加利福尼亚州克威尔学院人文学教授诺尔曼·布朗在《美国人对甘地

---

① Brij Kishore Goyal, *Thoughts of Gandhi*, *Nehru and Tagore*, New Delh，CBS Publishers and Distributors, 1984, p.3.

② 张东春：《美国学者对甘地的认识和研究》，载《吉林大学社会科学学报》，1986(2)。

的认识》一文中提出，甘地是以政治主张来实现宗教理想的。甘地"坚持真理"的学说从印度教的传统教义"阿信萨"或"非暴力"的思想发展而来，"自治"一词来自梵文，它的深层含义蕴于印度教的基本教义"自我控制"和"人格独立"。甘地所进行的其他社会与政治活动也都由宗教意义确立。甘地的目的是使印度达到道德上的目标。①

在教育领域，甘地积极倡导对英国殖民教育的消极方面进行"非暴力不合作"的抵制。1921 年 1 月 9 日，甘地制定了"非暴力不合作运动"的参加者所应遵守的各项具体规定。其中关于教育的条款有："父母将我们的孩子们，从政府管理的学校中退学，在他们家里或经由民族学校，为孩子们做出一定安排。"②他尤其抨击了英国殖民教育者将英语作为教学语言的做法。

(二)抵制英语作为教学语言

甘地是在英国并通过英语来认识、了解自己的国家及其宗教的特征和传统的。当他为了印度的独立成为大英帝国的主要叛逆者时，他仍然没有忘却英国人民及其思想传统给他的启迪。在他生命的最后岁月，他仍然表示他从来没有反对过英国人或任何西方人，英语也不会从他的知识库中被驱逐。他所反对的是英语超出了它所应该占据的地位，印度不能把它作为国语或教学语言。

甘地认为，以英语作为教学语言的殖民教育政策给印度带来了"惨重的损失"和"无可估量的智力与道德伤害"。

首先，英国殖民者给印度儿童从小灌输英国文化，以此来维护和巩固英国的殖民统治，这种文化统治比政治统治的影响更为长久。1947 年 7 月 31 日，甘地在一次祈祷会上发表演讲，提到一位印度读者用英文给他写信。他就此评论说，英国在印度的统治已经结束了，但印度人已经习惯了被奴役，

① 张东春：《美国学者对甘地的认识和研究》，载《吉林大学社会科学学报》，1986(2)。
② 吴成平：《一九一七—一九三九年的印度》，55 页，北京，商务印书馆，1996。

以至于他们仍旧不能摆脱英语的影响，英语的征服较之英国刀剑的征服是更恶劣的奴役方式。① 甘地认为："印度人如果从小就训练他们的孩子用英语思想和谈话，那就等于背叛了他们的孩子和国家。他们剥夺了孩子继承本民族精神遗产和社会遗产的权利，致使他们无力为国家服务。"②

其次，英语作为教学语言阻碍了印度儿童的智力发展。学生必须花费很多时间学习英语，然后才能学习其他课程，从而阻碍和延缓了他们对知识的获取。甘地认为，如果将教学语言从英语改为学生的母语，学生在 7 年之内就可学完中小学所有课程，而不是 11 年③，他也可以因此在为群众服务方面做出更多和更大的贡献。

最后，以英语作为教学语言，而民族语言在校园里被禁止使用，这妨碍了印度语言和文化的学习与传输，削弱了印度的民族根基。受过英国式教育的学生与印度传统文化疏远，与家人逐渐格格不入，成为陌生的家庭成员，其母语词汇非常有限，所以在讲话时他们往往不得不借助于英语词汇甚至英语句子④，致使他们与家人之间产生隔阂，造成了不可估量的道德伤害。

甘地分析了印度国语应该具备的条件：①它对于政府官员应该是容易学习的；②在印度全国，它应该可以作为宗教、经济和政治交流的媒介；③它

---

① Gandhi, "Speech at Prayer Meeting," in *The Collected Works of Mahatma Gandhi*, ed., India Ministry of Information and Broadcasting, Ahmedabad, Navajivan Trust, 1983, Vol.33, p.472.

② ［印度］甘地：《甘地自传——我体验真理的故事》，272 页，杜危、吴耀宗译，北京，商务印书馆，1959。

③ Gandhi, "Discussion with Educationists," in *The Collected Works of Mahatma Gandhi*, ed., India Ministry of Information and Broadcasting, Ahmedabad, Navajivan Trust, 1983, Vol.66, p.117.

④ Gandhi, "Letter to Narandas Gandhi," in *The Collected Works of Mahatma Gandhi*, ed., India Ministry of Information and Broadcasting, Ahmedabad, Navajivan Trust, 1983, Vol.67, p.162.

应该是印度大多数居民的口语；④它应该是全印度都容易学习的语言；⑤在选择这样一种语言的时候，不应该仅仅考虑当前和短暂的利益。

他认为，英语不能满足这些要求，从而不能也不应该成为印度的国语。英语只能作为诸多语言中的一种教给学生，并用于外交事务及国际贸易，印地语是能够满足作为国语要求的语言。① 而且，民族语言是民族自尊的象征，当民族语言在国家教育制度中获得了公正的地位，成为学校的教学媒介后，印度人就会恢复自尊。语言还将有助于民族自治。他认为，印度人对其民族语言失掉信心，是对自己信心不足的标志，是衰落的标志。任何一种自治的方案，如果不尊重印度先辈所说的语言，就不能使印度成为自治的民族。② 从语言的问题出发，甘地呼吁印度人必须对印度文明有信心。《对印度文明的信念》中说："我来到这里是为了告诉你们，你们应该对印度文明有信心，并坚定地维护它，如果你们这么做了，印度就终有一天会对整个世界产生影响。"③他认为，尽管印度的气候、景致和文学可能都比不上英国，但印度必须在她自己的气候、景致和文学中获得繁荣，依靠模仿欧洲是永远实现不了印度自治的。

三、甘地的农场教育实验

甘地先后在南非和印度从事农场教育实验。1910年，他在南非创办凤凰村定居点和托尔斯泰农场，并在农场中创办了学校。回到印度后，他先后在萨巴玛蒂和萨伐格拉姆创办了真理学院。甘地的教育思想正是他在"托尔斯泰

---

① Gandhi, " History of the Satyagraha Ashram," in *The Collected Works of Mahatma Gandhi*, ed., India Ministry of Information and Broadcasting, Ahmedabad, Navajivan Trust, 1983, Vol. 50, pp. 233-234.

② 黄心川：《印度近现代哲学》，160页，北京，商务印书馆，1989。

③ Gandhi, "Faith in Indian Civilization," in Raghavan Iyer, *The Essential Writings of Mahatma Gandhi*, New Delhi, Oxford University Press, 1991, p.102.

农场，萨巴玛蒂真理学院和萨伐格拉姆真理学院的实验的结果"①。

为实验以罗斯金（Ruskin）的观点来改变自己的生活方式，甘地买下了凤凰村这块土地，建起了帐篷，并让印度侨民入住。这里人人都得劳动，以此获取劳动报酬。由于大多数人来此居住的目的是发财，只有一少部分人愿意参与甘地的事业，因此凤凰村逐渐成为甘地实践他的自给自足的教育理念的试验场。托尔斯泰农庄是甘地的又一个试验场。甘地的好友、德国建筑师赫尔曼·科伦巴赫（Hennann Kellenhach）于1910年送给甘地一块土地，供他在南非试验之用。甘地将其取名托尔斯泰农场，以纪念俄国这位人道主义文豪。农场的居民来自印度各地，有穆斯林、基督徒等各派教徒。甘地鼓励居民恪守各自的宗教信仰。甘地逐渐在农场和真理学院建构起了自己的教育体系，认为教育的过程是人格养成的训练，人格养成存在于教育之中。甘地培养了几位年轻人充任教师之职，授课在下午进行。甘地本人亲自给学生上宗教课。从7岁的男女儿童到12岁的女孩、20岁的男青年，各个年龄阶段的学生都有。教学语言包括古杰拉特（Gujarati）和英语。教学采用讲授和向学生朗读故事的方法进行。甘地自己教授泰米尔语和乌尔都语。除上述内容外，课程还包括历史、算术和地理。另外，印度教学生还要学习梵文——一门体现印度文化与文学博大精深的语言。教学重视祈祷颂歌的写作和背诵。托尔斯泰农场严禁使用任何形式的体罚。

1917年，甘地应位于比哈的昌帕兰居民之邀来到这个靛青产地，当地居民均以种植和加工靛青为业。当地农民的疾苦打动了甘地。他首先做的是说服和教育那些参与他的工作的朋友，他们每人都有一个仆人、一个厨子、一间单独的厨房，经常很晚才进餐。甘地说服朋友们改变生活习惯，于是仆人被遣散，不少厨房被分掉，他们最终同意按时进餐。甘地相信，改革当地农村需要教育，他在当地的六个村庄开办了小学。村庄的贫困逐渐使甘地不可

---

① 王长纯：《印度教育》，637页，长春，吉林教育出版社，2000。

能筹集到建校的经费，村民们唯一能做的就是捐赠些粮食和原料。教师也成了一大难题，因为甘地不可能给教师多少薪水，有时甚至分文没有。甘地在昌帕兰意识到，教育不可能独立于其他事务而存在，如果教育意味着村民的福祉，那么它还必须与健康和卫生相结合，与当地的实际相结合。①

甘地的这些农场教育实验逐渐积淀为他基础教育思想的基础，在20世纪30年代的基础教育运动中深刻影响了印度社会。

四、甘地的教育思想及实践评述

印度当代教育家克里什那·库马尔(Krishna Kumar)评论说，许多杰出的印度人、政治领袖、社会改革家和作家都参加了抵制英国政府殖民教育制度的运动，但是，谁也没有甘地那样尖锐、彻底和激进。甘地对殖民教育的抨击是他全面批判西方文明的组成部分。真理和非暴力是甘地最为珍视的两个价值准则，他认为殖民政治及其教育进程是对这两者的否定。甘地希望沿着他以为正确的道路进行教育，能帮助印度摆脱西方的进步观念，走向比西方发展模式更适合印度本身的需要，并且对整个世界而言也是更为切实的另一条发展道路。然而，对甘地思想的解释和评价常彼此对立，当时是这样的，独立后也是这样的。印度独立后，甘地的基础教育思想曾在几个地区继续执行，但在20世纪60年代以后，这种依靠原始生产过程的实践就难以为继了。印度走向工业发展规划，进入经济和政治的新时期，西方的先进经济已渗透到印度农业中了，权力也已集中化了。②

对于这个世界的许多人来说，甘地的遗产仍然是丰富的。对于甘地思想与实践的特征，诸多研究者将之视为印度传统与现代性的融合。美国芝加哥

---

① 王长纯：《印度教育》，636~641页，长春，吉林教育出版社，2000。

② ［印度］克里什那·库马尔：《默罕达斯·卡拉姆昌德·甘地》，见［摩洛哥］扎古尔·摩西《世界著名教育思想家》第2卷，65、71页，梅祖培、龙治芳等译，北京，中国对外翻译公司，1995。

大学政治系教授依洛德·鲁道夫（Elod Rodolfo）和苏珊·鲁道夫（Susan Rodolfo）在合写的《甘地领袖魅力的传统根源》一书中评述，甘地以传统的印度圣贤形象出现，应用深深扎根于印度民众之中的印度传统观念、象征、语言。例如，"人对自己的自治能力的提高可以增强对周围环境的控制能力"，勇气应包含在"禁欲""苦行""自我折磨""自我纯化"和"非暴力"之中，同时创造性地给它们注入现代西方民主、平等的思想，由此恢复了印度民众百年来遭受异族蹂躏的民族自尊心，鼓舞了他们争取独立自主的信心和勇气，这是甘地的真正贡献。

加利福尼亚州克威尔学院人文学教授诺尔曼·布朗（Knowlman. Brown）指出，甘地成为印度人民的杰出领袖，其根本原因在于他提出的每种思想、每种主张都以印度民众熟悉的印度教为依据，同时对印度教的思想做出了既合乎时代的又为民众所理解的"天才的、贴切的"解释，唤起了民众内心深处的共鸣，赢得了印度民众广泛的同情和支持，民众因此衷心拥戴他为领袖。马萨诸塞州圣乔治威廉大学政治系教授马丁·路易斯（Martin Louis）认为甘地是卓越的政治家，他开创性地提出的"自治""共同繁荣""土地捐献"等政治目标，印度教与伊斯兰教的团结，高等种姓与低等种姓的团结，印度与英国是"伙伴"而非"臣属"等，这些是以前任何人从未提出过的，是具有时代性和远见卓识的政治主张。他有政治家的才干和非凡的动员与组织民众的能力，他领导的三次大规模"非暴力不合作运动"是印度史无前例的政治斗争。他把国大党从只限于在上层阶级活动的政党，扩大为吸收下层人民、工人农民参加的政治组织，对国大党做出了重大贡献，并且又对他实现其政治纲领和政治主张起到了有组织地动员民众的桥梁作用。①

甘地领导的"非暴力不合作运动"、促进印度种姓平等等社会变革及其在教育等诸多领域的思想及实践遗产留了下来。2012 年 11 月，联合国教科文组

---

① 张东春：《美国学者对甘地的认识和研究》，载《吉林大学社会科学学报》，1986（2）。

织甘地和平与可持续发展教育研究所(The Mahatma Gandhi Institute of Education for Peace and Sustainable Development，MGIEP)正式成立，这是联合国教科文组织在亚太地区建立的首个一类机构，致力于开展和平与可持续发展领域的教育研究、知识分享、能力建设和政策制定。① 或许，这是继承与发展甘地思想和实践中优秀遗产的最好方式之一。

---

① 王婷婷、熊建辉：《教育是实现持久和平与可持续发展的基础——联合国教科文组织甘地和平与可持续发展教育研究所解读》，载《世界教育信息》，2014(5)。

第九章

埃及的教育

埃及是世界四大古老文明发源地之一，也是当今非洲教育最为发达的国家之一。在漫长的历史长河中，埃及创造了人类文明史上的辉煌，也为后世教育发展铺垫了厚实的文明基础。公元642年，埃及走出了罗马帝国统治时期，进入了阿拉伯帝国统治之下，也进入了伊斯兰世界。公元970年，世界上最古老的高等学校之一、埃及古老高等学府爱资哈尔大学（AL-Azhar University）正式创建，在此后的1000多年中始终是埃及的伊斯兰学术、文化和教育的中心。从18世纪后期起，埃及开始改变与世界各地隔绝的状况。19世纪早期，英国吞并埃及的野心逐渐显露出来，并在1882年正式占领了埃及，开启了长达40年的英国殖民历史。英国实行殖民地教育政策，同时也间接激发了埃及教育体系、私立教育以及教会教育的发展。进入20世纪后，埃及民族"独立"运动日趋高涨。第一次世界大战结束后，英国于1922年2月28日正式宣布撤销对埃及的保护权，承认埃及为独立主权国家，但实际上仍然操纵着埃及。"独立"后埃及的公共教育获得了较大发展，但仍然没有彻底解决双轨制和文盲问题，真正意义上的国家教育体制尚未完全确立，直到1952年纳赛尔（Nasser）领导的革命之后才逐渐确立。

第一节　英国殖民统治时期的教育(1882—1922 年)

18 世纪末，拿破仑入侵埃及，为欧洲列强入侵埃及打开了大门。在日益严重的民族危机之下，以穆罕默德·阿里(1769—1849)为代表的新地主商人集团崛起并掌权，推动埃及进入现代化进程。阿里当政期间，在政治、经济、军事、文化、教育等领域开展了自上而下的改革，使得埃及一跃成为"当时奥斯曼帝国的唯一有生命力的部分"①。然而，埃及的日渐强大也让英、法等国感受到了危机。19 世纪中期，英国与土耳其勾结，取得了在埃及修铁路、建立商船队等特权，阻挠埃及的现代化改革，使得埃及社会、经济等发展倒退了几十年。1882 年 9 月，英国军队以平定暴乱、保护侨民为借口，攻占了埃及亚历山大里亚港口，继而又攻下了开罗，埃及实质上沦为了英国的殖民地。土耳其扶持的傀儡政府对英国殖民者唯命是从。为化解财政危机，英国统治者削减了教育经费，为培植顺从的职员实行弱化世俗教育的政策。总的来看，英国占领的 40 年里，埃及的教育被英国殖民者视为统治的工具。英国推行愚民和奴化的殖民主义教育政策，使得阿里统治时期建立起来的埃及现代教育制度逐渐陷于瘫痪。

一、殖民时期的埃及教育

(一)殖民主义教育政策

在英国占领埃及之前，埃及国民教育体系已正常运转 30 多年，并已开始实施义务教育。早在 1867 年，埃及政府就颁布了义务教育令，要求立法机构中 18 岁以下的所有成员都应能够读写，且所有 30 岁以下的公民都要学会阅

---

① 《马克思恩格斯全集》第九卷，231 页，马克思恩格斯列宁斯大林著作编译局编译，北京，人民出版社，1961。

读。但是，由于缺乏教师和学校管理人员，这项法令的规定等于一纸空文，并在 1888 年被废除。由小学、中学和大学三个等级构成的埃及现代教育制度初步确立，政府、民间机构、个人和外国宗教团体纷纷参与办学，学校数量大增，从 1862 年的 185 所增加到 1879 年的 4817 所，其中包括 2 所女子学校，大部分实行免费教育。①

1882 年，英国占领埃及后，开始推行愚民和奴化的殖民主义教育政策，无心发展埃及现代教育体系。也正因如此，英国占领当局故意对埃及人实行紧缩教育经费的政策。1883 年，英国驻埃及总督巴瑞恩（Baring）就任时，埃及国内正面临财政危机，于是，他将削减教育经费作为应对财政危机的一种方法，这成为英国政府在埃及的教育政策基础。在教育经费紧缩政策的影响下，埃及取消了免费教育，关闭了大批学校，减少向欧洲派遣留学生名额。

在缩减教育经费支出的总体政策下，英国占领当局采取削弱埃及的普通教育，尤其是高等教育的方针，并忽视技术教育。英国占领当局着眼于把世俗人才训练成会说英语的政府职员，而不是国家急需的技术和科技人才。因此，政府学校提供了一种符合英国需要的教育，注重培养学生顺从的精神。一些能激励学生独立思考的科目，如哲学、伦理学、经济学、古代与现代、阿拉伯与欧洲文化等，都被排除在学校课程之外。政府开办的学校并不鼓励学生独立思考，死记硬背成了应付考试的主要方法。技术教育在这一时期并不受到重视。现代技术学校不提供文化知识科目，如历史、地理等。对进入现代技术学校的学生的唯一要求是能够阅读和书写，以及具有有关计算规则的初步知识。尽管政府于 1906 年设立了职业教育局，但技术学校的经费主要来自学生自己的产品以及他们劳动所得的工资。直到 1911 年，这些技术学校的所有毕业生才能被政府雇佣。特别应该指出，在 1910 年之前，埃及这个以农业经济为主的国家里，仅有 1 所农业学校。由于进入农业学校的学生与进

---

① 杨灏城：《埃及近代史》，143 页，北京，中国社会科学出版社，1985。

入其他中等学校的学生一样需要具有"初等教育合格证书"，但后者却提供了比前者更好的教育，因此，学生竞相选择后者，这样就必然限制了农业学校的发展。

英国殖民者为维护统治，大肆向埃及移植欧洲教育模式。英国殖民者规定小学三年级起一律用英语讲课，本国教员逐渐为外国教员所取代。公立学校的入学和毕业都由考试制度控制，主要有初等教育合格证书考试、中等教育合格证书考试等。这些考试在英国占领埃及后由英国考试审议机构决定，而不是教师。试题由该委员会编写，答案由英国顾问本人亲自交给主考官，由主考官给出成绩。考试合格者才有资格升入高一级的学校。在这样的制度设计下，学生通过考试的标准和比例都控制在英国人手中。通过压低考试合格通过率，英国可以直接控制埃及人才供给以及社会阶层的变化。此外，英国占领期间成功引进了依据受教育水平决定能否在政府工作的做法，从政府学校毕业后一定能进入政府部门做公务员的观点深入人心。

相比之下，英国殖民者更为重视私立教育和宗教教育。在英国占领当局削减教育经费的教育政策下，私立教育和教会学校教育并没有因此而受到影响。同时，由于女子教育并没有因教育财力的限制而停滞不前，英国占领当局对女子教育在一定程度上是鼓励的，尽管没有得到政府的财政资助，因此女子学校在这一时期得以存续。1856年，美国一个传教机构在埃及开办了第一所外国女子学校，1873年，埃及统治者伊斯梅尔的第三位妻子开办了第一所埃及女子学校，但只有那些特权家庭和富裕家庭的女孩才能获得受教育机会。1910年，科布莱-库布拉还开办了一所女子职业学校，进入这所女子职业学校的学生须已获得初等教育合格证书，学校提供家政、刺绣和缝纫方面的训练，但这些课程并不能在家庭以外为妇女提供就业机会。1920年，埃及开办了第一所女子中学，目的是使女孩对家庭生活有所准备。然而，由于伊斯兰文化传统并不支持女子学校的发展，加之英国占领当局规定政府职

位仅仅雇用男子，女子学校师资缺乏，因此多重困境之下的女子学校发展
并不顺畅。

（二）各级各类教育的发展

在以愚民和奴化为主旋律的殖民主义教育政策的指导下，埃及各级各类
教育发展缓慢，并沦为了殖民统治的工具，对埃及经济社会发展的促进作用
甚微。也正因如此，教育问题在这一时期成为埃及知识分子进行反对英国占
领当局的一个方面。

埃及公共教育体系逐渐萎缩，文盲遍及全国。到 1883 年时，埃及仅有
270 所实施世俗教育的小学（primary school）、3 所阿里时期技术教育遗留下来
的中等专科学校。1888 年时教育经费减少到 7 万埃镑，1905 年时留学生派遣
名额减少到 2 名，到占领结束时埃及高中学校从 25 所减少为 4 所。① 此外，
还有 60 名学生在 1 所阿拉伯师范学校学习，300 名学生在女子学校学习，
48664 名学生在外国语言学校学习。大部分埃及男孩在 9647 所传统的和宗教
的"昆它布"（kuttab）和 4664 所初级学校接受教育。② 1907 年，全国 1130 万人
中只有 609000 个男人和 6100 个女人受过教育，其余都是文盲，占全国总人口
的 94.7%。③ 这正是英国占领当局希望出现的状况，以便于对埃及进行统治。
与公共教育体系发展不同，埃及私立教育发展没有受到较大影响。1914 年，
整个埃及有 739 所私立学校，学生人数 9.9 万人；还有 328 所教会学校，学生
人数 4.8 万人。④

政府工作人员是基于考试分数进行选拔的，这也限制了埃及学校数量的
增长。在 1887—1890 年，由于政府需要大量工人，因此考试标准有所降低。

① 穆罕默德·艾尼斯、赛义德·拉加卜·哈拉兹：《埃及近现代简史》，122 页，埃及近现代简
史翻译小组译，北京，商务印书馆，1980

② Judith Cochran, *Education in Egypt*, London, Croom Helm, 1986, p.10

③ 杨灏城：《埃及近代史》，240 页，北京，中国社会科学出版社，1985。

④ 穆罕默德·艾尼斯、赛义德·拉加卜·哈拉兹：《埃及近现代简史》，122 页，埃及近现代简
史翻译小组译，北京，商务印书馆，1980。

但即便如此，参加考试的学生数仍然较少，通过率仍然较低。1888年，有1381名学生参加初等教育合格证书考试，只有427名学生通过，通过率仅30.9%。中等教育合格证书考试的情况更差。1891年，有128名学生参加考试，只有28名学生通过，通过率仅21.8%。[①] 这样的考试情况不仅阻碍了学生继续接受教育，也阻碍了学校数量的增加。

公共教育大臣札格卢勒(Zaghlul)领导发起了一场扩展教育的运动，推动了埃及农业教育和留学教育的发展。1911—1921年，埃及新开办了9所农业学校。[②] 此外，在教育部的直接管理下，还成立了一个旨在鼓励学生去欧洲各国大学学习的委员会，但学生费用须由学生家长负担。1914年，埃及共有614名学生去欧洲各国大学学习，其中372人去英国，139人去法国。[③] 但是，只有富裕的埃及家庭才能送他们的孩子去国外接受教育。

宗教教育作为埃及教育制度的重要组成部分，在土耳其统治的520年间一直担负着培养优秀宗教人才的任务。埃及人被训练成乌拉马斯(Ulamas)，即能够解释《古兰经》《圣训》的人。爱资哈尔清真寺的存在以及埃及在伊斯兰世界和阿拉伯世界中所起的作用，使得宗教人士(长老)在埃及社会生活中起着举足轻重的作用。他们构成了一个社会地位仅次于埃及统治者的阶层。由于这是一个知识分子阶层，也是一个与埃及民众关系甚密的阶层，因此，他们对埃及的社会、思想文化和学校教育产生了极其重要的影响。但是，宗教教育制度同样缺乏活力，从最低的昆它布到最高的、历史悠久的爱资哈尔大学都不例外。

(三)高等教育的发展

英国于1882年占领埃及时，对埃及高等教育采取了极为消极的政策，使

---

① 转引自单中惠：《在世界范围内寻觅现代教育智慧》，255页，北京，人民教育出版社，2014。

② Judith Cochran, *Education in Egypt*, London, Croom Helm, 1986, p.16.

③ 滕大春：《外国教育通史》第5卷，522页，济南，山东教育出版社，1993。

其出现明显的萎缩和倒退。英国占领当局认为，埃及人不需要更多的教育，只要有初等教育就足够了。因此，1882 年之后，埃及高等教育机构和学生的数量大幅减少。由于受到英国殖民主义统治的压制，埃及民族主义者和社会有识之士大力呼吁发展教育事业，尤其是发展高等教育，这样才能培养出自己的知识分子，才能取得民族解放运动的最后胜利。

从 1900 年开始，埃及社会各界开始呼吁创办大学。1900 年 2 月 1 日，埃及《新月》杂志发表题为《建立埃及综合高等学府是我们的最大需求》一文，指出："建立一所综合高等学府，教育埃及青年和人民懂得什么是民主？什么是独立？什么是爱国？什么是他们的权利？什么是他们的义务？以提高全民族的文化水平和觉悟。"[1]1904 年，有人在报刊上发表《全民族的学府》一文，阐述了大学的办学目标、培养方案、机构设置、经费筹集等。1906 年，埃及民族主义者扎格卢勒召集了大学筹建会议，成立了由 11 人组成的大学筹备委员会，这些委员都是来自政界、学术界、法律界的有识之士。大学筹备委员会在大力募集经费的同时，积极赢得埃及国王和英国统治当局的认可。该委员会决定将大学定名为"埃及大学"，其性质是全民大学，埃及全国的青年，不分民族和宗教信仰，都有权利申请和报考大学。直到 1908 年，埃及国王才在英国统治者的默许下，不得不同意兴办大学，并派出王储艾哈迈德·福阿德作为大学筹备委员会会长。

1908 年 6 月 1 日，大学筹备委员会正式向政府提出了兴办大学的申请，并很快得到批准，从此埃及大学在法律上得到了合法地位。是年 12 月 21 日，埃及大学（the Egyptian University）举行了开学典礼。埃及大学刚创办时，规模很小，只有 5 位教师，讲授 5 门课程，即伊斯兰文化，埃及和东方古代文化，阿拉伯语言、历史、地理，法国语言和文学，英国语言和文学。这些教师都是兼职教师，教师出现空缺的情况时有发生。1925 年之前，能够上课的教师多的时

---

[1] 李振中、白菊民：《开罗大学》，23 页，长沙，湖南教育出版社，1993。

候也仅有16人。成立之初的埃及大学是私立性质的,政府每年提供2000埃镑的资助,但这些经费难以支持埃及大学吸引和维持高质量的师资队伍,师资短缺的情况直到1925年并入国立埃及大学后才有了较大改善。

私立埃及大学的学生可以注册为正规生和旁听生两类。正规生是指在各类中等学校学习的学生,以及部分来自爱资哈尔大学的学生,注册后至少选修一门课程,并缴纳一定的费用,课程考试合格后发给合格证书。旁听生是指各类在职人员或无业人员利用业余时间来学习,选修课程需要缴纳一定的费用,但无须参加考试,也不获得任何文凭。埃及大学各学年开课及学生情况见表9-1。

表9-1　埃及大学各学年开课及学生情况等

学年	教授数	课程门数	学生总数
1908—1909	5	5	—
1909—1910	8	8	415
1910—1911	15	15	185
1911—1912	13	16	123
1912—1913	9	9	75
1913—1914	10	10	321
1914—1915	14	14	277
1915—1916	17	16	355
1916—1917	12	12	—
1917—1918	13	13	218
1918—1919	14	14	177
1919—1920	14	14	—
1920—1921	15	15	253
1921—1922	16	16	107
1922—1923	10	10	—
1923—1924	9	9	—
1924—1925	4	5	—

资料来源：Donald Malcoln Reid, *Cairo University and the Making of Modern Egypt*, Cambridge University Press, 1991, p. 45.

1912—1913 学年，私立埃及大学正式举行考试，授予塔哈·侯赛因文学学士学位。这是埃及大学第一次授予学位。1919 年，埃及大学进一步改革学位制度，将学位类型划分为哲学学士和历史、地理学士两类。从学位称号上来看，民办的埃及大学由于受到经费、设备、师资等多方面的限制，仍然属于传统的文科大学，自然科学和理工科课程发展缓慢。开设的课程门数和学生数也出现不小的波动。有关文学、哲学和社会学的讲座都邀请欧洲一些大学的学者来做，有关高等数学、天文学和物理学的讲座由著名的埃及学者来担任。此外，曾有 24 名学生被送往欧洲的大学去学习各门科目，学成回来后在这所大学里任教。

总的来看，英国占领期间，埃及教育发展极为缓慢，世俗教育的宗旨异化为为培养政府低级文员服务，而不是培养埃及经济社会发展需要的人才，也不是为了满足埃及人民个体发展的需要。英国殖民主义教育政策加上教育经费紧张，使得埃及人口中存在大量的文盲。第一次世界大战前后，埃及民族主义思潮有了新发展，民族解放运动日益高涨，提出了完全独立的口号。1919 年，开罗、亚历山大和其他一些城市陆续发生了大规模的反英游行示威，知识分子、学生、工人、农民等社会各阶层都积极走上政治斗争的舞台。1922 年，迫于埃及民族独立运动的压力，英国政府发布声明，宣布结束英国和埃及的保护关系，承认埃及为独立国家。但声明中提出了"四项保留条件"，英国的军队、官员、教师和军事人员仍留在埃及，这对"独立"后的埃及教育仍有一定的影响。

二、阿布杜的教育主张与影响

阿布杜（Abduh，1849—1905），埃及宗教思想家、改革家，还是倡导并实践新式理念的教育家。他被誉为埃及近代社会改革的奠基者，被阿拉伯学界和西方学界公认为是"伊斯兰现代主义的引导者"[1]。这说明他的改革思想和

---

[1]　Mark Sedgwick, *Muhammad Abduh*(Preface), London, Oneworld Publications, 2010, Ⅵ.

实践深入人心,为社会发展与改良做出了极大贡献。他超越时代的改革观念与立足现实的超人胆略,成为推动和引导埃及社会现代化发展的主要因素之一。

(一)生平与著作

阿布杜于1849年出生于埃及布海勒省舍伯拉黑特县麦哈拉图纳斯尔村的一个贫苦农民家庭。他出生的那个时代正是阿里改革受到西方殖民者大肆阻挠,国家发展的自主权逐渐丧失,有识之士的革新热情走向高涨的年代。那样的时代背景也给阿布杜的成长打上了深深的烙印。为了改善家庭境况,阿布杜一家几次搬家。后来可能是因为家境好转,父亲为到了上学年龄的阿布杜聘请了家庭教师,开始教他读书识字。9岁时,父亲送他到一位经师家里学习《古兰经》诵读。1862年,结束启蒙教育的阿布杜进入坦塔的艾哈迈德清真寺继续学习经文。艾哈迈德清真寺在教授学生学习和诵读经文方面颇有名气,属于省城一级的经文学校,声誉仅次于赫赫有名的爱资哈尔清真寺学校。然而,艾哈迈德清真寺的教学方式过于刻板和僵化,只要求学生死记硬背,为此,阿布杜弃学回乡务农。16岁时,阿布杜结婚,婚后在父亲的逼迫下又回到清真寺继续学习。其间,阿布杜在叔父的开导和影响下,开始学习苏菲神秘主义教理和功修,遇到了苏菲大师谢赫戴尔维士·赫多拉,并跟从他学习伦理准则,研读苏菲修养读本。经过半个月的时间,阿布杜在思想上发生了显著变化,能够坦然面对社会,并对生活有了新的认知,学习兴趣增加不少。1866年2月,阿布杜离开坦塔的艾哈迈德清真寺,来到开罗的爱资哈尔大学求学。当时,爱资哈尔大学的教师分为保守派和苏菲派两大阵营,但在教育上仍然是保守的传统宗教教育。为汲取更多有益知识,阿布杜常穿梭在两派学者之间,跟随爱资哈尔大学开明型学者之一的谢赫哈桑·塔维勒学习逻辑学和哲学。

从根本上改变阿布杜人生态度的是他的一位忘年交导师——赛义德·哲

马鲁丁·阿富汗尼。1871 年，提出"自由"思想的阿富汗尼到爱资哈尔大学讲课，并在埃及居住了 8 年。阿布杜结识了阿富汗尼，并拜他为师，形影不离地跟着他参加一些社会活动，系统学习哲学、新闻写作和研究方法。在阿富汗尼的指导下，阿布杜放弃了弃世和禁欲主义，密切关注国家和民族的命运，积极参与旨在改变现实的社会和政治活动。1874 年，阿布杜的首部作品《论神秘启示》问世，书中披露了他求知的心路历程，指出"是阿富汗尼把他带入了一个新世界"①。1876 年，阿布杜在刚创办的《金字塔报》上陆续发表了 5 篇文章，讨论了一些重要的社会和学术思想问题。同年，阿布杜的第二部著作《贾拉尔·达瓦尼关于阿杜达尔·丁教义学评注的难语解释》问世，这表明阿布杜的个人兴趣已从纯粹的苏菲神秘主义转向了主流的教义学信仰体系的思考和研究。他在书中引用了一则圣训并进行了大胆发挥，表明了他的团结、宽容和求同存异的基本原则和立场，据此进一步引申出一个具有深刻内涵的结论：理性是指引人民达到真理的唯一向导。②

1877 年，阿布杜完成了学校规定的各门功课，从爱资哈尔大学毕业，获得了学者学位(alim)，并留在爱资哈尔大学开始从事教学工作。他从阿富汗尼那里学到的教学方法、思想方法和研究方法，使他很快便熟悉和胜任了教学工作。他授课时，旁征博引，内容丰富，生动活泼，注重用理性思辨和逻辑论证来阐释伊斯兰教信仰和历史文化传统，深受学生喜爱。1878 年年末，阿布杜被任命为开罗一所新建的师范学院的历史课教员，这所师范学院在埃及改革派人士的支持下成立，旨在推行现代科学学科。在爱资哈尔大学和师范学院继续执教的同时，阿布杜又被任命为赫迪威语言学院的阿拉伯语言文学教师。他试图通过教育培养一代埃及新人，肩负起复兴阿拉伯语言和伊斯兰教各个学科的使命，同时对埃及政府偏离正道的政策和行为予以纠正。然

---

① 吴云贵：《近当代伊斯兰宗教思想家评传》，87 页，北京，中国社会科学出版社，2016。
② 吴云贵：《近当代伊斯兰宗教思想家评传》，89 页，北京，中国社会科学出版社，2016。

而，受到当时埃及统治集团内部矛盾和纷争的影响，阿布杜因其改革言论被解除了在师范学院和语言学院的教学职务。1880年，阿布杜又被任命为《埃及政府公报》的编辑。在任期间，他十分关注民族教育事业和政治发展。1881年，埃及政府决定成立最高教育委员会，阿布杜成为该委员会的成员，并被任命为负责研究改进全国所有学校教育计划问题的委员会成员。阿布杜对1881年爆发的民族主义运动深表同情，但也因此被埃及政府判处三年零三个月的流刑，并禁止在刑满后重返埃及。

1882—1888年流放期间，阿布杜先是在贝鲁特居住了一年，1884年受阿富汗尼的邀请移居巴黎，并以巴黎为基地开展广泛的伊斯兰主义的宣传和组织活动。作为阿富汗尼的助手，阿布杜协助他在巴黎成立名为"坚柄"的秘密组织，同时创办了一个同名的报刊《坚柄报》。在出版发行了18期后该报刊遭到法国当局的封杀，阿布杜也因此结束了在巴黎的工作，于1885年回到了贝鲁特，受聘担任当地苏丹学院教师，并帮助学院增设了伊斯兰教义学、教法学和史学课程。旅居贝鲁特期间，阿布杜访问了多个欧洲国家，切身感受到了西方文明的魅力，使他在心灵深处受到了极大的触动，也进一步坚定了他致力于改革的决心。1888年，阿布杜得到埃及国王陶菲克的宽恕，又回到了埃及。

回到埃及后，阿布杜受到埃及各界人士的热烈欢迎。尽管他希望继续回到开罗师范学院当老师，但国王陶菲克·帕夏任命他为埃及一所本地人法院第一审法庭的法官。他开始了晚年的公务生活和改革活动。1892年，阿布杜组建了穆斯林慈善协会，开展普及教育、援助灾民等活动，对维护社会稳定发挥了积极作用。1895年，他受命代表埃及政府参与了爱资哈尔大学的行政管理改革，推动了爱资哈尔大学的现代化。1899年，阿布杜被任命为埃及最高宗教委员会的伊斯兰教教法说明官，即穆夫提，不久又被任命为埃及立法委员会的终身成员，这使得他的改良创新思想有机会深刻影响埃及的现代化进程。从这年开始直到去世前，他一直在爱资哈尔大学教授"古兰经注释"课程，其间翻译了斯宾塞法语版的《教育论》，注释了图斯的逻辑学专著《努赛里耶明鉴》、居尔贾尼的《雄辩例证》等。然而，天妒英才，晚年的阿布杜身体状况一直不好，1905 年 6 月，在准备启程去欧洲旅行的前一晚上病倒了，7 月11 日被病魔夺去了生命。

短短 56 年的生命里，阿布杜留下了丰富的著述，反映了他用现代主义观点重新诠释伊斯兰教，通过改革达到宗教与民族复兴的目标。阿布杜生前撰写与发表的文章和著作，以及未公开发表的文字手稿，都被他的弟子、叙利亚学者拉希德·里达保存了下来，并汇集整理成册。其中，最有影响的一部著作是《一神论》(*Resalatu al-Tawahidi*)。① 主要著作如下表 9-2 所示。

表 9-2　阿布杜主要著作列表

著作名	出版年份	简略评价
《论神秘启示》	1874	该书论述了神秘启示在宗教生活中的重要意义和作用，披露了阿布杜在阿富汗尼开导下思想转变的过程。
《贾拉尔·达瓦尼关于阿杜达尔·丁教义学评注的难语解释》	1876	贾拉尔·达瓦尼是 16 世纪初的一位伊斯兰教义学家，对 14 世纪艾什尔里学派教义学家的论述进行评述和注释，但其中疑难术语过多，阿布杜遂撰写工具书予以浅释。
《一神论》	1897	阿布杜最有影响的一部代表作，原是他流放贝鲁特期间从事教学的讲义，后整理成书。该书系统论述了伊斯兰教义学的信仰体系，被誉为"准乎原则合乎时代以阐明伊斯兰教教旨的著作，这是前人所不及的"。
《阿拉伯语言学大全》（共 17 卷）	1896	正确、规范地使用阿拉伯语言文字是阿布杜的一贯主张。阿布杜主持编写该书，体现了其对阿拉伯民族语言文字的高度重视。

---

① 1934 年商务印书馆出版中文版时译为《回教哲学》，1946 年再版。

续表

著作名	出版年份	简略评价
《伊斯兰教、基督教与科学、文明》	1901	原为1901年发表在《灯塔杂志》上的系列文章，1902年出版单行本。阿布杜从四个方面反驳了伊斯兰教对科学、文明不宽容因而导致近代衰落的片面论断，表达了强烈的护教论立场。
《〈古兰经〉注释》	1903—1905	阿布杜生前只完成了对《古兰经》前四章内容的注释，对了解阿布杜的宗教思想有重要参考价值。

资料来源：吴云贵：《近当代伊斯兰宗教思想家评传》，101~102页，北京，中国社会科学出版社，2016.

除了表9-2中列出的公开出版的著作外，阿布杜还留下了不少译著和一些未发表的手稿。主要译著有《驳唯物主义者》(阿富汗尼)的阿拉伯文译本、斯宾塞的名著《教育论》(法文版)的阿拉伯文译本等。未发表的手稿有《论存在的统一性》《社会与历史哲学》《埃及教育体系》《奥拉比反叛的原因》等。这些著作和手稿反映了阿布杜所关注的问题以及其研究兴趣的广泛。

(二)主要思想主张

阿布杜是19世纪埃及乃至整个伊斯兰世界最有影响力的宗教思想家和宗教改革家之一。作为伊斯兰现代改良主义的倡导者，他在思想上深受他的导师哲马鲁丁·阿富汗尼的影响，但阿布杜"不赞成阿富汗尼所主张的暴烈、突然的行动计划，而主张采取缓和、渐进的教育改革和法律改革来达到自己的目标"[1]。阿布杜具有强烈的"问题意识"和社会危机感，这种问题来自两个方面：一方面是来自殖民主义扩张和强权政治的威胁，需要认清和回答"西方何以兴盛强大""西方文明的优势和强点是什么"的根本问题；另一方面是内部自身的弱点和问题。对这些问题的回答，构成了阿布杜的宗教观的根本出发点，

---

[1] Nikki R. Keddie, *An Islamic Response to Imperialism: Political and Religious Writings of Sayyid Jamal al-Din "al-Afghani"*, University of California Press，1968，p.14. 转引自吴云贵：《近当代伊斯兰宗教思想家评传》，104页，北京，中国社会科学出版社，2016。

也体现了他的宗教观的基本思想倾向和主要内容。简言之，阿布杜的宗教观的首要之点是在穆斯林大众中间掀起一场广泛的复兴伊斯兰教信仰的运动，以此为应对社会危机的根本精神动力。①

阿布杜认为伊斯兰教的核心是相信作为理性所建立的、被启示支持的真主的单一性。他指出，以前的思想家以学术为理性的目的，以宗教为信仰的目的，二者都是片面的。他认为《古兰经》中充满理性，伊斯兰教唤醒了沉睡的理性，理性又成为伊斯兰教最强的辅弼。在阿布杜的思想中，伊斯兰教与科学的关系是融洽的，民族要进步、社会要发展就必须有科学的发展，"闭耳不闻和脱离科学，在野蛮时代是可以的，而在现时代则是不允许的"②。阿布杜希望未来的伊斯兰教成为"科学的宗教"和"理性的宗教"。科学之于宗教在于它的方法论意义，在于以科学为尺度来检验和认定宗教事实，只有符合事实的宗教体验才能被接受。

阿布杜认为，阿拉伯世界各国落后是由于伊斯兰教受到污染，即后来者篡改或歪曲了真主使者穆罕默德所传的经义，因此宗教改革的目的就是遵循最初出现的"纯洁的"伊斯兰教，捍卫《古兰经》这个绝对正确的圣书权威。阿布杜推动宗教改革的根本目的是伊斯兰教能更好地适应现代文明，其实质是为了适应阿拉伯国家资产阶级改良主义的发展要求。在具体的改革措施上，阿布杜首先通过广泛的社会政治活动、书籍和文章等宣传他的宗教改革主张，并通过担任政府官员把他的思想转化为政府的决定和实践。他批判了当时伊斯兰教的一些传统习俗，如他不赞成对圣徒、圣墓这样具体的人或物进行崇拜，斥责什叶派，批判蓄奴制等。他认为，创造万物的真主，在万物之中特为人类赋予理性、修辞、文字、语言等各种属性，因此人人都能平等地去理解《古兰经》经义，并根据自己的能力去践行。总之，阿布杜主张将人的智力

---

① 吴云贵：《近当代伊斯兰宗教思想家评传》，104页，北京，中国社会科学出版社，2016。
② 黄心川：《东方著名哲学家评传：西亚北非卷》，604页，济南，山东人民出版社，2000。

解放出来，不要对之施加任何限制，顺其自然，让其在认知真主的权能和创造力上发挥建设性的能动作用。①

阿布杜认为要依靠教育和团结去推动伊斯兰教恢复到初期那种解放的状态。在教育方面，他提倡复兴阿拉伯语，尊重人民的权利，使之从专制和独裁中摆脱出来。他反对思想僵化，主张人应当具有一种独立和自由思考的新精神。为了使伊斯兰教适应现代社会发展的需要，他还认为应该引进西方的现代科学技术，使西方的现代文化适合伊斯兰教的教育。人民解放的真正道路是教育，教育使人的理性得到提高。在他看来，《古兰经》中确立了理性是真理的最后仲裁的观点，并在理性的基础上建立了道德戒律。但伊斯兰社会对提高理性的学科，如神学和哲学都极为忽视，像爱资哈尔大学这样的最高教育学府都不开设神学和哲学，阿布杜认为这是伊斯兰教的不幸。②

在社会改革方面，阿布杜赞同埃及社会改革宜缓不宜急，他认为埃及的政治和社会改革应分步骤进行：第一步是扩大教育规模，让更多的人受到良好的教育，使他们认识到自己的权利和义务，增强他们的参与意识；第二步是利用舆论工具动员群众，揭露社会政治的黑暗面，增强改革的紧迫感；第三步是建立廉洁的政府，关键是政府首脑，认真贯彻改革的各项措施；第四步是建立议会制，扩大地方政府的权限，使立法、司法和行政形成既互相配合又互相约束的机制。实施这些步骤的关键是民族觉悟，否则议会制只能是一种徒有其名的形式，而民族觉悟的前提是人们的受教育水平得到提高，所以阿布杜与后来的一些改革家都积极主张首要任务是发展教育。③ 可以看到，在阿布杜的思想体系中，教育具有举足轻重的作用，是推动宗教改革和社会

---

① 吴云贵：《近当代伊斯兰宗教思想家评传》，125页，北京，中国社会科学出版社，2016。
② 黄心川：《东方著名哲学家评传：西亚北非卷》，604页，济南，山东人民出版社，2000。
③ 黄心川：《东方著名哲学家评传：西亚北非卷》，588~589页，济南，山东人民出版社，2000。

改革的基石。

(三)教育实践和影响

阿布杜十分重视教育问题，非常关注埃及的教育事业发展，这与他长期从事教学工作、担任教育委员会成员的经历不无关系，也反映出他将教育问题视为宗教改革和社会改革基石的观点。

阿布杜在爱资哈尔大学读书期间，就在报刊上发表文章论述教育问题。他主张学习各方面的科学知识，既包括传统教育的课程，如数学和逻辑，也包括"那些对我们的新时代生活有用的新学科"。他主张将物理、化学、医学等学科的教材译成阿拉伯语，同时也译介文明史方面的外文著作。在学生时代，在以传统宗教教育为主导的大环境中，仅有为数不多的受过西方教育的师生能够与阿布杜的教育改革思想产生共鸣。他也因此受到排挤，险些未能从爱资哈尔大学顺利毕业。

大学毕业后的阿布杜在执教过程中，坚持以身作则，因其深厚的学养、别具一格的教学方式、新鲜的教学内容，吸引了众多青年学生。他在爱资哈尔大学执教期间，教授伊斯兰教史、社会文明史、阿拉伯语言和文学等课程，为学生讲解民族兴衰的社会历史根源、文明社会的准则等新鲜内容。他还精通法语，将斯宾塞的教育学名著《教育论》(法文版)翻译成阿拉伯文，并深受斯宾塞教育思想的影响，将其运用到教育改革和实践中。他在教学中重视发展学生的理性，鼓励学生独立思考，大胆运用"创制"原则来解释经训中无据可依的问题。提倡"创制"的根本目的是对伊斯兰教历史传统进行理性主义的审视，对传统中妨碍社会发展进步的内容予以改革或摒弃。因此，他的教学改革尝试遭到了爱资哈尔大学保守势力的攻击。

在教育改革实践中，阿布杜认为教育体制改革是首要任务。他既对传统的宗教教育体制不满，又反感全盘欧式的教育体制。他主张构建一种传统和现代相结合的教育体制，更好地服务于埃及宗教改革和社会改革。他在主持

《埃及政府公报》编写和发行工作期间，撰写了多篇涉及教育领域的文章，批判埃及教育事业的诸多问题，如学校数量严重不足、师资水平偏低、教学方法陈旧落后、教育总体规划缺失等现象。他的这些批判给埃及政府带来了巨大压力。于是，1881 年 3 月，埃及政府决定成立最高教育委员会。阿布杜被任命为委员之一，并具体参与全国学校教育计划研究改进工作。他认为，教育改革广泛而复杂，从根本上说是改革埃及民族的性格、观念和行为的问题。提高民族素质要从提高个人素质做起，没有这一基础，任何改革都行不通。改革是个漫长的历史过程，第一步是改革教育，因为埃及"真正的贫苦是缺乏教育，所以也不知道应当如何聪明地去利用物质利益"①。

阿布杜在贝鲁特生活期间，广泛考察了叙利亚和奥斯曼帝国各地的教育状况，在积累大量资料的基础上提出了教育改革的建议。1886 年，他在详尽调查的基础上撰写了两篇论文，阐述了对教育改革的意见和建议。《关于改革和宗教教育问题的建议》是呈交给奥斯曼帝国伊斯兰长老的调查报告。文章指出，由于区分宗教教育，在整个帝国境内人们对伊斯兰教普遍无知，结果导致"外国恶魔"对民众心灵的某种控制，这成为帝国衰败的诱因之一。为改变这种状况，应在全帝国各地普遍实行"分级教育"，即根据职业和受教育水平，将所有人群分为三类，按照相应的教材和课程"分级施教"。《关于在叙利亚施行改革的建议》是呈交给贝鲁特总督的调研报告，其主要内容围绕叙利亚三个省份，即黎巴嫩、贝鲁特和叙利亚的宗教、教育、政治方面的基本情况展开，指出外国教会开办的学校对帝国的安全构成潜在的危险，防范的办法是加强对国民的伊斯兰教教育。

结束流放生活后，回到埃及的阿布杜始终关注爱资哈尔大学的世俗化改革，尤其是在他生命的最后 10 年中，更是把主要精力倾注于爱资哈尔大学的教育改革工作。他希望爱资哈尔大学有朝一日会成为教育改革的一座灯塔，

---

① 吴云贵：《近当代伊斯兰宗教思想家评传》，92 页，北京，中国社会科学出版社，2016。

并把自己的改革建议转告给了爱资哈尔大学的校长穆罕默德·安巴比，但遭到了断然拒绝，这也让阿布杜认识到了教育改革的艰难。在阿布杜的积极建议和推动下，爱资哈尔大学陆续采取了一些改革措施，包括增加教师薪资，表彰业绩突出的资深教师，增强教师的积极性；增加学生津贴，改善学生伙食；增设校医；改革学校行政机构，增设校长助手；成立学校知名长老委员会，全权负责研究和考查学生的学习情况；优化大学图书馆管理；颁布新的规章制度，规范教师行为、师生关系等。不仅如此，爱资哈尔大学的改革措施以规范教学课程最为重要，这是因为在阿布杜看来，在这个由保守派把持的教育机构中，教育改革只能从课程设置入手，循序渐进地进行。按照教育改革新规定，课程设置包括基础科目和辅助科目两类。前者以宗教教育为主旨，包括教义学、经注学、圣训学、教法学、苏菲神秘主义、宗教伦理等传统学科。后者原来被称为理性主义学科，包括阿拉伯文语法、句法、诗体学、修辞学以及天文、历史、地理等学科，变为辅助学科后进一步增设了算术、代数、几何、伊斯兰教史等学科。可以看到，辅助学科的实用性更强，便于学生掌握更多的现代科学知识，改变了以往那种重视基础学科而轻视辅助学科的倾向。同时，阿布杜还提出建立督学机构，引进考试制度和学位制度，要想获得毕业文凭，成为称职的学者，学生不仅要通过所有基础学科的考试，还要通过部分辅助学科的考试。

尽管阿布杜提出了诸多教育改革建议，但现实中改造传统宗教大学的难度远远超出预期。在阿布杜去世前的几个月，他退出了大学行政管委会，开始倡导建立一所新大学。在他看来，创新一所新大学比改造一所旧大学还容易些。他在临终前呼吁人们为新大学捐款捐地，早日把埃及大学办起来，但却未能亲眼见到埃及大学的成立。阿布杜去世后，他提出的教育改革主张在他的追随者的推动下逐步变成了现实，然而有些并未得到全面实施。例如，爱资哈尔大学的全盘现代化教育直到20世纪六七十年代才最终实施。尽管如此，阿布杜作为埃及教育改革家，其教育思想对埃及甚至对整个伊斯兰世界的近代教育改革都产生了深远的影响。

第二节　宪政时期的教育(1923—1952 年)

英军入侵埃及时宣布其占领是"暂时的"，目的在于镇压奥拉比的判断，恢复赫底威的统治，待这一目标实现便立即撤军。然而，英国的承诺并没有兑现。直到第一次世界大战爆发，英国陷入了战争的泥潭，同时埃及民族主义运动不断高涨。经过几年的斗争，英国被迫于 1922 年 2 月 28 日宣布撤销对埃及的保护权，承认埃及为独立主权国家。1922 年 3 月 16 日，埃及宣布为独立的君主立宪国家。1923 年，埃及正式颁布了第一部资产阶级性质的宪法。1924 年初，埃及举行了独立后的第一届国会选举，华夫脱党获得了 87% 的议席，民族独立运动领袖扎格卢勒出任内阁首相。[①] 扎格卢勒十分重视教育事业发展，因自幼受"教育救国"思想的影响，在他担任独立后的第一任首相期间，增加了教育拨款，推动了独立后埃及教育事业的发展。从 1922 年埃及独立到 1952 年革命，埃及学校数量总体上增加了，取消了学费，文化知识传授及阅读和书写能力提升受到关注。与此同时，这一期间埃及仍然存在两套教育体系，也不重视技术教育，直到 1952 年革命以后，纳赛尔政府重建教育体系，埃及才实现了教育制度的统一。

一、独立后埃及教育的改革与发展

1922 年，英国虽然迫于压力承认埃及为独立主权国家，但同时宣布保留

---

① 彭树智：《现代民族主义运动史》，244 页，西安，西北大学出版社，1987。

4 项特权①，使埃及实际上仍处于半殖民地的状态。在这样的背景下，1922 年之后的埃及教育发展仍然受英国的影响。埃及民族主义者认为，埃及的文化传统以及不统一的教育体制显然不适合国家独立后发展的需要。在"教育救国"思想的影响下，独立后的埃及应把教育作为实现科学和民主的一个主要工具。因此，独立后埃及教育改革和发展的主要任务就是通过教育开启民智，但这一任务是十分艰巨的。

（一）两种学制并存，学校类型多样

英国殖民期间，对埃及实行了削减教育经费的政策，使得埃及教育普及和发展受到严重限制。进入 20 世纪后，埃及民族主义思潮逐渐高涨，并将教育作为埃及社会改革的重要途径。因此，在教育经费有限的情况下，独立后的埃及采取了曲线救国的方式，建立起了服务于不同社会阶层的学制和多重类型的学校（见图 9-1）。

埃及作为传统的伊斯兰国家，宗教在整个国家的社会生活中具有举足轻重的作用。建立于 970 年的爱资哈尔大学，在埃及独立后仍保持了它为伊斯兰学术、文化和教育的中心的传统地位。发展到 20 世纪 30 年代，爱资哈尔大学已经发展出一整套教育体系，囊括了初等教育、中等教育和高等教育三个水平。以爱资哈尔大学为最高学术和教育机构的体系，主要由初级学校、继续教育和爱资哈尔学校三部分构成。这一体系主要服务于贫困家庭的儿童，也是当时大多数埃及学生受教育的场所。

初级学校部分包括 4 类学校，即初级小学（Elementary School）、义务公立学校（Compulsory Public School）、古兰经学校（Kuttab Class）和农村初级学校（Rural Elementary School）。初级小学学制 4 年，以为大众提供免费教育为宗

---

① 1922 年 2 月 28 日，英国政府单方面发表声明，承认埃及"独立"，同时声称有权"防守"大英帝国在埃及的交通线；有权"保卫"埃及的领土，免遭外国的侵略和干涉；有权"保护"埃及境内的外国利益和少数民族；有权管理苏丹事务。

旨，由政府和地方共同管理，学习内容以宗教、阅读、写作和算术为主。初级小学毕业生中符合条件的可以进一步升入初级师范学校或者职业培训学校。义务公立学校学制4~6年，由政府举办，学生免费入学，毕业后可以进入爱资哈尔学校体系继续学习。古兰经学校是埃及较为传统的教育机构，是伴随伊斯兰教传入埃及而形成的清真寺学校，建在每一个村庄的清真寺几乎都附设有学校或教学班级，教附近村庄的年轻人学习读写伊斯兰教义。但随着现代学校制度的建立，古兰经学校数量越来越少了。农村初级学校专为农村学生设立，是一种定期学校，数量较少。

继续教育部分主要包括2类学校，即师资培养类学校和职业培训类学校。师资培养类学校的目的在于培养小学教师，招收初级小学毕业生，实行男女分校，女校学制7年，男校学制6年。职业培训类学校有初级农业学校、针对女孩开设的家政学校、针对男孩开设的初级培训学校，学制分别为5年、4年、3年。在英国殖民期间，职业技术教育不受重视，即便是在独立后职业教育发展也没有出现大的起色，人力物力投入跟不上，教育质量水平不尽如人意。

爱资哈尔学校体系是爱资哈尔大学向两端延伸拓展而形成的宗教教育体系，其中包括爱资哈尔小学、爱资哈尔中学和爱资哈尔大学。古兰经学校的学生可以在爱资哈尔学校继续学习伊斯兰教，进而成为埃及受教育程度较高的人。爱资哈尔学校不收学费，只要是穆斯林就能入学，这为中下层群众提供了向上流动的通道。爱资哈尔大学开设的课程有宗教、阿拉伯语、伊斯兰法律等。在这一阶段，爱资哈尔大学的世俗化进程进一步推进。1930年，政府下令规定爱资哈尔大学和爱资哈尔清真寺分离，爱资哈尔大学成为专门的教学和研究机构，并明确规定开展现代科学和应用技术教育，还新建了商学院、工学院、农学院和女子学院等。同时，传统的古兰经学校逐渐淡出历史舞台。整个爱资哈尔学校体系逐渐与世俗学校趋于一致。

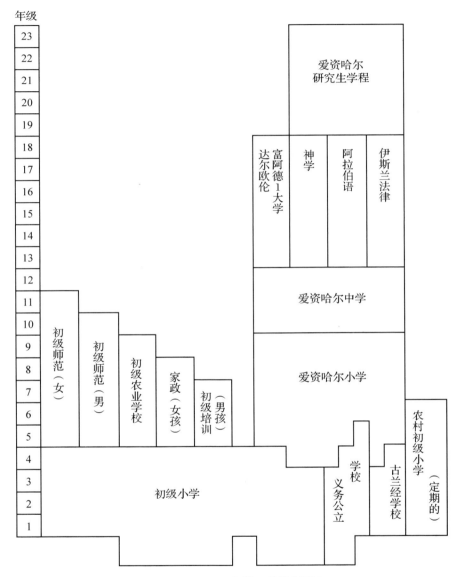

图 9-1 1922—1952 年的两种学制图之一

资料来源：瞿葆奎：《教育学文集·印度、埃及、巴西教育改革》，484 页，北京，人民教育出版社，1991。

另一种学制是为富裕家庭(包括上层社会人士、富裕的土地所有者以及高级政府官员等家庭)的儿童准备的。在这种学制下,儿童进入初等学校或外语学校,然后在国立大学或国外完成他们的学业教育。该学制由学前教育、初等教育、中等教育和高等教育组成,旨在培养中等和高等技术人员、管理人员和教师。

初等教育包括公立学校和私立学校两类。公立学校学制4年,男女分校,政府每年按照20埃镑/生的标准提供拨款,同时还收取学费。因此,只有能付得起学费的优秀学生才有机会进入初等学校。这类学校办学经费相对充裕,师资和教学设备比较好,教学质量相对较高。在课程开设方面,公立学校开设英语和法语课,这是中学考试的必修课程,更多是为培养英才做准备。1943年,埃及初等学校取消了学费,这样有可能使初等学校与初级小学合并。然而,这一合并计划直到1953年革命政府通过201号法令以后才得以实施。①私立学校学制也是4年,收取与公立学校相同或略低的学费,课程开设需遵循政府的规定,教学质量不如公立学校。

中等教育包括普通中学、外语学校和职业学校三类,旨在为大学输送人才,为政府提供高级职员。普通中学学制4年,以阿拉伯语为教学语言,同时开设英语和法语课程,以及数学、科学、生物、历史、地理和公民课等。英国殖民时期非常不重视埃及中等教育的发展,以至于1922年时埃及政府办的中学不超过10所,学生3800名,其中女生仅43名。②虽然埃及在独立后建立了一些普通中学,但数量十分有限。当时较好的中学有:萨达(Saidia)中学、特菲克哈(Tewfikiah)中学、克赫迪维哈(Khediviah)中学、阿西乌特(Asyut)中学、阿巴西亚(Abbassia)中学、亚历山大(Alexandria)中学、罗斯-

---

① 瞿葆奎:《教育学文集·印度、埃及、巴西教育改革》,487页,北京,人民教育出版社,1991。

② [英]G.H.詹森:《战斗的伊斯兰》,78页,高晓译,北京,商务印书馆,1983。

爱町（亚历山大）（Ras-el-Tin, Alexandria）中学、诺克拉什（开罗）（Nokrashy, Cairo）中学等。除中学外，埃及还存在专门为外国人的子女开设的外语学校，后来也招收埃及学生。这类学校通常由大使馆或者教会管理，教学语言为英语、法语等外语，学生毕业后获得外国中等教育证书。埃及独立前，政府对外语学校持排斥的态度，其毕业生基本都流入了国外大学，这对埃及的社会和民族团结造成了负面影响。鉴于此，埃及独立后，政府转变了态度，试图推进外语学校的学生民族化，先后采取了阿拉伯语必修化、收回外语学校管理主权等措施，吸引外语学校毕业生留在埃及。1927 年时，埃及外语学校数量达到了 637 所，在校生 6.9 万人。[1] 在中等教育阶段，除了上述两类学校外，埃及还设有职业类学校，培养中等技术人才，如护理学校、刺绣学校、少年职业学校，还有专门为女性开设的女性文化学校。此外，中等教育阶段还开设有一类介于中等教育和高等教育之间的职业学校，如师范学院、戏剧学院、应用艺术学院等。

高等教育在埃及独立后快速发展。1925 年，在原私立埃及大学和其他专业学校的基础上建立了国家大学——埃及大学。新建的埃及大学按照法国管理方式设置了文学、科学、法律和医学系，1935 年增设了工程、商业和农业系。到 1952 年，埃及国立大学增加到 3 所。此外，埃及保留了几所专业学院，包括商业、农业、美术等专业领域，面向女子开设的女子教育学院等。

从埃及独立后至 1952 年革命，如图 9-2 所示的两种学制体系基本处于并存的状态。两种学制在人才培养目标和教育质量上存在明显差异，尤其是在基础教育阶段，初级小学和初等学校之间的差别十分明显。两种学制体系并存既不利于教育的普及，不利于埃及实现真正的民族独立，也不适应埃及社会发展的需要。为此，1943 年，埃及教育部决定一律取消小学的学费，同时放开了对初级小学毕业生参加初等教育合格证书考试的限制，增加了财政补

---

[1] Judith Cochran, *Education in Egypt*, Croom Helm, 1986, p.28.

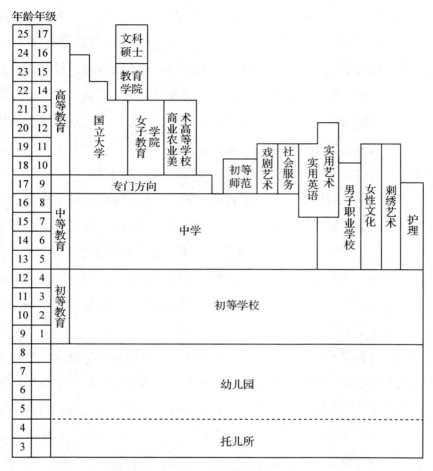

图 9-2 1922—1952 年的两种学制图之二

资料来源：滕大春：《外国教育通史》第五卷，533 页，济南，山东教育出版社，1993。

助。然而，两类学校之间的质量差距仍然存在，埃及的大多数家长仍认为初等学校的教育质量比初级学校更高。因此，1940—1950 年，初等学校的入学人数增长了 1 倍，而初级学校的入学人数根本没有增长。①

----

① Judith Cochran, *Education in Egypt*, London, Croom Helm, 1986，p.23.

(二)实施义务教育，重点扫除文盲

英国殖民统治时期实行愚民政策，大肆压缩教育拨款，不重视发展教育事业，极大地限制了埃及青少年的受教育机会。1913 年，仅有 6.5% 的女孩和 20.5% 的男孩受过最低水平的教育，各级各类学生人数仅占适龄人口的 3.5%，这一比例在意大利和法国为 15%，奥地利、德国和日本为 16%，英国为 17%，美国为 24%。① 也就是说，埃及独立之时，作为农业单一发展的国家，埃及绝大多数农村人口为文盲，这严重削弱了政治、经济独立的基础。埃及教育面临两方面的任务：一是扩大教育覆盖面，大规模扫除文盲，夯实埃及文化和技术教育进一步发展的基础；二是培养精英世俗领导人和技术人才，为埃及从农业国向工业、农业和商业并举的国家转变提供支持。

1923 年 4 月颁布的宪法第一次明确规定对小学阶段所有儿童(6～12 岁)实施免费义务教育，并决定建立教育部，负责对学校教育事务的管理。宪法颁布的第二年，埃及颁布了第一部义务教育法案，规定小学学制为 5 年，1927 年又改为 4 年，这为埃及普及义务教育提供了法律基础，有力推进了埃及义务教育的普及。教育部在各省建立了 27 所义务教育样板学校，但 1925 年又将其废除，转而采取上午和下午轮班制上课的学校模式。到 1925—1926 学年，埃及已开办了 726 所这种义务公立学校；到 1936 年时，教育部又新开办了 600 所这样的学校；1937 年，所有义务公立学校由半日制改为全日制教学。1938 年，教育部取消了小学一年级的英语课；1941 年，出台了全国统一的小学教学大纲。到 1951 年，埃及全国小学生总数达到 13.2 万人，是 1925 年的 4 倍。②

为加大教育财政投入，扩大学校教育供给，满足学龄儿童的入学之需，1920 年，埃及的教育经费增加到 100 万埃镑，占国民经济预算的 2.5%，到

---

① 李建忠：《战后非洲教育研究》，406 页，南昌，江西教育出版社，1996。
② 李乾正、陈克勤：《当今埃及教育概览》，48 页，郑州，河南教育出版社，1994。

1950 年时，教育经费已增加为约 2300 万埃镑，占国民经济预算的 15%。① 在埃及的整个教育预算中，初等教育所占的比例在 1920 年为 15.4%，到 1945 年增长为 38.7%。② 这一时期教育经费投入尽管有所增加，但明显向高等教育倾斜。1925—1926 年，教育部预算中大学预算占比为 4.7%，到 1935—1936 年时提高到 17.2%，1940—1941 年增加到 18.2%。鉴于这种教育经费使用结构的限制，埃及各类学校之间的情况十分不平衡。例如，每年花费在每个学生身上的费用，初级小学是 2 埃镑，初等学校是 20 埃镑，中等学校是 40 埃镑。与此相应的是，在这些学校里任教的教师工资也存在着相似比例的差别。此外，就读于初级小学的学生大多是家境贫寒的农民家庭，即便学校不收取学费，送子女上学也会减少家庭收入，且学校开设的课程并不能帮助学生获得更好的生活，因此造成很多学生中途退学，这影响了埃及教育普及的进程和质量。正如埃及学者拉德温(Radwan)所指出的："埃及在公共教育制度上已有很大的投资，但对学校的建立和发展来说，还是不够充分的。"③

(三)发展中等教育，培养后备人才

阿里统治时期，埃及派出留学生学习英国教育制度。19 世纪 60 年代，埃及又模仿法国，构建现代世俗教育制度。到 19 世纪 80 年代，埃及已经初步确立了由小学、中学和大学三个等级构成的教育制度。但英国入侵埃及后，为维护殖民统治，大肆压制刚刚建立的埃及现代教育制度。在这个过程中，原本就比较薄弱的中等教育进一步遭到破坏。埃及独立后，为加强训练世俗领导人的能力，拓展了中等教育。

埃及两种学制并存，中等教育阶段的学校构成比较多样，各类学校的定位也有所不同。普通中学作为通往大学的通道，与政府官职、高级职位和社

① 转引自单中惠：《在世界范围内寻觅现代教育智慧》，257 页，北京，人民出版社，2014。
② 瞿葆奎：《教育学文集·印度、埃及、巴西教育改革》，471 页，北京，人民教育出版社，1991。
③ 转引自单中惠：《在世界范围内寻觅现代教育智慧》，257 页，北京，人民出版社，2014。

会地位息息相关，升学竞争的压力相对较大。为此，教育部重新考虑了中等教育的基本政策，开办了一大批新的中等学校，施行统一的教学大纲。这些中学都有一批杰出的教师和校长，教学质量相对较高。据统计，1945 年，整个埃及有 50 所男子中学，54 个附设于男子小学的中等班级，男学生 35435 名，但只有 9 所女子中学，女学生 3975 名。①

为了适应埃及社会发展的需要，律师、医生、教师、法官、工程师和政府官员等，都需要接受中等教育。但是，在埃及历史上，大多数人都是在昆它布里接受教育的，其课程首先强调的是宗教。因此，宗教目标和世俗目标之间的冲突开始出现在中等教育中。中学的课程包括越来越多的世俗科目，但也包括以前就有的宗教科目。此外，由于教育课程和方法的僵化现象依然存在，死记硬背和呆板的考试仍是最主要的方法，因此，中等教育受到了埃及社会人士的批评。教育部部长赫拉里（Ahmed Nagnib El-Hilali）于 1935 年做的报告《中等教育：它的缺点及其改革的道路和方法》（*Secondary Education：Its Defects and Ways and Means of Reform*）指出，埃及中学考试制度摇摆不定，视导制度不健全，教学方法不当，师资培训低效且不足等。

外语学校逐渐走向国家化。外语学校集中于中等教育领域，是与埃及国家教育制度相分离的。它所开设的课程和教学用语旨在使其学生毕业后进入外国的高等教育机构。这种学校对埃及社会和国家的统一产生了不良的影响，以致相当多的受过良好教育的埃及人忠于外国甚于忠于埃及。1934 年，教育部决定，所有外语学校被置于政府的监督和检查之下，包括它的教学大纲和考试。外语学校的学生，即使不准备参加政府的中等教育合格证书考试的，也要学习阿拉伯语。外语学校在课程上补充了政府的要求，同时也坚持了自己的课程传统，为学生提供普通课程、技术课程或两者兼之。

---

① 转引自单中惠：《在世界范围内寻觅现代教育智慧》，260 页，北京，人民出版社，2014。

（四）建立国家大学，推动高等教育埃及化

埃及独立时仅有1所大学——爱资哈尔大学。20世纪初埃及民族主义情绪高涨，并把建立埃及国家大学作为努力的目标之一。1917年，埃及政府把建立国家大学提上议事日程，并组建了一个筹建委员会。该委员会由7名欧洲人和3名埃及人掌管。英国委员希望把大学建设成为一所有用的东方国家大学，但并未如愿。1921年，该委员会提出了筹建埃及大学的基本构想。主要内容如下。

——建立综合和实用的大学，包括7个系，即人文、科学、医学、法律、工程、农业和商业系。这些系以埃及现有的7所专业学校为基础，将其整合到一个综合的教育系统中，强调实用性和一般通才的结合。人文系主要是培养教师，同时重视东方研究，使之成为中东的东方研究中心。

——大学要适合埃及年轻人的学术能力。大学应采用小班授课，头2年为预备阶段，开设两类学科：一是人文类，学生日后学习法律、人文或商业；二是科学类，为学生学习工程、科学、农业或医学做准备。大学生必须学习一门外语，英语或法语。

——大学要满足学生的社会需求，为学生提供宿舍，并按照英国模式组织学生社团、体育活动、社会和文化活动以及其他校园活动。

——大学由政府管理，但享有学术自治。大学的财政由教育部管理，管理人员由政府任命，主要的学术任命和晋升都由政府负责。各系内部事务和纯学术活动完全由大学自治。

该报告提出的各项建议因1922年埃及的独立而没有得到实施。1923年，独立后的埃及重新起草了建立国家大学计划。新计划只把法律和医学学校纳入了大学，创建了科学系，把原来的私立埃及大学转为文学系。但教育部由于没有对大学提供固定的和充分的资助，因此限制了大学的进一步扩展和适应科学研究的需要。借助埃及社会人士的捐赠，大学聘用了一些外国教授作为客座教授。从 1925 年起，国立埃及大学开始实行学位制，可授予文学、科学、医学和法律方面的学位。1942 年，埃及建立了亚历山大大学（Alexandria University）；1950 年，又建立了艾因·舍姆斯大学（Ain Shams University）。这三所国立大学中还设立了科学研究机构，拥有一些设施很好的实验室。但是，埃及的大学在体制和课程上一直受到外国高等教育机构的影响，如医学院、商学院和农学院仿照英国的制度，法学院仿照法国的制度。

埃及独立后到 1952 年，高等教育规模不断扩张的同时，也提升了埃及人的受教育水平。1945 年，埃及创建了亚历山大大学；1950 年，创建了艾因·夏海姆大学。伴随大学数量的增加，学生人数也有较大增长。1930 年，埃及高等教育注册学生数达到 4247 人，1940 年达到 8507 人，1952 年达到 42494 人。其中，女学生数量占比从 1930 年 0.5%提高到 1952 年的 8.0%。每万人中大学生人数在 1925 年时为 2.4 人，到 1952 年时增加到 16.4 人。[①]

高质量的教育队伍是提升教育质量、推动教育发展的重要保障。埃及在独立后迎来了人口的快速增加，同时教育普及的任务使得教师问题成为迫切需要解决的问题。在教师培养方面，1880 年，埃及建立了一所中央师范学校，到 1922 年时已发展成高等师范学院。1925 年，当它由国家进行管理时，该学院的两个系又扩充成了文学院和理学院。据统计，1927 年，埃及已有 25 所男子师范学校，18 所女子师范学校。[②] 教育部早在 20 世纪 20 年代初就开办了男子夜校，设有一年制师范培训课程，为那些已学完初级学校课程申请宗教教育机构职位的申请者或已获得初等教育证书的申请者提供师资训练。1927 年，新制教师培训教育机构开始提供毕业生后，这种短期师范培训课程被取消了。

总的来看，1922—1952 年，埃及在处理古代文明和西方文明的问题的过程中，试图通过教育的国家化和世俗化解决文盲、贫苦和疾病问题。这一时

---

① 王素、袁桂林：《埃及教育》，65 页，长春，吉林教育出版社，2000。
② 王素、袁桂林：《埃及教育》，33 页，长春，吉林教育出版社，2000。

期，埃及学校的数量增加了，学校上课的时间延长了，学费也取消了。但是，这些努力由于教育财力的缺乏而受到了限制。此外，埃及虽然注意到了传授文化知识以及提高阅读和书写的能力，但忽视了技术教育。直到1952年革命以后，以纳赛尔为首的革命政府开始重建埃及教育体制，强调教育制度的统一，以便使教育和革命政府的政治、社会、经济和文化目标协调一致。

二、夸巴尼的教育主张与影响①

夸巴尼(Al-Qabbani)(1898—1963)被誉为埃及的"约翰·杜威"，成功将实用主义思想运用于埃及和阿拉伯的具体环境，是埃及教育的先驱。他的教育改革思想和实践改变了埃及的教育体制，推进了埃及甚至阿拉伯国家教育的现代化，对后世埃及教育发展产生了深远影响。

(一)生平与著作

夸巴尼于1898年出生于埃及南部艾斯尤特省的一个贫困农村家庭。他天资聪颖，1908年就读于乡村学校时，被当时的国家领导人、前教育总长扎格卢勒发现。在扎格卢勒以辞职作为威胁的条件下，当时为上层家庭子女开办的初等学校破例把奖学金授予了夸巴尼。后来夸巴尼进入高等师范学校学习，并以优异的成绩毕业。毕业后他到一所中学任教，后来担任过一系列教育、管理和政治职位，包括师范学院教授、中学校长、教育学院副院长和院长、教育部技术顾问、教育部副部长以及部长等。1917—1918年，他到英国进行了为期一年的学术访问，这为其接触和研读杜威的著作奠定了重要基础。1932年，夸巴尼模仿杜威于1897年在芝加哥大学建立实验学校的做法，在埃及开办了附设于教育学院的实验教学班级。1937年，夸巴尼在福阿德·阿瓦尔中学任校长，后来该校更名为哈萨尼邓中学。1938年，夸巴尼任法鲁克·阿瓦尔中学

---

① 本部分内容主要参考扎古尔·摩西：《世界著名教育思想家》第3卷，梅祖培、龙治芳等译，290~305页，北京，中国对外翻译出版公司，1995。

校长，该校后来改名为伊斯梅尔·夸巴尼中学。他还创建了许多教育协会并担任主席，包括现代教育协会、埃及心理学会、教育学院毕业生联合会等。

夸巴尼出生和成长的年代正是埃及民族主义情绪高涨、摆脱英国殖民影响、走向民族独立的时期。教育作为埃及民族独立的重要手段，被埃及民族主义者重视。这一时期英、法、意等欧美国家的各种思想纷纷进入埃及，随之而来的西方文化给埃及传统社会带来了极大的挑战。卢梭的浪漫自然主义、康德的唯心主义、孔德的实证主义、洛克的经验主义、斯宾塞的理性主义以及达尔文的进化论等都传入了埃及，对埃及改革家产生了深刻影响，他们把推进教育现代化视为埃及社会改革的基础工程。这样的社会背景一方面催生出一批思想家和教育改革家，另一方面为夸巴尼接触西方文化、引介和实践杜威的教育思想提供了良好环境。例如，阿拉伯文化复兴先驱塔赫塔维（1801—1873），作为第一个主张阿拉伯思想和教育要现代化的埃及人，最早系统介绍了西方民主主义思想。他主张学校教育必须联系社会性质和实际问题，要求所有的人至少要接受初级教育，中等教育应该普遍推行，而且要保证质量；学校教育的重点应是爱国主义教育，学校教育的目标应该是形成一种品格，而不是简单地给一个躯体传播知识，这种品格确切地说就是高度凝聚的民族主义和爱国主义相统一的精神。[①]

在这样的社会背景下，夸巴尼在学生时期已经接触到在外语学校学习的同代人，并了解到外语学校这种教育体制的教育目标和教育职能。夸巴尼也与在埃及居住和工作的外国教育专家建立了联系，包括建立教育督导制度的瑞士人多尔·贝（Dor Bey），教育部二等秘书亚美尼亚人雅各布·阿尔廷（Jacob Artin），他在英国占领埃及前提出一套教育体制。夸巴尼还曾与一些访问埃及的外国教授共同研究教育制度现代化问题，包括日内瓦卢梭学院的 E. 克拉帕雷德（E. Claparède）、英国教育督查 F. O. 曼（F. O. Mann）、英国初等教育

---

① 张秉民、陈晓虎：《近代埃及学者塔赫塔维思想初探》，载《西亚非洲》，1997(2)。

专家马文(Marvin)等。通过与这些专家学者交往，夸巴尼吸收和借鉴了很多东西，也逐渐形成了自己的教育思想。

1917—1918 年，在英国伦敦学习期间，夸巴尼接触到了杜威的理论和实践，阅读和钻研了杜威的著作，并得到了很大的启发。夸巴尼回国后，坚持不懈地推行教育改革，把古代文化和现代文化融为一体。夸巴尼虽然并没有提出一种全新的思想，但成功地将实用主义运用到了阿拉伯的具体环境中，推行了他所提出的教育改革方案。夸巴尼把教育改革的切入点主要放在教育政策和教育方法上，并围绕这一核心问题出版了多部著作，包括《农村地区的小学》(1940 年)、《埃及的教育政策》(1944 年)、《新教育政策》(1945 年)、《阿拉伯国家的教育目标》(1955 年)、《埃及教育组织研究》(1958 年)等。

（二）主要教育主张

夸巴尼认为教育既不是古代的和传统的，也不是从西方借来的，而应该是名副其实的阿拉伯的，教育把过去和现在联结起来，并为未来做准备。基于这种思想主张，他认为学校必须是一种既保存又更新的因素，以此帮助每个人获得文化遗产，与此同时，又使他们能够适应并改变这种传统，只有这样才能使他们有能力去改进社会制度。换言之，在夸巴尼眼中，教育是埃及社会改革的基础，必须要适应埃及社会之需。

夸巴尼重视教育普通百姓的积极意义，认为要在保持适当水准的条件下保证数量，真正的改进是让人人都可以受教育。夸巴尼指出："在这样一个国家里，致力于教育事业，从而把人民从无知的深渊中拯救出来，是十分必要的。无知毁掉了人民生活的各个方面，在考虑普及中等教育以前，首先要努力普及良好的初等教育。"[①]他提倡将初等教育建设成为普及的、义务的教育，受教育年限应进一步延长且统一。但在中等教育方面，他仍然把文理中学教

---

① 扎古尔·摩西：《世界著名教育思想家》第 3 卷，299 页，梅祖培、龙治芳等译，北京，中国对外翻译出版公司，1995。

育的质量放在首位，认为这种教育应该是为那些智力超常的人提供的，不论其背景如何。他认为："中等和高等教育是培养下一代国家生活领导者的一种手段，教育水平的下降也将意味着未来我们公共生活中的道德和能力水平的下降。如果我们可以作某种让步——仅仅是某种让步——那就是在初等教育层次，旨在加快它的普及程度。然而在任何情况下，对中等和高等教育，都不允许水平的任何降低。在所有文明国家，教育家们认为，在后两个教育层次，质量的提高优先于数量的发展。如果国家牺牲质量去追求数量，那就是企图自杀。"①

夸巴尼认为埃及教育仍然在履行传统功能，还没有走向现代化，关键原因在于教育目标和教育政策等缺乏科学的理念做支撑。因此，夸巴尼非常重视制定教育政策，并明确提出了界定教育政策范围的重要原则。

——使初等教育成为普及的、义务的、免费的和统一的。把学校分成 8 类是不合理的，这导致学生被区分为不同的类型，教师的资格不统一，学习年限、课程、方法和目的都不同。这种教育制度最终会破坏民族的特点和文化的同质性，而且确认阶级的差异和社会的歧视。

——延长义务学校教育的期限，以形成普遍的文化基础，并保证所有学生都能学会实用技能。这对防止许多普通公民的孩子离开学校以后只成为半文盲是必要的，对进入那些不能继续升学的义务制小学的儿童更是如此。这些儿童毕业以后或操其父辈的职业，或失业、半失业。这将是国家的灾难，国家人力资源的浪费。

——中等教育的多样化，使大多数学生在完成义务教育的两个阶段，即初等教育和中等教育以后，能够进入技术学校（农、工、商）；只有少数能力突出的学生进入普通中学。这样做，儿童将被引导到能发挥其才能和兴趣的

① 扎古尔·摩西：《世界著名教育思想家》第 3 卷，300 页，梅祖培、龙治芳等译，北京，中国对外翻译出版公司，1995。

领域，也符合他们的发展和劳动力市场的需要。

——提高教师培训水平，以便在学术、艺术和体育等领域培养数量足够的合格教师；安排在职培训课程，提高教师的专业水平。毫无疑问，教学的效果和效率与教师的能力密不可分。

——开发新的课程，使其与日常生活和现实环境联系起来，并使新的课程保持与整个教学计划的各方面相结合，包括科学、语言、实际技能和艺术技能、宗教、卫生保健、体育以及社会研究。

——校舍设计要合适，保证学校有适宜的环境进行各项教育活动：体育、体力作业、美术、戏剧表演、园艺、科学和文学活动。

至于教学方法，则是从杜威的实用主义一成不变地借用过来的，具体如下。

——使学校成为人们能够积极从事活动的场所，在其中，自然界和社会不是相互隔绝的，而是相互作用的。

——把儿童当成一个人对待，把他们作为教育过程的中心，注重他们的发展，顺应他们的要求和兴趣，有步骤地发展他们的才能。

——通过教育经验来学习，把儿童放在面对各种实际生活问题的实验氛围中，启发他们用积极的和适当的办法去认识和解决问题。

——运用项目方法，即根据"边干边学"的原则，把整个环境转化成为学习的场地，增强学习者观察、理解、分析和评价的能力。这和传统方法完全相反，传统的方法建立在预先制定的与学习者的经验和兴趣没有关系的题材的安排上，只用"读、写、听、学"的方法。

——提倡自主精神，鼓励学生民主、自理以及年轻人之间相互尊重，应有意识地通过训练培养学生的主动性和认真负责的精神。

——确定教师为年轻人做咨询的新角色，由教师设置学习的条件，指导学生获取知识，给他们纠正错误。这样，教师就能成为学校和当地社区的教育革新家。

（三）教育改革实践和影响

在夸巴尼和他的助手们的努力下，上述这些目标和原则逐步具体化到埃及教育组织结构、课程计划、立法方针等方面，不屈不挠地推动埃及教育走向现代化。

1. 建立高等师范教育机构，提升教师培养质量

埃及的教师培养由多个层次的学校承担，但这些学校培养教师的质量如何则很难准确衡量，因为当时埃及没有对教师培养机构进行评估的机构。于是，夸巴尼说服了官员，使其认识到创办培养埃及学校教师、具有高级职业水平的专门学院的必要性。1929 年，开罗建立了第一所培养教师的专门学院，下设小学教师部和中学教师部；1941 年，停办小学教师部，建立高等教育部。高等教育部有权授予专业文凭、硕士学位和博士学位。它在学术上和教育上享有良好声誉，顺理成章地成了实用主义学校以及教育研究和专业培训的中心。1933 年，埃及创办了女子师范学院。夸巴尼创建的这种教师培养专门学院后改名为教育学院，为埃及教师培养提供了基础和模式。按照这种模式，埃及陆续建立了 30 所教育学院，为埃及培养了包括美术和体育教师在内的各门课程的教师。

夸巴尼邀请了进步教育领域的国际知名专家来给教育学院的教师做报告，尤其是介绍现代教育的趋势；还请他们视察学院，提出改进意见。从发达国家请来的专家包括美国俄亥俄大学教育学教授博伊德·H. 博德、哥伦比亚大学教授哈罗德·鲁格，英国的弗雷德·克拉克教授、贝尔尼教授和德普森教授，法国的佩雷·布朗热牧师等。教育学院师生通过与国际知名专家交流与沟通，拓展了视野，使学校成为一种有效的和有影响的力量。此外，夸巴尼还设置奖学金，派遣一些学生到美国和英国学习，待留学生获得高等学术资格回到埃及后，便将他们派到教育学院任教、搞科研、构建埃及和阿拉伯世界的教育体系。这些后继者继续执行夸巴尼的改革政策，其中不少成了杰出的教育家。

2. 开设实验班和模范学校，提供改革示范

杜威在 1896 年建立了一所附属于芝加哥大学的学校，用来实践其教育理论。夸巴尼为推行杜威的教育思想，也模仿杜威的做法，于 1932 年在教育学院内附设了实验班，将其作为培养专业教师的实践基地和进行教育研究与实验的场所。实验班招收的学生几乎都是待优生、智弱体残的学生，教育学院的教师可以到实验班开展探索性实验。1937—1938 年，夸巴尼在担任两所中学校长时，对正常学生进行范围较大的实验。为推动教育实验工作的进行，他辞去了教育部的职务，出任教育学院副院长，亲自为顺利推进实验寻找解决办法。1939 年，他再建了诺克拉什模范小学，1942 年，增设了诺克拉什模范中学。这两所学校的实验取得了成功。夸巴尼又扩大了实验范围，在吉萨建立了奥曼模范学校，该学校下设小学部和中学部。

夸巴尼的教育思想在模范学校中的实践取得了成功，使得模范学校在组织管理、课程计划、教学方法上获得了很高的社会认可度，因而吸引了埃及最好的一批学生，也吸引了教育学院最好的毕业生到这里来任教。伴随模范学校社会影响力的增强，其改革举措得到教育工作者和政府官员的高度评价，并推广到埃及其他学校教育实践中。模范学校成了埃及教育现代化的动力。模范学校的改革措施中，最为突出的是建立家长委员会，后来该委员会不仅包括家长，还包括教师。该委员会研究整个学区的事宜，加强了学校和家庭的联系，提供了一种新型学校管理模式。模范学校的这一改革举措推动埃及教育部出台规定，要求埃及所有学校都要设置家长委员会。

3. 建立教育协会，促进现代教育思想传播

在埃及，教师们已经组织了各种协会和会社，大多数采取协会的形式，以社会、经济目标为宗旨。这些协会缺乏现代观念的指引，因而夸巴尼希望

把它们联合起来，使其目标向技术和教育目标靠近，按照现代的观念和组织方式来改善教育。基于这样的设想，夸巴尼在 1936 年建立了第一个协会——现代教育协会。该协会为伦敦总会的分会，创始会员由约 80 名教育家组成，是第一次出现在阿拉伯世界的实用主义运动的先锋。1943 年，夸巴尼主导建立了教育学院毕业生联合会，会员以按照现代原则接受过培训的教师为主，代表了"进步教育"的潮流。后来夸巴尼又建立了埃及心理学会，从理论和实践两方面关注师范学院和埃及学校心理学课程的改进。这些协会出版了大量的教育类书籍，促进了现代教育思想在埃及的传播。仅 1948 年一年就出版了《儿童教育》《教学方法》《教师培训》《教师的专业和作用》《扫除文盲》《教育理论》《对家长进行教育》等。此外，夸巴尼还与杰克逊等人合作编写教科书，其中 4 本在 1948 年被翻译成阿拉伯文，即《教育理论基础》《教育心理学》《教育史教科书》《教育中的行动自由》。

为了进一步系统地讨论教育问题、宣传先进的教育思想和理论，在组建教育协会的同时，夸巴尼也大力提倡创办研究性刊物《现代教育期刊》，发表由现代教育协会成员写的严肃认真的文章。1948 年 6 月，该刊物出版了第一期，1949 年起变为季刊一直延续下来。该期刊在创办初期邀请了埃及、阿拉伯等国的知名教育家撰文，为埃及和阿拉伯世界的广大教育工作者和教师提供了现代教育思想。

4. 建立规章制度，保护教育改革成果

无论是在哪个国家哪个年代，改革尤其是体制改革并非易事。在夸巴尼生活的时代，埃及的传统势力仍然十分强大。夸巴尼必须要采取一系列的战略措施，才能使改革得以顺利推进。夸巴尼做了大量工作，以通过立法和规章制度以及组织条例来保护他的改革项目，保证其稳定性和持续有效性。主要如下。

——在教育部管辖下建立农村模范学校(1941 年)和农村师范学校(1948 年)。

——废除初等教育证书制(1941 年)，理由是获得这一证书的人，特别是工人阶级的子女，发现自己没有希望进一步受教育而不得不进入劳动力市场。

——改革义务教育学校，把它们从低劣的水平改造成具有新的结构、有效率的初等教育学校(1949 年)。

——颁布初等教育完全免费的法令(1944 年)。

——调整普通教育的阶梯，用三个层次，即初等教育、预科教育和中等教育(1954 年)代替以前的两个层次，即初等教育和中等教育。

——构建中等教育，尤其是使它多样化和提高其水平。

——外国人在埃及办的学校，课程中要增加阿拉伯语和民族文化课，并列入基本考试科目。

在这些立法和规章制度的保驾护航之下，夸巴尼在实用主义的大框架内，从教育体制改革着手全面改革埃及教育，包括教育目标、教育结构、课程计划、教学方法、教育行政管理等。他将教师培养问题作为改革埃及教育的根本，重点推进教育学院的改革；同时，分阶段地统一和发展初等教育，先后采取了统一学制、延长义务教育年限、推动学校课程多样化等举措。终于在 1952 年 7 月革命前夕，夸巴尼成功地把各种类型的小学全都合成单一类型的初等学校。这种初等学校不承认社会经济等级的差别以及环境和宗教信仰的差别。

夸巴尼成了一个时代的象征，即"进步教育"时代的象征。1952 年革命后，夸巴尼出任埃及教育部部长，提出了阿拉伯教育的基本目标，即教育是为了促进个人和社会的发展，要符合每个儿童的个性；教育是为了增强每个儿童的能力，尤其是批判性思维能力、演绎推理能力和创造性想象力；教育是为了提高工作技能和增加符合经济需要的生产经验，不应局限在培养政府工作人员的领域；教育是为了振奋开明公民的精神和真正阿拉伯民族主义的精神。他提出的这些方针在此后的发展中获得了支持，并达到了预期目的，也使得杜威的教育思想在埃及的实践应用更为广泛。

第十章

巴西的教育

巴西地处南美洲东部，东濒南大西洋，国土面积约 854.7 万平方公里，是拉丁美洲最大的国家，也是世界第五幅员大国。巴西总人口 2.028 亿，多数居民信奉天主教。巴西在第二次世界大战前经历了殖民地时期（1549—1822年）、帝国时期（1822—1889 年）、第一共和国时期（1889—1930 年）和瓦加斯执政时期（1930—1945 年）。

第一节　殖民地时期的教育

一、殖民地时期的巴西社会

1500 年，葡萄牙航海家佩德罗·阿尔瓦雷斯·卡布拉尔（P. A. Cabral）在国王曼努埃尔一世（Emmanuel Ⅰ）的授命下，带领一支由 1200 人、13 艘船组成的舰队沿着达·伽马（Vasco da Gama）发现的航线驶往印度。途中遭遇风暴，舰队被大风吹到南美洲的巴西海岸，在巴西巴伊亚（Bahia）的塞古罗港（Porto Seguro）登陆。登陆后，卡布拉尔带领船员展开探测，并宣布这个新发现的"岛屿"归葡萄牙王室所有。之后，葡萄牙王室又多次派遣远征队去开发这片新土地，葡萄牙在巴西的殖民地正式建立。

与西班牙在美洲积极的殖民政策和无休止的殖民活动不同，葡萄牙君主一开始对巴西的殖民活动采取漫不经心的态度。① 此后在各种因素的作用下，葡萄牙在巴西采取渐进式的殖民活动，经过200多年的努力，才实现了对巴西全境的有效控制。1534年，葡萄牙在巴西建立都统辖区制(Capitania)，即将巴西从亚马孙河口到圣维塞特(S. Vicente)的土地划分为被称为世袭"都督辖区"的15个行政区，并将这些行政区按照条款授予12位葡萄牙贵族。这些贵族几乎享有无限度的民事和刑事管辖权，包括征收赋税的权利。他们甚至可以把贸易权利转交给外国人，让他们在巴西和葡萄牙之间经营商业。② 在经济方面，殖民地时期的巴西盛行大土地制度，葡萄牙殖民者在巴西建立起很多大庄园和大种植园，有些种植园面积甚至比整个葡萄牙的面积还大，种植园主在园内享有至高无上的权力。据描述，"庄园庞大的规模、孤立于官员的管辖之外以及地方官员的软弱无能都加强了他的权力，此外，庄园牧师和当地教区牧师像卫星一般围绕着他，借助着天主教的声望，他进一步扩大自己的权力"③。葡萄牙殖民者带有封建性质的都统辖区制和在殖民地种植园经济基础上产生的奴隶制紧密交织在一起，形成了殖民地时期巴西独特的混合型的社会制度。在这种社会制度下，殖民地的总督和军官维护葡萄牙王室的利益，与殖民者一起进入巴西的主教、教士和宗教裁判维护教会的利益，地方委员会使种植园主和大庄园主的权利得到保障，唯独印第安人、黑人受到奴役和剥削。④

从殖民地早期开始，在葡萄牙殖民者、商人及其政府的主导下，巴西逐

① 此时的葡萄牙君主将殖民活动的重点放在非洲和亚洲，他们认为巴西的印第安人并没有创造出富有魅力的文化和诱人的物质财富，他们从亚洲和非洲榨取的财富远多于美洲。

② 刘文龙、万瑜:《巴西通史》，9页，上海，上海社会科学院出版社，2017。

③ 刘文龙、万瑜:《巴西通史》，72页，上海，上海社会科学院出版社，2017。

④ 黄志诚:《巴西教育》，17页，长春，吉林教育出版社，2000。

渐形成了一种全球性经济运作模式：其主要的农作物和牲畜品种均从外部引进，采用外来的生产技术，利用非洲黑人奴隶作为基本劳动力，在不同时期向欧洲输出其单一的初级产品，促使资金在欧洲、非洲、亚洲和南美洲殖民地之间流动。① 这种经济运作模式的大部分成果由葡萄牙及西欧强国占有。蔗糖是巴西早期大规模生产并出口的农产品。在 1580—1680 年这 100 年，巴西是世界上最大的食糖生产地和出口地。据估算，1580 年巴西蔗糖总产量约为 6000 吨，1610 年约为 10000 吨，到了 17 世纪 20 年代，生产能力已经达到了 14545~21818 吨。② 除蔗糖外，殖民地时期巴西的经济生产活动还涉及烟草和木薯种植、牲畜养殖等。在巴西的经济生产活动中，使用奴隶是主要的特征，也是推动经济发展的有利因素。在巴西，"最牢靠的财产是奴隶"。在 1580 年代，奴隶制度已经作为巴西主要的劳工形式被稳固地建立起来。③ 巴西最早的奴隶是印第安人，后来主要为非洲人。据估计，在 1570—1630 年，每年运进巴西的奴隶达 4000 人；到了 1680 年，上升到每年 7000~8000 人。巴西殖民地上的非洲奴隶总人口在 1600 年时为 13000~15000 人；到了 1680 年，约为 150000 人。④ 殖民地时期巴西主要依赖非洲奴隶从事生产的经济模式决定了巴西的社会结构，即贵族出身的磨坊主居于首位，甘蔗农场主居中，处于底层的是参与劳动的印第安人自由民和非洲奴隶。

伴随着种植园经济和出口贸易的发展，巴西的城市逐渐兴起。独特的政治、经济制度决定了殖民地时期的巴西城市主要分布在种植园聚集区域和葡萄牙人拓居的边缘地带，"所有主要中心都是海港，都是巴西出产物与来自欧

① 刘文龙、万瑜：《巴西通史》，71 页，上海，上海社会科学院出版社，2017。

② ［英］莱斯利·贝瑟尔：《剑桥拉丁美洲史》第 2 卷，431 页，中国社会科学院拉丁美洲研究所组译，北京，经济管理出版社，1997。

③ ［英］莱斯利·贝瑟尔：《剑桥拉丁美洲史》第 2 卷，437 页，中国社会科学院拉丁美洲研究所组译，北京，经济管理出版社，1997。

④ ［英］莱斯利·贝瑟尔：《剑桥拉丁美洲史》第 2 卷，438~439 页，中国社会科学院拉丁美洲研究所组译，北京，经济管理出版社，1997。

洲和非洲的进口制品、移民以及奴隶的交换地点。少数几个次要的城镇通常是些靠河边的小农业拓居地或是由沿岸贸易与海运中心相联系的较小港口"①。在1532—1650年，巴西在奥林达和桑托斯之间的沿海地带建立了6座城市和32个城镇，包括纳塔尔(1599年)、圣路易斯(1615年)和贝伦(1616年)等。②到18世纪50年代，巴西的城市网络开始向内陆地区延伸。殖民地时期巴西的城市规模并不算大，但后期有所扩大。譬如人口较多的萨尔瓦多在1585年约14000人，1724年增长至25000人，1750年达到近40000人。③城市多为民政和宗教中心，设有总督府、高等法院和教堂等。每个将军辖区的首府城市，常驻有总督、大法官、财务官等。16世纪末期，耶稣会在巴西各主要城市建立学院，确定城市的居民区，参与城市的民政和宗教事务。

二、殖民地时期的宗教教育

16世纪中期，葡萄牙殖民者在巴西建立总督辖区制，开始了对巴西长达300年的殖民统治。作为殖民统治的一部分，葡萄牙天主教耶稣会与殖民者一起涌入巴西，通过建立教堂、开展传教和教育活动等对巴西社会的文化和教育发展产生了巨大的影响。

1551年，罗马教皇颁布谕令，允许葡萄牙国王及其继承者掌握教会在巴西的最高权力，天主教借助于葡萄牙王室的力量正式确立了其在巴西的统治地位。1552年，天主教在巴西巴伊亚地区建立第一个主教区，随后不断扩大其势力范围，在宗教和文化领域对巴西社会实施殖民统治。与西班牙殖民地

---

① ［英］莱斯利·贝瑟尔：《剑桥拉丁美洲史》第2卷，487页，中国社会科学院拉丁美洲研究所组译，北京，经济管理出版社，1997。

② ［英］莱斯利·贝瑟尔：《剑桥拉丁美洲史》第2卷，487页，中国社会科学院拉丁美洲研究所组译，北京，经济管理出版社，1997。

③ ［英］莱斯利·贝瑟尔：《剑桥拉丁美洲史》第2卷，488页，中国社会科学院拉丁美洲研究所组译，北京，经济管理出版社，1997。

相比，天主教在巴西的统治表现出一些不同的特点：巴西的天主教缺乏宗主国的支持；教会受到大地主、官僚集团的支配；教会没有很多的土地和财产；教会在巴西的社会地位、作用、影响不如西班牙殖民地那么大；耶稣会传教士在巴西特别活跃，影响极大。① 葡萄牙天主教耶稣会在巴西的传教活动首先是基于宗教利益，他们在巴西坚持执行罗马教皇"印第安人是能够领悟基督教义的'真正的人'"的训谕，反对殖民当局灭绝印第安人的做法，主张用基督教义感化他们。此外，耶稣会在巴西的传教活动还有其经济利益的考虑，因为当时的葡萄牙殖民地教会并没有征收什一税的资格，赋税是由国王以耶稣会的名义征收的。② 总的说来，天主教耶稣会在巴西主要以以下几种方式来开展教育活动。

第一，建立教堂，传播基督教教义和开展基础的宗教教育。耶稣会每到一个地区，首先建立教堂。同中世纪西欧社会的教堂一样，殖民者在巴西建立的教堂发挥了宗教和教育的双重职能。教士们一方面利用教堂宣传基督教教义，招纳信徒；另一方面将教堂当作课堂，运用多种手段吸引印第安人到教堂接受宗教教育和基本的读、写、算教育。

第二，创办耶稣会学校，为上层人士提供教育。早在 1549 年，耶稣会就在巴西巴伊亚地区的圣萨尔瓦多和圣维赛特建立了耶稣会学校，之后在圣保罗建立起一所被称为"科莱希奥"（Colegio）的耶稣会学校。③ 耶稣会学校采用欧洲的传统教育模式，教师由耶稣会传教士充当，教育对象主要是葡萄牙贵族及其他上层社会子弟。教育内容奉行古典教育，以培养宗教神职人员为主要目的。

第三，为殖民地社会的下层人士——印第安人开办学校。信奉"印第安人

① 黄志诚：《巴西教育》，18 页，长春，吉林教育出版社，2000。
② 黄志诚：《巴西教育》，18 页，长春，吉林教育出版社，2000。
③ 黄志诚：《巴西教育》，19~20 页，长春，吉林教育出版社，2000。

是能够领悟基督教义的'真正的人'"的教谕，天主教耶稣会致力于在巴西内地的印第安人部落进行传教布道活动，争取信徒。许多传教士只身涉往巴西内地，深入印第安人部落，与印第安人一起生活。他们不仅学会了印第安人的本土语言，也将葡萄牙语、基督教教义和仪式等传播给印第安人，争取到了更多的印第安人信徒。随着耶稣会传教士势力不断向巴西内地扩张，许多印第安人村落被纳入耶稣会的势力范围，开始了基督教化。1554年，耶稣会教士在巴西高原的皮拉蒂宁加原野创办了圣保罗学院，与此同时，还在其周围建立了4个大型的皈依基督教的印第安人村落：圣保罗、圣地亚哥、圣若奥和圣埃斯皮里图。① 耶稣会在这些地区修筑了道路，并通过教义问答式的传教实践，推动了这些地区的基督教化。在向印第安人村落传教布道的过程中，耶稣会也为印第安人创办了学校，这些学校使用印第安语向本地人宣讲基督教教义，同时也向印第安人教授最简单的识字和读、写、算等文化知识，对于推动殖民地时期印第安人的文明化起到了一定的积极作用。

在殖民地时期，借助于天主教耶稣会的势力，教会教育成为巴西教育的重要形式。巴西的教会教育主要移植欧洲模式，奉行古典教育，服务于作为殖民者的葡萄牙贵族及巴西社会的其他上层人士，教育在很大程度上沦为葡萄牙殖民者强化殖民统治、奴役巴西居民印第安人及黑人的政治工具。教会教育对巴西的社会和文化产生了巨大影响。一方面，耶稣会的传教和教育活动破坏了巴西居民印第安人的宗教、文化和生活方式；另一方面，殖民者带来的一种新的文化借助于宗教和教育与印第安人的原始文化相互交融，产生出一种与众不同的混合文化，影响着巴西社会的发展。

三、殖民地时期的世俗教育

随着教会势力的不断扩大，葡萄牙王室的权威和利益受到威胁。18世纪

---

① 刘文龙、万瑜：《巴西通史》，9页，上海，上海社会科学院出版社，2017。

中期，葡萄牙王国首相庞巴尔（Pombal）发动了一系列的社会改革，沉重打击了耶稣会的势力，在一定程度上了推动了巴西世俗教育的发展。到了殖民地后期，为应对国内外局势的变化，葡萄牙国王若奥六世（Joao Ⅵ）实施了一些文化和教育改革举措，也在客观上推动了巴西世俗教育尤其是高等教育的发展。

（一）庞巴尔的教育改革

在殖民统治的中后期，作为其中一种统治力量的耶稣会介入巴西社会发展的程度越来越深。在经济上，耶稣会长期控制了其传教地区的木材、皮革和蔗糖等产品的输出，同时借助于传教活动控制了同印第安人的贸易；在政治上，直接听命于罗马教廷的耶稣会并不完全服从葡萄牙政府，渐渐表现出拒绝与殖民当局合作、不断与殖民当局争夺政治权力的举动；在文化和教育上，耶稣会几乎完全垄断了巴西社会的文教活动。耶稣会势力的膨胀直接威胁到葡萄牙王室的利益，从而引发了葡萄牙王国首相庞巴尔发动激烈的社会改革。1759 年，庞巴尔以耶稣会拒绝与葡萄牙政府合作为由，下令将耶稣会教士驱逐出巴西和葡萄牙，颁布了一系列涉及经济、政治、教育等方面的社会改革举措，沉重打击了耶稣会的势力，推动了巴西社会和教育的发展。庞巴尔提出的教育思想和教育改革举措主要包括以下几个方面。

第一，倡导教育民主，主张扩大各种族、各阶层民众的受教育权。受法国启蒙思想的影响，庞巴尔主张在政治上白种人、混血种人、印第安人和黑人等各色人种都是平等的。他努力促使印第安人摆脱奴隶制而成为公民，并主张各种族、各阶层民众享受平等的受教育权。1773 年，庞巴尔颁布在巴西增设初等学校的命令，这在很大程度上扩大了各种族民众的受教育权。庞巴尔提倡种族平等、教育民主的思想和改革举措对以后巴西学校容纳各色人种起到了很大作用，甚至在培养僧侣方面，对肤色也不加区别，一些教会到学校遴选有潜质的学生，也容许混血种人和黑人担任圣职①，这在很大程度上得益于庞巴尔种族平等的主张。

第二，主张地方当局掌握学校管理权，推动世俗教育的发展。庞巴尔政府驱逐耶稣会的举动尽管主要是出于政治斗争的考量，但在客观上推动了巴西教育事务的控制权从教会转向地方当局，从而推动了巴西教育的世俗化。此外，庞巴尔还采取措施加强对学校的管理。他主张地方当局对学校实施集权式的管理模式，并要求学校校长和教师都由地方政府任命，这在很大程度上推动了巴西教师行业的发展。

第三，推动教育内容的世俗化。在耶稣会控制学校教育期间，巴西学校教育的内容主要是一些宗教内容和古典科目，学校教育的目的是培养殖民地的神职人员和贵族领主。庞巴尔主张扩大学校课程的内容范围，增加新的世俗性科目。他主张学校课程应该包括地理、物理、设计等应用性科目，还通过创办技术学校和建立"王室班级"(aulas regias)来培养公共行政管理人员以及军官。② 这些举措推动了巴西教育内容的世俗化。

尽管庞巴尔的改革活动持续时间不长，但他的改革举措切实削弱了耶稣会对巴西的文化和教育的控制，将巴西的教育从教会的桎梏中解脱出来。巴西的耶稣会学校被皇家学校取代，世俗教育开始兴起并获得了发展的空间。

(二)若奥六世国王的教育改革

1808年，拿破仑入侵葡萄牙本土。为躲避战争，葡萄牙国王及其王室成员集体迁往殖民地巴西。来到巴西后，葡萄牙摄政王若奥进行了一系列重大的社会改革，以维护葡萄牙王室的地位，加强其殖民统治，防止巴西本地独立运动的爆发。在政治上，摄政王若奥实行集权制，将督辖区改为省；在文化上，实施了一系列推动文化建设和教育发展的举措。1815年，拿破仑结束

---

① 刘文龙、万瑜:《巴西通史》，22页，上海，上海社会科学院出版社，2017。
② 刘文龙、万瑜:《巴西通史》，22页，上海，上海社会科学院出版社，2017。

对葡萄牙的占领，葡萄牙摄政王若奥被宣布为国王，称若奥六世，仍继续留在巴西。在若奥六世的领导下，巴西与葡萄牙、阿尔加维组成联合王国，称"葡萄牙、巴西、阿尔加维联合王国"。巴西在表面上获得了与葡萄牙并列的王国的地位，开始作为一个近代意义上的国家来发展。

尽管若奥六世国王领导的改革旨在维护葡萄牙王室的统治地位，但一些文化和教育方面的改革举措在客观上推动了巴西的文化和教育的发展。在文化方面，若奥六世大力推动巴西社会文化设施的建设，促进文化事业的发展。在其带领下，巴西兴办了政府印刷厂，创办了报纸和杂志，建立了国家图书馆和国家博物馆等，在一定程度上改变了巴西文化落后的局面。在教育方面，若奥六世在其统治期间，大力推动巴西高等教育的建立和发展。1816 年，巴西建立了第一所专业院校——皇家科学艺术院；之后，又建立了一大批专业学院，如陆军学院、海军学院、医学院等。巴西高等教育的发展以专业化的学院为特色，这些专业学院开设医学、外科、经济、农业、化学、设计、机械等科目，推动了巴西世俗教育的发展。巴西高等教育专业化的特色一直保留至 20 世纪初，专业学院的发展表明巴西的教育已打破注重古典课程、学究主义的传统教育观念，奠定了巴西高等教育办学模式形成的基础，极大地影响了巴西以后高等教育的发展。

第二节　帝国时期的教育

一、帝国时期的巴西社会

19 世纪初，西班牙所属拉丁美洲殖民地开启了轰轰烈烈的独立运动，这一运动迅速影响到了巴西，推动了巴西独立运动的发展。1820 年，葡萄牙本土爆发了资产阶级革命，以此为契机，巴西独立运动高涨。1821 年，葡萄牙国王若奥六世在各方的压力下，被迫离开巴西殖民地返回葡萄牙，其子佩德罗被封为摄政王，留在巴西，试图延续葡萄牙王室对巴西的殖民统治。1822年，面对独立运动在整个巴西的蔓延，佩德罗适时宣布巴西摆脱葡萄牙而独立。至此，巴西作为一个独立国家正式诞生。独立后的巴西建立了帝国，摄政王佩德罗被立为皇帝，称佩德罗一世(Pedro Ⅰ)，巴西进入帝国时期。

独立后的巴西仍然与其宗主国葡萄牙保持着密切的联系，佩德罗一世仍然是葡萄牙的王储。[①] 1831 年，佩德罗一世将其在巴西的帝位让给其儿子佩德罗二世(Pedro Ⅱ)，自己返回葡萄牙本土。成年后的佩德罗二世是一个严厉稳健、有学者风度的君主。在其统治巴西的半个世纪里，巴西的政治和文化都走向成熟，国家统一得到了保证，政治制度和社会制度得到了发展和巩固。例如，建立了一套行之有效的管理制度；逐渐削弱奴隶制，并于 1888 年彻底废除；积极鼓励欧洲人移民巴西；在全国范围内设置了卫生保健系统和福利体制；发展铁路交通；促进了经济的发展。[②] 经济、人口和社会的发展，促使政府对教育发展给予了更多的关注，殖民地时期主要服务于少数贵族子弟的教育，在中层阶级增多、熟练工人需求增加的帝国时期，已满足不了社会发展的要求了。

尽管独立后的巴西从殖民地时期过渡到了帝国时期，获得了国家政权的独立，但其政治体制和经济模式仍然在很大程度上保留了殖民地时期的传统。1823 年 12 月，巴西第一部宪法(草案)被制定出来，并于 1924 年生效。宪法提出："巴西帝国构成全体巴西公民的政治联合体，组合为一个自由和独立的国家，不承认可能损害独立的任何联盟。"[③]宪法的突出特点是授予皇帝任命各部军政长官和主教、颁布法令、任命内阁阁员等权力，将众议院的常设机

---

① 1826 年，葡萄牙国王若奥六世去世，佩德罗继承了葡萄牙的王位，不久之后，他将王位让给了其幼小的儿子。

② 黄志诚：《巴西教育》，29 页，长春，吉林教育出版社，2000。

③ 刘文龙、万瑜：《巴西通史》，106 页，上海，上海社会科学院出版社，2017。

构置于完全依附于皇帝的地位，规定只有种植园主、商人、大型工业企业主和高级官员才享有选举权，剥夺了全国民众中绝大多数人的选举权。[①] 可以说，1824 年的巴西宪法在实质上巩固了皇帝的无限制权威和奴隶主、种植园主的经济权利，巴西争取国家独立的斗争并没有在整个社会变革中发挥根本性的促进作用。

总之，在帝国时期的巴西，传统的政治体制——君主制和传统的经济奴役制度——黑人奴隶制一直被保留，种植园主和大庄园主依然掌握着国家的主要经济力量，依附于种植园主和庄园主的农民和奴隶继续处于被奴役的地位，大多数的自由民不享有任何政治权利。这种政治经济体制给巴西的社会发展带来了深深的负面影响。首先，以传统的大庄园主为代表的保守势力长期掌握国家政权，阻碍了经济和社会革新；其次，它阻碍了国家工业化和现代化进程的启动，从而长期维持着传统的单一初级产品出口的经济模式，使得国家所拥有的巨大发展潜力得不到充分发挥。[②]

二、帝国时期的教育发展

在帝国时期，巴西政府主要通过教育立法的手段来推动学校教育的发展。通过宪法及其他一系列教育法令的颁布，巴西建立了地方分权的教育管理体制，设立了专门管理教育的行政机构，各级各类学校获得了较快的发展。

（一）帝国时期的教育立法

1824 年，巴西第一部宪法诞生，教育问题作为主要问题之一在宪法中被专门论及。宪法第一百七十九条提出"普通教育是公民的权利"，政府应努力使所有的教育均为免费教育。[③] 这是巴西历史上第一次从法律的高度对民众受

[①] 刘文龙、万瑜：《巴西通史》，106 页，上海，上海社会科学院出版社，2017。
[②] 刘文龙、万瑜：《巴西通史》，107 页，上海，上海社会科学院出版社，2017。
[③] 刘文龙、万瑜：《巴西通史》，28 页，上海，上海社会科学院出版社，2017。

教育权的确认和对免费教育的提及，对帝国时期巴西学校的建立和教育事业的发展具有重要意义。为落实宪法中的教育条款，1827 年，巴西政府在新帝国的主要居民中心依法建立起了一批初等学校，为民众接受教育提供了便利。据统计，1831 年，在里约热内卢的学校中接受教育的学生达 3300 名。①

为了进一步保障民众的受教育权，1834 年，巴西政府又颁布了推动教育发展的"补充法"(Ato Adicional)。该法的内容与 1824 年宪法相比更为丰富和详尽，因而可被视为帝国时期巴西政府运用法律手段推动教育发展的重要的法令。"补充法"赋予了各省较大的权力，确立了各省自治的地位，从而建立了巴西教育分权的管理体制。法律规定，巴西初等教育和中等教育的行政管理权归各省政府负责，高等教育的管理权仍由中央掌握。1851 年和 1854 年，巴西政府再次颁布教育法令，进一步扩大初等学校教育规模，并根据儿童的年龄将初等学校分为初小和高小两个层次。在此几年后，巴西政府开始允许开设私立学校。数据显示，1857 年，巴西的 6918 名学生中就有 4415 名就读于私立学校。②

除颁布教育法令来推动教育发展外，巴西政府还通过加强对教育的管理来保障各级学校的正常运行。1854 年，巴西政府设立了教育总督导处(Inspectoria Geral da Instrusao)和教育领导委员会(Conselho Director)等机构来管理教育，这些专门的教育管理机构与巴西的教育立法相配合，共同保障并推动了帝国时期巴西教育的发展。

(二)帝国时期的学校发展

在帝国时期，借助于政府的教育立法和专门的教育管理机构的设置，巴西的学校教育获得了较快的发展。1872 年，巴西对初等教育是否应成为义务教育进行了讨论，各省的流动教学问题也引起了较大关注。1885 年，巴西召

---

① 刘文龙、万瑜：《巴西通史》，28 页，上海，上海社会科学院出版社，2017。
② 刘文龙、万瑜：《巴西通史》，29 页，上海，上海社会科学院出版社，2017。

开教育大会，提出了在一些省实施教育分权和教育活动自由的做法。这些也在一定程度上推动了巴西学校的发展。总的说来，帝国时期巴西学校教育的主要发展成果有：第一，建立了第一所师范学校，专门培养教师；第二，建立了正规的中学教育模式——佩德罗二世中学（Colegio Pedro Ⅱ）；第三，建立了一大批小学；第四，建立了农业学校和职业技术学校；第五，建立了音乐学校、美术学校、绘画学校等艺术学校；第六，公立学校从 1860 年的 3000 所增加至 1888 年的 6000 余所，获得了较大幅度的增长；第七，允许开办私立学校；第八，高等教育获得了发展，增建了一批单一性的专业学院，如法学院、医学院、农学院、天文学院等。①

值得注意的是，尽管宪法规定了民众的受教育权，一系列教育立法的颁布和教育管理机构的成立也推动了各级各类学校的建立和发展，但在帝国时期，限于人力、物力等现实条件的限制，巴西尚未建立起免费的公共教育制度。更重要的是，当时巴西社会的统治集团将主要精力用于如何巩固其统治权力和地位上，并没有真正关心广大民众的教育。帝国时期巴西教育体系的服务对象仍然主要为贵族子女和富有阶层子弟，其提供的教育大部分是贵族子弟为进入中等或高等学校而进行的预备教育，或为进入音乐、艺术、人文等专业学校而进行的高级教育。帝国时期巴西的学校教育并没有在很大程度上影响到广大民众。

三、帝国时期的自由主义思潮与教育

帝国时期的巴西，虽然在名义上作为一个独立国家而存在，但在经济和文化上却仍然处于依附于其欧洲宗主国的地位。巴西的"统治阶层和知识界的

---

① 黄志诚：《巴西教育》，30 页，长春，吉林教育出版社，2000。

精英，其文化是全盘欧化的、是紧跟乃至依附于欧洲的"①。他们大多数人曾在葡萄牙的科英布拉大学接受教育，浸淫在欧洲的自由主义文化环境中，深受欧洲自由主义思潮的影响。如今，他们处于巴西的权力中心和社会上层，其知识基础、思想意识、政治纲领和社会理论都属于"欧洲的"思想体系，欧洲文化中的自由主义思潮借助于他们深深影响了巴西社会和教育的发展。

帝国时期的巴西所建立的学校，特别是累西腓和圣保罗的法律学校，其学术活动的氛围和科英布拉大学并没有很大区别。自愿参加学位考试的人，都在罗马法规和教会法规方面受到过同样严格的、形式主义的教育。法典和国王的法令是他们的主要精神食粮。教学内容方面，重视古典知识和文化，怀念殖民时期耶稣会实施的教育。学校的课程依然以人文学科课程为主，甚至医学和法学专业的培训也在很大程度上采用人文学科的方式。② 总的说来，尽管帝国时期的巴西教育有所发展，但仍然没有突破原来的欧洲模式和框架，教育在很大程度上仍然以服务上层阶级、培养社会精英为主，广大民众仍然缺乏受教育的机会。

值得注意的是，由于巴西是一个由多阶层、多种族构成而经济又不发达的国家，且国家权力集中的传统根深蒂固，因此自由主义思潮在巴西独特的社会环境和民族传统中的发展也经历了各种变化。这些变化突出地反映在统治者与教会的关系上。1870 年之后的 20 年是巴西自由主义思潮兴盛的时期。随着佩德罗二世于 1889 年退位，巴西的君主制被共和制取代。"巴西建立的这种较温和的立法，使殖民地社会愚民政策的束缚让位于教育和非宗教的准则。"③在殖民地时期耶稣会被驱逐之前，教会势力对巴西社会的影响力巨大，耶稣会在垄断了教育、控制了主要的经济生产活动后，甚至在政治上与巴西

---

① ［英］莱斯利·贝瑟尔：《剑桥拉丁美洲史》第 4 卷，364 页，中国社会科学院拉丁美洲研究所组译，北京，社会科学文献出版社，1991。

② 黄志诚：《巴西教育》，31 页，长春，吉林教育出版社，2000。

③ 黄志诚：《巴西教育》，32 页，长春，吉林教育出版社，2000。

的统治当局分庭抗礼。然而在帝国时期，教会一直处于国家政权的从属地位，其对巴西社会的影响力下降。"当时葡萄牙的国王完全掌握了教会的权力。巴西教会也效法葡萄牙教会的榜样，与帝国的官僚政治融合在一起。"①尽管帝国时期的巴西政府也培养了一批政治教士，但他们全部是在国家控制的神学院接受教育的。教会既不能在财富、影响力及各种特权上成为对抗政府的中心，其垄断教育的局面也一去不复返。尤其是在 1878 年后，巴西的自由派得势，开始猛烈攻击教会。"自由主义者认为，教会同奴隶制一样，是巴西社会发展的一个重大障碍。"②受此影响，巴西政府开始发布条款限制教会占有乡村和城市地产的权利，并减少教会在教育领域"助长无知"的机会。作为天主教国家的巴西，教会对其社会和教育的影响已被大大削弱。

第三节　第一共和国时期的教育

在巴西的历史上，第一共和国时期是一个全面转型期：政治方面从君主制转变为共和制，经济方面从出口农业模式转向农业与工业并重模式，社会方面从大种植园主霸权转向由资产阶级与中等阶层主导的社会。政治和社会骚动持续不断，呈现出既无秩序又无进步的现象。简言之，这 40 年是现代巴西发展跌宕起伏的序幕。③ 但由于巴西资本主义经济在共和国成立后迅速发展，并由此导致工业企业对专门人才的需求量猛增，从而在某种程度上刺激了巴西文化教育事业的发展。

1891，巴西宪法确定了教育上的双轨体系，各州政府负责初等、中等教

① 黄志诚：《巴西教育》，32 页，长春，吉林教育出版社，2000。
② 黄志诚：《巴西教育》，32 页，长春，吉林教育出版社，2000。
③ 刘文龙、万瑜：《巴西通史》，162 页，上海，上海社会科学院出版社，2017。

育的地方教育体系，联邦政府负责高等教育的联邦教育体系。同时，受实证主义思潮的影响，理科教学和技能培养受到重视，教育革新实验以及新式教学方法的大胆采用也成为此时教育发展的一大时尚。① 20 世纪初，一些研究型的高等教育机构在巴西出现。在这一时期，巴西教育发展在地域上表现出极大的不均衡性。尽管学校入学人数在这一时期稳步增长，但这一现象主要出现在富裕的南部和东南部各州，而贫困的北部和东北部各州与帝国时期相比几乎没有什么变化。②

一、实证主义教育思潮的涌起

奥古斯特·孔德(Auguste Comte，1798—1857)是法国实证主义的奠基人，认为人类思想已经跨越神学和纯哲学阶段，发展到了科学或实证主义阶段。在此阶段，人们回避纯理论知识而探求那些以实践为基础的知识。通过综合所有的人类知识并将社会事实和事件归纳为规律，实证主义承诺重建社会。孔德的思想受到巴西年轻的知识分子的盛赞与信奉。实证主义成为学校辩论和宣传的焦点，特别是那些工程和军事学校。③

第一部推崇实证主义思想的作品是弗兰科西斯科·布兰当·尤尼奥尔(Francisco Brandao Junior)的《巴西奴隶制》(*A Escravatura no Brasil*)，该书于1865 年出版。9 年后对实证主义思想进行清晰论述的是路易斯·佩雷拉·巴雷托(Luis Pereira Barreto)的作品《三个哲理》(*The Three Philosophies*)。他的介绍表明了巴西实证主义的具体特征："巴西已经是一小群实证主义者的海湾，这部分实证主义者主要来自中产阶级和从事工程职业的人群，这群人的数量不是在减少，而是在迅速增长，而且还会继续增加。"1876 年，孔德的年轻弟

---

① 吴式颖:《外国现代教育史》，701~702 页，北京，人民教育出版社，1997。

② 吴式颖:《外国现代教育史》，702 页，北京，人民教育出版社，1997。

③ [美]E.布拉德福德·伯恩斯:《巴西史》，王龙晓译，175 页，北京，商务印书馆，2013。

子们建立了第一个巴西实证主义协会。相似的改革和物质进步的实证主义方法是 19 世纪后半叶绝大部分拉丁美洲国家文化发展的主要特征。①

在巴西，孔德最有影响的信徒之一是本亚明·康斯坦特·德马加良斯（Benjamin Constant de Magalhaes，1836—1891）少校，他被誉为巴西实证主义的创始人。康斯坦特曾是里约热内卢军事学院的数学教师。对数学科目的偏爱使他与实证主义有了最初的接触。在军事学院，孔德的哲学十分得势，大多数教师都是共和派的废奴主义者，也是实证主义的拥护者。他们强烈偏爱使用数学上的论据、基本的伦理体系、不可知论、反神秘主义以及教条主义和纪律，在学校中对学生进行思想灌输，使军事学院成为实证主义的大本营。莱斯利·贝瑟尔（Leslie Bethell）指出，在位于里约热内卢的普拉亚-韦尔梅利亚军事科学，"与其说是教军事学科，不如说是一所研究数学、哲学和文学的中心"②。康斯坦特并没有受到米格尔·莱莫斯（Miguel Lemos）和特谢拉·门德斯（Teixeira Mendes）的巴西正统实证主义学派的影响。他反对巴西正统的具有宗教性质的实证主义，坚决主张教育由国家统一管理并用实证主义哲学来对抗教士们的唯心主义哲学。他以公开的方式反对宗教对教育的干涉，表明了他反教权主义的思想。在担任教育部部长时，康斯坦特就将孔德的许多观点直接运用于巴西的教育实践中，推动了巴西的教育改革。③

在共和国时期，巴西教育发展过程中较为明显的一个特征是实证主义思潮对教育的影响。巴西的实证主义者主张用严谨的科学方法来取代枯燥无味的哲学和形而上学的思考，以培养注重解决现实生活问题、具有科学素养的人。许多实证主义者还担任了重要的行政官员，他们强调"秩序与进步"，并将"秩序与进步"这一实证主义的口号写在了巴西的国旗上。巴西的实证主义

---

① ［美］E. 布拉德福德·伯恩斯：《巴西史》，王龙晓译，176 页，北京，商务印书馆，2013。

② ［英］莱斯利·贝瑟尔：《剑桥拉丁美洲史》第 5 卷，811 页，中国社会科学院拉丁美洲研究所组译，北京，社会科学文献出版社，1992。

③ 黄志诚：《巴西教育》，40~41 页，长春，吉林教育出版社，2000。

者在推翻帝国、废除奴隶制的过程中都起过重要作用。实证主义者不仅视实证主义是引导巴西走向现代化的一种哲学观点，而且试图将实证主义的思想付诸实践。①

实证主义思想对巴西教育的直接影响主要是促使人们努力改变教育以适应新时代的要求。工业化的进程、稳定高效的政府需要领导者充分地掌握现代科学，传统的学校已不足以承担这一任务。然而，人们无意于废除乃至更新现有机构，替代的办法是设立新的机构，建立一些新型的、重视科学教育的学校。当时巴西确实建立了一批以实证主义为指导思想的新型学校。康斯坦特任教的军事学院成为典型的实证主义的教育机构。在实证主义思想的影响下，巴西的教育改革表现出以下几个方面的特点。

第一，强调系统的、循序渐进的、"百科全书式"的学习科目。实证主义教育家认为，系统学习以科学为基础的统一课程，可以促进精神健康，稳定社会秩序。学生按由浅入深的次序学习若干门学科，从而知晓它们之间的相互关系。因此康斯坦特要求军事院校的学生牢记数学是基础，社会学是拱顶石，并以此来加强科学知识的学习。

第二，重视自然科学和实用学科的学习。尽管传统的强调人文学科的风气依然存在，但实证主义教育革新的思想有所发展。有些学校取消了拉丁文的学习，减少了传统学科的课程，一种追求专业技术和实证主义的学科思想不断发展。这虽然同百科全书式的学习有矛盾，但又成为实证主义教育改革思想的一大特征，使巴西教育保持了既重视专业技术，又不忽视高度系统性的学习的特点。②

第三，引进新的教育思想，改革传统课程。实证主义教育家主张将科学方法、批判主义、分析主义引进教育制度，促进学校课程发生巨大变化。实

---

① 黄志诚：《巴西教育》，39~40 页，长春，吉林教育出版社，2000。
② 黄志诚：《巴西教育》，41 页，长春，吉林教育出版社，2000。

证主义者抨击了当时教育制度强调的那些传统人文主义的价值观念，强烈要求学习现代的、更实用的、科学的课程。因而，当时实证主义学校重视科学教育的程度已超过人文学科，学校课程引进了大量自然科学、数学、信息获取、技能发展等方面的内容，使得巴西的教育与社会经济的发展联系更为紧密。①

第四，坚持宗教与教育分离和国家对教育的管理。实证主义者认为，宗教禁锢了人们的思想，阻碍了人们探求真知。他们主张在公立学校实行免费的和世俗的教育，禁止在公立学校开设宗教课；教育是国家的事业，国家应该控制教育；要用实证主义的哲学对抗教士们的唯心主义哲学和经院哲学；要用实证主义取代宗教思想。

第五，实证主义的座右铭为"秩序与进步"，反映在教育上，就是要培养学生树立符合统治阶级利益的价值观，既顺从统治阶级的意志，又能从事现代化的生产。因此，学校较强调以教师为中心的、强制命令式的教学方式，要求学生绝对服从教师，这就压制了学生的想象力和创造力。②

二、各级各类教育的变革与发展

（一）初等教育

在共和国初期，巴西政府着重于重建公立学校体系。1901 年，重新组建公立学校已成为"教育法"（Codigo do Ensino）的主要目标。在此时期以及以后的一段时间里，巴西基本上形成了现代教育制度的结构，各级公立学校都有了较大发展。③

初等教育面向 7~15 岁儿童，7~13 岁的儿童就读于初级小学，主要学习

---

① 黄志诚：《巴西教育》，42 页，长春，吉林教育出版社，2000。
② 黄志诚：《巴西教育》，42 页，长春，吉林教育出版社，2000。
③ 黄志诚：《巴西教育》，35 页，长春，吉林教育出版社，2000。

的课程有：阅读和写作、葡萄牙语、算术和公制、公民学、实物教学、绘画、体育、基础农业等。13~15岁的儿童进入高级小学，主要学习的课程有：基础法语、基础数学、物理、自然史、地理、历史、法律、政治经济基础知识、音乐和军事训练等。① 此外，由于德国大量移民移居巴西南部地区的圣卡塔琳娜州，故该州建有大量的德语学校。这些学校不教授葡萄牙语，书和地图等教学用品均从德国进口。而在南里约格朗德州，德国人在很大程度上被同化了，所以学校的情况与圣卡塔琳娜州不一样。②

(二)中等教育

这一时期，巴西中等教育变化较大。1901年教育法颁布以后，某种程度的一致被保持了下来，其中采纳了各州州立学校的文凭和私立学校的文凭可以"等值"的原则。因此，巴西的中等学校的文凭均可以与典型的、由联邦政府管理的唯一一所学校——里约热内卢的佩德罗二世学校的文凭等值。

1894年1月15日颁布的法令规定，中学学制为七年，招收10~14岁的学生。中学课程结束后，要进行名为"毕业"(Madureza)的考试，通过者被授予"理学士或文学士"(Bacharel em Sciencias e Lettras)。中学开设的课程主要有葡萄牙语、拉丁语、希腊语、法语、英语或德语、数学、物理、化学、历史、地理、自然科学、社会学和伦理学等。

1911年，充满自由主义思想的"教育组织法"(Lei Organica do Ensino)或称"里瓦达维亚法"(Rivadavia)颁布。该法基本上没有改变教学计划的内容，但对体制改革产生了较大影响。例如，该法规定了学术组织自治，取消为上大学准备的"预备学校"(Preparatorios)，并取消了"等值"原则，等等。③

由于受自由主义思想而进行的改革并没有取得满意效果，1915年，"马克

---

① 黄志诚：《巴西教育》，35页，长春，吉林教育出版社，2000。
② 黄志诚：《巴西教育》，36页，长春，吉林教育出版社，2000。
③ 黄志诚：《巴西教育》，36~37页，长春，吉林教育出版社，2000。

西米利亚诺法"(Lei Maximiliano)恢复了旧制度，但也重新改革了在联邦区的佩德罗二世学校模式：学制为五年，入学年龄为 11~14 岁，要求开展入学考试，精简课程，取消希腊语和社会学课程。①

（三）高等教育

与原同属西班牙殖民地的其他拉丁美洲国家相比，属葡萄牙殖民地的巴西高等教育的发展起步较晚。在殖民地时期，西班牙早在 16 世纪中叶就在其殖民地建立起了大学。较早建立的大学有圣多明哥大学(1538)、秘鲁的圣马科斯大学(1551)、墨西哥的皇家教廷大学(1553)。到殖民地时期结束时，拉丁美洲国家共有 10 所大学，而属于葡萄牙殖民地的巴西却还没有建立起一所大学。直到 1920 年，巴西在 3 所传统的专业学院(法学院、医学院和工程学院)联合的基础上，才建立起巴西的第一所大学——里约热内卢大学。实际上，巴西的大学的建立比其他拉丁美洲国家晚了将近 370 年。②

巴西高等教育发展之所以起步较晚，一方面是因为宗主国不重视巴西的教育发展，另一方面是因为独立后高等教育仍保持原来的模式。③ 在巴西共和国建立后，巴西的社会经济结构发生了较大变化。巴西咖啡出口在国际贸易中的成功为工业化积累了大量金融资金，工业化进程促进了巴西的城市化和公立、私立行政组织体系化的出现。在这种背景下，巴西的社会阶层开始重新分化。在新的社会阶层化的过程中，教育文凭日益具有更大的价值，成为高等教育发展的一个契机。④

在共和国初期，巴西高等教育有了一些新的发展。到 1910 年，巴西已建立 27 所公立、私立学院，入学人数也有大量增长。此后，要求建立大学的呼

---

① 黄志诚：《巴西教育》，37 页，长春，吉林教育出版社，2000。
② 陆兴发、黄志诚：《发展中国家高等教育》，264 页，长春，东北师范大学出版社，1997。
③ 陆兴发、黄志诚：《发展中国家高等教育》，264~265 页，长春，东北师范大学出版社，1997。
④ 陆兴发、黄志诚：《发展中国家高等教育》，266 页，长春，东北师范大学出版社，1997。

声日益高涨。最终，联邦政府在社会要求建立大学的巨大压力下，于1920年在原来3所独立学院的基础上，通过合并，建立了里约热内卢大学①，在1927年建立了米纳斯吉拉斯大学。然而，这些大学实际上只不过是由一些专业学院合并而成的，还没有成为现代型的综合性大学。通常法学专业学制为5年，医学和工学为6年。此外，1916年，里约热内卢的历史与地理学院（Instituto Historico e Geographico）设立了高级研究院（Academia de Altos-Estu-dos）。该高级研究院主要是按欧洲模式创办的，下设外交部、行政管理部、哲学部，主要培养高级官员，以满足巴西行政管理事务的需求。②

值得一提的是，巴西联邦政府在建立里约热内卢大学的过程中，力图要使该大学模式成为以后大学的样板。确实，在之后50年中建立的大学也都表现出里约热内卢大学的一些主要特征：第一，大学的管理机构权力有限，学院仍是一个实体；第二，强调专业化，不重视普通知识和科学研究；第三，实行终身教授制，终身教授具有绝对的学术自由，并在某些知识领域和教学人员的安排上具有最后决定权。实际上，这一大学模式的实施也成为巴西高等教育发展缓慢的原因之一，因为这种类型的大学只是传统学院的一种变体和强化，并不具备现代大学的主要特征。直至第二次世界大战，整个巴西也只有5所综合性大学以及293所专业学院，高等学校人数大约为25000人。③

（四）职业技术教育

在这一时期，巴西技术教育发展较为突出。虽然帝国时期巴西已创办了农业学校和手工艺学校，但在规模、层次、多样化方面仍有欠缺。而在共和国时期，巴西技术教育朝多层次、多样化方向发展。除了农业、手工艺学校外，这一时期巴西还建立了工业、商业、师范等学校或学院。④

---

① 陆兴发、黄志诚：《发展中国家高等教育》，266页，长春，东北师范大学出版社，1997。
② 黄志诚：《巴西教育》，37页，长春，吉林教育出版社，2000。
③ 陆兴发、黄志诚：《发展中国家高等教育》，266页，长春，东北师范大学出版社，1997。
④ 黄志诚：《巴西教育》，38页，长春，吉林教育出版社，2000。

在农业技术教育方面，1909年建立的联邦农业委员会在全国农业技术教育中发挥了巨大作用。农业技术培训分三个层次：第一，高等农业学校——在里约热内卢设有高级农业学校（Escola Superior de Agricultura）；第二，中等农业学校——在巴伊亚、皮拉西卡达、皮艾罗、波多阿莱格莱设有农业理论与实践学校（Escolas Theorico-Practicas de Agricultura）；第三，初等农业学校——在巴伊亚、圣路易斯德米索艾斯、巴尔巴塞纳、撒图巴、依加拉卜阿塞、吉马拉艾斯、盛戏玛奥、图巴拉奥等地设有农业学习与实验学校（Escolas Practicas e Aprendizados Agricolas）。此外，巴西各地还建有畜牧业、旱地农作物、水稻生长、棉花种植等专业学校。巴西各州也都设有州农业委员会和农业培训机构，按各州需求进行培训。①

在工业技术教育方面，工业专业技术学校主要由联邦政府创办，大多数学校设在主要城市。里约热内卢、波多阿莱格莱、巴伊亚、圣保罗、加皮那斯、马塞依奥等地方，也设有名为"手工艺学校"（Lyceus de Artes e Officios）的州立和私立学校。巴拉州的工业技术教育尤为出色，该州有5个条件设备较好的工业技术学院，大约有1500名学生在豪华整洁的教学大楼里接受培训。②

在商业技术教育方面，巴西商业学校几乎全部是私立的。一些手工艺学校也开设有商业课程，通常教学生记账。这些学校均采用欧洲的教学方法进行教学。③

在师范教育方面，巴西师范学校基本由州负责，一些州都建有师范学校，也有3所是市立的师范学校（如在联邦区、巴尔巴塞纳和德莱斯彭达斯的师范学校）。在圣保罗，州政府管理8所培养小学教师的师范学校和3所培养中学教师的师范学院。1912年，圣保罗州培养了3611名师范生。圣保罗的师范毕

① 黄志诚：《巴西教育》，38页，长春，吉林教育出版社，2000。
② 黄志诚：《巴西教育》，39页，长春，吉林教育出版社，2000。
③ 黄志诚：《巴西教育》，38页，长春，吉林教育出版社，2000。

业生在巴西具有较好的声誉，受到其他州的欢迎。1914 年，巴西共有教师20600 人，一半是女性，有 7265 人在私立学校工作。①

总体而言，在共和国时期，巴西各级各类教育实现了较大发展。然而，这种发展依然没有满足社会经济发展和广大民众接受平等教育机会的需求。特别是在农村地区，教育仍十分落后。据 1934 年的统计资料，巴西文盲人数仍占 52% 以上。②

第四节　瓦加斯执政时期的教育

热图利奥·瓦加斯（Getúlio Dornelles Vargas）在巴西历史上开辟了一个新的时代。他首先是作为临时政府主席（1930—1934 年）上台，接着被国会根据宪法选举为总统（1934—1937 年），然后成为巴西的独裁者（1937—1945 年）。瓦加斯在巴西历史上的地位十分显赫，以至于 20 世纪 60 年代的政府依然处于他遗留下的强大传统的阴影的笼罩下。③ 在瓦加斯执政期间，巴西的政治、经济、文化和教育都经历了一个重要的变革过程。虽然瓦加斯及其统治在巴西历史上备受争议，但他关于"巴西公民人人都有受教育的权利，普通劳动者在就业前应接受基础教育和职业训练，全国实行普及小学义务教育，各级政府负有对公民实施教育的义务"④等理念与政策，推动了巴西各级各类教育的变革与发展，为巴西教育发展做出了贡献。

---

① 黄志诚：《巴西教育》，39 页，长春，吉林教育出版社，2000。
② 黄志诚：《巴西教育》，39 页，长春，吉林教育出版社，2000。
③ [美]E. 布拉德福德·伯恩斯：《巴西史》，291 页，王龙晓译，北京，商务印书馆，2013。
④ 吴式颖：《外国现代教育史》，703 页，北京，人民教育出版社，1997。

一、"新国家"成立之前的教育（1930—1937 年）

瓦加斯是在一个动荡不安的时代上台执政的。在政治上，巴西没有强大的党派，国家主要由富裕的圣保罗州和米纳斯吉拉斯州实施联合统治，这引起了新兴的工业企业家、畜牧业巨头、种植园主以及劳工组织的强烈不满。在经济上，由于受世界经济危机影响，巴西咖啡价格暴跌，导致了巴西的财政危机。国内物价上涨，工资水平下降，人民缺少生活必需品，全国充斥着不满的情绪。在这种形势下，巴西于 1930 年成立了以瓦加斯为首的新政党，即"自由联盟"。在军人集团的支持下，瓦加斯当上了临时总统。[①]

作为新兴资产阶级的代言人，瓦加斯政府重视满足新兴工业生产发展对工程技术人才的需要，重视教育事业发展及人才培养事务。瓦加斯上台后，即设立第一个主管教育的职能机构——教育与卫生部。1931 年，政府签发《巴西高等和中等教育组织法》，强调发展工程技术教育，发展自然科学和综合大学。1934 年，以自然科学和工程技术专业教育见长的圣保罗大学创建，原里约热内卢大学也得以改组。[②]

（一）瓦加斯的教育理念与教育政策

瓦加斯政权对现代巴西的发展做出了重大贡献。在政治上，瓦加斯打破了由两个州垄断总统职位及控制议会的局面，为更多的人参与政治开辟了道路。此外，他在执政时，为女性争取选举权，支持劳工改革，关注工人群众的社会福利，力图把各种地区性力量统一到一个现代化的国家中来。在经济上，为使巴西摆脱对外国的依赖，瓦加斯政权实施民众主义和民族主义的政策，颁布了一系列促进巴西民族工业和经济发展以及维护劳动者基本权利的法律，迅速建立起民族工业，同时实行国家干预经济的政策，使巴西经济取得较快的发展。在教育上，瓦加斯政权对公共教育极为关注，对教育进行了

---

① 黄志诚：《巴西教育》，43 页，长春，吉林教育出版社，2000。

② 吴式颖：《外国现代教育史》，702~703 页，北京，人民教育出版社，1997。

重大改革，进一步集中了中央政府的权力，以使国家能够实施新的教育政策。①

在瓦加斯执政时期，教育政策的一个明显倾向是关注民众教育。瓦加斯在 1933 年所做的一份名为"巴西新政策"的报告中指出："尽管巴西人还很穷，但所有的巴西人都可以成为令人钦佩的人，成为模范的市民。然而，要使之成为现实，只有通过一个途径、一种方法——所有巴西人必须接受教育。"② 在瓦加斯看来，民众教育关系到国家兴盛，"所有大国达到发展的较高水准，都是通过对其国民的教育"③。

显然，教育在发展中的社会，尤其是这样一个人口越来越多、越来越年轻化的社会发挥了关键作用。秉承"教育是生死攸关的大事"，瓦加斯命令将更多的注意力集中在学校上面，这最终将塑造巴西社会的未来。事实上，如果巴西人想参与到需要更多的技巧和技能的现代社会，教育是他们必经的入口。④

1930 年，巴西建立了第一个主管教育的职能部门——教育与卫生部，由弗朗西斯科·坎波斯(Francisco Campos)任教育与卫生部部长。国家开始对教育采取更为具体、更为广泛的措施，在巴西掀起了教育改革的热潮。⑤ 为实现更加现代化和高效率的教育目的，弗朗西斯科·坎波斯改革了教育体制，再次重申了教师培训和教室建设。⑥ 1930 年，文化教育部建立，成为联邦教育委员会的执行机构和联邦政府主管教育的部级行政机构。文化教育部的职责为：为全国各类教育制定指导方针，确定教育标准和拟定教育规划，主管全

① 黄志诚：《巴西教育》，44 页，长春，吉林教育出版社，2000。
② 黄志诚：《巴西教育》，45 页，长春，吉林教育出版社，2000。
③ 黄志诚：《巴西教育》，45 页，长春，吉林教育出版社，2000。
④ [美]E.布拉德福德·伯恩斯：《巴西史》，306 页，王龙晓译，北京，商务印书馆，2013。
⑤ 黄志诚：《巴西教育》，44 页，长春，吉林教育出版社，2000。
⑥ [美]E.布拉德福德·伯恩斯：《巴西史》，306 页，王龙晓译，北京，商务印书馆，2013。

国高等教育以及职业教育和成人补充教育。文化教育部下属的全国教育研究协会是全国教育问题研究中心，于 1938 年成立。研究内容包括：古今教育理论与教学方法、正规教育与非正规教育以及职业教育。研究目的在于不断改革和完善巴西的教育体制。① 为了发展教育事业，巴西建立了全国教育委员会，由公立、私立学校代表任委员。全国教育委员会的主要职能是向教育部提供咨询。②

在当时，巴西各种社会组织也对教育改革十分关注。新建立的巴西教育协会（Associaç ão Brasileira de Educaç ão，ABE）对学校教学和课程的改革进行了热烈讨论，并主张引进国外新的教学思想。一些追随杜威教育思想的组织开始在巴西建立"新学校"（Escola Nova），试图使学校成为社会政治民主变革的一种工具。教育与卫生部部长坎波斯也是新学校的支持者。还有一些组织竭力主张将更多的资源投入基础教育，以减少文盲。③

1934 年，瓦加斯正式成为总统，并颁布了新宪法。1934 年的宪法显示了国家权力的扩大、公民权利的扩大以及妇女具有选举权；此外，对教育也做出专门规定，如宪法第一百四十九条规定：教育是所有人的权利，应由家庭和公共机构来实施。既要给巴西人，也要给居住在巴西的外国人提供适当的教育。这样，会有助于在巴西精神中发展人类团结的意识。④

（二）各级各类教育的变革与发展

基于瓦加斯的教育理念和相关教育政策的支持，巴西各级各类教育都实现了较大发展，主要表现在入学人数增长、学校数量增加、教育经费得到保障等方面。民族意识增强也是这一时期各级各类教育发展的特点。瓦加斯计划使用集中式新学制作为激励民族感情发展的一种手段。他曾命令在教学中

---

① 陈作彬、石瑞元：《拉丁美洲国家的教育》，121~122 页，北京，人民教育出版社，1985。
② 黄志诚：《巴西教育》，49 页，长春，吉林教育出版社，2000。
③ 黄志诚：《巴西教育》，44 页，长春，吉林教育出版社，2000。
④ 黄志诚：《巴西教育》，48 页，长春，吉林教育出版社，2000。

全部使用葡萄牙语，这一要求的目的在于加速欧洲移民和他们的后代巴西化，特别是集中了大量德国人、波兰人和意大利人的南部地区。学校特别强调巴西史的教学，新建立的大学还设立了巴西史讲座。总之，1930 年之后的教育重视增强民族意识，因此培养了学生支持民族主义的思想。①

1. 初等教育

为适应巴西工业化发展对劳动者文化素质要求提高的需要，巴西政府实施了更为广泛的教育计划，使这一时期的教育，尤其是初等教育获得较大的发展。面对巴西的现实，瓦加斯要求各州着重检查初等教育的发展工作，不应将资金浪费在豪华的建筑和维持军警等方面，而忘记了最大的资本生产单位是教育。② 瓦加斯呼吁"联邦、州和市要具有合作精神"；"只有将最大比例的收入花费在教育上，才可以说在我国基本问题上迈出了一大步"。③ "为了贯彻政府的意图，要强调通过法律来规定各州起码应将 10% 的税收用于初等教育，并要求将市政府收入的 15% 用于安全、卫生和教育。"④

初等教育的发展与联邦政府的关注和支持紧密相关。联邦政府通过制定法律，规定了学校教育的目的和原则，并在经费上给予了保证，极大地促进了巴西免费义务教育的实施。1930 年，巴西只有 27000 所初等学校。在瓦加斯政府的推动之下，到 1945 年，初等学校达到了 5 万所左右，其中大部分学校是在 1934 年建立全国教育制度以后出现的。此外，对州立的学校，包括中小学、师范学校和农学院等，联邦政府也提供了一定的设备和经费。⑤

2. 中等教育

中等教育在这一时期也实现了较大发展。1931 年的《巴西高等和中等教育

---

① [美]E. 布拉德福德·伯恩斯：《巴西史》，306～307 页，王龙晓译，北京，商务印书馆，2013。
② 黄志诚：《巴西教育》，45 页，长春，吉林教育出版社，2000。
③ 黄志诚：《巴西教育》，45～46 页，长春，吉林教育出版社，2000。
④ 黄志诚：《巴西教育》，46 页，长春，吉林教育出版社，2000。
⑤ 黄志诚：《巴西教育》，48 页，长春，吉林教育出版社，2000。

组织法》将中等教育分为两个阶段：第一阶段是五年制的基础教育，第二阶段是两年制的、为专业教育做准备的预备教育。坎波斯认为，巴西的青年人应该接受的不只是为上大学的预备教育。学校教育应该培养青年人具有与国家发展相适应的能力、态度和行为，使之成为既有生产能力，又有责任心的社会成员。①

3. 高等教育

在高等教育方面，1931 年颁布的《巴西大学章程》明确阐述了综合大学的概念，为以后综合大学的建立和发展打下了基础。《巴西大学章程》规定，大学应由三个学院组成：法学院、工学院和医学院（或者可用教育学院、自然科学学院、人文学院这三个学院中的一个替代）。根据这一规定，结合 1920 年里约热内卢大学的创办经验，巴西于 1934 年建立了新型大学——圣保罗大学。② 四年后，位于里约热内卢的巴西大学成为巴西第三所大学。③

4. 职业技术教育

在瓦加斯执政期间，教育政策的另一个明显倾向是注重职业技术教育。瓦加斯曾指出当时教育存在的主要弊端："我们的教育是空洞的，失去了主要的目标：培养人们去生活。"④瓦加斯对教育的理解是"广义的、社会性的、身体和道德的、优生的和爱国的、工业和农业的，而最基本的是初等教育和职业技术教育"⑤。他还提倡教育应与生活相联系，"当人感到与土地联结在一起时，土地也会给予热情的回报，这就要求人们会利用土地来使种子发芽、生长。基本的途径是要教育人民，使人民能够学会生活。……教育与生活概括了我们未来的秘诀……"⑥。

---

① 黄志诚：《巴西教育》，47 页，长春，吉林教育出版社，2000。
② 黄志诚：《巴西教育》，48 页，长春，吉林教育出版社，2000。
③ ［美］E. 布拉德福德·伯恩斯：《巴西史》，306 页，王龙晓译，北京，商务印书馆，2013。
④ 黄志诚：《巴西教育》，46 页，长春，吉林教育出版社，2000。
⑤ 黄志诚：《巴西教育》，46 页，长春，吉林教育出版社，2000。
⑥ 黄志诚：《巴西教育》，46 页，长春，吉林教育出版社，2000。

瓦加斯反复强调发展职业技术教育，"我们所需要加强的教育是职业技术教育，尤其是在机械化时代，如果没有这类教育，就不可能组织生产"①。在办学模式方面，瓦加斯主张以更现实的、符合各地实际情况的方式办学。他指出："要搞教育就要建立学校，但并不一定要按一种能在全国通用的严格的模式来建校。应根据各地区的情况以及各地居民工作的情况，采取适当的教育形式。在人口众多的工业化城市，可以通过专业学校和职业技术学校进行职业技术教育；在内地农村地区，可以通过普通学校、慈善机构和寄宿学校进行农业技术教育。总之，从现实性和教育性出发，使每个公民有能力独立谋生……"②职业学校的数量在这一时期增加了一倍以上，达到 2000 所。1920年，就学人数仅有 250 万人，截至 1945 年已增加到 450 万人。③

二、"新国家"时期的教育(1937—1945 年)

1937 年，巴西国内复杂的政治环境、猖狂的破坏活动以及各地发生的武装斗争，再加上深受德国和意大利法西斯思想影响的巴西整体主义行动党的活动，迫使瓦加斯解散国会，实行独裁。瓦加斯认为，当时政府机构患了不治之症，过分的地方主义损害了国家的统一，立法无效，行政无能。于是，1937 年，巴西颁布了新宪法，政府集中了更多的权力，也使总统成为一个政治独裁者，建立起了瓦加斯声称的"新国家"(Estado Novo)。④

"新国家"的教育政策展现了一种强硬的路线。对有些在瓦加斯执政初期推行和实施的旨在解决教育问题的权宜措施，"新国家"仍拒绝进行变动和调和。此外，在前期实行的"新学校"实验，在"新国家"时期又涂上了国家政治色彩——要求各级各类教育都服务于国家目标。这一时期，真正的、实质性

① 黄志诚：《巴西教育》，46 页，长春，吉林教育出版社，2000。
② 黄志诚：《巴西教育》，47 页，长春，吉林教育出版社，2000。
③ 黄志诚：《巴西教育》，48~49 页，长春，吉林教育出版社，2000。
④ 黄志诚：《巴西教育》，49 页，长春，吉林教育出版社，2000。

的教育问题没有得到解决，但对公共教育的政治方面予以了很多关注。①

"新国家"的教育政策集中体现在1937年的宪法中。1937年的宪法在对教育的规定上有三个方面较为突出：一是强调国家对教育的权力和责任，二是强调初等教育和职业技术教育，三是强调劳动与纪律的教育。②

在国家对教育的权力和责任方面，1937年宪法第十六条指出，国家特有的法律权力包括对全国教育的领导。第一百二十五条指出，对子女的全面教育是家长的首要责任和自然权利。国家也有责任进行合作或弥补家庭教育的不足。第一百二十七条强调，儿童和青少年应成为国家特别照顾和保护的对象；国家要采取各种措施确保他们健康生活与和谐发展其能力的物质与精神条件。放弃对儿童和青少年的德、智、体方面的教育是对其看护和教育的严重失职，国家有责任为他们提供必不可少的帮助和照顾。为了子女的生存和教育，家长有权请求国家的帮助和保护。③

在初等教育和职业技术教育方面，宪法第一百三十条指出，初等教育是义务的和免费的。第一百二十九条指出，对于没有足够资金接受私立教育的儿童和青少年，国家、州和市有责任建立各级公共教育机构来确保他们能够接受与能力和职业倾向相适应的教育。④ 可见，为社会下层子女开设的职前和职业教育成为国家在教育方面的首要责任。瓦加斯政府力图通过发挥州、市、个人、私人团体和专业团体的积极性，建立职业学校来履行这一责任。为企业职工的子女建立专业学校是企业和工会的职责。法律规定国家对这些学校也有权力和责任，国家应对这些学校提供帮助和支持。⑤

在学校推行劳动和纪律教育、培养"新国家"所需人才方面，1937年宪法

---

① 黄志诚：《巴西教育》，49 页，长春，吉林教育出版社，2000。
② 黄志诚：《巴西教育》，49~50 页，长春，吉林教育出版社，2000。
③ 黄志诚：《巴西教育》，50 页，长春，吉林教育出版社，2000。
④ 黄志诚：《巴西教育》，50~51 页，长春，吉林教育出版社，2000。
⑤ 黄志诚：《巴西教育》，51 页，长春，吉林教育出版社，2000。

第一百三十一条指出，体育、公民教育和体力劳动教育是所有小学、中学、师范学校的必修课程，不遵从这一规定，学校就得不到承认和批准。宪法第一百三十二条指出，国家要建立有关机构，或对由社会创办的机构提供帮助和保护，这些机构的主要目的是组织青少年每年定期去乡村劳动和在办公室里劳动，对青少年进行道德纪律教育和进行身体训练，以此来培养青少年履行在国防和经济发展中所承担的责任。[1]

在这一时期，除了继续加强初等教育和职业技术教育外，巴西教育部还致力于中等教育的改革。1942年颁布的《中等教育组织法》力图使中等教育现代化，但依靠的是极其严厉的集权管理形式，将联邦教育体制强加给所有的学校（包括公立和私立学校）。在此基础上，《中等教育组织法》还规定了统一的教学计划。[2]

不难发现，1937年宪法的颁布确立了"新国家"的独裁政权。在这一时期，一切教育活动均以国家为中心，服从于独裁统治。教育部也在这一时期进行了改组，古斯塔弗·加巴内马（Gustavo Campanema）任教育部部长。加巴内马建立了许多高效率、相互协调的行政管理机构，并创建了教育研究所。杜威的教育哲学开始逐渐被摒弃，"新学校"实验也在改变其方向。[3]

总之，在"新国家"时期，巴西整个教育的特征是在学校开设统一的课程和运用严格的教学方法；采取权宜措施来解决教育问题；教育主要为国家的政治服务，忽视对教育本身的规律的探究。第二次世界大战后，一批将军在巴西全国民主联盟党的支持下发动政变，迫使瓦加斯辞职。1945年10月，瓦加斯的独裁政权被推翻。1946年，巴西建立了民主共和国。[4]

在巴西现代史上，没有一个人比瓦加斯掌握的权力更大，也没有一个人

---

[1] 黄志诚：《巴西教育》，51页，长春，吉林教育出版社，2000。

[2] 黄志诚：《巴西教育》，52页，长春，吉林教育出版社，2000。

[3] 黄志诚：《巴西教育》，52页，长春，吉林教育出版社，2000。

[4] 黄志诚：《巴西教育》，52页，长春，吉林教育出版社，2000。

比瓦加斯遭到的议论更多。[1] 瓦加斯当政期间发生的许多变革，均给这个时代标上了他的名字。在他执政期间，巴西的经济、政治、社会、教育等方面发生了深刻的变化。仅就教育发展而言，这一时期巴西政府对教育的控制越来越强，但同时也有力地推动了国家教育体制的发展。数据显示，1920年，初等教育注册人数为125万，1940年增至330万，1950年达524万。大学生人数由1940年的1.8万增长到1950年的3.76万。[2] 因此，这一时期的巴西教育还是获得了较大发展。

---

① 黄志诚：《巴西教育》，53页，长春，吉林教育出版社，2000。

② 陈作彬、石瑞元：《拉丁美洲国家的教育》，112页，北京，人民教育出版社，1985。

结　语

通过第十三卷、第十四卷和第十五卷所反映的教育发展历史可以看出，19世纪末至20世纪前期的教育主要是解决近代以来所形成的传统教育的弊端和初步建立适应现代社会的现代教育。如何使教育适应现代社会的发展需要，改革原有的教育体制和结构，建立适应现代社会的现代教育，是这一时期教育改革和发展的主题。它大体包括这一时期逐步形成的教育改革的理念、性质、倾向、内容、重点，以及改革的法律和制度保障等。

一、从教育改革的理念上看

尊重儿童，正确处理儿童发展和自由接受教育的关系，关注儿童个人发展与社会、生活的结合等，构成了这一时期教育改革的基本理念。这些理念并不是人们事先设计出来的，而是在批判旧教育和建立新教育的实践与争论中逐步形成和发展的。

19世纪末至20世纪初形成的欧美教育革新运动，包括欧洲新学校运动和美国进步教育运动，是现代教育对传统教育一次深刻的思想和实践上的变革。有人研究欧洲新教育运动和新学校后指出，从数量上说，欧洲新学校无足轻重，而且还带有英国公学的性质，但其重要性主要是对师生关系的重新理解，学生获得了过去从来没有的自由。在新学校运动中，教育者与和儿童的关系不再是传统教育上下级的关系，而是一种互相尊重的关系。这种关系使得教育者是在指导学生，而不是控制学生。① 这种新的师生关系使得教育者更关注学生个人学习活动和学生内在发展。当然，欧洲新学校实验不是完全与传统割裂的，而是在传统基础上的一次改造。正如华虚朋在《欧洲新学校》一书中所说的，各种重要的教育实验都可以在英格兰发现，其主要特点是很多学校把新的接在旧的上面，而不显露痕迹。②

随着欧洲新学校运动的发展，新学校实验所形成的理念很快地反映在新教育联谊会纲领上。20世纪初期的新教育联谊会在纲领中提出了注重儿童内在发展和尊重儿童个性发展等主张。这些主张具体包括：教育目标应该保持和增强儿童内在精神力量；教育应该尊重儿童的个性，并通过解放儿童内在的精神力量来发展个性；儿童学习和生活训练应唤醒儿童内心自发的兴趣，使其得到自由施展，并在各种活动中表现出来。

当然，随着社会对儿童发展与社会发展一致性的重视，新教育纲领也体现了关注儿童纪律、责任、合作，以及培养为社会服务的公民的内容。新教育纲领强调：儿童要在教师协助下加强对个人和团体的纪律训练，培养个人责任感和社会责任感；用合作取代竞争，用合作来教育儿童投身于社会服务；新教育还要使儿童成长为对邻里、国家和人类承担责任的合格公民，成为能够意识到自己个人尊严的人。③ 这在一定程度上反映出这一时期新教育运动改革已经开始注重在解决儿童发展与社会发展的关系上寻求并保持一种有利于双方的平衡。

这一时期，美国进步教育协会提出的七原则表达了类似于欧洲新教育联谊会纲领的内容。例如，强调儿童有自然发展的自由，兴趣是全部活动的动机，教师是指导者而不是布置作业的监工，注重对儿童发展的科学研究，注

---

① William Boyd, Wyatt Rawson, *The Story of the New Education*, London, Heinemnn, 1965, p.14.

② [美]华虚朋：《欧洲新学校》，1页，唐现之等译，上海，中华书局，1931。

③ William Boyd, Wyatt Rawson, *The Story of the New Education*, London, Heinemnn, 1965, pp.73-74.

意儿童身体发展，适应儿童生活需要等。不过，与欧洲新教育联谊会不同的是，美国进步教育协会似乎更关心学校与家庭间的合作，强调进步学校在教育运动中的领导作用。

如果说新教育在20世纪早期的改革视野还局限于欧洲的儿童和教育的话，那么到了20世纪40年代，其活动已经开始具有国际眼光。1942年，新教育联谊会在制定的《儿童宪章》中提出，教育要对世界儿童予以恰当的尊重，包括儿童的人格是神圣的，儿童的需要是良好教育制度的基础；国家要关注每个儿童所享有的适当的吃、穿、住的权利；每个儿童都应该享有经常的、有效的医疗照料；每个儿童都应该有接近本国知识和智慧宝藏，以及全时间就学的机会。①

与《儿童宪章》的内容相比，在对儿童的认识上，教育家的思考往往是超前的。瑞典教育家爱伦·凯早在20世纪20年代就非常乐观地指出："20世纪将成为儿童的世纪。"在她看来，儿童是人类的崭新未来，是未来世界的主人，蕴涵着成年人的力量和命运。只有重视儿童和儿童的教育，才有力量决定人类将来的命运。②

为了更好地理解这一时期的教育改革理念，下面重点对欧美教育改革所涉及的如何理解自由，以及自由与儿童、与教育的关系等问题，结合一些教育家的思考进行分析。

蒙台梭利认为，儿童的自由应该是自然发展的自由。学校应该允许儿童自由地和自然地表现自己，使一切充满生机。教育学的基本原则应该是儿童自由的原则，因为只有在自由状态中观察儿童才能更准确地把握儿童的特性。③为了有利于儿童的自由活动，蒙台梭利在"儿童之家"精心布置了一个给

① William Boyd, Wyatt Rawson, *The Story of the New Education*, London, Heinemnn, 1965, p.122.

② ［瑞典］爱伦·凯：《儿童的教育》，85页，沈泽民译，北京，商务印书馆，1933。

③ ［意］蒙台梭利：《蒙台梭利幼儿教育科学方法》，68页，任代文译，北京，人民教育出版社，1993。

儿童以充分自由、便利的活动场所。蒙台梭利认为，允许儿童自由活动，是
实施新教育的第一步。在自由活动中，儿童可以体验到自己的力量。

不过，杜威对蒙台梭利提出的儿童自由给予了批评，并阐述了自己对自
由和自由教育的看法。杜威指出，蒙台梭利教育的儿童在物质方面比较自由，
但缺乏思想和创造的自由。在蒙台梭利教育里，儿童可以自由地选择材料，
但却不能按照自己的计划去处理材料。①杜威认为，教育中儿童的自由主要是
创造和思想的自由，它是一切自由的根源。要培养理智的公民，就需要有教
师和学生在教和学方面的自由，需要有研究的自由。没有研究的自由，教师
和学生没有自由去探索在社会中发生作用的力量以及用来指导这些力量的手
段，就不能产生有秩序地发展社会所必需的理智行为。②

杜威指出，对自由和自由教育的认识有一定的时代背景。与传统教育相
比，进步教育以儿童生活的世界为基础，并采用那些能使儿童的一切能力得
到和谐发展的教学方法。进步教育受到欢迎的主要原因是其教育的民主性和
合人性。表现在实践中，进步学校的共同点就是尊重儿童个性和自由，反对
外在的强制性和机械性。

当然，杜威也看到了自由和自由教育的不足，并给予了批评。杜威指出，
一些所谓"儿童中心"学校的根本缺点在于缺乏成人的指导。儿童并不知道什
么方法最好，教育上完全放任儿童的自由是对儿童独立思考的误解。杜威认
为，如果不对儿童的冲动进行引导，就意味着允许儿童盲目活动，导致对儿
童的放纵。在杜威看来，教育和教学需要尊重儿童，适应儿童的心理发展水
平和兴趣及需要。但尊重不是放任，放任儿童只会导致消极的结果。

需要指出的是，关于自由和自由教育的问题也是20世纪前期许多教育家

---

① ［美］杜威：《学校与社会·明日之学校》，233 页，赵祥麟、任钟印、吴志宏译，北京，人民
教育出版社，2005。

② ［美］杜威：《人的问题》，59~62 页，傅统先、邱椿译，上海，上海人民出版社，1965。

关注和思考的问题。例如，俄国教育家文策尔和沙茨基认为，自由教育的最重要条件是自由，即不是照既定模式，通过有目的地施加影响培养儿童。教育过程的基础是为自然力量和儿童的天赋发展创造条件，承认在没有限制的情况下才能够充分地展示和体现儿童的个性。自由教育中最困难的问题是个人自由的界限问题。教育的主要任务是培养个人在具有外部自由的条件下生活，并拥有内在自由，能够确定思想和感情的方向，培养创造力，准备与其他人合作，尊重他们的权利。日本学者手塚岸卫认为，让儿童跟在教师后边做，并不是真正的教育和学习。自由教育应该给予儿童自由，通过自由学习唤起儿童的自觉性。

总之，欧美教育改革新理念的提出并不是与传统的教育理念完全割裂的，而是在原有理念的基础上，在批判传统教育弊端的过程中更新的结果。也正是在这个过程中，欧美教育改革确立了尊重儿童的理念，批判性地和辩证地思考了关于儿童自由和自由教育的关系，强调教育在关注儿童发展与社会、生活的结合方面需要采取一种平衡的态度，为 20 世纪中后期教育的改革和发展奠定了思想基础。

二、从教育改革的性质看

1917 年建立的苏联社会主义国家及其所进行的教育改革，形成了不同于资本主义性质的苏联社会主义教育。一些殖民地国家出现了谋求独立和创办本国教育的情况，形成了不同于资本主义国家性质的教育。

苏联教育改革的主要任务是普及教育，扫除文盲，提高国民素质。列宁从政治的高度指出，在充满文盲的国家不可能建设社会主义，文盲被排除在政治之外。他还认为，没有技术的工人或厨师都不能马上参与国家管理。要打破只有富人或富人家庭出生的人才能管理国家、开展政府日常工作的偏见。他要求有觉悟的工人和士兵学习国家管理，并应立即、毫不拖延地开始吸引所有的劳动人民、所有的穷人，都参与到这项学习中。苏联人民教育委员卢那察尔斯基在告公民书中也指出，教育发展的任务是通过组织符合现代教育要求的学校网络，实施普及的、义务的、免费的教育，争取在最短的期限内普遍扫盲。1919 年 12 月 26 日，列宁签署了《关于扫除俄罗斯苏维埃联邦社会主义共和国人口中文盲的法令》，决定所有年龄在 8 岁至 50 岁不会读写的人，必须学习用母语或俄语读写，并要求地方教育委员会在法令颁布两个月内制订扫盲计划。法令同时倡议动用可利用的资源支持扫盲工作，号召工会、俄共地方组织、共产党青年联盟、妇女工作委员会等劳动组织都要参与扫盲工作，并允许人民教育委员会使用教堂、俱乐部、私人住宅、工厂，以及其他机构中合适场所(建立扫盲点)扫盲。为了加强对扫盲工作的领导，1920 年 7 月 19 日，苏联建立了全俄扫盲特别委员会专门领导扫盲工作。全俄扫盲特别委员会在地方设立分委员会，帮助地方开展扫盲工作，并监督其执行。这些措施都有利地促进了苏联扫盲工作的开展。据资料显示，1897 年，9~49 岁俄国人口的识字率为 29.6%。到 1926 年，苏联人口的识字率已达到 60%，1939 年为 89.7%。

为了改造旧教育，加强教育同无产阶级政治和生产劳动相结合，创建苏联新的教育体系，这一时期苏联社会主义普通教育改革的重要成果之一是"统一劳动学校"的建立。1918 年，苏联国家教育委员会制定了《统一劳动学校规程》和《统一劳动学校基本原则》，并在全俄罗斯教育代表大会通过，由全俄中央执行委员会予以发布。章程的发布从法律上废除了旧的国民教育体系，确立了国家建立统一的、免费的普通教育体系和国家学校发展的基本原则。《统一劳动学校规程》规定，除高等学校外，其他学校均为统一劳动学校。统一劳动学校分两级，第一级(五个年级)招收 8~13 岁儿童，第二级(四个年级)招收 13~17 岁儿童。为 6~8 岁的儿童设立的幼儿园也属于统一劳动学校范围，统一劳动学校实行免费教育。统一劳动学校兼有普通教育和劳动教育的性质，同时重视体育与美育,是苏联建立社会主义学校教育的一次尝试。但由于没有处理好二者关系,后来也出现了过度强调劳动、忽视普通教育、过分强调统一、忽视学生个性发展等问题。

统一劳动学校的建立提出了制订新的教学计划的要求。1923—1925年,在苏联国家学术委员会的领导下,教育部门编写了新的教学计划,主要是解决旧学校中存在的理论与实践、学校教学内容与生活相割裂的问题。新的教学计划改变了过去初等学校分科教授的形式,提出了综合教学的设想。新的教育计划由自然与人、劳动、社会三部分组成,通过设置综合课程和综合性单元设计教学计划来实施。按照新的教学计划,在统一劳动学校的第一级教育阶段,综合性单元课程由社会知识、地理、自然科学、儿童生活课程组成。不过,20世纪20年代的教学改革也给苏联教育带来一些问题,主要是缺乏稳定的教科书和严格制定的课程表。

进入20世纪30年代,苏联教育和教学进入了全面整顿时期。1931年的"九五决定"确定了中小学教育整顿的基本方针。1932—1934年的决议确定了具体任务。1932年的《关于中小学教学计划和教学制度的决议》提出要修订教学计划,强调课堂是组织教育过程的主要形式,并提出了要制定和使用稳定的教科书的要求。1934年的《关于苏联中小学结构的决议》明确要求建立划一的、各阶段连续的学校教育体系,并对20世纪20年代在教育实践中采用的设计教学法提出批评,要求彻底改变学校教育工作。这些决议表明,苏联开始将学校教学中心转移到系统的知识教学,强调教学的主要任务是以系统的知识和技能武装学生,重视教育体系的连续性和系统性。

20世纪30年代苏联教育整顿的具体内容主要包括:要求普通学校严格执行新的教学计划和教学大纲;强调课堂是学校教学的中心,学校按照固定课表组织教学,有固定学生参加的、时间为45分钟的课堂成为教学的基本组织形式;实行标准性教学计划,使用统一的教科书;确立教师在课堂上的领导作用；实行系统的五级考评制，等级分为非常差、差、中等、良好、优秀；作息时间统一，学校制定了严格的课程表，以及内部管理规则；学校中行政管理严格，学校生活的方方面面都有着严格的规定，取消了学生自我管理的组织机构。所有学校活动、教学内容都是统一的。

20世纪30年代苏联教育整顿的特点及影响为：回归传统，回归教师教学、课堂授课、重视掌握教材知识等方面的改革，体现了对基础教育和科学技术人才培养的重视，为苏联国民经济的发展和卫国战争的胜利提供了坚实的基础。当然，整顿也带来一些问题：逐步形成了以教师为中心、课堂为中心、教科书为中心的教学模式，教学表现出单一性和重书本性，教学内容和教学方式高度统一，占学校教学主要地位的学生劳动不再受到重视。

需要指出的是，这一时期受民主化和民族独立运动的影响，一些被殖民、被统治的国家，如巴西、埃及、印度等也出现了国家独立和发展教育的要求，教育性质有了新的变化。这里主要以巴西和埃及为例。19世纪独立的巴西在宪法第一百七十九条规定，"普通教育是公民的权利"，并强调政府应努力使所有的教育均为免费教育。同时，巴西出现的自由主义思潮和实用主义思潮在反对教会、重视自然科学和实用学科等方面，都对其20世纪早期的教育发展产生了重要影响。埃及的"独立"比较晚。第一次世界大战后，英国宣布撤销对埃及的保护权，承认埃及为独立主权国家。"独立"后的埃及的教育也获得了较大的发展。

三、从教育改革的倾向看

如果说这一时期的教育发展和改革是在第二次工业革命的基础上进行的，那么它对教育的影响主要表现在，教育改革带有明显的重视与借鉴科学技术的特点，表现为教育研究注重科学基础和科学依据的探寻，学校管理注重学校实验和学校调查，制定教育政策或者法规注重依据调查报告，使得这一时期教育改革明显带有科学化的倾向，并且渗透到教育改革和学校改革的方方面面。

关于教育研究注重科学基础和科学依据的探寻，瑞典心理学家、教育家克拉帕雷德认为，教育研究要有活力，必须有科学基础。这一科学基础要建立在对儿童发展的理解的基础上。如何建立这个基础，在克拉帕雷德看来，就是要向儿童学习，认识到"儿童是自己知识的建造者"。儿童不是被灌输的花瓶，要鼓励儿童，使儿童得到自然发展。克拉帕雷德高度肯定了儿童的天赋，鼓励儿童参加各种活动。

比利时教育家德可乐利认为，要理解儿童发展，首先要理解儿童的兴趣。兴趣是儿童需要的体现，是儿童学习的生命动力，所以，促进儿童发展的有效方式在于培养可借以满足基本需要的兴趣，恰当的教育工作计划应该是围绕儿童兴趣展开的。[①] 为此，德可乐利学校有小动物，有各种有趣的东西，有郊游和远足，以满足儿童的兴趣和需要。

意大利的蒙台梭利是对教育研究和儿童研究有着深入思考的教育家。她注重教育学与科学的结合，认为科学的教育学必须通过实证科学与实验科学来建立，其中"生理心理学或实验心理学将为新教育学奠定基础"[②]。蒙台梭利指出，建立教育科学除了把科学家直接引入学校，鼓励教师进行科学研究，通过实践掌握科学方法外，还要允许儿童自由和自然地表现自己。也就是说，教育研究的基础仍然是对儿童发展的认识。

如何认识儿童的发展？蒙台梭利指出，科学教育学的基本原则应该是学生自由的原则。[③]只有在自由状态中观察儿童才能更准确地把握儿童的特性。也

---

① ［比利时］德可乐利：《新教育法》，310~311 页，崔载阳译，上海，中华书局，1932。

② ［意］蒙台梭利：《蒙台梭利幼儿教育科学方法》，50 页，任代文译，北京，人民教育出版社，1993。

③ ［意］蒙台梭利：《蒙台梭利幼儿教育科学方法》，68 页，任代文译，北京，人民教育出版社，1993。

就是说，儿童特性的研究是教育研究的重要内容。为此，蒙台梭利提出了许多基于对儿童的观察和对前人研究经验的总结所得出的对儿童的认识，试图为教育研究寻求理论依据。这些理论主要如下。第一，"胚胎"期理论。她认为儿童有两个胚胎期：一个是"生理胚胎期"，即胎儿在母体内生长发育的过程；另一个是"心理胚胎期"，即儿童精神发展的过程。第二，"阶段性"理论，即儿童发展是有阶段性的。儿童在发展的每个阶段均有其特定的身心特点，前一阶段发展为后一阶段发展奠定了基础。第三，"内驱力"理论，即生命力的内部冲动是儿童心理发展的原动力。总之，在蒙台梭利看来，儿童活动的主要特征是遵循自然法则，服从内在的引导本能；无外在目标，以自我实现为内在目标；须独立完成，无人可替代或帮助完成；以环境为媒介来改进自己，塑造自己的人格；依自己的方式、速率进行，为自己的内在需求而重复。①

需要注意的是，这一时期许多心理学家和教育家特别注重运用"本能"概念来解释儿童发展和儿童教育的一切问题，这成为教育研究的一大特色。

美国心理学家、教育家桑代克认为，人身上存在着两种反应倾向：先天的原始倾向和通过学习获得的习得性倾向。桑代克特别重视人的先天倾向。他指出："当父精与母卵结合为人时，就已经具备了无数确定将来行为的原始倾向。"②在他看来，人的原始倾向有三种，即反射、本能和先天能力。桑代克指出，人的原始倾向可分为两大类：第一类是与个体自身的活动相关的能力或本能，包括感知能力，原始的注意能力，粗糙的身体控制能力和获取与占有、逐猎、恐惧、愤怒等本能反应；第二类是与他人有关的社会性本能，如母性行为、群居、注意他人且有意吸引他人的注意、支配与顺从、反抗与竞争等。这些本能中有些是好的，如慈爱，后天教育应该给予鼓励和发扬；

---

① ［意］蒙台梭利：《童年的秘密》，183~185 页，马荣根译，北京，人民教育出版社，1990。
② ［美］爱德华·桑代克：《教育心理学简编》，3~4 页，张奇译，北京，中国人民大学出版社，2015。

有些是恶的，如欺辱，应该受到抑制或消除；有些是可以利用的，如感知能力和原始的注意能力；有些是需要利导的，如竞争和羡慕。教育科学的目的就是要对人的本性加以抑恶、扬善、利用和利导。

英国教育家沛西·能夸大了"本能"在人的发展中的作用。他把个性说成生物界的普遍现象，把人的个性说成"本能"的产物，试图为人的个性自由发展的教育寻求生物学的"科学"依据。按照这个逻辑，既然追求个性是生物界的共同特征，那么以培养个性为目的的教育就是唯一适合自然的教育。有研究者指出，沛西·能试图从生物学概念中寻找依据，结果他自己的思想被生物学观点控制了。

在这一时期，注重学校实验和学校调查，也是教育与科学相结合的重要特色。关于学校实验，值得注意的是，无论是欧洲新教育的新学校实验，还是美国进步教育的学校实验，都有一个明显特征，就是一些学校实验多是根据学校改革实际提出要解决的问题，并以解决问题来设计学校实验的。例如，美国教育家约翰逊女士提出的问题是，如果学校要遵循学生自然生长规律，那么教育应该是什么样的？为此，她提出了"有机教育"的学校实验，即学校要按照儿童有机体的发展来设置生活班，根据儿童身心发展来安排教育内容。梅里亚姆领导的哥伦比亚密苏里大学附属小学提出的问题是，假如没有学校，这些儿童会自然地做什么？这所学校的实验目的是"要给儿童一种教育，这种教育能向他展现自己的各种能力，并且如何在他所处的世界中从物质的和社会的两方面练习这些能力，使他成为一个更好、更幸福、更有用的人"①。在学校调查方面，早期的学校调查也多被看成提供研究数据的"科学研究"，其中美国克利夫兰市学校调查是这一时期具有代表性的。该调查历时一年多，调查了克利夫兰学校系统的各个方面，最后发表了调查报告共 25 卷，每一卷

---

① [美]杜威：《学校与社会·明日之学习》，243~244 页，赵祥麟、任钟印、吴志宏译，北京，人民教育出版社，2005。

都对城市生活和教育的各个不同方面的问题做了论述。克利夫兰学校调查不仅明确了城市主要行业对教育的需求，还将克利夫兰市的教育情况与其他 10 个城市进行了比较研究，发现了许多学校管理、教学方面的问题。

如果说学校调查是为了改进学校管理和教学工作的话，那么这一时期依据调查报告制定教育法规或政策，也是教育管理科学化的一种体现。例如，1914 年，美国职业教育国家资助委员会经过将近一年的调查研究，向美国国会提交的《美国职业教育大宪章》反映了美国各地对职业技术教育的强烈需求。这一报告后来成为《史密斯–休斯法案》的蓝本，对美国职业教育的发展起到了重要的促进作用。

1924 年，英国工党内阁任命了以哈多为主席的调查委员会，负责调查英国的初等教育发展情况。调查委员会最终提出了《哈多报告》。1926 年的《哈多报告》指出，儿童在 11 岁以后所接受的各种教育均为中等教育，包括文法中学、选择性中间学校等。《哈多报告》之一，1933 年的《关于幼儿学校以及保育学校的报告》提出了发展学前教育的设想，包括大力增设保育学校、幼儿学校或保育班，幼儿学校应注重针对 6 岁以下儿童开展户外体育、游戏、会话、唱歌、舞蹈、手工、图画等活动。

总之，这一时期欧美教育改革在重视科学和借鉴科学方法的基础上，从寻找教育科学的基础开始，到发现和试图揭示儿童的秘密，再到寻找人性的"本能"根基，反映出现代科学的发展对教育研究的影响。当然，把"本能"作为教育研究和教育活动的根基或者依据是不科学的，这也反映出这一时期在教育研究和探索上生物主义思想的影响。不过，在教育实践方面，这一时期的教育改革注重学校实验、学校调查，并且依据调查报告来制定教育政策和教育法规，从这可以看出教育科学化思想向学校教育实践的渗透。

四、从教育改革的内容看

从教育改革的内容看，既有新教育运动和进步教育运动对传统教育模式、课程内容的改革，也有各国基于本国实际的各级各类教育体制及结构的改革。

可以明显地看出，欧美新教育和进步教育的改革是常有实验性质的，改革的范围和规模是有限的，不过这些国家所进行的实验，特别是美国的实验，对于传统教育和教学具有很强的冲击力，在某种程度上甚至是具有颠覆性的。

例如，美国教育家弗兰西斯·帕克学校改革主要是教育模式的改革。该校在小学阶段打破了学科的划分，以问题研究为中心加以组织和安排课程。在中学阶段，强调儿童与生活联系、团体活动、合作精神、自治等。

梅里亚姆领导的密苏里大学初等学校的改革主要是模式和课程内容方面的改革。比如，强调学校应该是儿童工作和游戏的场所。儿童在学校里的生活不仅应该同他们在校外的生活一样，而且应该更好地帮助他们懂得怎样正确地工作和游戏，以及怎样与其他儿童一起工作和游戏。在这所学校里，儿童一天的生活被分成4个部分：观察、游戏、讲故事、手工。

弗莱克斯纳的林肯学校的改革主要是课程内容方面的。例如，强调学校应当成为研究教育问题的实验室。在学校里，首先要批判地检查和评估现代学校依据的那些基本主张以及所得到的那些结果。在制定的初等学校和中等学校的课程方面，要求删去过时的资料并尽力逐步充实适应现代生活需要的有用的资料。林肯学校课程内容包括4个方面：科学、工业、美学、公民。

华虚朋的文纳特卡学校改革也是课程内容方面的。其课程改革强调要使学校的课程适应儿童的个别差异，发展每个儿童的创造性与社会意识，帮助每个儿童得到全面的和完善的发展。文纳特卡学校的课程分为两个部分：一是工具课程，或称"基本要素"课程，即读、写、算和社会科学；二是活动课程，即自我表现活动(创造性活动)和团体活动。

道尔顿制可以被看成一种教育模式的改革。它坚持三个基本原则：一是自由，强调儿童在专心学习任何科目时，必须要使他自由，不可以妨碍和阻止他们；二是合作，主要指儿童在团体生活中的相互影响和作用，强调学校应成为实际的社会组织，儿童在学校中应该互相交往，互相帮助，共同自由生活；三是时间预算，即在儿童明确应该做什么后，让儿童在规定的时间内自己做出计划。

这一时期各国也都基于本国国情进行了各级各类教育体制及结构的改革。例如，在学前教育方面，19世纪中后期美国公立幼儿园开始出现，并逐步超过私立幼儿园，可以说这是这一时期美国学前教育体制的最大变化。据统计，20世纪初美国的公立幼儿园已达2996所，在数量上超过了私立幼儿园。另外，从学前教育管理体制上看，20世纪以前推动美国公立幼儿园发展的主要是州政府和市政府；进入20世纪之后，联邦政府逐步成为主导力量。1912年，联邦政府在劳动部下设联邦儿童局，1913年在联邦教育局下设幼儿园部，有力地推动了美国公立幼儿园的普及和发展。英国的学前教育制度早期也是以私立的保育学校和幼儿学校为主的，政府多采取不过问的政策。进入20世纪以后，英国也开始出现公立的保育学校以及公共资助的私立保育学校。

在初等教育和中等教育方面，美国很有特色。第一次世界大战以后，美国的初等教育继续朝着普及化方向发展。随着密西西比州和亚拉巴马州通过《义务教育法》，美国用60多年的时间基本上完成了初等义务教育的普及，初等教育的发展开始转向对提高质量的追求。19世纪末至20世纪初，是美国中等教育改革和快速发展的时期，美国设立了教育委员会专门研究中等教育问题。例如，1892年，全国教育协会成立了"十人委员会"，研究中学学科和课程问题，提出了《十人委员会报告》，主要对中学的性质、中学教育的宗旨、中学课程设置方案等提出了建议，并提出了"六三三"学制的设想。

在高等教育方面，20世纪上半叶，美国高等教育得到迅速扩张，大学、大学教师及学生的数量都有较大增加；高等教育科研能力和服务水平得到提高；包括州立大学、私立大学、社区学院和师范学院在内的多层次、多职能的高等教育体系逐步成型。此外，高等教育开始向大众开放，进入大众化时代。与美国相比,英国高等教育发展较慢,规模有限。1900年,英国全国(不包括爱尔兰)只有大学生2万人,1910年这一数字增长到2.7万人,1920年快速增长到4.8万人,1955年也只达到8.2万人。① 20世纪20年代以后,一些老牌大学开始改组,一些新的技术型大学建立,英国高等教育出现新的变化。

总之,这一时期欧美新教育和进步教育的实验性改革构成了对传统教育的冲击,但是由于其影响范围和规模有限,因此其冲击是有限的。原有的教育体系在保持一个相对稳定结构的同时,也开始根据社会发展的要求进行适当的变革,其变革力度的大小往往是与一个国家教育传统的影响和对新事物的接受程度密切联系的。

五、从教育改革的重点看

加强各级教育阶段的衔接,特别是初等教育与中等教育、中等教育与大学的衔接,成为这一时期形成完善和统一的教育体系的重要内容。当然,这种衔接主要是依靠国家教育行政力量,特别是以立法的形式实现的。

关于加强各级教育阶段的衔接,美国教育家杜威的认识是比较深刻的。杜威在《学校与社会》一书中指出,历史上学校制度各个部分是相互隔离的,缺乏衔接和统一性,导致学校制度各部分的目的各不相同——学前教育注重道德培养,初等教育强调实用功能,中等教育注重一般文化修养,高等教育强调精神训练和专业训练。如何解决这个问题,杜威提出:"把学制的各个部分结合起来的唯一方法就是使每一部分与生活结合。"②杜威的这一观点反映出他对教育与生活相结合问题的重视。当然,这里的"生活"主要指儿童的生

---

① 王承绪:《英国教育》,467页,长春,吉林教育出版社,2000。

② 杜威:《学校与社会·明日之学校》,57页,赵祥麟、任钟印、吴志宏译,北京,人民教育出版社,2005。

活。也就是说，即使学制的各个阶段衔接了，但如果各个阶段的目的仍各行其是，没有与儿童生活的结合，那么这种结合只是一种形式，不是真正的衔接。

从这一时期各国的实际操作来看，学前教育与初等教育的衔接问题多是由上一级教育提出的。欧美最早的幼儿园都是私立的。随着公立幼儿园的出现，学前教育发展开始进入一个新的阶段。不过，把学前教育与初等教育衔接起来作为教育系统的一部分，不是从学前教育本身提出的，而是发展初等教育的结果。与美国相比，英国学前教育与初等教育的衔接工作做得要好一些。在 19 世纪普及初等义务教育的过程中，英国政府就承认幼儿学校作为学校系统的一个阶段，并对幼儿学校进行资助和监督。然而，英国政府并没有对学前教育负起责任，民间慈善团体成为举办学前教育事业的主力。直到 1918 年《费舍教育法》颁布，英国政府正式承认保育学校是国民学校制度的一部分。

关于初等教育与中等教育的衔接，是这一时期欧美教育改革的重点。从美国的情况看，美国提出的衔接问题主要与传统的"八四学制"学生辍学问题突出有关。学生辍学的原因除了自身学习成绩不佳和家庭经济困难外，主要的原因在于小学和中学衔接不合理，中学新生对中学开设的古典课程和教学方法不适应。1893 年成立的"十五人委员会"和 1895 年成立的"十三人委员会"提交的研究报告都提到了小学和中学的衔接问题。例如，《十五人委员会报告》建议，学校的主要课程应进行分科教学；初等学校应与中等学校衔接；允许天才儿童在学习上具有更多灵活性，以使他们比一般学生进步得更快。1918 年，美国《中等教育的基本原则》明确建议改组学制，提出第一个阶段 6 年，为初等教育阶段，满足 6~12 岁学生的需要；第二个阶段 6 年，为中等教育阶段，满足 12~18 岁学生的需要。中等教育由初级阶段和高级阶段构成，每个阶段分为 3 年。《中等教育的基本原则》正式确立"六三三"学制为美国的基本学制。

从英国的情况看,英国初等学校传统上是义务教育一贯制学校,主要面向社会下层子弟,自成体系,与主要招收社会上层子弟的中等学校(私立的公学和文法学校)和高等学校并不相通。1907 年颁布的中等学校章程规定,所有接受中央教育委员会资助的中等学校必须招收初等学校毕业生。这标志着英国初等学校开始与中等学校和大学正式接轨,表明英国初等学校原有的封闭体系被打破,原来只能享受初等教育的中下层子弟开始获得接受中等教育的机会。① 1922 年,教育咨询小组主席托尼发表了《人人受中等教育》的报告,明确了初等教育和中等教育之间的界限,改原本的平行发展关系为阶梯式发展关系,增强了两者的衔接,使得英国初等教育和中等教育由原来两个不相连接的制度开始衔接起来。1926 年《哈多报告》的出台,使得英国所有 11 岁的儿童或者进入中等学校,或者进入高级学校修读三四年的小学后教育,推进了初等教育与中等教育的衔接工作。1944 年的《巴特勒教育法》最终建立起初等教育和中等教育相互衔接的国民教育制度。法国的衔接主要与"统一学校运动"有关。在教育部部长让·蔡的领导下,法国建立了初等教育指导局和中等教育指导局,以确保初等教育和中等教育两个阶段的衔接。

关于中等教育与大学的衔接,历史上美国虽进行了多次探索,但实质性变化是在 20 世纪初期。1913 年,全国教育协会成立了中等教育改组委员会,并设置中学与大学衔接委员会,但没有提出切实可行的中学与大学衔接的方案。1930 年 10 月,美国进步教育协会成立的大学入学与中学委员会改为中学与大学关系委员会,主要研究中学与大学相互衔接的途径和方式。其中1933—1941 年开展的"八年研究"所提出的建议涉及高级中学教育目标、课程设计与教育方法、管理方式、教师的专业发展等。"八年研究"实验使得美国大学和学院修改了入学要求,美国中学课程结构得到了改革,加强了中等教

① 王承绪:《英国教育》,313 页,长春,吉林教育出版社,2000。

育与大学的衔接。

在这一时期，欧美教育改革除了关注学前教育与初等教育、初等教育与中等教育，以及中等教育与大学的衔接外，还关注中等教育与职业技术教育等方面的衔接。这些都反映出打通教育体系各个阶段和各个部分割裂的堵点，实现教育体系的相互联系和畅通，已经成为现代教育发展的一个主要特点，是现代社会对人的多方面发展需求在教育体制改革上的反映。

六、从教育改革的法律和制度保障看

通过教育立法、制定教育法规和政策等，加强对各类教育的管理和保障，也成为这一时期教育改革的特色。

从美国的情况看，19 世纪后期到 20 世纪初期，联邦和各州政府主要通过教育立法和政策调整来推进基础教育、高等教育、职业教育，以促进各类教育协同发展。

在学前教育方面，1912 年，美国国会建立联邦儿童局，成为开展儿童保健教育、双亲教育以及母婴服务的政府机构，其主要职责是制定儿童福利政策，提供经费以及协助州政府执行儿童福利方案。1921 年，联邦儿童局制定《母子法》，由联邦政府向各州提供活动基金，在儿童福利、双亲教育以及母子保护政策等方面为母婴权益提供保障。1936 年，美国政府制定了关于母亲护理、儿童保健以及儿童福利设施的《社会保障法》，旨在对失业者家庭的儿童实施财政援助，以促进儿童教育计划的实施。1940 年，美国政府出台《兰汉姆法案》，规定联邦政府拨款建立儿童保育中心，为所有参加军工生产的家庭的孩子提供全天服务。

在初等教育方面，1852 年，马萨诸塞州通过的《义务教育法》成为美国第一部义务教育法令，规定 8~12 岁适龄儿童每年需入学学习 12 周，其中 6 周要连续上课。到 1918 年，联邦内的 48 个州都通过了义务教育法。在中等教育方面，从 1874 年密歇根州高法对"卡拉马祖诉讼案"的历史判决起，不仅加速了美国公立中学的普及，也确立了以公共税收为中学提供财政支持的法律地位。进入 20 世纪以后，虽然没有太多的相关教育法律，但通过各个委员会的报告等，美国基本确立了中等教育的基本结构和特征。例如，1913 年成立的中等教育改组委员会，1918 年的《中等教育基本原则》报告提出了美国中学课程的目标、初级和高级中学两个阶段、中等教育与初等教育的衔接、中等教育的专门化和统一化以及综合中学等方面的内容。

在高等教育方面，从 1862 年《莫雷尔法案》开始，联邦政府加强对高等教育的干预，特别是在高等职业教育方面，这种情况一直延续到 20 世纪初期。20 世纪初，美国国会先后颁布了一系列法案，包括 1906 年的《亚当斯法案》、1907 年的《纳尔逊修正案》、1914 年的《史密斯-利弗法案》、1925 年的《珀内尔法案》、1935 年的《班克黑德-琼斯法案》等，促进了高等职业技术教育的发展。

不过，从其他国家来看，对不同教育采取不同的发展策略也影响了教育立法的进程。例如，法国主要是重视中等教育，将初等教育权留给教会。直到第三共和时期，法国初等教育才开始世俗化和义务性的进程。1882 年的《费里法案》中规定，6~13 岁儿童必须接受初等教育，各市镇建立专门委员会负责监督执行。

总体来看，19 世纪末至 20 世纪前期，是欧美教育改革从传统过渡到现代，各国教育思想和教育制度逐步形成体系、逐步完善，苏联形成新的教育制度，一些民族国家谋求独立及建立相应教育的时期。其中，20 世纪前期教育改革突出的特点是教育的民主化和教育的科学化。它赋予了教育新的含义和内容，使得教育发展更具有普及性、现实性、衔接性和法制性的特点。

19 世纪末 20 世纪前期的教育分第十三、十四、十五卷，其中第十三卷为"19 世纪末至 20 世纪前期的教育(上)"，第十四卷为"19 世纪末至 20 世纪前期的教育(中)"，第十五卷为"19 世纪末至 20 世纪前期的教育(下)"。

第十三卷共十章，其中导言由吴明海、单中惠撰写，第一章和第四章由吴明海撰写，第二章由郭法奇、屈书杰、周红安撰写，第三章由朱镜人撰写，第五章由徐小洲撰写，第六章由杨汉麟撰写，第七章由单中惠撰写，第八章由褚宏启撰写，第九章由单中惠、王汉华撰写，第十章由戴家毅、吴明海撰写。全书最后由吴明海、单中惠统稿。

第十四卷共十章，其中第一章由杨捷、王永波撰写；第二章由杨捷、赵娜撰写；第三章第一节由龚兵、林惠琴撰写，第二节由杨捷、邢孟莹撰写，第三节由龚兵、陈雅撰写；第四章由李子江、姜玉杰撰写；第五章由李子江、杨雪芬撰写；第六章由李子江、鲁婵、王丽、邵延君撰写；第七、第八章由吴婵撰写；第九章由郭法奇撰写；第十章由向蓓莉撰写。全卷由郭法奇负责统稿。

第十五卷共十章，其中第一、第三章由姜晓燕撰写；第二章由王保星、吴式颖撰写；第四章第一节由王保星、吴式颖撰写；第二节由诸惠芳撰写；第三、第四、第五节由吴式颖撰写；第五章由诸惠芳撰写；第六章由陈如平撰写；第七、第九章由李建民撰写；第八章由向蓓莉撰写；第十章由朱治军、曹雅洁撰写。全卷由姜晓燕、吴式颖负责统稿。

第十三、第十四、第十五卷的结语由郭法奇撰写。

参考文献

一、中文文献

《克鲁普斯卡雅教育文选》上卷，卫道治译，北京，人民教育出版社，2006。

《克鲁普斯卡雅教育文选》下卷，卫道治译，北京，人民教育出版社，2006。

《列宁全集》第三十四卷，北京，人民出版社，1985。

《列宁全集》第三十五卷，北京，人民出版社，1985。

《列宁全集》第三十六卷，北京，人民出版社，1985。

《列宁全集》第三十九卷，北京，人民出版社，1986。

《列宁全集》第四十卷，北京，人民出版社，1986。

《列宁全集》第四十三卷，北京，人民出版社，1987。

《列宁全集》第四十五卷，北京，人民出版社，1990。

《列宁选集》第三卷，北京，人民出版社，2012。

《列宁选集》第四卷，北京，人民出版社，2012。

《卢那察尔斯基论文学》，蒋路译，北京，人民文学出版社，2016。

《马克思恩格斯全集》第九卷，北京，人民出版社，1961。

《马克思恩格斯选集》第一卷，北京，人民出版社，2012。

常任侠：《怀念诗人泰戈尔与圣蒂尼克坦》，载《南亚研究》，1981(2)。

巢巍：《简析1924年泰戈尔访华前后中国学者的批评》，载《史学集刊》，2016(2)。

陈作彬、石瑞元：《拉丁美洲国家的教育》，北京，人民教育出版社，1985。

崔录、李玢：《现代教育思想精粹》，北京，光明日报出版社，1987。

单中惠：《现代教育的探索———杜威与实用主义教育思想》，北京，人民教育出版社，2007。

单中惠：《在世界范围内寻觅现代教育智慧》，北京，人民教育出版社，2014。

宫静：《谈泰戈尔的教育思想》，载《南亚研究》，1991(2)。

顾明远：《教育大辞典》增订合编本(上)，上海，上海教育出版社，1998。

华宇清：《泰戈尔散文诗全集》，杭州，浙江文艺出版社，1990。

黄心川：《东方著名哲学家评传：西亚北非卷》，济南，山东人民出版社，2000。

黄心川：《印度近现代哲学》，北京，商务印书馆，1989。

黄志诚：《巴西教育》，长春，吉林教育出版社，2000。

姜琦：《现代西洋教育史》上册，福州，福建教育出版社，2011。

姜士林、鲁仁、刘政等：《世界宪法全书》，青岛，青岛出版社，1997。

蒋径三：《文化教育学》，上海，商务印书馆，1936。

蒋径三：《西洋教育思想史》下册，福州，福建教育出版社，2011。

金克木：《印度文化论集》，北京，中国社会科学出版社，1983。

瞿葆奎：《教育学文集·联邦德国教育改革》，北京，人民教育出版社，1991。

瞿葆奎：《教育学文集·苏联教育改革》上册，北京，人民教育出版社，1993。

瞿葆奎：《教育学文集·印度、埃及、巴西教育改革》，北京，人民教育出版社，1991。

瞿葆奎、马骥雄、雷尧珠：《教育学文集·联邦德国教育改革》，上海，华东师范大学出版社，1989。

李建忠：《战后非洲教育研究》，南昌，江西教育出版社，1996。

李乾正、陈克勤：《当今埃及教育概览》，郑州，河南教育出版社，1994。

李振中、白菊民：《开罗大学》，长沙，湖南教育出版社，1993。

林承节：《20世纪初印度的民族教育运动》，载《南亚研究》，1987(4)。

刘文龙、万瑜：《巴西通史》，上海，上海社会科学院出版社，2017。

陆兴发、黄志诚：《发展中国家高等教育》，长春，东北师范大学出版社，1997。

欧东明：《印度教与印度种姓制度》，载《南亚研究季刊》，2002(3)。

彭姗姗：《封闭的开放：泰戈尔1924年访华的遭遇》，载《清华大学学报(哲学社会科学版)》，2010(4)。

彭树智：《现代民族主义运动史》，西安，西北大学出版社，1987。

钱昕怡：《战后日本历史学中的"大正民主"研究》，载《日本研究》，2015(3)。

滕大春：《俄国近代教育史》，北京，人民教育出版社，1989。

滕大春：《外国教育通史》第 5 卷，济南，山东教育出版社，1993。

田培林：《教育与文化》第 6 版，台北，五南图书出版公司，1987。

王长纯：《印度教育》，长春，吉林教育出版社，2000。

王承绪：《英国教育》，长春，吉林教育出版社，2000。

王桂：《日本教育史》，长春，吉林教育出版社，1987。

王锦第：《士榜格的教育与文化思想》，载《中德学志》，1940(1)。

王素、袁桂林：《埃及教育》，长春，吉林教育出版社，2000。

王婷婷、熊建辉：《教育是实现持久和平与可持续发展的基础———联合国教科文组织甘地和平与可持续发展教育研究所解读》，载《世界教育信息》，2014(5)。

王燕：《泰戈尔访华：回顾与辨误》，载《南亚研究》，2011(1)。

吴成平：《一九一七——一九三九年的印度》，北京，商务印书馆，1996。

吴春燕：《印度教育的发展与印度现代化》，硕士学位论文，福建师范大学，2007。

吴国珍：《泰戈尔的民族教育思想》，载《民族教育研究》，1992(4)。

吴式颖：《外国教育史教程》，北京，人民教育出版社，1999。

吴式颖：《外国现代教育史》，北京，人民教育出版社，1997。

吴式颖等：《马卡连柯教育文集》上卷，北京，人民教育出版社，2005。

吴式颖等：《马卡连柯教育文集》下卷，北京，人民教育出版社，2005。

吴云贵：《近当代伊斯兰宗教思想家评传》，北京，中国社会科学出版社，2016。

杨汉麟、周采：《外国幼儿教育史》，南宁，广西教育出版社，1998。

杨灏城：《埃及近代史》，北京，中国社会科学出版社，1985。

姚卫群：《论古印度宗教哲学的神与根本实体》，载《中国高校社会科学》，2016(4)。

郁龙余：《1924 年泰戈尔访华引发争议的根本原因——答国际知名学者阿莫尔多·沈之问》，载《深圳大学学报(人文社会科学版)》，2011(1)。

曾向东：《印度现代高等教育》，成都，四川大学出版社，1987。

詹栋梁：《西洋教育思想》，台北，台湾伟文图书出版有限公司，1979。

张秉民、陈晓虎：《近代埃及学者塔赫塔维思想初探》，载《西亚非洲》，1997(2)。

张东春：《美国学者对甘地的认识和研究》，载《吉林大学社会科学学报》，1986(2)。

赵伯乐：《印度表列种姓与表列部落探析》，载《世界民族》，2010(1)。

赵祥麟：《外国教育家评传》第3卷，上海，上海教育出版社，1992。

赵中建等：《印度基础教育》，广州，广东教育出版社，2007。

朱谦之：《文化社会学》，广州，中国社会学社广东分社，1948。

邹进：《德国文化教育学》，博士学位论文，北京师范大学，1989。

[埃及]穆罕默德·艾尼斯、赛义德·拉加卜·哈拉兹：《埃及近现代简史》，埃及近现代简史翻译小组译，北京，商务印书馆，1980。

[澳]W. F. 康内尔：《二十世纪世界教育史》，张法琨等译，北京，人民教育出版社，1990。

[巴基斯坦]伊夫提哈尔·H. 马里克：《巴基斯坦史》，张文涛译，北京，中国大百科全书出版社，2010。

[比利时]德可乐利：《新教育法》，崔载阳译，上海，中华书局，1932。

[德]鲁道夫·奥伊肯：《生活的意义与价值》，万以译，上海，上海译文出版社，1997。

[德]乔治·凯兴斯泰纳：《凯兴斯泰纳教育论著选》，郑惠卿译，北京，人民教育出版社，1993。

[俄]M. P. 泽齐娜、Л. B. 科什曼、B. C. 舒利金：《俄罗斯文化史》，刘文飞、苏玲译，上海，上海译文出版社，2005。

[法] 庄雪婵(Catherine Capdeville Zeng)：《过去与当代教育模式在亚洲国家的比较：印度、东南亚、中国》，侯仁佑译，载《民族学刊》，2018(2)。

[美]E. 布拉德福德·伯恩斯：《巴西史》，王龙晓译，北京，商务印书馆，2013。

[美]爱德华·桑代克：《教育心理学简编》，张奇译，北京，中国人民大学出版社，2015。

[美]杜威：《人的问题》，傅统先、邱椿译，上海，上海人民出版社，1965。

[美]杜威：《学校与社会·明日之学校》，赵祥麟、任钟印、吴志宏译，北京，人民教育出版社，1994。

[美]华虚朋：《欧洲新学校》，唐现之等译，上海，中华书局，1931。

[美]科佩尔·S. 平森：《德国近现代史》下册，范德一、林瑞斌、何田译，北京，商务

印书馆，1987。

[美]斯坦利·沃尔波特：《印度史》，李建欣、张锦冬译，上海，东方出版中心，2015。

[摩洛哥]扎古尔·摩西：《世界著名教育思想家》第 2 卷，梅祖培、龙治芳译，北京，中国对外翻译出版公司，1995。

[日]成田龙一：《大正民主运动》，李铃译，香港，香港中和出版有限公司，2016。

[日]今井清一：《日本近现代史》第二卷，杨孝臣、郎唯成、杨树人译，北京，商务印书馆，1992。

[日]近代日本思想史研究会：《近代日本思想史》第二卷，李民、贾纯、华夏等译，北京，商务印书馆，1992。

[日]守屋典郎：《日本经济史》，周锡卿译，北京，生活·读书·新知三联书店，1963。

[日]小原国芳：《小原国芳教育论著选》上卷，由其民、刘剑乔、吴光威译，北京，人民教育出版社，1993。

[瑞典]爱伦·凯：《儿童的教育》，沈泽民译，北京，商务印书馆，1933。

[苏]С.Я.巴特舍夫：《苏联职业技术教育简史》，黄一卿、鲁爱珍译，北京，教育科学出版社，1989。

[苏]Н.А.康斯坦丁诺夫等：《苏联教育史》，吴式颖、周蕖、朱宏译，北京，商务印书馆，1996。

[苏]Н.К.冈察洛夫：《教育学原理》，石宝瑞、南致善等译，北京，人民教育出版社，1951。

[苏]根·奥比契金等：《克鲁普斯卡娅传》，王占标、赵连宏、邱桂英译，北京，人民教育出版社，1983。

[苏]凯洛夫：《教育学》，沈颖、南致善等译，北京，人民教育出版社，1953。

[苏]马卡连柯：《儿童教育讲座》，诸惠芳译，石家庄，河北人民出版社，1997。

[苏]娜·康·克鲁普斯卡娅：《国民教育思想与教育论著选读》，北京师联教育科学研究所译，北京，中国环境科学出版社、学苑音像出版社，2005。

[苏]苏联部长会议直属中央统计局：《苏联文化建设》，熊家文、王诵芬译，北京，统计出版社，1957。

[苏]苏联教育科学院：《列宁论教育》上卷，华东师范大学《列宁论教育》辑译小组辑

译，北京，人民教育出版社，2001。

[苏]苏联教育科学院：《列宁论教育》下卷，华东师范大学《列宁论教育》辑译小组辑译，北京，人民教育出版社，2001。

[苏]苏联教育科学院：《马克思恩格斯论教育》上卷，华东师范大学《马克思恩格斯论教育》辑译小组辑译，北京，人民教育出版社，1995。

[意]贝奈戴托·克罗齐：《历史学的理论和实际》，[英]道格拉斯·安斯利英译，傅任敢中译，北京，商务印书馆，2017。

[意]蒙台梭利：《蒙台梭利幼儿教育科学方法》，任代文译，北京，人民教育出版社，1993。

[意]蒙台梭利：《童年的秘密》，马荣根译，北京，人民教育出版社，1990。

[意]詹尼·索弗里：《甘地与印度》，李阳译，北京，生活·读书·新知三联书店，2006。

[印度]贾瓦哈拉尔·尼赫鲁：《印度的发现》，向哲濬、朱彬元、杨寿林译，上海，上海人民出版社，2016。

[印度]R. C. 马宗达、H. C. 赖乔杜里、卡利金卡尔·达塔：《高级印度史》下，张澍霖、夏炎德、刘继兴等译，北京，商务印书馆，1986。

[印度]巴萨特·库马尔·拉尔：《印度现代哲学》，朱明忠、姜敏译，北京，商务印书馆，1991。

[印度]甘地：《甘地自传——我体验真理的故事》，杜危、吴耀宗译，北京，商务印书馆，1959。

[印度]科奇哈：《印度的宪法与教育》，见瞿葆奎：《教育学文集·印度、埃及、巴西教育改革》，北京，人民教育出版社，1991。

[印度]克·克里巴拉尼：《恒河边的诗哲》，倪培耕译，桂林，漓江出版社，1995。

[印度]克里希那·克里巴拉尼：《泰戈尔传》，倪培耕译，北京，人民文学出版社，2011。

[印度]纳拉万：《泰戈尔评传》，刘文哲、何文安译，重庆，重庆出版社，1985。

[印度]泰戈尔：《人生的亲证》，宫静译，北京，商务印书馆，1992。

[印度]泰戈尔：《我的童年》，金克木译，北京，人民文学出版社，1954。

［印度］泰戈尔：《一个艺术家的宗教观——泰戈尔讲演集》，康绍邦译，上海，生活·读书·新知三联书店，1989。

［英］诺曼·戴维斯：《欧洲史》下卷，郭方、刘北成等译，北京，世界知识出版社，2007。

［英］G. H. 詹森：《战斗的伊斯兰》，高晓译，北京，商务印书馆，1983。

［英］柯林武德：《历史的观念》，何兆武、张文杰译，北京，商务印书馆，2011。

［英］莱斯利·贝瑟尔：《剑桥拉丁美洲史》第2卷，中国社会科学院拉丁美洲研究所组译，北京，经济管理出版社，1997。

［英］莱斯利·贝瑟尔：《剑桥拉丁美洲史》第4卷，中国社会科学院拉丁美洲研究所组译，北京，社会科学文献出版社，1991。

［英］莱斯利·贝瑟尔：《剑桥拉丁美洲史》第5卷，中国社会科学院拉丁美洲研究所组译，北京，社会科学文献出版社，1992。

二、外文文献

Adolf Reichwein, China und Europa. Berlin , 1923.

Adolf Reichwein, Schaffen des Schulvolk, 1964.

Adolf Reichwein, Schule：Schulpolitik, from Zeitschrift für neues Deutschtum, 2 (1921 /22).

Benner, Hauptströmungen der Erziehungswissenschaft, München, 1978.

Brij Kishore Goyal, Thoughts of Gandhi, Nehru and Tagore, New Delhi, CBS Publishersand Distributors, 1984.

Bruno Hamann, Otto Willmann, in Josef Speck(hrsg.), Geschichte der Pädagogik des 20 Jh. Bd. I. Kohlhammer Urban-Taschenbuücher, 1978.

Danner, Methoden Geisteswissenchafttlicher Pädagogik, München, 1979.

Donald Malcoln Reid, Cairo University and the Making of Modern Egypt, Cambridge University Press, 1991.

Erich Weniger, Herman Hohl und die Sozial Pädagogische Bewegun, in Beitrage zur

Menschenbildung, Herman Nohl zum 80. Geburtsag, I. Beiheft der Zeitshrift fur Pada-gogik, Verlag Beltz Weinheim, 1959.

Erich Weniger, Theorie der Bildung, in Beitrage zur Menschenbildung, Herman Nohl zum 80. Geburtsag, I. Beiheft der Zeitshrift fur Padagogik, Verlag Beltz Weinheim, 1959.

Frank Fischer, Unser Wandern, in Werner Kindt, Grundshriften der deutschen, 1963.

Gandhi, The Collected Works of Mahatma Gandhi, ed. , India Ministry of Information and Broadcasting, Ahmedabad, Navajivan Trust, 1983.

Gandhi, Homer A. Jack, The Gandhi Reader: A Source Book of His Life and Writ-ings, Madras, Samata Books, 1983.

Herrman Nohl, Charkter und Schicksal, Eine pädagogische Menschenkunde, 1949.

Herrman Nohl, Die pädagogische Bewegung in Deutschland und ihre Theorie, 1963.

Herrman Nohl, Jugendwohlfahrt, in Socialpädagogische Vortrage, 1927.

Herrman Nohl, Pädagogische und Politische, 1919.

Joseph Di Bona, "The Transitional Process of Educational Systems from Pre-Colonial to Western Forms in 19th Century India," Journal of South Asian and Middle Eastern Stud-ies, 1990(3).

Judith Cochran, Education in Egypt, London, Croom Helm, 1986.

Kalyan R. Salker, Rabindranath Tagore: His Impact on Indian Education, New Delhi, Sterling Publishers, Private Limited, 1990.

Mark Sedgwick, Muhammad Abduh, London, Oneworld Publications, 2010.

Mohit Chakrabarti, Philosophy of Education of Rabindranath Tagore: A Critical Evalu-ation, New Delhi, Atlantic Publishers&Distributors, 1988.

Moonis Raza, Yash Aggarwal, "Higher Education: Regional Dimension," Journal of Higher Education, 1985—1986, Vol. 11, Nos. 1&2, pp. 1-38.

Otto Willmann, Aus Hörsaal und Schulstube, 2. Aulf. Herdersche Verlagshandlung, Freisgau, 1912.

Otto Willmann, Didaktik als Bildungslehre nach ihren Beziehungen zur Sozialfors-chung und zur Geschichte der Bildung, 1894 / 95.

Otto Willmann, Die Fundamentalbegriffe der Erziehungswissenschaft, 1908.

Otto Willmann, Einheitsschulen und Schuleinheiten, 1917.

Otto Willmann, Enzyklopädisches Handbuch der Erziehungskunde, hrsg. Von Loos, 1906.

Otto Willmann, Hörsaal und Schulstube, 2. Aulf. Herdersche Verlagshandlung, Freisgau, 1912.

Otto Willmann, Jahrbuch des Vereins für wissenschaftliche Pädagogik, Dresden 1899.

Otto Willmann, Über Sozialpädagogik und pädagogischegogische Soziologie, 1903.

Paul Natorp, Pestalozzi, Sein Leben und Ideen, 6. Aufl. Verlag B. G. Teubner, Leipzig und Berlin, 1931.

Paul Natorp, Sozialpädagogik, Theorie der Willenserziehung auf der grundlage der Gemeinschaft, Verlag Froemann, Stuttgart, 1899.

Raghavan Iyer, The Essential Writings of Mahatma Gandhi, New Delhi, Oxford University Press, 1991.

S. C. Engelmann, German Education and Re-education, New York, International Universities Press, 1945.

Sprang, Types of Men, Target Tarinning International, 2013.

William Boyd, Wyatt Rawson, The Story of the New Education, London, Heinemnn, 1965.

А. В. Луначарский. О народном образовании: Акад. пед. наук РСФСР. — Москва : Изд-во Акад. пед. наук РСФСР, 1958. - 559 с.

А. С. Макаренко, Педагогические сочинения, Том 4, Акад. пед. наук СССР. — М. : Педагогика, 1984.

А. С. Макаренко, Педагогические сочинения, Том 8, Акад. пед. наук СССР. —М. : Педагогика, 1986.

Бестужевские курсы, https://dic. academic. ru/dic. nsf/ruwiki/809648, 2020-02 -22, 2021-02-03.

Большая российская энциклопедия, Добиаш-Рождественская, https：//bigenc. ru/world _ history/text/2629481, 2021-01-06.

В. Л. Саюшев. Профессионально - техническое образование. Большая советская энциклопедия：В 30 т. - М.：" Советская энциклопедия", 1969-1978. http://slovari. yandex. ru/, 2020-08-15.

В. Г. Торосян. История образования и педегогической мысли - М.：ВЛАДОС, 2006. - 460 с.

В. И. Ленин ПСС т. 34 УДЕРЖАТ ЛИ БОЛЫТТЕВИКИ ГОСУДАРСТ-ВЕННУЮ ВЛАСТЬ стр. 315, http：// leninvi. com/t34/p315, 2020-06-12.

Великая Отечественная война. 1941—1945：энцик - лопедия. — М.：Советская энциклопедия, 1985.

Воззвание Наркомпроса к гражданам России 《 О народном просвещении》. 1917 г.

Волкова Татьяна Игоревна Земская народная школа иее вклад в развитие российского образования//Ярославский педагогический вестник, 2011. №3.

Всероссийская чрезвычайная комиссия по ликвидации безграмотности, https：//ria. ru/ 20150719/1134033666. html, 2020-07-17.

Георгиев В. А. , Орлов А. С. Исторический словарь. – 2-е изд. – М.：Проспект, 2015. –592 с.

Гл. ред. В. В. Давыдов. Российская педагогическая энциклопедия：в 2 томах, том 2-Москва：Науч. изд-во "Большая Российская энциклопедия", 1999.

Гл. ред. В. В. Давыдов. Российская педагогическая энциклопедия：в 2 томах, том 1-Москва：Науч. изд-во "Большая Российская энциклопедия", 1993.

Гл. ред. И. А. Каиров и Ф. Н. Петров. Педагогическая энциклопедия：в 4 т. том 4 - Москва：Сов. энцикл, 1968.

Гл. ред. И. А. Каиров и Ф. Н. Петров. Педагогическая энциклопедия：в 4 т. том 3-Москва：Сов. энцикл, 1965.

Гл. ред. И. А. Каиров и Ф. Н. Петров. Педагогическая энциклопедия：в 4 т. том 2-Москва：Сов. энцикл, 1965.

ГОСУДАРСТВЕННАЯ КОМИССИЯ ПО ПРОСВЕЩЕНИЮ, " Российская педагогическая энциклопедия ", https：//pedagogicheskaya. academic. ru/ 958/ ГОСУДАРСТВЕННАЯ _ КОМИССИЯ_ ПО_ ПРОСВЕЩЕНИЮ, 2020-06-10.

Гошуляк Любовь Даниловна Управление системой народного образованияРоссии в XIX в//Известия ВУЗов. Поволжский регион. Гуманитарные науки, 2013. №4 (28).

Декрет II Всероссийского съезда Советов об образовании Рабочего и Крестьянского правительства 26 октября (8 ноября) 1917 г.

Декрет СНК об учреждении институтов по подготовке красной профессуры. 11. 2. 1921г. http：//www. libussr. ru/doc_ ussr/ ussr_ 390. htm, 2020-02-03.

декрет СНК РСФСР "О рабочих факультетах" РСФСР "О рабочих факультетах", http：//www. libussr. ru/doc_ ussr/ ussr_ 1954. htm, 2020-02-03.

Демченко Мария Владимировна Из истории развития российского законодательства о квалификации и подготовке работников//Социально-политические науки, 2017. №6.

Джуринский А. Н. История педагогики: Учеб. пособие для студ. педвузов. – М. : Гуманит. изд. Центр ВЛАДОС, 2000. -432 с.

Дмитренко, Владимир Петрович. История Отечества. XX век : 11-й кл - М. : Изд. дом "Дрофа", 1995. - 635 с.

Донченко А.С., Самоловова Т.Н. Реформирование высшей школы Советского государства в декретах ипостановлениях партии и правительства (1917 -1938 гг.)// Вестник КрасГАУ, 2014. №10.

И. М. Ильинский, Миф о безмерных потерях СССР в Великой Отечественной войне, Знание. Понимание. Умение 2015. №1.

Иванов А. Е. Высшая школа России в концеXIX -начале XX века. Москва 1991.

История педагогики : учебник для аспирантов и соискателей системы послевузовского профессионального образования по дисциплине " История и философия науки " - Москва : Гардарики, 2007. - 413 с.

Каптерев, Пётр Фёдорович, https：//dic. academic. ru/dic. nsf/ruwiki/1514864, 2020-11-20.

Королев, Федор Филиппович. Очерки по истории советской школы и педагогики. 1917 -1920.

Акад. пед. наук РСФСР. - Москва : Изд-во Акад. пед. наук РСФСР, 1958.

Культурное строительство в Пензенском крае. 1917-1938. -Саратов, 1986.

Ларина Елена Владимировна Из истории формирования системы профессионально - технического образования в советской России в начале 1920-х годов (на материалах г. Москвы и Московской губернии)//Вестник КГУ, 2019. №4.

ЛИКВИДАЦИИ НЕГРАМОТНОСТИ В ОРЕНБУРЖЬЕ В 20 - 30 - Е ГГ. XX В. ОБЩЕСТВО：ФИЛОСОФИЯ, ИСТОРИЯ, КУЛЬТУРА 2014, № 1.

М. Р. Ефимова, Е. А. Долгих Вопросы статистики, 9/2016.

М. Р. Кудаев, Ф. Н. Апиш. История систем образования и воспитания：дооктябрьский (дореволюционный) период. Учебно-методическийкомплекс. Блок 2. -Майкоп：Изд-во ООО《Аякс》, 2008.

Министерство просвещения Российской Федерации, http：//www. libussr. ru/doc_ ussr/ ussr_ 1954. htm, 2020-02-03.

Н. К. Гуркина. История образования в России (Х- Х Х века) - СПб. ：СПбГУАП, 2001. -64 с.

НАРОДНЫЙ КОМИССАРИАТ ПРОСВЕЩЕНИЯ, https, https：//bigenc. ru/ domestic_ history/text/2249947, 2020-01-06.

Народное образование, наука и культура в СССР, Издательство. -М. ：Статистика, 1971. - 404 с.

В. И. Ленин ПСС т. 44 В. И. ЛЕНИН, В. стр. 174, http：//leninvi. com/ t44/ p174, 2020-06-12.

Объяснительная записка к проекту 《 Положения о церковных школах 》. Государственныйсовет. Департамент промышленности, наук и торговли. Материалы. Т. 13. - СПб. , 1902.

ОДНОКЛАССНЫЕ НАЧАЛЬНЫЕ УЧИЛИЩА, "Энциклопедия Всемирная история", https：//w. histrf. ru/articles/article/show/ odnoklassnyie_ nachalnyie_ uchilishcha, 2020-02-

14.

ОПУБЛИКОВАНА. 《 ДЕКЛАРАЦИЯ О ЕДИНОЙ ТРУДОВОЙ ШКОЛЕ》, https：// www. prlib. ru/history/619635, 2020-07-19.

Павлова Лариса Владимировна, ОБЩЕСТВО 《 ДОЛОЙ НЕГРАМОТНОСТЬ》 И ЕГО РОЛЬ В Педагогика начального образования. Учебник для вузов/Коллектив авторов - СПб. ：Питер, 2017. -420 с.

Перепись населения Российской империи 1897 года, https：//mikhaelkatz. livejour- nal. com /161515. html, 2020-11-12.

Под редакцией З. И. Васильевой. История образования и педегогической мысли зарубежом и в России. Москва, 2005.

Под редакцией З. И. Васильевой. История образования и педегогической мысли зарубежом и в России- М. ：Издательский центр 《Академия》, 2006. - 432 с.

Под редакцией профессора В. Г. Кинелева, Высшее образование в России-Очерк историидо 1917 года, НИИ ВО, Москва 1995г.

Положение о начальных народных училищах (14 июля 1864 г). Сборник постановлений поМинистерству народного просвещения. -СПб. , 1876. -Т. 3.

Постановление Народного комиссариата просвещения об отмене государственных экзаменов и об изменении порядка производства всякого рода испытаний студентов в высших учебных заведениях. 10. 11. 1918 г. http：//www. libussr. ru/doc _ ussr/ ussr _ 390. htm, 2020 -02-03.

ПОСТАНОВЛЕНИЕ от 23 февраля 1918 года О ПЕРЕДАЧЕ ВСЕХ УЧЕБНЫХ ЗАВЕДЕНИЙ В ВЕДЕНИЕ НАРОДНОГО КОМИССАРИАТА ПО ПРОСВЕЩЕНИЮ, ht- tps：//www. rsvpu. ru/instituty/institut-gseo/kafedra-dpo/sbornik -dokumentov -prof -ped -i -prof - tex -obrazovanie -v -rossii/1/, 2021-11-16.

Постановление ЦК ВКП (б) от 25. VIII. 1932 г. Об учебных программах и режиме вначальной и средней школе. http：//istmat. info/node/57330, 2020-09-13.

Реальные училища, https：//biograf. academic. ru/ dic. nsf/ruwiki/1118266, 2021-12-09.

Редкол. Б. П. Есипов, Ф. Ф. Королев, С. А. Фрумов ; сост. Н. И. Блонская, А.

Д. Сергеева. Блонский П. П. Избранные педагогические произведения/Акад. пед. наук РСФСР. Инт теории и истории педагогики. - М. : Изд-во Акад. пед. наук РСФСР, 1961.

РЕЧЬ НА I ВСЕРОССИЙСКОМ СЪЕЗДЕ ПО ПРОСВЕЩЕНИЮ 28 АВГУСТА 1918 г. , http：//lunacharsky. newgod. su/lib/o-vospitanii-i-obrazovanii/rec-na-i-vserossijskom-sezde-po-prosveseniu/, 2020-08-19.

Сапрыкин Д. Л. Образовательный потенциал Российской Империи. —М. : ИИЕТРАН, 2009. -176 с.

Силин Андрей Вячеславович Советская парадигма профессионального образования в 1917 - 1920 годах：этапы эволюции//Вестник Северного（Арктического）федерального университета. Серия：Гуманитарные и социальные науки, 2011. №6.

Собрание узаконений и распоряжений рабоче -крестьянского прави - тельства, 1921. №65.

Спасли и сохранили Школа в годы Великой Отечественной войны. Учительская газета, №18 от 5 мая 2020 года.

Сперанский Андрей. Владимирович Высшая школа СССР в 1941-1945 гг. : экзамены войны//Вестник ЮУрГУ. Серия：Социально-гуманитарные науки, 2015. №3.

СССР. Народное образование, Большая советская энциклопедия（БСЭ, http：// niv. ru/doc/ encyclopedia/ bse/ articles/ 9090/ sssr-narodnoe-obrazovanie. htm? ysclid = lg1vh8nkf5209597264, 2022-02-03.

Татьяна КЛЯЧКО, Высшее образование：больше, лучше или дешевле? Демоскоп Wekly №669-6701-24 января 2016.

Указ. О Государственных Трудовых Резервах, http：//www. hist. msu. ru/Labour/ Law/ 1940_ 10. htm, 2020-07-15.

Усманов Мовлди Ибрагимович, Ярычев Насруди Увайсович РЕАЛИЗАЦИЯ ОБЩЕСТВЕННО ПЕДАГОГИЧЕСКИХ ИДЕЙ П. Н. ИГНАТЬЕВА В СОВЕТСКОЕ ВРЕМЯ, Исторические, философские, политические и юридические науки, культурология и искусствоведение. Вопросы теории и практикиТамбов：Грамота, 2016. № 8(70).

УТВЕРЖДЁН ЛИБЕРАЛЬНЫЙ УСТАВ ГИМНАЗИЙ, https：//www. prlib. ru/history/

619772，2021-12-09.

Ф. М. Достоевский. Кратко о реформах петра столыпина：цели，описание；предысторияаграрной реформы и ее итогиhttps：//rozli. ru，2021-01-02.

Федеральная служба государственной статистики. http：//www. gks. ru，2020-09-11.

Козлов Фёдор Николаевич ДЕКРЕТ " О СВОБОДЕ СОВЕСТИ. " ИЛИ " ОБ ОТДЕЛЕНИИ ЦЕРКВИ. " (1918 Г.)//Гасырлар авазы - Эхо веков，2015. №3-4.

Шацкий С. Т. Педагогические сочинения：в 4 т./под ред. И. А. Каирова［и др.］；Акад. пед. наук РСФСР. — М. ：Просвещение，1962—1965. Т. 1.

"КОГДА УМЕНИЕ ЧИТАТЬ И ПИСАТЬ СТАЛО ОБЩЕПРИНЯТОЙ НОРМОЙ？"，https：//www. culture. ru/s/vopros/chitat-i-pisat/，2020-02-17.

"Постановление Наркомпроса" О передаче дела воспитания и образования из духовноговедомства в ведение комиссариата по народному просвещению，https：//rg. ru/2016/11/17/rodina-dokumenty. html，2020-06-12.

《О свободе совести，церковных и религиозных обществах》от 20 января 1918 г.

《ОСНОВНЫЕ ГОСУДАРСТВЕННЫЕ ЗАКОНЫ РОССИЙСКОЙ ИМПЕРИИ》，https：//www. prlib. ru/history/619222，2020-12-05.

《ПОЛОЖЕНИЕ О ВЫСШИХ УЧЕБНЫХ ЗАВЕДЕНИЯХ Р. С. Ф. С. Р》от 2 сентября 1921 г.

海後宗臣：《臨時教育会議の研究》，東京，東京大学出版会，1960。

桥本美保、田中智志：《大正新教育の思想：生命の躍動》，東京，東信堂，2015。

梶井一曉：日本におけるデューイ研究史の特色と課題，載《岡山大学大学院教育学研究科研究集録》，第 162 号，2016。

文部省：《学制百年史》，东京，帝国地方行政学会，1981 年网络版，https：//www. mext. go. jp/b_ menu/hakusho/html/others/detail/1317625. htm，2021-10-01.

小原國芳：《八大教育主張》，東京，玉川大学出版部，1976。

伊崎小生、松島栄一：《日本教育史の年表》，東京，三省堂，1990。